Hermann Lotze

Geschichte der Wissenschaften in Deutschland

Geschichte der Ästhetik in Deutschland

Hermann Lotze

Geschichte der Wissenschaften in Deutschland
Geschichte der Ästhetik in Deutschland

ISBN/EAN: 9783742868398

Hergestellt in Europa, USA, Kanada, Australien, Japan

Cover: Foto ©Thomas Meinert / pixelio.de

Manufactured and distributed by brebook publishing software
(www.brebook.com)

Hermann Lotze

Geschichte der Wissenschaften in Deutschland

Geschichte

der

Wissenschaften in Deutschland.

Neuere Zeit.

Siebenter Band.

Geschichte der Aesthetik in Deutschland.

AUF VERANLASSUNG
UND MIT
UNTERSTÜTZUNG
SEINER MAJESTÄT
DES KÖNIGS VON BAYERN
MAXIMILIAN II.

HERAUSGEGEBEN
DURCH DIE
HISTORISCHE COMMISSION
BEI DER
KÖNIGL. ACADEMIE DER
WISSENSCHAFTEN.

München.
Literarisch-artistische Anstalt
der J. G. Cotta'schen Buchhandlung.
1868.

Geschichte

der

Aesthetik in Deutschland.

Von

Hermann Lotze.

AUF VERANLASSUNG
UND MIT
UNTERSTÜTZUNG
SEINER MAJESTÄT
DES KÖNIGS VON BAYERN
MAXIMILIAN II.

GOTT UND MEIN VOLK.

HERAUSGEGEBEN
DURCH DIE
HISTORISCHE COMMISSION
BEI DER
KÖNIGL. ACADEMIE DER
WISSENSCHAFTEN.

München.
Literarisch-artistische Anstalt
der J. G. Cotta'schen Buchhandlung.
1868.

Inhalt.

Erstes Buch.

Geschichte der allgemeinen Standpunkte. . . . 1

Erstes Kapitel. Die Anfänge der Aesthetik durch Baumgarten, Winckelmann und Lessing.

Baumgartens Anknüpfung an Leibnitz. — Die prästabilirte Harmonie. — Die Empfindung als verworrene Erkenntniß. — Aesthetik als Logik der Empfindung. — Baumgartens Scheu vor dem Heterokosmischen. — Winckelmanns Verdienste. — Sein falscher Begriff von dem Ideal des Schönen. — Neigung zur Allegorie. — Nach Lessing Schönheit der einzige Zweck der Kunst. — Beginnender Streit über Form oder Inhalt als Sitz der Schönheit. — Nach Lessing das Schöne nicht in bloßer Form beruhend 3

Zweites Kapitel. Kants Grundlegung der wissenschaftl. Aesthetik.

Apriorische Elemente in der theoretischen und in der praktischen Vernunft. — Kritik der Urtheilskraft als entsprechende Betrachtung des Allgemeingültigen im Gefühl. — Subjectivität des Geschmacksurtheils. — Das Schöne, das Angenehme, das Gute. — Schön, was ohne Interesse gefällt. — Schön, was ohne Begriff allgemein gefällt. — Kein objectives Princip des Geschmacks möglich. — Schönheit Zweckmäßigkeit ohne Zweck. — Freie Schönheit allein reine Schönheit; eben deshalb von geringem Werth. — Größeres aber nicht rein ästhetisches Interesse der anhängenden Schönheit. — Vertheidigung Kants gegen Einwürfe Zimmermanns 31

Drittes Kapitel. Herders Hervorhebung der Bedeutsamkeit im Schönen.

Mißverständliche Angriffe auf Kant. — Das Schöne gefalle nie ohne Begriff. — Ueber das Symbolische als Grund ästhetischer Eindrücke. — Herders Neigung zur Allegorie. — Begründung des ästhetischen Wohlgefallens auf Sympathie. — Mangelhafte Anknüpfung des Schönen an das Gute 70

Viertes Kapitel. Schillers Vermittlung zwischen Schönheit und Sittlichkeit.

Architectonische Schönheit der menschlichen Gestalt. — Die menschliche Gestalt als Ding im Raume. — Ueber das Verhältniß zwischen der räumlichen Erscheinung und dem sittlichen Innern. — Künstliche Schwierigkeiten hierin und ihre Auflösung. — Die Handlungen als Ausdruck der schönen Seele. — Schillers Ansichten über die rein formale Natur des Schönen 87

Seite

Fünftes Kapitel. Die Weltstellung der Schönheit im Idealismus Schellings.

Rückkehr der Philosophie zur Aufsuchung des Weltplans. — Die Welt für Fichte versinnlichtes Material der Pflicht. — Das Absolute Schellings und die Schematisirung der Welt. — Vorbildliche und nachbildliche Welt. — Worin das Schlimme der Endlichkeit liegt. — Zergliederung des Begriffs vom Unendlichen. — Die vorbildliche Welt hat nur idealen, die nachbildliche mechanischen Zusammenhang ihrer Theile und Ereignisse. — Unterscheidung des Schönen vom Seienden überhaupt. — Ob Schönheit den Urbildern oder den Nachbildern zukommt. — Vertheidigung Schellings gegen die Zumuthung einer vorweltlichen Aesthetik 112

Sechstes Kapitel. Die Phantasie als Schöpferin des Schönen bei Solger und Schleiermacher.

Solgers Ideen in Gott. — Schöpferische Thätigkeit Gottes; Verständniß der Schönheit durch die nachschaffende des Menschen. — Mangelhafte Unterscheidung des gemeinen und des höheren Erkennens. — Logischer Formalismus Solgers. — Unvollkommne Bestimmung der Phantasie. — Schleiermacher. — Krause. — Schopenhauer . . . 151

Siebentes Kapitel. Hegels Einordnung der Schönheit in den dialektischen Weltplan.

Sinn der Dialektik überhaupt. — Nicht die Begriffe ändern sich dialektisch, sondern der Inhalt, der ihnen untergeordnet ist. — Versuch, sich dieser Dialektik durch eine dialektische Methode zu bemächtigen. — Ihre drei Wurzeln und ihr Mißverständniß. — Aesthetischer Character der Dialektik Hegels. — Aesthetik als Theil des Systems. — Mangelhaftigkeit aller Naturschönheit verglichen mit der Kunstschönheit. — Unvollkommne Bestimmung der ästhetischen Elementarbegriffe . . 168

Achtes Kapitel. Innere dialektische Gliederung der Aesthetik durch Weiße und Vischer.

Sinn des Ausdrucks Idee bei Weiße und Differenz von Hegel. — Die drei Ideen des Wahren, des Schönen und des Guten. — Das Reich des Schönen als geschlossene Selbstentwicklung der Idee der Schönheit. — Uebersicht der hier unterschiedenen Entwicklungsstufen. — Die ästhetische Begriffswelt, die Kunst, der Genius. — Andere Anordnung bei Vischer 196

Neuntes Kapitel. Rückkehr zur Aufsuchung der wohlgefälligen Urverhältnisse des Mannigfachen bei Herbart.

Die bisher ungelöste Aufgabe der Aufzeigung dessen, was unter den Begriff der Schönheit fällt. — Herbarts philosophische Zuschärfung der Aufgabe. — Zweifelhafte Annahme durch sich selbst gefallender Verhältnisse ohne reale Bedeutung. — Das ästhetische Urtheil und das Gefühl. — Subjective und objective Gültigkeit des Schönen. — Erklärung gegen den Vorschlag einer rein formalen Aesthetik . . . 226

Zweites Buch.

Geschichte der einzelnen ästhetischen Grundbegriffe. . . 247

Erstes Kapitel. Verschiedene Arten des ästhetisch Wirksamen.

Gradunterschiede der Schönheit überhaupt möglich. — Das Angenehme, das Schöne und das Gute als Glieder einer und derselben Reihe. —

Seite

Alle Gefühle gehören dem Gebiet der Aesthetik an. — Das Aesthetische subjectiver Erregung. — Das Angenehme der Sinnlichkeit, das Wohlgefällige der Anschauung, das Schöne der Reflexion 249

Zweites Kapitel. Vom Angenehmen der Empfindung.

Aesthetischer Werth der einfachen Sinnesempfindung. — Ton und Farbe. — Die Höhenskala der Töne. — Der Grund der Consonanzen und Dissonanzen. — Die Schwebungen nach Helmholtz. — Unzulänglichkeit blos physiologischer Begründung. — Herbarts psychologische Deduction der Consonanz. — Harmonien der Farben. — Parallelisirung der Farben und Töne durch Unger. — Complementärfarben nach Brücke. — Geruch und Geschmack 265

Drittes Kapitel. Das Wohlgefällige der Anschauung.

Die Zeitgrößen und der Takt nach Herbart. — Verschiedenheit der zeitmessenden modernen Musik und der gewichtmessenden metrischen Recitation. — Aesthetischer Werth des Metrischen überhaupt nach Moriz und Wilh. Schlegel. — Der goldne Schnitt als allgemeines ästhetisches Gesetz räumlicher Gestaltung nach Zeising und Fechner. — Aphorismen über Figuren, Symmetrie und Gruppirung. — Die intellectuellen Verknüpfungsformen des Mannigfachen: Consequenz, Verwicklung, Spannung, Ueberraschung und Aehnliches 294

Viertes Kapitel. Die Schönheiten der Reflexion.

Das Erhabene nach Kant, Solger, Weiße, Vischer. — Grundgedanke und verschiedene Formen des Erhabenen. — Das Häßliche nach gewöhnlicher Meinung. — Weißes dialektische Gleichung zwischen Schönheit und Häßlichkeit. — Das Häßliche nach Vischer und Rosenkranz. — Das Lächerliche nach Kant. — Die Erklärungen des Lachens. — Jean Paul's irrige Erklärung des Komischen. — Definition von St. Schütze. — Dialektische Stellung des Lächerlichen bei Vischer und Vohy. 324

Fünftes Kapitel. Die ästhetischen Stimmungen der Phantasie.

Schiller über das Naive und Sentimentale; und über Realismus und Idealismus. — Der Spieltrieb bei Schiller und der Begriff der Ironie. — Ironie bei Fr. Schlegel und Solger. — Die romantische Schule. — Der Humer nach J. Paul und Solger. — Forderung einer universalen Komik bei Weiße und Vischer. — Bedenken hierüber 353

Sechstes Kapitel. Die ästhetischen Ideale.

Der ideale Stoff der Kunst nach Schelling. — Mythologie und Weltansicht. — Symbol und Allegorie bei Solger. — Begriffsbestimmung des Ideals durch Weiße. — Dessen Dreiheit der Ideale: das antike, das romantische, das moderne. — Bemerkungen über das Wesentliche des modernen Ideals 390

Siebentes Kapitel. Die künstlerischen Thätigkeiten.

Versuche zur Bestimmung des Begriffs vom Genie bei Kant und Fries. — Weißes Lehre vom Gemüth, von der Seele und dem Geiste, von dem Talent, dem Genius und dem Genie. — Schillers ästhetische Erziehung der Menschheit. — Schleiermachers Nationalität der Kunst. — H. Ritters Darstellung der Bedeutung des Kunstlebens 421

Seite

Drittes Buch.

Zur Geschichte der Kunsttheorien. 439

Erstes Kapitel. Die Kunst und die Künste.

Abgrenzung des Gesammtgebietes der Kunst. — Allgemeine Aesthetik und Theorie der Künste. — Naturnachahmung; Objectivirung; Idealisirung. — Stylisirung und Manier. — Classification der Künste nach Schelling, Solger, Hegel, Weiße, Vischer, Koosen, Zeising. — Beschränkter Werth aller Classificirung. — Vorbemerkung zu den Kunsttheorien 441

Zweites Kapitel. Die Musik.

Die Anwendung discreter Tonstufen. — Die Gestaltung der Skala, und der verschiedenen Tonleitern nach Helmholz. — Tonalität und Tonika; homophone und polyphone Musik. — Aesthetischer Werth der Consonanzen und der Melodie. — Hanslicks Ansicht über die Unmöglichkeit des musikalischen Gefühlsausdrucks. — Die namenlosen Gefühle Zweck der musikalischen Composition. Drei Momente der Musik Zeiteintheilung, Harmonie, Melodie. — Dialektische Gliederung der Musik. — Richard Wagner 461

Drittes Kapitel. Die Baukunst.

Definitionen der Baukunst. — Abhängigkeit vom Zweck und Schönheit des Nützlichen. — Construction und Ornament. — Bötticher s Tektonik der Hellenen. — Römische, romanische und gothische Baukunst. — Hübsch über die Aufgaben der Baukunst. — Controversen über Gothik. — Die Proportionen. — Ueber den Baustyl der Gegenwart 501

Viertes Kapitel. Die Plastik.

Winckelmann und Lessing über Laokoon. — Deutung dieser Gruppe; Henke. — Die Milderung der Affecte zur Schönheit. — Die Ruhe der plastischen Gestalt nach Winckelmann; Verbot des Transitorischen durch Lessing; Widerspruch Feuerbachs. — Körperschönheit als Gegenstand der Sculptur. — Normaltypus und Kanon. — Färbung. — Die Plastik formirt nur göttliche Wesen. — Das Genre; die religiöse und historische Sculptur und die modernen Aufgaben . . 551

Fünftes Kapitel. Die Malerei.

Abgrenzung der malerischen Schönheit gegen die architektonische, plastische und poetische. — Die malerische Behandlung des Nackten. Teichlein. — Die poetische Schilderung. Lessing. — Naturnachahmung und Idealisirung. Rumohr. — Styl und Manier. — Die verschiedenen Style der Meister und der Schulen. — Erscheinungen oder Ideen als Gegenstand der Malerei. — Die religiöse Malerei und das Genre. — Die geschichtliche und die Landschaft 577

Sechstes Kapitel. Die Dichtkunst.

Die Erzählung überhaupt und das Epos. — W. v. Humboldt über epische Poesie. — Spätere Umgestaltung der Ansichten. — Der Roman. — Die lyrische Poesie. Character des Lyrischen überhaupt. — Reflexionspoesie und Lied. — Subjectivste Lyrik. — Fremde Formen und künstliche Formen. — Ansprüche des Volkslieds und der kunstmäßigen Lyrik. — Die dramatische Poesie. — Lessings Reformen 619

Erstes Buch.

Geschichte der allgemeinen Standpunkte.

Erstes Kapitel.

Die Anfänge der Aesthetik durch Baumgarten, Winckelmann und Lessing.

Baumgartens Anknüpfung an Leibnitz. — Die prästabilirte Harmonie. — Die Empfindung als verworrene Erkenntniß. — Aesthetik als Logik der Empfindung. — Baumgartens Scheu vor dem Heterokosmischen. · Winckelmanns Verdienste. — Sein falscher Begriff von dem Ideal des Schönen. — Neigung zur Allegorie. — Nach Lessing Schönheit der einzige Zweck der Kunst. — Beginnender Streit über Form oder Inhalt als Sitz der Schönheit. — Nach Lessing das Schöne nicht in bloßer Form beruhend.

Es ist niemals ein bedeutungsloses Ereigniß in der Entwicklung der Wissenschaft, wenn Fragen, welche einzeln längst die Aufmerksamkeit beschäftigt hatten, zum ersten Male unter gemeinsamem Namen vereinigt und als bestimmtes Glied in den Zusammenhang menschlicher Untersuchungen eingereiht werden. Wie niedrig auch der Standpunkt gewesen sein mag, von dem aus das neue Land zuerst ins Auge fiel, und wie unvollständig darum die Uebersicht seiner Gestaltung: immer ist es wichtig, daß diese vorläufige Besitzergreifung das noch dunkle Gebiet unverlierbar in den Gesichtskreis der Wissenschaft gerückt hat. Jede spätere Vervollkommnung der Ansichten findet es vor; jede ist genöthigt, sich mit seiner Erforschung und seinem Anbau zu beschäftigen; so in Berührung mit dem Ganzen der Erkenntniß gesetzt und befruchtendem Einfluß von dorther unterworfen entfaltet es nach und nach den inneren Reichthum, der dem Blicke des ersten Entdeckers entging.

1*

Den Betrachtungen über das Schöne leistete in der Mitte des vorigen Jahrhunderts Alexander Baumgarten diesen Dienst, und allerdings in der bescheidenen Weise, die wir eben bezeichneten. Sein unvollendet gebliebenes Werk (Aesthetica und Aestheticorum pars altera. Frankfurt a. O. 1750—1758) führt zum ersten Male unter dem Namen der Aesthetik den neuen Zweig der Untersuchung in das Lehrgebäude der philosophischen Wissenschaften ein. Als Leitfaden akademischer Vorlesungen noch in ermüdendem Latein geschrieben und durch Kunstausdrücke überlastet ist seine Arbeit wenig anziehend; noch mehr bleibt sie hinter dem, was wir jetzt von gleichnamigen Darstellungen erwarten, durch die Beschränktheit ihres ästhetischen Gesichtskreises zurück. Weder die Schönheit der Natur, noch Werke der bildenden Kunst haben zu dieser Untersuchung angeregt; Redekunst und Poesie des Alterthums, selten die der neueren Völker, geben ihr die Veranlassungen ihrer Fragen und die Erläuterungsbeispiele zu ihren Antworten. Darin gleicht Baumgartens Leistung den ästhetischen Ueberlegungen, welche in dem literarischen Leben Deutschlands das Streben der verschiedenen Dichterschulen nach Ausbildung des poetischen und rednerischen Geschmacks auch früher veranlaßt hatte; aber während diese vereinzelten Versuche nur flüchtige Erwähnung ihres Daseins verdienen, fesselt die Erstlingsgestalt, die Baumgarten der beginnenden Wissenschaft gab, durch einige auf lange Zeit wichtig gebliebene Gesichtspunkte, welche er der Philosophie seines Meisters Leibnitz entlehnte.

Wir bewundern die Vielseitigkeit, mit welcher Leibnitz auf alle menschlichen Interessen einging; zu dem Ganzen einer geschlossenen Lehre hatten sich indessen nur wenige nahverwandte Gedankenkreise in ihm vereinigt. Die Frage nach dem Bande zwischen Körper- und Geisterwelt und nach der Möglichkeit einer Wechselwirkung beider hatte die vorangegangene Philosophie vorzugsweise beschäftigt; auf sie richtete auch Leibnitz seine Aufmerk-

samkeit und schloß die Reihe der Erklärungsversuche, die bereits
jeden möglichen Gesichtspunkt benutzt zu haben schienen, mit
einer neuen Auffassungsweise, auf deren Eigenthümlichkeit hier
ein rascher Seitenblick erlaubt ist.

Die Vielheit der Dinge läßt die gewöhnliche Meinung
wohl am Anfange der Welt aus Einer schaffenden Hand entsprungen sein, aber in der Untersuchung der veränderlichen Ereignisse, welche die Welt füllen, nachdem sie da ist, gelten sie
uns nur für viele, jedes als selbständig für sich und als ruhend
in sich selbst; keines von ihnen beginne aus eignem Antrieb eine
neue Entwicklung, jedes erwarte vielmehr die Veranlassung dazu
von Wechselwirkungen, die zwischen ihm und denen, welche außer
ihm sind, nicht immer geschehen, sondern veränderlich eintreten
und aufhören. Eben diese Wechselwirkung nun, die zwischen an
sich selbständigen Dingen zeitweis einen nicht stets vorhandenen
Zusammenhang gegenseitiger Mitleidenschaft herstellen sollte, war
vor allem da geheimnißvoll erschienen, wo sie zwischen Leib und
Seele, zwei ohnehin unvergleichlich verschiedenen Endpunkten, geschehen mußte; aber auch da, wo sie nur zwischen zwei vergleich-
baren Dingen einzutreten hatte, war sie der fortschreitenden
Untersuchung so unbegreiflich in ihrem Hergang und ihrem Begriffe nach so widersprechend geworden, daß Leibnitz nur in einer
völlig andern, unserer gewohnten Vorstellungsweise fremdartigen
Annahme die Erklärung des Weltlaufs zu finden hoffte.

Was uns als eine Reihe von außen her in den Dingen
erzeugter Wirkungen erscheint, das gilt ihm für den Ablauf von
Veränderungen, welche jedes einzelne Wesen aus sich selbst heraus entstehen läßt, nur geleitet durch die Folgerichtigkeit eines
seiner eigenen Natur angehörigen Entwicklungsgesetzes, und
völlig unabhängig von jeder Einwirkung der Außenwelt, für
deren Einfluß es keine zugängliche Stelle darbieten würde. Nun
würde der Weltlauf in eine zusammenhanglose Vielheit von Beispielen solcher inneren Entwicklung zerfallen, wenn jedes einzelne

Wesen ohne Rücksicht auf die Natur aller andern nur seinem eignen eingebornen Traume folgte, und unbegreiflich bliebe die unwiderleglichste Thatsache aller Erfahrung, die nämlich, daß allerdings Lagen und Zustände der einen Dinge von Zuständen und Lagen der andern abhängen. Aber die durchgängige Beziehung jedes Dinges und seines Entwicklungsgesetzes auf die Naturen und Entwicklungsgesetze aller übrigen ist so sehr eine der wesentlichsten Anschauungen Leibnitzens, daß grade von dieser Seite her seine Ansicht als Lehre von der vorausbestimmten Harmonie aller Dinge am meisten bekannt ist. Dieser Name drückt den Sinn der Lehre nicht glücklich aus; er läßt das Mißverständniß möglich, die Uebereinstimmung, durch welche die unabhängigen Entwicklungen aller einzelnen Wesen zu dem Ganzen Eines Weltplans verschmelzen, als eine zwischen diesen Wesen gestiftete Ordnung anzusehen, die zwischen denselben Wesen auch hätte ungestiftet bleiben oder anders eingerichtet werden können, als sie ist. Nichts meint Leibnitz weniger als dies. Für ihn sind die einzelnen Wesen nur als Theile des Ganzen, das sie umfaßt, und keineswegs haben sie außerhalb der Weltordnung, in welcher sie wirklich sind, oder vor ihrem Eintritt in dieselbe, ein Dasein oder eine Natur, die sie befähigte, nun erst als Bausteine zu dieser, vielleicht auch zu einer andern Welt benutzt zu werden. Wo daher Leibnitz, von der Schöpfung sprechend, der vielen möglichen Welten gedenkt, die dem göttlichen Geiste vorgeschwebt, da verfehlt er nicht hinzuzufügen, daß die Verwirklichung der einen, die nun wirklich ist, nicht in einer willkürlichen Gliederung und Zusammenpassung bereit liegender, auch anders verbindbarer Theile bestanden habe. Nur darin sei die Schöpfungsthat gelegen, daß Gott aus vielen denkbaren Weltordnungen das Ganze dieser Welt als Ganzes billigend gewählt und daß sein Wille der auch für seine Allmacht unabänderlichen Gesammtheit folgerecht zusammenstimmender Theile, welche der Sinn dieser Welt einschloß, gestattet habe, vereinigt aus der Möglichkeit des

Denkbaren in die Wirklichkeit des Seins überzugehen. Nun eben, weil keiner dieser Theile außer dem Ganzen ist, und keiner etwas Anderes ist, als was er für das Ganze und in ihm bedeutet, so stimmen die Entwicklungen aller einzelnen zu dem Zusammenhang Eines Weltlaufs von selbst zusammen und sie bedürfen nicht der Vermittlung mannigfacher Wechselwirkungen, um erst nachträglich, als wären sie ursprünglich einander fremd, in die erforderlichen gegenseitigen Beziehungen gesetzt zu werden.

Mit Unrecht würde man also den Kern dieser Lehre in der Annahme einer zeitlich vorangehenden, die Ereignisse aller Zukunft willkürlich zusammenpassenden Berechnung suchen; was sie beabsichtigt, läßt sich kurz als ein Versuch bezeichnen, in der Erklärung der Wirklichkeit den Zusammenhang von Ursachen und Wirkungen durch den andern von Gründen und Folgen zu ersetzen, mithin den zeitlichen Verlauf geschehender Ereignisse von demselben Gesichtspunkte aus zu betrachten, von dem aus wir die Verknüpfung einer Vielheit zeitlos gültiger Wahrheiten anzusehen pflegen. Die Einheit aller geometrischen Wahrheit bringt es mit sich, daß in einem beliebigen Dreieck nicht nur die gegebene Größe der Winkel die relativen Längen der Seiten bestimmt, sondern auch die gegebenen Längen der Seiten die Größen der Winkel bedingen, unter denen sie zusammenstoßen können; jedes dieser Verhältnisse bedingt als Grund das andere als seine Folge; keines aber bringt das andere durch eine von seinem Dasein noch verschiedene Anstrengung des Wirkens hervor, am wenigsten so, daß einseitig das eine als die erzeugende Ursache, das andere als dessen Wirkung sich fassen ließe. Der Zusammenhang der Wirklichkeit ist nach Leibniz kein anderer, und wir stellen ihn falsch und willkürlich vor, wenn wir ein Ereigniß durch ein anderes, nicht aber auch dies letztere durch jenes erstere bedingt denken und wenn wir überhaupt einen besonderen Vorgang des Wirkens für nöthig halten, um eine Folge erst hervorzubringen, die vielmehr allemal schon mitgegeben sei, sobald ihr Grund besteht. Nicht blos der Wind und die Welle treibe das Schiff, sondern auch das Schiff sei Grund der Welle und des Windes. Denn die Wirklichkeit, Ein Ganzes in sich selbst, ist von Seiten ihrer Vielheit angesehen, ebenso wie jenes Dreieck, ein System des Mannigfachen, dessen jeder Theil wechsels= weis als Grund und als Folge jedes andern angesehen werden kann; in diesem Ganzen kann auch jenes Schiff nicht sein, ohne daß da, wo es ist, in gleichem Augenblicke der Wind und die Wellen wären, die es uns zu treiben scheinen. Indem so das Ganze der Welt, und durch die Kraft des Ganzen getrieben, jeder einzelne Theil sich als Function jedes andern entwickelt, entwickeln sich alle zusammen in jenen aufeinander berechneten Verhältnissen, die uns den einseitigen Schein einer Bewirkung jedes einzelnen Ereignisses durch ein anderes einzelne verur= sachen.

Die Triftigkeit dieser Ansicht zu beurtheilen ist nicht unsere Pflicht; welche Anknüpfung sie der Aesthetik gewährte, finden wir, wenn wir sie einen Schritt weiter verfolgen und nach dem Weltinhalte fragen, dem sie die ebengeschilderte formale Weise seines Bestehens und seiner Entwicklung zuschrieb. Wie nun Alles, was der gewöhnlichen Meinung als erzeugender und ver= mittelnder Zwischenmechanismus im Lauf der Ereignisse erschien, diese Bedeutung für Leibnitz verloren hatte, so fand er noch we= niger das wahrhaft Seiende in einem dunklen und spröden Kern von Sachlichkeit, der dem Geiste ewig fremdartig gegenüberstände; nur geistige Regsamkeit galt ihm vielmehr für wahre Wirklich= keit; lebendige Seelen waren alle die einfachen Wesen, die Mo= naden, aus denen er das Weltall aufgebaut dachte. Aber diese Anerkennung des geistigen Lebens als des allein wahrhaften Seins wurde durch eine verhängnißvolle Einseitigkeit geschmälert. Unlängst vorher hatte Descartes Ausdehnung und Denken als die einzigen klaren Begriffe hervorgehoben, und jene war zur Gesammtbezeichnung für das Wesentliche des körperlichen Dafeins, dieses zur Gesammtbezeichnung des geistigen geworden. Es ist eine Nachwirkung hiervon, daß auch Leibnitz, mit Nicht-achtung dessen, was Gefühl und Wille Eigenthümliches besitzen, das geistige Leben nur von Seiten seiner vorstellenden, denken-den und erkennenden Thätigkeit ins Auge faßt. Die Verände-rungen, die jede Monade vermöge ihrer ursprünglichen Zu-sammengehörigkeit mit dem Ganzen der Welt in jedem Augen-blicke entsprechend den Veränderungen aller übrigen erfährt oder in sich hervorbringt, erscheinen ihm ausschließlich in Gestalt von Vorstellungen, durch welche jede von ihrem Standpunkt aus jenes Ganze abbildet, das innere Entwicklungsgesetz der Monade nur als ein Drang, von einer Vorstellung zu einer andern überzu-gehen. Je nach der Bedeutung aber, die jedes Wesen für das Ganze hat, und nach den Vortheilen oder der Ungunst seiner Stellung in demselben ist jedem seine besondere Weise dieser Spiegelung unvermeidlich: nur die bevorzugtesten Geister bilden in voller Klarheit begrifflicher Erkenntniß die Welt ab, die un-vollkommensten nur in verworrenen Vorstellungen; zwischen beide in die Mitte gestellt hat der Mensch für Einiges die gegliederte Klarheit logischer Erkenntniß, für Anderes nur eine unzertrenn-bare Mischung undeutlicher Vorstellungen: die sinnliche Em-pfindung.

In jener merkwürdigen, durch ihren poetischen Reiz fesseln-den Lehre von der Einheit der Welt und der zwanglosen Har-monie ihrer unzähligen Sonderentwicklungen hätte ein lebendiger Sinn vielleicht unmittelbare Antriebe gefunden, der Schönheit zu gedenken, und ihre Betrachtung mit den Untersuchungen über die Wirklichkeit zu verknüpfen. Sie sind nicht benutzt worden; an diese Zweitheilung des menschlichen Vorstellens dagegen schloß sich die beginnende Aesthetik an; auch dies zunächst in sehr äußerlicher Weise. Für eine Weltansicht, welche, wie die ge-schilderte, jede Sonderentwicklung eines einzelnen Wesens in durchgängiger Harmonie mit dem Weltganzen geschehen läßt, und

welche folgerecht auch die verworrenste und undeutlichste Welt-
vorstellung ausdrücklich als wahre Vorstellung der Welt bezeichnet, für eine solche Ansicht hat es zwar Schwierigkeit, Stellung
und Bedeutung einer Wissenschaft begreiflich zu machen, welche
vermeidbare Wege des Irrthums von aufzusuchenden Wegen der
Wahrheit unterscheiden will. Indessen die Logik, welche diesen
Anspruch erhebt, war ein alter feststehender Besitz der Wissenschaft, den jede Ansicht anerkennen mußte. Sie erhob und er-
füllte jedoch jenen Anspruch nur in Bezug auf die deutliche Erkenntniß durch Begriffe; für die Sinnlichkeit fehlte eine ähnliche
Lehre. Um diesen Mangel an Symmetrie in der Gliederung
des philosophischen Systems zu beseitigen, wurde die Aesthetik
geschaffen, als nachgeborne Schwester der Logik und empfing
ihren Namen von dem Empfinden, mit dem sie sich zu beschäftigen hatte.

Ihre Stellung zu ihrem Gegenstand konnte nicht dieselbe
sein, wie die der Logik zu dem ihrigen. Gedanken lassen sich,
wie dies nun auch zugehen mag, richtig und falsch verknüpfen
und durch Verbesserung der falschen Verknüpfungen die Wahrheit sich erzeugen; Empfindungen sind uns gegeben und ändern
sich nicht durch absichtliches Streben, anders und besser zu empfinden; nur so weit wir selbst Empfindungen erzeugen, lassen
sich für dies Handeln Vorschriften geben, welche die bessere Empfindung hervorzurufen, die schlechtere zu vermeiden lehren. Obwohl als Theorie der niederen Erkenntniß bezeichnet, entspricht
daher die Aesthetik nur ihrem andern Namen als Lehre von der
Kunst, schön zu denken; denn bei dem geringen Antheil, den die
Schönheit der Natur und der bildenden Kunst erweckte, wendet
sich die Aesthetik doch wieder nur der Verknüpfung und dem
Vortrag der Gedanken zu, nämlich dem anschaulichen, sinnlichen, bildlichen und rhythmischen Elemente der Darstellung,
dessen Bedeutung sich nicht ganz in deutliche Begriffe ausprägen
läßt. Unter den nützlichen Anwendungen, durch die Baumgarten

seine Lehre empfiehlt, ist die verständlichste, daß sie das wissenschaftlich Erkannte jeder Fassungskraft anzupassen anleite; wenn
sie zugleich taugen soll, die Vervollkommnung der Erkenntniß
über die Grenzen des genau Erkennbaren hinaus zu erweitern,
so ahnt man nur, was damit fehlerhaft beabsichtigt war, ohne
zu begreifen, wie es sich hätte erreichen lassen.

Man bemerkt leicht in dieser Grundlegung einen Irrthum,
welcher die deutsche Aesthetik auf lange hinaus geschädigt hat.
Die Wissenschaft, welche die Aufgabe ihrer eigenen Bemühungen
mit Recht allein im Wissen sucht, ist immer der Versuchung
ausgesetzt, diese von ihr selbst zu übende Weise der Thätigkeit,
das denkende Erkennen, als das Ganze oder als den Gipfel alles
geistigen Lebens anzusehen. Diese Ueberschätzung, deren Ein-
schleichen in Leibnizens Gedanken ich andeutete, beruft sich mit
Unrecht auf die anzuerkennende Thatsache, daß Bewußtsein in
dem allgemeinsten Sinne des Fürsichseins allerdings als formaler
Character das geistige Leben in allen seinen Zuständen von dem
Dasein unbeseelter Dinge unterscheidet, die ohne in irgend einer
Weise sich selbst zu besitzen und zu genießen, nur Gegenstände
der Betrachtung für Andere sind. Innerhalb dieses allgemeinen
Fürsichseins, dessen Form sie alle tragen, unterscheiden sich dennoch die verschiedenen Aeußerungen des Geistes durch Eigenthümlichkeiten, die sich nicht als Gradabstufungen einer einzigen
Wirkungsweise deuten lassen; am wenigsten aber ist das Denken
berufen, diese ursprünglichste Thätigkeit zu sein. Denn eben
seine Leistungen grade bestehen nur in Beziehungen, Vergleich-
ungen, Trennungen und Verknüpfungen von Inhalten, die es
nicht selbst erzeugen kann, und ohne deren Gegebensein durch
völlig andere Thätigkeiten des Geistes seine eignen Bemühungen
gegenstandlos und unmöglich sind. Die Empfindungen der Farben
und der Töne, die unsere Sinne uns erregen, die räumlichen
Anschauungen, in welche wir die äußern Eindrücke zusammenfassen, die Arten der Lust und Unlust, die wir erleiden und

alle die Werthbestimmungen, die wir auf klar oder unklar Er-
kanntes legen, alle diese Vorgänge sind nicht mißlingende Versuche zu denken, sondern sie sind jene geistigen Urerlebnisse,
welche, nachdem sie in ihrer Eigenthümlichkeit erlebt sind, das
Denken in Bezug auf ihre Aehnlichkeiten oder Unterschiede vergleichen, aber durch keine seiner eigenen Thaten erklären oder
erzeugen kann. Dies nun bemerkte man wohl, daß der Reiz
der Schönheit nicht an den Leistungen jenes logisch klaren Erkennens haftet, dessen ganze Herrlichkeit doch am Ende nur darein
gesetzt worden wäre, jeden Inhalt durch seinen allgemeinen Gattungsbegriff und seine unterscheidenden Merkmale zu denken; er
haftete vielmehr unleugbar an den unzergliederbaren Empfindungen und Anschauungen und an Verknüpfungen beider, die
ohne begrifflich nachweisbaren Rechtsgrund eigenthümliche Gefühle der Werthanerkennung in uns hervorrufen. Aber anstatt
den Grund der Schönheit in Etwas zu suchen, was größer und
höher vielleicht als alles Denken, jedenfalls aber von ihm verschieden ist, suchte man ihn in Folge des begangenen Irrthums
in der Unvollkommenheit, mit welcher jene geistigen Regungen hinter ihrer Aufgabe, denkende Erkenntniß zu sein, zurück-
blieben.

Hieraus entsprang die Seltsamkeit, daß die deutsche Aesthetik
mit ausgesprochener Geringschätzung ihres Gegenstandes begann.
Sie mußte diesen Gegenstand in dem Gebiete sinnlicher Erscheinungen und der aus ihnen uns entspringenden Gefühle suchen;
aber sie glaubt selbst nicht, daß in alle Dem etwas liege, was
sich an Werth mit der vollständigen Deutlichkeit begrifflicher Erkenntniß vergleichen ließe. Nicht allein bei Baumgarten beginnt die Aesthetik mit Entschuldigungen ihres Daseins; sie gibt
zu, Dinge zu behandeln, die eigentlich unter der Würde der
Wissenschaft seien, aber der Philosoph, Mensch unter Menschen,
dürfe keine Art menschlichen Thuns und Treibens vernachlässigen. Dieselbe Neigung hält bei seinen Nachfolgern an. Das

Gefühl für Schönheit findet Eschenburg an die Undeutlichkeit der Vorstellungen gebunden, und durch Zunahme der Deutlichkeit werde es geschwächt; noch bestimmter erklärt es Mendelssohn für eine Mitgift nur endlicher Naturen, die zwar nicht zu lauter undeutlichen Vorstellungen verurtheilt, deren Verstand aber zu eingeschränkt sei, eine unendliche Mannigfaltigkeit denkend zur Einheit zu verknüpfen; der Schöpfer habe kein Gefallen am Schönen, er ziehe es nicht einmal dem Häßlichen vor. Mit dieser letzten Aeußerung mag Mendelssohn schwerlich gemeint haben, die denkende Einsicht Gottes ziehe die erkannte Einheit des unendlich Mannigfachen in keiner Weise der erkannten Zwiespältigkeit des Unvereinbaren vor; aber die Wärme der Betheiligung, mit der unser Gemüth jene Einheit, ohne sie zergliedernd zu denken, in dem Gefühle der ästhetischen Lust erlebt, diese, und durch sie freilich unterscheidet sich Schönheit und Wahrheit, sei nur die Folge unserer Eingeschränktheit und unsers Unvermögens. So erwärmen sich etwa undurchsichtige Körper unter dem Lichtstrahl, weil ihr innerer Bau nicht klar genug ist, um ihn gleichgültig hindurchstrahlen zu lassen.

Eine Aesthetik nun, welche verlangte, eine Art der Erkenntniß zu sein, mußte auch in dem Schönen selbst Wahrheit verlangen. Diese Folgerung zog Baumgarten in eigenthümlicher Weise. Ich habe vorhin Leibnizens Anerkennung des geistigen Lebens als des wahrhaften Seins eine Bezeichnung des Weltinhaltes genannt, dem seine Theorie von der vorbestimmten Harmonie die formale Art seiner Existenz vorschrieb. Genauer genommen ist jedoch auch diese Anerkennung noch immer nur die Angabe einer Form des Benehmens, in welcher sich das Seiende bewegt: Vorstellen ist die allgemeine Thätigkeitsweise aller Monaden; aber was stellen sie vor? Man wird schwer hierauf eine Antwort bei Leibniz finden; mögen die Monaden jede von ihrem Standpunkt das Weltall abspiegeln, so besteht doch das Weltall selbst nur aus anderen Monaden, denen zwar verschiedene Standpunkte,

zu einander zugeſchrieben werden, ohne daß jedoch die relativen
Lagen derſelben beſtimmt und ein Bauplan der Welt aus ihnen
zuſammengeſetzt würde. Was daher jede Monade zu ſpiegeln
findet, das iſt nur die Art, wie ſie ſich ſelbſt in andern, und
dieſe andern ſich in einander ſpiegeln; es fehlt zuletzt jeder unabhängige Thatbeſtand und Inhalt der Welt, der in dieſer Spiegelung genoſſen würde. Auch in den Unterſuchungen der Theo-
dicee, obwohl hier am meiſten dazu veranlaßt, hat Leibnitz dieſe
Lücke nicht gefüllt; aber während es auch hier an einer Ueberſicht über die Gliederung der Welt fehlt, tritt der Gedanke, daß
dieſe Welt, wie ſie auch näher betrachtet ſein möge, jedenfalls
die beſte aller denkbaren Welten ſei, mit um ſo größerer Ent-
ſchiedenheit hervor.

Verſagte nun dieſe Philoſophie der Aeſthetik jene Anregungen, welche ihr ſpätere in der Deutung des Weltplans beſonders geübte Syſteme vielleicht zu freigebig aufdrängten, ſo er-
füllte ſie durch dieſen Gedanken der beſten Welt die beginnende
Wiſſenſchaft um ſo mehr mit einer Verehrung der Wahrheit, die
unter dem Schein der Beſchränktheit einen unverächtlichen Kern
des Guten enthält. Es haben ſich ſpäter Stimmungen gelten
gemacht, denen alle Wirklichkeit ungenügend, unvollkommen in
ihren ſtehenden Einrichtungen und ſchaal im gewöhnlichen Verlauf ihrer Begebenheiten ſchien; eine beſſere Welt ſollte die frei-
ſchaffende Phantaſie aufbauen, und dieſer das Herz den Antheil widmen, den es dem unbefriedigenden Lauf der Wirklichkeit
entzog. Dieſe Schwärmerei umgab die Wiege der deutſchen
Aeſthetik nicht. Auch jene verworrene Erkenntniß, in welcher die
Schönheit zu liegen ſchien, war doch in ihrer Art eine wahre
Erkenntniß; ſie war noch immer ein Abbild der Wirklichkeit,
und welchen Werth ſie für den Geiſt haben mochte, ſie hatte ihn
nur durch ihre Uebereinſtimmung mit dieſer Welt. Das konnte
nicht die Aufgabe der Kunſt ſein, Gebilde zu ſchaffen, die dieſer
Wirklichkeit nicht angehörten: ſie beleidigte den Geiſt der Wahr-

heit, wenn sie an die Stelle der Welt, die Gott die beste geschienen, Gewebe von Ereignissen und Erscheinungen setzte, die
nur in einer andern, also schlechteren Welt möglich sind. Hete-
rokosmisch oder fremdweltlich nennt Baumgarten diese Erdichtungen und streitet gegen sie mit aller Lebhaftigkeit, die aus dem
Bewußtsein eines richtigen Grundgedankens entspringt, doch mit
wenig Umsicht und Glück in seiner Anwendung. Im Ganzen
gegen jede Erdichtung eingenommen, auch gegen die, welche nicht
den allgemeinen Gesetzen dieser Welt durch Unmöglichkeit, sondern nur dem thatsächlichen Bestand der Wirklichkeit durch Fremd-
artigkeit widersprächen, sieht er sich doch bald zu einigen Zuge-
ständnissen an die Bedürfnisse der Kunst genöthigt. Er fährt
fort, den Gebrauch einer mythologischen Fabelwelt von Seiten
Derer zu tadeln, die nicht mehr an sie glauben, aber er erlaubt
die Benutzung von Erdichtungen, die der Wirklichkeit analog sind.
Dennoch schließt er mit dem Einwurf: warum doch, da dies ja
alles Unwahrheit sei, den einen Theil derselben wenigstens empfehlen? Und den heiligen Augustin ruft er als Beistand an
und beruhigt sich mit ihm: Lüge sei nicht Alles, was wir er-
dichten, sondern nur was Nichts bedeutet; die Erdichtung, welche
sich auf eine Wahrheit beziehen lasse, sei nicht Lüge, sondern
Verbildlichung des Wahren.

Unstreitig klingen diese Aeußerungen kleinlich; sie erinnern
an die oft getadelte Gesinnung, welche den Eindruck einer künstlerischen Darstellung durch die Frage nach dem wirklichen Geschehensein des Geschilderten unterbricht, und sich vom Nein ent-
zaubert fühlt. Ist aber diese Gesinnung in ihrem letzten Grunde
durchaus unrecht? Besitzt nicht wirklich eine künstlerische Schöpfung höheren Werth, wenn ihr Inhalt in vollem Ernst der Wirklichkeit angehört, in welcher wir leben, weben und sind? kann
unsere Theilnahme für eine schöne Erscheinung dauerhaft sein,
wenn sie Nichts Wirkliches bedeutend, gegenstand- und heimats-
los neben der Welt schwebt? und welchen Sinn hätte es, daß

unfer Gemüth durch ein Spiel von Formen beseligt würde, die
ihre Macht nicht dem verdankten, daß sie den Rhythmus des
Lebens der Wirklichkeit abspiegeln? Es mag sein, daß der Anfang
der deutschen Aesthetik nicht gesondert hat, was in diesen Fragen
zu sondern ist, aber ihre unklare Meinung verdient nicht Geringschätzung. Es gibt für sie nur Eine Welt und diese ist die
beste; Alles was dem Menschen widerfährt oder er leistet, hat
Werth nur in seinem Zusammenhang mit ihr; auch die Kunst
als lebendige Thätigkeit des Geistes ist Nichts, wenn nicht ihr
ganzes Streben sich als Glied in die bestehende Weltordnung
und in die Reihe der Aufgaben einfügt, die uns von dieser gestellt werden. Dies Wahrheitsbedürfniß erkältet unsere Theilnahme
für jede Mährchenwelt, an die wir nicht mehr glauben; als
freies Erzeugniß der Phantasie reizt sie uns nur noch durch die
allgemeine Wahrheit, die sie enthält, ich meine nicht die Wahrheit,
die sich in einen Lehrsatz fassen, sondern jene, die völlig nur in
dieser lebendigen Bildlichkeit ergriffen werden kann, welche ihr
als Einkleidung, aber doch eben nur als Einkleidung dient.
Dasselbe Bedürfniß erzeugt die Abneigung, geschichtliche Thatsachen willkürlich nach künstlerischen Absichten umgefernt zu sehen.
Lessing, in der Hamburger Dramaturgie, hält mit Aristoteles es
nicht für Pflicht des Dichters, uns die wirklichen Erlebnisse der
geschichtlichen Gestalten vorzuführen, deren Namen er benutze;
er habe nur zu zeigen, was Menschen von ihrem Character begegnen könne und müsse. Auch darin liegt noch die Forderung
einer Wahrheit der Darstellung, die den Gesetzen dieser Welt
entspricht; aber schwerlich wird Lessing das deutsche Gemüth auch
nur hiervon überzeugen, daß die Geschichte für die Künstler nur
als Beispielsammlung für allgemeine psychologische Wahrheiten
zu dienen habe. Man benutze die geschichtlichen Namen, meint
er, für die erdichteten Dinge, weil wir bei ihnen an bestimmte
Charactere zu denken gewohnt sind, weil wirklichen Namen auch
wirkliche Begebenheiten anzuhängen scheinen, weil endlich, was

einmal wirklich geschehen, glaubwürdiger ist, als was nie geschehen. Aber wenn die Kunst, wie doch hier vorausgesetzt wird,
nur das schildert, was nach allgemeinen Gesetzen des Geschehens
möglich ist, warum denn dann der Versuch, seine Glaubwürdigkeit durch Berufung auf wirkliches Geschehensein zu steigern?
Man wird zugeben müssen, daß diese Berufung gar nicht die
Wahrscheinlichkeit erhöhen, sondern daß sie unmittelbar das Verlangen befriedigen will, nicht Dichtung im Sinne der Unwirklichkeit, sondern Wirklichkeit zu sehen. Lessing unterschätzt dies
Bedürfniß, indem er zuviel dem Griechen glaubt, dem der Begriff einer Geschichte nicht in dem Sinne eines zusammenhängenden Weltplans geläufig ist, in welchem jedes Einzelne
wesentlich, sondern nur in dem Sinn einer Folgenmenge
aus allgemeinen Naturbedingungen, innerhalb deren jedes Einzelne ein unwesentliches Beispiel ist.

————

Der Mangel der Anregungen, welche der lebendige Verkehr mit mannigfaltiger Kunstschönheit geben kann, hatte den
Anfang der Aesthetik gedrückt; aber gleichzeitig mit ihm stellte
der begeisterte Sinn Johann Winckelmanns in unvergänglichen Leistungen unserm Volke die reiche Welt der bildenden
Kunst des Alterthums vor Augen und gab den späteren Betrachtungen über die Schönheit unerschöpflichen Stoff. Mit
dankbarer Verehrung mag man alles wahre Verständniß der bildenden Kunst auf ihn zurückführen: aber wenn seine Wirksamkeit unermeßlich wichtig war um des großen Gesichtskreises willen,
welchen er dem ästhetischen Nachdenken nahe legte, so liegen doch
den allgemeinen Fragen, die unsere Geschichte zu behandeln hat,
seine Verdienste zu fern, um sie mit der ihnen sonst gebührenden
Ausführlichkeit zu schildern. Nicht die belebenden Antriebe haben
uns zu beschäftigen, die er der archäologischen Forschung gab;
selbst sein zum ersten Mal unternommener Versuch, in einer

umfassenden Kunstgeschichte die Entwicklung des künstlerischen
Triebes der Menschheit zu verfolgen, berührt nur unser Gebiet;
unwiederholbar endlich ist die große Menge treffender Bemerkungen, die ihm über unzählige Einzelheiten der plastischen Darstellung der Anblick der Kunstwerke entlockt.

Aufgewachsen in literarischer Beschäftigung mit dem Alterthum, dann in spät erreichter Anschauung der italiänischen Kunst-
schätze schwelgend, knüpfte er nicht an Principien einer philosophischen Schule an, sondern machte sich einfach zum Ausleger
der antiken Kunst, deren Werke ihm die unmittelbare Offenbarung der Schönheit schienen. Die Wissenschaft hatte nur geringen
und mittelbaren Nutzen von dieser Begeisterung; aber für den
ästhetischen Geschmack und durch ihn doch auch für die Wissenschaft war es ein bedeutsames Glück, daß so großer Eifer einem
würdigen Ziele galt. Der verkümmerte Geschmack der Zeit bedurfte der erfrischenden Rückkehr zu dem Alterthum, am meisten
erfrischend, wenn sie zu der bildenden Kunst zurücklenkte, in
welcher jenes so unübertrefflich und seiner selbst gewiß, die
Gegenwart in ihren Erfolgen so wenig glücklich und so unklar
in ihren Absichten war. Obgleich daher in Winckelmanns Versuchen zur Theorie der unbefriedigende Kreislauf der Gedanken
wiederkehrt, die Alten zu preisen, weil sie das wahre Schöne gekannt, und wahres Schöne das zu nennen, was die Alten gebildet, so bleibt bei der Wahrheit ihres Inhalts und bei ihrer
Bedeutung für jene Zeit die formelle Unvollendung seiner Reflexionen wenig zu bedauern. Und Etwas Großes war es doch,
was seine dem Alterthum verwandte Seele, nicht zwar in doctrinärer Zergliederung, aber mit der Deutlichkeit der Begeisterung seiner Zeit und seinem Volke vortrug; jene Achtung vor
der Stille der wahren Erhabenheit, vor der Ruhe der Majestät,
vor der Einfalt alles wahrhaft Schönen, die er der Hinneigung
seines Zeitalters zu dem Lärmen angeblicher Großartigkeit, der
Friedlosigkeit des Gewaltsamen, der Ueberladung gesuchter Reize

entgegenstellte. Nirgends ist er beredter, als in der Belegung
dieser Lehre durch die ergreifenden Vorzüge antiker Werke; diese
reinere Stimmung des Geschmacks bewirkt zu haben, ist dem
Verdienst eines Fortschritts in wissenschaftlicher Aesthetik gewiß
nicht nachzusetzen, an nachhaltiger Wirksamkeit für die Entwicklung des Kunstsinns unstreitig vorzuziehen.

In einigen ausführlichen Schilderungen hat Winckelmann
den ganzen Schönheitsgehalt bedeutender Kunstwerke zergliedern
wollen, des belvederischen Apoll, des berühmten Herkulestorso,
des Laokoon. Auserlesene Sorgfalt stylistischer Wendungen ist
absichtlich auf diese Darstellungen verwandt, dennoch geben sie
nur den durch Reflexion abgekühlten Ausdruck von Gefühlen,
welche der Anblick jener Kunstwerke erregt; über die künstlerischen
Mittel, durch welche dieser Eindruck möglich wird, sind diese
Ausarbeitungen weniger beredt, als viele Bemerkungen, die
Winckelmann sonst gelegentlich hinwirft; auf ästhetische Principien
führen sie gar nicht. Auch diese hat allerdings Winckelmann
mehrmals, obwohl mit liebenswürdig ausgesprochnem Mißtrauen
in seinen Erfolg, sich klar zu machen versucht: zu spät habe er
sich diesem Gegenstande zugewandt und könne nur unkräftig und
ohne Geist von ihm reden. Um billig zu beurtheilen, wovon er
selbst so bescheiden spricht, beachten wir zuerst, daß sein Nachdenken sich auf die Welt der bildenden Kunst beschränkte, was
die Allgemeingültigkeit seiner Ergebnisse schmälert; dann, daß er
selten in ruhiger Lehrdarstellung, meist in aufbrausendem Kampf
gegen den Ungeschmack sprach. Dies führte ihn zu einer Unterscheidung wahrer Schönheit und falsches Reizes, die sich lebhaft
aussprechen, aber schwer begründen ließ. Schärfe des äußern
Sinnes für den Thatbestand des Wahrnehmbaren und eine Bildlichkeit der Einbildungskraft, welche der mannigfachen Verhältnisse des Wahrgenommenen sich vergleichend bewußt wird und
sie festhält, reichten ihm noch nicht zur Empfänglichkeit für wahre
Schönheit hin; ein feinerer innerer Sinn für den Werth des

2*

Beobachteten müſſe hinzutreten. Der Mangel dieſes Sinnes
ſchien ihm nicht blos Fehler natürlicher Begabung, ſondern ein
Zeichen innerer Verkehrtheit des Gemüths durch die Lüſte. So
konnte ſein für Formenreiz ſonſt ſo empfänglicher Sinn doch die
wahre Schönheit nicht in bloßen Formverhältniſſen ſuchen; wie
der falſche Schein mit dem Schlimmen in uns, ſo mußte ſie
mit allem Beſten und Größten der Welt zuſammenhängen. Zwei
Aufgaben kreuzen ſich daher ungeſchieden in ihm, die eine: die
thatſächlichen formellen Bedingungen der Schönheit, die andre:
die Gründe aufzuſuchen, die dieſen Bedingungen ihren Werth
und ihre Macht über unſer Gemüth verleihen.

Zur Löſung der erſten Aufgabe trug Winckelmann durch
zahlreiche treffende Einzelbemerkungen bei, die ſich hier nicht
ſammeln laſſen; ſeine Verſuche, dieſe unmittelbaren Offenbarungen
ſeines Geſchmackes auf Grundſätze zurückzubringen, ſind ohne
Erfolg. Schreibt er der Schönheit eine elliptiſche Umrißlinie zu,
ſo drückt er damit nur etwas unbehülflich aus, ihr Geſtaltungs-
geſetz ſei nicht allzu einfach, wie das des Kreiſes; findet er ſie
in Uebereinſtimmung eines Geſchöpfs mit ſeinen Zwecken und
in Harmonie der Theile unter einander und mit dem Ganzen,
ſo kann man zwar in ſeinem Sinne ergänzen, daß dieſe Vollkommenheit ſchön nur wird, ſoweit ſie ſinnlich anſchaulich erſcheint; allein auch ſo iſt dieſe Beſtimmung von den bevorzugten
lebendigen Geſtalten abgezogen, mit denen ſich die Sculptur be-
ſchäftigt, und ſtimmt nicht zu dem unſchönen Eindruck vieler niederen Organismen, die doch nicht minder vollkommen in ihrer
Art ſind; ſie wird ziemlich nichtsſagend für architektoniſche, mu-
ſikaliſche und decorative Werke, deren innere Vollkommenheit weit
mehr aus dem ſchönen Eindruck geſchloſſen wird, als daß ſie
vorher nachweisbar ihn begründete.

Wichtiger iſt uns ein Mißverſtändniß, in welches ſich
Winckelmann verwickelte, indem er im Sinn der zweiten Aufgabe die unendlich verſchiedenen Arten der Schönheit, für deren

Befonderheiten fein künftlerifcher Blick fonft fo empfänglich war,
in die Einheit eines höchften Schönen zufammenzufaffen fuchte.
Er unterlag hier einem antiken Fehler, obgleich er wohl nicht
in unmittelbarfter Abhängigkeit von Platon und Plotin gefpro-
chen hat, denen er, wenn er Anderes als Selbftdurchdachtes hätte
geben wollen, leicht mehr und Scheinbareres entlehnen konnte. Es
gibt nur Eine geometrifche Gefetzlichkeit oder Wahrheit, und alle
Figuren, die fich follen verzeichnen laffen, find nur unter ihrer
Vorausfetzung möglich und das, was fie find. Aber diefe Wahrheit ift nicht felbft eine Figur, und die Mannigfaltigkeit der
Figuren läßt fich nicht auf Eine Figur an fich, nicht auf ein
Ideal der Figur zurückführen, deffen Modificationen die einzelnen
wären, fondern eben nur auf jene felbft geftaltlofe Wahrheit, die
das Gefetz ift, von welchem alle von einander übrigens unabhängigen Geftalten Beifpiele der Anwendung find. Die Geometrie hat nie jenes Unmögliche gefucht; auch die Aefthetik hätte
es nicht fuchen follen. Sie konnte die verfchiedenen Reize der
einzelnen Schönheiten unter allgemeine Gefichtspunkte bringen,
welche die beftändigen Grundbedingungen bezeichnen, deren Erfüllung Jedem, worin fie erfüllt find, Schönheit gibt, ohne daß
diefe Bedingungen felbft fchön find; ftatt deffen fuchte fie fo oft
ein Schönes an fich, von dem alle einzelnen Schönheiten frag-
mentarifche und abgefchwächte, aber doch gleichartige und ähnliche
Abbilder feien. Jener Begriff des Schönen, der, wie Begriffe
überhaupt, nicht felbft das ift, was er an Anderem als deffen
Eigenfchaft bezeichnet, läßt fich als mögliche Aufgabe denken und
er mag allerdings nur Einer in der Welt fein; ein Höchftes
aber, das nicht nur gemeinfame Bedingung der Schönheit für
alles einzelne Schöne, das vielmehr felbft fchön wäre, ohne ein
Einzelnes zu fein, dies ift jenes unmögliche fich felbft wider-
fprechende Ideal, welches im Formlofen leiften foll, was eben
nur die Form zu leiften vermag. Nur in Gott glaubte es
Winckelmann zu finden; „Unbezeichnung" fei feine wefentliche

Eigenschaft, eine Gestalt, die weder dieser noch jener Person eigen sei, noch irgend einen Zustand des Gemüths oder eine Empfindung der Leidenschaft ausdrücke, gleich dem vollkommensten Wasser, aus dem Schoße der Quelle geschöpft, welches, je weniger Geschmack es habe, desto gesünder geachtet werde, weil es von allen fremden Theilen geläutert sei. Diese sichtlich noch immer dem besondern Anschauungskreise der Sculptur entlehnte Definition des höchsten Schönen drückt offenbar nur aus, was Winckelmann von ihm fordert, ohne daß sich irgend Etwas nachweisen ließe, was diese Forderungen befriedigte; auf dem Wege von diesem nichtigen Ideal zur Betrachtung der Kunst und ihrer Werke findet sich dann bei Winckelmann nach und nach wieder ein, was er mit Unrecht weggelassen hatte: das charakteristische Ideal der bestimmten Gattung, welches dem Schönen seine Form, dann der „Stand der Handlung und der Leidenschaft," welcher ihm seinen Ausdruck gibt .

„Gott und Natur haben wollen einen Maler, einen großen Maler aus mir machen," ruft Winckelmann einmal in vertraulicher Aufwallung über seinen Lebensgang aus, der ihm verfehlt schien. Die Art seiner Kritik künstlerischer Werke ließe uns eher Erfolge in plastischer Kunst voraussehen, als in der Malerei, in welcher sein natürlicher Geschmack wohl noch weniger den Einfluß einer unhaltbaren Ansicht würde überwunden haben, die er sich von der Aufgabe künstlerischer Darstellung gebildet hatte. An das Wort des alten Simonides erinnernd, Malerei sei stumme Dichtung, verlangt er von ihr, sie solle erdichtete Bilder haben, d. h. Gedanken persönlich machen in Figuren. Er selbst hebt freilich die Persönlichmachung hervor, ich, daß es Gedanken sind, deren Darstellung er verlangt. Ich will damit kurz sagen, daß er nicht von jenem Gedankeninhalt eines Kunstwerks redet, den wir in Begriffen zu erschöpfen eben verzichten müssen, sondern daß es doch leider sehr trockene in Begriffen nur allzu gut erschöpfbare Gedanken sind, die er meint, und zu deren Einklei-

ung er allen Aufwand der Formenschönheit verwenden möchte.
So sonderbare Aussprüche, wie der, daß die wesentliche Aufgabe
der Malerei die Darstellung des Nichtsinnlichen, des Vergangnen
und des Zukünftigen sei, zielen nur auf diese früh in ihm aus-
gebildete und nie abgethane Vorliebe für Allegorie, die ihn
antrieb, theils die sinnbildlichen Vorstellungen der Alten zum
Gebrauch zu sammeln, theils auf ihre Vermehrung zu denken.
Mit wunderlicher Unbefangenheit gedenkt er selbst dabei der
Hieroglyphenschrift, in deren Verwandtschaft die Consequenz seiner
Lehre allerdings die bildende Kunst herabdrücken würde. Denn
selbst das Räthselhafte, das nicht jedem Sinn Verständliche der
Allegorie gilt ihm für einen Theil ihres ästhetischen Werthes.
So begegnen sich seine Ansichten seltsam mit denen Baumgartens,
nur daß er die Allegorie eifrig suchte, die jener nur entschuldigte.
Noch einmal kommt indessen bei ihm der künstlerische Sinn zu
Wort; unter den Regeln für Entwerfung der Allegorie betont
er die letzte: lieblich sollen die Bilder sein, dem Endzweck der
Kunst gemäß, welche zu ergötzen und zu belustigen sucht. Und
hier fügt er hinzu: die plastische Kunst, verschieden von der
Dichtkunst, könne nicht mit Vortheil die schrecklich schönen Bilder
ausführen, welche diese male. So streitet in ihm der unbe-
fangene Sinn für Formenschönheit mit dem Vorurtheile, die
Idee eines Kunstwerks in einem Gedanken suchen zu müssen, der
um zu bedeuten, was er bedeuten soll, der Schönheit nicht im
Mindesten bedarf.

Schon einmal haben wir Lessings zu gedenken Veranlassung gehabt. Sein großer Name wird uns bei jedem Fortschritt
wieder begegnen, der in den einzelnen Kunstlehren gemacht worden ist, und nicht minder bedeutend ist seine mächtige Einwirkung auf die Ueberzeugungen, die sich über die allgemeinen Aufgaben aller Kunst zu bilden anfingen. Dennoch gleicht seine

Stellung zu den allgemeinsten ästhetischen Fragen der Winckelmanns. Ob seine männliche Seele in hohem Maß die natürliche Reizbarkeit besaß, ohne Reflexion von Formenschönheit tief
erregt zu werden, macht die Geringfügigkeit des lyrischen Elements in seinen eignen Arbeiten zweifelhaft; aber überall, wo
Schönheit und so weit sie auf nachweisbarer Verknüpfung mannigfacher Mittel zu einem Ganzen besteht, da wußte sein ein-
dringender Scharfsinn die Gründe des Eindrucks zu zergliedern,
den Andere nur erleiden. An Gewandtheit des Denkens und
Strenge des Untersuchungsgeistes Winckelmann weit überlegen,
hat doch auch er den letzten Schritt von der Mannigfaltigkeit
seiner Einzelergebnisse zur Aufsuchung der höchsten Gründe der
Aesthetik nicht gethan. Er äußert mehrmals den Vorsatz dazu;
aber die Nichtausführung entspricht dem Verhalten, das er auch
auf anderen Gebieten seiner weitverzweigten Thätigkeit beobachtete.
Kein Gegenstand, den er angriff, ist ohne bedeutende Aufklärung
geblieben, aber auf keinem Felde der Untersuchung ging der große
geistige Agitator, dem die Bildung seines Volkes Unermeßliches
verdankt, bis zur systematischen Verknüpfung der von ihm erfolgreich angesponnenen Gedankenfäden. Man gedenkt dabei seines
Wortes: das ewige Forschen nach Wahrheit, selbst wenn es vergeblich wäre, ihrem mühelosen Besitze vorzuziehen; man begreift,
daß diese ernste Freude an der Untersuchung und die tiefe Verehrung der Wahrheit ihn ungeneigt zu einem Abschlusse machte,
der weniger leicht als ein einzelner Irrthum zurückgenommen
zu werden pflegt. In Bezug auf bildende Kunst bemerkt er
selbst, das bloße Vernünsteln aus allgemeinen Begriffen könne zu
Grillen führen, die man über kurz oder lang zu seiner Beschämung in den Werken der Kunst widerlegt finden würde.
Winckelmann, in der Furcht, allgemeine Reden über Aesthetik
das neue Modeargument in Deutschland werden zu sehen, wie
früher Ontologie und Kosmologie, bemerkt ähnlich: l'aggirar
sull' universale con dei luoghi topici è facile; il difficile è

l'individuare. So sind beide die stets verehrten Bildner unsers Geschmackes geworden, und es war ein neues Glück, daß zugleich mit der angeregten Betrachtung der plastischen Kunst Lessings Vielseitigkeit auch die Dichtung aller Völker und Zeiten in den Kreis lebhafter Untersuchung zog; aber auch von ihm kann jetzt unsere Uebersicht der allgemeinsten Fragen nur Weniges berichten.

In der Schätzung dieser allgemeinen Ansichten Lessings kann ich dem nicht beistimmen, was R. Zimmermann in seiner verdienstvollen Geschichte der Aesthetik bemerkt. Der Zwiespalt zwischen uns betrifft, obwohl hier noch nicht von seiner ganzen Stärke zu reden ist, so sehr die Grundfragen der Aesthetik, daß ich den Streit gegen den Vortrag meines vortrefflichen Vorgängers der erzählenden Darstellung vorziehen darf.

Daß Schönes uns wohlgefällt, ist so lange die Welt steht, die ursprüngliche Veranlassung gewesen, es von Gleichgültigem oder Häßlichem zu unterscheiden; und ebenfalls so lange die Welt steht, hat man nicht alles Gefällige gepriesen, sondern von werthlosen oder verdammlichen Reizen das abzutrennen gesucht, von dem wohlgefällig berührt zu werden unser menschliches Recht und unsere Pflicht sei. Baumgarten freilich, von systematischen Voraussetzungen beherrscht, hatte der ästhetischen Lust wenig gedacht; seine Nachfolger, je mehr sie diese Anknüpfungen fallen ließen, kamen auf den natürlichen Standpunkt zurück: eine Schönheit, die nicht gefiele, uns nicht vergnügte, wie sie sich ausdrückten, war ihnen ebenso undenkbar als eine Wahrheit, die sich nicht einsehen ließe. Aber von der großen Menge des aus irgend welchem Grunde Wohlgefälligen suchten sie das Schöne durch Nachweis des höheren Grundes zu trennen, der uns berechtige, an ihm unsere Lust zu haben, und sie fanden diesen Grund theils darin, daß das Schöne die Wahrheit, theils darin, daß es das Gute zur Erscheinung bringe. Eberhard nennt die Einheit des Mannigfachen als Bedingung der Wohlgefällig-

keit; aber er schreibt Schönheit nur den Wahrnehmungen des
Gesichts und des Gehörs, nicht auch den Eindrücken der niedern
Sinne zu, die nur einen unzergliederbaren Eindruck bilden. Denn
nur jene höhern Sinne, die unserer beziehenden Thätigkeit
eine Leistung verstatten, geben uns das Gefühl der Vollkommenheit unserer geistigen Organisation, welche das Mannigfache zur
Einheit selbstthätig verbinden kann; diese Vollkommenheit aber,
so ergänzen wir den Gedanken, gehört zu dem, wovon erfreut
zu werden, menschlich und sittlich würdig ist. Sulzer nennt
gleichfalls als Bedingungen des ästhetischen Eindrucks Bestimmtheit und mühelose Faßbarkeit, fühlbare Ordnung in der Mannigfaltigkeit und harmonisches Zusammenfließen des Mannigfachen,
so daß nichts Einzelnes besonders rühre. Aber obgleich er da,
wo diese Bedingungen erfüllt sind, schon Schönheit finden will,
so sei doch da, wo Nichts weiter gegeben ist, nur Schönheit ohne
innern Werth, die nur in der Phantasie bleibe. Die himmlische
Schönheit, deren Genuß Glückseligkeit ist, findet er nur in den
Werken, in denen wir die dreifache Kraft antreffen, die Sinne,
den Verstand und das Herz einzunehmen: Zimmermanns Vorwurf, Sulzer, nach der objectiven Seite der Schönheit neigend,
lange zuletzt bei der rein stofflichen an, kann ich mir demnach
nicht aneignen. Denn Sulzer nimmt seinen Ausspruch, daß die
Schönheit in Verhältnissen des Mannigfachen, in Formen also,
bestehe, nicht zurück; was er aber hinzufügt, läßt sich nicht nur
als Bemerkung über die würdige Verwendung schöner Formen
fassen, in der man dem Moralisten, sondern auch als eine Abstufung verschiedener Schönheitsgrade, in der man dem Aesthetiker zustimmen kann. Zimmermann selbst findet richtig, daß
Sulzer zu den Bedingungen der Wohlgefälligkeit auch Einklang
von Innerem und Aeußerem, Inhalt und Form rechne; er tadelt,
daß jener nicht auch dies Einklangsverhältniß als bloße Form
betrachte, bei der der selbständige Werth des Innern ebenso
gleichgültig sei, wie eine verborgene Goldfüllung für die Schön-

heit einer Statue. Ich bemerke dagegen, daß ein verborgen bleibendes Gold eben nicht den Fall jener Uebereinstimmung zwischen Aeußerem und Innerem bilden würde, von welcher Sulzer die Schönheit abhängen läßt, und keine seiner Aeußerungen zwingt, ihn so verstehen, als könne die anderweitige Vortrefflichkeit eines Inhalts eine Form schön machen, die nicht seine Form ist. Sulzers wirkliche Meinung scheint mir in der That ästhetische Wohlgefälligkeit überhaupt auf bloße Verhältnißformen des Mannigfachen zu gründen. Aber unter vielen andern Fällen sei es ein ausgezeichneter Fall, wenn ein Theil der verbundenen Elemente ein Inneres bildet, mit dessen Natur der andere Theil derselben als Form zusammenstimmt. Auch dies gelte von jedem Inhalt dieses Innern; aber ein noch mehr ausgezeichneter Fall sei es, wenn dies Innere selbst nicht ein beliebiger Inhalt, sondern auch seinerseits eine Natur ist, deren innere Verhältnisse, die Formen der Beziehung zwischen ihren Elementen, eine unabhängige Billigung für sich erwecken würden, auch wenn sie äußerlich nicht erschienen. Erscheint diese Gliederung dennoch in einer entsprechenden äußeren Form, so ist dieser Einklang zwischen zwei in sich selbst harmonischen Systemen des Mannigfachen eine Steigerung jener Einheit des Vielen, die den Begriff der Schönheit macht; und dies mag jene Form der Schönheit sein, die den Verstand zugleich befriedigt, während die einfachere nur die Phantasie vergnügt. Und endlich, wenn dies Innere die Welt des menschlichen Geisteslebens ist, wollen wir ernstlich behaupten, daß die Disharmonie des Geistes in ganz entsprechender Disharmonie der äußern Erscheinung ausgedrückt, an Schönheitswerth der harmonischen Erscheinung des harmonischen Innern ganz gleich stehe, blos weil das formale Verhältniß des Einklangs zwischen Inhalt und Form in beiden Fällen sich ganz gleich vorfinde? Ich glaube wohl nicht; vielmehr ist nur der letzte Fall jene Schönheit Sulzers, die auch das Herz erfreut, während wir am andern

nur bedingtes Interesse nehmen. Die Summe dieser Ansichten
scheint mir daher diese, daß die als abstufbar gedachte Schönheit
durch ein Product aus der Wohlgefälligkeit der Form in den
Werth des in ihr niedergelegten Inhalts gemessen werde. Der
Name der Schönheit schien zu viel Verehrung und Bewunderung zu enthalten, um bereits dem gegeben zu werden, was nur
durch seine Form gefällt.

Aber wir kommen zu Lessing zurück, dessen Verhalten zu
solchen Auffassungen Zimmermann (Geschichte der Aesthetik,
S. 189) durch den Ausspruch characterisirt: der Zweck der Kunst
sei nur die Schönheit. Zwar sagt nun Lessing dies mehrfach,
doch in allerhand Gegensätzen zu andern Forderungen an die
Kunst, nirgends mit der Bedeutung eines grundlegenden Lehr-
satzes. Was hätte auch der Satz geholfen? Gebilligt hätten
ihn alle, weil jeder an seinen eigenen Begriff von der Schönheit gedacht hätte; was Lessing unter ihr versteht, sagt er nicht;
wir müssen es aus einzelnen Aeußerungen, aus seiner Praxis
überhaupt errathen. Und hier mißdeutet wohl Zimmermann
eine Stelle des Laokoon. Zwar setze dort Lessing den Zweck
der Kunst in das Vergnügen, erkläre aber doch das Vergnügen
als entbehrlich und nur für erlaubt um der Schönheit willen,
deren Folge und unzertrennlicher Begleiter, nicht deren Zweck
es sei. Aber Lessing will an jener Stelle rechtfertigen, daß bei
den Alten auch die Kunst bürgerlichen Gesetzen unterlegen habe.
Ueber die Wissenschaft freilich dürfe der Staat nicht bestimmen,
denn sie suche Wahrheit, die der Seele nothwendig sei; Vergnügen aber sei entbehrlich und deshalb die Kunst, da Vergnügen
ihr Zweck, ein Theil des Lebensüberflusses, den man zu Erzieh-
ungszwecken beschneiden dürfe. Weder hierin also, noch sonst in
Lessings Kunstkritik finde ich den Beweis, daß er in Zimmermanns Sinne den subjectiven schwankenden Boden des Vergnügens verlassen habe, um den objectiv festen des Schönen zu betreten. Gewiß schwebten ihm allgemeine und ewige Gesetze der

Schönheit vor, doch schwerlich in dem Sinne, daß diese Gesetze
in reinen Formverhältnissen ohne Rücksicht auf den Inhalt be=
stänben. Indem Zimmermann so interpretirt, fügt er doch selbst
Lessings Worte bei: nur das Vollkommenste gefällt dem Edelsten
und der Künstler will nur dem Edelsten gefallen. Warum dies?
Das Vollkommenste gefällt, und nicht das Formschöne? Es gefällt
dem Edelsten, nicht dem Geschmackvollsten? und wenn dies
noch zusammenstimmt, warum will der Künstler dem Edelsten
gefallen? Dies sind nicht Worte dessen, dem die Schönheit in
bloßen Formen besteht. Und wenn ferner Lessing die höchste
Schönheit nur im Menschen, und auch in diesem nur vermöge
des Ideals findet, das nur in ihm, weniger im Thiere, in
Pflanzen und lebloser Natur gar nicht statthabe, wenn er dem
entsprechend Blumen= und Landschaftsmalerei geringschätzt, nicht
viel höher die Musik, und Colorit im Gegensatz zur Zeichnung
Sinnenkitzel nennt, so hat ihn bei alle Dem gewiß nicht blos
eine gelegentliche Erinnerung an Winckelmann überschlichen, nach
welchem das Schöne wesentlich Allegorie ist, sondern es war
seine eigene nie anders gewesene Ueberzeugung, daß Schönheit
gar nicht blos Form „und Nichts weiter" sei, daß vielmehr zu
der Gefälligkeit der Form der Werth des Inhalts unabtrennbar
gehöre.

Vergegenwärtigt man sich endlich den Gesammteindruck der
Hamburgischen Dramaturgie, so kann man es nicht als Lessings
Meinung ansehen, das Vergnügen, die ästhetische Gemüthsbeweg=
ung überhaupt, sei nur eine unausbleibliche Wirkung, nicht der
Zweck der Kunst. Vor allem: jener „objectiv-sichere Boden"
des Schönen an sich wird hier fast ganz unsichtbar vor der
Beeiferung, mit welcher dessen Wirkung auf uns aufgesucht und
an Regeln geknüpft wird. Der subjective Eindruck des Schönen,
die Bewegung des Gemüths, die wir von ihm empfinden, ist der
einzige Augepunkt der Untersuchung, den wir zweifellos vor uns
sehen. Interessirt uns! ruft Lessing den Dichtern zu, und dann

macht mit den kleinen Regeln, was ihr wollt. Er vergaß natürlich nicht, daß die Befolgung dieser Aufforderung an die Beobachtung ewig gültiger Gesetze gebunden ist; aber deutlich macht
doch dieses lebhafte Wort, daß ihm Schönheit nicht in einem
bloßen Formenspiel beruht, sondern in dem Inhalt, der durch
diese Formen als Mittel seiner Darstellung die ästhetische Lust
erzeugt. Und auch diese Lust selbst galt ihm nicht blos als ein
Gefallen an der Harmonie und dem Gleichmaß der verschiedenen
Gemüthsbewegungen, welche der Eindruck des Schönen anregt.
Wenn er alle Kunstgriffe berücksichtigt, durch welche die Aufmerksamkeit gefesselt, die Erwartung gespannt, die Uebersicht des
Mannigfachen erleichtert wird, so dienen ihm doch alle diese formalen Mittel nur dazu, jene Stimmung des Mitleids und der
Furcht hervorzubringen, die er mit Aristoteles als den Zweck der
tragischen Darstellung betrachtet. Von diesen beiden Gefühlen
aber wird Niemand behaupten, sie seien das, was sie sind, durch
das bloße formale Verhältniß der kleinsten veränderlichen Elemente des Gemüthszustandes, die in ihnen vorkommen. Weder
der schöne Gegenstand also ist schön durch seine bloße Form,
noch das ästhetische Wohlgefallen an ihm ästhetisch durch seine
formale Verschiedenheit von andern Gefühlen.

Doch bin ich vielleicht zu weit schon gegangen, indem ich
Lessings Meinung einen positiveren Ausdruck gab als er selbst.
Nur dies wollte ich behaupten, daß er auch nach der andern
Seite hin ganz mit Unrecht als Vorfechter der Lehre angeführt
wird, welche mit gleicher Ausdrücklichkeit den Grund der Schönheit nur in Formverhältnissen findet. Bis zur bestimmten
Entscheidung solcher Principienfragen gelangte überhaupt dieser
erste Zeitraum der Aesthetik nicht, den wir durch Baumgarten,
Winckelmann und Lessing bezeichneten. Der erste von ihnen begnügt
sich mit einer nicht sehr lebhaft nachwirkenden systematischen Begründung des ganzen Untersuchungsgebietes; die Verdienste der beiden
andern liegen in der Erweckung des Kunstsinnes und der Kritik.

Die übrigen in dieſem Zeitraum mitwirkenden Kräfte, deren wir
zum Theil ſchon erwähnten, trugen wenig Eigenthümliches bei;
ſelbſt Sulzers ſehr nützliche „Theorie der ſchönen Künſte" ver-
breitete zwar mannigfache Kenntniſſe über die einzelnen alpha-
betiſch behandelten Fragepunkte der verſchiedenen Kunſtlehren,
erfüllt aber ſehr wenig die Anforderungen, die wir an eine allgemeine äſthetiſche Theorie ſtellen müſſen.

Zweites Kapitel.

Kants Grundlegung der wiſſenſchaftlichen Aeſthetik.

Aprioriſche Elemente in der theoretiſchen und in der praktiſchen Vernunft. —
Kritik der Urtheilskraft als entſprechende Betrachtung des Allgemeingültigen im
Gefühl. — Subjectivität des Geſchmacksurtheils. — Das Schöne, das Angenehme, das Gute. — Schön, was ohne Intereſſe gefällt. — Schön, was
ohne Begriff allgemein gefällt. — Kein objectives Princip des Geſchmacks
möglich. — Schönheit Zweckmäßigkeit ohne Zweck. — Freie Schönheit allein
reine Schönheit; eben deßhalb von geringem Werth. — Größeres aber nicht
rein äſthetiſches Intereſſe der anhängenden Schönheit. — Vertheidigung
Kants gegen Einwürfe Zimmermanns.

Nicht aus Begeiſterung für die Schönheit, ſondern aus dem
Gewahrwerden einer Lücke, welche in dem Lehrgebäude der phi-
loſophiſchen Wiſſenſchaften geblieben ſchien, war die Aeſthetik bei
Baumgarten entſprungen; ſie hatte ſich dann freilich der lebendigen Betrachtung der mannigfachſten Schönheit zugewandt, aber,
obwohl fruchtbar in glücklichen Einzelergebniſſen, hatte ſie doch
die letzten Gründe ihres Gegenſtandes nur ungewiß und unzu-
reichend berührt. Von neuem bemächtigte ſich in Immanuel
Kants großem Geiſte die Philoſophie der Führung in dieſen
Unterſuchungen, und wieder war es weit weniger die unmittelbare Theilnahme für die Schönheit, als das ſyſtematiſche Intereſſe der Speculation, woraus der neue große und fruchtbare

Anstoß zum Fortschritte hervorgehen sollte. In seinem eng-
begrenzten Stillleben, den Anschauungskreis seines Wohnsitzes nie
durch Reisen erweiternd, war Kant nicht in lebendigen Verkehr
mit der vielgestaltigen Kunstwelt glücklicherer Länder getreten;
die Reize, welche die Natur seiner Umgebung entfaltete, genügten
ihm, um an sie seine Betrachtungen anzuknüpfen. Daß Schöpfungen der Dichtkunst, von deren Genuß keine Einsamkeit ausschließt, einen tief aufregenden Eindruck auf sein Gemüth gemacht,
bezeugen uns wenigstens seine Werke nicht, obgleich wir gern
seiner gelegentlichen Versicherung von dem Vergnügen glauben,
welches ihm allzeit die Anhörung eines wohlgelungenen Gedichtes
verursacht habe. Zum Vortheil des allgemeinen Fortschritts sind
die Gemüthsarten den Menschen verschieden ausgetheilt; wo es
sich um · die allgemeine wissenschaftlich erkennbare Natur des
Schönen handelte, hatte diese kühlere Stellung zu dem Gegenstande vielleicht mehr Hoffnung des Gelingens als jene Reizbarkeit der Phantasie, für welche die beständige Versenkung in
den leidenschaftlichen Genuß der Schönheit unentbehrliche Lebens-
bedingung ist.

Im Streit gegen die Ueberschätzung der Erfahrung als einziger Quelle alles unsers Wissens und als Bestimmungsgrundes
für alles unser Handeln hatten sich Kants Gedanken zu der Gestalt entwickelt, in welcher sie Anfang und noch immer fortwir-
kender Trieb unserer deutschen Philosophie geworden sind. Jene
allgemeinen Gewohnheiten, welche uns zu jeder Veränderung,
die wir in der Welt geschehen sehen, eine bewirkende Ursache,
die ihr voranging, aufsuchen, eine Wirkung, die ihr nachfolgen
wird, erwarten lassen, jene Grundsätze überhaupt, nach denen
wir in der Verknüpfung der Wahrnehmungen verfahren, um
Unwahrgenommenes aus ihnen zu folgern, hatten einst der
Wissenschaft als ein dem menschlichen Geist ureigner Besitz angeborner Wahrheit gegolten; sie alle aber hatte gerade damals
die Philosophie aus äußerer und innerer Erfahrung abzuleiten

verfucht, und fie fo rückfichtlich ihres Urfprungs eben jenen Einzel-
erkenntniffen gleichgeftellt, über welche fie als Regeln möglicher
oder nothwendiger Verknüpfung herrfchen follen. Es konnte nicht
unbemerkt bleiben, daß eine folche Abftammung dem Anfpruch
auf allgemeine und nothwendige Geltung nicht günftig ift, mit
welchem jene Grundfätze fich unferm Bewußtfein aufdrängen.
Hätten wir fie äußerer Erfahrung entlehnt, fo würden fie nur
gelten für die beobachteten Fälle des Weltlaufs, nicht vorgreifend
auch für die nichtbeobachteten; wäre es denkbar, daß wir fie
durch innere Erfahrung in uns felbft als nothwendige und allgemeine Regeln unfers Urtheilens vorfänden, fo würde theils
auch diefer Fund nur für den Augenblick gelten, in dem er gemacht wird und nicht verbürgen, daß die innere Erfahrung des
nächften Augenblicks daffelbe finden würde, theils könnte auf diefem
Wege die Gültigkeit jener Grundfätze in Bezug auf die Wirklichkeit außer uns nicht bewiefen, fondern nur unwahrfcheinlich-
gemacht werden. Der Skepticismus zog diefe Folgerungen in
der That: unzuverläffig feien alle jene Sätze, welche von einer
gegebenen Erfahrung eine noch nicht gegebene mit Nothwendigkeit glauben ableiten zu können, von einer bekannten Urfache eine
unvermeidliche Wirkung vorausfagen, zu einem vorliegenden That-
beftand eine vorangegangene Bedingung, mit der Gewißheit, fie
irgendwo finden zu müffen, hinzu fuchen. Nichts fei gewiß, als
die gegebene Thatfache felbft; erzählen können wir das Ge-
fchehene, nachdem es gefchehen ift, aber auf keinem Gebiete follen
wir glauben, mit dem Gegebenen das Nichtgegebene, mit dem
Gegenwärtigen das Zukünftige als nothwendig verbunden nach-
weifen zu können.

In den englifchen Philofophen Locke und Hume hatte fich
diefer Gedankengang vollzogen, der mit einem fonderbaren Wider-
fpruch zwifchen Wiffenfchaft und Leben endete. Denn diefes
mußte begreiflicherweife fortfahren, für die Behandlung aller
feiner Aufgaben jenen allgemeinen Grundfätzen alles Urtheilens

dasselbe Vertrauen zu schenken wie früher, während die Wissen=
schaft die Gültigkeit derselben mit einer Sicherheit des Behaup=
tens bestritt, welche sie selbst schwerlich hätte rechtfertigen können.
In der Kritik der reinen Vernunft nahm Kant diese Untersuch=
ung von neuem auf und entschied sich zu Gunsten einer Ueber=
zeugung, die schon Leibnitz in den Ausspruch zusammengefaßt
hatte, daß Nichts in unserm Verstande sei, was nicht aus den
Sinnen oder der Erfahrung stamme, den Verstand selbst allein
ausgenommen.

Eine geschichtliche Darstellung der Ursprünge und der in=
neren Gliederung der Kantischen Speculation würde hier mit
vorsichtiger Ausführlichkeit manche Mißdeutung zu vermeiden
haben; unser Ueberblick, nur auf den Ertrag gerichtet, den Kants
Gedanken für die Aesthetik gebracht, opfert diese Genauigkeit dem
Bedürfniß der Kürze. Es genügt uns, daß Kant in dem Be=
=wußtsein der Allgemeingültigkeit und Nothwendigkeit, welches
einige unserer Erkenntnisse begleitet, den Beweis sah, daß diese
Erkenntnisse nicht auf dieselbe Weise wie andere, an die jenes Be=
wußtsein sich nicht knüpft, dem menschlichen Geiste auf dem Wege
einer wenn auch innern Erfahrung zu Theil geworden sein
können. Allerdings, das Gewahrwerden der Thatsache, daß es
solche allgemeingültige und nothwendige Wahrheiten in uns gibt,
wird man als einen Act der Erfahrung bezeichnen können; allein
man würde damit nichts Tieferes und Fruchtbareres gesagt
haben als mit der Behauptung, auch unser eignes Dasein sei
für uns nur Gegenstand innerer Erfahrung. Gewiß ist es so;
dennoch wird man zugeben, daß man erst sein muß, um diese
Erfahrung seines eignen Daseins machen zu können; ganz ebenso
wird keine Selbstbeobachtung die nothwendige Wahrheit in uns
als eine solche erkennen, wenn dieselbe Wahrheit nicht bereits das
Gesetz unsers Beobachtens ist. Wäre wirklich, wie man be=
hauptet hatte, unser Inneres eine gänzlich leere Tafel, die nach
und nach von Eindrücken der Außenwelt beschrieben und bemalt

würde, und richteten wir auf dies Innere einen beobachtenden Sinn, der ein ebenso leerer Spiegel ihm gegenüber wäre, wie es selbst eine leere Tafel war gegenüber der Außenwelt, so würde Nichts geschehen, als daß jener Sinn diese Tafel mannigfach bemalt und beschrieben fände. Aber nie würde es nach Kants Meinung möglich sein, daß für einen solchen Sinn, der diese Beobachtung vornimmt, sich mit irgend einem dieser so entstandenen Bilder, einer dieser Erkenntnisse, das Bewußtsein nothwendiger und allgemeiner Geltung verbände. Nur unter der Voraussetzung ist dies möglich, daß eben diese Erkenntnisse, noch ehe sie durch eine innere Erfahrung, welche sie auffand, zu eigentlichen Erkenntnissen werden, die von aller Erfahrung unabhängige, dem Geiste ursprünglich eingeborne Verfahrungsweise seines Erkennens sind.

Und hierin liegt denn nicht nur die Wiederherstellung des Glaubens an eine Wahrheit, die unserer Natur eingepflanzt ist, sondern zugleich die Beschränkung, welche Kant diesem oft mißbrauchten Gedanken gibt. Es ist nicht mehr bei ihm von angebornen Ideen die Rede, durch welche wohl frühere Zeiten dem menschlichen Geiste eine unmittelbare Offenbarung des Wirklichen, eine ursprüngliche Kenntniß von Weltthatsachen, dem Dasein Gottes, der Unsterblichkeit und Anderem zu sichern suchten; der ganze Inhalt unserer Erkenntniß stamme zuletzt aus der Erfahrung, nur die allgemeinen Gesetze der Verknüpfbarkeit des Wahrgenommenen, die nicht etwas Wirkliches erzählen und schildern, sondern nur die Formen bezeichnen, unter denen Alles, was wirklich sein soll, gegeben und untereinander verbunden sein muß, diese allein bilden den unserem Geiste angebornen Besitz an Wahrheit, denn sie sind nichts Anderes, als Ausdrücke der unvermeidlichen Verfahrungsweisen seiner erkennenden Thätigkeit, sie sind eben der Verstand selbst, der allein der Erfahrung vorangehend mit dem schaltet, was diese uns zubringt, und aus ihren Aussagen neue Wahrheiten, aus dem Wahrgenommenen auch Unwahrgenommenes gewinnt.

Der mannigfache Empfindungsinhalt, den uns die Sinne zuführen, und durch den die eine Wahrnehmung sich von anderen unterscheidet, mag immerhin zuletzt auch nur eine innerliche Erregung in uns sein; er ist jedenfalls keine beständige allgemeingültige und nothwendige Form unserer Thätigkeit. Welche Erregungen dieser Art wir in jedem Augenblicke, wie viele derselben und in welcher Aufeinanderfolge wir sie haben werden, wissen wir nicht voraus, sondern müssen es abwarten; in diesem Sinne jedenfalls ist das Mannigfache der Empfindung oder die Materie unserer Wahrnehmungen ein Gegenstand und Erzeugniß der Erfahrung. In ihrer Vereinzelung bilden jedoch diese Empfindungseindrücke noch keine Erkenntniß; schon die Formen aber, in denen sie zu sinnlichen Anschauungen verknüpft werden, die des Raumes und der Zeit, werden nicht in gleicher Weise mit ihnen erfahren, sondern sind beständige, dem Geist unvermeidliche, ihm angeborne Auffassungsweisen, reine Anschauungen, innerhalb deren er den Eindrücken der sinnlichen Erfahrung ihre Stellen anzuweisen genöthigt ist. Obwohl nun zunächst nur subjective Verfahrungsweisen des Geistes und von seiner Natur abhängig, gelten doch diese Anschauungen mit aller ihrer Gliederung, der Raum mit der Gesetzlichkeit des Nebeneinander, die Zeit mit der minder reichhaltigen des Nacheinander, von Allem, was überhaupt Gegenstand unserer Wahrnehmung wird; denn es kann eben Nichts solcher Gegenstand werden, ohne durch diese Formen des Raumes und der Zeit bereits hindurchgegangen zu sein, die sich, um ein nicht unbedenkliches doch deutliches Bild zu brauchen, zwischen dem unbekannten Wirklichen an sich und unserm wahrnehmenden Bewußtsein wie ein Zwischenmittel ausbreiten, in welchem allein dieses sich mit jenem begegnet. Transscendentale Aesthetik hat Kant den Abschnitt seiner Lehre genannt, welcher diese Möglichkeit erörtert, auf Grund jener reinen Anschauungen nothwendige Wahrheiten über alles Wahrnehmbare zu behaupten; und dies ist das letzte Mal, daß in der Geschichte der Wissenschaft der Name der Aesthetik, seiner Abstammung gemäß, in diese besondere Beziehung zu der· sinnlichen Empfindung gesetzt wird, die ihm Baumgarten gegeben hatte.

Unsere Weltauffassung ist jedoch nicht blos Anschauung; hinter dem Neben- und Nacheinander der Erscheinungen setzen wir einen inneren Zusammenhang derselben voraus, aus welchem ihre räumlichzeitlichen Anordnungen und deren Aeuderungen selbst erst fließen. Auch die Aufsuchung dieses Zusammenhanges, die Aufgabe des Verstandes, gelingt nur an der Hand von Grundsätzen, die wir nicht den Aussagen der Erfahrung entlehnen, sondern vor aller Erfahrung als eingeborne Regeln besitzen, nach denen unser Erkennen dem Mannigfachen der Wahrnehmung nothwendig innezuhaltende Formen seiner wechselseitigen Beziehung vorschreibt. Der Grundsatz der Causalität, nach welchem dies Mannigfache nicht nur ein Neben- und Nacheinander ist, sondern ein unabgerissenes Gewebe gegenseitiges Bedingens und Bedingtseins, mag als das bekannteste und wichtigste Beispiel dieser Gesetze angeführt werden. Auch diese reinen Verstandesgrundsätze, wie Kant sie nennt, verdanken die Allgemeingültigkeit und Nothwendigkeit, von deren Bewußtsein sie begleitet werden, ihrem Ursprung aus der eigenen Natur des Geistes, der sich nicht von ihnen, den Folgerungen seines eignen Wesens, zu befreien vermag; auch ihnen wird eine unbeschränkte Anwendbarkeit auf alle Gegenstände der Erfahrung durch einen Beweis von ähnlicher Form mit jenem zugesprochen, welcher den reinen Anschauungen ihre Gültigkeit in Bezug auf alles Empfindbare sichern sollte. Auf das Mangelhafte dieser Beweisart in diesem Falle deute ich flüchtig hin: Gegenstand der Anschauung zwar könne die Welt für uns auch ohne Uebereinstimmung mit unsern Verstandesgrundsätzen sein, zum Gegenstand der Erfahrung aber, dies Wort in einem ausdrucksvolleren Sinne genommen, nämlich zu einem Ganzen gegenseitiges Bedingtseins, welches von einem Gliede auf ein anderes zu schließen gestatte, könne sie nur werben, sofern der Inhalt jener Grundsätze die gültige Regel für die Verknüpfung des Mannigfaltigen in derselben sei. Nun sei aber Erfahrung in diesem Sinne, und durch diese Thatsache sei bewiesen, daß unsere Verstandesgrundsätze von allem gelten, was Gegenstand unserer Erkenntniß werden kann. Aber daß Erfahrung in diesem Sinne eines Bedingungszusammenhanges der Erscheinungen sei, konnte als eine Thatsache, auf die man sich berufen dürfte, nur soweit behauptet werden, als man es erfahren hatte; daß dagegen das Ganze der Welt ein so zusammenhängendes System bilde, hätte nicht als eine Gewißheit ausgesprochen werden dürfen, aus welcher die allgemeine Anwendbarkeit unserer Verstandesgrundsätze sich rückwärts folgern ließe. Nur das unmittelbare Zutrauen zu der bereits anerkannten Gültigkeit der letzteren hatte veranlaßt, die einzelnen wirklich wahrgenommenen Beispiele jener innern Verknüpfung der Erscheinungen zu der Behauptung eines notorisch allgemeinen und lückenlosen Zusammenhanges, einer Erfahrung in jenem eminenten Sinne, zu steigern.

Wie dem auch sei, denn sowohl das Tiefere als das Weitere dieser Untersuchungen überschreitet die Grenzen meiner Aufgabe, — in Bezug auf unsere Erkenntniß hatte Kant den Glauben an das Vorhandensein dem menschlichen Geiste eingeborner und für alle Gegenstände möglicher Erfahrung allgemeingültiger Gesetze vertreten und jenen Zwiespalt geschlichtet, der zwischen dem Leben und der Wissenschaft die falsche Lehre von dem Ursprung aller Erkenntniß aus der Erfahrung verursacht hatte. Aber dieselbe Aufgabe war in Bezug auf die Beurtheilung des menschlichen Handelns zu lösen. Das Gefühl von der schlechthin verpflichtenden Kraft allgemeiner Sittengesetze war freilich der Menschheit ebenso wenig ganz abhanden gekommen, als sie sich ganz des Zutrauens zu der Wahrheit der allgemeinen Verstandesgrundsätze hatte entschlagen können. Aber die philosophische Reflexion hatte doch wissenschaftlich auch die Entstehung der sitt-

lichen Ueberzeugungen aus bloßer Erfahrung des Nützlichen und
Schädlichen, aus bloßer Betrachtung der menschlichen Natur und
ihrer Triebe, aus der Deutung der Richtung, welche diese nehmen,
der Ziele, die sie verfolgen, aus der Abwägung überhaupt der
natürlichen Motive, welche uns treiben und der natürlichen
Zwecke, die wir uns zu setzen pflegen, zu erklären versucht. Sie
hatte dadurch das Bewußtsein der unbedingten Gültigkeit höchster
Sittengesetze getrübt, und da, wo die Verwicklung der Verhältnisse die Stimme derselben weniger deutlich erkennen ließ, zu
einer allgemeinen eudämonistischen Neigung geführt, menschliches
Handeln nicht nach unveränderlichen Idealen der Gesinnung,
sondern nach dem Werth des in jedem Einzelfall von ihm zu
erreichenden Gutes zu schätzen. Es ist zu bekannt, um weiterer
Erinnerung zu bedürfen, daß diese zweite Aufgabe, auf den eingebornen, aller Erfahrung vorangehenden und ihr übergeordneten
Maßstab des Rechten zu verweisen, Kant in der Kritik der praktischen Vernunft zu lösen versuchte. Ganz ebenso wie unser Erkennen sich von der Erfahrung nicht seine Beurtheilungsgrund-
sätze, sondern nur die Gegenstände ihrer Anwendung geben läßt,
ebenso trägt die sittliche Vernunft die unbedingt verpflichtende
Regel alles Handelns in sich selbst, und erwartet von der Kenntniß und Erfahrung des Lebens nur die entscheidenden Gründe
für die Wahl der besondern Handlungsweise, welche in jedem
einzelnen Falle dem Sinne jener allgemeinen Regel entspricht.

Zwischen die beiden Kritiken der reinen und der praktischen
Vernunft hat erst später Kant jenes dritte seiner Hauptwerke
eingeschaltet, das den eigentlichen Gegenstand unserer jetzigen Be-
sprechung bilden wird, die Kritik der Urtheilskraft.
Mancherlei ist darüber gemuthmaßt worden, ob dies dritte Gebiet seiner Untersuchungen schon in seinem anfänglichen Plane
gelegen habe, und ob er nicht erst später der hergebrachten Eintheilung der geistigen Vermögen in Vorstellung Gefühl und Be-
gehrung blind vertrauend, durch entsprechende Behandlung des

Gefühlsvermögens (denn hierauf läuft allerdings die Kritik der Urtheilskraft hinaus), der systematischen Vollständigkeit habe Genüge leisten wollen. Ich lege wenig Werth hierauf; denn die Bedeutung eines wissenschaftlichen Werkes besteht in dem, was es zuletzt leistet; sie hängt nicht von der Veranlassung seiner Entstehung ab, welche außerdem, wäre sie wirklich die angegebene, mir in diesem Falle nicht zu tadeln schiene.

Die reinen Verstandesgrundsätze, lehrt uns Kant, schreiben zwar den Erscheinungen Gesetze vor, ohne deren Erfüllung diese überhaupt nicht als Erscheinungen für uns denkbar wären, aber sie bestimmen positiv Nichts über die Gestalt des Wirklichen und den Plan seines Zusammenhangs; unzählig verschiedene Formen des Daseins, unzählige verschiedene Weisen gegenseitiger Beziehung lassen sie vielmehr möglich, in denen allen das Wirkliche ihren allgemeinen Anforderungen Genüge thun kann. Verglichen mit diesen allgemeinen Gesetzen des Verstandes erscheinen daher die thatsächlichen Formen und Zusammenhänge des Wirklichen immer als zufällige, jenen Gesetzen zwar entsprechend, aber nicht aus ihnen allein als nothwendige ableitbar. Und eben deshalb läßt sich unbeschadet des Gehorsams, den alle Erscheinungen diesen Gesetzen schulden und leisten, doch eine Einrichtung der Wirklichkeit denken, welche die Bemühung unserer Erkenntniß, Einheit in das Mannigfaltige unserer Wahrnehmungen zu bringen, durchaus vereiteln würde. Denn nach den bloßen Forderungen jener Grundsätze allein ist es nicht nothwendig, daß es viele gleiche oder gleichartige Dinge gebe, deren Verhalten sich nach gemeingültigen Gesichtspunkten zusammenfassen lassen müßte; nicht nothwendig, daß die zusammengesetzten Gebilde der Natur als Wiederholungen allgemeiner Gattungsbegriffe, diese selbst als verwandte und vergleichbare Glieder eines umfassenden Systems auftreten und daß nicht jedes Ding vielmehr das einzige seiner Art wäre; nicht nothwendig, daß die Wechselwirkungen, welche das Causalgesetz überall anzunehmen befiehlt, vergleichbar seien

und nicht in jedem einzelnen Falle einem nur für diesen gültigen Sondergesetze folgen. Manche Bedenken untergeordneter
Art würden gegen diese Darstellung Kants möglich sein; im
Ganzen würden sie jedoch den Gedanken nicht widerlegen, daß
eine solche Einrichtung der Wirklichkeit, falls sie bestände, die
Verknüpfung unserer Erfahrungen zu dem Ganzen Einer Welterkenntniß unmöglich machen würde. Aber diese Einrichtung,
fährt Kant fort, bestehe nicht, und daß sie nicht bestehe, habe
der gemeine Verstand und die Wissenschaft längst in Sätzen behauptet wie die: daß die Natur stets den kürzesten Weg nehme,
daß sie gleichwohl keinen Sprung mache, weder in der Folge
ihrer Veränderungen, noch in der Reihe der specifisch verschiedenen Arten des Wirklichen; daß ihre große Mannigfaltigkeit in
Einzelgesetzen des Wirkens gleichwohl Einheit unter wenigen
Principien sei. In allen diesen und ähnlichen Sätzen drücke
unsere Urtheilskraft die Voraussetzungen aus, welche sie, falls
es überhaupt eine zusammenhängende Welterkenntniß geben soll,
zu ihrem eignen Bedarf über jene thatsächliche Anordnung des
Wirklichen machen muß, über welche die reinen Verstandesgrundsätze allein nichts Nothwendiges behaupteten. Die Urtheilskraft
verfährt hierbei nicht bestimmend, wie Kant sich ausdrückt, nämlich nicht das Einzelne unter gegebene und zugestandene Gesetze
unterordnend, sondern reflectirend, d. h. die allgemeinen Formen
des Zusammenhangs der Dinge errathend, ohne deren Gültigkeit
das Unternehmen jener Unterordnung fruchtlos sein würde.

Von dieser Seite betrachtet erscheinen die Untersuchungen
über die Urtheilskraft als eine Ergänzung der Lehre von der
Erkenntniß, die sich auf die Sinnenwelt bezieht; aber sie verknüpfen zugleich dieses Gebiet mit dem des Uebersinnlichen, in
Bezug auf welches Kant die Möglichkeit einer Erkenntniß geleugnet hatte. Denn obzwar eine unabsehbare Kluft zwischen
dem Gebiete des Naturbegriffes als dem Sinnlichen, und dem
Gebiete des Freiheitsbegriffes als dem Uebersinnlichen befestigt

und von dem einen zum andern vermittelst des theoretischen Gebrauchs der Vernunft kein Uebergang möglich sei, gleich als ob es so viel verschiedene Welten wären, deren erste auf die zweite keinen Einfluß haben kann: so solle doch diese auf jene einen Einfluß haben, nämlich der Freiheitsbegriff solle den durch seine Gesetze aufgegebenen Zweck in der Sinnenwelt wirklich machen, und die Natur müsse folglich auch so gedacht werden können, daß die Gesetzmäßigkeit ihrer Form wenigstens zur Möglichkeit der in ihr zu bewirkenden Zwecke nach Freiheitsgesetzen zusammenstimme. Diese Aeußerungen, auch nur auf das menschliche Handeln gedeutet, welches unter Voraussetzung jener oben geschilderten nicht bestehenden Welteinrichtung ebenso erfolglos sein würde, als die Bemühungen des Erkennens, lassen deutlich bemerken, wie auch von Seiten der praktischen Vernunft her dies neue Gebiet der Untersuchung als ergänzender Abschluß aufgesucht werden konnte.

Mit diesen beiden Betrachtungen, welche die neue Untersuchung der Urtheilskraft in ihrer Beziehung zu den Lehren von der Erkenntniß und dem Handeln betreffen, verknüpft sich ungezwungen eine dritte, welche uns sehen läßt, wie aus ihr eine ästhetische Wissenschaft entstehen konnte. Fassen wir kurz zusammen, was wir eben über die wirkliche Gestaltung der Erscheinungswelt voraussetzten und verlangten, so war es eine Angemessenheit ihres Zusammenhangs zu dem, was unsere Erkenntnißkräfte leisten können, und zu dem, was unser Wille in ihr leisten will; mit einem Worte: Zweckmäßigkeit der Welt für uns. Diese Eigenschaft aber können wir nicht von den Dingen als eine zu ihrer eigenen Natur gehörige Pflicht verlangen; sie selbst thun eigentlich genug, wenn sie den allgemeinen Verstandesgesetzen entsprechen, ohne deren Erfüllung sie, wenigstens als Erscheinung für uns, nicht möglich sind. Eben deshalb aber rechnen wir den Erscheinungen die Folgsamkeit gegen diese Gesetze nicht als ein Verdienst an, denn sein und dennoch ihnen

widersprechen könnten sie nicht; wo aber die Erscheinungen eine
Zweckmäßigkeit in Beziehung auf uns verrathen, welche nicht zu
ihren unerläßlichen Pflichten gehört, da glauben wir einen Ueberschuß ihrer Leistung, ein Verdienst derselben oder ein Glück der
Umstände zu sehen, auf das wir nicht mehr mit gleichgültiger
Beobachtung und bloßer Vorstellung, sondern mit einem Gefühle
der Lust antworten. So führen dieselben Betrachtungen, die
zuerst nur bestimmt schienen, von gewissen Ergänzungen zu
sprechen, deren sowohl die theoretische als die praktische Vernunft
in ihren Voraussetzungen bedürfen, zu einer Untersuchung der
Bedingungen, unter welchen dem dritten jener Geistesvermögen,
welche Kant auf einander nicht zurückführbar glaubt, dem des
Gefühls, seine Befriedigung zu Theil wird. Und wie die
Kritik der reinen Vernunft nicht nach der Mannigfaltigkeit unserer empirischen Erkenntniß, sondern nach den allgemeinen Gesetzen der uns eingebornen Wahrheit, nach denen wir jenes
Mannigfache zur Erkenntniß verknüpfen, die der praktischen Vernunft nicht nach den veränderlichen Zielen unseres Handelns,
sondern nach dem unbedingten Gebote fragt, dem alle Handlungen entsprechen sollen, so hebt die Kritik der Urtheilskraft aus
den mannigfachen Gefühlen diejenigen zu abgesonderter Betrachtung hervor, in denen alle menschlichen Gemüther zur Verehrung einer allgemeingültigen Schönheit übereinstimmen müßten.

Aber wichtiger als dies Vorspiel allgemeiner Betrachtungen,
welche die systematische Stellung der Aesthetik im Ganzen der
Wissenschaft bezeichnen, sind uns für jetzt die speciellen Ausein-
andersetzungen, in denen Kant zum ersten Mal die ästhetischen
Grundbegriffe zum Gegenstand einer methodischen Untersuchung
macht. Entsprechend dem Gange, den er auch sonst zu nehmen
pflegt, beginnt auch hier Kant mit der subjectiven Seite der
Sache, mit der Zergliederung des Geschmacksurtheils und mit
der Ueberlegung der Bedingungen seiner Möglichkeit. Und dieser
Anfang ist ohne Zweifel der einzige, welcher der Natur dieser

Fragen entspricht; denn nicht die Schönheit ist uns unmittelbar als ein Allen Bekanntes gegeben; die einzige von jeder Voraussetzung unabhängige Thatsache, von der wir ausgehen können, ist vielmehr nur das Vorkommen dieser eigenthümlichen Art der Urtheile, durch welche wir irgend Etwas als schön bezeichnen, ohne noch hinlänglich klar darüber zu sein, was wir eigentlich von ihm mit diesem Namen aussagen. Gleich nothwendig aber ist die zunächst folgende Erklärung, durch welche Kant diese Ungewißheit beseitigt: die Behauptung, daß Etwas schön sei, drücke gar keine Erkenntniß der Natur des schönen Gegenstandes aus, sondern bezeichne nur die Art der Erregung, welche von ihm das Gemüth des Behauptenden erfahre. Aus diesem Grunde nennt Kant das Geschmacksurtheil nicht ein logisches, sondern ein ästhetisches, indem er jetzt diesen Namen zwar mit Anklang an seine ursprüngliche Bedeutung aber doch mit verändertem Sinne nicht mehr auf das sinnlich Empfindbare, sondern auf den andern Gegensatz des Denkbaren bezieht, nämlich auf das, was nur unmittelbar im Gefühl erlebt wird. Und in dieser Bedeutung ist der Name auf die Folgezeit übergegangen, wenigstens wenn wir eine nähere Beschränkung in ihm eingeschlossen denken, die Kant sofort hinzufügt.

Gegenstände des Gefühls sind neben dem Schönen auch das Angenehme und das Gute; beide von ihm zu unterscheiden befiehlt uns dennoch eine unmittelbare Ueberzeugung. Den Sitz des Unterschiedes findet Kant darin, daß das Geschmacksurtheil, welches dem Schönen gelte, ohne alles jene Interesse an der wirklichen Existenz seines Gegenstandes sei, von welchem sowohl unser Gefühl für das Angenehme, als unsere Billigung des Guten begleitet werde; das Schöne gefalle uns auch dann, wenn wir seine Wirklichkeit ganz dahingestellt sein lassen und ohne daß ein Begehren nach seiner Existenz in uns entstehe. Ich kann mich nicht überzeugen, daß dieser Ausspruch das Richtige vollkommen trifft. Er mag Recht darin haben, daß zu unserer Bil-

ligung des Guten das Bewußtsein hinzutritt, zu seiner Verwirklichung mitverpflichtet zu sein, aber von dem Angenehmen ist
das Schöne schwerlich auf entsprechende Weise zu trennen.
Vor allem ist jener Ausspruch überhaupt nur deutlich in Bezug auf
die plastische Schönheit der Naturformen und der bildenden Kunst.
Die Form eines Bauwerks mag schön sein, gleichviel ob es ausgeführt oder nur im Entwurf besteht; von einem Gedicht dagegen
ließ sich so nur sprechen, wenn man damit die wirkliche Existenz
seines Inhalts gleichgültig nennen wollte. Aber die Schönheit
des Gedichts ist nicht sein Inhalt, sondern dessen Darstellung.
Fassen wir jenen Unterschied etwas anders. Was wir angenehm
nennen, das muß meist in physischer Realität als wirklicher Reiz
auf uns wirken, um uns den Genuß seiner Annehmlichkeit vollständig zu gewähren und die bloße Erinnerungsvorstellung eines
abwesenden Angenehmen entschädigt uns nie ganz für die Ent-
behrung seiner gegenwärtigen Einwirkung: das Schöne dagegen
ist häufig mit seiner ganzen Schönheit schon in dem Gedanken
gegenwärtig, der es abbildet und wiederholt, oder in dem es überhaupt den Ort seiner Existenz hat, und wir brauchen, um uns
völlig an ihm zu sättigen, eine äußerlich materiale Wirklichkeit
seines Inhalts nicht. Auch dies gilt nicht ohne Ausnahme; die
Schönheit einer Musik befriedigt uns nicht völlig als bloße Vorstellung einer nicht erklingenden Tonreihe; hier verlangen wir
auch diejenige reale Existenz, deren das Substrat dieser Schönheit, das Hörbare, überhaupt fähig ist; sie muß klingen, und
gehört werden; ebenso wenig ersetzt die Erinnerung den Anblick
eines Gemäldes ganz. Doch wird man zugeben, daß in beiden
Fällen die sinnliche Empfindung nur dient, um ohne Einbuße
die ganze Mannigfaltigkeit der Vorstellungen hervorzubringen,
auf deren Verknüpfung das ästhetische Wohlgefallen ruht; die
Wirkung des Angenehmen dagegen entspringt auch aus seiner
vollständigen Vorstellung nicht, sondern bedarf, um einzutreten,
jener Realität der Erregung, durch welche sich die Empfindung

eines gegenwärtigen Reizes von der bloßen Erinnerung eines abwesenden merklich unterscheidet. Nur halb können wir daher dem ersten Ergebniß der Untersuchung beistimmen, das Kant dahin zusammenfaßt: schön sei, was ohne Interesse gefällt. Die kurzen Anfänge zweier Paragraphen, denen Kant hier keine weitere Folge gibt: angenehm sei, was den Sinnen in der Empfindung, gut, was vermittelst der Vernunft durch den Begriff gefällt, hätten für das Schöne eine andere Bestimmung erwarten lassen, etwa die: schön sei, was der Phantasie in der Anschauung gefalle, ohne eine andere Wirklichkeit zu bedürfen, als die, welche nöthig ist, um es eben zum Gegenstand der Anschauung zu machen.

Von vier verschiedenen Gesichtspunkten aus pflegte Kant jedes in einem Satze ausgesprochene Urtheil zu betrachten. Diese Gewohnheit, deren Berechtigung dahingestellt bleiben mag, da sie doch nur in geistreichem Spiel und ohne methodische Nothwendigkeit auf das ästhetische Urtheil des Geschmacks ausgedehnt wird, verspricht uns noch drei neue Anläufe zur Bestimmung des Schönen. Der nächste von ihnen führt zu der zweiten Formel: schön sei, was ohne Begriff allgemein gefällt. Dem Angenehmen, dessen Gefallen sich ebenso wenig aus begrifflichen Gründen rechtfertigen lasse, fehle diese Allgemeingültigkeit; was uns angenehm sei, von dem seien wir geständig, daß es Andern anders erscheinen dürfe: nur die Kürze des Ausdrucks lasse uns überhaupt einfach von einem angenehmen Gegenstande reden, wo wir genauer nur von einem für uns angenehmen sprechen sollten. Was wir dagegen schön finden, von dem erwarten wir, daß es Allen gefallen werde und wir sinnen es Jedem an, dieses unser Urtheil anzuerkennen, obgleich wir keinen für jede Erkenntniß zwingenden Beweis seiner Gültigkeit zu führen wissen. Das Gute anderseits theilt mit dem Schönen zwar diese Allgemeingeltung, aber in jeder der beiden Bedeutungen, die ihm Kant gibt, ist diese abhängig von Begriffen und

durch sie beweisbar; das, was etwozu gut ist, hängt von dem
Begriffe seines Zweckes, das an sich Gute von dem höchsten
Gebote der praktischen Vernunft ab; die Schönheit allein kann
nur in einem unmittelbaren durch Nichts beweisbaren Urtheil
des Geschmacks behauptet werden und wird dennoch als allgemeingültig für jedes urtheilende Subject behauptet.

Ehe wir Kants Erklärung dieses Verhaltens berühren,
müssen wir doch bezweifeln, ob es thatsächlich ganz so besteht.
Daß die Güte des sittlich Guten durch Unterordnung einer einzelnen Handlungsweise unter ein höchstes Sittengesetz beweisbar
sei, wird nur zugeben, wer mit Kant in dem allgemeinen Grundsatz, den er der praktischen Vernunft gibt, so zu handeln, daß
die Maxime des Handelns sich zur allgemeinen Gesetzgebung
eigne, die wesentliche Natur des Guten ausgesprochen glaubt.
Doch eigentlich meinte Kant selbst gar nicht, durch diese Formel
das Wesen des Guten so bestimmt zu haben, daß in ihr zugleich
der Grund der verpflichtenden Majestät des sittlichen Gebotes
mitbegriffen wäre; jene Tauglichkeit zur allgemeinen Gesetzgebung
galt ihm im Grunde nur als ein Kennzeichen, welches uns das
Vorhandensein eines sittlichen Werthes in jeder Maxime des
Handelns verbürgt, an der es vorkommt, ohne deswegen selbst
ihr diesen Werth zu ertheilen. Und so kann es scheinen, als
reiche es hin, eine einzelne Handlungsweise an diese Formel auch
nur als an ein Kennzeichen des Guten zu halten, um aus der
vorhandenen oder fehlenden Uebereinstimmung beider auf die
Güte oder Verwerflichkeit der ersten mit der Strenge eines Beweises zu schließen. Aber dieser Schein ist doch irrig; die Tauglichkeit einer Maxime zur allgemeinen Gesetzgebung kann nicht ein
allgemeingültiges Kennzeichen ihrer Güte sein. Denn schon dies,
daß einer Maxime diese Tauglichkeit überhaupt nur zukomme, können
wir nicht aus Erfahrung wissen, da wir niemals alle möglichen
Folgen derselben beobachten können. Stände dies aber von irgend
einer Handlungsweise wirklich fest, so würden wir doch den

andern Ausspruch, daß sie gut sei, immer wieder nur einer unmittelbaren Stimme des Gewissens verdanken müssen. Es sei
denn, daß sich eben aus dem bloßen Begriffe jener Tauglichkeit
die Nothwendigkeit denkend erweisen lasse, daß jeder Handlungsweise, an der sie vorkomme, um ihretwillen die Werthbestimmung
des Guten zukommen müsse; und dann wäre sie nicht ein äußer-
liches Kennzeichen, sondern das Wesen der Güte selbst. Daß
sie dies nicht sei, hat Kant, wie ich erwähnte, gefühlt; daß er
diesem Gefühl nicht genug Raum gegeben, hat die Folgezeit sehr
allgemein an seiner Sittenlehre getadelt, welche die unmittelbaren Urtheile des Gewissens über einzelne Fälle unseres Handelns viel zu sehr auf dem Wege eines Beweises aus jenem
obersten formalen Grundsatze abzuleiten und ihre verpflichtende
Kraft erst hierdurch festzustellen sucht. Anstatt daher diesen
Unterschied des Guten vom Schönen anzuerkennen, hat im Gegentheil eine spätere Philosophie gerade die Urtheile des Geschmacks
und die des Gewissens unter dem Gesammtnamen der ästhetischen vereinigt, und von beiden behauptet, was Kant nur von
den ersteren zugab: daß sie unmittelbar durch Denken nicht be-
weisbare Werthurtheile des Gefallens und Mißfallens seien.

Die Consequenzen seiner Ansicht zog Kant sehr entschlossen.
Man weiß, bis zu welchen Einzelheiten hinab er über die sittlichen Verpflichtungen auf Grund seiner allgemeinen Prinzipien
zu entscheiden versuchte; vollkommen entgegengesetzt behandelt er
die ästhetischen Fragen. Natürlich konnte er nicht die Schönheit
überhaupt aus irgend einem Rechtsgrund logisch ableiten wollen,
doch hätte man erwarten dürfen, daß sein Grundsatz, das Schöne
gefalle ohne Begriff, ihn zur Anerkennung einer Mehrheit auf
einander nicht zurückführbarer und aus einem höheren Grunde
nicht ableitbarer Urformen des Gefallenden führen, daß er aber
dann uns verstatten würde, mit diesen gegebenen Elementen des
Schönen weiter zu rechnen, und auf sie und ihre Zusammensetzung die Schönheit des Zusammengesetzten nach allgemeinen

Regeln zu gründen. Aber auch hiergegen verhält sich Kant sehr
spröde. Das Geschmacksurtheil werde immer als einzelnes Ur=
theil über den einzelnen Fall gefällt: diese Tulpe finde ich schön.
Der Verstand könne wohl verallgemeinern: alle Tulpen sind
schön, aber er verallgemeinere dadurch die Gültigkeit jenes ein=
zelnen Urtheils nicht, falls nicht alle diese Tulpen jener einzelnen
vollkommen gleich sind. Alle Schlüsse von der Aehnlichkeit der
Objecte auf die Aehnlichkeit ihres Gefallens werden abgewiesen;
in jedem einzelnen Falle müsse von neuem der Geschmack un=
mittelbar befragt werden; keine allgemeine Regel, aus einer
Gruppe von Eindrücken abstrahirt, gelte von vorn herein für eine
andere Gruppe von Eindrücken. Ich stopfe mir die Ohren zu,
sagt Kant, mag keine Gründe und kein Vernünfteln hören und
werde eher annehmen, daß die Regeln der Kritiker falsch oder
doch hier nicht der Ort ihrer Anwendung sei, als daß ich mein
Urtheil durch Beweisgründe sollte bestimmen lassen. Diese
Aeußerung kann sich nicht nur auf diejenigen beziehen, die alle
Schönheit aus Begriffen demonstriren zu können meinen, denn
Kant spricht von jenen Regeln als von solchen, welche Kritiker
des Geschmacks wie Batteux und Lessing gegeben; und von diesen
ist anzunehmen, daß sie nur verallgemeinern, was der ästhetische
Geschmack im Einzelnen geoffenbart hat. Auch fährt er fort: es
mag mir jemand alle Ingredienzien eines Gerichts nennen und
von jedem derselben bemerken, daß es mir doch sonst angenehm
sei, so bin ich gegen alle diese Gründe taub, versuche das Gericht
an meiner Zunge, und darnach, nicht nach allgemeinen Prin=
cipien, fälle ich mein Urtheil. Ueberhaupt: ein objectives Princip
des Geschmacks scheint ihm gänzlich unmöglich, d. h. unmöglich
ein Grundsatz, unter dessen Bedingung man den Begriff eines
Gegenstandes unterordnen und alsdann durch einen Schluß her=
ausbringen könnte, daß er schön sei. Und damit stimmen seine
Aeußerungen über die schöne Kunst: sie sei Sache des Genies,
d. h. des Talentes, dasjenige hervorzubringen, wozu sich keine

beftimmte Regel geben läßt; wie es fein Product hervorbringe,
wiffe das Genie felbft nicht und habe es nicht in feiner Gewalt,
Andern Regeln zur Erzeugung gleicher Producte mitzutheilen.

Man kann einwerfen, daß die meiften diefer Bemerkungen
mit Sicherheit nur die Unmöglichkeit von Regeln zur Erfindung
der Schönheit behaupten, aber nicht gleich beftimmt die Anerken=
nung allgemeingültiger Grundfätze leugnen, nach denen die er=
fundene zu beurtheilen und ihre Wirkung zu verftehen fein würde.
Wenn jedoch Kant letztere in gewiffer Ausdehnung zugegeben
haben mag, fo hat er doch felbft niemals Anftalt gemacht, auf
ihre Feftftellung auszugehen; auch würden fie wahrfcheinlich doch
nur auf jene Elemente des Wohlgefälligen fich bezogen haben,
welche Kant, nach der Auswahl der Beifpiele zu fchließen, die er
zu brauchen pflegt, von der Schönheit im eigentlichen Sinne,
die eben aus ihrer erfinderifchen Verwendung entfteht, noch zu
unterfcheiden fcheint. In Bezug auf diefe letztere nun werden
wir feinem Mißtrauen gegen alle verftandesmäßige Begründung
und gegen die Aufftellung von Gefchmacksregeln nicht Unrecht
geben; auch Leffing urtheilte hierüber nicht anders. Auch ihm
galt keine noch fo überredend erfcheinende Regel, die aus befon=
dern Fällen zur Allgemeinheit erhoben worden war, jemals für
fo ficher, daß er nicht befürchtet hätte, durch eine gar nicht vor=
herzufehende Leiftung eines künftlerifchen Genius fie doch noch
widerlegt zu fehen. So fuchte alfo in Kant die deutfche Moral=
philofophie die menfchlichen Pflichten, deren Abfchätzung fo oft
einem fchwankenden Gefühl und fubjectiven Meinungen über=
laffen worden war, bis ins Kleinfte hinab aus allgemeingültigen
Grundfätzen abzuleiten; während zugleich die deutfche Aefthetik
durchaus dem Doctrinarismus widerftand, mit welchem nament=
lich romanifche Völker das Urtheil über die Schönheit an einen
feftftehenden Kanon zu binden gedacht hatten; jede Folgerung,
die aus Analogien beobachteter Fälle mit größter Wahrfcheinlich=
keit von felbft hervorzugehen fchien, befahl fie immer noch einmal

dem unmittelbaren und nicht vernünftelnden Geschmack zur Bestätigung oder Verwerfung vorzulegen.

Nun aber, um zu dem zurückzukehren, wovon wir ausgingen:
ist dieser Gegensatz richtig? und verhalten wir uns nicht vielmehr auch in Bezug auf das Sittliche ebenso, wie uns hier zum
Schönen uns zu verhalten angesonnen wird? Lassen wir nicht
durch allgemeine Grundsätze und durch die Folgerungen aus
ihnen uns nur ungefähr ebenso weit in der Beurtheilung unserer Pflichten leiten, wie in der Schätzung des Schönen? halten
wir nicht das gefundene Ergebniß auch hier zuletzt noch einmal
mit dem unmittelbaren Ausspruch unsers Gewissens zusammen?
und versagt dieses nicht häufig dennoch seine volle Billigung,
obgleich wir aus unzweifelhaft richtigen Grundsätzen ein besseres
Ergebniß abzuleiten nicht im Stande sind? Gestehen wir daher
zu, daß die Unterscheidung des ästhetischen und des sittlichen
Urtheils, welche Kant uns hier vorschlägt, nicht durchgreifend ist,
obgleich es allerdings zutrifft, daß unsere Pflicht aus der Unterordnung des gegebnen Falles unter allgemeine Gesichtspunkte mit
ungleich größerer Strenge bewiesen werden kann, als die Schönheit eines zusammengesetzten Ganzen aus allgemeinen Gesetzen
schöner Zusammensetzung. Unter den Gründen dieses Verhaltens
hebe ich nur einen hervor. Der ästhetische Geschmack, eben weil
er nur ein Wohlgefallen verlangt, dessen Empfundenwerden für
das Ganze unsers Lebens nicht unerläßlich ist, will durchaus
und vollkommen befriedigt sein und findet Nichts schön, was auch
nur durch leisen Mangel die Allseitigkeit dieser Befriedigung
verkümmert. Das sittliche Urtheil dagegen, sich auf Handlungen
beziehend, denen wir nicht ausweichen können, sondern welche so
oder so auszuführen die dringendste unserer Pflichten ist, kommt
in den Fall, auf die völlige Uebereinstimmung der gefundenen
Entscheidung mit dem ganzen Gefühl unsers Innern zu verzichten. Um die unentbehrliche Entscheidung überhaupt nur zu
erlangen, müssen wir uns oft begnügen, allgemeinen Grundsätzen

4*

zu folgen, den Mangel an Befriedigung aber, den die Folgerungen aus ihnen im Falle eines Conflicts von Pflichten, aber
auch sonst so oft übrig lassen, als ein Opfer anzusehen, das wir
dem höchsten Gebote, überhaupt zur Verwirklichung des Guten
mitzuwirken, zu bringen genöthigt sind. So scheint es, als seien
die Regeln unsers Handelns strenger aus Principien ableitbar,
als unser ästhetisches Urtheil, während wir uns im Grunde auf
sittlichem Gebiete nur häufig mit der unvollkommenen Ableitung
zufrieden stellen müssen, die wir auf ästhetischem durchaus verschmähen würden.

Der Anspruch auf Gültigkeit für Alle, den das Urtheil über
Schönes, nicht aber das über Angenehmes macht, führt nun
Kant zur Begründung seiner eigentlichen ästhetischen Theorie.
Uebereinstimmung Aller in einem Urtheile, welches Nichts über
die Sache aussagt, sondern nur die Art unsers Ergriffenseins
durch sie ausdrückt, können wir nur verlangen, wenn wir in
Allen einen gleichartigen Maßstab voraussetzen, an welchem dieser
subjective Eindruck der Sache gemessen wird. Nun sind wir
berechtigt, dieselben allgemeinen Verfahrungsweisen, dieselbe Organisation der Urtheilskraft bei allen Menschen als gleichartig
vorhanden anzunehmen; mit Recht sinnen wir daher jedem Andern das Wohlgefallen gleichfalls an, welches uns aus der bloßen
Uebereinstimmung eines Eindruckes mit den Verfahrungsweisen
unserer Urtheilskraft entspringt. Darauf also, können wir sagen,
beruht der Anspruch des Schönen auf allgemeine Anerkennung,
daß es dem allgemeinen menschlichen Geiste, der in jedem Einzelnen derselbe ist, darauf der Mangel gleiches Anspruchs für
das Angenehme, daß es nur den Bedingungen des Einzellebens
entspricht, die für den Einen andere sind als für den andern.
Doch haben wir, indem wir die Sache so aussprechen, Kants
Meinung etwas verallgemeinert; was sie von diesem Ausdruck
unterscheidet, heben wir jetzt hervor.

Kant selbst erwähnt, daß in Bezug auf vieles Angenehme

der Sinne eine größere Uebereinstimmung wirklich herrscht, als in Bezug auf das Schöne, obwohl sie nur für dieses von uns verlangt wird. Er erwähnt ferner, daß die Anerkennung un= seres Urtheils, etwas sei schön, von uns in derselben Weise ge= fordert wird, in welcher wir jedem Gesunden wegen seiner mit der unseren als gleichartig vorausgesetzten Organisation zumuthen, einem Gegenstande dieselbe Farbe zuzuschreiben, die wir an ihm bemerken. Warum sollen dennoch nur diejenigen Eindrücke allge= meingültig schön sein, welche mit der Urtheilskraft, nur indivi= duell angenehm dagegen die, die mit der Sinnlichkeit stimmen, obgleich wir doch für beide, Urtheilskraft und Sinnlichkeit, allge= meingültige Normen ihrer Thätigkeit in allen Einzelnen nicht blos voraussetzen, sondern in ungefähr gleichem Maße auch wirk= lich finden? und obgleich die wirkliche Ausübung beider Thätig= keiten aus Gründen, die dahingestellt bleiben mögen, sich häufig von diesen Gesetzen entfernt?

Fassen wir Folgendes ins Auge. Wenn der Sprachgebrauch Angenehmes und Schönes unterscheidet, so drückt er sehr fühlbar einen Werthunterschied aus, welcher nicht blos in der Allgemein= gültigkeit des Einen und dem Fehlen derselben an dem Andern besteht, sondern vielmehr den inneren Grund andeuten möchte, um deswillen wir sie hier verlangen, dort nicht. Das Angenehme würde noch nicht schön sein, wenn ihm jene Allgemeingültigkeit zukäme; vielmehr würde zwischen diesem Allgemeingefälligen und dem Schönen jener innere Unterschied des Werthes fortbestehen. Er könnte schwerlich anderswoher, als aus dem verschiedenen Eigenwerthe der Maßstäbe selbst abgeleitet werden, mit welchen in beiden Fällen der gefallende Eindruck gemessen wird. Dieser Gedanke scheint mir überall bei Kant zwischen den Zeilen zu liegen, ohne offenen Ausdruck zu finden: der Werthunterschied der Sinnlichkeit und der Urtheilskraft. Die Sinnlichkeit ist über= wiegend ein Vermögen, vom Eindruck zu leiden, die Urtheils= kraft ein Vermögen thätiger Beziehung seines Mannigfachen.

Mag immerhin auch in der Sinnesempfindung die Seele auf
einen geschehenden Eindruck zurückwirken, so weiß doch das Bewußtsein Nichts hiervon, sondern kennt nur das letzte Erzeugniß
dieses unbewußten Vorgangs: die fertige Empfindung und das Lust-
gefühl, welches sie begleitet; mag anderseits die Seele, wenn sie
das Schöne bemerkt, ebenfalls nicht im Stande sein, sich die
Gründe ihres Urtheils zu logischer Erkenntniß zu verdeutlichen,
so fühlt sie doch sich überhaupt thätig, und empfindet, daß auf
der Uebereinstimmung des Eindrucks mit den Bedingungen dieser
ihrer beziehenden Thätigkeit das entstehende Wohlgefallen beruht.
Auf diesen Gedanken deuten die obenerwähnten nicht weiter ausgeführten Paragraphenanfänge, nach denen angenehm sein sollte,
was den Sinnen in der Empfindung, gut, was vermittelst der
Vernunft durch den Begriff, schön (wie wir hinzufügten), was
der Urtheilskraft in der Anschauung gefällt; und denselben Gedanken wiederholen viele andere Ausdrücke, in denen Kant, wie
alle Welt zu thun pflegt, das Vergnügen der Sinne an Werth
sowohl der ästhetischen Lust als dem Wohlgefallen an dem Guten
nachsetzt.

Ausdrücklicher kommt Kant hierauf in dem dritten Versuch
zur Begriffsbestimmung des Schönen im Gegensatz zu dem Nützlichen und dem Vollkommenen. Sinnenurtheile setzt er hier aufs
Neue den reinen Geschmacksurtheilen gegenüber, welche letzteren
von Reiz und Rührung unabhängig seien. Es fehlt an einer
bestimmten Erklärung dieser beiden Ausdrücke, doch befiehlt der
Zusammenhang sie auf diejenigen Erregungen zu beziehen, durch
welche der Einzelne sein individuelles Wohl gefördert fühlt, ohne
sich als allgemeinen Geist in ihnen thätig zu wissen. Nun
thun sich, fügt Kant hinzu, wieder manche Einwürfe hervor, die
zuletzt den Reiz als für sich allein hinreichend, um schön genannt
zu werden, vorspiegeln. Eine bloße Farbe, ein bloßer Ton werden von den meisten für schön an sich erklärt; aber doch geschehe
dies nur, sofern beide, Farbe und Ton, rein sind; dies aber sei

eine Bestimmung, welche schon nicht mehr den Inhalt der Empfindung, sondern ihre Form betreffe. Denn wenn auch unser
Gemüth die Regelmäßigkeit in der Abfolge der Licht= und Schallwellen keineswegs unmittelbar bemerkt (eine Frage, die den beiden
ersten Ausgaben der Kritik der Urtheilskraft gar sehr, der
dritten gar nicht zweifelhaft erscheint), so kann doch das Gemüth
die ununterbrochene Gleichförmigkeit seiner eignen Erregung,
seiner Empfindung also, wahrnehmen, und sich dessen erfreuen,
daß ihm gelingt, die unendlich kleinen Erregungen, die es in
aufeinanderfolgenden Zeitaugenblicken oder von nebeneinander-
liegenden Raumpunkten erfährt, zu dem Gesammteindrucke Einer
reinen Farbe oder Eines Tons, Mannigfaches also überhaupt zur
Einheit zusammenzufassen. Gegenstände des ästhetischen Wohlgefallens sind also die Eindrücke, die dem Gemüthe zur Entfaltung dieser Thätigkeit Veranlassung geben; nur angenehm diejenigen, die es nur leidend in sich aufnimmt, um sich von ihnen,
unbewußt wie, gefördert zu fühlen.

Von größerer Wichtigkeit ist uns die eigentliche Absicht dieses
dritten Anlaufs, die Unterscheidung des Schönen vom Nützlichen
und Vollkommenen. Zwar daß die Nützlichkeit, die sich nur
nach Vergleichung eines Gegenstandes mit seinem außer ihm liegenden Zwecke durch verständige Erkenntniß beurtheilen läßt,
seine Schönheit nicht ausmache, ist für sich klar. Aber eine objective innere Zweckmäßigkeit, die Vollkommenheit, komme dem
Prädicate der Schönheit schon näher und sei daher von nam-
haften Philosophen, jedoch mit dem Zusatze: wenn sie verworren
gedacht werde, für einerlei mit der Schönheit gehalten worden.
Daß jedoch das ästhetische Urtheil nicht durch Verworrenheit
seines Erkennens, sondern dadurch, daß es gar keine Erkenntniß
der Dinge enthält, von allen andern Urtheilen abweicht, steht
nach allem Vorigen fest; wie könnte also Vollkommenheit der
Dinge sein Gegenstand sein? Verstehen wir unter ihr die Voll-
zähligkeit aller Merkmale, durch welche das Einzelne seinem All-

gemeinbegriffe entspricht, so ist ihre Beurtheilung nur durch
denkende Vergleichung des Einzelnen mit dem Musterbild seiner
Gattung möglich, welches wir vorauskennen müssen. Suchen
wir die Vollkommenheit nicht in der Angemessenheit des Einzelnen
zum Allgemeinen, sondern an dem Allgemeinbegriffe selbst, in
der Zusammenstimmung seines Mannigfaltigen zur Einheit, so
kann doch der maßgebende Gesichtspunkt, nach welchem wir diese
Zusammenstimmung bald als vorhanden, bald als nicht vorhanden betrachten, zunächst wieder nur in irgend einem Zwecke,
einer Idee, einer Bestimmung des Dinges liegen, in Bezug auf
welche seine Merkmale sich zur Einheit zusammenfügen; es ist
dann vollkommen, wenn diesem Zielpunkte das innere Gefüge
seines mannigfaltigen Inhalts entspricht und die Beurtheilung
auch dieser Vollkommenheit fällt daher einem Denken zu, welches
die gegebene Natur des Dinges mit den Anforderungen seiner
Bestimmung vergleicht. Soll endlich von einem solchen erkennbaren
Ziele, welches die Natur des Dinges bestimmte und den Maßstab
seiner Vollkommenheit bildete, gänzlich abgesehen werden, so kann
die Schönheit, welche wir in einem ästhetischen Urtheile einem
Gegenstande zuschreiben, nicht in einer Vollkommenheit desselben
an sich selbst, sondern nur darin bestehen, daß die Form der
Verknüpfung des Mannigfaltigen in ihm, indem ihr Eindruck
den Thätigkeitsbedingungen unserer Urtheilskraft entspricht, uns
die allgemeine Vorstellung einer Zweckmäßigkeit desselben ohne
Hindeutung auf einen bestimmten Zweck erregt.

Vollkommen reine Schönheit kommt daher nur den Gegenständen zu, bei deren Betrachtung uns gar kein Begriff eines
bestimmten Zweckes leitet, durch welchen die Zusammenstimmung
ihres Mannigfachen zur Einheit bedingt würde, deren Form
vielmehr unmittelbar durch den der Natur und Gliederung unserer Geisteskräfte entsprechenden Rhythmus gefällt, in welchem
sie diese zur Ausübung ihrer Thätigkeiten anregt. Blumen,
Arabesken, musikalische Melodien gehören zu dieser Gattung und

Kant unterscheidet sie unter dem Namen der freien Schönheit von der anhängenden Schönheit jener andern Gegenstände, deren Form, wie die eines Gebäudes oder eines Menschen, einem Zwecke oder einem natürlichen Gattungsbegriffe angemessen sein muß. Das Wohlgefallen an dieser zweiten Art der Schönheit sei kein rein ästhetisches mehr, sondern verbunden mit dem intellectuellen Wohlgefallen, welches die Vernunft an der vollkommenen Uebereinstimmung der Erscheinung mit ihrer erkennbaren Bestimmung findet. So sehr setzt Kant hier die Schönheit in die bloße Form der Verbindung des Mannigfachen, daß er selbst den Ausdruck nicht scheut, die Vollkommenheit, die im letzteren Falle unser Urtheil mitbestimme, thue im Grund der Reinigkeit desselben Abbruch. Es gewinne eigentlich weder die Vollkommenheit des Gegenstandes durch seine Schönheit, noch diese durch jene; aber da es nicht vermieden werden könne, die Beurtheilung der einen mit der Empfindung der andern im Bewußtsein zusammenzuhalten, so gewinne das gesammte Vermögen der Vorstellungskraft, wenn beide Gemüthszustände zusammenstimmen.

Diese merkwürdige Aeußerung regt zu weiterer Ueberlegung an. Denn was gewinnt denn dies gesammte Vermögen der Vorstellungskraft, wie Kant es nennt, oder diese Gemüthslage, die aus dem Zusammenstimmen jener beiden Betrachtungen des Gegenstandes hervorgeht? Doch wohl nur einen Zuwachs an Lust oder Wohlgefallen. Und diese Lust entspringt aus einer Uebereinstimmung zwischen Formenschönheit und Wesen des Dinges, welche um so weniger nothwendig stattzufinden braucht, je unabhängiger ja eben Vollkommenheit und Schönheit von einander sollen bestehen können. Auch diese Lust entsteht also aus einem Verhalten des Gegenstandes, welches aus Begriffen nicht als nothwendig nachweisbar ist, aber überall, wo es vorkommt, einer jener Voraussetzungen der Urtheilskraft entspricht, deren Befriedigung allgemein die Quelle der ästhetischen Lust ist. Die Uebereinstimmung nämlich zwischen Form und Wesen ist eines

jener Verhältnisse, welche gefallen, weil sie zweckmäßig und
günstig für das Bestreben unserer Urtheilskraft, Mannigfaches
zur Einheit zu verbinden, gestaltet sind. Nicht die anhängende
Schönheit ist daher weniger schön, nicht unser ästhetisches Urtheil
über sie weniger rein ästhetisch, sondern nur die Beziehungs=
punkte, deren Verhältniß hier gefällt, sind weniger einfach als
in der reinen Formenschönheit. Die letztere verknüpft gleich=
artige Elemente zum Ganzen einer Form; dort bilden äußere
Erscheinung und innerer Gehalt die beiden Glieder, deren Ueber=
einstimmung völlig aus demselben Grunde gefällt, nämlich weil sie
eine Maxime bestätigt, welche die Urtheilskraft überall anwenden
möchte, ohne sie doch logisch als nothwendig gültig erweisen zu
können.

Ich habe mehrfach erwähnt, daß dem natürlichen Geschmack
die verschiedenen Fälle der Schönheit nicht gleich hoch im Werthe
stehen, die aus den verschiedenen Eigenwerthen der Beziehungs=
punkte entspringen, zwischen denen die harmonische Beziehung
besteht. Für Kant bestimmt nun jene Reinheit der Schönheit
keineswegs ihren schließlichen Werth; in der Uebersicht der Künste
gibt er unbefangen zu, daß die Musik, die ausgebildetste Kunst
freier Schönheit, durch Vernunft beurtheilt, weniger Werth habe,
als jede andere der schönen Künste; den obersten Rang weist er
der Poesie an. Aber dies ist in Kants Sinne nur ein Urtheil
über den Endwerth, welcher den verschiedenen Künsten im Zu=
sammenhang aller menschlichen Lebensinteressen zukommt, und
welcher eben nicht ausschließlich durch die von ihnen entwickelte
Schönheit bedingt werde. Und freilich wird man dieser Unter=
scheidung des ästhetischen Eigenwerthes der Schönheit und ihrer
sonstigen Bedeutung für das menschliche Leben hier beipflichten
können, wo nur von einer Schätzung menschlicher Kunstleistungen
die Rede ist; aber schwerlich auch dann, wenn jede bedeutungs=
volle Schönheit der Natur, nur weil sie nicht frei von Bedeut
ung ist, für eine minder echte Schönheit gelten und die Theil

nahme für sie aus andern Quellen als dem ästhetisch angeregten
Gefühl abgeleitet werden soll. Oder sollen wir unsern Sprachgebrauch ganz ändern, und vielleicht gar nicht mehr von einer
Schönheit der menschlichen Gestalt sprechen? Ist doch diese
Schönheit schlechterdings gar Nichts ohne Verständniß für die
Bedeutung der Gestalt. Denn davon muß uns doch Niemand
überreden wollen, daß die menschliche Gestalt blos durch ihre
stereometrischen Formverhältnisse, ohne Rücksicht auf das geistige
Leben, das sich in ihnen bewegt, einen irgend merklichen Reiz
des Wohlgefallens auf unsere Phantasie ausüben würde. Sie
würde hierin von der viel ausdrucksvolleren Mannigfaltigkeit und
dem viel lebhafteren Schwunge zusammenstimmender Umrisse in
jeder anmuthigen Blume, jeder zierlichen Arabeske unvergleichlich
überboten werden. Dennoch wirkt sie viel mächtiger auf uns
als diese, weil die an sich anspruchslosen Linien ihrer Form und
die Verhältnisse zwischen ihnen einen ungemeinen Werth durch
die Bedeutung der lebendigen Kräfte gewinnen, die wir in ihnen
thätig wissen. Und dabei gibt es durchaus keinen für das unbefangene Gemüth überredenden Grund, diesen Eindruck für
einen weniger rein ästhetischen anzusehen als jenen, welchen uns
Blumen oder Arabesken machen. Wir empfinden ihn ohne Zweifel
gerade als Schönheit und durchaus nicht als eine „durch Vernunft beurtheilte" anderweitige Vortrefflichkeit, die durch ihren
sonstigen intellectuellen Werth uns über die Dürftigkeit ihres
eigentlich ästhetischen Reizes täuschte. Gegen diese Schönheit ist
Kant nicht ganz gerecht gewesen; fast könnte man hier bei ihm
einen Nachklang aus der Kindheit der deutschen Aesthetik finden:
reine Schönheit ist ihm nur das inhaltleere Formenspiel der
Eindrücke in Raum und Zeit, und gegen diese reine Schönheit
zeigt er eine sehr merkliche Geringschätzung; was er dagegen
höher achtet: die Schönheit des Bedeutungsvollen, das möchte er
am liebsten gar nicht mehr zur Schönheit rechnen, um es aus
einem bessern Rechtsgrunde hochzuachten.

Alle zu befriedigen erscheint stets von neuem unmöglich. Mir schien es, als suchte Kant zu ausschließlich die Schönheit in bloßen Formen; das Entgegengesetzte tadelt an ihm Zimmermann. Wenn Eindrücke uns gefallen, weil sie unsere Geisteskräfte zu einem ihrer Natur angemessenen Spiele der Thätigkeiten veranlassen, worauf beziehe sich doch dann dies Gefallen? solle es dem Einklang erregter Seelenkräfte als solcher, oder solle es dem Einklang überhaupt gelten? Das letztere scheint Zimmermann nothwendig. Denn um Lust an der Harmonie der eigenen Kräfte fühlen zu können, müsse die Seele vorher Einklang überhaupt, gleichviel zwischen welcherlei Beziehungspunkten, als etwas Werthvolles ansehen, weil ohnedies der Umstand, daß zwischen ihren eignen Kräften Uebereinstimmung bestehe, ihr gleichgültig bleiben müßte. So überredend die Klarheit dieser Bemerkung erscheint, so kann ich mich dennoch von ihrer Richtigkeit nicht überzeugen.

Denn was bedeutet am Ende Einklang irgend welcher zwei Elemente, abgesehen von den Gefühlen dessen, dem er gefällt? und wie unterscheidet er sich von irgend einem andern denkbaren Verhältnisse derselben Elemente, welches an sich, noch ehe es mißfiele, Mißklang zu heißen verdiente? Kein Verhältniß ist für sich betrachtet besser als ein anderes; um dennoch zwei mit so verschiedenen Werthbezeichnungen belegen zu dürfen, ohne noch Rücksicht darauf zu nehmen, wie sie auf uns wirken, müßten wir nachweisen können, daß sie sich auf entgegengesetzte Weise zu einem andern objectiven Maßstabe der Werthbestimmung verhalten, der entweder allgemein oder insbesondere für die in Rede stehenden Elemente gilt. Erst dieser Maßstab würde diese Verhältnisse dieser Elemente zu Einklang oder Mißklang machen, während für andere Elemente um ihrer andern Natur willen in andern Verhältnissen Harmonie und Disharmonie läge. Nur ganz scheinbar würden wir die durchaus nothwendige Rücksicht auf einen solchen Maßstab durch die Behauptung vermeiden, daß

zwei Elemente schlechthin miteinander übereinstimmen oder
nicht; um noch zu verstehen, was wir damit sagen wollen, müssen
wir immer wieder auch hier einen Zustand voraussetzen, welchen
von einander zu erleiden die beiden Elemente bestimmt sind, oder
der für sie in irgend einer Weise ein Gut ist, und zu dessen
Begründung das eine der fraglichen Verhältnisse zwischen ihnen
dient, das andere nicht dient. Damit es also überhaupt Sinn
habe, zwei formal verschiedene Beziehungsweisen zweier Elemente
als Einklang oder Mißklang zu bezeichnen, ist die erste unerläßliche Bedingung die Vergleichung beider mit einem Musterverhältnisse, welches aus irgend einem Grunde zwischen jenen
beiden Elementen stattfinden soll.

Auf Uebereinstimmung der inneren Verhältnisse eines Man-
nigfachen mit einem Musterverhältnisse beruht jedoch auch die
Richtigkeit des Richtigen, die Güte des Guten, die Nützlichkeit
des Nützlichen, und gar nicht die Schönheit des Schönen allein.
Es würde sich deshalb weiter fragen, unter welchen besonderen
Bedingungen eine solche Uebereinstimmung den eigenthümlichen
Gegenstand einer ästhetischen Beurtheilung bilden muß. Wenn
Einklang und Mißklang dennoch, so wie wir eben ihren Sinn
bestimmten, unmittelbar eben auf Schönes und Häßliches zu
deuten scheinen, so verdanken wir dies nur einer Erschleichung,
die mit dem Doppelsinn dieser Namen spielt. Denn indem wir
beide Ausdrücke der musikalischen Theorie entlehnten, schienen wir
freilich zuerst nur die Thatsache des Vorhandenseins oder Fehlens
jenes Verhältnisses der Uebereinstimmung durch sie bezeichnen zu
wollen; im Stillen aber haben wir in diese Ausdrücke zugleich
die Vorstellung der Lust oder Unlust, des Glückes oder der Wider-
wärtigkeit bereits mit eingeschlossen, welche ein solches Verhältniß
nicht an sich enthält, sondern in uns erzeugt, wenn es auf
uns, und zwar nicht auf unsere Einsicht, sondern eben auf unser
Gefühl wirkt. Und nun freilich versteht es sich unwiderleglich
von selbst, daß Einklang gefällt und Mißklang mißfällt; denn

beide sind nun nicht mehr Verhältnisse, die an sich, durch das
was sie formal sind oder nicht sind, schon Einklang und Mißklang wären, und in Folge dessen gefielen oder mißfielen,
sondern beide sind jetzt die mustermäßigen oder nicht mustermäßigen Verhältnisse eines Mannigfachen nur eben sofern sie
gefallen oder mißfallen.

Vielleicht erscheint die Zergliederung dieser Begriffe nicht
mir allein wichtig genug, um sie noch an dem bestimmten Beispiele fortzusetzen, von dem ihre Namen entlehnt sind. Einklang
findet zwischen zwei Tönen statt, welche klingen; sie klingen aber
nur für den Hörenden: außerhalb des Hörenden durchkreuzen
nur zwei verschiedene Systeme von Schallwellen zu gleicher Zeit
den Luftraum. Diese Wellen nun können in den mannigfachsten
Verhältnissen zu einander stehen; innerhalb des Zeitraums, welchen der Hin- und Hergang der einen ausfüllt, kann die Welle
des andern Systems in jeder beliebigen Anzahl von Wiederholungen verlaufen. Keines dieser Verhältnisse ist an sich besser
oder edler als das andere; von keinem läßt sich aus Vernunft-
gründen allgemeiner Art beweisen, es sei dasjenige, welches an
sich Einklang sei; denn die Schallschwingungen haben keine
Pflichten, keine Bestimmung, kein Ideal ihres gegenseitigen Verhaltens, dem das eine Verhältniß sich mehr als das andere an-
näherte. Erfahrung lehrt uns nun, daß für unser Gefühl einstimmige Töne aus denjenigen zusammenklingenden Schallwellen
entspringen, deren Wiederholungshäufigkeiten in gleicher Zeit sich zu
einander wie die niedrigsten der ganzen Zahlen verhalten. Hieraus schließen wir, daß die Einfachheit dieses ihres Verhältnisses
das uns Wohlgefällige sei. Aber dieser Schluß ist nicht in dem
Sinne richtig, als könne es irgend welche Verhältnisse solcher
Art geben, die an sich, ohne alle Beziehung auf uns, auch nur
einfach sein könnten, die an sich deshalb von höherem Werthe
als andere, die endlich in Folge dessen auch uns wohlgefällig
sein müßten. Denn in Wahrheit ist doch keiner der Zahlen-

brüche, welche die verschiedenen möglichen Verhältnisse der Schallwellen bezeichnen, an sich wirklich einfacher als der andere; ihn so
zu nennen haben wir nur Veranlassung, wenn wir ihn auf die
Leistungsfähigkeit unserer Vorstellungskraft beziehen, welche nicht
mit gleicher Leichtigkeit große und kleine Zahlen zusammenzufassen
und die Verhältnisse zwischen ihnen zu übersehen vermag. In
den Zahlenverhältnissen der Schallschwingungen liegt daher an
sich gar kein Grund zu einer Werthabstufung; in ihrer Beziehung auf unser Vorstellungsvermögen liegt zwar ein solcher Grund,
doch berechtigt auch er uns nur, ein Verhältniß bequemer für
unser Vorstellen, als ein anderes, zu nennen, keineswegs aber
zu schließen, daß es um deswillen auch wohlgefälliger sei. Denn
alle jene Zahlenverhältnisse, auf denen thatsächlich freilich der
Wohlklang der wahrnehmbaren Töne beruht, nehmen wir ja als
solche eben nicht wahr; die Befriedigung, welche wir empfinden,
wenn uns im Denken die Uebersicht dieser wissenschaftlich bekannt
gewordenen Zahlen leicht gelingt, ist daher verschieden von dem
Gefühl des Wohlgefallens, welches uns die sinnlich gehörten
Töne erregen. Von selbst versteht es sich nun keineswegs als
nothwendig, daß dieselben Verhältnisse des Mannigfachen, welche
dem Vorstellen bequem sind, weil sie seinem Verfahren sich
leicht fügen, auch dieser andern Seite des geistigen Lebens, der
sinnlichen Empfänglichkeit, gleich zusagend sein, daß also dem
Gefühle gefallen müsse, was für das Vorstellen einfach ist.
Nur überraschen kann es uns nicht, daß die Erfahrung es so
findet, denn das Gegentheil hätte freilich noch weniger Wahrscheinlichkeit, als die Voraussetzung dieser Gleichartigkeit der
ganzen geistigen Organisation, die sich in dem wirklichen Verhalten verräth. Aber dies wirkliche Verhalten dürfen wir nicht
zu dem Schlusse benutzen, das einfache Verhältniß gefalle, weil
es einfach ist, und es sei deshalb an sich Einklang; es gefällt
vielmehr und wird gefallend zum Einklang, weil es vermöge derselben Beschaffenheit, um deren willen es dem Vorstellen einfach

erscheint, auch auf unsere sinnliche Empfänglichkeit in einer Weise
wirkt, welche der Natur derselben und den Bedingungen ihrer
Thätigkeit entspricht. Sehen wir von dieser Beziehung auf unser
Gefühl ab, so ist jenes Verhältniß nicht mehr Einklang, sondern
als Gegenstand des Vorstellens nur noch einfach; von einem Einklang zu reden, der abgesehen von jedem Geiste, der ihn empfände,
vielleicht selbst unabhängig von jedem Vorstellen, das ihn dächte,
als bloß bestehendes Verhältniß zwischen zwei Elementen schon
Einklang zu heißen und deswegen zu gefallen verdiente, scheint
mir um Nichts begründeter, als von einem Schmerze zu sprechen,
der schon Schmerz wäre, ehe ihn Jemand litte, und der in Folge
dessen Jedem weh thun müßte, welcher zufällig auf ihn stieße.

Aus diesen Gründen kann ich Zimmermanns Tadel gegen
Kant und seinem Vorschlage nicht beistimmen, Harmonie als
solche als Grund des ästhetischen Wohlgefallens anzusehen und
die harmonische Anregung der Seelenkräfte nur als einzelnes
Beispiel diesem Allgemeinbegriffe unterzuordnen. Vielmehr ist
diese Bewegung unserer Seele der unerläßliche Realgrund, durch
den in allen Fällen das erst entsteht, was wir eine Harmonie
nennen, d. h. durch den ein an sich gleichgiltiges Verhältniß,
welches zunächst nur Gegenstand der Vorstellung ist, zu dem
Werthe eines Einklangs oder Mißklangs erhoben wird. Noch
einmal will ich meines Gegners eigne Worte anführen: wenn
der Einklang der Seelenkräfte der Grund des Gefallens ist, so
sei nicht abzusehen, warum dieser Einklang nicht an jedem Objecte, an welchem er uns wahrnehmbar würde, ebensogut Gefallen erregen sollte? Ich antworte: auch vorausgesetzt, es heiße
etwas, daß an einem Object, bevor es wahrgenommen würde,
etwas wie Einklang bestehe, wie könnte dann doch dieser objectiv
vorhandene Einklang uns wahrnehmbar werden, ohne von uns
wahrgenommen zu werden, d. h. ohne unsere Seelenkräfte in
irgend einem Verhältniß zur Thätigkeit zu reizen? Ist es nun
glaublich, daß dieser an sich bestehende Einklang uns gefallen

würde, wenn ihm das Mißgeschick begegnete, unsere Seelenkräfte
zu disharmonischen Aeußerungen zu nöthigen? Zwar wird ihm
dies wohl nicht begegnen, außer in einzelnen Augenblicken der
Verstimmung unserer eignen Seele; aber klar ist doch, daß das
bloße Vorhandensein eines objectiven Einklangs zwischen Elementen, die nicht wir selbst sind, zur Erzeugung unsers ästhetischen Wohlgefallens gar Nichts hilft, wenn nicht die Einwirkung dieses Einklangs auf uns noch einmal in Einklang mit den
Bedingungen ist, unter denen unserer auffassenden Seele wohl
sein kann.

Diese Subjectivität des ästhetischen Urtheils mit unerbitt-
licher Deutlichkeit hervorgehoben zu haben, halte ich für eins der
wesentlichsten Verdienste, welche Kants eindringliche Kritik sich
erworben hat; zu Ende freilich ist mit diesem unzweifelhaft richtigen Anfange die ganze Untersuchung noch nicht und auch Kant
führt sie weiter. Allein auch der bisher erreichte Standpunkt
läßt uns nicht ganz rathlos, wenn wir der Werthminderung zu
entgehen suchen, welche der Schönheit von dieser subjectiven Begründung unsers Wohlgefallens zu drohen scheint. Auch hier
gegen einige Aeußerungen meines Vorgängers zu streiten, darf
ich mir um so eher erlauben, als er selbst uns auch das Richtige lehrt. Er überträgt auf Kant die Ausartung späterer Meinungen, wenn er als Sinn seiner Lehre behauptet, wahrhaft
schön sei nur das Ich, der Gegenstand dagegen nur in Folge
des Widerscheins, den auf ihn die ästhetische Bewegung der Seele
wirft; das Ich erfreue sich an sich selbst, nicht an den Dingen,
es sei eine ästhetische Selbstanbetung. In Wahrheit ist für
Kant doch nicht die Harmonie der Seelenkräfte das Schöne selbst;
sie ist vielmehr die sich selbst genießende ästhetische Lust; schön
ist für ihn wie für den gewöhnlichen Sprachgebrauch der Gegenstand, dessen Einwirkung auf uns diese Lust erzeugt. Es ist
Kants eigne Meinung, was Zimmermann, wie es scheint, als
Bedenken gegen Kant aufführt: wenn auch das Wohlgefallen am

Gegenstand nur die harmonische Thätigkeit unseres Innern ist:
der Grund, der diese Thätigkeit anregt, liegt doch in dem Gegenstande selbst. Aber man hat wohl nicht Recht hinzuzufügen: dieser
Grund liege in dem Gegenstande allein, nicht in uns; er liegt
vielmehr einzig darin, daß die Dinge und wir zusammenpassen. Es gibt keine Schönheit als solche, außer in dem
Gefühl des Geistes, der sie genießt und bewundert; aber der
Zusammenhang der Dinge ist so geordnet, daß er dem Geiste
die Formen der Bewegung erregen kann, in denen ihm jener
Genuß zu Theil wird und der Gegenstand seiner Bewunderung
entsteht. Verweilen wir einen Augenblick hierbei. Wer ängstlich darnach strebt, eine außer uns seiende Schönheit nachzuweisen, die wir nur als bestehende wahrnehmen, ohne sie durch
unser Wahrnehmen zu erzeugen, der huldigt dem gewöhnlichen
Vorurtheile, nach welchem die eigentliche Welt nur in den Dingen
besteht, die nicht Geist sind, der Geist aber nur als eine halb
müßige Zugabe hinzukommt, höchstens bestimmt, den auch ohne
ihn fertigen und vollständigen Thatbestand der Wirklichkeit in
Gedanken noch einmal abzubilden. Unter solcher Voraussetzung
freilich würde die Schönheit wenig Werth haben, sie würde
selbst nur ein Schein sein, wenn sie nicht außerhalb des Geistes
und bevor er die Welt abbildet, in dieser vollständig als solche
vorhanden wäre, ein möglicher Gegenstand künftigen Genusses
für uns, aber unserer Wahrnehmung nicht bedürftig, um ganz
zu sein was sie ist. Aber der Geist ist nicht ein Anhängsel der
wahrhaft seienden ungeistigen Welt, nicht ein Spiegel, dessen
Leistungen in der Vortrefflichkeit beständen, mit welcher er die
einzig theuere Wirklichkeit eines Geschehens und Daseins ab-
bildete, das nichts von sich selbst hat, weil es sich nicht weiß
und nicht genießt; sondern die Geisterwelt ist der wesentlichste
Bestandtheil des Universum, der Vorgang ihrer Auffassung der
Wirklichkeit oder das Erscheinen der Wirklichkeit für sie der
wesentlichste Theil alles Geschehens, ohne den der Weltlauf nicht

fertig, nicht in sich selbst abgeschlossen sein würde. Wer mit dieser Wahrheit sich durchdringt, wird vor allem nicht mehr darüber klagen, daß die Schönheit nur in dem subjectiven Gefühl des Geistes ihr Dasein habe, als wäre dies Gefühl der schlechteste Ort, oder in ihm zu sein die schlechteste Art des Daseins; diesen Ort oder diese Art des Seins hat vielmehr Alles, was Werth hat: Tugend und Liebe sinken nicht im Preise, weil sie an sich nicht sind, sondern nur im Augenblicke, da der lebendige Geist sie übt oder fühlt. Doch Tugend und Liebe freilich wollen nichts Anderes sein, als Thaten des Geistes, das Gefühl der Schönheit dagegen will bewundern können was nicht wir selbst sind. Aber auch diesem Bedürfniß fehlt seine Befriedigung darum nicht, weil erst in unserem Innern zur Schönheit wird, was außer uns nur gleichgültiges Verhältniß ist. Der einzelne schöne Gegenstand allerdings büßt zuerst ein, wenn eine ihm selbst und seiner Bestimmung gleichgültige Beziehung seines Mannigfachen blos durch zufälliges Zusammentreffen mit einer Auffassungskraft, für welche sie angemessen ist, ihn nur für den auffassenden Geist schön erscheinen läßt. Aber daß die Wirklichkeit im Großen dazu angethan ist, um solches Zusammentreffen möglich zu machen, daß das Gefüge der seienden Welt der Empfänglichkeit des Geistes entspricht, daß die Verknüpfungen der Dinge in Formen geschehen und geschehen können, deren Eindruck die Thätigkeiten der Seele zu harmonischer Ausübung anregt: dieses ganze Füreinandersein von Welt und Geist ist die große Thatsache, die wir im Gefühle der Schönheit genießen, eine Thatsache der allgemeinen Weltordnung, die den objectiven Gegenstand unserer Bewunderung und unserer ästhetischen Lust bildet. Und nun ist auch jeder einzelne Gegenstand, dessen Verhältnisse uns in ausgezeichneter Weise an dieses Füreinandersein erinnern, nicht mehr nur durch zufälliges Zusammentreffen mit den Bedingungen unserer subjectiven Thätigkeit schön, sondern er ist es als Zeugniß dieser Weltordnung, deren Sinn und Macht ob-

jectiv in ihm vorhanden und wirksam ist, und selbst dann in ihm
wirksam ist, wenn sie nur nebenher und nur als Beispiel des
allgemeinen Weltlaufs, dem Alles unterworfen ist, schöne Formen
an ihm entstehen läßt, ohne gerade durch sie das Wesentliche
seines Einzellebens zum Ausdruck zu bringen.

Man wird nicht leugnen können, daß auf diesem Gedanken
Kants Aesthetik nicht nur beruht, sondern daß sie ihn selbst mehr
als einmal offen ausspricht. Nur oberflächlich wird er durch die
systematisch nicht überwundene Unklarheit verdunkelt, die bei Kant
zuletzt über die Wirklichkeit der Welt übrig bleibt, von deren
Eindrücken er anfänglich alle unsere Erkenntniß ableitete, während
die Consequenz seiner Kritik zuletzt jede Behauptung über sie
ausschloß. Es scheint mir nutzlos, hier diese Schwierigkeiten zu
erörtern, die doch ohne erheblichen Einfluß auf die Gestaltung
dieses ästhetischen Grundgedankens bleiben. Erkennen wir nicht
die Dinge an sich, sondern nehmen nur eine Erscheinung für
uns wahr, so ist doch immer die Macht, welche die Ordnung
dieser Erscheinungen hervorbringt, unabhängig von uns und eine
Thatsache der Weltordnung, deren Uebereinstimmung mit der
Empfänglichkeit der Geisterwelt ebenso sehr ein objectiver Grund
und Gegenstand unserer ästhetischen Lust sein würde, wie nur
irgend die unmittelbare Uebereinstimmung der Dinge selbst mit
jener Empfänglichkeit gewesen wäre. Und selbst wenn in allen
unsern Wahrnehmungen nichts Wirkliches auch nur erschiene,
sondern alle unsere Anschauungen nur Erzeugnisse einer schöpferischen Einbildungskraft in unserem eigenen Geiste wären: auch
dann würden wir doch diese unbewußt schaffende Kraft des allgemeinen Geistes in uns und das auffassende Bewußtsein, das
sich dieser Erzeugnisse freut, als zwei nie aufeinander zurückführ-
bare Thatsachen der Weltordnung betrachten, deren Zusammenpassen nur unter anderem Namen und mit anderer Wendung
des Ausdrucks, uns denselben Grund der ästhetischen Lust und
der Schönheit darbieten würde. Keine dieser Deutungen, welche

Kants Metaphysik späterhin erfahren hat, läßt daher jenen ästhetischen Grundgedanken unbrauchbar werden, von dem wir zum
Abschlusse nur noch einmal bemerken wollen, wie entschieden er
die oft getadelte Verknüpfung zwischen der Schönheit der Erscheinung und dem Wesen des Seienden festhält, welche die Anfänge der deutschen Aesthetik im Auge gehabt hatten. Man kann
billig zugestehen, daß die empirische Aufsuchung und Feststellung
der einzelnen Formen des Mannigfachen, auf denen thatsächlich
allgemeines Wohlgefallen ruht, aus anderen Gesichtspunkten der
Aesthetik unentbehrlich ist, und daß Kant dieser Aufgabe seine
Kräfte nicht gewidmet hat. Nur darauf ging seine Arbeit, zu
zeigen, unter welchen Bedingungen dieses Prädicat der Schönheit, welches auch die Gegenstände sein mögen, denen wir es
später zutheilen, überhaupt nur als Vorstellung in unserm Geiste,
und zwar mit dem Sinne und mit dem Werthe entstehen kann,
den wir mit seinem Namen zu bezeichnen uns bewußt sind. Und
hier zeigte er ganz jene Abneigung gegen das Heterokosmische,
die wir bei Baumgarten fanden; wie dieser der Kunst nicht gestatten wollte, Dinge zu erfinden, die in dieser Welt keinen Sinn
und keinen Platz haben, obwohl vielleicht in einer andern; ebenso
würde Kant niemals in bloßen Formverhältnissen eines Mannigfachen den Gegenstand und Grund des ästhetischen Wohlgefallens
zu finden geglaubt haben, bevor er für diese Verhältnisse einen
Platz in dieser Welt nachgewiesen hätte; nicht als Formen an
sich, die auch außer der Welt oder in einer andern gleich viel zu
gelten fortführen, sondern nur als Formen der Wirklichkeit, als
solche, die in dem Ganzen der Weltordnung etwas bedeuten,
hatten sie ihm Anspruch auf die Verehrung, welche ihnen die
Geister widmen.

Beschließen wir jetzt mit dieser Betrachtung unsere Darstellung der Kantischen Lehre, so geschieht es nicht in der Ueberzeugung, sie schon erschöpft zu haben. Aber sowohl die weiteren
Keime, die sie enthielt, als die Lücken, die sich in ihr finden,

werden geeigneter bei den späteren Ansichten erwähnt, die jene zu entwickeln, diese zu füllen glaubten, und die wir alle in deutlicher Abhängigkeit von Kants grundlegenden Gedanken finden werden.

Drittes Kapitel.

Herders Hervorhebung der Bedeutsamkeit im Schönen.

Mißverständliche Angriffe auf Kant. — Das Schöne gefalle nie ohne Begriff. — Ueber das Symbolische als Grund ästhetischer Eindrücke. — Herders Neigung zur Allegorie. — Begründung des ästhetischen Wohlgefallens auf Sympathie. — Mangelhafte Anknüpfung des Schönen an das Gute.

Philosophische Untersuchungen, auf das Allgemeine eines Zusammenhangs von Mannigfachem gerichtet, pflegen nach wenigen Schritten weit hinter sich die buntfarbige Fülle der Erscheinungen zu lassen, von denen sie veranlaßt wurden. So gerathen sie leicht in Widerstreit mit der lebendigen Bildung, welche den Werth jener Erscheinungen tief und leidenschaftlich empfindet, in unklarer Begeisterung an ihm festhalten will und sich nicht darüber beruhigen kann, daß die einfachen Fundamente, mit deren Aufdeckung die Speculation beschäftigt ist, nicht selbst die Reize entfalten, die mit Recht nur von dem auf sie gegründeten Gebäude erwartet werden dürfen. Von Kant haben wir zugeben müssen, daß seine ästhetischen Betrachtungen von unmittelbarer Empfänglichkeit für das Schöne nicht durchdrungen und getragen wurden; um so natürlicher erregten sie Mißvergnügen bei denen, welche von den aufgefundenen einfachen Ergebnissen keinen kurzen Rückweg zu dem erblickten, dem die Wärme ihrer eigenen Gefühle galt.

Herder gab in seiner Kalligone diesem Widerspruch der lebendigen Bildung gegen die wissenschaftliche Speculation Ausdruck. Er gehörte zu jenen blendend organisirten Naturen, die für alles Bedeutende empfänglich, aber nicht genug zugänglich für das Kleine sind, dessen unscheinbare Vermittlung den Zusammenhang des Großen sicher stellt. Den verschiedenartigsten Fragen wandte er seine höchst vielseitige Bildung zu und immer gingen seine Antworten in nächster Nähe bei der Wahrheit vorbei; in welcher Form der Reflexion oder der künstlerischen Thätigkeit er sich auch versuchte, die zweiten und dritten Preise fielen ihm zu. Von dieser vielseitigen Regsamkeit, welcher das deutsche Volk für große Fortschritte seines geistigen Lebens tief verpflichtet ist, fällt leider unserer Betrachtung nur ein minder verdienstvoller Bruchtheil zu. Gegen die philosophischen Lehren Kants hatte Herder in der Metakritik, die er der Kritik der reinen Vernunft entgegenstellte, sich zum Streit erhoben. Dieses Werk, weniger Polemik als leidenschaftliches Stammeln gegen die Gedanken des großen Zeitgenossen, dürfen wir hier übergehen. Aber auch Kalligone verhält sich nicht vortheilhafter zu der Kritik der Urtheilskraft, deren Sätze sie mit einer Bitterkeit angreift, welche um so störender wirkt, je unbegreiflichere Mißverständnisse Herder sich in der Auslegung Kantischer Sätze zu Schulden kommen ließ. Kaum Etwas ist endlich versäumt, was sich stylistisch leisten läßt, um den Eindruck des Ganzen unerfreulich zu machen; in der widrigen Form eines Gespräches, in welchem ein A katechetisch Antworten aus einem B hervorlockt, wechselt die Darstellung haltungslos zwischen trockenen und doch nur scheinbar genauen logischen Erörterungen und blühenden Schilderungen, die zwar des Feinen genug enthalten, aber die stetige Entwicklung der Gedanken nur unterbrechen.

Auf die Unterscheidung des Schönen vom Angenehmen und vom Guten hatte Kant Mühe verwandt, offenbar weil die Verwandtschaft zwischen diesen Begriffen groß ist und zur Vermischung verführt; Herder zweifelt nicht an der Verschiedenheit derselben, verlangt aber ihre Verwandtschaft besonders hervorzu-

heben. Wenn er jedoch gelten macht, ihnen allen liege das Angenehme oder Annehmliche, das Wohlgefällige, Erfreuende, Ver-
gnügende, Beseligende zu Grunde, so hatte doch Kant mit geringerer Wortverschwendung das Nämliche gesagt, indem er Angenehmes Schönes und Gutes zusammen als Objecte des Gefallens von gleichgültigen Vorstellungen unterschied. Das kalte
Gefallen freilich genügt nach Herder dem Schönen nicht, so
wenig als dem Guten die bloße Werthachtung; dieses will auch
begehrt, das Schöne auch erkannt und geliebt sein. Aber die
Kälte hat Herder willkürlich zu dem Gefallen hinzugesetzt, und
Liebe verlangt doch wohl ein Kegel oder eine Kugel nicht, die
Herder beide schön findet. Angenehm, hatte Kant gesagt, ist das
was vergnügt; schön, was gefällt; gut, was geschätzt wird.
Um so schlimmer für die Kritik, fährt Herder fort, wenn, was
ihr gefällt, sie nicht vergnügt; was sie vergnügt, ihr nicht gefällt; was sie vergnügt und ihr gefällt, von ihr nicht geschätzt
wird, und wenn, was sie schätzt, ihr weder gefallen noch sie
vergnügen kann. Ende! setzt er pathetisch hinzu; in Kants Lehre
lag natürlich nicht der mindeste Grund zu behaupten, Annehmlichkeit Schönheit und Güte, obwohl an sich nicht Dasselbe,
müßten einander als unvereinbare Eigenschaften ausschließen.
Herders eigene Sehnsucht dagegen, Schönes Wahres und Gutes
in eine ungetheilte Einheit zu verschmelzen, bleibt unfruchtbar
genug. Auch das sinnlichst Angenehme möchte er als eine Mittheilung des Wahren und Guten ansehen. Freilich mit dem
Zusatze: sofern der Sinn es fassen könne; die Empfindung der
Lust und Unlust sei nichts anders, als eben das Gefühl des
Wahren und Guten, daß der Zweck des dienenden Organs, nämlich die Erhaltung unseres Wohlseins, die Abwehr des Schadens,
erreicht sei. Spricht die Kritik anders? fügt er hinzu und läßt
merkwürdigerweise diese Frage bejahen. Aber wenn die gepriesene Mittheilung des Wahren und Guten nur hierin bestehen
sollte, so hatte ja Kant eben alles Gefallen auf Uebereinstimmung

ter Reize, von denen wir afficirt werden, mit den Bedingungen
unfers Wohlfeins zurückgeführt; nur daß er dieses Gut, welches
allein in der Förderung unfers individuellen Wohlfeins durch den
wirklichen Genuß besteht, blos als Angenehmes gelten ließ, für
das Schöne dagegen eine Stimmung verlangte, welche ohne Interesse an der realen Existenz eines Gegenstandes sich an der Contemplation seines vorstellbaren Inhalts genügen läßt. Auch dies
freilich giebt Herder Veranlassung zu der Auseinandersetzung, daß
Schönheit ohne irgend ein Interesse, welches sie erweckt, undenkbar sei.

Die Unfruchtbarkeit solcher Einwürfe rechtfertigt, uns, wenn
wir dem polemischen Faden in Herders Darstellung nicht weiter
folgen. Er ist achtbarer in der lebhaften Entwicklung eigner
Ansichten als in der Kritik und dem Verständniß fremder. Als
den ersten wesentlichen Punkt seiner Auffassung bezeichnen wir
die Behauptung, Schönheit liege nicht, wie Kant zu behaupten
geschienen, in einer Form, die ohne Begriff gefalle. Laffen wir,
sagt Herder, diese Kritik des Schönen ohne Begriff und Vorstellung, und bleiben wir bei dem natürlichen Gemeinsinn, dem
Urtheil aus Gründen; denn der natürliche Verstand, den
jene Kritik unter dem Namen des populären tief herabsetzt, vermißt sich nie ohne Gründe zu urtheilen, so oft er sich auch an
ihnen betrüge. Einer blind gebornen Bäuerin ward die Frage
vorgelegt, welcher Tisch schöner, d. h. ihr angenehmer sei, ob der
viereckige oder der runde? Der ovale, antwortete sie, denn daran
stößt man sich weniger, als an den Ecken des andern, an ihm
ist auch alles angenehmer beisammen. Dergleichen Urtheile über
Wohlgestalt und Schicklichkeit der Theile zu einander, über das
Angenehm-Zweckmäßige der Natur- und Kunstproducte höret man
im gemeinen Leben vom gesunden Verstande allenthalben, wenn
sich der spielende mit Kritteleien und Wahnbegriffen unterhält.

Alle Schönheit ist ausdrückend, und das Mitbewußtsein
dieser Gründe, auf denen ihr Eindruck beruht, unterscheidet allein

unſer Gefallen an ihr von dem ſtumpferen Genuß niedrigerer Organiſationen, die von der Welt, in der ſie ſich befinden, nur leidentlich berührt werden. Alle Wahrnehmungen der niedern und höhern Sinne, alle Formen der Anſchauung, die Geſtalten der Geſchöpfe und den Verlauf der Ereigniſſe durchmuſtert nun Herder, um überall die bedeutungsvollen Gedanken nachzuweiſen, auf denen ihr wohlgefälliger Eindruck oder ihre Häßlichkeit be- ruht. Nicht ſelten begegnen wir Ungenauigkeiten, die denen des oben angeführten Beiſpiels gleichen; ſehr häufig nur willkür- lichen Ausdeutungen der Gefühle, welche uns ausgezeichnete Gegenſtände der Wahrnehmung erwecken; dennoch liegt in dieſen Darſtellungen, welche das Muſter vieler ähnlichen in ſpäteren Lehrbüchern der Aeſthetik geworden ſind, nicht nur eine Menge feinſinniger Bemerkungen, ſondern auch ein allgemeiner Gedanke, deſſen Recht ich bis zu einem gewiſſen Grad hier vertheidigen möchte: ſagen wir kurz, indem wir uns Berichtigungen vorbe- halten, der Gedanke, daß alles Schöne ſymboliſch ſei und eben dadurch ſchön ſei, daß es dies iſt.

Ganz wird Niemand leugnen, daß die äſthetiſche Wirkung der Gegenſtände nicht nur von dem abhängt, was ſie ſind, ſon- dern auch von dem, woran ſie uns erinnern. Man wird nur hinzufügen, daß der äſthetiſche Eindruck nicht ebenſo, wie jeder andere leidenſchaftliche, auf der Erweckung von Nebenvorſtellungen beruhen darf, welche mit dem wahrgenommenen Gegenſtande nur eine zufällige Aſſociation individuell für uns verbunden hat; er ſoll aus den Gedanken entſpringen, welche die Form oder der Inhalt des Gegenſtandes in jedem Gemüth anzuregen durch ſich ſelbſt geeignet iſt. Mit dieſer näheren Beſtimmung aber wird unſer Satz nicht nur von denjenigen Objecten der Anſchauung gelten, welche durch eine beſonders ausdrucksvolle und eigen- thümliche Gliederung und Verknüpfung ihrer Beſtandtheile ſich in dem gewöhnlichen Sinne zu Symbolen eines Gedankens eignen; auch die einfachſten Elemente des Anſchaulichen vielmehr

scheinen mir nicht durch das was sie selbst sind, sondern durch
eine symbolische Deutung zu wirken, welche nicht nebenher zu
der Wahrnehmung hinzutritt, sondern uns vollkommen unvermeidlich geworden ist. Unsere Auffassung räumlicher Verhältnisse, um an diesem einfachsten Beispiele unsere Meinung zu
rechtfertigen, finden wir dergestalt mit Deutungen des Gesehenen
auf Bewegung und auf Wirkung von Kräften versetzt, daß eine
ästhetische Beurtheilung, welche geometrische Formen nur als
geometrische auffaßte, eine durchaus unausführbare Abstraction
sein würde. Selbst in den Sprachgebrauch der exactesten Wissenschaft hat sich diese Deutung vollkommen unaustreiblich einge-
schlichen; es würde ohne Zweifel möglich sein, die wesentliche
Natur einer geraden Linie ohne Einmischung einer Vorstellung
von Zeit und Bewegung nur durch abstracte Verhältnisse zu definiren; aber Niemand sieht hierin ein anzustrebendes Verdienst;
Richtung, Verlauf der Linien, Convergenz und Divergenz sind
allgemein zugestandene Ausdrücke, welche die Bewegung, aus der
Linien entstehen, als noch fortdauernde Eigenschaften der entstandenen bezeichnen. Viel ausschließlicher aber und allgemeiner
beruht unsere ästhetische Auffassung des Räumlichen auf solchen
Deutungen. Kein räumliches Gebilde wirkt auf uns anders als
durch Erinnerung an Bewegungen, deren Erzeugniß oder deren
vorgezeichneter Schauplatz es ist, und zwar nicht an Bewegungen,
die nur geschehen, sondern an solche, die von wirkenden Kräften
gegen irgend einen Widerstand ausgeführt werden; ja selbst dies
reicht nicht hin: noch muß die Erinnerung an das eigenthümliche
Wohl und Wehe hinzutreten, welches dem sich Bewegenden in
jedem Augenblicke aus der Form seiner Bewegung fühlbar erwächst. Diese Behauptungen verdienen wohl einige weitere Begründung.

Symmetrie ist stets als ästhetisch wirkendes Motiv gepriesen worden, und zwar in dem rein geometrischen Sinne, in
welchem sie bedeutet, daß eine Vielheit von Punkten um irgend

einen Mittelpunkt, eine Axe oder eine mittlere Ebene entweder in lauter gleichen Abständen oder mit leicht in ihrer Gesetzlichkeit übersichtlicher Veränderlichkeit ihrer Entfernungen angeordnet ist. Nun will ich nicht leugnen, daß das Gewahrwerden dieser Regelmäßigkeit auch ein gewisses ästhetisches Interesse erregt, jene Befriedigung nämlich, welche immer die Beobachtung einer Einheit des Mannigfachen hervorbringt, auch wenn diese Beobachtung nur durch eine denkende Einsicht gemacht wird. Aber das Angenehme einer räumlichen Symmetrie hat einen gewissen Ueberschuß voraus vor der erkannten und ebenfalls auf einen Blick angeschauten Gesetzlichkeit einer blos algebraischen Formel, und dieser Ueberschuß scheint mir auf Rechnung der Bewegung zu setzen, deren Form und Richtung das Raumgebilde uns deutlich vorschreibt, während die abstracte Formel uns nur einen intelligiblen Zusammenhang von Bestandtheilen denken lehrt, dessen Betrachtung uns nur gleichnißweise und unbestimmt an räumliche Bewegungen erinnert. Es ist wohl nicht möglich, mit eigentlichen Beweisen hier aufzutreten, wo es sich nur darum handelt, in unserem ästhetischen Urtheil die Anwesenheit eines Motivs aufzuzeigen, dessen Wirksamkeit jeder durch eigne Beobachtung in sich finden muß und daher jeder auch ableugnen kann, wenn er es nicht findet. Es muß deshalb hinreichen, wenigstens das Suchen nach ihm zu veranlassen; ich bin gewiß, daß der Suchende sich überzeugen wird, Wohlgefallen an räumlicher Symmetrie hänge nicht unmittelbar von der Regelmäßigkeit der Maßverhältnisse, sondern mittelbar von dem Angenehmen der Bewegungen ab, zu deren Vorstellungen uns diese anregen. In der That, wenn man nach dem Grunde fragt, warum Maßverhältnisse, deren bloßer mathematischer Begriff, abgesehen von einer räumlichen Zeichnung, in der sie vorkämen, uns sehr kalt lassen würde, nun doch im Raume ausgeführt uns lebhaft anziehen, so wird man leicht die Antwort hören, weil das Symmetrische, im Raum verwirklicht, uns ein wohlthuendes Gleich-

gewicht des Mannigfachen in seiner Vertheilung darstelle. Wirklich ist nicht Gleichmaß, sondern Gleichgewicht das ästhetisch
Wirksame. Vom Gleichgewicht aber können wir nicht sprechen,
wenn wir nicht vom Gewicht überhaupt wissen, von Kräften
also, durch welche das Wirkliche im Raum bewegt wird, und als
deren Ausdruck und Wirkungsweg jedes Lagenverhältniß des
Mannigfachen und jede Linie uns lebendig wird. Diese Erinnerung an die concrete Welt durchdringt unsere räumliche Anschauung durchaus, und von ihr und ihren Deutungen werden
auch alle die unbewußt geleitet, welche an den rein geometrischen
noch nicht physisch interpretirten Beziehungen des Räumlichen
ein ästhetisches Interesse zu nehmen glauben.

Dem Schüler muß es im mathematischen Unterricht künstlich angewöhnt werden, sich die Linie oder Figur, die nur Gegenstand einer geometrischen Untersuchung werden soll, in einem
ganz unorientirten Raume vorzustellen, und sich zu überzeugen,
daß dieselben Wahrheiten für ein Dreieck gelten, mag es auf
seiner Grundlinie ruhen oder auf seiner Spitze balanciren oder
seinen spitzesten Winkel nach rechts oder links kehren. Für die
natürliche Anschauung ist der Raum unzweifelhaft orientirt; durch
die Erinnerung an die Schwere sind Vertikale und Horizontale,
die in der Geometrie nur einen relativen Sinn haben, absolut
verschiedene und feste Richtungen geworden von bestimmtem ästhetischen Werth, und jede schräge oder gekrümmte Linie ist uns
der Ausdruck einer mit bestimmter, constanter oder veränderlicher
Kraft ansteigenden oder fallenden Bewegung, die aus der Richtung, in welcher die Schwere wirkt, in die andere übergeht, nach
welcher diese Wirkung nicht stattfindet. Niemand kann sich dieser
Gewohnheit entziehen, die wir selbst auf Ebenen übertragen; ein
rechtwinklig begrenztes Blatt Papier hält Keiner in schräger Lage
vor dem Auge, es gehört sich, daß zwei seiner Seiten senkrecht,
zwei wagerecht liegen; ein elliptischer Rasenplatz erscheint schöner
vom Endpunkt seiner kleinen Axe, denn so gibt er den Eindruck

des Ruhenden und Liegenden, weniger vom Endpunkte der großen,
denn von da scheint er gegen seine Bestimmung in die Höhe zu
steigen.

Ich erwarte nicht, daß man einwerfen wird, alle diese Gewohnheiten unserer Phantasie seien nicht in unserer Raumanschauung an sich, sondern in dem Nebeneinfluß unserer körperlichen Organisation begründet; dies ist es vielmehr eben, was ich
selbst noch hinzufügen wollte. Wie es sich mit unserer ästhetischen Raumanschauung verhalten würde, wenn wir reine Geister
wären, dies mag ausmachen, wer will; vorläufig begnügen wir
uns mit dem Bewußtsein, daß die wirklich in der Welt vorhandenen, ästhetische Urtheile fällenden Subjecte sich von ihrem
Körper nicht befreien können, und daß sie zwar, wie dies eben
in der Mathematik geschieht, von den Nebenzügen abstrahiren
können, die ihre Raumvorstellung durch jene Mitwirkung ihrer
Organisationseigenthümlichkeiten erhält, daß sie sich aber täuschen
würden, wenn sie in dieser künstlich erzeugten reinen Räumlichkeit noch den Gegenstand zu sehen glaubten, der ihr ästhetisches
Gefühl erweckt. Auch hierüber freilich läßt sich nur eine subjective Ueberzeugung aussprechen, nicht ein zwingender Beweis
führen. Nur zu diesem Zweck fahre ich fort. Auch die statischen
und mechanischen Begriffe von Gleichgewicht und Bewegung, die
wir in die Raumformen hineinschauen, würden aus diesen noch
kein Object unsers Wohlgefallens oder Mißfallens machen, wenn
wir sie nur durch ihre theoretischen Definitionen dächten: die
Bewegung als bestimmtes Verhältniß zwischen Zeitgrößen und
den veränderlichen Entfernungen der Orte des Bewegten, Gleichgewicht nur als eine zu Null werdende algebraische Summe der
Bewegungsmomente aller Theile eines zusammengehörigen Systems. Aesthetisch ergreifend werden für uns auch diese mechanischen Verhältnisse nur, soweit wir uns in das eigenthümliche
Wohl und Wehe hineinfühlen können, welches die bewegten Dinge
durch ihre Bewegung, die im Gleichgewicht befindlichen durch

ihre Ruhe erfahren. Und hierzu eben ist die Mitwirkung unserer Organisation, anstatt eine störende Zugabe zu sein, vielmehr wesentlich.

Wir, diese Doppelwesen von Seele und Körper, sehen Bewegungen nicht nur geschehen, sondern bringen selbstthätig deren
hervor; und obgleich wir nicht unmittelbar unsern Willen in
dem Schwunge fühlen, mit welchem er wirkend in unsere Glieder überströmt, so erlaubt uns doch eine andere Gunst unserer
Organisation hier, wo der Schein an Werth gleich ist der Wirklichkeit, diese freundliche Täuschung. Von den Veränderungen,
welche die bereits arbeitende Kraft des Willens in dem Zustande unserer Glieder hervorgebracht hat, kehrt von Augenblick
zu Augenblick eine Empfindung zu unserm Bewußtsein zurück,
und so leicht beweglich folgen die Veränderungen dieser Empfindung jeder kleinsten Zunahme oder Abnahme der bewirkten
Spannung oder Erschlaffung nach, daß wir in diesem Spiegel-
bilde seiner hervorgebrachten Erfolge unmittelbar den Willen in
seiner Arbeit zu fühlen und in alle Wandlungen seines An-
schwellens und seiner Mäßigung zu begleiten glauben. Erst so
lernen wir Bewegungen verstehen und schätzen, was es mit ihnen
auf sich hat; ohne diese Erinnerungen wäre jede beobachtete äußere
Bewegung nur die unverständliche Thatsache, daß vorhin etwas
hier war, nun aber dort ist, und in der Zwischenzeit an Orten
zwischen diesen beiden; nur jenes eigne sinnliche Erleben der
Thätigkeit oder des Leidens läßt uns den kühneren oder läs-
sigeren Schwung einer anstrebenden Linie genießen und an der
plötzlichen Verhinderung ihres gleichmäßigen Verlaufs Anstoß
nehmen; nur weil wir selbst das Glück eines Gleichgewichts,
das unserem Körper die Anspannung eigner Thätigkeit oder die
Gunst der äußeren Umstände verschafft, nur weil wir das Bange
der Unsicherheit empfinden, die aus der ungünstigen Verschiebung
seiner Theile entspringt, nur deswegen sind Gleichgewicht und
Ungleichgewicht der Massenvertheilung für uns Verhältnisse, die

wir mit dem Antheile des Mitgefühls beobachten. Und jetzt,
nachdem tausende dieser kleinen Empfindungen uns den Umriß
unsers Körpers und die Formen unserer Glieder kennen gelehrt
und uns ausgedeutet haben, welche Fülle von Spannkraft, welche
zarte Reizbarkeit und geduldige Stärke, welche liebliche Hinfälligkeit oder Festigkeit in jedem einzelnen Theile dieser Umrisse
schlummert, jetzt wissen wir auch die fremde Gestalt zu verstehen.
Und nicht nur in die Lebensgefühle dessen dringen wir ein, was
an Art und Wesen uns nahe steht, in den fröhlichen Flug des
Vogels oder die zierliche Beweglichkeit der Gazelle; wir ziehen
nicht nur die Fühlfäden unseres Geistes auf das Kleinste zusammen, um das engbegrenzte Dasein eines Muschelthieres mit-
zuträumen und den einförmigen Genuß seiner Oeffnungen und
Schließungen; wir dehnen uns nicht nur mitschwellend in die
schlanken Formen des Baumes aus, dessen feine Zweige die Lust
anmuthiges Schwebens und Beugens beseelt; mit einer ahnungsvollen Kraft der Deutung vielmehr, die alle bestimmte Erinnerung an unsere eigene Gestaltung entbehren kann, vermögen wir
selbst die fremdesten Formen einer Curve, eines regelmäßigen
Vielecks, irgend einer symmetrischen Vertheilung von Punkten
als eine Art der Organisation oder als einen Schauplatz aufzufassen, worin mit namenlosen Kräften sich hin- und herzubewegen
uns als ein nachfühlbares characteristisches Glück erscheint. Und
so wirken denn alle räumlichen Gebilde ästhetisch auf uns, sofern
sie Symbole eines von uns erlebbaren eigenthümlichen Wohls
oder Wehes sind.

Mit der Bestimmtheit, die ich hier dieser Ansicht zu geben
suchte, hat Herder sie allerdings nicht ausgesprochen, doch liegt
sie deutlich seinen Bemühungen zu Grunde, in allen einzelnen
Naturerscheinungen das anzuzeigen, was sie ausdrücken; denn
ausdrückend, nicht blos andeutend, war ihm alles Schöne. Seine
weiteren Ausführungen werden jedoch durch ein Mißverständniß
verdunkelt. Er war gereizt durch Kants Behauptung, das Schöne

gefalle ohne Begriff. Obgleich er selbst nun eigentlich nur
Interesse daran hatte, einen Gehalt überhaupt in der schönen
Form zu suchen, so verführt ihn doch seine Polemik gegen Kant,
für diesen Gehalt nun umgekehrt die Form grade eines Begriffs=
inhaltes anzunehmen. Seine einzelnen Erörterungen mißlingen
unter dieser Voraussetzung stets; für keine der von ihm gemu=
sterten Erscheinungen kann er einen Grund ihres Wohlgefallens
finden, der in dem bestimmten Sinne Begriff heißen könnte,
welchen hier festzuhalten die Polemik gegen Kant gebot; was er
wirklich auffindet, sind mannigfache Beschreibungen der empfun=
denen Eindrücke durch Hindeutungen und Erinnerungen an an=
dere, deren ästhetischer Werth uns bereits im Gefühl feststeht.
So wird allerdings im Einzelnen seine falsche Voraussetzung
durch Unfruchtbarkeit unschädlich, aber es hätte vielmehr grund=
sätzlich bemerkt werden müssen, daß keine einfache Form, und je
einfacher sie wäre, um so weniger, als besonderes Symbol eines
einzigen durch bestimmte Begriffe fixirbaren Gedankens schön
ist. Sie ist es nur als ein allgemeines Symbol eines eigenthüm=
lichen Genusses, den die Phantasie an unzählige verschiedene
Veranlassungen geknüpft denken, daher durch unzählige Gedanken,
an die alle er mit gleicher Kraft erinnert, umschreiben, aber
durch keinen von ihnen erschöpfen kann. Es reicht daher auch die
alte Definition nicht hin, auf die Herder anspielt, schön sei, was
dem Verstande in kürzester Zeit sehr viele Vorstellungen erweckt;
denn mit solcher Ueberfülle von Vorstellungen beschenkt uns
mancher Eindruck, der uns nur in Verlegenheit setzt; ver=
langen wir aber Harmonie der vielen Vorstellungen noch hinzu,
so ist eben diese Harmonie der nicht wieder durch Vorstellung
und Begriff erschöpfbare Genuß, von dem wir sprechen. Voll=
kommen frostig dagegen sind Allegorien, die einen bestimmten
Gedanken versinnlichen sollen, der durch sie Nichts gewinnt, son=
dern sich ohne die Versinnlichung eben so gut, vielleicht besser
als durch sie ausdrücken läßt. Vor diesem Abwege hat Herdern

allerdings im Ganzen sein poetisches Gefühl geschützt; doch neigt
er ihm zu. Eine Kugel auf einen Würfel gestellt findet er sehr
ausdrückend; aber welchen Gedanken er auch in dieser Allegorie
finden mochte, er wäre klarer im bloßen Wortausdruck gewesen
und gewinnt Nichts durch das der Phantasie zugemuthete äquili-
bristische Kunststück, sich in das Balancement des Runden auf
dem Ebenen zu versetzen.

Fand nun Herder alle Schönheit nur in dem Ausdrücken-
den, so mußte auch das Ausgedrückte die Mühe des Ausdrucks
lohnen. Was empfunden werden soll, muß Etwas sein, behauptet er, d. i. eine Bestandheit, ein Wesen, das sich uns äußert;
mithin liegt jedem für uns Angenehmen oder Unangenehmen
ein Wahres zu Grunde; Empfindung ohne Gegenstand ist in
der menschlichen Natur ein Widerspruch, also unmöglich. Dies
Wahre nun, das uns schön erscheint, sucht er in der Vollkommenheit der Zusammenstimmung der Theile zu dem gemeinsamen
Lebenszweck des Ganzen. Zu den lebendigsten Partien der Kalligone gehören die Abschnitte, in denen er die Schönheiten der
Pflanzen und der Thiere deutet; namentlich das Thierreich macht
ihm den Nachweis leicht, daß Schönheit hier nicht in den Formen
allein, sondern in ihrer Bedeutung für die lebendige Thätigkeit
liegt. Allein je beredter er die Zustimmung aller Organe zu
frohem Lebensgenuß nachweist, je mehr er jede Gestalt als ausdrucksvolle Erscheinung eines der Natur vorschwebenden Musters
und zugleich als die zweckmäßigste Anbequemung dieses Musters
an die Eigenheit des besondern Lebenselementes erkennt, für
welches sie bestimmt ist, um so näher liegt ihm die Versuchung,
Alles schön zu finden, was die Natur geschaffen hat. Der Unterschied des Schönen und des Häßlichen verschwindet nothwendig
für den, der im Schönen nur die Erscheinung des Wahren und
der wirkenden Thätigkeit sucht, denn Dem begegnet er auch im
Häßlichen; solche Wahrheit hatte Herder ja selbst sowohl dem

Angenehmen als dem Unangenehmen zugeschrieben. Diesem Irrthum entzog er sich indessen doch.

Das Sein oder die Bestandheit eines Dinges beruht, so
fährt er fort, auf seinen wirksamen Kräften in einem Eben-
und Gleichmaß. Wird diese Conformation zum dauernden
Ganzen uns sinnlich empfindbar, und ist sie unserm Gefühle
harmonisch, so ist die Bestandheit eines Dinges als solchen uns
angenehm; wo nicht, so ist's häßlich, fürchterlich, widrig. Der
Punkt des Bestandes für das Ding ist eine Mitte zwischen zwei
Extremen, gegen welche seine Kräfte sich äußern; daher nun
Symmetrie und Eurhythmie in Verhältnissen, die vom Einfachsten
zur künstlichsten Verwicklung aufsteigen. Je leichter und harmonischer das Gefühl diese Verhältnisse wahrnimmt und sich an-
eignet, desto angenehmer wird uns die fremde uns zugeeignete
Bestandheit; je schwerer und disharmonischer, desto entfernter
häßlicher fremder ist uns die Gestalt.

Diese Sätze, denen sich viele anreihen ließen, in denen
Herder den ästhetischen Werth des Ebenmaßes, der Harmonie,
des Gleichgewichtes unbefangen anerkennt, benützt Zimmermann als Beweis, daß schließlich doch auch Herder den Grund
der Schönheit in der früher von ihm mißachteten „leeren Scherbe"
unbedingt gefälliger Formverhältnisse des Mannigfachen gefunden
habe. Nicht daß ein Ding das sei, was es seinem Begriffe nach
sein soll, nicht seine Conformation zum dauernden Ganzen mache
es schön; sondern daß sich an ihm Ebenmaß und Harmonie, also
formale Schönheiten finden, gebe ihm selbst Schönheit. Es
scheint mir, daß Herders eigne Worte etwas Anderes sagen.
Ebenmaß und Gleichmaß der Kräfte gehören ihm zu den Bedingungen des Bestehens der Dinge, machen aber das Bestehende
noch nicht schön; sie sind an sich nur metaphysische Vollkommenheiten; schön werden sie erst dann, wenn sie außerdem mit unserem Gefühl harmonisch sind, wenn sie das ausdrücken, was
wir als eine menschlich nachgenießbare Weise des Glückes kennen.

6*

Fehlt diese Uebereinstimmung mit unserem Gefühl, so wird die Bestandheit des Dinges mit allem Ebenmaß und aller formalen Vollkommenheit, die sie auch dann noch einschließen mag, häßlich fürchterlich und widrig.

Die leere Scherbe unbedingt gefälliger Formen hat daher auch später Herder nicht aufgehoben; dafür ist ihm allerdings Schönheit zu einem Prädicat geworden, das den Gegenständen nur in unserer subjectiven Auffassung zukommt. Je bestimmter seine Polemik gegen Kant durch die Sehnsucht erregt erschien, der Schönheit eine größere Weltbedeutung, eine nähere Verwandtschaft mit allem Guten und Wahren zu sichern, um so unglaublicher wird diese Wendung. Aber die bestimmtesten Aeußerungen machen sie unzweifelhaft. Kein vernünftiger Philosoph, bemerkt Herder, hat die objective Zusammenstimmung einer Sache zur Schönheit gemacht ohne die subjective Vorstellung dessen, der sie schön findet. Sich selbst ist die Sache, was sie ist, vollkommen in ihrem Wesen oder unvollkommen; mir ist sie schön oder häßlich, nachdem ich dies Vollkommne oder Unvollkommne in ihr fühle oder erkenne; einem Andern sei sie, was sie ihm sein kann. Und wenn dieser Satz noch zweifelhaft läßt, ob nicht doch die objective Vollkommenheit des Dinges nur noch des Erkanntwerdens durch uns bedürfe, um sofort die Schönheit selbst zu werden, so entfernt diesen Zweifel das Folgende: Wesenheit des Dinges muß dasein im Object, selbst des schönsten Traumes; aber sie muß sich zweitens darstellen, empfindbar zeigen; diese Darstellung muß drittens meinem Organe wie meiner Empfindungs- und Vorstellungsfähigkeit harmonisch sein, sonst ist das Schönste mir nicht schön: diese drei Momente sind jedem Object wie jeder Empfindung des Schönen unerläßlich. Endlich: im Menschen ist das Maß der Schönheit, nur für Menschen, nach menschlichen Begriffen und Gefühlen; von empfindenden Wesen anderer Art reden wir nicht, und es ist doppelte Thorheit, sich in dergleichen unbekannte Welten hineinzuträumen.

Einem solchen Ergebniß kann man nicht ohne Verwunderung sich gegenüberfinden, wenn man bedenkt, daß es aus einer lebhaften Empörung gegen die Ansichten Kants hervorgewachsen ist. Auf ein glückliches Zusammenpassen der Erregung, die von dem Gegenstande ausgeht, mit der Erregbarkeit des Gemüths hatte auch Kant die Schönheit gegründet; aber unter dieser Erregbarkeit hatte er Voraussetzungen unserer Urtheilskraft über den Bau der Welt verstanden, deren universale Bedeutung hinlänglich klar hervortrat, und deren mögliche Befriedigung durch den Eindruck des Gegebenen selbst mit zu den allgemeinen und höchsten Gütern der Weltordnung gehört. Bei Herder ist die Schönheit nicht minder subjectiv, sie ist es viel mehr; sie beruht auf der Sympathie, mit welcher unsere speciell menschliche Organisation in das Glück einer ihr ähnlichen, mithin auch eine ganz anders geartete sich in das Glück einer ganz anderen versetzen kann. Auch Kant war dem früher schon geäußerten Gedanken nicht fremd gewesen, Schönheit fühle nur der Mensch; aber er hatte ihm den Sinn gehabt, ein höherer anschauender Verstand werde da die volle Wahrheit sehen, wo der eingeschränkte endliche Verstand die ausnahmsweis eintretende volle Befriedigung seiner mühsam reflectirenden Urtheilskraft als Schönheit, als nicht überall zu hoffende Gunst des Weltlaufs empfindet. Nach dieser Ansicht gibt es Schönheit überhaupt weder für höhere Wesen, weil ihre Erkenntniß schrankenlos ist, noch für niedere, weil diesen die Voraussetzungen der Urtheilskraft abgehen, aus deren Befriedigung die Schönheit entspringen würde. Für Herder dagegen kann Schönheit im Allgemeinen, da sie nur auf Sympathie mit dem ähnlich Organisirten beruht, jeder Gattung von Wesen fühlbar sein, aber verschiedene Gattungen werden die Schönheit in verschiedenen Formen der Erscheinung finden.

Da nun nicht einzusehen ist, warum die in einer Gattung allgemein vertretene Organisation einen Vorzug vor der speciellen Eigenthümlichkeit des Einzelnen hätte, da mithin auch jeder Ein-

zelne das schön zu finden berechtigt ist, was ihm in seiner Besonderheit sympathisch ist, wodurch werden wir dann vor der
Rückkehr zu dem elenden Satze behütet, der alle Aesthetik unmög=
lich macht: nämlich daß eben der Geschmack verschieden sei?
Natürlich will dies Herder nicht; schön sei nicht, was dem Pöbel,
sondern was dem Gebildeten und Edlen sympathisch ist. Aber
es reicht nicht hin, in dem erhebenden Bewußtsein, zu der Ari=
stokratie der Geister zu gehören, auf den Geschmack der Anderen
herabzusehen; man bedarf eines für sich feststehenden Entschei=
dungsgrundes, der die eignen Sympathien rechtfertigt und die
fremden verurtheilt. Es ist auffällig, daß Herder an die Besei=
tigung dieses Mangels seiner Theorie so wenig gedacht hat, ob=
gleich seine ganze Sinnesart sonst ihn nach der Richtung hin=
drängen mußte, in welcher zunächst die Abhülfe zu finden war.
Er hätte leicht bemerken können, daß für sich genommen Sym=
pathie nicht der Grund eines wahrhaft ästhetischen Urtheils sein
kann; sie gehört zu offenbar zu jenem Reiz und jener Rührung,
auf welche Kant den Eindruck der Schönheit zu gründen ver=
schmähte. Wer ihn dennoch in unserem Mitgefühl mit einem
nacherlebbaren Glücke sucht, muß dasjenige Glück, in welches sym=
pathisirend sich zu versenken dem Geiste Bestimmung und Pflicht
ist, von dem andern sondern, dessen Nacherleben nur ein unserer
Natur möglicher Genuß bleibt. Die Anknüpfung des Schönen an
das Gute, welche Herder verspricht, aber nur höchst unvollkommen
ausführt, war hier in einer wissenschaftlichen Weise zu versuchen.
Jenes Element der Verehrung, das nach deutschem Sprachgebrauch in
den Namen der Schönheit durchaus mit eingeschlossen ist, und durch
welches das Wohlgefällige erst zum Schönen wird, ohne deshalb
das Gebiet rein ästhetischer Beurtheilung im Mindesten zu über=
schreiten, dieses Element verlangte den Nachweis, daß unser Ge=
müth in seiner ästhetischen Erregung nur mit Erscheinungen sympathi=
sirt, deren Formen Widerschein des Seinsollenden des Guten sind.

Viertes Kapitel.

Schillers Vermittlung zwischen Schönheit und Sittlichkeit.

Architectonische Schönheit der menschlichen Gestalt. — Die menschliche Gestalt als Ding im Raume. — Ueber das Verhältniß zwischen der räumlichen Erscheinung und dem sittlichen Innern. — Künstliche Schwierigkeiten
hierin und ihre Auflösung. — Die Handlungen als Ausdruck der schönen
Seele. — Schillers Ansichten über die rein formale Natur des Schönen.

Alle Vorzüge strenger und stetiger Gedankenentwicklung, die
wir in den leidenschaftlichen Bestrebungen Herders vermißten,
vereinigt Schiller in jener glänzenden Reihe ästhetischer Abhandlungen, welche für alle Zeiten eine der schönsten Zierden
unserer vaterländischen Literatur bilden. Voll der herzlichsten
Hochachtung für Kant, in dessen ernste Schule er die Beweglichkeit seines dichterischen Geistes gab, hat er die reichen Anschauungen eines künstlerischen Bewußtseins mit den nie aufgegebenen
Grundsätzen seines Meisters zu vermitteln gesucht; erfolgreich in
vielen einzelnen Punkten, deren Erwähnung wir vorbehalten,
und in hohem Grade interessant eben in Bezug auf jene Lücke,
welche uns Herders Ansichten zu lassen schienen. Denn von
allen Gedanken der neuen Philosophie ergriff keiner Schillers
ernsten und feurigen Geist mächtiger, als der scharf und blendend von ihr hervorgehobene Gegensatz zwischen der Freiheit des
Willens und der unfreien Verkettung des Naturlaufs; die Theilnahme des dramatischen Dichters aber konnte unter den verschiedenartigen Formen der Schönheit keine dauernder fesseln, als
die Anmuth, Würde, Lieblichkeit und Erhabenheit der bewegten
Menschengestalten, durch die er selbst seinem Volke das uner-
schöpfte Räthsel jenes Gegensatzes und seine Lösung zu deuten
gewohnt war. Während daher Schiller in den allgemeinsten
Betrachtungen dem Wege Kants einsichtig folgt, ohne ihn erheb-

lich zu verlassen, ist ihm diese besondere Frage nach den ästhetischen Erscheinungen, in denen die Freiheit des Geistes sich mit
der Nothwendigkeit der Natur begegnet, zum fruchtbaren Ausgangspunkte einer eigenthümlichen Gedankenreihe geworden.

Zwar die Anfänge der Untersuchung über Anmuth und
Würde, an die wir zunächst anknüpfen, regen uns zu lebhaftem
Widerspruch früher als zur Beistimmung auf. Nachdem eine
liebenswürdige Einleitung den Begriff der Anmuth aus der
griechischen Fabel von dem Gürtel der Venus entwickelt hat, beginnt Schiller die philosophische Feststellung desselben mit einer
Betrachtung über die architectonische Schönheit der menschlichen
Gestalt. Mit diesem Namen will er denjenigen Theil der menschlichen Schönheit bezeichnen, welcher, wie glückliches Verhältniß
der Glieder, fließende Umrisse, ein freier und leichter Wuchs,
durch Naturkräfte nicht blos ausgeführt, denn dies gelte von jeder
Erscheinung, sondern auch allein durch sie bestimmt werde. Diese
Venus steige schon ganz vollendet aus dem Schaume des Meeres
empor, denn sie sei nichts Anderes, als ein schöner Vortrag der
Zwecke, welche die Natur mit dem Menschen beabsichtige; und
ihr denkt Schiller später die andere Schönheit entgegenzusetzen,
welche das geistige Leben der Persönlichkeit über diese von der
Natur ihr zu Gebot gestellte erscheinende Hülle verbreitet. Ehe
wir jedoch dieser Unterscheidung folgen, fesselt uns der andere
Gegensatz, den Schiller zwischen dieser architectonischen Schönheit
und der technischen Vollkommenheit der menschlichen Gestalt, diese
noch immer als bloßes Naturerzeugniß betrachtet, festzustellen
sucht. Vollkommenheit sei die systematische Vereinigung von
Zwecken unter einem obersten Endzweck, wie unser Verstand sie
denkend begreift: jene Schönheit nur eine Eigenschaft der Darstellung dieser Zwecke, wie sie unserer sinnlichen Anschauung erscheinen. Wer daher von Schönheit spreche, ziehe weder den
materialen Werth dieser Zwecke, noch die formale Kunstmäßigkeit
ihrer Verknüpfung in Betracht, sondern halte sich anschauend

einzig an die Art des Erscheinens. Ob also gleich die architectonische Schönheit des Menschen durch den Begriff desselben
und durch die von der Natur mit ihm beabsichtigten Zwecke bedingt sei, so isolire doch das ästhetische Urtheil sie völlig von
diesen Zwecken, und Nichts, als was der Erscheinung unmittelbar
und eigenthümlich angehöre, werde in die Vorstellung des Schönen
aufgenommen.

Schon diese Worte sind nicht ganz unbedenklich. Ist die
Schönheit einer Naturgestalt nur eine besondere Weise des Vortrags der Zwecke, welche die Natur beabsichtigt, so ist sie doch
gewiß eben ein Vortrag dieser Zwecke; sie mag nur formelle
Erscheinung der Vollkommenheit sein, aber sie bleibt Erscheinung
dieser Vollkommenheit; Vortrag und Erscheinung, die Nichts oder
Beliebiges vortrügen oder erscheinen ließen, würden durch keine
besondere formelle Weise, in der sie dies thäten, zur Schönheit
dieses bestimmten Gebildes werden. Keineswegs isolirt daher
das ästhetische Urtheil die Schönheit der Gestalt völlig von ihrer
Vollkommenheit und Bedeutung, sondern setzt nothwendig die
letztere voraus, deren formellen Vortrag eben jene bildet. Und
zwar reicht es nicht hin, Vollkommenheit und Bedeutung nur so
vorauszusetzen, daß die Schönheit zwar irgendwie von ihr bedingt sei, aber sich ohne Rücksicht auf sie empfinden lasse; sondern die Anschauung der Schönheit als solcher ist unmöglich ohne
das Verständniß einer Vollkommenheit, deren Erscheinung sie ist.
Aber dies freilich ist es gerade, was Schiller mit aller wün-
schenswerthen Bestimmtheit des Ausdrucks hier entschieden be-
streitet. Wenn dem Menschen, so fährt er fort, vorzugsweis vor
allen übrigen technischen Bildungen der Natur Schönheit beigelegt wird, so ist dies nur wahr, sofern er nicht durch die
Würde seiner sittlichen Bestimmung, sondern durch seine bloße
sinnliche Erscheinung als Ding im Raume diesen Vorzug behauptet. Freilich möge der Grund, welcher ihm diesen Vorzug
der Schönheit verschaffe, in seiner menschlichen Bestimmung lie-

gen, aber doch nicht darum sei die menschliche Bildung schön,
weil sie diese Bestimmung ausdrücke. Denn wäre dieses, so
würde die nämliche Bildung aufhören schön zu sein, sobald sie
eine niedrigere Bestimmung ausdrückte und ihr Gegentheil würde
schön werden, sobald man nur annehmen könnte, daß es jener
höheren Bestimmung zur Erscheinung diente. Gesetzt aber, man
könnte bei einer schönen Menschengestalt ganz und gar vergessen,
was sie ausdrückt, man könnte ihr, ohne sie in der Erscheinung
zu verändern, den rohen Instinkt eines Tigers unterschieben, so
würde das Urtheil der Augen vollkommen dasselbe bleiben und
der Sinn würde den Tiger für das schönste Werk des Schöpfers
erklären.

So entschieden und unbefangen, wie in dieser merkwürdigen
Stelle, mag die völlige Gleichgültigkeit der schönen Form gegen
ihren Inhalt kaum jemals behauptet worden sein. Es wird zugegeben, daß die Würde seiner Bestimmung allerdings der Maßstab sei, nach welchem jedes Geschöpf seinen Schönheitsgrad zugetheilt erhalte; aber nicht als wüchse diese Schönheit unmittelbar aus jener Bestimmung heraus, und wäre nur deren Erscheinung; sondern aus einem Vorrath an sich schöner Formen
wird dem würdigen Gehalt die eine oder die andere als zierende
Anerkennung seines Werthes umgethan, kaum anders als die
verschiedenen Klassen der Ehrenzeichen, welche die abgestuften
Verdienste ihrer Träger zwar als vorhanden bezeugen, aber die
besondere Natur derselben nicht sichtbar machen. Daß auf gleiche
Weise wirklich die Schönheit der Naturgestalten zwar von der
Bedeutung derselben abhänge, aber diese Bedeutung nicht ausdrücke, wird die weitere Beweisführung Schillers schwerlich
wahrscheinlich machen. Denn: wenn man nur annehmen
könnte, sagt er selbst, daß die vorher für häßlich befundene
Erscheinung jetzt die höhere Bestimmung ausdrücke, so würde
ja dann auch sie schön sein; und diese widersinnige Folge sieht
er als Widerlegung der Ansicht an, welche die Schönheit in dem

Ausdruck der inneren Bestimmung findet. Aber dieser Gefahr,
eben noch für häßlich Geachtetes nun für schön erklären zu
müssen, entgehen wir ja eben daturch, daß uns, denen Form und
Inhalt zusammengehören, jene seltsame Annahme von Anfang
an für unmöglich gilt. Nur wer mit Schiller von der zu be-
weisenden selbständigen Schönheit der bedeutungslosen Form und
ihrer Gleichgültigkeit gegen den Inhalt bereits ausgeht, kann es
versuchen wollen, dieselbe Erscheinung bald als Ausdruck des
Wesens, dessen Erscheinung sie wirklich ist, bald willkührlich als
Ausdruck eines andern zu denken, dem sie völlig fremd ist.

Gedenken wir noch des Beispiels, mit welchem Schiller
seine Behauptung erläutert. Dem Tiger in Menschengestalt
gegenüber würde das Urtheil des Auges freilich, das den inwen-
digen Tiger nicht sehen kann, dasselbe bleiben; unser ästhetisches
Urtheil aber würde fortfahren, diese Gestalt schön zu finden,
eben um ihrer Uebereinstimmung mit dem menschlichen Innern
willen, welches wir in ihr voraussetzen würden. Der Versuch,
den uns Schiller ansinnt, würde nur beweisend sein, wenn zugleich mit dem bleibenden Eindruck der Menschengestalt der Tiger
im Innern von uns gewußt würde, und dann doch unser ästhetisches
Wohlgefallen keine Aenderung erlitte. Ich behaupte nicht zu
wissen, was wir unter so unausführbaren Bedingungen eigentlich
empfinden würden; aber ein anderer Versuch, vielleicht minder
unausführbar, dürfte auch hier völlig gegen Schillers Meinung
entscheiden. Nachdem wir so lange die menschliche Gestalt auf
menschliches Seelenleben zu deuten gewohnt sind, von dieser Gewohnheit abzulassen, ist schwer genug; es war nicht dienlich, diese
Aufgabe noch durch die Zumuthung zu steigern, derselben Gestalt
ein ihr widersprechendes Innere unterzuschieben. Lassen wir
daher den Tiger bei Seite und versuchen wir, die schöne Menschengestalt, um jeden hereinspielenden Begriff ihrer Bestimmung auszuschließen, und sie möglichst rein nur als Ding im Raume
anzusehen, etwa als eine Form zu betrachten, die eine Baum-

wurzel aus Zufall angenommen habe: wird uns die jetzt bedeutungslos gewordene und nur noch durch ihre stereometrische Figur wirksame Verknüpfung von Erhöhungen und Vertiefungen, Flächen
und Ecken in der That noch als das schönste Werk des Schöpfers
vorkommen? Sie wird uns im Gegentheil kaum einen bemerk-
lichen ästhetischen Eindruck überhaupt machen, gewiß aber nur
den kleinsten Theil der hohen Schönheit zu besitzen scheinen, die
wir in ihr finden, sobald wir sie als Erscheinung ihres Innern
verstehen.

Noch einige Schritte folgen wir der Entwicklung dieser Gedanken. Nur der Sinn, welcher die Erscheinung anschaut, nicht
die Vernunft, welche die innere Vollkommenheit denkt, sei über
Schönheit zu urtheilen berechtigt; aber eben deßhalb, fährt Schiller
fort, müsse es scheinen, als könne Schönheit durchaus kein Interesse
für die Vernunft haben, da sie nur in der Sinnenwelt entspringe.
Nichts desto weniger stehe doch fest, daß das Schöne der Vernunft
gefalle, obwohl es auf keiner Eigenschaft des Gegenstandes beruhe,
die durch Vernunft auch nur entdeckt werden könne. Dies auffallende Verhalten erkläre sich nun aus der zweifachen Art, in
welcher Erscheinungen zu Objecten der Vernunft und zu Aus-
brücken von Ideen werden können. Die Vernunft müsse nicht
überall die Ideen aus den Erscheinungen herausziehen, sie könne
sie auch in dieselben hineinlegen; im ersten Fall sehen wir Vollkommenheit, im andern Schönheit. Wiewohl nun in diesem
zweiten Falle es in Ansehung des Gegenstandes ganz gleichgültig
sei, ob unsere Vernunft mit seiner Anschauung eine ihrer Ideen
verknüpfe, so sei es doch für das vorstellende Subject nothwendig,
mit einer solchen Anschauung nur eine solche Idee zu verbinden,
von einem andern Eindruck zu einer andern bestimmten Idee
angeregt zu werden. Wodurch freilich der sinnlich wahrnehmbare
Gegenstand befähigt werde, einer bestimmten Idee zum Symbol
zu dienen, diese schwierige Frage bleibe einer Analytik des Schönen
vorbehalten.

Diese Analytik zwar hat uns Schiller nicht gegeben; aber
wir haben genug gehört, um zu sehen, wie schnell er selbst auf
Umwegen zu demselben Ziele treibt, welches er Anfangs durchaus
vermied. Das Interesse, welches wir an reinen an sich bedeutungslosen sinnlichen Formen nach seiner Ueberzeugung wirklich finden,
setzt ihn in zweifelnde Verwunderung. Und diesen Zweifel weiß
er doch nicht anders als dadurch zu beseitigen, daß er jenen
Formen wenigstens die Fähigkeit, eine Bedeutung in sich aufzunehmen, uns aber die Nöthigung zuschreibt, sie ihnen beizulegen.
Aber wenn dies so ist, wodurch ist dann eigentlich bewiesen oder
zu beweisen, daß unser ästhetisches Wohlgefallen an jenen Formen
schon haftete, noch bevor wir diese Bedeutung in sie legten, oder
in ihnen zu finden glaubten? und warum sollen wir nicht annehmen, eben jene Gedanken, welche durch bestimmte Formen
symbolisirt zu denken unsere geistige Organisation uns nöthigt,
seien an sich selbst der Grund der Wohlgefälligkeit dieser? So
löst in kurzem Kreislauf diese Schwierigkeit sich von selbst in
Nichts. Nur die Voraussetzung, der Sinn erfreue sich ästhetisch an bedeutungslosen Formen, machte den Antheil befremdlich,
den auch die Vernunft angeblich noch besonders an dem
Schönen nehmen sollte. Der Versuch aber, diesen Antheil zu
erklären, führt sofort zu Annahmen zurück, aus denen die Grund-
losigkeit eben jener Voraussetzung von der Bedeutungslosigkeit der
schönen Formen hervorgeht.

Eine andere Schwierigkeit blieb für Schiller zurück. Denn
wie können Formen, die nur der sinnlichen Erscheinung angehören, überhaupt zu einer Bedeutung kommen? sei es nun, daß
nach Schillers Meinung erst die Vernunft diese Bedeutung in
sie hineinlegt, nachdem der ästhetische Sinn schon die bedeutungslosen schön gefunden hat, oder sei es, daß nach unserer Annahme auch die sinnliche Anschauung die Formen nur schön
findet um der Bedeutung willen, die sie in ihnen bereits zu sehen
glaubt. Dieselbe Frage bleibt auch denen übrig, welche den oft

gehörten Satz behaupten: Formen seien zwar an sich selbst schön,
auch ohne Rücksicht auf eine Bedeutung; dann sei es aber freilich
auch wieder ein unbedingt wohlgefälliges und deshalb zu verlangen-
des Verhältniß, daß die Form, wo sie einen Inhalt hat, mit diesem
in Uebereinstimmung stehe. Denn wie ist dieser Satz überhaupt
verständlich, oder wie kann von einem Zusammenpassen oder
Nichtpassen von Form und Inhalt gesprochen werden, wenn die
Form von Anfang an jeder Beziehung auf den Inhalt ermangelt,
und folglich der Maßstab fehlt, nach welchem das eine Verhältniß
beider als Zusammenstimmung, das andere als Widerstreit beurtheilt werden könnte? Auf welche Weise kann also eine sinnlich anschauliche Form überhaupt zur anpassenden Erscheinung
eines nichtsinnlichen Wesens werden?

Allerdings, um diese Frage an dem bestimmten Beispiele zu
beantworten, an welches Schiller seine Betrachtungen über sie
angeknüpft hat: allerdings unmittelbar und durch sich selbst können
die Raumformen des menschlichen Körpers die eigenthümliche
Natur des menschlichen Innern dem nicht offenbaren, der es noch
nicht kennt. Linien Flächen Wölbungen und Kanten und alle
Umrisse, welche diese einzelnen Elemente verbinden, können an
sich höchstens auf Größe, Richtung und Begrenzung der Macht-
gebiete von Kräften hindeuten, die in der gestalteten Masse irgendwie
wirksam sind; aber sie können nicht sagen, daß diese Kräfte bewußte oder sittliche sind. Nur braucht, wie mir scheint, nicht
eine tiefsinnige Analytik des Schönen aufgeboten zu werden, um
zu erklären, wie sie dennoch für uns diese Hindeutung auf das
Uebersinnliche zu enthalten scheinen; die lebendige Erfahrung ergänzt, was der sinnliche Anblick selbst nicht bietet. Man muß
wissen, daß die geformte Masse, welche den menschlichen Bau
bildet, nicht ein unveränderlicher fester Körper ist, sondern Ge-
lenke hat, durch die einzelne Massengruppen zu beweglichen Gliedern werden; man muß wissen, daß Kraft Leichtigkeit und Nachhaltig-
keit der Bewegungen von Größe, Form und vortheilhafter Ver-

bindung dieser Glieder mit dem Ganzen des Körpers abhängt;
man muß ferner lebendig erfahren haben, welche geistigen Antriebe der bestimmten Absicht, des bewußten Willens, des leidenschaftlichen Strebens in den Bewegungen sich äußern, welche
Befriedigung endlich, Verstimmung oder eigenthümliche Färbung
des ganzen Lebensgefühls aus der erleichterten oder erschwerten
Ausübung dieser Wirkungen, zuletzt also aus dem Bau des
Körpers, der sie bedingt, entspringen kann. Erst aus diesem
Verständniß der Gestalt heraus können wir den Werth schätzen,
den ein sanftes Verfließen der Umrisse hier, dort vielmehr eine
scharfe Begrenzung hat; erst aus ihm können wir beurtheilen,
worin für den Menschen die glücklichen Proportionen der Glieder, die Schiller zu seiner architectonischen Schönheit rechnete,
und worin jener freie leichte Wuchs besteht, der doch für den
Menschen sicher unter ganz andern geometrischen Formverhältnissen als für Baum oder Vogel stattfindet. Nachdem auf diesem
Wege der Erfahrung und des Selbsterlebens uns jeder einzelne
Theil dynamisch deutbar geworden ist, erscheint uns die aus
allen zusammengesetzte Gesammtgestalt schön, nicht weil die geometrische Form ihrer Umrisse als unbenannte Raumgröße auch
für den Nichtverstehenden schön wäre, sondern weil sie als ein
System von Coefficienten innerer Kräfte dem, der sie verstehen
gelernt hat, ein nachfühlbares glückliches Gleichgewicht der geistigen Thätigkeiten versinnlicht. Unsere Theilnahme für sie zerfällt daher nicht in ein ästhetisches Urtheil des Sinnes und ein
nebenhergehendes Interesse der Vernunft; sondern die an sich
gleichgültige sinnliche Wahrnehmung wird überhaupt erst zum
ästhetischen Eindrucke, indem wir in den Formen das übersinn-
liche Innere wiedererkennen, von dem wir aus Erfahrung wissen,
daß es in ihnen erscheint.

Ich bleibe so lange bei diesem Punkte nicht blos seines
eignen Interesses wegen, sondern weil, um dieser Aeußerungen
willen mit Recht, und doch im Ganzen mit Unrecht, auch Schiller

zu den Vertheidigern der Ansicht von der unbedingten Wohlgefälligkeit inhaltloser Formen gezählt worden ist. Daß er auch
sonst aussprach, dem Schönen gebe die Form den Gehalt, würde
wenig beweisen; denn man begreift, wie leicht der Künstler sich
ohne ernstlichere Meinung auf diesen Wahlspruch zurückziehen
konnte, nur zur Abwehr von Zudringlichkeiten, welche der Kunst
allerhand Zwecke der Belehrung, der Besserung, der religiösen
und politischen Agitation zumuthen möchten. In seiner dichterischen Thätigkeit lebte Schiller diesem Satze so wenig, daß er
die Schönheit der Form nicht selten durch die Uebermacht des
Inhalts gefährdete; aber auch der weitere Verlauf seiner ästhetischen Theorie läßt jene Ansicht, in deren Begründung wir ihn
nicht glücklich finden, fast nur als Selbsttäuschung über die Consequenzen seiner eignen Ueberzeugung erscheinen.

Indem Schiller von der architectonischen Schönheit zu jener
andern übergeht, die erst das geistige Leben über die Gestalt
ausbreitet, begegnet ihm die selbstgeschaffne Schwierigkeit von
Neuem. Der Mensch, als freies Vernunftwesen an das Ideal
der Sittlichkeit gewiesen, sei zugleich Erscheinung in der Sinnenwelt; wo das moralische Gefühl durch ihn befriedigt werde, da
wolle auch das ästhetische nicht verkürzt sein. Die Uebereinstimmung seines übersinnlichen Innern mit dem Gebote des sittlichen
Ideals dürfe daher seiner äußern sinnlichen Erscheinung kein
Opfer kosten, und dieselbe Gemüthsverfassung, durch die der
Mensch seine Bestimmung als moralische Persönlichkeit erfüllt,
müsse zugleich seiner Erscheinung den vortheilhaftesten Ausdruck
verschaffen. Hier sei es nun, wo die große Schwierigkeit ein-
trete; denn wie könne Schönheit, die auf Bedingungen der
Sinnlichkeit beruht, von der Sittlichkeit ausgehn, die über das
ganze Gebiet des Sinnlichen hinausliegt? Nur die Annahme
bleibe übrig, daß nach einem unergründlichen Gesetze geistige Zustände die leiblichen bedingen, und zwar so, daß gerade die mo-

ralische Festigkeit derjenige Zustand des Geistes sei, aus dessen
Nachwirkung auf den Körper für diesen die Naturbedingungen
der Schönheit entstehen. Aber dies heißt doch nur: als eine
anzunehmende befremdliche Thatsache dasselbe empfehlen, was
man um eines irrigen Princips willen nicht als selbstverständlich
zugeben zu dürfen meint. Die sittliche Vollkommenheit soll Schönheit bewirken; da sie dies nicht kann, weil Schönheit auf eignen
Bedingungen ganz anderer Art beruht, so muß es auf unbegreifliche Weise eingerichtet sein, daß dennoch geschieht, was nicht zu
geschehen braucht: die Nachwirkungen der Sittlichkeit auf den
Körper müssen durch ein glückliches Zusammentreffen dieselben
sein, welche, auch ohne von der Sittlichkeit ausgegangen zu sein,
als Naturbedingungen zur Erzeugung der Schönheit hinreichen
würden. Diese Auskunft wird offenbar unnöthig, sobald wir
die Vorstellung von einer für sich bestehenden Erscheinungsschönheit fallen lassen, mit welcher das innere Leben, um sich schön
zu äußern, künstlich zusammentreffen müßte; wenn wir vielmehr
annehmen, eben diejenigen Formen seien schön, die wir in lebendiger Erfahrung als die natürlichen Ausdrucksweisen des sittlichen
Geistes kennen, und eben diese stille Hindeutung auf das, dem
sie hier zur Erscheinung dienen, bilde ihre Schönheit auch da,
wo sie abgelöst von diesem Inhalt als reine Formen überhaupt
in unsere Anschauung fallen.

Wenn ich hier von natürlichen Ausdrucksweisen des Geistes
spreche, so meine ich damit freilich nicht die anschauliche Form
der Bewegung, in welcher sein Inneres zu äußern ihn die bestimmte Form seiner leiblichen Organisation nöthigt. Denn
hätten wir diese im Sinne, so würde allerdings unsere Annahme
die Besorgniß erwecken, als könnten Formen, in denen der Geist
nothgedrungen, weil keine andere ihm zu Gebot steht, seinen
Ausdruck suchen muß, zu einem Schönheitswerthe gelangen, auf
den sie durch das, was sie an sich selbst sind, keinen Anspruch
hätten. Der Widerschein der sittlichen Vollendung in der äußern

Erscheinung, von dem wir hier sprechen, wird jedoch, überhaupt gar nicht in dem Bilde der Bewegung zu suchen sein, welches von dem Baue der Werkzeuge abhängt, und für verschiedene Geschöpfe bei gleicher Bedeutung der Bewegung doch ungleich ausfällt, sondern in dem formalen Vortrage der Bewegung, in dem Rhythmus, welcher Verknüpfung und Aufeinanderfolge vieler beherrscht, gleichviel wie der Umriß jeder einzelnen sich ausnimmt. Eine nachsinnende Ueberlegung mag auch in dem bestimmten Bau der organischen Werkzeuge die Hindeutung auf einen ausgedehnteren oder engeren Kreis möglicher Zwecke finden, und deshalb die eine Gestalt der andern als passender zum Ausdrucke der höheren Bestimmung vorziehen; die sinnliche Anschauung dagegen wird ohne jenes Nachdenken nicht finden, daß an sich ein zweibeiniges gehendes und stehendes Geschöpf eine schicklichere Erscheinung des Sittlichen und der vernünftigen Freiheit sei, als ein vierbeiniges fliegendes oder schwimmendes. Sinnliches bildet eben unmittelbar natürlich niemals das Uebersinnliche in dem Theil seines Wesens ab, in welchem sein Unterschied vom Sinnlichen liegt; aber die formalen und quantitativen Eigenthümlichkeiten einer Verknüpfung übersinnlicher Elemente lassen sehr wohl einen sprechenden Ausdruck durch gleiche formale Verhältnisse eines sinnlich Mannigfaltigen zu. Nicht der eigentlich sittliche Gehalt der Treue, der Gerechtigkeit, der Billigkeit oder des Wohlwollens, nicht das, wodurch sie alle von der blinden Wirksamkeit einer Anziehung oder Abstoßung selbstloser Massen sich unterscheiden, kann in irgend einer Gestalt oder Bewegung unmittelbar zur Erscheinung kommen; aber jede dieser Tugenden führt die Vorstellung eines bestimmten Rhythmus mit sich, welchem sie die ganze Mannigfaltigkeit unserer inneren Zustände zu unterwerfen strebt. Nur eine sehr engherzige Moral beschränkt die Aufgabe der Sittlichkeit auf das Gebiet der Handlungen, die nach gewöhnlicher Meinung allein der Verantwortung unterliegen; jene vollkommne Sittlichkeit, deren Erscheinung wir in der Schönheit zu finden hoffen, gebietet, daß auch alle anderen Regungen unsers Innern, der Verlauf unserer Vorstellungen, der Wechsel unserer Stimmungen und Begierden, und alle Nachwirkungen unwillkürlicher Reizbarkeit denselben Formen sich fügen, welchen das sittliche Gebot zunächst allerdings die Gesinnungen unterwirft, welche sich in Handlungen äußern. Denn die erste formale Bedingung aller Sittlichkeit ist die Persönlichkeit; dies, daß der Mensch Einheit sei, nicht eine Sammlung verschiedenartiger Reizbarkeiten und Triebe, die unter einander keine Gemeinschaft haben. Um dieser Einheit willen kann die Seele, die dem sittlichen Ideale nachstrebt, nicht dulden, daß ihre Vorstellungen in dem haltlosen und unzusammenhängenden Wechsel sich drängen, den die sittliche Pflicht der Treue ihren Handlungen verbietet; sie darf nicht ihre Gefühle von Kleinem hoch aufregen lassen und unaufregbar bleiben für Großes, denn wie handelnd gegen die Rechte der Personen, so müssen wir fühlend gerecht sein gegen den Werth der Dinge und ihrer Reize; nie endlich darf das Gemüth andrängenden Trieben und Begierden plötzliche sprungweis sich ändernde Ausbrüche gestatten, da es gleichen Mangel an hinreichender Begründung und an Beschränkung der einzelnen Handlungsweise durch den zusammenhängenden Plan des ganzen Lebens und durch die Einheit des Characters auch seinen Thaten nicht zulassen darf. So würde also die sittliche Vollendung, eben weil sie dies ist, zugleich die Ursache einer durchaus bestimmten Haltung des Gemüths sein; die Formen dieser Haltung aber, eben weil sie Formen sind, Verhältnißformen eines Mannigfaltigen, haften nicht unablösbar an diesem sittlichen Innern allein, sondern lassen sich an jedem andern System eines Mannigfachen, lassen sich deshalb auch an der Gesammtheit der Bewegungen ausprägen, welche der Körper dem Geiste als Mittel seines Ausdrucks zu Gebote stellt. Und es ist klar, daß es dann keines besondern Vermittlungsgliedes bedürfen wird, welches uns lehrte, warum dieser eigenthümliche Vortrag der Bewegungen sich zum Ausdruck des Sittlichen eignt; denn er würde nicht ein conventionelles, oder durch eine unbegreifliche Natureinrichtung gestiftetes Symbol des Sittlichen sein; vielmehr seine eignen Verhältnißformen sind unmittelbar identisch mit denen, in denen das Höchste nach seiner eignen Natur sich äußern muß; sie sind das Formale dieses Inhalts, ohne diesen Inhalt selbst in sich zu enthalten und eben so erfüllen sie genau die Aufgabe, die man überhaupt mit Recht von der Erscheinung irgend eines Wesens gelöst verlangen kann.

Noch Eines nur muß ich hinzufügen, um abzuschließen. Wir sollen, meine ich, nicht sagen: deshalb, weil gewisse Formen der Gestalt oder der Bewegung an sich die ästhetischen Eindrücke des Ebenmaßes, des Gleichgewichts, der Harmonie, der Stetigkeit und Consequenz machen, eignen sie sich zum Ausdruck übersinnlicher Vollkommenheiten, welche in dem Mannigfachen unserer inneren Zustände gleiche Verhältnisse herbeizuführen streben. Vielmehr, wie ich früher schon gelegentlich der Begriffe von Einklang und Mißklang erwähnte, alle jene Eindrücke würden als ästhetische gar nicht für uns vorhanden sein, wenn wir nicht in den Verhältnissen, von denen wir sie empfangen, die Hindeutung auf dies absolut Werthvolle, dem sie als Formen dienen, bereits mit empfänden. Wir haben kein ursprüngliches und unabgeleitetes ästhetisches Interesse an den Begriffen der Einheit, der Folgerechtigkeit, der Uebereinstimmung und ähnlichen; sobald wir unter diesem Namen nur die Verhältnisse verstehen, welche unser vergleichender Verstand zwischen den Eindrücken findet, ist durchaus kein Grund, warum wir nicht die Uneinigkeit, die Unfolgerichtigkeit und den Streit ihnen gleich setzen oder vielleicht noch interessanter finden sollten. Aber wir empfinden als ganze Geister, nicht blos als denkende Wesen, überall mit, daß alle jene Verhältnisse und ihre Gegensätze in der Welt des Denkbaren überhaupt nur deshalb vorkommen, weil diese Welt der Verwirklichung des Guten und der Möglichkeit seines Gegentheils zu dienen

bestimmt ist; deshalb verehren wir das Eine, Stetige, Folge=
rechte, welches die Form des Guten ist, und tadeln seinen Gegensatz als Form des Bösen. Und dies ist endlich nicht eine Schul-
ansicht, die dem gewöhnlichen menschlichen Gedankenlauf und
Sprachgebrauch fremd wäre; die Namen der Einheit und der Consequenz haben für uns alle längst nicht mehr den trocknen Sinn
eines theoretischen Gegensatzes zur Nichteinheit oder zu dem, was
sich nicht als nothwendige Folge eines Grundes im Denken begreifen ließe; sie bezeichnen nicht etwas, was uns gefiele, blos
weil es der allgemeinen Verfahrungsweise unserer Intelligenz angemessen ist, sondern sie bezeichnen etwas an sich Löb=
liches, welches seinen Werth von dem höchsten Inhalte hat,
den unser Bewußtsein kennt.

Ich habe bei dieser Abschweifung Schiller nicht aus den
Augen verloren, sondern komme eben durch sie auf das Wesentliche seiner Ansicht und seinen Gegensatz zu Herder. Daß viele
schöne Formen auf uns durch Erinnerung an das Glück wirken,
welches wir als in ihnen genießbar oder aus ihnen entspringbar
kennen, hatte Herder gesehen; aber diese Sympathie, die wir
mit einer uns verständlichen Glückseligkeit fühlen, erklärte nur
die Annehmlichkeit der Schönheit, nicht ihre Würde. Diese
schien nur begreiflich, wenn das Schöne nicht blos an ein Glück,
sondern an das an sich höchste Gut, an die Seligkeit des Guten
erinnerte. Ich habe versucht zu zeigen, daß dieser Gedanke nicht
unausführbar ist, und daß allerdings, zunächst in Bezug auf die
lebendige Gestalt, die Schönheit der Form als Widerschein des
Inneren sich fassen läßt. Aber nur mit halbem Recht habe ich
diese Auseinandersetzung im Streit gegen Schiller gemacht, dessen
vortreffliche weitere Betrachtung vielmehr eben auf dieser Ueberzeugung, nicht auf der Theorie über die Schönheit bedeutungs=
loser Formen beruht, in welche ihn zu große Abhängigkeit von
dem Buchstaben Kants verstrickt hatte.

Die Schönheit, welche die Seele dem Körper gibt, kann als

Anmuth oder als Würde nur in seinen Bewegungen erscheinen, die wenigen ruhenden Züge abgerechnet, welche eben eine oft wiederholte Bewegung selbst in den von der Natur einmal gegebenen festen Umrissen des Baues hervorbringt. Doch nicht alle Bewegungen sind der Anmuth und Würde fähig; weder die unwillkürlichen, die nur aus organischen Gründen erfolgen, noch die willkürlichen, welche der Entschluß ganz bestimmt. Doch ganz freilich sei durch Entschluß und Zweck auch die willkürliche Bewegung in Wirklichkeit nie bestimmt; die Streckung des Armes werde zwar durch den zu erreichenden Zweck vorgeschrieben, aber welchen Weg wir den Arm zu dem Gegenstand nehmen und wie weit wir den übrigen Körper nachfolgen lassen, wie geschwind, langsam, mit mehr oder weniger Kraftaufwand wir diese Bewegung verrichten wollen, sei weder durch den Zweck bestimmt, noch wir gewohnt, im Augenblick des Handelns selbst zu berechnen. Nur unsere Art zu empfinden gebe hier den Ausschlag und bestimme durch den Ton, den sie angibt, die Art und Weise der Bewegung. In diesem Antheil, den der willenlose Empfindungszustand der Person an der willkürlichen Bewegung hat, sei die Anmuth und Würde der Bewegung zu finden; eben dieser unwillkürliche und sympathetische Antheil der Bewegung hänge mit der bleibenden Natur und Gesinnung der Person nothwendig zusammen, während, was an ihr dem Entschlusse zugehört, durch den äußerlichen und augenblicklichen Zweck bestimmt werde. Aus den Reden eines Menschen könne man wohl abnehmen, wofür er gehalten sein wolle; aber was er wirklich ist, müsse man aus dem mimischen Vortrag seiner Worte und aus den Geberden, also aus Bewegungen, die er nicht will, errathen.

Nachdem diese feinsinnigen Bemerkungen den Ort des schönen Ausdrucks und folglich auch seines Gegentheils bezeichnet, leitet Schiller die Darstellung der Gemüthslage oder der Empfindungsweise, welche durch jene unwillkürliche Einwirkung die Anmuth

bewirken wird, durch eine allgemeine Auseinandersetzung über
die Grundlagen der Sittenlehre ein. Die Doppelnatur des
Menschen als Vernunft= und Sinnenwesen lasse dreierlei Ver=
hältnisse zu, in denen der Mensch zu sich selbst, d. h. die eine
Natur in ihm zur andern stehen könne. Unterdrückung der For=
derungen seiner sinnlichen Natur und eine Sittlichkeit, die stets
im Kampfe gegen diese stets in gleichem Maß widerstrebende
lebt, verhindere die Schönheit der Erscheinung durch den Aus=
druck des Zwanges, den sie den Handlungen und der Haltung
mittheilt; Hingabe dagegen an die Sinnlichkeit, Aufopferung der
persönlichen Freiheit an sie lasse noch weniger an Schönheit
denken; nur Zusammenstimmung zwischen Trieb und Pflicht
könne die Bedingung sein, aus der sie wirklich hervorgeht. Aber
diese Annahme schien eine Sprache zu reden, welche der Moral
abzugewöhnt zu haben, das unsterbliche Verdienst Kants gewesen
sei; nicht der Trieb, der uns durch den Reiz eigner Befriedi=
gung zum Guten lockt, sondern nur die Unterwerfung des Wil=
lens unter das Gesetz der Pflicht solle unsere Handlungen be=
stimmen. Darin nun, daß bei dem sittlichen Handeln es nur
auf Pflichtmäßigkeit der Gesinnung ankomme, weiß Schiller sich
völlig in Uebereinstimmung mit den Rigoristen der Moral; allein
er hofft, dadurch noch nicht zum Latitudinarier zu werden, daß
er die Ansprüche der Sinnlichkeit, die bei der moralischen Ge=
setzgebung durchaus abzuweisen sind, im Felde der Erscheinung
und bei der wirklichen Ausübung der Sittenpflicht noch zu be=
haupten versuche. Der Mensch sei nicht bestimmt, einzelne sitt=
liche Handlungen zu verrichten, sondern ein sittliches Wesen zu
sein. Nicht als wegzuwerfende Last, nicht als abzustreifende rohe
Hülle, nein, um sie aufs innigste mit seinem höheren Wesen zu
vereinbaren, sei seiner reinen Geisternatur eine sinnliche beige=
sellt; er habe die Verpflichtung, nicht zu trennen, was die Natur
verbunden hat, auch in den reinsten Aeußerungen seines gött=
lichen Theils den sinnlichen nicht hinter sich zu lassen und den

Triumph des einen nicht auf Unterdrückung des andern zu gründen. Erst alsdann, wenn sie aus seiner gesammten Menschheit, als die vereinigte Wirkung beider Principien hervorgehe, erst wenn sie ihm zur Natur geworden, sei .seine sittliche Denkart geborgen; so lange der sittliche Geist noch Gewalt anwenden muß, bezeuge er nur die Macht, die der Naturtrieb ihm noch entgegenstellt.

Wenn Kant im Gegensatz hierzu die Idee der Pflicht mit einer Härte hervorgehoben habe, welche alle Grazien verscheuche, so habe er, der Drakon seiner Zeit, die eines Solon noch nicht würdig gewesen, dies thun müssen, um durch eine erschütternde Cur die Verkehrtheit zurechtzuweisen, die er in Theorie und Ausübung der Moral vorgefunden; je härteren Abstich der wahre Grundsatz der unbedingten Pflichtmäßigkeit gegen die herrschenden der Nützlichkeit und der Beachtung natürlicher Triebe machte, desto größer die Hoffnung, Nachdenken zu erzeugen. Womit aber hatten die Kinder des Hauses verschuldet, daß Kant nur für die Knechte sorgte? Weil der moralische Weichling dem Sittengesetz gerne eine Laxität gäbe, die es zum Spielball seiner Convenienz machte, mußte ihm darum eine Rigidität beigelegt werden, welche die kraftvollste Aeußerung moralischer Freiheit nur in eine rühmlichere Art von Knechtschaft verwandelte? Es sei für moralische Wahrheiten gewiß nicht vortheilhaft, wenn sie Empfindungen gegen sich haben, welche der Mensch sich ohne Erröthen gestehen darf; und es erwecke andererseits kein gutes Vorurtheil für einen Menschen, wenn er der Stimme des Triebes so wenig trauen darf, daß er gezwungen ist, ihn jedesmal erst vor dem Grundsatze der Moral zu verhören. Eine schöne Seele nenne man es, wenn sich das sittliche Gefühl aller Empfindungen des Menschen endlich bis zu dem Grade versichert hat, daß es dem Affect die Leitung des Willens ohne die Befürchtung überlassen darf, jemals mit den Entscheidungen desselben in Widerspruch zu stehen. Nicht die einzelnen Handlungen der schönen Seele seien daher eigent-

sich sittlich, aber der ganze Character sei es; man könne ihr
keine einzige ihrer Handlungen zum Verdienst anrechnen, weil
die Befriedigung eines Triebes nie verdienstlich heißen kann; die
schöne Seele habe kein anderes Verdienst, als daß sie ist; so
zahlen nur gemeine Naturen mit dem was sie thun, edle mit
dem was sie sind.

In dieser ausdrucksvollen und lebendigen Darstellung entwickelt Schiller nur unter zum Theil andern Bezeichnungen dieselbe Grundanschauung, deren ich oben gedachte, dieselbe Forderung, daß alle Regungen unserer gesammten Natur, welche nicht
aus Freiheit, sondern aus nothwendiger Verkettung theils unsers
psychischen Mechanismus, theils unserer körperlichen Triebe entspringen, dennoch in Formen verlaufen, welche die Herrschaft
des sittlichen Geistes auch über sie bezeugen. Aus dieser Verfassung unsers Innern erwartete er auch die Anmuth des
Aeußeren hervorgehen zu sehen. Allerdings war es nun seine
Meinung, daß jene Haltung des Gemüths nicht durch sich selbst
die Formen der leiblichen Erscheinung, in denen sie sich äußern,
schön mache; sie sollte nur das Glück haben, durch ihre Nachwirkung auf den Körper in diesem die Entstehungsbedingungen
an sich schöner Bewegungen zu erzeugen. Die wenigen Beispiele jedoch, die Schiller ausführt, bestätigen diese Vorstellungsweise nicht. Alle Bewegungen, sagt er, welche von der schönen
Seele ausgehn, werden leicht sanft und belebt sein; heiter und
frei wird das Auge strahlen und Empfindung in demselben
glänzen; keine Spannung wird in den Mienen, kein Zwang in
den willkürlichen Bewegungen zu entdecken sein; denn die Seele
weiß von keinem. Aber Leichtigkeit, wenden wir ein, Sanftheit
und Belebtheit sind nicht ebenso wie Geschwindigkeit, Gleichförmigkeit oder Wechsel der Richtung und Beschleunigung, anschauliche mathematische Eigenschaften, die jedes Auge an der
Bewegung wahrnehmen könnte; sie sämmtlich sind Werthbestimmungen, welche von der Deutung der Bewegungen, sei es von der

in ihnen vorausgesetzten Absicht oder von ihrem vermutheten
Ursprunge abhängen. Schweigen wir ganz von der Heiterkeit
des Blickes und der in ihm glänzenden Empfindung, so sind doch
auch Spannung und Zwang nur dann aus einer anschaulichen
Form herauszulesen, wenn man die andere Form kennt, in der sich
das Gleichgewicht der hier anzunehmenden Thätigkeiten äußern
würde. Und selbst diese Kenntniß würde noch keine bestimmte
ästhetische Schätzung begründen, bevor wir wüßten, daß das
Gleichgewicht wegen seines Werthes zum Ausdruck eines inneren
Gutes dem Ungleichgewicht vorzuziehen ist. Der Name des
Zwanges schließt freilich diese Voraussetzung sogleich mit ein;
der der Spannung nicht und sie mögen wir daher unter Umständen dem Ausdruck des Gleichgewichts vorziehen. Alle diese
Worte, deren Schiller sich hier unbefangen bedient, sind verführerisch; sie geben sich dafür aus, bloße Formen der Erscheinung
zu bezeichnen, und doch enthalten sie sehr bestimmte Vorurtheile
über die Bedeutung dieser Formen und über den Werth, der
ihnen in Folge derselben zusteht. Ohne Zweifel endlich ist es
sehr fein von Schiller bemerkt, die wahre Anmuth schone die
Werkzeuge der willkürlichen Bewegung, die falsche habe nicht das
Herz, sie gehörig zu gebrauchen; so wende der unbehülfliche
Tänzer so viel Kraft auf, als gälte es der Bewegung einer Last
und schneide mit Händen und Füßen so scharfe Ecken, als handle
es sich um geometrische Genauigkeit; der affectirte trete so leise
auf, als fürchte er den Fußboden zu berühren und beschreibe
lauter Schlangenlinien, auch wenn er dadurch nicht von der
Stelle komme. Aber warum ist nun das, was wir bei beiden
Gelegenheiten sehen, unanmuthig? Nach Schiller selbst doch
nur, weil die gesehenen Bewegungen nach dem erfahrungsmäßigen
Verständniß, welches wir alle von dergleichen haben, nur aus
inneren Gründen naturgemäß entspringen würden, welche mit
der harmlosen Ansicht des Tanzes in Widerspruch ständen. Daß
aber das gesehene Bild der Bewegung an sich formenunschön

sei, hat Schiller nicht bewiesen; selbst die Erwähnung der scharfen
Ecken regt nur die Frage an, warum Eckigkeit, die an ruhenden
Gestalten des Unbelebten unzweifelhaft gefallen kann, an den Bewegungen des Lebendigen mißfalle? Die Antwort hierauf würde
nur den Satz bestätigen, den Schiller durch diese Beispiele so
wenig wie durch seine Theorie widerlegt hat: der edle Gehalt
des Gemüths trifft nicht glücklicherweise in seinem Ausdruck
Formen, die an sich schön sind, sondern jede Form wird schön,
sobald sie natürlicher und verständlicher Ausdruck jenes Gehaltes ist.

Auf die bewegte Menschengestalt und die Wechselwirkungen
zwischen Natur und Freiheit, welche sich in ihr und ihren Bewegungen offenbaren, bezogen sich vorzugsweis, wie ich erwähnte,
Schillers ästhetische Untersuchungen. Ich behalte anderer Gelegenheit die Arbeiten auf, in welchen er Werth und Bedeutung
der Kunst und der ästhetischen Sitten für die Gesammtaufgabe
des menschlichen Geschlechtes prüfte; hier, wo uns nur die Bestimmungen der allgemeinsten ästhetischen Begriffe beschäftigen,
bleibt uns nur noch übrig, seine sparsamer geäußerten Ansichten
über andere Gattungen der in der Welt vorkommenden Schönheit zu berühren.

So sehr beherrschte Schiller der bisher erwähnte Gedankenkreis, welcher die Schönheit als Widerschein des Sittlichen im
Formellen ansah, daß im Grunde alle Schönheit ihm nur in
der schönen Seele des Menschen und in ihrer sinnlichen Erscheinung zu bestehen schien. Weder reinen Geistern noch leblosen
Massen der Natur komme sie zu; beiden könne sie nur in Ueber-
tragung des Menschen beigelegt werden. Diese Behauptung steht
wenig im Einklang mit der anfänglichen Annahme an sich schöner
Formen, welche das geistige Leben zum Behuf seiner Aeußerung
wählt, und welche demnach auch da, wo sie ohne diesen Hintergrund des geistigen Lebens vorkommen, den Namen der Schönheit
verdienen müßten. Der weitere Fortgang entfernt sich noch mehr

von diesem Vorurtheil. Auf zweierlei Wegen werde die unbe-
seelte Natur ein Symbol der menschlichen; theils als Darstellung von Empfindungen, theils als solche von Ideen. Ihrem
Gehalte nach freilich seien Empfindungen keiner Darstellung
fähig, wohl aber ihrer Form nach, und wirklich habe eine be-
liebte Kunst, die Musik, kein anderes Object, als diese Form
der Empfindungen. Ihr ganzer Effect bestehe darin, die inneren
Bewegungen des Gemüths durch analoge äußere zu begleiten und
zu versinnlichen. Da nun jene innern Bewegungen als menschliche Natur nach strengen Gesetzen der Nothwendigkeit vor sich
gehen, so werde der Künstler, welcher die gemeinen Naturphäno-
mene des Schalles nach analogen Gesetzen der Nothwendigkeit
und Bestimmtheit verbindet, zum wahrhaften Seelenmaler.
Was aber den Ausdruck von Ideen durch die Natur betreffe, so
sei nicht diejenige Erweckung von Ideen gemeint, die von dem
Zufall der Association abhängig sei; nur die sei der Kunst würdig, die nach Gesetzen der symbolisirenden Einbildungskraft nothwendig erfolge. In thätigen und zum Gefühl ihrer moralischen
Würde erwachten Gemüthern sehe die Vernunft dem Spiele der
Einbildungskraft nicht müßig zu; unaufhörlich suche sie dieses zufällige Spiel mit ihrem eigenen Verfahren einstimmig zu machen.
Bietet sich ihr nun unter diesen Erscheinungen eine dar, welche
nach ihren eigenen (praktischen) Regeln behandelt werden kann,
so ist ihr diese Erscheinung ein Sinnbild ihrer
eignen Handlungen; der todte Buchstabe der Natur wird
zu einer lebendigen Geistessprache und das äußere und innere
Auge lesen dieselbe Schrift der Erscheinungen auf ganz verschiedene Weise. Jene liebliche Harmonie der Gestalten, der Töne
und des Lichtes, die den ästhetischen Sinn entzückt, befriedigt
jetzt zugleich den moralischen; jene Stetigkeit, mit der sich die
Linien im Raume oder die Töne in der Zeit aneinander fügen,
ist ein natürliches Symbol der innern Uebereinstimmung des
Gemüths mit sich selbst und des sittlichen Zusammenhangs der

Handlungen und Gefühle, und in der schönen Haltung eines pittoresken oder musikalischen Stückes mahlt sich die noch schönere einer sittlich gestimmten Seele.

So äußert sich Schiller in der Recension der Gedichte Matthisons; auch hier werden seine Ausdrücke von Verschiedenen verschieden gedeutet werden. Denn so sehr ihm auch hier alle Schönheit nur in dem Ausdruck des Geistigen zu liegen scheint, so spielt dazwischen hinein doch jene Unterscheidung des ästhetischen Eindrucks von dem Interesse der Vernunft an ihm, die ich bereits früher erwähnte. Ohne die vielfachen scheinbar mindestens nicht übereinstimmenden Aeußerungen Schillers im Einzelnen miteinander abzugleichen, können wir doch im Ganzen uns Rechenschaft über sie geben. Die verschiedenen Arten des Schönen sind nicht von gleichem Werth. Die eigenthümliche Schönheit eines musikalischen Accordes kann von uns nur im Empfinden, nur leidend genossen werden und läßt keine fruchtbare Thätigkeit der Zergliederung zu; die Umrisse räumlicher Figuren regen solche Thätigkeit zwar an, aber geben ihr nicht so bestimmte Richtung, wie diejenigen Erscheinungen in Raum und Zeit, die ausdrücklich als Darstellungen eines bestimmten geistigen Lebens auftreten. Jene passiv genossene Schönheit nun, die wir lieber die Wohlgefälligkeit der Eindrücke nennen möchten, erklärt Schiller, hierin Kant folgend, welcher das Gefallen ohne Begriff betonte, für die eigentliche reine Schönheit, die er, ausdrücklicher als Kant, stets als sinnliche bezeichnet; jene andere dagegen, die wir in den gegebenen Eindrücken nur durch die Gedanken, welche sie selbst anregen, entdecken und verstehen können, mag er, der Dichter, zwar nicht mit Kant für eine unreine Schönheit erklären, wagt jedoch, durch das Ansehn der Schule zurückgehalten, nicht gelten zu machen, daß nach dem Zeugniß des Gefühls der Eindruck, den sie macht, vollkommen der Eindruck der Schönheit ist, keineswegs verschieden von demjenigen, welchen die von Gedanken nicht durchdrungenen sinnlichen Erscheinungen erzeugen.

So wird denn, was in diesen Fällen der eigentliche ästhetische Genuß der höheren Schönheit selbst ist, als ein Interesse der Vernunft an der geringern, für eigentliche Schönheit geltenden Wohlgefälligkeit der Eindrücke erklärt. Aber doch nur in den Stellen, welche die Theorie der Sache zu geben versuchen; in der weiteren Ausführung seiner Gedanken hat Schiller nur für dieses angeblich nebenhergehende Vernunftinteresse Theilnahme und Achtung, während er jene reine sinnliche Schönheit weder zum Gegenstand seiner Erörterungen macht, noch ihr besondere Verehrung beweist. Im Gegentheil ein Zug von Geringschätzung gegen sie geht durch seine Betrachtungen, wie einst am Anfange der Aesthetik; wie schön auch diese reine Schönheit sein mag, unser menschliches Interesse an ihr wird doch erst gerechtfertigt, so weit wir in sie Ideen hineinzulegen vermögen.

Auch in Bezug auf Kunstübung hat Schiller ähnliche Aeußerungen gethan, nach denen der darzustellende Inhalt gleichgültig, nur die Form der Darstellung von Werth sei, nicht moralische Wahrheiten gelehrt, sondern durch ein Spiel der Formen die Phantasie ergötzt werden solle. Im Ganzen sind diese Behauptungen in Uebereinstimmung mit seiner Grundansicht. Wenn er die Schönheit in dem Widerschein des Sittlichen im Formellen suchte so ist nicht allein auf diesen Hintergrund der Sittlichkeit, sondern auch darauf Werth zu legen, daß die Schönheit nur in ihrem formellen Widerschein bestehen soll, nicht in ihrem inhaltlichen Wesen. Nur da ist sie zu finden, wo die Gestalt einer Erscheinung in dem Flusse ihrer Formen den Rhythmus des Sittlichen vollständig und freiwillig befolgt; sie kann niemals da auftreten, wo zum Ausdruck des sittlichen Inhalts irgend welche Mittel der Darstellung nur auf irgend eine Weise gezwungen werden. Nicht die beständig fordernde, gegen die Natur streitende Sittlichkeit, sondern die, welche mit der Natur Eins geworden ist, war ja der Gedanke, dem er überall folgte; keine Kunst also da, wo dem Inhalt die Form widerwillig dient oder doch äußerlich bleibt. Andere noch auffallendere Aeußerungen, wie solche, welche auch den schnödesten Inhalt noch der Kunst erlaubt nennen, und nur seine formell schöne Behandlung fordern, führen in letzter Instanz nur zu einem Streit um Worte. Denn das, was hier als Inhalt genannt wird, verdient doch höchstens Object, Gegenstand oder Veranlassung der künstlerischen Darstellung zu heißen; aber die Darstellung selbst macht dieses Object erst zum Inhalt des Kunstwerks, und zwar dadurch, daß sie in der formellen Behandlung desselben zugleich eine Kritik seines Werthes liefert. Das also, was die Kunst von dem Gegenstande denkt, und was sie durch ihre Formen ausdrückt, ist ihr Inhalt, und Niemand wird leugnen, daß allerdings der schnödeste Gegenstand die Phantasie zu einem künstlerisch berechtigten Inhalt in diesem Sinne führen könne. Wo dagegen die Art des Vortrags jene Kritik nicht liefert, sondern sich nur in der Entfaltung schöner Formen überhaupt bewegt, die der Natur des veranlassenden Gegenstandes fremd sind, da wird man zwar die Virtuosität der künstlerischen Phantasie bewundern können, aber ihre üble Anwendung bedauern, und das Ganze des so entstandenen Kunstwerks tadeln. Und endlich wird man noch zugeben, daß es Gegenstände gibt, welche zwar durch die Kraft der Phantasie veredelt werden können, welche aber aufzusuchen und zum Zweck solcher Behandlung zu wählen, selbst nur als ein capriciöses Kunststück, aber nicht als natürlicher Antrieb einer ästhetisch rein gestimmten Seele betrachtet werden kann.

Fünftes Kapitel.

Die Weltstellung der Schönheit im Idealismus Schellings.

Rückkehr der Philosophie zur Aufsuchung des Weltplans. — Die Welt für Fichte versinnlichtes Material der Pflicht. — Das Absolute Schellings und die Schematisirung der Welt. — Vorbildliche und nachbildliche Welt. — Worin das Schlimme der Endlichkeit liegt. — Zergliederung des Begriffs vom Unendlichen. — Die vorbildliche Welt hat nur idealen, die nachbildliche mechanischen Zusammenhang ihrer Theile und Ereignisse. — Unterscheidung des Schönen vom Seienden überhaupt. — Ob Schönheit den Urbildern oder den Nachbildern zukommt. — Vertheidigung Schellings gegen die Zumuthung einer vorweltlichen Aesthetik.

Wie es geschehen könne, hatte bisher die teutsche Aesthetik gefragt, daß Erscheinungen, welcher Art sie auch sonst seien, in uns jenes eigenthümliche Wohlgefallen erregen, um deswillen wir sie als schöne von andern Arten des Gefallenden unterscheiden? Und als Antwort glaubte sie gefunden zu haben, daß die allgemeingültige Bedingung für die Entstehung jedes schönen Eindruckes in irgend welcher Verknüpfungsweise seines Mannigfachen bestehe, welche, wie sie auch sonst immer gestaltet sein möge, unsere Einbildungskraft zu einem ihren eignen Gesetzen und Gewohnheiten angemessenen Spiele der Thätigkeit anregt. Nach zwei Seiten hin ließ dieser richtige Anfangsgedanke wünschenswerthe Fortsetzungen noch vermissen. Zuerst: worin bestanden doch eigentlich jene Gesetze und Gewohnheiten unsers Vorstellens, unseres Anschauens und unserer Urtheilskraft, denen angemessen zu sein den Reiz des Schönen bilden sollte? Kant hatte wenig auf eine solche Frage geantwortet. Einleitend freilich hatte er einige Beispiele einer nicht vorhandenen Unordnung der Welt angedeutet, deren Vorhandensein eine zusammenfassende Weltansicht für unsere Erkenntniß unmöglich machen würde; aber er gab keine ebenso bestimmten Erläuterungen über die andere Angemessenheit der Erscheinung zu den Bedingungen unserer

Einbildungskraft, durch welche sie für unser ästhetisches Gefühl schön werden. So blieb der Grundgedanke jener Uebereinstimmung zwischen der Natur des schönen Gegenstandes und den Seelenkräften, die ihn auffassen, bei all seiner Wahrheit unfruchtbar; da man nicht wußte, was eigentlich diese Kräfte von dem verlangen, was uns gefallen soll, so ließ sich die Eigenthümlichkeit der Gegenstände nicht vorher bestimmen, an denen die Schönheit vorkommen wird; erst die bereits empfundene ästhetische Befriedigung bezeugte, daß sie auf unbekannt bleibende Weise einer nicht zergliederbaren Forderung unseres Inneren genug gethan hatten.

Diese Lücke hatten weder Herder noch Schiller ganz ausgefüllt. Herder war bemüht gewesen, jene formlosen Ansprüche unserer Einbildungskraft in Begriffe bestimmter Vollkommenheiten zu verdichten, die wir von dem, was uns schön heißen soll, verlangen; allein er war zu keiner befriedigenden Unterscheidung der Eigenschaften, welche die Dinge vollkommen in sich selbst, und jener andern gekommen, welche sie schön für uns machen; zuletzt hatte auch er sich auf die Behauptung zurückgezogen: schön sei dasjenige Vollkommene oder vollkommen Scheinende, dessen Eindruck auf eine jetzt ebenso wenig als früher nachweisbare Weise den Gesetzen und Gewohnheiten unserer Phantasie sympathisch sei. Schiller hatte deutlicher die Idee des Sittlichen als dasjenige bezeichnet, dessen Widerschein wir in den Erscheinungen zu sehen erwarten; aber er hatte diesen Gedanken nicht so gewendet, als sei es die eigene Sehnsucht der ästhetischen Phantasie, welche die Erscheinung des Sittlichen als Grund und Quell der Schönheit verlangt; vielmehr sich selbst vertheidigend gegen die Anforderungen des Sittengesetzes, die aus einem ganz andern Boden zu entspringen schienen, hatte der ästhetische Geschmack den Anspruch erhoben, daß die sittliche Vollkommenheit die Schönheit der Erscheinung nur nicht störe. Durch ein räthselhaftes Glück sollte der sittliche Inhalt in seiner Aeußerung

die Formen der Schönheit treffen, deren eignen Werth und Ursprung auch Schiller in einer unangebbaren Uebereinstimmung
der Eindrücke mit unangebbaren Forderungen unserer sinnlichen
Anschauung suchte.

Alle diese Gedankenkreise sprachen daher zwar von einem
Maßstab in uns, an dem gemessen die eine Erscheinung schön,
die andere häßlich wird, aber die Natur dieses Maßstabes und
den Inhalt seiner Forderungen gaben sie nicht an. Nur darin
waren sie einig, daß sie ihn nicht in dem suchten, was nur dem
einzelnen Geist in seiner Einzelheit und Veränderlichkeit zukommt, sondern in irgend einem beständigen Zuge der allgemeinen
geistigen Organisation, die sich in allen Einzelnen mit gleichförmiger Anlage, obwohl nicht mit gleicher Feinheit der Entwicklung wiederholt. Aber selbst über den Werth dieses Allgemeinen
blieb Zweifel. War es am Ende nicht doch nur die allgemeine
Beschränktheit des menschlichen Geistes, welche die Bedingungen
für die Empfindung der Schönheit erzeugt? so daß nicht nur
niedere Geschöpfe, sondern auch höhere Geister des Gefühls für
sie entbehren, und Alles, was wir unter dem Namen der Schönheit verehren, ähnlich wie der Glanz des Regenbogens, eine nur
für bestimmte Standpunkte der geistigen Entwicklung vorhandene
Erscheinung ist? Dieser Gedanke geht ausgesprochen und un-
ausgesprochen vielfach durch die bisher geschilderten Untersuchungen; dem unbefangnen Gefühle entspricht er sehr wenig; stets
wird dieses seine eigne Lust an der Schönheit durch den Nachweis zu rechtfertigen suchen, was uns begeistere, entspreche
einem allgemeinen Bedürfnisse aller Geisterwelt, und schmeichele
uns nicht nur durch eine besondere Lichtbrechung, die unserm beschränkten Sinne wohlthue.

Aber auch das Gelingen dieses Nachweises würde uns nicht
völlig befriedigen, sondern ein zweites Bedürfniß wecken. Denn
auch so wäre die Schönheit noch nicht zu dem Rechte gekommen,
das wir für sie begehren: sie wäre zwar ein allgemeiner Schein,

ten die Dinge für alle Geister werfen, aber was wäre sie für
die Dinge selbst, als deren Verdienst unser unmittelbares Gefühl
sie doch zu verehren liebt? Scheinen die Dinge der Geisterwelt schön nur durch einen für sie selbst gleichgültigen Zufall,
der bald diese, bald jene ihrer Eigenschaften, und vielleicht die
unbedeutendsten von allen, in günstige Beziehungen zu der auffassenden Thätigkeit der Geister bringt? erwecken die Dinge
gleichsam nebenher und im Vorüberstreifen in uns den Eindruck
der Schönheit, nicht durch ihre wesentliche Natur, sondern durch
irgend einen Nebenzug, der für sie bedeutungslos ist, aber uns
wohlthut, oder durch irgend eine zu uns eingenommene veränderliche Stellung, die ohne Werth für ihre eigne Entwicklung, aber
günstig für die Erregung unseres Wesens ist? und ist es endlich hier dieser dort jener Zufall, worauf solchergestalt die Eindrücke der verschiedenen Schönheiten beruhen, Zufälle ohne
inneren Zusammenhang und ohne andere als diese formale Aehnlichkeit, eben diese Thatsache einer augenblicklichen Uebereinstimmung des Eindruckes mit der auf ihn wartenden Empfänglichkeit zu erzeugen? So gewiß Schönheit nur unser Genuß der
Erscheinungen, und nur scheinbar das eigne Licht des Genos-
senen ist, so verehren wir dennoch diesen Schein zu hoch, um
nicht zu wünschen, dasjenige so hoch als möglich stellen zu dürfen, das ihn wirft. Wohl wissen wir, daß die Schönheit so
wie sie im Geiste des Anschauenden lebt, als lebendig gefühltes
Gut nicht in dem bewußtlosen Gegenstand sich wiederfinden kann,
dessen Eindruck in uns dieses Gut erzeugt; aber die Erzeugung
dieses Gutes in uns möchten wir wenigstens von Ursachen ableiten, welche selbst die wesentlichste Lebenskraft der Dinge, nicht
die zufälligsten ihrer Eigenschaften sind; und nicht in verschiedenen Fällen möchten wir die Schönheit von verschiedenen Gründen, sondern in allen von einem und demselben Grunde herleiten, der nur reich und biegsam genug wäre, um in unzählig
mannigfaltigen Unterschieden immer derselbe zu sein. Schön

8*

müssen uns die Dinge erscheinen durch das, was an ihrem
Wesen das Beßte und Höchste ist; dieß Beßte und Höchste aber
kann nicht maßlos verschieden für die verschiedenen Dinge sein,
sondern muß als Ein Gedanke betrachtet werden, zu dessen mannigfacher Darstellung in unzähligen Sonderausdrücken die einzelnen Dinge bestimmt sind. So ergänzt diese Forderung die
vorige: Schönheit entsteht, wenn das Beßte der Außenwelt in
Uebereinstimmung mit dem allgemeinen Verlangen der Geisterwelt ist.

Ich führe diese Betrachtung hier nicht als eine Lehre auf,
welche keine Bedenken gegen sich hätte, sondern als eine natürliche Bewegung unsers Gemüths, welche in sich selbst erlebt zu
haben, kaum Jemand leugnen wird. Ihr Hervortreten bezeichnet
eine neue Entwicklungsstufe der deutschen Aesthetik, und die Antwort auf diese neuen Fragen konnte zugleich nur von einer Umformung der philosophischen Anschauungsweise erwartet werden.
Denn der Versuch, sie zu geben, setzte offenbar über Natur und
Bedeutung der Dinge und über das Verhältniß der Geisterwelt
zu ihnen eine bestimmte Ansicht voraus, als die Kantische Speculation, alles unser Wissen auf Erscheinungen beschränkend und
über die Dinge an sich keine Behauptung wagend, hatte entwickeln können. Der Idealismus, in welchen nach Kant die
deutsche Philosophie einlenkte, schien und glaubte selbst diese nöthigen Voraussetzungen für die tiefere Auffassung des Schönen
darzubieten. Ich überlasse der kundigen Hand, welche in dieser
Sammlung die Geschichte der Philosophie in Deutschland verzeichnen wird, die genaue Darstellung dieses merkwürdigen Um-
schwungs der Speculation, und beschränke mich darauf, mehr in
einer deutlichen Umschreibung, als in unmittelbarer Wiedergabe
der nach und nach ausgesprochenen Gedanken, die wesentlichsten
Punkte hervorzuheben, welche für die Geschichte der ästhetischen
Theorie von Werth sind.

Zwei reine Anschauungen, die des Raumes und die der

Zeit, und zwölf reine Verstandesbegriffe, unter denen wir als
Beispiele die Begriffe des Verhältnisses von Ding und Eigenschaft, und des andern von Ursache und Wirkung hervorheben,
glaubte Kant als den gesammten Schatz angeborner Erkenntnisse
gefunden zu haben, den der menschliche Geist als ihm eigenes
Werkzeug zur Bearbeitung der Erfahrung mitbringe. Woher
diese sonderbaren Anzahlen? ist es glaublich, daß diese Vielheit
einzelner Erkenntnißformen ohne eine gemeinsame Wurzel, aus
der sie hervorgingen, in dem menschlichen Geiste sich finden,
dessen innere Einheit doch auch der unbedenklich behaupten wird,
der sonst keine Behauptung über die Natur irgend eines Dinges
an sich wagen möchte? Sobald diese Frage aufgeworfen wurde,
war die verneinende Antwort gewiß; hatte Kant den thatsäch=
lichen Bestand der angebornen Wahrheit richtig empfunden, so
blieb die Ableitung desselben aus Einem Grundzug der geistigen
Natur die Aufgabe des nächsten Fortschritts. Fichte unternahm
ihre Lösung. In der Bestimmung, ein handelndes Wesen zu
sein, glaubte er den ursprünglichsten Character des Geistes zu
finden, aus welchem alle jene Verfahrungsweisen seines Erken=
nens, aus welchem dies Erkennen selbst als nothwendige und
unerläßliche Mittel zum Ziele begriffen werden können. Denn
Dinge vorzustellen als feste Punkte in dem wechselnden Fluß
von Erscheinungen, diese Dinge als bestimmbar nach allgemeinen
Gesetzen der Causalität zu betrachten, dem Ich eine Wirksamkeit
auf sie, ihnen selbst eine entsprechende auf das Ich zuzuschreiben:
dies alles sind Nothwendigkeiten für den Geist, der um handeln
zu können einer Welt bedarf, gegen welche sein Handeln sich
richtet.

Je überzeugender jedoch dieser Versuch die Entstehung un=
serer Erkenntnißformen aus der ursprünglichsten Natur unsers
Geistes nachwies, um so zweifelhafter wurde die Wirklichkeit,
auf welche wir sie anzuwenden glaubten. Schon Kant hatte von
den Dingen an sich, die unserer Wahrnehmung zu Grunde lie-

gen, uns jede Kenntniß abgesprochen; nur das unmittelbare Zutrauen zu dem Vorhandensein einer wie auch immer gestalteten
Welt des Seienden, auf welche unsere Erkenntniß sich beziehe,
hatte seine Speculation stillschweigend festgehalten. Sind jedoch
alle Behauptungen, die wir sonst über die Dinge zu wagen
pflegen, nur Ergebnisse unserer geistigen Organisation, so hat
auch die Nothwendigkeit, welche uns zur Annahme des Daseins
von Dingen treibt, keinen anderen Grund; auch dies, daß uns
eine Welt von Dingen außer uns vorhanden scheint, mit welcher
wir in Wechselwirkung ständen, ist nur eine erste That unserer
Einbildungskraft, auf welche sich dann bearbeitend und beurthei-
lend die späteren Anstrengungen unseres Denkens richten. Die
Anschauung, welche die Außenwelt vor sich zu finden glaubt, ist
nur eine nicht dafür anerkannte schaffende Thätigkeit, welche diese
Welt erst hervorbringt.

Es konnte niemals der bleibende Sinn dieser Ansicht sein,
daß der einzelne Geist als einzelner sich die Welt einbilde, die
ihn zu umgeben scheint; weiß er doch nichts von einer schaffenden Thätigkeit, die er in dieser Weise ausübte. Nur eine höhere
und allgemeine Macht, die in allen einzelnen Geistern zusammenhängend wirkt, kann erklärlich machen, wie die Weltbilder, die
jeder von ihnen für sich entwirft, so zusammenpassen, daß die
scheinbare Welt des einen Geistes sich in die scheinbare Welt
des andern fortsetzt und ihr anschließt, und allen folglich in derselben äußern Wirklichkeit, die ihnen nun gemeinschaftlich erscheint, gegenseitiges Auffinden und Wechselwirkung möglich wird.
Hierin allein besteht die Wirklichkeit oder die Objectivität, welche
für jeden einzelnen Geist die Welt der Dinge hat: in dieser
Allgemeingültigkeit, mit der ihre Erscheinung Allen als gemeinsamer Schein aufgedrängt wird, aber nicht in einem Dasein,
welches außer den Geistern und zwischen ihnen ein Reich der
Sachen noch für sich führte. Nur das ist, was für sich ist;

was sich selbst nicht besitzt, sondern nur für Anderes da ist, das ist eben nur eine Erscheinung für dieses Andere.

Den metaphysischen Werth dieser tiefsinnigen Auffassung zu bestimmen ist nicht meine Aufgabe; der Aesthetik bietet sie nur geringe Anknüpfungen. Hoher sittlicher Ernst hat ohne Zweifel ihren Grundgedanken eingegeben; dennoch war es kein glücklicher Griff, das, was diesem sittlichen Ernst als Höchstes vorschwebte, in den formalen Begriff des Handelns, der freien Selbstbestimmung, des Sichselbstsetzens und Verwirklichens zu pressen, ohne sogleich der Zwecke zu gedenken, die allein alle Mühe und allen Lärm des Handelns adeln. Denn blindes Sein ist an sich selbst nicht geringer als bewußtes, Selbstbestimmung nicht vornehmer als Bestimmtsein durch Anderes, Freiheit nicht werthvoller als Bedingtheit; wir nehmen alle für das eine Glied dieser Gegensätze doch nur Partei um des inhaltvollen Gutes oder Glückes willen, dem nur Bewußtsein, Selbstheit und Freiheit, nicht das blinde und bedingte Dasein und Wirken als Vorbedingungen seiner Verwirklichung dienen können. Noch einen Schritt, scheint es, hätte Fichte weiter zurückthun sollen; auch die Bestimmung zum Handeln ist nur abgeleiteterweise die formale Natur des Geistes, weil der Inhalt und das Ziel seines Wesens das Gute ist. Wäre es gelungen, diesen höchsten Inhalt namhaft zu machen, um deswillen gehandelt werden soll, so würde aus ihm vielleicht eine Reihe von Aufgaben geflossen sein, welche jene allgemeine in uns thätige Macht in der Erzeugung des Weltbildes, das sie uns erscheinen läßt, hätte erfüllen müssen, und es wäre möglich geworden, die Gestalten und Ereignisse der Natur aus einer Idee zu deuten, welche ihre Bildung und ihren Zusammenhang bestimmt. So lange dagegen nur menschliches Handeln und auch dies nur als inhaltlose Unruhe freier Selbstbestimmung der Zweck der Welt war, konnte dies Weltbild, das uns umgibt, höchstens nach seinem Verdienst, unsere Thätigkeit überhaupt zu ermöglichen, geschätzt werden (und die Versuche,

die nach dieser Richtung hin gemacht wurden, gehören nicht zu
den glücklichen Theilen dieser Philosophie); aber eigne in sich
zusammenhängende Aufgaben hatte die Natur nicht. Sie war
kein Ganzes, in welchem sich ein Ganzes göttlicher Thätigkeit
ausdrückte, sondern eine Sammlung von Mitteln zum Zweck
des menschlichen Handelns. Warum sie so gebildet sei, warum
nicht anders? diese Frage konnte die Speculation nur abrathen;
es solle uns genügen, daß die Welt das erscheinende Material
unserer Pflicht sei. So hatte dieser Idealismus zwar das unbegreifliche Dasein einer aller geistigen Natur ewig frembartigen
Dingheit bestritten und in Schein aufgelöst, der nur für die
Dienste der Geisterwelt erscheint; aber den Inhalt der Idee gab
er dennoch nicht an, zu deren Darstellung Auffassung und Verwirklichung dieses Erscheinen mit dem Handeln des Geistes zusammenwirken sollte.

Man wird nicht erwarten, daß diese Ansicht ästhetische
Ueberlegungen an die Schönheit der Erscheinungen, welche wir
anschauend genießen, knüpfen wird; nur von der künstlerischen
Thätigkeit als einer eigenartigen Form des geistigen Handelns
hat sie Veranlassung zu sprechen. Sie kann nicht den Grund
der Schönheit in irgend einem Sinne des Erscheinenden, sondern
nur die Rechtfertigung unseres Wohlgefallens an dem schöpferischen oder nachschaffenden Spiel der Phantasie in dem Werthe
suchen, den dasselbe für die Gesammtheit unserer geistigen Bestimmung hat. Unter diesem Gesichtspunkt, den ich hier noch
auszuschließen vorhatte, bringt in der That Fichte ästhetische
Fragen zur Sprache. Aber auch seine Antwort ist nicht ganz
neu, sondern wie wir finden werden, durch Schiller bereits vor-
weggenommen, und die ganze Ueberlegung sucht mehr zu beweisen, daß in dem Ganzen der einmal gewonnenen Weltansicht
auch das Schöne einen systematischen Platz habe, an dem von
ihm geredet werden könnte, als daß umgekehrt aus dem Geiste

des Syftems ein erklärendes Licht auf die Natur der Schönheit
zurückfiele.

An die Stelle des menschlichen Handelns den Inbegriff
alles Werthvollften zu fetzen, zu deffen Verwirklichung die Welt
zu dienen hat, aus ihm das Ganze der Aufgaben zu entwickeln,
welche die Natur als Ganzes, felbftftändig in den Verfahrungs-
weifen ihres großen Haushalts und nicht jede einzelne Anforde-
rung durch eine befondere Ausgabe deckend, zu erfüllen hat:
darin vielleicht hätte die Ergänzung gelegen, welche diefer An-
ficht des Idealismus von der Unterordnung alles Wirklichen
unter das geiftige Leben zu wünfchen gewefen wäre. Die weitere
Entwicklung durch Schelling nahm andere Wege. Die Natur
nur als Erfcheinung anzufehn, hinter welcher kein wefentliches
eignes Sein liege, widerftrebte ihr; und wenn fie fpäter auch
immer ausdrücklicher die Natur als Vorftufe des geiftigen Dafeins faßte, so verwandelte fie doch am Anfang die Unterordnung
der Natur unter den Geift in Gleichftellung beider und fuchte für
fie eine höhere gemeinfchaftliche Wurzel, aus der beide als gleich-
wirkliche und gleichwerthige obwohl verfchiedengeftaltete Keime
hervorgehen. Diefer Verfuch überflog jedoch die Grenzen deffen,
was unfere Vorftellungskraft leiften kann. Die Gebilde der Natur
trauen wir uns noch zu als Ausdrücke Mittel und Vorandeut-
ungen deffen zu begreifen, was nach feinem vollen Gehalte nur
das geiftige Leben zu verwirklichen vermag; aber über den Geift
hinaus kennen wir nichts noch Höheres. Die Anftrengung, das
zu denken, was weder Geift noch Natur wäre und dennoch in
feinem Wefen den lebendigen Keim zu beiden enthielte, verliert
fich deshalb in eine leere Sehnfucht, welche nur durch die Namen
des Unendlichen, des Unbedingten, des Abfoluten, das Ueber-
fchwängliche, das fie meint, bezeichnen, aber keinen Inhalt angeben kann, der das wäre, was fie fucht. Aus der Leerheit
diefes Abfoluten die beiden Stufenreihen der natürlichen und
der geiftigen Wirklichkeit nachfchaffend abzuleiten, dies Unter-

nehmen konnte nie etwas Anderes, als eine bei sinnreicher Ausführung auch so noch anziehende Bemühung werden, in jenes
leere Princip das zurück zu leiten, was die Erfahrung bereits
kennen gelehrt hatte. Nur wer es schon wußte, daß die Vorstellung des Absoluten dazu dienen sollte, Natur und Geist als
gemeinsame Wurzel zu verbinden, konnte Grund haben, in dem
Wesen desselben zwei entgegengesetzte Factoren, den Trieb zu realer Gestaltung und den andern zu idealer Verinnerlichung anzunehmen; nur wer das Bedürfniß hatte, dem Princip eine Entwicklung zu mannigfachen Folgen abzugewinnen, konnte demselben
die Unruhe zuschreiben, aus seiner Unentschiedenheit in Gegensätze, aus den Gegensätzen zu ihrer Ausgleichung überzugehen;
endlich nur, wer mit geschmackvollem Scharfsinn die allgemeinen Formen der Naturerscheinungen verglich, konnte darauf
kommen, die lebendigen aus der Erfahrung bekannten Bilder derselben an passenden Stellen in das voraus entworfene Schema
jener Differenzirungen und Indifferenzirungen einzureihen und sie
den dort namenlosgelassenen verschiedenen Entwicklungsstufen des
Absoluten gleich zu setzen. In ihrem höchsten Princip keinen
Grund zu irgend einer Folgerung besitzend, konnte diese Natur-
deutung nur ein Werk der Phantasie werden, in dessen gelungeneren
Theilen eine Art von poetischer Gerechtigkeit in der Combination
der Thatsachen den Beifall erwarb, den durch Strenge wissenschaftlicher Beweisführung zu verdienen hier unmöglich war.

Ueberlegen wir, was dieser speculative Aufflug der Aesthetik
gewähren konnte, so finden wir oft das Verdienst gerühmt, erst
diese Ansicht habe die Wirklichkeit als gegliederten Organismus
betrachten und die Idee kennen gelehrt, welche die mannigfachen
Erscheinungen der Natur und des geistigen Lebens zu einem zusammenhängenden Ganzen verknüpft. Organismus ist ein Ganzes
von Theilen, die keineswegs nur durch Aehnlichkeiten Verwandtschaften oder Gegensätze ihrer Eigenschaften oder ihres Sinnes
aufeinander hindeuten, sondern wechselseitig ihr Entstehen und

Bestehen, ihre Veränderungen und ihren Untergang werkthätig bedingen. In diesem Sinne hat die fortschreitende Naturwissenschaft der neueren Zeit sich dem Ziele genähert, das Ganze der Natur als einen Organismus darzustellen; denn mit rastlosem Scharfsinn hat sie die zahllosen Wechselwirkungen aufgesucht, welche die scheinbar entlegensten Elemente der Welt zu einem großen, nach beständigen Gesetzen geordneten Haushalt verknüpfen. Anders die Speculation Schellings; sie löste die verschiedenen allgemeinen Formen des natürlichen Geschehens aus dem Zusammenhange, in welchem sie zu nützlicher Wechselwirkung verbunden sind, und ordnete sie in eine Stufenreihe, in welcher sie ihre Plätze nur nach dem Grad ihrer Fähigkeit finden, eine in der Natur nach Ausdruck ringende Idee zur Erscheinung zu bringen. Man kann deshalb zweifeln, ob diese Philosophie die Natur eben als Organismus begreifen lehrte, aber schwerlich kann man bezweifeln, daß ihre Naturauffassung, welches auch der für sie passende Name sei, einem lebhaften Bedürfnisse des Geistes entgegenkam. Denn die Einsicht in den feingegliederten Zusammenhang, in welchem die mannigfachsten Regungen der Weltelemente zu der beständigen Erhaltung des Ganzen und zur ewigen Wiederholung seines Bewegungsspiels in einander greifen, diese Einsicht ist bezaubernd, so lange sie noch wächst, und sie würde fesselnd bleiben, auch wenn sie je vollendet wäre; aber sie würde doch die Frage nach dem Gut nicht unterdrücken, zu dessen Verwirklichung all dieser Aufwand des Geschehens aufgeboten ist. Je deutlicher eben die Naturforschung die nothwendige Vergänglichkeit alles Einzelnen im Gegensatz zu den allgemeinen Formen des Daseins und des Werdens lehrt, die aus der Vernichtung ihrer Beispiele stets wiedererstehen, um so mehr lenkt sie unser Sinnen von den hinfälligen besonderen Erscheinungen auf die bleibenden allgemeinen Gedanken ab, die für jene den Rechtsgrund ihrer beständigen Wiederholung enthalten. Auf diese Bedeutung der Welt, auf das, was durch sie gesagt sein soll, war Schellings

Geist gerichtet; und zwar nicht in zerstreuten Ahnungen, in denen unsere Phantasie die Erscheinungen zu überfliegen pflegt; mit Kühnheit erneuerte er vielmehr den lang vergessenen Versuch, das ewige Thema wirklich auszusprechen, welches die mannigfachen Erscheinungen der Natur und der Geschichte in unzähligen Variationen wiederholen; abgeleitet aus diesem höchsten Quell oder in ihn zurückgeleitet sollten die ewigen Begriffe aller bleibenden allgemeinen Formen des Seins und Geschehens als unvertauschbare Glieder einer Reihe erscheinen, geordnet nach den inneren Beziehungen, in denen sie zu einander als Theilideen in dem Inbegriff der vorbildlichen Weltidee stehen, nicht nach den unwesentlichen Causalverknüpfungen, durch welche in der wirklichen Welt die einzelnen Träger jener Formen einander zu vergänglichem zeitlichen Dasein verhelfen. Ich habe mein Bedenken gegen die wissenschaftliche Ergiebigkeit dieses Grundgedankens ausgesprochen; ich hebe nicht minder den großen und weitreichenden Einfluß hervor, den er auf die Umgestaltung der ästhetischen Ansichten ausübte. Allgemeine Gesetze hatte die Wissenschaft längst durch alle Gebiete der Natur herrschend anerkannt, in dem Flusse der Geschichte wenigstens zu finden gesucht; aber die Thatsachen, auf welche jene Gesetze Anwendung leiden, hatten als eine unübersehbare durch keinen eigenen Plan verbundene Mannigfaltigkeit vorgeschwebt, als herkunftlose Beispiele, an denen sich die Macht des Allgemeinen zeigt, nicht als vorbedachte Glieder einer Wirklichkeit, in welcher jede von ihnen ihre berechtigte Stelle findet und durch ihr Nichtdasein eine Lücke lassen würde. Diese Auffassung änderte Schelling; indem er die bleibenden allgemeinen Naturformen aus bloß vorgefundenen Thatsachen zu nothwendigen Gliedern der folgerechten systematischen und symmetrischen Entwicklung Eines Princips umdeutete, stellte er die Natur unter der Gestalt eines schönen Ganzen vor, dessen scheinbar einander fremde Mannigfaltigkeit durch die fühlbare Einheit eines überall sich wiederholenden Lebenstriebes gebändigt wird. Die begeisterte

Zustimmung, welche diese Lehre fand, beweist uns, daß durch ihren Grundgedanken Schelling selbst sich eine unverlierbare Stelle in der Geschichte unserer geistigen Entwicklung erworben hat.

Unstreitig ist nun das Verdienst, eine ästhetische Auffassung des Weltganzen veranlaßt zu haben, nicht unmittelbar identisch mit dem andern einer Aufklärung des Wesens der Schönheit selbst, die so über den Zusammenhang aller Dinge verbreitet wurde. Dennoch hat diese Philosophie auch den ästhetischen Untersuchungen eine Wendung gegeben, die ich nicht mit neueren Gegnern ihrer Bestrebungen für eine Abirrung von dem rechten Wege halten kann, sondern für den nächsten berechtigten Versuch, die Aufgaben zu lösen, deren ich am Anfange dieses Kapitels gedachte. Es war von hohem Werth, die Schönheit nicht als landfremd in der Welt zu betrachten, nicht als eine zufällige Ansicht, die uns manche Erscheinungen unter zufälligen Bedingungen gewähren, sondern als die glückliche Offenbarung dessen, was als ewige Regsamkeit Eines höchsten Urgrundes verborgen alle Wirklichkeit durchdringt; es war von Werth, daß der Einfluß dieses Idealismus die blos psychologischen Betrachtungen abbrach, denen die Schönheit nur auf dem bequemen Zusammentreffen der äußern Eindrücke mit den subjectiven Gewohnheiten und Gesetzen unseres Vorstellens zu beruhen schien und daß er an ihre Stelle die Geneigtheit setzte, in jedem Gegenstand unserer ästhetischen Billigung zuerst die objective Bedeutung aufzusuchen, die sein Gehalt, seine Bildung und Form in dem Zusammenhang des Weltplans haben, und um derenwillen er nicht mit zufälligen Besonderheiten unserer Gemüthslage, sondern mit dem allgemeinen und beständigen Geiste in uns harmonisch übereinstimmt; es war von Werth, alle jene formalen Eigenschaften der Consequenz, der Einheit in der Vielheit, des Reichthums in der Einheit, auf welcher thatsächlich unser ästhetisches Gefühl ruht, zugleich als die Formen wiederzuerkennen, die sich der ewige Weltinhalt um deswillen

gibt, was er ist; es war endlich von Werth, auch die Kunst nicht
als eine zufällig vorhandene Uebung menschlicher Kräfte, die
gänzlich auch fehlen könnte, sondern als ein berechtigtes und nothwendiges Glied jener Reihe von Entwicklungen anzusehen, in
welchen das geistige Leben den gemeinsamen Grundtrieb des
Ewigen Einen wiederholt.

Ich habe schon mehrfach im Laufe dieser Arbeit meine völlige Anhänglichkeit an diese Auffassungsweise im Gegensatz zu
jener formalen Aesthetik ausgesprochen, für welche allerdings das,
was ich hier lobe, nur als eine ganz unberechtigte Vermischung
ästhetischer und metaphysischer Untersuchungen erscheinen muß.
Wenn ich diese Anhänglichkeit hier noch einmal ausdrücklich gestehe, ohne jetzt weiter auf Vertheidigung und Angriff zu sinnen,
so geschieht es, um das große und nicht zu verkümmernde Verdienst voll anzuerkennen, welches sich S ch e l l i n g um die Begründung und Belebung dieser Richtung der ästhetischen Untersuchungen erworben hat. Dies Verdienst wird wenig dadurch
geschmälert, daß bei Schelling selbst, noch mehr bei manchen seiner
Nachfolger, auf welche weniger sein Geist, als seine Kunstausdrücke übergingen, die Deutlichkeit und Sicherheit der von ihm
verwendeten Begriffe Manches zu wünschen übrig läßt. Je größer
aber sein Einfluß gewesen ist, je nothwendiger mithin der un-
umwundene Tadel dessen, was unfertig bei ihm dem weiteren
Fortschritt schaden mußte, um desto unerläßlicher schien es, die
allgemeine Anerkennung dessen, was er Großes gewollt, der Prüfung seiner einzelnen Schritte vorauszuschicken. Ich wünsche nicht,
daß die folgenden Ausstellungen, in denen ich völlig frei und un-
gehemmt sein will, den Werth der fruchtbaren Anregungen verdunkeln, welche das geistige Leben unseres Volkes überhaupt und
sein ästhetisches Urtheil insbesondere durch Schelling empfangen hat.

Nur in einem systematisch angelegten Werke, den Vorlesungen über die Philosophie der Kunst, welche erst die Sammlung der nachgelassenen Schriften veröffentlicht, hat S ch e l l i n g

die ästhetischen Fragen zusammenhängend behandelt. Der Titel, welchem der Inhalt völlig entspricht, kündigt uns an, daß wir nur mittelbar Antwort auf die Fragen erhalten werden, welche uns hier noch allein beschäftigen. Weder die psychologischen Umstände, unter denen der subjective Eindruck des Schönen entsteht, noch die in der Natur der Sachen liegenden Bedingungen, welche den verschiedensten Gegenständen dasselbe Prädicat der Schönheit erwerben können, sind der gradaus liegende Zielpunkt dieser Untersuchungen Schellings; auf der Kunst haftet die Aufmerksamkeit und sucht sie als eine der Entwicklungsstufen darzustellen, in denen das Absolute sich entfaltet; nur mittelbar richtet sie sich auf das Schöne, das in dieser künstlerischen Thätigkeit ebenso wiedergeboren wird, wie es in der Natur durch eine ähnliche künstlerische Thätigkeit des Absoluten zuerst erzeugt wurde. Hierauf einzugehen, werden wir spätere Gelegenheit finden; für jetzt wollen wir die versteckten Antworten hervorziehen, welche Schelling auf die Fragen gibt, deren Beantwortung die Aesthetik verlangen muß.

Der erste für die Aesthetik wichtige Gedanke ist die Unterscheidung der vorbildlichen Welt oder Natur in Gott, und der Welt oder Natur, sofern sie nur erscheint. Es ist nicht nöthig, genau die wissenschaftliche Begründung und die Verknüpfung dieses Gedankens mit den übrigen Hauptgesichtspunkten der Schellingischen Philosophie aufzusuchen, und ebenso nutzlos, wie mir scheint, seinen Ursprung bei Platon oder Plotin zu vermuthen; er hat vielmehr zu allen Zeiten in der Luft geschwebt, greifbar für Jeden und auch ergriffen. Denn sobald menschliches Nachdenken irgend soweit entwickelt ist, um den Lauf der Welt einer zusammenfassenden Ueberlegung zu unterwerfen, wird ihm allemal der Gegensatz zwischen einem Ziele, dem der Verlauf der Dinge fühlbar zuzustreben scheint, und einer räthselhaften Ablenkung bemerkbar werden, durch welche das Geschehende und Bestehende vom rechten Wege vertrieben wird; der

Gegensatz also einer vorbildlichen Welt zu dieser nachbildlichen Erscheinung der Wirklichkeit. Die Mythologien aller Völker sind voll von diesem lebhaft gefühlten Zwiespalt, und von Versuchen, durch Vorstellungen des Abfalls, der Empörung, der allmählichen Abschwächung einer aus dem schöpferischen Mittelpunkt emaniren= den Kraft die räthselhafte Thatsache begreiflicher zu machen. Weder dem Alterthum war es nöthig, auf die Griechen zu warten, um diesen Gedankenkreis zu entdecken, noch bedarf die Gegenwart einer gelehrten Zurückbeziehung auf sie, um jenes Gegensatzes sich zu erinnern, den sie viel tiefer als die Vorzeit zu empfinden gewohnt ist. Wenn dennoch Schelling selbst auf Platon zurückweist, so ist dies nur die üble Gewohnheit, Räthsel, welche alle Welt und alle Zeiten bewegt haben, als nur vor= handen und fortgepflanzt in der Ueberlieferung philosophischer Schulen zu betrachten. Und ebenso endlich, wie jener Gegensatz von Ideal und Wirklichkeit, ist wohl keiner Zeit der Gedanke fremd gewesen, in der Schönheit die Versöhnung des Zwiespalts zu sehen, und den schönen Gegenstand als ein glückliches Er= zeugniß der nachbildlichen Natur zu preisen, in welchem es ihr gelungen sei, sich des Ideals voll zu erinnern und es ohne Verkümmerung in sinnlicher Erscheinung darzustellen.

Von der Philosophie erwarten wir nicht die Erfindung, sondern die Aufklärung, Begründung und Rechtfertigung dieser Gedanken. Weder Platon noch Plotin schulden wir für eine solche Leistung Dank, und wenn wir auch bei dem deutschen Philosophen keine zufriedenstellende Erörterung dessen finden, was eigentlich die Vorstellungen des Abfalls der Wirklichkeit sagen wollen und wo der Grund der Nothwendigkeit oder des that= sächlichen Geschehenseins dieses Abfalls liege, so haben wir darin nur eine allgemeine Unfähigkeit der menschlichen Erkenntniß zu beklagen. Allein, wenn wir nicht zum letzten Ende unserer Zweifel kommen, so können wir doch einige Schritte noch thun, um wenigstens den Inhalt dessen, was wir auf räthselhafte Weise

geschehen denken, etwas genauer zu bestimmen. Es reicht nicht
hin, durch die Bezeichnung des Ideals und der Wirklichkeit, der
unendlichen und der endlichen Natur, der Welt in Gott und der
abgefallenen Welt, Werthurtheile der Verehrung und des Tadels
über die beiden Glieder dieser Gegensätze auszusprechen (und
mehr enthalten doch wohl diese Namen nicht); es ist nothwendig
zu bestimmen, worin denn eigentlich die Fehlerquelle und der
Keim des Verderbens liegt, welcher die Welt außer Gott abhält,
der in Gott zu gleichen, oder die abgefallene hindert, in ihrer
verhältnißmäßigen Selbständigkeit so zu bleiben, wie sie vor dem
Abfall war; worin denn eigentlich das Schlimme der Endlichkeit liegt, die wir dieser Welt zum Vorwurf machen, oder
worin das Verhängnißvolle der Realität, in welcher sie die Ideale
der vorbildlichen Welt auszugestalten strebt.

Schelling selbst hat uns nicht hinlänglich über seine Motive zur Bildung dieser Begriffe aufgeklärt, von denen seine Speculation so reichlichen Gebrauch macht; aber der Gebrauch selbst
führt uns auf das zurück, was er bestimmter hätte aussprechen
sollen. Das Reale zuerst gehört nicht der nachbildlichen Welt
allein; in seiner vorbildlichen Entwicklung vereinigt vielmehr das
Absolute bereits die beiden Triebe, seinen eignen Inhalt sowohl
in idealer als in realer Gestaltung zu entfalten, und die einzelnen Gebilde der realen Reihe stehen denen der idealen an
Vollkommenheit nicht ebenso nach, wie das Reale der abbildlichen
Welt hinter seinem Vorbilde zurückbleibt. So scheint es denn,
daß der Name des Realen nicht dasselbe für die ewige und für
die endliche Welt bedeutet. Sollen wir die bestimmtere Aufklärung in den Worten des §. 8 der Philosophie der Kunst suchen?
Die Einbildung der unendlichen Idealität Gottes in die Realität als solche erklärt er für die ewige Natur, und eben an
dieser Stelle verweist Schelling, leider sehr kurz, auf den sonst
bei ihm bekannten Unterschied der natura naturans von der
naturata. Indem wir die Bezeichnung der Realität als solche

hervorheben, ergänzen wir den Gedanken auf folgendem Wege.
Wenn wir das, was uns als das höchste bestimmende Princip
der Welt, als ihr erster Anfang und letzter Zweck erscheint, nur
in Form einer Idee oder eines Gedankens fassen können, so
fühlen wir doch zugleich, daß die Idee nur die Bestimmung des
Künftigen und seine Aufgabe, nur den unerfüllten Zweck bezeichnet, der seine Verwirklichung nur in einer anschaulichen Gestaltung findet, welche seinen Sinn enthält, ohne doch nur dieser
Sinn zu sein. Und welche Idee wüßten wir denn auch anzugeben, deren wesentlicher Sinn zu seinem Verständniß nicht eine
Menge irgendwie gestalteter Beziehungspunkte voraussetzte, in
deren Verhältnissen untereinander er sein Bestehen hat? Dies
Element der Anschaulichkeit nun, dessen jede Idee bedarf, um
wirklich zu werden, was sie sein und bedeuten will, verstehen
wir unter demjenigen Realen, das auch in der vorbildlichen
Natur nicht fehlen kann. Aber es tritt hier mit keinen andern
Eigenschaften auf, als mit denen, welche die Idee verlangt, um sich
in ihm zu gestalten; es ist das Reale als solches, das als
selbstloser, völlig sich hingebender Hintergrund durch keine ihm
einwohnende, der Idee fremdartige Neigung die vollkommene
Einbildung derselben hindert. So besteht die vorbildliche Welt
in dem Spiele der Objectivirung des idealen Inhalts in diesem
Stoff ohne Widerstand, und in der Subjectivirung, welche den
in diese ewige Natur gelegten idealen Inhalt ohne Verkürzung
zum Genusse seines Sinnes und seiner Bedeutung zurücknimmt.
Ein anderer und gröberer Stoff muß es sein, der in der abbildlichen Welt die Ideen der vorbildlichen sammt dem in ihnen
schon enthaltenen Gegensatze des Idealen und des Realen aufnimmt und ausprägt. Aber dieser leicht zu habende Gedanke,
daß durch die Stumpfheit und Unfähigkeit der Materie, in welcher die Urbilder sich abdrücken sollen, die Züge ihres Gepräges
verzerrt werden, erklärt an sich Nichts; es fragt sich eben, woher
diese Hemmung der unverfälschten Wiedergabe der Ideen, die

wir doch nur mit einem unbehülflichen Gleichniß platonischen
Ursprungs als Zähigkeit des aufnehmenden Stoffs bezeichnen?
Nicht ein Mangel, sondern eine positive Eigenthümlichkeit der
Substrate, durch welche in der wirklichen Natur die Ideen reali-
sirt werden, scheint den Zwiespalt zwischen beiden zu begründen.
Aber ehe wir diesen Gedanken weiter verfolgen, knüpfen wir
noch an den andern Gegensatz des Unendlichen und des End-
lichen an.

  Der Name des Unendlichen, häufig von der neueren
Philosophie verwendet, und selten erklärt, scheint von drei Ausgangspunkten aus nicht sowohl zur theoretischen Bezeichnung
einer bestimmten Natur oder eines bestimmten Verhaltens, sondern zum Ausdruck einer Werthbestimmung dessen geworden zu
sein, dem diese Natur oder dies Verhalten zukommt. Unendlich
nennen wir zuerst, was seinem Wesen nach durch keinen Begriff
unserer Erkenntniß ausgemessen und erschöpft werden kann, sondern als ein nur gemeinter aber unsagbarer Inhalt überschwänglich über allen den Gegensätzen schwebt, deren eines Glied wir
von jedem endlichen Object unserer Erkenntniß gültig finden. In
dieser Auffassung liegt nur noch der geringste Grad jener Werthbestimmung; denn was sich unserer Erkenntniß entzieht, muß
nicht das unendlich Große, sondern kann auch das unendlich
Kleine sein. In der That wird jedoch der Name des Unendlichen schlechthin nur dem gewöhnlich vorbehalten, was durch die
Fülle und den Reichthum, nicht durch Mangel und Armuth
seines Wesens uns unfaßbar wird. Dies führt zu dem zweiten
jener Ausgangspunkte. Alles das, dessen Natur sich in irgend
einem Begriff erschöpfen, oder als erschöpfbar voraussetzen läßt,
ist nur dies, was es ist, und kann alles Andere nicht sein. In
dieser Ausschließung des Anderen eine Beschränktheit, und in
jeder bestimmten Wirklichkeit nur eine Verneinung zu suchen,
durch die sie ist, was sie ist, reizt uns eine natürliche Verlockung; mit seiner Fähigkeit der Verallgemeinerung, der Abstraction

und Idealisirung kommt der lebendige Geist leicht zu der Sehnsucht, einmal die Grenzen seiner eigenen Organisation überfliegen
und das Leben einer anderen miterleben zu können, die er nicht
ist. Jede bestimmte Natur scheint uns daher, indem sie ist, was
sie ist, hinter sich den Weg verschlossen zu haben, auf dem sie
auch das hätte werden können, was andere sind; wir nennen sie
endlich um dieser Grenze willen und fassen diesen Namen als
Bezeichnung eines Mangels um der erwähnten Gefühle willen,
die sich an das Bewußtsein der Grenze knüpfen. Glücklich und
überschwänglich erscheint uns dagegen die noch unentschiedene
Kraft, die unzählige Möglichkeiten der Entfaltung noch vor sich
hat, und Nichts ist, indem sie Alles sein kann. So übersteigt
dieses Unendliche alle Mittel unserer Erkenntniß, weil es in der
Kraft seines Wesens allem Erkennbaren, d. h. allem Endlichen
überlegen ist. Ebenso eindringlich erinnert uns zuletzt an die
Mängel der Endlichkeit die Vergänglichkeit, deren Name so oft
mit dem ihrigen vertauscht wird, und deren Anblick vielleicht am
unmittelbarsten den Gedanken des Unendlichen oder Ewigen erweckt, den die beiden früher gedachten Anlässe nicht jedem gleich
nahe legen. Lag darin, daß das bestimmte Seiende Anderes
nicht ist, eine Beschränkung, die doch zugleich Abwehr des Fremden und Begründung jedes Dinges in sich selbst war, so enthält
die Vergänglichkeit nur noch die Verneinung des wahrhaften
Seins und das Bekenntniß der Unselbständigkeit, nur durch das
zu sein, was dem eignen Wesen fremd ist und durch eben dasselbe wieder zu Grund zu gehen.

Die beiden ersten Bedeutungen können es nicht sein, in
denen die Endlichkeit der nachbildlichen Welt der Unendlichkeit
der vorbildlichen entgegengesetzt wird. Denn nur das Absolute
selbst in der Glorie seiner Identität, auch dieser seiner eignen
innern Entwicklung vorangedacht, würde in dem Sinne beider
unendlich sein; jene einzelnen Ideen aber, in welche sein in sich
beschlossenes Wesen sich entfaltet, mögen vielleicht unsere, aber sie

können nicht alle Erkenntniß übersteigen, so lange sie Ideen sind. Jede von ihnen ist was die andere nicht ist; dennoch gilt ihre Gesammtheit, der Inbegriff der ewigen Welt, als Gegensatz zu der Endlichkeit. Selbst der Name der ewigen Natur, denn so, und nicht als unendliche, pflegt sie von der endlichen unterschieden zu werden, deutet darauf hin, daß die Unvergänglichkeit, das Enthobensein über alle Bedingungen der Entstehung, der Erhaltung und der Veränderung der wahre und entscheidende Character dieser Unendlichkeit ist. Worin besteht nun der Grund dieser Vergänglichkeit, der die Ideen nur unvollkommen in der nachbildlichen Welt widerscheinen läßt? Nicht in einer geheimnißvollen und niemals nachweisbaren Unfähigkeit und Rohheit Eines Stoffes, der ihre Bilder aufnehmen sollte, sondern in der Selbständigkeit der unzähligen realen Elemente, durch deren Verbindungen Wechselwirkungen und Trennungen allein jeder ideale Inhalt in dieser Welt realisirt wird, und die doch nicht freiwillig zu dieser Aufgabe sich drängen, und etwa nur so weit Stoff sind, als die Idee sich dessen wünscht, die vielmehr, mit unveränderlichen Naturen und nach beständigen Gesetzen aufeinanderwirkend, das Gebot der Idee nur vollziehen, so weit der Inhalt seiner Forderung zugleich die unvermeidliche Folge ihrer eignen jedesmaligen Zustände ist.

Nichts Anderes, um es kurz zu sagen, unterscheidet die vorbildliche Welt von der nachbildlichen, als der Mechanismus, der über die letztere herrscht und der ersten fremd ist. Leicht bei einander wohnen die vorbildlichen Gedanken im Innern des Absoluten, die folgerichtige Entwicklung ihres Sinnes erfährt keinen Widerstand von jenem Realen an sich, dem völlig selbstlosen Stoff ihrer Darstellung; Alles ist hier, was sein soll. In der endlichen Welt regiert nicht schrankenlos die Forderung der Idee; nicht zu Gunsten ihrer Verwirklichung verknüpft der Weltlauf die Ereignisse jetzt so, dann anders, nur auf den Zweck denkend, der erfüllt werden soll, und nach ihm sich richtend;

sondern allgemeine Gesetze alles Verhaltens treten an die Stelle
des individuellen Planes, und bestimmen die Wirkungsweise
unzähliger Elemente, ohne alle Theilnahme für die Gestalt des
Erfolges, der herauskommen wird. Nicht, was sein soll, ist
deshalb oder wird, sondern die der Idee entsprechende Wirklich=
keit entsteht, besteht oder vergeht, wenn ihre mechanischen Be=
dingungen sich zusammenfinden, erhalten oder auflösen. Nicht
Ein außergöttlicher Weltstoff, sondern dieser Zusammenhang des
Mechanismus ist dasjenige reale Element, in welchem die nach=
bildliche Welt die Urbilder ausprägt; nicht Eine Eigenschaft der
Stumpfheit eines solchen Weltstoffs macht ihre Abbilder endlich
im Sinne der Vergänglichkeit, sondern dies, daß sie nur durch
Verbindungen mannigfacher Elemente bewirkt werden, die vorher
und nachher von andern Gewalten getrieben, auch während der
Dauer ihrer glücklichen Vereinigung die Bewegungen beibehalten,
die der Weltlauf ihnen gegeben hatte, und mit diesen Beweg=
ungen sich der augenblicklichen Herrschaft der Idee wieder ent=
ziehen.

Daß hierin der wesentlichste Grund zu Schellings Entgegen=
setzung des Unendlichen und des Endlichen liege, bestätigen seine
sonst gewohnten Ausdrucksweisen, und sie zeigen zugleich, daß
dieser Gegensatz nicht bis zu völliger Klarheit durchgedacht ist.
Alle Dinge unter der Form der Ewigkeit zu denken, sprach er
als die Aufgabe der Speculation aus; aus der Erscheinung, die
sie in der endlichen Welt darbieten, sollen wir zurückgehen zu
jener vorbildlichen Idee, die in Einem Ausdruck das Wesen, die
Bestimmung und Bedeutung jedes Dinges und jedes Ereignisses
erschöpfe, abgetrennt von allen den unwahren Nebenzügen, die
beiden nur anhängen, sofern sie in der endlichen Welt durch be=
wirkende Bedingungen hervorgebracht werden müssen, aber ihnen
fremd sind, sofern sie in jener ewigen Welt ihrem Sinne nach
enthalten sind und auseinander folgen. Die consequente Fest=
haltung dieser Unterscheidung, der Vorsatz, nur nach dem ver=

nünftigen Sinn und der idealen Bedeutung aller Dinge zu-
fragen, die Untersuchung des causalen Zusammenhangs aber,
durch den diese Ideen der Dinge in der Wirklichkeit bald erfüllt,
bald verfehlt werden, gänzlich auszuschließen, würde Schellings
Philosophie im Frieden mit den positiven Naturwissenschaften erhalten haben. Sie gerieth in unglücklichen Streit mit ihnen,
weil sie jenen Unterschied unklar zugleich machte und aufhob;
denn nur zu oft glaubte sie, durch den Nachweis irgend einer
dialektischen Reihenfolge zwischen den ewigen Ideen zweier Ereignisse auch die Frage nach der causalen Entstehung der wirklichen Naturprocesse aus einander, die jene Ideen abbilden, mit-
beantwortet zu haben. Daß der Verlauf der Realisirung der
Ideen in dieser Wirklichkeit ganz andere Wege nimmt als die
Entfaltung ihres Sinnes innerhalb des Absoluten, daß also der
Naturlauf nicht im Entferntesten parallel der dialektischen Reihenfolge jener Urbilder ist, diese Einsicht würde neben der Speculation auch der empirisch-mechanischen Naturforschung anstatt
grundloser Verachtung ihre Anerkennung bewiesen haben.

Die Klarheit über diesen Gegensatz hätte wohl auch die
Schilderung der vorbildlichen Welt anders ausfallen lassen; denn
sie hätte vor Allem die Frage nach der Bedeutung dieses ganzen
räthselhaften Verhaltens nahe gelegt. Es reicht nicht hin, über
die endliche Welt mit Geringschätzung wie über einen Parvenü
hinwegzugehn, nach dessen Herkunft zu fragen man unterläßt;
da sie nun doch einmal da ist und nicht ohne Zusammenhang
mit dem Absoluten da sein kann, so muß ihre eigne Idee, die
Idee des Mechanismus, unter den Entwicklungen der vorbildlichen Welt auch ihre Stelle haben. Ich meine nicht jene miß-
gestaltete Vorstellung des Mechanismus im engeren Sinne, die
im Gegensatz zu Chemismus und Organismus allerdings unter
den Potenzen der Naturreihe von Schelling aufgeführt wird;
sondern dies eben mußte abgeleitet werden, daß der Idee des
Absoluten selbst es ein Bedürfniß ist, nicht nur in eine Reihe

von Ideen, die ihrem Sinne nach zusammenhängen, sondern auch
in eine Vielheit realer Elemente auseinanderzugehen, die nach
allgemeinen Gesetzen aufeinander wirken. Wenn die Philosophie das volle, warme, concrete Leben, das Leben, in welchem
empfunden, gefühlt, genossen und gehandelt wird, mehr schätzte,
und die allgemeinen Ideen und Grundsätze, die uns zur denkenden Betrachtung dieses Lebens nöthig sind, nicht so leicht für
den eigentlichen Zweck und Inhalt aller Wirklichkeit ansähe, so
würde die Nothwendigkeit jener Ergänzung schwerlich je übersehen werden. So lange man es für eine Welt ansieht, oder
für hinreichend, um eine Welt zu bilden, daß eine Reihe von
Ideen in feierlich unbewegter Ordnung dasteht und jede auf die
andere hindeutet, so lange freilich hat man nicht Grund, Etwas
anderes, als eine theatralische Etikette ihrer Aufstellung auszu-
denken; sobald es uns aber zu dem Begriff einer Welt unentbehrlich scheint, an die Stelle der Ideen, die etwas bedeuten,
Wesen zu setzen, die etwas fühlen und erfahren, so wird es uns
klar, daß diese neue Aufgabe, die das Absolute sich stellt, nur
durch eine Vielheit wirkender Elemente zu erfüllen ist, aus deren
veränderlichen Beziehungen zu einander nach nothwendig allgemeinen und beständigen Gesetzen die Inhaltsfülle dieser endlichen
Welt entspringt. Aber diese Gedanken, welche zu dem zurück-
laufen, was ich oben über die Wahrheit der Deutung bemerkte,
die Schelling von der Weltidee gegeben, habe ich hier nur im
Interesse der Aesthetik weiter zu verfolgen.

Noch ein Begriffspaar von häufiger Anwendung bei Schelling, hebe ich zu diesem Zweck hervor: den Gegensatz der Freiheit und der Nothwendigkeit. In dem Sinne einer Entwicklung,
die Alles, was in ihrem Keime liegt, aus eigner Kraft unver-
kürzt und vollständig hervortreibt, kommt offenbar Freiheit den
Ideen der vorbildlichen Welt zu, und eben in diesem Sinne enthält sie zugleich die Möglichkeit einer fehllosen Consequenz, welche
diese Philosophie unter dem entgegengesetzten Namen der Noth-

wendigkeit nicht überall zum Vortheil der Klarheit zu bezeichnen
liebt. Nothwendigkeit ist vielmehr das Loos der endlichen Welt,
deren Gebilde nicht durch sich sind, was sie sind, sondern durch
das Zusammenwirken ihnen fremder Ursachen dazu gemacht
werden.

Ich weiß, daß ich durch die Einführung des Begriffs vom
Mechanismus über dasjenige hinausgegangen bin, was Schelling
ausdrücklich lehrt, und daß ich schwerlich völlig getroffen habe,
was als verschwiegener Beweggrund zur Bildung seiner Ansichten
mitwirkte. Aber doch nur durch diese Ergänzung erhalten die
Definitionen der Schönheit, die er in die Aesthetik eingeführt
hat, und die seitdem gewöhnliche Ausdrücke geworden sind, die
nöthige Bestimmtheit. Identität des Unendlichen und des Endlichen, des Idealen und des Realen, der Nothwendigkeit und der
Freiheit, in sinnlicher Erscheinung angeschaut: dies ist nach ihm
die Schönheit, und die begeisterte Zustimmung Vieler, die hierdurch ihrer eignen Empfindung Ausdruck gegeben sahen, beweist,
daß diese Bezeichnungen ohne Zweifel eine für die Aesthetik auf-
zubewahrende Wahrheit enthalten. Aber die Fassung der Ausdrücke ist nicht so bestimmt, um selbst im Sinne der eignen
Speculation Schellings unzweideutig zu sein.

Da das ganze Universum aus dem untrennbaren Doppel-
triebe des Absoluten hervorgeht, der nie Ideales anders als eingebildet in das Reale, noch Reales anders als zugleich das Ideale
einschließend erzeugt, wie sollen wir das Schöne von dem Seien-
ten schlechthin unterscheiden, wenn seine Schönheit nur in der
Identität jener beiden besteht? Legen wir aber Werth auf den
bestimmten Ausdruck der Identität, die nicht blos Zusammensein,
sondern Gleichgewicht des Verbundenen zu bezeichnen scheint, so
würde Schönheit nur dem Absoluten in seiner uranfänglichen
Verschlossenheit eigen sein, aber weder den aus ihm quellenden
ewigen Ideen der vorbildlichen, noch den Erscheinungen der
nachbildlichen Natur zukommen. Denn von den ersteren be-

hauptet diese Speculation selbst das Vorwiegen des einen oder
des andern Factors, und die letzteren können noch weniger den
Vorzug genießen, der jenen mangelt. Und doch lehrt ein zu
natürliches Gefühl uns die Schönheit im Mannigfachen, nicht
in der Einheit suchen, die sich noch nicht entfaltet hat. Ist sie
nun nicht unverträglich mit verschiedenen Antheilen des Idealen
und des Realen, und besteht sie nur in der innigen Durchdring=
ung beider, wo ist dann die Grenze zwischen dem Schönen und
dem Seienden, welches diese Bedingung gleichfalls erfüllt? Diese
Schwierigkeit ist oft genug bemerkt worden und in der That ist
sie unvermeidlich für eine Weltansicht, welche aus der Idee Alles
entspringen läßt, ohne einen Widerstand, der ihr fremd ist, und
in dessen Ueberwindung ein vor andern ausgezeichneter glücklicher
Fall bestehen könnte. Wir empfinden, daß um aus diesem Lichte
Farben zu gewinnen, der Schatten nicht fehlen darf. Nur die
Ueberzeugung, daß in der endlichen Welt die Idee nicht schranken=
los herrscht, sondern daß ihre Gebote sich mit einer Nothwendig=
keit kreuzen, deren Gesetze im Ganzen zwar gewiß nicht ohne
Zusammenhang mit dem sind, was sein soll, aber im Einzelnen
nicht parallel den Forderungen der Idee laufen, nur dieser Ge=
danke eines Conflictes zweier Principien erlaubt uns, das Seiende
in Schönes und Unschönes zu scheiden. Schönheit finden wir
dann, wo eine Uebereinstimmung, die nicht allgemein stattzufinden
braucht, in einzelnen begünstigten Erscheinungen zwischen dem
was sie der Idee nach sein sollen und dem stattfindet, wozu die
Nothwendigkeit des Mechanismus sie macht. Ohne jene Vor=
aussetzung bleibt uns in Bezug auf die endlichen Dinge nur
übrig, mit Schelling zu sagen, daß ihre Urbilder alle, wie ab=
solut wahr, so auch absolut schön seien, das Verkehrte und Häß=
liche aber, wie der Irrthum und das Falsche, in einer bloßen
Privation bestehe und nur zur zeitlichen Betrachtung der Dinge
gehöre. Aber diese Behauptung läßt theils zweideutig, woher
uns diese mangelhafte zeitliche Betrachtung komme, wenn sie nicht

irgendwie in der Mangelhaftigkeit ihres Gegenstandes begründet ist, theils wenn sie uns verspricht, eine bessere Auffassung werde alles Seiende schön finden, setzt sie doch eben das Seiende dem Schönen gleich, und zwar nur sofern es ist, nicht als ob Schönheit thatsächlich und aus einem andern Grunde über alles Seiende verbreitet wäre.

Eine andere Frage war, ob Schönheit, welche wir unmittelbar immer nur in den Erscheinungen der endlichen Welt zu sehen gewöhnt sind, auch den ewigen Urbildern derselben, ihren wesentlichen Begriffen, zukomme. Schellings Aeußerungen sind nicht ganz übereinstimmend, und obgleich ich zugebe, daß für jede derselben sein System eine Rechtfertigung zuläßt, so gewinnt doch durch diese Vieldeutigkeit die Schärfe der Begriffe nicht.

Schönheit und Wahrheit, lehrt uns §. 20, sind an sich oder der Idee nach Eins, denn die Wahrheit der Idee nach sei ebenso wie die Schönheit Identität des Subjectiven und des Objectiven, nur jene subjectiv und vorbildlich angeschaut, wie die Schönheit gegenbildlich oder objectiv. Schwerlich enthält dieser Satz eine für die Aesthetik wichtige Betrachtung. Denn was ist am Ende nicht Identität des Subjectiven und Objectiven, da aller Inhalt der Welt auf dem Triebe des Absoluten, beide zu setzen beruht, und was ist nicht entweder vorbildlich oder gegenbildlich, da eben dieser Gegensatz alle Productionen des Absoluten beherrscht? Deutlicher nennen die folgenden §§., die ich theilweis schon erwähnt, die Formen der Dinge, wie sie in Gott sind, schön; sei die Indifferenz des Realen und Idealen im realen oder idealen All Schönheit, und zwar gegenbildliche Schönheit, so sei die absolute Identität des realen und des idealen All nothwendig die urbildliche, d. h. absolute Schönheit selbst. Und hiermit verknüpfen wir §. 16, welcher Schönheit da gesetzt findet, wo das Besondere (Reale) seinem Begriffe so angemessen ist, daß dieser selbst, als Unendliches, eintritt in das Reale und in concreto angeschaut wird. Scheint dieser Satz die Schönheit nicht dem

Begriffe, sondern seiner Erscheinung im Realen zuzuschreiben, so wird doch dies zweifelhaft durch den Zusatz: hierdurch werde das Reale, in dem der Begriff erscheint, dem Urbild, der Idee wahrhaft ähnlich und gleich, wo (in welcher?) eben dieses All-gemeine und Besondere in absoluter Identität ist. Denn so scheint die Schönheit des Endlichen wieder nicht aus der Har-monie der zwei bleibend verschiedenen Glieder, des Begriffs und seiner Erscheinung, sondern daraus hervorzugehn, daß das Reale, in welchem die Erscheinung geschieht, vor dem Begriffe ver-schwindet, und an dessen ursprünglicher Schönheit Theil nimmt.

Diese Zweifel sind nicht ganz so müßig, als sie scheinen mögen. Eine Verschmelzung verschiedener Begriffe, welche dem lebendigen Genuß natürlicher und künstlerischer Schönheit nicht schadet, kann doch der wissenschaftlichen Aesthetik hinderlich sein. Dem bewegten Gemüth haben wir nicht so sehr zu verargen, wenn es alle Grenzen verwischend, Schönheit, Wahrheit und Güte in ein untrennbares Ganze verschmelzt; falschen Folge-rungen in Bezug auf Wissenschaft und Moral allerdings aus-gesetzt, wird es doch für seinen ästhetischen Genuß die richtige Fernsicht auf einen engen Zusammenhang des Schönen mit allem Höchsten sich in diesem dunklen aber lebhaften Gefühl bewahren. Die Wissenschaft dagegen nimmt an jenem Gegensatz einer ur-bildlichen absoluten und einer gegenbildlichen endlichen Schönheit Anstoß. Ich habe früher bemerkt, wie leicht wir der Versuch-ung nachgeben, den allgemeinen Begriff der Schönheit, den wir aus den verschiedenartigen Schönheiten der Beobachtung ent-nehmen, und der nur den Inbegriff der Bedingungen angibt, unter denen einem Andern als ihm selbst, Schönheit zukommen kann, in den Begriff eines höchsten Schönen umzuwandeln, dem wir dann, als dem bevorzugtesten aller, gleiche Wirklichkeit mit den übrigen schönen Gegenständen zuschreiben. Diesen Fehler finden wir bei Schelling nicht begangen; im Gegentheil ist ihm die absolute Schönheit nur ein Prädicat, das einem Andern, dem

Absoluten, um deswillen zukommt, was es außerdem ist. Aber ebenso leicht unterliegen wir dem andern Irrthum, daß wir den Gattungsbegriffen von Wesen diejenigen Eigenschaften und gegenseitigen Verhältnisse zuschreiben, welche in Wahrheit nur an oder zwischen den einzelnen reellen Beispielen dieser Begriffe, nicht an ihnen selbst vorkommen können. Die allgemeinen Begriffe des Herrn und des Dieners bestimmen wohl, daß der Diener dem Herrn dienen soll, aber nicht kann, wie Platon nahe daran war, förmlich zu lehren, der Begriff des Dieners an sich dem Begriffe des Herrn an sich dienen und ihm den Begriff des Stiefels ausziehen; und der Begriff des stoßenden Körpers stößt den Begriff des widerstehenden nicht so, wie jener Körper diesen. Denselben antiken Fehler nun wiederholen wir sehr oft noch in der Weise, daß wir dem Allgemeinbegriffe eines Geschöpfes, welcher kurz ausgedrückt nur die analytische Gleichung ist, durch die das künftige Gefüge desselben bestimmt wird, sofort die anschauliche Gestalt zu schreiben, die er nur in seiner Verwirklichung im einzelnen Beispiele annehmen kann. Wir verwickeln uns dadurch in den widersprechenden Versuch, ein anschauliches allgemeines Urbild aufzustellen, d. h. als Bild überhaupt ein Allgemeines zu fassen, das, so lange es allgemein ist, eben niemals Bild sein kann.

Eine Täuschung dieser Art scheint mir bei Schelling vorzukommen. Er wird nur dann Recht haben, wenn wir uns entschließen, jeden einsehbaren, consequenten Zusammenhang eines Mannigfachen, z. B. die Folgerichtigkeit in der Gedankenverkettung eines wissenschaftlichen Beweises, bereits Schönheit zu nennen; denn dieser Zusammenhang allerdings mag der vorbildlichen Ideenwelt in Gott zukommen, und in diesem Sinne mag sie ein vollkommnes Kunstwerk sein. Aber durch solchen Sprachgebrauch würde die Aesthetik ihren eigenthümlichen Gegenstand ganz verlieren, denn überall, auch in jedem blinden Wirken der Naturkräfte kommt diese Folgerichtigkeit, diese Einheit des

Mannigfaltigen vor; und da man doch dem unmittelbaren Gefühle, welches Schönheit hier nicht überall sehen will, nicht
Schweigen gebieten darf, so würde sofort die Frage sich wiederholen, wodurch diese besondere Art der Einheit des Mannigfachen, in welcher die Schönheit bestände, sich von jenen anderen
Arten unterscheide, die wir sonst nur Richtigkeit, Consequenz oder
Wahrheit nennen.   Unrecht aber würde Schelling haben, wenn
er den wesentlichen Character der anschaulichen Form, die wir
der Schönheit für unentbehrlich halten, jenen vorbildlichen Ideen
zueignete.   Die ewige Idee des Kreises in Gott kann Nichts
als eine der Gleichungen, die wir kennen, oder ein auch ihnen
allen übergeordneter Begriff sein, und dieser Begriff ist nicht
rund; als runde Figur kann auch für die höchste Intelligenz
der Kreis nur in dem Augenblicke einer inneren Anschauung
existiren, welche ihn mit einem bestimmten größeren oder kleineren Halbmesser beschreibt, mithin nicht den Kreis an sich, sondern einen einzelnen aus unzähligen möglichen sich zum Gegenstand macht.   Und eben so wenig kann die Idee der Pflanze
oder der bestimmten Pflanzengattung oder die Idee des Menschen
in Gott jene anschauliche Bildlichkeit haben, die nur in den endlichen einzelnen Beispielen dessen, was sie im Allgemeinen verlangen, sich einfinden kann.   Sollen daher unsere Begriffe Bestimmtes bedeuten, so müssen wir Schelling entgegengesetzt behaupten: die ewigen Ideen der Dinge, ihre Allgemeinbegriffe in
Gott sind nicht schön, sondern Schönheit gehört nur den endlichen einzelnen Erscheinungen, welche ihren Begriff in besonderer anschaulicher Gestalt ausprägen, und sie entspringt auch
für sie nur in dem glücklichen Falle, daß die realen Mittel, durch
die ihr Dasein überhaupt verwirklicht wird, ohne Reibung und
Widerstand sich zu einem der vielen möglichen Bilder vereinigen,
welche die allgemeine Forderung des Begriffs gleich gern erlaubt.

   Noch einen Schritt weit ist es vielleicht der Mühe werth,

diese Betrachtung fortzusetzen. Man sieht ohne Schwierigkeit, daß unser letzter Satz in Bezug auf die Kunstübung dem Streben nach dem Characteristischen mehr als dem nach dem sogenannten Idealen das Wort redet. Mit dem Vorbehalt, nöthige Beschränkungen später nachzuholen, gestehe ich in der That Folgendes ein. Wenn erst die besondere Gestalt, welche das Allgemeine in einem einzelnen seiner Beispiele annimmt, Schönheit begründen kann, so ist nicht wohl denkbar, daß nur Eine solche Einzelform den Vorzug besitzen sollte, die Schönheit wirklich zu begründen; wäre es so, so würde diese Form unmittelbar zu dem unerläßlichen Inhalt der Idee gehören, und nicht mehr eine Zuthat zu ihr sein, die erst im Augenblicke ihrer Erscheinung entstände. Allerdings nehme ich daher an, daß jede Idee in einer unbestimmten Anzahl verschiedener Erscheinungen ihre gleich legitimen und vollkommnen Ausdrücke findet: daß sie überhaupt erscheint, kann ich nicht für ein bloßes Bestreben halten, Ein feststehendes vollkommnes Vorbild in vielen und dann nothwendig unvollkommenen Nachbildern auszuprägen, sondern für das entgegengesetzte, den überhaupt noch unanschaulichen Sinn der Idee in unzählig verschiedene Gestalten zu gießen, durch deren mannigfaltige Schönheit erst der schlummernde und verschlossene Reichthum ihres Inhalts in seiner ganzen Vielseitigkeit offenbar wird. Deshalb möchte ich, mit Vorbehalt, der Kunst ihre Richtung auf das Characteristische nicht mißgönnen; es ist nicht ihre Aufgabe, das Verschiedene auf das Ideal zurück, sondern das Ideal in die Verschiedenheit hineinzuführen. Und eben deshalb kann ich die angeführte Aeußerung Schellings nicht erschöpfend finden, welche Schönheit da sieht, wo der allgemeine Begriff in das Endliche eintritt und in ihm in concreto angeschaut wird. Doch vielleicht legt dieser kurze Ausdruck seinen Accent so wesentlich auf dies Concrete und Characteristische der Anschauung, daß er mit uns mehr als augenblicklich scheint, übereinstimmt. Und in der That scheint die ganze Anlage der Schel-

lingischen Weltansicht diese Uebereinstimmung zu beweisen. Denn
was ist alle Thätigkeit des Absoluten anders, als ein beständiges
Bemühen, den unsagbaren Inhalt, den es in seiner anfänglichen
Identität verschließt, in characteristische Einzelgestalten auseinander zu legen, doch wohl nicht in der Aussicht, dieses ewige
Eine nur zu vervielfältigen, sondern in der andern, sich zu bereichern durch die mannigfachen Formen, in die es sich gliedert?

Einen andern Zweifel noch haben wir zu berühren. Daß
die einzelnen Erscheinungen ihrem Begriffe nicht entsprechen,
haben wir überhaupt nur erklärlich gefunden durch Berücksichtigung des Mechanismus, der in der endlichen Welt herrscht; aber
sollen die verschiedenartigen Gestalten, welche glücklicherweise
dennoch ihrem Gattungsbegriffe entsprechen, alle in gleichem
Grade und alle um dieses Grundes willen schön sein? so daß
einestheils alle Abstufungen der Schönheit, anderntheils jeder
Unterschied zwischen dem Richtigen und dem Schönen verschwinden würde, das doch dem unmittelbaren Gefühle mehr als das
Richtige zu leisten scheint? Correct und richtig, möchten wir
antworten, ist alles das, was die Forderungen des Begriffs erfüllt, ohne deren Erfüllung es nicht ihm untergeordnet sein
würde; da es aber diese Forderungen nur durch eine anschauliche
Gestalt erfüllt, welche nicht aus ihnen ableitbar ist, sondern nur
ihnen entspricht, so kann es in der Bildung dieser Gestalt noch
weiter seine Freiheit zeigen; denn es kann entweder die Gesetze
des Begriffes zwar im Ganzen anerkennen, aber in unvorgeschriebenen Einzelheiten verleugnen, oder sich dem Sinne desselben
auch in solchen Zügen zuvorkommend anschmiegen, über welche zu
herrschen der Begriff selbst nicht ernstlich beansprucht. Richtig
und normal ist die einzelne endliche Erscheinung, der Nichts
fehlt, was ihre Idee verlangt; aber sie ist gleichgültig, wenn sie
nicht mehr leistet, häßlich, wenn sie innerhalb widerwillig geach-
teter Schranken in allem worin sie frei ist, sich gegen den Sinn
ihres Begriffs entwickelt, schön, wenn sie jeden unvorgeschriebenen

Einzelzug in Formen bildet, die diesem Sinne entsprechen. Den.
der Begriff, wie jeder Zweck, der sich erfüllen will, schreibt den
Mitteln seiner Verwirklichung nur bestimmte Eigenschaften vor;
die Mittel aber würden nicht Mittel sein, wenn sie außer dem,
was der Zweck von ihnen verlangt, nicht andere Eigenschaften
hätten, die er nicht verlangt, oder wenn sie nicht die Leistungen,
die er von ihnen fordert, in einer eigenthümlichen Weise voll-
zögen, die er nicht gebietet, sondern welche die Folge der beständ-
digen Natur ist, mit welcher jedes Mittel in den Zusammenhang
des Mechanismus, des allgemeinen Verwirklichers jedes Zweckes,
nicht des Dieners einer einzigen Idee, verflochten ist. Wo diese
vom Zwecke nicht bestimmte überschüssige Natur der Mittel sich
als schädliche Reibung gegen ihn kehrt, hindert sie seine vollständige Erfüllung überhaupt; wo sie nach Richtungen thätig ist, die
ihn weder hindern noch fördern, erlaubt sie seine Erfüllung, läßt
aber den Stoff der Erscheinung als ursprünglich theilnahmlos
gegen ihn erscheinen; wo endlich ihre verschiedenen Wirkungen
sich untereinander zu einem Bestreben vereinigen, ohne Aufgaben
und auf eigne Hand Formen zu bilden, welche spielend den Sinn
des Zweckes wiederholen, da allein scheint uns jene volle Identität des Idealen und des Realen vorhanden, welche den Eigen-
willen des letztern vollständig in die Gewalt des ersten gibt.
So bleibt nicht nur ein Unterschied des Richtigen und des
Schönen, sondern neben der qualitativen Verschiedenheit der characteristischen Schönheit auch eine Werthabstufung der verschiedenen Schönheiten möglich, deren jede gleichwohl Schönheit ist.
Denn der Nachklang des Zweckes in den freien Formen, über
die er nicht gebietet, kann ohne Zweifel reicher und ärmer, voll-
stimmiger oder schwächer gedacht werden.

Ich kann nur leichthin noch einen Gedanken berühren, der
an diese Betrachtungen sich anschließt. Man wird fragen, wie
ein Widerhall des Sinnes der Idee in denjenigen Zügen der
endlichen Erscheinung möglich sei, die ihm nicht dienen? Und

man wird ohne Zweifel die Antwort in jenen andern Betrachtungen suchen, welche wir über die intellectuelle Bedeutung wahrnehmbarer Formen als Grund ihres ästhetischen Eindruckes früher gepflogen haben. Denn nur so weit Formen an sich, auch wo sie zu keiner bestimmten Leistung dienen, dennoch an einen ästhetisch werthvollen Sinn erinnern, können sie wohl als eine gleichartige Resonanz den Eindruck verstärken, welchen die Zusammensetzung der wirklich dienenden Formen erzeugte. Hieran zu erinnern veranlaßt mich jedoch nur jener andere Ausdruck Schellings, welcher die Schönheit in die Identität des Unendlichen und des Endlichen setzt. Er darf nicht blos sagen wollen, daß irgend ein unbestimmbar Himmlisches im Irdischen widerscheint; um die Bestimmtheit der Namen zu wahren, müßte er meinen, das schöpferische Princip, welches sich in der schönen Gestalt eine bestimmte Erscheinung gegeben hat, lasse zugleich seine unbegrenzte Kraft zu anderer Gestaltung hindurchscheinen. Man kann dahingestellt lassen, ob diese Behauptung sich ohne Zwang auf alle Gattungen des Schönen beziehen kann; eine Art Hindeutung aber auf diese Möglichkeit des Andersseins liegt wohl in diesem Spiel der durch den Zweck ungebundenen Formen, dessen wir eben gedachten. Ohne direct auf eine andere bestimmte Gestalt hinzudeuten, welche derselbe Begriff annehmen könnte, erinnert uns dieses Spiel wenigstens an die allgemeine Biegsamkeit, Gesetzlichkeit und Verwendbarkeit des realen Elementes, in welchem er diese Form fand, und in welchem folglich auch andere zu finden ihm möglich sein wird. Wie endlich dieser Gedanke an die Zweckmäßigkeit ohne bestimmten Zweck streift, die Kant von der Schönheit pries, bedarf nur dieser kurzen Hindeutung.

Schellings Ansichten über einzelne ästhetische Fragen werden uns noch beschäftigen; hier, wo nur die allgemeinsten Begriffsbestimmungen uns reizten, werden wir den Geist seiner Auffassung im Ganzen vertheidigen, aber ihre Ungenauigkeit zu

geben müssen. Er schildert mehr die Stimmung, die der Schön=
heit entgegenkommen soll, und das Ziel einer Sehnsucht, die
uns in ihrer Anschauung bewegt; aber wenig die bestimmten
Bedingungen, durch welche die schöne Erscheinung jener Stim=
mung ihrerseits entspricht, oder diese Sehnsucht befriedigt.
Die allgemeine Neigung dieser Philosophie, die höchsten Ziele
im Auge zu haben, ihre Verwirklichung zu fordern und doch
achtlos die Mittel zu derselben zu übersehen, zeigt sich hierin,
wie in der Vernachlässigung des Mechanismus, dessen Berück=
sichtigung doch allein dem Gegensatze der vorbildlichen zur nach=
bildlichen Welt Haltung gibt. Bemüht, für die Erkenntniß die
Welt aus der strengen Einheit Eines Princips abzuleiten, und
ganz in dieser Bestrebung aufgehend, bemerkte man nicht, daß weder
der ästhetische Genuß der Schönheit von dem Gelingen dieses
Versuchs, noch die Aesthetik als Wissenschaft von der Vollendung
der Metaphysik abhängt. Denn wie im allerletzten Grunde die
freie Consequenz der vorbildenden Ideen mit der ganz anders
gearteten Nothwendigkeit des Mechanismus zusammenhänge, dies
vollständig aufgedeckt zu haben, wird keine Metaphysik behaupten
und keine Aesthetik braucht es zu verlangen. Vielmehr von der
Thatsache des Zwiespalts gehen wir aus und finden in der
Schönheit ein Zeugniß seiner Versöhnbarkeit. Die Schönheit
wird nicht erst dadurch schön, daß wir vorher einsehen, wie jene
beiden Gewalten untereinander Eines sind, und sie lehrt uns
auch nicht, nachdem sie da ist, erkennen, wie es geschehen könne;
aber indem sie da ist, ist sie für uns der sichtliche und unwider=
legliche Beweis, daß die Versöhnung, die wir suchen, innerhalb
der Welt überhaupt möglich ist und besteht, wie wenig auch un=
sere Erkenntniß ihren Hergang begreifen kann.

Aber ich will nicht mit diesem Tadel, sondern mit der An=
erkennung des großen und fruchtbaren Anstoßes schließen, welchen
Schelling dennoch der deutschen Aesthetik gegeben hat. Es geht
uns bei Schelling, sagt Danzel, genau so wie bei Platon. Wir

10*

wollen wissen, worin die Schönheit der einzelnen Gegenstände,
Natur= und Kunstwerke, bestehe, die wir mit geistigem Auge
zwar, aber doch zugleich mittelst sinnlicher Organe wahrnehmen.
Aber statt daß uns dies erklärt würde, finden wir uns auf die
rein intellectuelle Versenkung in die Schönheit selbst hinge=
wiesen, und das gemeinhin sogenannte Schöne kommt nur inso=
fern in Betracht, als durch dasselbe jene Eine ungetheilte An=
schauung jedesmal in größerer oder geringerer Intensität her=
vorgerufen wird. Und Zimmermann führt, allerdings in Bezug
auf Solger, doch im Wesentlichen auch auf Schelling passend,
diesen Vorwurf bestimmter aus. Seine Aesthetik schildere uns
die Aesthetik der Weltgeschichte, ein Beispiel statt eines Be=
griffs, einen Gegenstand statt einer Idee. Natürlich begegne er
auf diesem Wege erhabenen, komischen, tragischen Momenten, die
er dann für das Erhabene, das Komische, das Tragische selbst aus=
gebe. Sie seien das aber eben so wenig selbst, als sein schönes
Weltdrama das Schöne sei, obgleich sie allerdings ein Erha=
benes, Komisches, Tragisches repräsentiren, und als Ereigniß,
Act, Gegenstand unter eine dieser Kategorien fallen. So sei
das noch formlose Absolute unstreitig ein Erhabenes, sowie das
Einzelne in seiner Nichtigkeit und seinem vergeblichen Großthun
ein Lächerliches sein könne; so möge selbst das zwecklose Sich=
selbstsetzen und Wiederaufheben des Absoluten im Einzelnen ein
Ironisches heißen, aber das Erhabene, das Ironische seien sie
nicht und noch weniger sei gesagt, was sie für uns zu diesem
oder jenem mache. Dazu bedürfte es eines feststehenden Begriffes
vom Erhabenen, Lächerlichen, Ironischen, unter den jene Objecte
und Acte zu subsumiren wären.

Der Tadel zu geringer Feststellung und Zergliederung der
ästhetischen Grundbegriffe muß beiden Aesthetikern gegen Schel=
ling zugegeben werden; aber was sie selbst weiter verlangen,
scheint mir irrig und unmöglich. Mit ganzem Herzen halte ich
vielmehr das, was sie beanstanden, als die beste Wahrheit und

als die würdige Fortsetzung einer Richtung fest, welche die deutsche
Aesthetik frühzeitig nahm und nicht verlassen sollte. Ein richtiges Gefühl dieser Wahrheit begegnete uns schon in der Furcht,
die Baumgarten vor allem Heterokosmischen hatte. Er scheute
die Erdichtungen, die in dem Geist und Sinn der Wirklichkeit
keinen rechtmäßigen Platz haben, aber es genügte ihm noch, daß
die Schönheit verworrene Wahrnehmung einer in ihrem Zusammenhang nicht begriffenen Wirklichkeit sei. Kant, so sehr
ihm die Schönheit als Erscheinung für uns galt, sah dennoch
ihren Grund in der großen Thatsache der Welteinrichtung, dem
Füreinandersein der Dinge und des Geisterreichs, einer Thatsache,
die ihm nicht vor aller Wirklichkeit denknothwendig, sondern ein
hinzunehmendes Geschenk eben der Wirklichkeit selbst schien. Der
Idealismus Fichtes, den ästhetischen Fragen nicht ausschließlich
zugewandt, rang doch darnach, die lebendige Thathandlung, durch
die der Geist sich setzt, als das Erste fassen zu können, alle Gesetzlichkeit des Denkens aber, die der gewöhnlichen Meinung als
unvordenkliche Schranke und Bedingung aller Wirklichkeit gilt,
nur als die eigne Entwicklung und Folge jenes Lebendigen zu
begreifen. Nur unter anderer Form kehrt diese Scheu vor dem
Heterokosmischen bei Schelling wieder, als Scheu vor einer pro-
kosmischen Reihe von Abstractionen, die der kommenden Welt
als gesetzgebende Schranken vorangingen, ein im Leeren des
Nichts bereits gültig feststehendes Recht, unter dessen Satzungen
eventuelle Universa fallen müßten. Eben das, was oben von ihm
verlangt wurde, konnte und durfte er nicht versuchen: es gibt nicht
eine solche vorweltliche Aesthetik, welche die Bedingungen fest-
setzte, nach denen in dieser Wirklichkeit, nachdem sie Gott geschaffen, und eben so in jeder andern Welt, die etwa ein anderer Gott schaffen möchte, die einzelnen Erscheinungen unter
die verschiedenen Begriffe des Erhabenen, Lächerlichen, Ironischen,
des Schönen überhaupt fallen müßten. Daß es überhaupt Man-
nigfaltiges gibt, und zwischen dem Mannigfaltigen mannigfache

Beziehungen, daß es ferner Geister gibt, in deren Innerem die
Betrachtung dieser Beziehungen Gefühle der Schönheit und der
Erhabenheit erregen kann, daß es also in der Welt ästhetische
Gegenstände überhaupt und von ihnen durch die Arbeit der Erkenntniß entlehnte Ideen des Schönen gibt: Dies alles ist Theil
und Folge dieser Wirklichkeit selbst, Geschenk und Gunst der
Einen allgemeinen Macht, die sich in ihr entwickelt, von ihr
allein abhängig und Erscheinung ihres Geistes, aber nicht Consequenz einer blasirten im Nichts thronenden Wahrheit, die sich
dann beiläufig auch in jedem etwa entstehenden Weltall befolgt
fände. Ein richtiges Princip kann in seiner Durchführung nicht
alle Fehler vermeiden lehren, und weder Schellings noch seiner
Nachfolger sämmtliche Versuche zu dieser Durchführung mögen
wir vertreten; daß sie aber das Weltdrama nicht blos als Beispiel für die Begriffsbestimmungen der vorweltlichen Aesthetik
gelten lassen wollten, neben dem es vielleicht noch andere Beispiele gebe, darin sympathisiren wir völlig mit ihnen. Was wir
als Schönheit verehren sollen, das muß den Grund seines
Werthes in seinem Zusammenhang mit den ewigen Gewohnheiten der Wirklichkeit, mit dem wahren Geschehen haben, und
zwar nicht, weil dieses Geschehen nach der Aussage jener vorweltlichen Aesthetik formal unter den Begriff des Schönen fiele,
sondern weil es selbst der einzige Realgrund ist, welcher den
schönen Gegenstand, das empfindende Subject und des letzteren
ästhetische Begriffe, Theorien und Zweifel alle zusammen erst hervorbringt.

Sechstes Kapitel.

Die Phantasie als Schöpferin des Schönen bei Solger und Schleiermacher.

Solgers Ideen in Gott. — Schöpferische Thätigkeit Gottes; Verständniß der Schönheit durch die nachschaffende des Menschen. — Mangelhafte Unterscheidung des gemeinen und des höheren Erkennens. — Logischer Formalismus Solgers. — Unvollkomme Bestimmung der Phantasie. — Schleiermacher. — Krause. — Schopenhauer.

Dem allgemeinen Gedankenkreise des Idealismus und seiner Gewohnheit, die Stellung des Schönen und der Kunst im großen Zusammenhange der Welt zu bestimmen, schlossen sich mannigfache geistreiche Bestrebungen an, deren ich hier in gemeinschaftlicher Uebersicht gedenken will. Denn obgleich nicht ohne Eigenthümlichkeiten auch in der Gestaltung der Grundansicht, sind sie doch bemerkenswerther durch den Versuch, die hier noch nicht zu erwähnende Fülle des ästhetischen Inhalts zu umfassen, den seit Baumgarten theils die Speculation, theils die eigne künstlerische Thätigkeit Deutschlands in so außerordentlichem Maße vermehrt hatte.

Gleich befähigt zur speculativen Forschung, wie empfänglich für den lebendigen Eindruck der mannigfachsten Kunstschönheit hat Karl Wilhelm Ferdinand Solger in seinem Erwin, vier Gesprächen über das Schöne und die Kunst, die erste ausführliche Aesthetik gegeben, die mit allgemeiner Uebereinstimmung lange als bahnbrechender Anfang der späteren Untersuchungen verehrt worden ist. In der That ist der Einfluß derselben weithin sichtbar, obwohl ein Mißgriff in der Wahl der Darstellungsform das tiefsinnige, von unablässiger Gedankenarbeit zeugende und in vielen Einzelheiten hochvortreffliche Werk dem Verständniß größerer Kreise gänzlich entzogen hat.

Es war Solger Bedürfniß, die Wahrheit künstlerisch darzustellen; das Gespräch aber erschien ihm als die passendste Form
philosophischer Untersuchung: in ihm werde gemeinsam für das
gemeinsame Gut der Menschheit gewirkt; indem jeder der Redenden eine Seite der Wahrheit vertrete, sondere sich zuerst
deutlich, und verknüpfe sich dann deutlich dem Hörer, was vorher
undeutlich vermischt den Inhalt seines eignen Bewußtseins bildete. Hat indessen nicht Nachahmung Platons Solger zur Wahl
dieser Form vermocht, so ist doch der unbewußte Einfluß des antiken Vorbildes zum Schaden seiner Darstellung bemerkbar genug. Nicht die Form des Gesprächs an sich dürfte ästhetischem
Inhalt unangemessen sein; aber eben das Gespräch, weil es nicht
einen Bestand von Wahrheit fertig überliefern, sondern in lebendiger Betheiligung von Personen ihn entstehen lassen will, bedarf durchaus modernen Tones, wenn es nicht dem Kreise, an
den es sich wendet, als Pedanterie auffallen soll. Solgers Dialog
ist leider ganz unmodern. Es ist ganz undenkbar, daß in Deutschland vier Menschen mit den wenig gangbaren Namen Anselm,
Adalbert, Erwin und Bernhard sich sollten zusammengefunden
haben, um vier Abende sich in einem Deutsch zu unterhalten, das
zu keiner Zeit in irgend einer Gesellschaft gesprochen worden ist,
das vielmehr mit seinem unablässigen Pathos und seiner unge-
lenken Höflichkeit nur in Uebersetzungen aus den Alten ein ge-
drucktes Dasein führt. Ganz unmodern ist die tyrannische Ge-
sprächsleitung durch den Einen, der wie eine Vorsehung mit
tiefsinnig methodischer Absicht die Aufklärung zurückhält, die er
geben könnte, und die verschiedenen Fragen zu einem Knäuel
verflicht, dessen bedeutungsvoll systematische Fadenlagerung von
den undankbaren Zuhörern nicht bemerkt wird. Mit Interesse
mag man endlich Platons symbolische Visionen lesen, mit Wider-
willen ihre Nachahmung; es ist gar nicht moderner Styl, Aufklärung speculativer Räthsel durch den Mund aus dem Wasser
steigender Nixen zu empfangen, oder in weitausgesponnenen

Gleichnissen zu schwelgen, auch wenn diese nicht, wie Solgers Lieblingsbilder von bewegten Lichtströmen, dem Aether physikalisch unbillige Leistungen zumuthen. Leider völlig richtig ist daher, was er selbst brieflich klagt: manchmal vergeht mir die Lust, weiter zu schreiben, wenn ich mir vorstelle, wie ich die Sachen zusammenkünstele und Niemand die Mühe sich geben mag, die Kunst zu merken; fast glaube ich, etwas unternommen zu haben, was die Zeit nicht mag und nicht will.

Daß indessen Solger nicht blos durch diese verfehlte Form schwer verständlich ist, zeigen seine von Heyse herausgegebenen Vorlesungen über Aesthetik (1829). Es gibt zwei Arten der Genauigkeit; die eine pflegt von humanistischen, die andere von naturwissenschaftlichen oder juristischen Studien erzogen zu werden. Jene, an die Deutung von Schrift- und Kunstwerken gewöhnt, begnügt sich, einem Gedankenkreise logische Gliederung und die Consequenz poetischer Gerechtigkeit zu geben; diese fragt sorgfältiger nach, ob den Gedanken und ihren Zeichen, den Begriffen, Etwas in der Wirklichkeit entspreche, das uns nöthige, von ihnen zu reden. Solgers Darstellungen haben in hohem Grad die Genauigkeit der ersten Art; wer sie jedoch mit der Gewohnheit der zweiten liest, ist zuweilen versucht, sie einer juristischen Deduction darüber zu vergleichen, was Rechtens sei, wenn Parteien, über deren Rechtsfähigkeit, Wohnsitz und Verbleib man Nichts Gewisses weiß, über ein Object streiten, dessen Natur und Dasein fraglich ist. Kant besaß die Genauigkeit der zweiten Art in vorzüglichem Maß; er behandelte nicht leicht einen Begriff, ohne zuvor ein sorgfältiges Rationale über seine Herkunft und sein wirkliches Nochamlebensein aufzunehmen, und er ließ sich nicht auf eine Streitfrage ein, ehe er ermittelt hatte, daß ihre Entscheidung uns etwas angeht. Diese Gewohnheiten fehlen Solgern; er selbst drückt seine Verschiedenheit von Kant durch den ungerechten Vorwurf characteristisch aus, Kant habe das Schöne zum Gegenstand theoretischer Erkenntniß

gemacht. Aber Kant hatte gar nicht das Schöne, sondern ganz
seiner vorsichtigen Art gemäß unser ästhetisches Urtheil, denn
dieses allein fand er als gegebene Thatsache vor, zum Object
einer theoretischen Untersuchung gemacht, und eben dieses hatte ihn
zu dem Ergebnisse geführt, daß das Schöne theoretisch n i c h t erkennbar sei. Grade diese richtige Instruction des Processes fehlt
uns bei Solger; seine Dialektik führt uns sofort auf ein hohes
Meer, auf welchem uns selten ein Anhalt zur Bestimmung der
geographischen Länge und Breite zu Theil wird, in der wir uns
in jedem Augenblicke befinden.

Im Anfang der Vorlesungen erklärt Solger kurz, seine
Aesthetik solle Kunstlehre sein; es gebe kein Schönes im vollen
Wortsinn außer der Kunst. Wie das Naturrecht eine Chimäre,
Recht nur im Staate, geschaffen durch das Bewußtsein, vorhanden sei, so bestehe auch kein Naturschönes. Nicht freilich, als
gäbe es das nicht, was wir so nennen: aber der schöne Gegenstand ist nicht v o n Natur schön, sondern wird es nur für uns,
sobald wir die Natur als Product einer göttlichen Kunst betrachten und nur soweit, als wir die in ihm pulsirende göttliche
Thätigkeit gewahr werden. Weiter als alle seine Vorgänger ist
daher Solger von der Meinung entfernt, Formen könnten an
sich schön sein durch das, was sie als Formen sind; zwar den
Ort der Schönheit sucht er stets in der Form, der Oberfläche,
der Erscheinung, nie in einem dahinter liegenden Sinn oder
Zweck, Begriff oder Urbild; aber doch ist ihm die Oberfläche
schön nur durch die Gegenwart der göttlichen Thätigkeit in ihr,
die sich ganz, ohne Rückhalt und ohne den Rest eines Unterschiedes von der Erscheinung, in sie ergossen hat. Wie dies
möglich sei, müsse man nicht fragen; dies eben sei die dem gemeinen Erkennen ganz unausmeßbare Natur der Gottheit, die
nur die höhere Erkenntniß der Begeisterung schaue. In dithy-
rambischen Ausdrücken erzählt Solger nach, was ihm darüber

eine Botin des Himmels in einem Augenblicke der Verzückung geoffenbart habe.

Es sei eine Welt des Wesens, deren Ort weder auf der Erde noch im Himmel, sondern vielleicht jener überhimmlische sei, dessen der göttliche Platon gedenke. Dort sei kein Wechsel des Guten und Bösen, Vollkommnen und Unvollkommnen, Sterblichen und Unsterblichen, alles Dies vielmehr Eins und zwar die vollkommne Gottheit selbst, die dort mit ewiger und reiner Freiheit die Welt hervorbringe. Allvollendend sei ihre Thätigkeit und verwirkliche ihre ganze Möglichkeit; so sei ihr das geschaffene All von Anfang als ein Vollkommnes gegenwärtig und erhalte sich durch eigne Nothwendigkeit, in der die Gottheit eben so nothwendig gleichsam im Besitz ihrer eignen Schöpfung selig ruhe. Aus dem Mittelpunkte des Alls ergieße die sich selbst erleuchtende Gottheit überallhin stetig das Licht ihrer Schöpfungskraft so wunderbar, daß es zwar die zusammenhängende Ausdehnung des Alls allerfülle, zugleich aber in einfachen Strahlen ausströme, die das Erschaffene mit dem ganzen einfachen Wesen des Innersten durchdringen. Nirgends sei dort ein todtes starres Dasein, gleichsam als Absatz der schaffenden Thätigkeit, worin sie sich selbst ausgelöscht hätte; Alles Erschaffene sei zugleich selbst schaffend, ja nichts Anderes als das ursprüngliche Wesen, welches seine ganze Urkraft darin überall wiederhole. Ideen nennen wir die vollkommnen Wesen, die dieses überhimmlische Weltall bilden, jede von ihnen voll von der ganzen lebendigen Gottheit. Darum stets nach dem innern Licht der Gottheit hingewandt, schlingen sie sich in den harmonischen und sich selbst vollendenden Umschwüngen des aus dem Innersten sich ausbreitenden Zusammenhangs ewig um dasselbe und saugen aus ihm ihr eignes Licht. Nicht ausgelöscht aber ist darum ihre Besonderheit; obgleich Eines in Gott, stehen sie doch als besondere und wirkliche, wenn gleich göttliche, Dinge mit jenem ihrem Mittelpunkt in wesentlichen Verhältnissen und jede von ihnen

umfaßt von einem 'eigenthümlichen Standpunkt aus das ganze
Weltall. Eine dieser Ideen ist nun auch die Schönheit, die
eben darin besteht, daß die besondern Beschaffenheiten der Dinge
nicht blos das Einzelne und Zeitliche sind, als welches sie uns
erscheinen, sondern zugleich in allen ihren Theilen die Offenbarungen des vollkommnen Wesens der Gottheit in seiner Wirklichkeit; sie ist es, die den Dingen in ihrer Besonderheit ein ewiges
Leben in seiner ganzen Vollendung einpflanzt, und was wir in
der Welt Schönheit nennen, ist eben nur die Erscheinung dieser
ursprünglichen Idee.

Suchen wir uns diesen antiken Dithyrambus auf moderne
Weise zu deuten, so verlieren wir unstreitig etwas von seiner
Tiefe, doch ist die verständliche Hälfte vielleicht nützlicher als
das dunkle Ganze. Das schöpferische Thun Gottes ist ohne
Zweifel seinem wesentlichen Sinne nach Eines; allein auch die
Einheit einer menschlichen Absicht wird in ihrer ganzen Bedeutung oft nur verständlich, wenn wir sie nach verschiedenen Gesichtspunkten so zerlegen, wie wir auch eine einfache Bewegung
in die Seitenbewegungen zerfällen, als deren Resultante sie sich
ansehn läßt, ohne grade wirklich aus ihnen zusammengesetzt zu
sein. So läßt sich nun auch das göttliche Thun durch eine
Summe verschiedener partieller Handlungsweisen ausdrücken,
deren jede gleichsam die besondere Projection des Ganzen auf
eine besondere Ebene ist. Diese einzelnen Verfahrungsweisen
des göttlichen Thuns sind die einzelnen Ideen, jede eigenthümlich in sich, alle dennoch in dem Ganzen Eines und jede
zugleich in allen Thätigkeiten Gottes mitwirksam, denn sie sind
nicht trennbare Theile des ganzen Thuns, sondern untrennbare
Ansichten desselben nach verschiedenen Seiten. Nach der einen
Richtung projicirt zeigt sich dies Ganze als ein allumfassender Zusammenhang des Bedingtseins durch allgemeine Gesetze und legt
sich so als Idee der Wahrheit allen Thätigkeiten unsers
verständigen Erkennens unter; nach einer andern erscheint es

als allgemeines Zusammenstimmen zu Gütern und Zwecken und beherrscht so als Idee des Guten unser sittliches Handeln; zwischen beide tritt es in einer dritten Ansicht als Idee der Schönheit, das Einzelne überall mit dem vollen Inhalt des Allgemeinen sättigend, in dem Endlichen das Unendliche zur Wirklichkeit und Erscheinung bringend.

Nur der schaffende Gott aber durchdringt alle Dinge bis in die letzten Verzweigungen ihrer Oberfläche mit dem Bewußtsein seines Schaffens; nur für ihn ist daher in aller Einzelheit auch sein ganzes Wesen gegenwärtig, nur für ihn alle Dinge schön. Uns stehen sie fremd gegenüber; wir, die wir sie nicht schaffen, können uns nicht in diese Einheit ihrer Besonderheit mit dem Allgemeinen versetzen und sie miterleben; uns erregt ihr Anblick nur unvollkommne Erinnerung an die Schönheit: sollen wir diese vollständig genießen, so müssen wir sie schaffen können. Diesen Wunsch aber hat Gott um seinetwillen selbst uns gewährt. Er, der schöpferische, konnte sich vollkommen nicht in unschöpferisch ruhenden Dingen, sondern nur in lebendigen Geistern offenbaren, denen er einen Funken seiner eignen Schöpferkraft mitgetheilt. In dem künstlerischen Genius ist die göttliche Idee als Princip lebendig, im Kunstwerk verwirklicht sie sich zum Dasein; die zwischen beiden schwebende Thätigkeit, welche den Reichthum des Genius zu Gestalten ausprägt, ist die künstlerische Phantasie, und sie eben ist das lebendige Schöne selbst.

Zum ersten Male tritt hier der Name der Phantasie mit der Bedeutung eines wesentlichsten Grundbegriffs der Aesthetik auf. Von ihr wird gerühmt: in einem geweihten Gebiete der Seele lebe sie recht auf göttliche Art so, daß sie, der Hauch Gottes, zugleich das innerste und wesentlichste Leben dieser besondern Seele geworden sei; in derselben Flamme, die auf dem Altar der Gottheit brennend dieser Seele Inneres erhelle, werde zugleich die eigne Lebensflamme derselben für sich lebendig erhalten. Unveränderlich sei diese göttliche Kraft und, wenn gleich in die Zeitlichkeit gebannt, doch deren unendlicher Zersplitterung enthoben. Werde auch der Mensch in der Zeit als Einzelwesen geboren, so lebe doch im Innersten seiner Eigenthümlichkeit das, was nicht geboren wird, nicht stirbt, die in ihm sich offenbarende Gottheit, welche dieselbe bleibt in jedem Augenblick seines Lebens und auf jedem Standpunkt, auf welchen ihn die Wirklichkeit bringt; als Einheit seines Wesens durchdringe sie all sein Thun, seine Sinnlichkeit, die Handlungen des trennenden und verknüpfenden Verstandes, die im Willen selbstthätige Vernunft.

Dem damals romantisch gestimmten Zeitalter mußte diese Darstellung gefallen, die jeden künstlerischen Genius in all seiner individuellen Eigenthümlichkeit als unmittelbaren Ausfluß der göttlichen Schöpferkraft erscheinen ließ; die Gegenwart findet die Mängel dieser Begriffsbestimmung der Phantasie auffallender. Darauf freilich müssen wir von Anfang verzichten, diese wunderbare Erscheinung der Phantasie aus irgend welchem Zusammenwirken sonst begreiflicher Regungen der menschlichen Seele erklärt zu sehen; als unmittelbares Geschenk Gottes hat sie keinen angebbaren Gang ihrer psychologischen Entstehung. Aber auch wenn wir uns darauf beschränken wollen, sie nur durch das Verdienst und die Eigenthümlichkeit ihrer Leistungen characterisirt zu sehn, finden wir uns nicht befriedigt, auch durch das nicht, was die Vorlesungen verständlicher dem Erwin hinzufügen. Nachdem einmal die Schönes erzeugende Thätigkeit der Phantasie hervorgehoben worden ist, hören wir wenig mehr von der Empfänglichkeit für die Schönheit, welche doch derselben Phantasie gleichfalls als Leistung zufallen muß. Dies hat die Folge, daß wir später, wo die verschiedenen Verfahrungsweisen der künstlerischen Phantasie zergliedert werden, zwar von der speculativen Bedeutung der Intentionen unterrichtet werden, welche sie hegt, aber wenig über die Ausführungsbedingungen erfahren, deren Beobachtung die Erfüllung jener Intentionen zu

etwas Schönem werden läßt. Die Wahrung dieses eigenthümlich ästhetischen Interesses wird dem neben der Theorie her-
gehenden guten Geschmack überlassen; nicht was schön sei, hören
wir, sondern was das anderswoher bekannte Schöne sonst noch
in der Welt wolle.

Selbst über dieser Schilderung der Intentionen der künstlerischen Phantasie hat der Unstern eines früher begangnen Irrthums gewaltet. Das gemeine Erkennen, behauptet Solger, mit
seinen Hülfsmitteln der Unterordnung von Einzelwahrnehmungen
unter allgemeine Gesichtspunkte könne uns immer nur lehren,
wie die Dinge sich und wie wir uns unter Bedingungen verhalten, nicht wie sie an sich, wir an uns selbst innerlich sind.
Eine solche Erkenntniß könne nur für unwesentlich und nichtig
einer höhern gegenüber gelten, deren Annahme nicht nur ein
unmittelbares Bedürfniß unsers Gemüths, sondern auch nothwendig sei, um selbst nur die Möglichkeit des gemeinen Erkennens zu begreifen. Die innere Erfahrung nun bestätige, daß
es wirklich in uns, ganz unzugänglich dem gemeinen Verstande,
eine Region gebe, in der uns gewisse Offenbarungen jener ewigen
unmittelbaren Einheit aller Dinge zu Theil werden; zu diesen
Offenbarungen gehöre das Schöne. Wir besitzen also wirklich
jene gewünschte höhere Erkenntniß, für welche die Elemente des
Erkennens, das Allgemeine und das Besondere, in Eins zusammenfallen, und dieses höhere Bewußtsein nennen wir das
Walten der Idee in uns oder schlechthin die Idee, indem
wir doppelsinnig zugleich die erkannte und die erkennende Einheit, oder vielmehr absichtlich die lebendige Einheit beider Einheiten in diesem einen Worte zusammenfassen.

Hieran nun muß ich ein Bedenken knüpfen. Ueber dasjenige hinaus, was Solger gemeines Erkennen nennt, können
wir uns allerdings eine innigere Weise wünschen, jenen Einen
göttlichen Weltinhalt zu erleben, eine Weise, welche die Gestalten des Mannigfachen nicht blos durch Unterordnung des

Besondern unter das Allgemeine oder unter allgemeine
Gesetze erklärt, die eben deswegen, weil sie allgemein gelten,
theilnahmlos und fremd gegen die Eigenthümlichkeit sind, durch
die ein Besonderes sich vom andern unterscheidet; eine Weise
vielmehr, welche den Einen Sinn, die Eine Idee, die in der
Welt wirksam ist, unmittelbar zugleich als absichtliche Schöpferin
des Einzelnen in seiner individuellsten Besonderheit erscheinen
läßt. So angesehn würde jedoch zuerst jene Idee gar nicht
mehr ein Allgemeines gegenüber dem Besondern, nicht ein Gesetz gegenüber dem Beispiel, sondern ein individueller Plan
gegenüber den Gliedern zu nennen sein, die er als Mittel
seiner Verwirklichung verbindet. Und zweitens wird jede Erkenntniß, welche aus diesem Weltplan die ewige Berechtigung
des Einzelnen in seiner Besonderheit begreifen will, doch vollständig den Character dessen an sich tragen, was Solger gemeines Erkennen nennt; so lange sie überhaupt Erkenntniß ist
und sein will, wird sie allemal durch die Mittel des discursiven Denkens, durch allerhand Thaten der Beziehung des Mannigfachen verfahren müssen.

Was Solger höheres Erkennen nennt, das ist, wie er selbst
versteckt zugeben muß, gar kein Erkennen, sondern jener Gemüthszustand, in welchem von dem noch nicht oder nicht mehr
durch Denken gegliederten Inhalt unserer Wahrnehmungen nur
ein ganz anders gearteter Gesammteindruck übrig bleibt oder
vorhanden ist, den sie auf unser Gemüth machen, mit einem
Wort: ein Gefühl, und aus dem Gefühl entspringend ein
Trieb. Dies hatte Kant eingesehen und deswegen hatte ihm
das Schöne für gar nicht erkennbar gegolten; Solger nähert
sich wieder dem Standpunkt Baumgartens, nur daß er nicht wie
dieser in einer niedern, sondern in einer höheren Erkenntniß
das Organ für die Auffassung der Schönheit sucht.

Die Folgen dieses Mißgriffs sind sehr sichtbar. Großen
Werth legt Solger auf den Unterschied der Phantasie von der

gemeinen Einbildungskraft; dennoch wird dieser Unterschied nie
recht greiflich. Wird die letztere darein gesetzt, daß sie uns für
jedes Allgemeine ein Einzelbild zur Versinnlichung biete, so ist
doch diese Leistung auch der Phantasie ganz unentbehrlich; der
Unterschied beider kann nur darin liegen, daß in der Phantasie
noch Etwas hinzutritt, was der Einbildungskraft fehlt. Aber
worin liegt dieses Mehr? Solger bestimmt es nicht; seine Bezeichnungen der Phantasie schildern immer nur deren größeren
Werth, ohne zu sagen, worauf er beruht. Ich glaube nicht,
diese Frage im Vorbeigehen endgültig beantworten zu können;
aber könnte nicht Einbildungskraft allerdings nur in der Leichtigkeit bestehen, allgemeinen Vorstellungen besondere Bilder, abstracten Beziehungen anschauliche Schemate, Gesetzen erläuternde
Beispiele unterzulegen? Phantasie aber wäre die Feinfühligkeit
und Gewandtheit des Gemüths, in jedem vorliegenden thatsächlichen Verhalten zugleich den Werth desselben zu empfinden,
und umgekehrt der wesentlichen Bedeutung eines im Allgemeinen
empfundenen eigenthümlichen Gutes eine Erscheinung zu geben,
die eben nicht nur seine theoretisch erkennbare Natur, sondern
seinen Werth zur Anschauung brächte? Nichts anders würde
die Phantasie dann sein als die Einbildungskraft eines für allen
ewigen und zeitlichen Werth aller Dinge, Verhältnisse und Ereignisse reizbaren Gemüthes; niemals aber, scheint es mir, wird
die Bestimmung ihres Begriffs gelingen, wenn man den Geist,
dem sie zukommen soll, nur als erkennenden, nicht als fühlenden
auffaßt.

Das gemeine Erkennen ferner hatte Solger wegen der Spaltung des Allgemeinen und des Besonderen getadelt, die es nur
nachträglich durch Beziehungen wieder zu schließen suche. Nun
hätte man vermuthen sollen, jene höhere Auffassung, die er preist,
werde über diesen Gegensatz völlig hinaussein und unmittelbar
das göttliche Sein der Dinge genießen. Aber einmal unter die
Benennung einer Erkenntniß gebracht, haftet sie vielmehr in

dieſem Gegenſatze feſt; denn eben indem ſie ſich etwas damit weiß,
ſich der völligen Einheit des Allgemeinen und des Beſonderen
bewußt zu ſein, erkennt ſie beſtändig die ungeheure Wichtigkeit
dieſes Gegenſatzes ſo an, daß alles wahrhafte Sein und Ge-
ſchehen lediglich in ſeiner Ueberwindung zu beſtehen ſcheint.
Daß aber in der Auflöſung dieſer eintönigen Aufgabe unmöglich
der ganze Werth und die beſeligende Macht der Schönheit liegen
kann, iſt dem unbefangnen Gemüth von Anfang gewiß. So iſt
Solger, deſſen lebendige Empfänglichkeit für das Schöne trotz
einzelnen Wunderlichkeiten ſeines kunſtkritiſchen Urtheils ebenſo
unbeſtritten iſt als die Wärme ſeiner ſittlichen Geſinnung, theo-
retiſch doch zu ganz nüchternen Formulirungen des Inhalts gekommen, der ſein Gemüth ſo tief bewegte. Auch von dem ſittlichen Intereſſe des Geiſtes ſpricht er ähnlich; auch das prak-
tiſche Bewußtſein hat ihm nichts dringender zu thun, als wieder
zwiſchen Allgemeinem und Beſonderem zu ſchweben, ſein Wirken
beſtehe in dem Veſtreben, beides zu vereinigen. In der Aeſthetik
iſt ihm dieſer Formalismus vollends maßgebend geworden. Alle
Unterſchiede des Schönen und der künſtleriſchen Thätigkeit im
Erzeugen und Genießen der Schönheit führt er auf Differenzen
in dem formalen Verhalten der Phantaſie, der göttlichen ſchaf-
ſenden oder der menſchlichen nachſchaffenden zurück, die entweder
vom Allgemeinen zum Beſondern, vom Mittelpunkt zum Umkreis, oder vom Beſondern zum Allgemeinen, vom Umkreis zum
Mittelpunkt ſtrebe, oder die, indem ſie beide vereinigt, gleichwohl
auch dieſe Einheit wieder mehr vom Standpunkte des centralen
Allgemeinen oder dem des peripheriſchen Beſonderen betrachtet.
Es iſt ein bedeutſames Zeugniß für den Reichthum von Solgers
äſthetiſcher Bildung, daß er doch vermochte, eine Fülle der fein-
ſten ſachlich anziehenden Bemerkungen über die verſchiedenſten
Arten der Schönheit in dieſes trockne Schema zu bringen, mit
dem man unmittelbar eigentlich jeder Art der Schönheit, der

Melodie, dem Bilde, dem Gebäude und dem Liede, ganz rathlos
gegenübersteht.

Zu diesen Verdiensten Solgers bringt uns später unser
Weg zurück, den wir jetzt zu Schleiermachers Ansichten fort=
setzen, so wie diese, leider nicht von ihm selbst zur Veröffentlich=
ung ausgearbeitet, in den von Lommatzsch herausgegebenen Vor=
lesungen (1842) vorliegen. Ich weiß nicht, in wessen Sinn
Schleiermacher zu sprechen denkt, wenn er sogleich im ersten
Satze die Aesthetik unter den Disciplinen nennt, die eine mit
Gründen belegte Anweisung enthalten, wie etwas auf die richtige
Art hervorzubringen sei. Zur Zeit dieser Vorlesungen war dies
nicht der Sprachgebrauch in Deutschland. Entstanden war die
Aesthetik als Untersuchung des Grundes, der vielen Wahrnehm=
ungen den Vorzug ertheilt, in uns ein von anderen Gefühlen
wesentlich verschiedenes Gefühl des interesselosen und allgemein=
gültigen Wohlgefallens zu erzeugen; für diese Untersuchung war
es gleichgültig, ob das Schöne als eine Naturerscheinung oder
als Erzeugniß der Kunst gegeben war; der Grund seiner Schön=
heit blieb derselbe, welches auch die Ursache seines Daseins sein
mochte. Später hatte allerdings der größere Reichthum der
Kunst und ihre Bedeutung für menschliches Leben den Blick
mehr auf sie und ihre Weltstellung gerichtet; aber dennoch, selbst
bei Solger, war der Mittelpunkt der Betrachtung die Idee der
Schönheit, die als solche, durch ihren eigenen für sich feststehen=
den Sinn sowohl den Naturgebilden als den Werken der Kunst
jenen Vorzug und Werth eigenthümlicher Wohlgefälligkeit mit=
theilt. Daß der Name der Schönheit, ursprünglich von der
Gestalt entlehnt, auf andere Gegenstände des Wohlgefallens nicht
mit gleicher Leichtigkeit übertragbar, für die Bezeichnung dieses
wesentlichen Objects der Aesthetik nicht passe, (S. 8) ist eine
Kleinigkeit; daß eine Theorie, welche von dem Eindruck des
Schönen ausgehe, den Menschen nur in einem leidenden Zu=
stande auffasse, (8) ist namentlich auf Kant mit ausgedehnt, aber

11*

auch an sich eine unrichtige Bemerkung. Niemand wird jemals
verkannt haben, daß das ästhetische Wohlgefallen eine thätige
Rückwirkung ist, die der Eindruck nur veranlaßt, und umgekehrt,
wer die Aesthetik ausgehend von der Kunstthätigkeit des Menschen
behandeln will, muß sich gleich Anfangs gewiß sein, daß diese
Thätigkeit eine ästhetische nur ist, soweit sie sich in ihrem Verfahren bestimmt, erregt und gebunden fühlt durch die für sich
gültige und bedeutsame Natur des Schönen, die dem Thun
gegenüber als ein Eindruck erscheint, von dem es leidet. Ueberhaupt, weil Empfänglichkeit und Selbstthätigkeit, „Pathematisches“,
wie Schleiermacher sagt, und Productives in jeder geistigen Aeußerung verschmolzen sind, kann der Unterschied zwischen diesen
beiden für die Aesthetik nur unwesentlich sein; hier handelt es
sich um das Eigenthümliche, wodurch die ästhetische Thätigkeit
sich von anderen Thätigkeiten, der ästhetische Eindruck von anderen Eindrücken, das ganze Gebiet folglich, welches Eindruck
und Thätigkeit umfaßt, von anderen Gebieten unterscheidet. Und
eben deswegen kann ich es nicht mit Schleiermacher für eine
Aufgabe halten, die beiden entgegengesetzten Ausgangspunkte der
Aesthetik, den vom Eindruck und den von der Productivität, auf
einander zurückzuführen, auch wenn ich wüßte, was unter dieser
Absicht eigentlich zu verstehen sein soll. (S. 25.) Ganz mißverständlich aber wird diese Frage mit der andern zusammenge-
bracht, ob die Künste aus Naturnachahmung, also aus Nachahmung eines in der Natur an sich vorhandenen Schönen entstanden
seien. Es ist ganz gleichgültig, daß Musik und Baukunst keine
Vorbilder in der Außenwelt haben; mag immerhin die wahre
musikalische und architectonische Schönheit erst durch Kunstübung
entstehen: jenes kritische Gewissen, welches uns das eine Werk
dieser Uebung schön, ein anderes häßlich finden läßt, wird nicht
durch die künstlerische Thätigkeit miterschaffen; es mag wohl
scharfsichtiger werden, je länger es sich in der Beurtheilung
dessen übt, was die Kunst erzeugt, aber in seinen wesentlichen

Anforderungen steht es aller Production als ein für sich gültiges
Gesetz voran. Es kann sein, daß bisher der Inhalt dieser Idee
des Schönen, wie Schleiermacher meint, nur schwankend bestimmt worden war; aber dann galt es, diesen Mangel zu
bessern, nicht aber den Angriffspunkt der Untersuchung nach
einer Richtung zu verlegen, in der ihr eigentliches Ziel nicht
liegt.

Ich gestehe, daß Schleiermacher mir diesen Fehlschritt gethan zu haben scheint. Ohne noch den Begriff der Kunst durch
den ihres Zieles, der Schönheit, von andern Thätigkeiten unterschieden zu haben, will er ihren Ort im System der Ethik aufsuchen. Nun kann man ein Unbekanntes nicht suchen; die Entscheidung darüber, ob irgend welche Thätigkeit zur Kunst zu
rechnen sei, hängt daher von einem uneingestandenen Vorurtheil
über das ab, was entweder in Uebereinstimmung mit der allgemeinen Ansicht, oder nach vorgefaßten systematischen Ueberzeugungen in Widerspruch mit ihr, unter dem Namen der Kunst
gemeint sein soll. Ich lasse dahingestellt, in welchem Maße der
eine und der andere Fall in Schleiermachers Darstellung überwiegt. Die Ethik behandelt die freien Thätigkeiten; diese scheiden sich in identische, die jeder Mensch ebenso wie jeder
andre, und in individuelle, die jeder eigenthümlich, anders als
jeder andere vollzieht. Schleiermacher entscheidet sich, die Kunstthätigkeit zu den letztern zu rechnen. Das Denken werde zwar auch
in verschiedenen Sprachen verschieden ausgeführt, aber es habe das
Bestreben, diese Differenz aufzuheben; sobald wir uns aber auf
das Gebiet des Geschmacks begeben, so lasse sich Niemand einfallen, den nationalen Geschmack zu corrigiren! (S. 55.) Diese
unbegreifliche Aeußerung wird auch später nicht hinlänglich ver-
bessert; es versteht sich ja freilich, daß Niemand nationale Eigenthümlichkeiten wird tilgen wollen, so lange sie das Allgemeingültige der Schönheit nur in characteristischer Beleuchtung darstellen, und ebenso versteht sich, daß in der Kunst diese spe-

cififche Ausprägung des gemeinfamen Ideals ganz andern Werth
hat, als im Denken der national verfchiedene Ausdruck der
Wahrheit; aber welche Uebereilung, um deswillen die Kunft ein=
feitig den individuellen Thätigkeiten zuzurechnen!

Auch diefe fpalten fich nun weiter in folche, die ihr Wefen
nur innerhalb eines einzigen Lebens haben und andere, deren
Wefen es ift, daß das einzelne Leben aus fich herausgeht und
etwas in einem andern hervorbringt. Da auch diefer Gefichts=
punkt für die Kunft eigentlich nebenfächlich ift, fo koftet es einige
Weitläufigkeit, bis die Entfcheidung dahin ausfällt, fie gehöre zu
den erften immanenten Thätigkeiten und vollbringe fich rein
innerlich; das äußere Werk fei erft ein Zweites, das mechanisch
entftehe und gehöre nicht mit zu dem Begriff der Kunft. Da
aber Kunftthätigkeit nicht ohne Denken möglich ift, fo müffe es
neben dem Denken, welches als „identifche Thätigkeit“ die „Sel-
bigkeit“ vorausfetzt, ein anderes, der Kunft eigenthümliches geben;
fein Unterfchied von jenem befteht darin, daß es eine nicht auf
Wahrheit und Abbildung des Seins gerichtete, fondern rein aus
innerer Thätigkeit hervorgehende Gedanken= und Bildererzeugung
ift; von einem höheren Impuls hängt diefe Thätigkeit ab, die
nichts Anderes ift, als die Phantafie. In fie als die Begeift=
ung muß aber die Befinnung eintreten als Maß, Beftimmt=
heit und Einheit, ohne welche ihre Erzeugniffe verfchwimmen
und nicht feft fein würden. In diefen Momenten der Be=
geiftung und Befinnung ift alfo der Begriff der Kunft
vorhanden. (S. 80.)

Als Darftellung der Bedeutung, welche dem künftlerifchen
Thun im Ganzen des ethifch zu ordnenden Menfchenlebens zukommt, hat Schleiermachers Arbeit ohne Zweifel fpäter zu erwähnende Verdienfte; der allgemeinen Aefthetik bringt fie keinen
Zuwachs. Wird fie als Mufter einer fcharffinnigen Dialektik
gerühmt, fo hoffe ich vielmehr, daß in Deutfchland allmählich
die Vorliebe für diefe Art der Leiftungen verfchwinden wird,

welche ohne rechte Theilnahme für das Wesentliche der Sache
zu logischen Uebungen werden, und von eigensinnig gewählten
Nebenstandpunkten anamorphotisch verzogene Bilder entwerfen.
Schleiermachers Aufsuchung des Begriffs der Kunstthätigkeit
läßt uns zuweilen glauben, wir befänden uns in Platons So-
phisten; diese Bemühung, den Inhalt und Umfang eines Begriffs dadurch zu finden, daß man von einem allgemeinsten Begriffe durch ganz willkürlich gewählte Eintheilungsgründe und
durch oft nur zweifelhaft motivirte Einordnung des Gesuchten
unter das eine Glied der gewonnenen Eintheilung herabsteigt,
ist weder an sich logisch zu empfehlen, noch modern, noch ist sie
ein großer Styl wissenschaftlicher Strategie. Man belagert nicht
jedes einzelne kleine Hinderniß besonders, sondern geht auf den
Mittelpunkt der Schwierigkeit los; seine Ueberwältigung erledigt
dann tausend kleine Zweifel, über deren weitläuftige Vorherüber-
legung Schleiermachers Leser zuweilen verzweifeln möchte.

Auf die Bedeutung der Kunst im Ganzen der Welt haben
sich mehr als auf die Bestimmung der Schönheit selbst auch
Krauses und Schopenhauers Ansichten bezogen; ich darf
deshalb neben ihren eignen Werken (Krause: Abriß der Aesthetik
herausgegeben von Leutbecher 1837; Schopenhauer: die Welt
als Wille und Vorstellung) auf die kritische Darstellung verweisen, welche Zimmermann in seiner Geschichte der Aesthetik
von beiden gegeben hat. Krause, die ganze Welt als organische
Entwicklung Gottes verehrend und ohne Rechenschaft über den
Grund dennoch in ihr enthaltener Mängel zu geben, war begeistert für die Aufgabe einer sittlichen Lebenskunst, in welcher
nicht die Menschheit allein, sondern die gesammte Geisterwelt die
Schönheit zu verwirklichen habe. Schopenhauer, dem die Entwicklung des Absoluten zur Welt, die Schelling gepriesen hatte,
nur als Verirrung des Seienden in das erschien, was nicht sein
soll, fand in der Anschauung des Schönen zwar nicht völlige
Heilung, aber Trost dieses Uebels; denn die Schönheit, indem

sie uns die ewigen Gattungsbilder des Wirklichen vorführt, verneint wenigstens die freche Anmaßung, mit der das Einzelne in
seiner Einzelheit den verbrecherischen Willen zu leben ausdrückt.
Durch diese Ueberzeugung ist Schopenhauer bei anerkennens-
werther Lebendigkeit seines ästhetischen Urtheils doch zu einer
characteristischen Bereicherung unserer allgemeinen Ansichten über
die Natur der Schönheit ebenso wenig, als Krause durch seine
ganz entgegengesetzte Begeisterung gelangt.

Siebentes Kapitel.

Hegels Einordnung der Schönheit in den dialektischen Weltplan.

Sinn der Dialektik überhaupt. — Nicht die Begriffe ändern sich dialektisch,
sondern der Inhalt, der ihnen untergeordnet ist. — Versuch, sich dieser Dialektik durch eine dialektische Methode zu bemächtigen. — Ihre drei Wurzeln
und ihr Mißverständniß. — Aesthetischer Character der Dialektik Hegels. —
Aesthetik als Theil des Systems. — Mangelhaftigkeit aller Naturschönheit
verglichen mit der Kunstschönheit. — Unvollkommene Bestimmung der ästhetischen Elementarbegriffe.

Ihre letzte Entwicklung erreichte die idealistische Denkweise
in Hegel. Der Schönheit und der Kunst hat er selbst nur in
Vorlesungen, welche die Sammlung seiner Werke veröffentlicht,
den Scharfsinn seines mächtigen Geistes zugewandt und dem
Ganzen seiner längst feststehenden Weltansicht auch dieses Gebiet
in großen und sichern Zügen eingefügt, entschieden aber hat
seine Schule in dem letzten Vierteljahrhundert die deutsche Aesthetik
beherrscht. Den Anhängern der Schule selbst und den Zeitgenossen der damals mit Spannung verfolgten Entwicklung der
Philosophie mag der Unterschied zwischen Hegel und Schelling
entscheidend erscheinen; der späteren Zeit wird die Uebereinstimm=

ung der Grundgedanken mehr ins Auge fallen; am wenigsten
wird für den Zweck dieser Darstellung eine Vertiefung in diese
häuslichen Angelegenheiten der philosophischen Schulen nöthig
sein. Denn das characteristische der Aesthetik, welche unter dem
Einflusse Hegels steht, liegt weniger in der Nachwirkung jener
Fassung des höchsten Princips, welche ihn von Schelling trennt, als
in der Handhabung einer wissenschaftlichen Methode, durch welche
der Gehalt der im Wesentlichen Beiden gemeinsamen Weltansicht
seine genaue Entwicklung jetzt erst zu finden schien. Der Geschichte der Philosophie überlassen wir die Auffassung jener Unterschiede; aber Ursprung, Sinn und Berechtigung der dialektischen Methode, welche so lange nicht nur die systematische
Form der wissenschaftlichen Aesthetik, sondern auch die ästhetische
Kritik der gebildeten Kreise des Volkes bedingt hat, müssen wir
versuchen, dem Verständniß so nahe als möglich zu bringen.

In der Encyclopädie (S.W. VI. 152 ff.) wirft Hegel einige
aufklärende Blicke auf das, was von Alters her in der Philosophie als Dialektik geübt wurde und auf die Beispiele, welche
von ihr auch das gewöhnliche Bewußtsein in seiner Beurtheilung
der Dinge gibt. Sie sei nicht eine Kunst, willkürlich in bestimmten Begriffen Verwirrung und bloßen Schein von Widersprüchen hervorzubringen, sondern sie stelle vielmehr die eigne
wahrhafte Natur der Verstandesbestimmungen, der Dinge und
des Endlichen überhaupt dar. Wenn der Verstand zunächst freilich glaube, die Natur und Wahrheit der Wirklichkeit durch viele
in sich abgeschlossene feste und einander ausschließende Begriffe
aufzufassen, so erscheine doch auch in unserm gewöhnlichen Bewußtsein die Dialektik, d. h. das Nichtstehenbleiben bei diesen
festen Verstandesbestimmungen in der Form einer bloßen Billigkeit, nach dem Sprüchwort: leben und leben lassen, so daß das
Eine gelte und auch das Andere. Das Wahre aber sei, daß
verschiedene Begriffe nicht blos neben einander Ansprüche an das
Endliche erheben, sondern durch seine eigne Natur hebe dieses sich

auf und gehe durch sich selbst in sein Gegentheil über. So sage
man, der Mensch sei sterblich, und betrachte dann das Sterben
als etwas, das nur in äußern Umständen seinen Grund habe,
nach welcher Betrachtungsweise es kann zwei besondere Eigen=
schaften des Menschen sein würden, lebendig und auch sterblich
zu sein. Die wahrhafte Auffassung aber sei, daß das Leben als
solches den Keim des Todes in sich trage, und daß überhaupt
das Endliche sich in sich selbst widerspreche und dadurch sich auf=
hebe. Das Bewußtsein dieser Dialektik, welcher alles Endliche
unterliege, finde sich dann auch in der sprüchwörtlichen Weisheit,
nach der das abstracte Recht auf seine Spitze getrieben in Un=
recht umschlägt, Hochmuth vor dem Fall kommt, allzu scharf
schartig macht, alle Extreme sich berühren.

Zur weiteren Erläuterung hebe ich hervor, daß Hegel ausdrücklich das Endliche als das Gebiet der Dialektik bezeichnet,
aber unter diesem Namen die Dinge mit den Verstandesbestimmungen zusammenfaßt. Von der Unfestigkeit und Veränderlichkeit der Dinge nun sind wir leicht zu überzeugen, aber gar nicht
ebenso leicht auch von der inneren Unstetigkeit und Wandelbarkeit
der Begriffe, durch die wir jeden Moment jener flüchtigen Wirklichkeit einzeln bestimmen zu können glauben. Schon früh hat
in der Philosophie Heraklit die allgemeine Unbeständigkeit alles
Wirklichen in den Ausdruck, Alles fließe, zusammengefaßt; aber
auch von ihm wissen wir nicht, daß er in diese Flüssigkeit alles
Wirklichen, Seienden und Geschehenden die Begriffe eingeschlossen
habe, deren Natur ja nicht ist, zu sein und zu geschehen, sondern
von dem Sein und Geschehen zu gelten. Daß aber der be=
ständige Fluß des Wirklichen, sobald er zugegeben würde, die
Geltung fester und beständiger Begriffe von ihm, also jede Wahrheit aufhebe, ist eine irrige Folgerung, durch die Platon im
Theätet zu einer mißverständlichen Bestreitung der Empfindungs-
theorie des Protagoras kommt, einer Theorie, die bis auf Weniges
die richtige Einsicht der gegenwärtigen Physiologie vorausge-

nommen hat. Wenn ein Wirkliches sich so ändert, daß es in keinem
Augenblick sich selbst im vorigen Augenblicke gleicht, so hat zwar keiner
der Begriffe, welche einen seiner momentanen Zustände bezeichnen,
eine dauernde Anwendung auf dieses Wirkliche, aber der Inhalt
jedes dieser Begriffe bleibt für sich selbst vollkommen gleich, und
allem Wechsel enthoben. Und dies selbst keineswegs so, daß nun
der Begriff, völlig ohne Werth für die Wirklichkeit, seiner Identität mit sich selbst und seiner feststehenden Beziehungen zu andern sich in einer besondern Welt für sich erfreute, sondern sein
eigner Inhalt und diese Beziehungen bleiben bei alledem gesetzgebend und bestimmend für die Gestalt des stetigen Flusses, in
welchem sich das Wirkliche befindet. Denken wir uns die Spannung einer Saite durch eine stetig an ihrem Ende wirkende
Kraft stetig wachsen und zugleich sie selbst auf irgend eine Weise
dauernd in Schwingungen gesetzt, so wird sie während keiner
noch so kleinen merklichen Zeitdauer einen Ton von sich selbst
gleicher Höhe angeben, sondern der entstehende Ton nimmt stetig
an Höhe zu. Aber diese stetige Veränderung des ganzen, eine
endliche Zeit füllenden Hörbaren ändert doch die Thatsache nicht,
daß jeder einen unendlich kleinen Augenblick erklingende Ton, den
wir aus der ganzen Reihe in Gedanken heraußheben, eine ganz
bestimmte Höhe hat, oder ein Ton ist, der sich fest und un-
wandelbar von jedem andern unterscheidet. Die Begriffe dieser
verschiedenen Töne gehn nicht im mindesten in den beständigen
Fluß ein, den die in einander verschwindenden, erklingenden Beispiele derselben in der Wirklichkeit bilden. Und es ist nicht nöthig, nur in Gedanken den sich selbst gleichen Ton aus jenem
Flusse herauszuheben; unterbrechen wir in einem bestimmten
Augenblicke die Zunahme der spannenden Kraft und machen dadurch die eben vorhandene Spannung der Saite constant, so
hören wir jetzt dauernd den bestimmten Ton, den das Wachsen
der Tonhöhe bis zu diesem Augenblicke erreicht hat; und dieser
bestimmte Ton ist immer sich selbst gleich, und wird dadurch nicht

selbst ein anderer, daß bei stetig wachsender Spannung der Saite
unsere Empfindung nur durch ihn hindurchgeführt worden wäre,
ohne irgend eine angebbare Zeitdauer bei ihm zu verweilen.
Unterbrechen wir ferner das Wachsthum der Spannung in einem
zweiten Augenblick, so erhalten wir in dem nun dauernd gemachten Endton den zweiten andern Ton, den die wachsende
Tonhöhe bis zu diesem andern Augenblicke erreicht hat, und
dieser Ton steht zu dem ersten, sei es als dessen Terz oder
Quint oder als welches Intervall sonst, in einem ganz bestimmten Verhältniß, dessen Begriff und Eigenthümlichkeit ganz
unabhängig davon gültig ist, ob vom ersten zum zweiten Ton
der Uebergang so oder anders geschieht. Denken wir uns endlich, um dies Beispiel zu erschöpfen: ehe die Kraft zu wirken
begann, habe die Saite mit ihrer damaligen Spannung den
Ton c dauernd angegeben, man kenne ferner den Augenblick, in
welchem die Spannung zu wachsen anfing, kenne die Beschleunigung der spannenden Kraft, endlich das Gesetz, nach welchem
die hörbaren Tonhöhen von den Spannungsgraden derselben
Saite abhängen, so wird man unzweifelhaft im Stande sein,
denjenigen Ton vorauszubestimmen, welchen nach einer beliebigen
Anzahl von Zeiteinheiten die Saite als dauernden Endton angeben muß, sobald man nach Verfluß dieser Zeit den Zuwachs
ihrer Spannung unterbricht. Und dies heißt mit andern Worten:
in dem Fluß des Geschehens bleiben die Begriffe, durch welche
jeder niemals ruhende und seiende, vielmehr blos werdende und
vergehende Moment dieses Flusses bestimmt wird, nicht nur für
sich, als Bestandtheile einer Begriffswelt, constant und sich selbst
gleich, sondern sie üben auch eine bleibende Herrschaft über jene
vergängliche Wirklichkeit; aus ihren gegenseitigen Beziehungen zu
einander können wir den Fluß des Wirklichen berechnen und können
voraussagen, welchem jener Begriffe derselbe in einem bestimmten
Augenblicke eine augenblickliche Wirklichkeit verschaffen wird.
Doch, es ist im Grunde überflüssig, antiken Irrthümern zu

liebe so weitläuftig zu erörtern, was unserer Zeit geläufig ist.
Seit der Ausbildung der Naturwissenschaften und ihres vorzüg-
lichsten Werkzeugs, der Analysis des Unendlichen, zweifelt Niemand mehr, daß eine und dieselbe mathematische Wahrheit die
Verhältnisse des stetig Veränderlichen ebenso sicher wie die des
ewig Dauernden beherrsche; während das Alterthum Erkenntniß
nur möglich glaubte, wo feste, gegeneinander beziehungsarme Begriffe jeder sein Gebiet in dauernden Gestaltungen beherrschen,
findet die Gegenwart eine lohnende Erkenntniß erst in der Erforschung der Gesetze, die das Veränderliche durchziehen und
die Form seiner Veränderung bestimmen.

Eilen wir denn zur Gegenwart zurück. So wie wir in dem
eben ausgeführten Beispiel zwar die Veränderlichkeit des Wirklichen zugaben, nach der es nicht ist, was es war, die Festigkeit
der Begriffe dagegen behaupteten, die jeden Moment dieses un-
steten Daseins messen, ganz ebenso werden wir auch die andern
Beispiele, die Hegel anführt, beurtheilen. Wir werden gar nicht
mit ihm sagen, das Leben trage in sich den Tod, sondern nur
das Lebendige trägt ihn in sich. Denn nicht das Leben stirbt,
noch geht sein Begriff jemals in den seines Gegentheils über,
sondern die realen Elemente, welche in dem einzelnen Lebendigen
seinen Begriff verwirklichen, fügen sich nur eine Zeit lang in die
Verknüpfung, die es verlangt, und streben aus ihr wieder hinaus, indem sie Antrieben folgen, die nicht der Begriff des Lebens, sondern der gegen ihn gleichgültige allgemeine Zusammenhang der Naturwirkungen ihnen mittheilt. Und wenn das höchste
Recht in das höchste Unrecht übergehen soll, so heißt auch dies
nicht, jenes Recht selbst werde in dem juristischen Sinne zum
Unrecht, in welchem dieses dem Recht entgegen steht. Im Gegentheil, wäre es so, so würde die Menschheit nie in diesem Satze
eine herbe Klage ausgesprochen haben, denn es wäre ja das
Glücklichste, was geschehen könnte, wenn das auf die Spitze ge-
triebene Recht in dem Augenblicke, wo es zu verletzen anfängt,

von selbst in Unrecht überginge, d. h. seine rechtliche Geltung verlöre. Der wahre Sinn ist ja vielmehr dieser, daß der ewige Sinn des Rechten, der an sich noch kein juristisches Recht ist, aber aller Bildung desselben zu Grunde liegt, wenn er auf die gegebenen menschlichen Verhältnisse angewandt wird, eine Menge einzelner, nun erst bestimmt erkennbarer Rechte hervorbringt, deren jedes eine begrenzte Gruppe menschlicher Verhältnisse beherrschen soll. Aber die Verhältnisse eben sind nicht von der Art, daß die eine solche Gruppe derselben reinlich neben der andern läge, sondern sie erzeugen Fälle, die formell ohne Zweifel einem jener bestimmten Rechtssätze untergeordnet sind, obgleich um ihres materiellen Inhalts willen dieser Rechtssatz aus ihnen nicht mehr das Gerechte entwickeln kann, zu dessen Begründung er wie alle seines Gleichen ursprünglich allein gebildet wurde. Man kann leicht diese Beispiele vermehren und wird durch sie zuerst zu der allgemeinen Behauptung kommen, daß nicht die Verstandesbegriffe, durch welche wir die einzelnen Momente des Endlichen bestimmen, einer Dialektik unterliegen, die sie in ihr Gegentheil umschlagen ließe, sondern nur das Endliche selbst erfährt diesen Uebergang, indem seine veränderliche Natur durch Antriebe, welche nicht von jenen Begriffen herrühren, aus dem feststehnbleibenden Gebiete des einen derselben in das ebenso feste Gebiet des anderen übertritt.

Indessen ist so die Sache nicht erschöpft. Mit Recht behaupten wir, der Begriff des Lebens verlange nur Leben und niemals · Tod; mit Recht auch, selbst in der allgemeinen Verknüpfung physiologischer Functionen, durch welche in dem Thierkörper das Leben verwirklicht wird, liege an sich nicht allgemein ein Hinderniß ewiger Fortdauer; nur die Benutzung der bestimmten Stoffe, die an der Erdoberfläche sich finden, zum Bau des Körpers und nur die Eigenthümlichkeit der äußern Verhältnisse, unter denen das Leben hier gedeihen muß, führe die Bedingungen des Unterganges herbei. Aber wenn wir hierin Recht

haben, so entsteht um so mehr die Frage, woher diese wirklichen
Thatbestände kommen, welche die wandellose Geltung der allgemeinen Begriffe in Bezug auf das Endliche hindern? Zwei Ansichten stehen hierüber einander entgegen; die eine erklärt die reine
Darstellung der Begriffe für die Aufgabe der Endlichkeit, hinter
welchem Ziele diese aus unerklärlicher Unfähigkeit zurückbleibe;
die andere nimmt jenen Wechsel, durch den die Erscheinungen aus
dem Gebiet des einen Begriffs in das eines andern übergehen,
selbst mit in deren Bestimmung auf, und behauptet, auf etwas
Anderes, als auf diese Veränderlichkeit, die in jedem ihrer Momente durch ein anderes Maß zu messen sei, habe die Weltordnung es von Anfang an nicht abgesehen. Das Leben des Lebendigen sollte nicht ewig sein, sondern in den Tod übergehen;
dazu sind jene Bedingungen geordnet, um diesen Uebergang zu
verwirklichen. Schließen wir uns dieser letzten Ansicht an, und
verallgemeinern sie, so bleibt zwar jeder von jenen Verstandesbegriffen, durch die wir die Erscheinungen messen, in sich selbst
fest und einig, ohne in einen andern überzugehen, aber der
Verstand irrt sich gleichwohl, wenn er meint, durch Anlegung
dieser Begriffe als zureichender Maßstäbe das Wirkliche so zu
fassen wie es ist; sie gelten wohl von ihm, aber nur einen
Augenblick, und dann entschlüpft es ihnen; dies selbst aber ist
kein grundloser Zufall, sondern alle jene Begriffe haben vermöge der allgemeinen Weltordnung die Bestimmung, daß sie in
bestimmter Reihenfolge wechselnd, nicht aber jeder stetig, in Bezug auf das gelten sollen, worauf sie überhaupt sich beziehen.
In dieser Art würde daher eine Erkenntniß, welche sich in den
letzten oder ursprünglichsten Sinn der Weltordnung zu versetzen
wüßte, auch von einer Dialektik der Verstandesbegriffe sprechen
können; im Auftrage jener höchsten weltordnenden Idee würde
jeder von ihnen, für sich bleibend, was er ist, seine Herrschaft
über das eben noch von ihm beherrschte Endliche in bestimmter
Reihenfolge einem andern, vielleicht seinem Gegentheile abtreten

müssen. Und in dieser Weise lassen wir uns gefallen, daß Hegel das Bemühen, durch diese Begriffe das Wesen der Dinge zu firiren, das blos verständige Erkennen, als unfruchtbar verwirft, ein vernünftiges Erkennen dagegen preist, welches im Bewußtsein dessen, was die höchste Idee mit der Welt will, den Dingen in die nothwendigen Widersprüche ihrer Natur nachfolgt.

Solche Nachfolge aber bedarf eines Leitfadens; Hegel glaubte ihn in seiner berühmten dialektischen Methode gefunden zu haben, welche nicht so völlig das Denken der Philosophirenden lange Zeit beherrscht haben würde, wenn sie nicht, wie mißverständlich auch immer, in der Natur und den Bedürfnissen unserer Erkenntniß ihre starken Wurzeln hätte. Die Geschichte der deutschen Philosophie mag nachweisen, wie die äußere Form der Methode allmählich entstand: wie schon Kant, als er Einheit, Vielheit und Allheit, Bejahung, Verneinung und Beschränkung unter seinen ursprünglichen Verstandesbegriffen aufführte, die „artige Bemerkung" eines Gegensatzes zwischen den beiden ersten Gliedern dieser Gruppen und einer Verschmelzung der Gegensätze in dem dritten machte; wie Fichte in dem Rhythmus von Thesis, Antithesis und Synthesis fortschritt; wie endlich Schellings Identität sich in Gegensätze spaltete und diese zur Indifferenz wieder zusammennahm. Diese Gedankengänge waren jedoch durch besondere inhaltliche Aufgaben veranlaßt, und galten abgesondert von diesen noch nicht als allgemeine Methode der Erkenntniß. Wie Hegels Dialektik diesen Anspruch erheben konnte, versuche ich ganz exoterisch aus Gründen, die Hegel selbst verschmäht haben würde, zu verdeutlichen.

Um Natur und Grund einer sinnlichen Wahrnehmung, sei es einer Röthung des Himmels, zu errathen, bewegen sich unsere Gedanken so. Das Wahrgenommene X muß wenigstens so weit deutlich sein, daß es uns Veranlassung gibt, versuchsweis einen bestimmten Thatbestand A als erklärenden Grund ihm unterzuschieben; wäre die Wahrnehmung ihrem Inhalt nach vollkommen unklar, was sie freilich nicht sein könnte, ohne überhaupt aufzuhören, so würde sie auch nie einer Aufklärung fähig sein. Wir machen nun jenen Versuch und setzen X = A, z. B. den Mondaufgang als Ursache der wahrgenommenen Röthung. Sobald dies geschehen ist, treten, indem wir nun A mit X vergleichen, sofort in dem X früher übersehene Eigenschaften hervor, durch die es sich von A unterscheidet. Wir geben deshalb nicht nur unsere erste Vermuthung auf, sondern werden durch diese jetzt deutlicher gewordenen Züge des X zugleich auf eine bestimmte andere Vermuthung B hingewiesen; vielleicht setzen wir jetzt die Ursache der Röthung in eine Feuersbrunst. Auch diese zweite Gleichung X = B unterliegt derselben Vergleichung und Berichtigung, und die ganze Gedankenbewegung dieses Rathens endigt erst, wenn wir eine Vermuthung X = M gefunden haben, welche zwischen dem wahrgenommenen Inhalt des X und der Natur des zur Erklärung angenommenen M durchaus keinen Mangel an Uebereinstimmung übrig läßt. So lange nun, wie in diesem Falle, die gegebene Wahrnehmung X, wenn auch unverstanden, doch in ihrem thatsächlichen Inhalt vollständig bestimmt ist, und eben so der Grund, um deswillen A oder B nicht zu ihrer Erklärung genügt, eingesehen wird, so lange sind wir uns auch bewußt, daß der geschilderte Vorgang eine von uns in bestimmter Absicht geleitete Bewegung unserer Gedanken ist, durch welche wir unzulängliche Deutungen des Wahrgenommenen zurücknehmen und durch bessere ersetzen. Nicht immer befinden wir uns jedoch in diesem Falle; anstatt einer wirklichen Wahrnehmung müssen wir zuweilen einen Inhalt, den wir nur meinen, aber gar nicht wirklich vorstellen, auf ähnliche Weise zu bestimmen suchen; so z. B. wenn wir einen Namen, der uns nicht einfallen will, durch versuchsweis angenommene andere zu errathen hoffen. In diesem Falle ist X, welches wir meinen, gar nicht gegeben; gleichwohl empfinden wir, daß die angenommenen falschen Namen einen Eindruck machen, welcher mehr oder weniger dem ähnelt

oder widerspricht, den der gesuchte richtige machen würde. Allgemein: wenn wir Etwas m e i n e n , so wissen wir zwar geradezu das Gemeinte nicht auszusprechen, aber wir können sehr
wohl unterscheiden, ob eine dafür uns angebotene Bezeichnung
genau das ausdrückt, was wir meinen oder nicht. Und deshalb
kann auch in diesem Falle ganz dieselbe Gedankenbewegung entstehen, welche zu einem endlichen erschöpfenden Ausdruck des
Gemeinten führt, indem sie alles Taugliche versuchsweis ange-
nommener Ausdrücke festhält, und das Untaugliche nach und nach
tilgt. Weil wir aber in solchen Fällen uns der Gründe, um
derentwillen diese einzelnen Ausdrücke ungenügend und der Uebergang von einem zum andern nothwendig ist, nicht mehr deutlich
bewußt sind, sondern dies Ungenügen und den Drang zum Fortschritt nur fühlen, so tritt hier die Verlockung leicht ein, diese
ganze Bewegung, welche nur eine fortschreitende Verbesserung
unserer Vorstellung vom Gegenstande ist, für eine dem Gegenstande selbst angehörende Entwicklung anzusehen, durch welche er
vor dem zuschauenden Auge unsers Bewußtseins die Wandelungen
selber durchläuft, denen in Wahrheit nur unsere Vorstellung von
ihm unterliegt.

Die Betrachtung geringfügiger Gegenstände würde gleichwohl diese Verlockung leicht überwinden; aber Hegels Speculation hatte ihre Gesammtaufgabe in einen Anfangspunkt zusammen-
gedrängt, der solcher Verführung Macht gab. Das dem gewöhnlichen Bewußtsein noch völlig dunkle und unfaßbare Absolute,
jener einzige höchste Weltgrund, den wir wohl m e i n e n , aber
nicht sagen können, sollte durch die Philosophie in deutliche Begriffe zerlegt und durch sie zur Erkenntniß gebracht werden. Es
konnte nur so geschehen, daß diesem höchsten Inhalt unserer
Ahnung versuchsweis eine Definition gegeben wurde, die ohne
ihn zu erschöpfen nur das hervorhob, was wir zunächst als das
Gewisseste von ihm wissen, dies also, daß er Sein, nicht aber
Nichtsein bedeute; Sein aber nicht in einer der besonderen Be-

deutungen, in welcher es verschiedenen Gruppen des Wirklichen
verschieden zukommt, sondern in jener allgemeinsten, welche nur
den in diesen allen gemeinsam enthaltenen Gedanken der Bejahung oder Setzung festhält. Als man aber dieses Sein mit dem
gemeinten Absoluten verglich, zeigte es sich die Herrlichkeit desselben auszudrücken so unfähig, daß es in seiner vollkommenen
Inhaltsleere nicht einmal von dem Nichtsein, das man gewiß
nicht gemeint hatte, sich unterscheiden ließ. Eine Verbesserung
war deshalb nöthig, um diesen Unterschied zu sichern; der Begriff des Daseins, welcher dieser Verwechselung nicht mehr unterliegt, ersetzte den des Seins. Was uns nun hier als eine fortschreitende Berichtigung unserer unvollkommensten Vorstellung vom
Absoluten erscheint, das tritt in Hegels bekanntem Anfang: Sein
gehe über in Nichts und stelle sich durch Werden zum Dasein
her, als eine innere Entwicklung des Absoluten selbst auf, und
ebenso werden in seiner Logik alle späteren Aufklärungen, die
wir uns über dessen Wesen verschaffen, als Stufen und Durch-
gangspunkte gedeutet, welche zu ersteigen und zu durchlaufen die
eigne Lebensgeschichte des Absoluten bilde. Hegel selbst verräth
die eigentliche Herkunft dieses Fortschritts, indem er die Reihe
dieser Stufen zugleich eine Reihe von immer vollkommneren
Definitionen nennt, durch welche nach und nach das Wesen des
Absoluten begrifflich erschöpft werde. Doch der Beweggründe,
durch die wir eigentlich diesen unsern Gedankengang leiten, geschieht keine Erwähnung, sondern der Gegenstand unserer Gedanken durchläuft durch eigne Triebkraft diese Stufenleiter, in
welcher der Fortschritt nur durch ein unaussprechliches Gefühl
des Passenden, vollkommen Dem ähnlich, was wir poetische Gerechtigkeit zu nennen pflegen, bewirkt wird.

Die bestimmtere Form, in welcher nun die Methode angewandt wird, läßt sich von einem andern Punkte aus verstehen.
Vom Absoluten wissen wir nicht, was es ist, wohl aber, was
seine Annahme uns wissenschaftlich leisten soll. Können wir

daher aus seinem unbekannten Wesen nichts ableiten, so muß dies Wesen doch formell alle die Eigenschaften haben, ohne die es nicht Princip aller Wirklichkeit wäre, denn dazu war es ja berufen. Nun wäre ein Princip nicht Princip, wenn es nicht den Reichthum der künftigen Entwicklung unentwickelt in sich trüge, noch viel gestaltloser in eine ununterschiedene Einheit zusammengeschlossen, als das Samenkorn die künftige Pflanze birgt. So ist das Princip an sich das, was werden soll. Aber es wäre auch nicht Princip, wenn es ewig in dieser Einheit verharrte, und eben so wenig, wenn das, was aus ihm entspränge, nicht eine mit seiner eignen Einheit contrastirende Mannigfaltigkeit wäre. So entwickelt sich denn der Keim in die Pflanze, die ihm gegenüber zwar seine Verwirklichung, aber zugleich Beschränkung und Verendlichung ist. Denn der Baum, so wie er wirklich ausgewachsen ist, in dem Maße seiner Höhe und der malerischen Gestaltung seiner ungleich entwickelten Aeste von Wind und Wetter bedingt, bleibt zwar in den Grenzen dessen, was sein Keim ihm vorzeichnete, verwirklicht aber doch nur eine Gestalt mit Ausschluß der übrigen, die derselbe Keim unter andern Verhältnissen getrieben hätte. Allgemein: was aus einem Principe folgt, ist eine einzelne Folge desselben und drückt seine Kraft nur einseitig nach bestimmter Richtung aus; deshalb ist alle Entwicklung zwar Verwirklichung, zugleich aber auch im Sinne eines wiederaufzuhebenden Mangels ein Anderssein des Ansich. Nun mag in der Summe aller Folgen die ganze Kraft des Princips vorhanden sein; aber so lange diese Totalität nur in jener Summe zerstreut läge, wäre sie selbst nur an sich vorhanden; es bedarf noch einer dritten Form, welche die Mannigfaltigkeit, in die das Eine ausgebrochen ist, ihm ausdrücklich unterwirft und durch Verneinung ihrer Beschränktheit sie in das Princip zurückleitet. Nicht ganz freilich zurück; denn die neu erreichte Einheit ist nicht die ursprüngliche der Unentschiedenheit, sondern eine höhere, bereichert durch die Entwicklung, welche das Princip

nun hinter sich hat. Mit diesem Fürsichsein schließt die Drei-
zahl der dialektischen Momente ab. Auch diese Wurzel der Methode deutet Hegel unwillkürlich an, indem er, nach dem ersten
Anfangspunkte aller Speculation fragend, sogleich als das am
nächsten Liegende den Begriff des Anfangs selbst zu zergliedern
vorschlägt, und aus ihm nahezu dasselbe findet, was wir eben
aus dem Begriffe des Princips gefunden haben.

Aber aus diesen beiden logischen Keimen der dialektischen
Methode würde sich doch weder der Zauber, den sie so lange
über die Geister geübt hat, noch auch nur die Möglichkeit ihrer
Anwendung selbst hinlänglich begreifen lassen, wenn sie nicht
drittens mit unmittelbaren Anschauungen zusammenträfe, welche
in großen und wichtigen Gebieten der Wirklichkeit den von ihr
aufgestellten Schematismus als thatsächlich herrschendes Entwicklungsgesetz nachzuweisen schienen und dadurch eben zugleich
lehrten, welche lebendige Bedeutung die abstracten Formeln desselben in sich aufnehmen oder durch sich andeuten können. Nachdem einmal die menschlich unabweisliche Sehnsucht nach Einem
höchsten Grunde der Welt das Wort genommen, ordneten sich
diesem Anfangspunkte und der in ihm enthaltenen maßgebenden
Wahrheit gegenüber Natur und Geisterreich von selbst in die
Stellung des Andersseins und der Rückkehr aus ihm. In sich
aber beruhte wieder das geistige Leben auf der Selbstheit des
Ich, das an sich wohl das Wesen des künftigen Geistes ist, aber
was es ist oder sein soll, doch nur durch Verkehr mit einer
Außenwelt und mannigfach von ihr empfangne Eindrücke werden
kann, aber auch wieder nicht wird, so lange es sich an diese
ihm aufgedrängten Zustände hingibt, sondern nur wenn es mit
der Kraft seiner Einheit denkend oder handelnd auf sie zurück-
wirkt und so aus dem Anderssein der Erfahrung in das Fürsichsein des unter allgemeine Gesichtspunkte sie wieder aufheben-
den Geistes sich rettet. Die Natur aber anderseits schien ebenso
zuerst in dem durch keine Gattungsbegriffe beherrschten Spiele

ihrer physikalischen Ereignisse nur das noch unentschiedene Ansich,
den Vorrath der Kräfte zu zeigen, aus denen etwas werden
kann; in den bestimmteren Gestalten der organischen Welt ver-
endlicht und formt sie dies ungebundene Wirken zu Erzeugnissen
von festem Plane; in der thierischen Seelenwelt scheint sie sich
selbst wieder zu ergreifen und sich in empfindenden Subjecten des
Werthes und Sinnes ihrer unbewußt ausgeführten Thätigkeiten
zu erfreuen. Es ist nutzlos, diese Beispiele zu häufen; daß
solche Deutungen der Erscheinungen dem menschlichen Gemüth
unvermeidlich sind, wird man eben so zugeben, wie das andere,
daß in jedem dieser großen Beispiele die Dreiheit der dialektischen Momente wieder in einem besondern Sinne gesucht und
gefunden wird; eine Unbestimmtheit übrigens, die nach der allgemeinen Sinnesart der Menschen den Reiz der ahnungsvollen
Fernsichten, welche sich eröffnen, nicht zu vermindern, sondern zu
erhöhen dient. Die Möglichkeit nun, sich zur Rechtfertigung der
Methode auf diese großen und eindrucksvollen Beispiele ihrer
sichtlichen Geltung zu beziehen, hat nicht nur das Zutrauen zu
ihr gestärkt, — wenn nicht mit noch mehr Recht eben diese
Beispiele als die ursprünglichen Anschauungen zu betrachten sind,
aus denen die Methode floß; — sondern auch die Allgemeinheit
der Anwendung dieser ruht nur hierauf. Denn jetzt erst konnte
man glauben, den Rhythmus entdeckt zu haben, in welchem der
schaffende Weltpuls überall schlägt; und während die früheren
Gesichtspunkte nur einmal die Unterscheidung des Weltinhaltes
in jene drei Momente rechtfertigten, so durfte man jetzt annehmen, daß an jedem Punkte dieser großen Welle der Dinge
sich bis ins Unendlichkleine hinab derselbe dreitheilige Wellen-
schlag wiederhole werde. Auch dies ist eine Ueberzeugung von
eigentlich nur ästhetischer Glaubwürdigkeit. Logisch hätte Nichts
die Möglichkeit verhindert, daß in jeder einzelnen von jenen
großen Abtheilungen der Wirklichkeit, eben der specifischen Bedeutung einer jeden gemäß, die Entwicklung des Absoluten sich

in einer befondern Form weiter fortfetzen würde. Die Verfenkung
der Phantafie in jene großen Anfchauungen fchien dagegen die
Gleichförmigfeit der dialeftifchen Bewegung durch das ganze
Weltall zu beftätigen, und fo erft errang die Methode das Zu-
geftändniß, das ganz allgemeine dem wahren Wefen der Dinge
entfprechende Entwicklungsmittel jegliches Gedankeninhalts zu fein.
Die Zeit hat über diefen Anfpruch gerichtet. Jede Methode bedarf freilich zu ihrer Anwendung noch mancher Neben-
anweifung; aber vermittelft diefer dialeftifchen find in Hegels
Schule Verfchiedene von gleichen Ausgangspunkten zu allzu verfchiedenen Endpunkten gelangt. Man kann fich jetzt wohl einge-
ftehen, daß fie überhaupt keine Methode, fondern eine Aufgabe
ift; die Aufgabe nämlich, durch irgend welche nicht vorgefchrie-
benen Mittel gefchmackvoller Reflexion eine zufammengehörige
Gruppe von Begriffen in eine fortfchreitende Reihe triadifcher
Cyclen zu ordnen. Als Methode gehandhabt, hat diefe Dialektik
auch in Bezug auf Aefthetik manche Nachtheile zu beklagen gegeben: Ablenkung der Aufmerkfamkeit von dem Inhalt der fraglichen Gegenftände auf die unfruchtbaren Zwifte über ihren richtigen Ort im Syftem; eine gewiffe Mißwilligkeit, Fragen in der
Geftalt zu beantworten, in welcher fie für das unbefangene Bewußtfein von Werth find, und den Hang, fie vorher fo umzu-
formen, daß alles Intereffe an ihrer Beantwortung verfchwindet;
endlich die bleibende Unklarheit darüber, ob in jedem Falle die
dialektifche Wechfelabhängigkeit zweier Begriffe ihnen als Begriffen, und nicht vielmehr als Eigenfchaften deffen gilt, an dem
fie vorkommen. Dem Folgenden diefe Befchwerden überlaffend,
beftreiten wir dagegen Hegels Ausfpruch nicht, daß erft das
Innewerden und die Beachtung der den Dingen inwohnenden
Dialektik den richtigen Sinn für das Schöne und die für die
Aefthetik unentbehrliche Stimmung aller Gedanken hervorgebracht
habe. Denn die Anerkennung jener Dialektik, fo wie wir fie
oben zugaben, ift unabhängig von Werth und Unwerth der dia-

lektischen Methode, durch welche diese Schule sie wissenschaftlich
zu beherrschen dachte. Ja selbst die Schwäche dieser Methode,
die verstandesmäßig unnachweisliche, nur als poetische Gerechtigkeit empfindbare Nothwendigkeit ihres Ganges läßt eine Rechtfertigung zu, sobald wir für sie auf den Ruhm, den man ihr am
liebsten sichern möchte, nämlich eben den, eine Methode zu sein,
verzichten dürfen. Sehen wir die Welt nicht blos als Beispielsammlung allgemeiner Begriffe, höchstens allgemeiner Gesetze an,
glauben wir vielmehr an einen Plan in ihr, welcher die einzelnen Theile der Wirklichkeit zu dem Gesammtausdruck einer
Idee verbindet, so werden wir auch nicht mehr glauben, daß die
abwechselnde Herrschaft der Begriffe über das Endliche, oder mit
andern Worten die Unruhe, mit der das Endliche aus dem Gebiet des einen Begriffs in den eines andern übergeht, nach dem
Maßstab der blos logischen Verwandtschaften dieser Begriffe geordnet sei. Diese Dialektik wird vielmehr von dem Werthe
abhängen, den jeder dieser Begriffe für die Verwirklichung jener
Idee hat; eine solche wechselseitige Beziehung zweier Begriffe
aber, die aus dem Werth ihres Inhalts für den Ausdruck eines
Gedankens hervorgeht, verknüpft nicht am nächsten das logisch
Verwandteste, sondern unberechenbar auch das logisch einander
Fremdeste. Kein Bedenken steht daher dem Bekenntniß entgegen,
daß die Nothwendigkeit, welche die Herrschaft des einen Begriffs
über das Endliche der Herrschaft eines andern weichen läßt, im
letzten Grunde in der That nur in Gestalt einer poetischen Gerechtigkeit unmittelbar angeschaut, aber nicht durch Beweismittel
des Denkens abgeleitet und eingesehn werden kann. Nur die
Erkenntniß freilich kommt zu kurz, wenn wir in der Aufsuchung
des thatsächlichen Inhalts dieser Dialektik der Dinge uns einem
Verfahren überlassen, dessen Triebkraft nur in dem besteht, was
uns in augenblicklicher oder dauernd gewordener, dennoch nur
individueller Stimmung als solche Gerechtigkeit erscheint; alle
Kunstgriffe eines von Stimmungen unabhängigen Denkens

müßten vielmehr aufgeboten werden, um jeden Schritt jener sachlichen Dialektik als thatsächlich gültig sicher zu stellen. Doch dieser Gedanken weitere Verfolgung überschreitet den Zweck meiner Darstellung, die nur zu fragen hat, wo innerhalb einer solchen Weltansicht der Ort der Schönheit und der Ausgangspunkt ästhetischer Untersuchungen sich findet.

Die ausführliche Einleitung in die Vorlesungen eröffnet uns, daß Hegels Aesthetik nur das Schöne der Kunst zu behandeln beabsichtige. Und dies nicht aus willkürlicher Begrenzung ihrer Aufgabe, wie sie ohnehin jeder Wissenschaft freistehe, sondern weil die Kunstschönheit als aus dem Geiste geborne oder wiedergeborne um eben so viel höher über dem Naturschönen stehe, als der Geist und seine Erzeugnisse über der Natur und ihren Erscheinungen. Höher stehen freilich sei noch ein unbestimmter Ausdruck; er bedeute hier, daß der Geist erst das Wahrhaftige, alles in sich Befassende sei, alles Schöne wahrhaft schön nur als dieses Höhern theilhaftig, das Naturschöne nur ein Reflex des dem Geiste gehörigen Schönen, eine unvollständige Weise, die ihrer Substanz nach im Geiste selbst enthalten sei. Die Klarheit dieser letztern Ausdrücke ist nicht erheblich größer, als die der frühern, doch können wir die auffallende Ausschließung der Naturschönheit, über die dennoch Hegel später sich äußert, begreifen, ohne sie eben so zu billigen. Wie sehr auch die Schönheit, die wir an den Gegenständen finden, von ihnen selbst und von ihren an sich bestehenden Verhältnissen abhängt: als Schönheit, als ein genossener Werth, besteht sie allerdings nur in dem Geiste, auf welchen die Gegenstände wirken. So, als Erscheinung im Seelenleben, hatte auch die frühere Aesthetik sie aufgefaßt, und selbst die Ansichten, welche ihren Grund in unbedingt wohlgefälligen Verhältnissen eines Mannigfaltigen suchen, können diese Verhältnisse selbst nur im Geiste auffinden. Denn jede Symmetrie verschiedener Elemente gehört weder dem einen, noch dem zweiten, noch dem dritten

terselben als Eigenschaft; was sie aber als bestehendes Verhältniß zwischen ihnen bedeute, so lange diese Elemente selbst sich
ihrer nicht genießend erfreuen, würden wir nicht zu sagen wissen;
sie ist nur, sofern sie wahrgenommen, und hat Werth nur, sobald dieser Werth gefühlt wird. So entsteht jegliche Schönheit
formaler Verhältnisse erst in dem Geiste, dessen beziehende Thätigkeit das Mannigfache zusammenfaßt, oder von dem Eindruck
seiner Beziehungen zum Gefühl erregt wird; sie ist Etwas, was
der Geist über die Dinge denkt, nicht Etwas, was die Dinge
sind. Schien es unbefriedigend, sie, die wir so gern als eignes
Verdienst der Gegenstände schätzen, nur als unsere Ansicht derselben zu fassen, so blieb Nichts übrig, als in den Dingen selbst
dieselbe Empfänglichkeit vorhanden zu glauben, die in uns die
Schönheit möglich macht; alle Dinge mußten beseelt und lebendig
sein, um ihre eignen Verhältnisse ebenso zu genießen, wie sie von
uns im Gefühle der ästhetischen Lust genossen werden. In
Schelling trat dieser Gedanke auf; die blinde Wirksamkeit der
Natur war doch nicht ganz blinde Nothwendigkeit; ein träumen-
der Naturgeist erfreute sich, indem er schuf, zugleich des Werthes
der Formen und Verhältnisse, die er bildete. Hegel, seine Geringschätzung der Naturschönheit rechtfertigend, bemerkt, daß niemals der Gesichtspunkt der Schönheit gewählt worden sei, um
die Naturerscheinungen als Ganzes zu erfassen; er hätte sich hier
an Schellings Rede über das Verhältniß der bildenden Künste
zur Natur erinnern können, die zwar einen solchen Versuch nicht
durchführt, aber zeigt, daß er dieser Ansicht von der Geistigkeit
der schaffenden Naturtriebe nicht fremd ist. Die entschiedener
untergeordnete Stellung, welche für Hegel die Natur dem Geiste
gegenüber einnimmt, läßt jedoch für ihn alle Schönheit der Natur
als unvollkommenen Vorschein dessen erscheinen, was in voller
Kraft erst der Geist zu verwirklichen vermag. Nicht blos in
künstlerischer Nachbildung, sondern auch in der Wahrnehmung
der natürlichen Schönheit sind wir genöthigt, und zum Theil

turch günstige Eigenthümlichkeiten unserer Organisation befähigt,
über viele störende Elemente hinwegzusehen, welche sie unterbrechen, und Manches hinzu zu ergänzen, was zu ihrer Vollständigkeit fehlt. Anstatt der stets einigermaßen unreinen Verhältnisse von Tönen, die erklingen, hören wir die reine Harmonie, die da sein sollte; anstatt der im Kleinen unregelmäßig
verstreuten Farbenpunkte, die wirklich auf einer Ebene vorhanden
sind, sehen wir die reine Kreislinie, der ihre Vertheilung sich
nähert, ohne sie je zu erreichen; jede in der Natur gegebene
Form erweckt in uns dieses Bestreben der Idealisirung, und
reizt uns, anstatt ihrer das Vollkommne anzuschauen, dessen un-
vollkommnere Nachbildung sie selbst ist. Auch in diesem Sinne
ist die Schönheit nicht in der Natur, sondern breitet sich nur in
unserer Anschauung über sie aus „als ein Reflex des dem Geiste
gehörigen Schönen, als eine unvollkommene Weise, die ihrer
Substanz nach im Geiste selbst enthalten ist." Endlich, wie
nahe auch die Natur in einzelnen ihrer Gebilde an dies dem
Geiste gehörige Ideal streifen, und wie sehr ihre ganze Wirksamkeit unter ästhetische Gesichtspunkte zu bringen sein mag: erschöpfend und in umfassender Gliederung stellt doch allerdings
nicht sie, sondern nur das Ganze der Künste den Gesammtinhalt
des schönen Ideals dar. Hin und wieder erfreut uns die Natur durch schöne Gestalten und anmuthige Verbindungen derselben; aber nur die künstlerische Phantasie, von den Zwecken ent-
bunden, denen die wirkliche Welt dient, beutet den Reichthum
der Idee der Schönheit völlig aus, und stellt in ihren mannigfaltigen Schöpfungen jede mögliche Art des Schönen auch wirklich dar. Diese Gründe lassen das Uebergewicht begreiflich erscheinen, welches Hegel dem Kunstschönen über das Naturschöne
giebt; sie haben nicht zu völliger Uebergehung, aber zu uner-
wünscht kurzer Betrachtung des allgemeinen Begriffs der Schönheit und seiner Naturbeispiele geführt; zuerst bestimmten sie die

Stellung, welche die Aesthetik im gesammten System seiner Philosophie erhielt.

In drei großen Haupttheilen schließt dies System sich ab. Die Logik ist der Schattenwelt allgemeiner Begriffe gewidmet, welche, bildlich zu reden, die vorweltliche Bewegung des Absoluten darstellen, in welcher dieses sich der ewigen, in jeder künftigen Welt gleichbleibenden Form seiner eignen Handlungsweise erinnert. Die Naturphilosophie folgt dem Absoluten aus diesem Ansich in das Anderssein der mannigfachen endlichen Ausgestaltung seines Inhalts in raumzeitlichen Erscheinungen und endet mit der letzten Hervorbringung der Natur, der sinnlichen Empfindung, in welcher das Absolute zu dem Fürsichsein, zu der geistigen Besitznahme seiner unbewußt vollzogenen Entwickelungen zurückkehrt. Die Philosophie des Geistes stellt die Stufenreihe der geistigen Lebensformen dar, in denen das Absolute, als einzelner Geist, dann als Geist der Gemeinde, zu dem Höchsten dieses Fürsichseins, dem absoluten Selbstbewußtsein gelangt, für welches jeder Unterschied des Wissens und des Gewußten aufhört. Innerhalb dieser großen Gliederung, in deren Bezeichnung ich zum Vortheil eines klaren Gesammteindruckes vieles Zweifelhafte übergangen habe, fällt die Aesthetik, d. h. die Betrachtung der künstlerischen Thätigkeit im Anschauen und Schaffen, dem dritten Theil, der Philosophie des Geistes zu. In drei Gliedern vollendet sich diese selbst. Die Lehre vom subjectiven Geist gilt dem geistigen Leben des Einzelnen, der Person; die Lehre vom objectiven Geist, mit der Betrachtung der Familie, der bürgerlichen Gesellschaft und des Staates abschließend, betrachtet die großen geselligen Institutionen, durch welche der allgemeine menschliche Geist Aufgaben löst, die dem vereinzelten individuellen Leben unlösbar sind; der letzte Theil, die Lehre vom absoluten Geist, führt uns Kunst, Religion und Philosophie als die höchsten Formen alles geistigen Lebens vor, jede von ihnen in ihrer besonderen Weise ein im Dienste der Wahrheit fortdauernder Gottesdienst, und bei der

Gleichheit ihres Inhalts nur durch die Formen unterschieden, in denen sie ihren gemeinsamen Gegenstand, das Absolute, zum Bewußtsein bringen. Die Unterschiede dieser Formen liegen im Begriff des absoluten Geistes selbst. Der Geist ist an und für sich nicht ein der Gegenständlichkeit abstract jenseitiges Wesen, sondern innerhalb derselben, im endlichen Geist, die Erinnerung des Wesens aller Dinge; das Endliche in seiner Wesenheit sich ergreifend und somit selber wesentlich und absolut. Die erste Form nun dieses Ergreifens ist ein unmittelbares und eben darum sinnliches Wissen, ein Wissen in Form und Gestalt des Sinnlichen und Objectiven selbst, in welchem das Absolute zur Anschauung und Empfindung kommt: die Kunst. Die zweite Form sodann ist das vorstellende Bewußtsein, das Absolute aus der Gegenständlichkeit der Kunst als Gegenstand der Vorstellung in die Innerlichkeit des Subjects hineinverlegend, die Religion. Die dritte Form endlich ist das freie Denken des Absoluten, die Philosophie, der geistigste Cultus des Göttlichen, sich zum Begriff aneignend, was sonst dem Glauben und der Kunst nur Inhalt subjectiver Vorstellung oder Empfindung ist.

Diesen Entwickelungen wollen wir hier nicht allgemeine, unserm besondern Zweck entbehrliche Bedenken anhängen. Vielleicht kann, wie der Mensch, so auch der absolute Geist „im Element des reinen Denkens nicht aushalten" und „bedarf auch des Gefühls, des Herzens, des Gemüths"; und dann würde die Philosophie als die reine kalte Spiegelung des Weltgeistes im Denken diesen Vorrang, den Gipfel der Weltentwicklung zu bilden, einer wärmeren Form des geistigen Lebens, sagen wir: dem Leben eben selbst abtreten müssen, in welchem erst diese drei Formen des geistigen Verhaltens, Kunst, Glauben und Wissen und das ihnen entsprechende Handeln sich zu einer wahrhaften Wirklichkeit durchschlingen würden. Lassen wir dies und erinnern vielmehr, daß ganz folgerecht Hegel der Kunst nicht die überschwängliche Bedeutung in der Gesammtheit des menschlichen

Lebens zugesteht, die ihr von schwärmerischen Uebertreibungen
gegeben zu werden pflegt. Sie ist ihm weder der Form nach
dem Inhalte nach die höchste Weise, dem Geiste seine wahrhaften
Interessen zum Bewußtsein zu bringen. Denn ihrem Inhalt
nach ist sie beschränkt; nur ein gewisser Kreis, eine Stufe der
Wahrheit, in deren eigener Natur es noch liegt, zu dem Sinnlichen herauszugehen und in demselben sich adäquat sein zu
können, ist echter Inhalt der Kunst. „Wie die griechischen
Göttergestalten," setzt Hegel hinzu und verräth dadurch, daß auf
diese Behauptung etwas einseitig die Erinnerung an plastische
Kunst allein geführt hat. Dagegen gibt es eine tiefere Fassung
der Wahrheit, in welcher sie nicht mehr dem Sinnlichen so verwandt und freundlich ist, um von diesem Material in angemes-
sener Weise aufgenommen und ausgedrückt zu werden. Von
solcher Art ist die christliche Auffassung der Wahrheit und vor
allem erscheint der Geist unserer heutigen Welt, unserer Religion
und Vernunftbildung als über die Stufe hinaus, auf welcher die
Kunst die höchste Weise ausmacht, sich des Absoluten bewußt zu
sein. Nach der Seite ihrer höchsten Bestimmung bleibt die Kunst
für uns ein Vergangenes; was durch Kunstwerke jetzt in uns
erregt wird, ist außer dem unmittelbaren Genuß zugleich unser
Urtheil, in dem wir den Inhalt, die Darstellungsmittel des
Kunstwerks und die Angemessenheit beider unserer denkenden Betrachtung unterwerfen. Die Wissenschaft der Kunst ist uns
daher mehr Bedürfniß, als die Kunst selbst; nicht Kunst wieder
hervorzurufen trachten wir, sondern was Kunst sei, zu verstehen.
— Auch über diese Bemerkungen und ihre befremdliche Uebertreibung eines richtigen Gedankens gehen wir mit der Erinnerung
hinweg, daß derselbe Hang, einen wissenschaftlichen Extract des
Schönen über das Schöne selbst zu setzen, und das sinnliche
Kunstwerk wieder in ein Kunstwerk des Gedankens zu entkörpern,
schon bei Schelling, obwohl milder, sichtbar wird; im Grunde
ein seltsamer Versuch der Weltverbesserung, der ohne das Mittel-

glied einer Erscheinungswelt der Idee dieselbe Fülle der Wirklichkeit verschaffen möchte, die ihr Gott selbst nur durch dies
Mittelglied gegeben hat.

In drei Haupttheile gliedert nun Hegel das Ganze seiner
Aesthetik. Der erste hat die allgemeine Idee des Kunstschönen
als des Ideals, sowie das nähere Verhältniß desselben zur
Natur auf der einen, zur subjectiven Kunstproduction auf der
andern Seite zum Gegenstand. Der zweite entfaltet die wesentlichen Unterschiede, welche diese Idee in sich enthält, zu einem
Stufengange besonderer Gestaltungsformen, der dritte betrachtet
das System der Künste, das aus deren einzelnen Gattungen und
Arten sich abrundet. Den zweiten und dritten Theil einstweilen
dahinstellend, muß ich beim ersten einen Augenblick verweilen.
Auch er behandelt nach dialektischer Methode den Begriff des
Schönen überhaupt; dann das Naturschöne, dessen Mängel nöthigen, drittens das Ideal in seiner Verwirklichung in der Kunst-
darstellung aufzusuchen.

Der erste dieser Abschnitte, auch in der vorzüglichen Re-
daction der Vorlesungen durch Hotho, unerwartet kurz und unklar, fügt den bereits bekannten allgemeinen Ansichten über das
Wesen der Schönheit nichts Nennenswerthes hinzu. Wenn er
die Schönheit das sinnliche Scheinen der Idee nennt, so erläutert
erst der zweite Abschnitt den bestimmten Sinn, den hier der
Name der Idee haben soll. In verschiedenen Graden der Vollkommenheit gewinnt in der Natur der Begriff, „um als Idee
zu sein," in seiner Realität Existenz. Das Mannigfache, in
dessen Zusammenspannung zur Einheit überall das Wesen des
Begriffs besteht, zeigt sich im Metall nur als Vielheit von Eigenschaften, die jedem kleinsten Theilchen gleichartig zukommen; in
dem Planetensystem treten der Sonne, welche die ideale Einheit
des Systems bildet, Planeten, Monde, Kometen, das verknüpfte
Mannigfaltige also, als reale Körper gegenüber; die Unterschiede
des Begriffs erscheinen hier nicht nur als verschiedene Eigen-

schaften gleicher, sondern explicirt als ungleiche, zur Einheit aufeinander bezogene Theile; mangelhaft bleibt jedoch, daß diese
ideale Einheit des Begriffes selbst noch als Sonne oder Central-
körper außerhalb der verbundenen Glieder ein ihnen gleichartiges
Einzeldasein besißt. Erst im lebendigen Organismus ergießt sich
der Begriff gestaltend und beherrschend, ohne selbst ein Theil zu
sein, durch alle Theile, und alle Theile hören auf, ein selbständiges Dasein außer ihrem Ganzen zu haben; sie sind aus
Theilen zu Gliedern geworden. Die besondern Theile eines
Hauses, Steine, Fenster, bleiben dasselbe, ob sie ein Haus bilden
oder nicht; die Hand ist nur Hand am lebendigen Körper, ihre
Gestalt, Farbe ändert sich, sie fault, wenn sie von ihm getrennt
ist. Dieses Spiel mit Worten, nebenbei bemerkt, hätte Hegel
dem Aristoteles, der es uns vorgemacht hat, nicht nachmachen
sollen. Eine Deichsel ist außerhalb des Wagens auch nicht mehr
eine Deichsel, sondern ein Balken, obwohl man es ihm ansehen
mag, daß er als Deichsel gedient hat, oder dienen kann; und
ebenso ist die Hand vom Leibe getrennt, nicht Hand, sondern
organische Masse, der man ansieht, daß sie Hand war. Daß sie
sich zersetzt, ist wahr; aber Knochen, Hörner, Haare, Sehnen
zerfallen außerhalb des lebendigen Körpers nur unter Bedingungen, unter denen auch die Deichsel verwest. Die Ungenauigkeit dieser Unterscheidungen hebt indessen die richtig bemerkte
Eigenthümlichkeit des Organismus nicht auf, in dessen Verbindungsweise des Mannigfachen Hegel mit Recht diejenige Besitzergreifung des Realen durch den Begriff sah, durch welche dieser
als Idee sich verwirklicht. Als Idee aber sollte eben das Schöne
gefaßt werden; nur die lebendige organische Gestalt ist daher
innerhalb der Natur eine Stätte der Schönheit; auch sie dennoch
nur unvollkommen. Denn obgleich der Organismus die sinnlich
objective Idee ist, so ist er doch weder schön für sich selber,
noch aus sich selbst als schön und der schönen Erscheinung

wegen producirt. Die Naturschönheit ist nur schön für uns, für das sie auffassende Bewußtsein.

Ich hoffe, Hegels Sinn zu treffen, wenn ich dies dahin deute, daß die Vollkommenheit, mit welcher eine Naturerscheinung die Herrschaft der Idee über das Reale verwirklicht, nur die Bedingung ist, ohne welche Schönheit nicht empfunden werden kann; daß aber diese Vollkommenheit allein nicht Schönheit ist, sondern nur dann zu ihr wird, wenn sie unserem Geiste Veranlassung gibt, die erscheinenden Eigenschaften als sinnliches Scheinen der Idee zu deuten. Denn darauf scheint die Aeußerung zu zielen, daß nicht alles Lebendige schön sei, z. B. dasjenige nicht, dessen Gliederung allzusehr von dem Bau abweicht, in welchem wir die Lebendigkeit, d. h. die sinnliche Objectivität der Idee anzuschauen gewohnt sind. So wäre denn, sind Hegels eigene Worte, die Natur überhaupt als sinnliche Darstellung des concreten Begriffs und der Idee schön zu nennen, in so fern bei Anschauung der begriffsgemäßen Naturgestalten ein solches Entsprechen (der wesentlichen Bedeutung und der formellen Erscheinung) geahnt ist und bei sinnlicher Betrachtung dem Sinne zugleich die innere Nothwendigkeit und das Zusammenstimmen der totalen Gliederung aufgeht. Unvollkommen entwickelt liegen diese Gedanken Hegels ohne Zweifel vor; daß aber nach ihnen das Gefühl für Schönheit ganz und gar nur auf Baumgartens unklare und verworrene Erkenntniß des Wahren zurücklaufe, kann ich nicht finden. Denn das, was Hegel uns in der Anschauung der Naturschönheit will ahnen lassen, ist ein bestimmter Gedanke, für ihn selbst wenigstens ein ganz bestimmter, nämlich der einer characteristischen Form der Herrschaft der Idee über das Reale; bei Baumgarten war es eine unbestimmt gelassene Wahrheit, deren verworrene Erkenntniß uns im Schönen erfreut.

Was diese Stufe der Entwicklung, lebendiger Organismus zu sein, nicht erreicht, kann nicht Schönheit in diesem vollstän

bigen Sinne bieten, aber es kann sich in Formen darstellen, die
als äußere Bestimmtheit wenigstens im Allgemeinen die Herr=
schaft einer nicht selbst in ihrer Fülle zum Vorschein kommenden
innern Einheit bezeugen. Regelmäßigkeit, Symmetrie, Gesetz=
mäßigkeit, Harmonie kommen hier für Hegel als solche abge=
schwächte formelle Schatten des eigentlichen Schönen in Betracht,
deren Wohlgefälligkeit auf dem fühlbaren Anlauf beruht, dieses
Höhere, obwohl sie es nicht erreichen, vorahnend zur Erscheinung
zu bringen. Die weitere Darstellung, welche die Mangelhaftig=
keit alles Naturschönen und die Nothwendigkeit des Uebergangs
zum Kunstschönen entwickeln soll, bringt in der That die Ge=
sichtspunkte, die wir bereits oben dem Ausschluß der Naturschön=
heit von den ästhetischen Betrachtungen unterlegten. Nicht in
der Allgemeinheit des Begriffs, sondern nur in der einzelnen
Erscheinung, als Seele derselben, existirt die Idee als Idee;
aber indem sie sich so verwirklicht, wird sie in den Verkehr mit
dem Realen verwickelt, welches die Mittel ihrer Verwirklichung
liefert, und obwohl im Lebendigen als Idee thätig, bringt sie
doch auch in ihm sich nicht zu voller und nicht zu restloser Er=
scheinung. Was in den niedern Thieren sich nach außen kehrt
und erscheint, ist nicht das Innere, sondern dies bleibt unter
der seelenlosen Formation der Schuppen, Federn, Haare ver=
borgen; der menschliche Leib ist ausdrucksvoller für das innere
Leben, aber auch in ihm verräth sich die Bedürftigkeit der Natur
in Poren, Haaren, Aederchen, zweckmäßigen, aber zum Ausdruck
der Idee nicht verwerthbaren Einrichtungen. Auch das geistige
Individuum erscheint in seiner natürlichen Wirklichkeit, in Leben,
Thun, Lassen, Wünschen und Treiben nur fragmentarisch. Die
ganze Reihe seiner Handlungen allein kann seinen Character zur
Erscheinung bringen; aber in dieser Reihe ist der concentrirende
Einheitspunkt der Individualität nicht als zusammenfassendes,
frei sich aus sich entwickelndes Centrum sichtbar, sondern äußer=
liche Umstände rufen die Handlungen hervor, unterbrechen ihr

folgerechtes Streben, trennen das Zusammengehörige. Das ganze
unmittelbare sowohl physische als geistige Dasein also, obwohl es
als Leben Idee ist, stellt doch nicht die Unendlichkeit und Freiheit dar, welche nur zum Vorschein kommt, wenn der Begriff
sich durch seine gemäße Realität so ganz hindurchzieht, daß er
darin nur sich selbst hat und an ihr nichts Anderes als sich
selber hervortreten läßt. Das Bedürfniß dieser Freiheit ist daher der Geist auf einem höheren Boden zu befriedigen genöthigt;
dieser Boden ist die Kunst und ihre Wirklichkeit das Ideal.

Dem Ideal nun ist der letzte Abschnitt des ersten Theils
der Aesthetik gewidmet; aber wir haben nicht Veranlassung, über
diesen ausführlich zu sein. Es ließ sich aus dem Vorigen erwarten, daß das Ideal nur jenes Bild der Phantasie sein werde,
welches der künstlerische Geist erzeugt, indem er von einer gegebenen Naturerscheinung die eben erst erwähnten Trübungen
ihres Sinnes entfernt. Vieles Nützliche und Treffende, was
Hegel auch hierüber bemerkt, kann theils andern Gelegenheiten
vorbehalten bleiben, theils vermehrt es doch die allgemeine Lehre
von dem Wesen der Schönheit nicht durch neue, eigenthümliche
und scharf ausgesprochene Bestimmungen.

So gering nun auch die Ausbeute ist, welche die veröffent-
lichten Vorlesungen Hegels gerade über die allgemeinsten Fragen
gewähren, mit denen wir uns hier noch allein zu beschäftigen
vorgenommen haben, so unerschöpflich ist der Gehalt anregen-
der und feinsinniger Gedanken, welche sie in Bezug auf Künste
und Kunstwerke darbieten. Auf diese zurückzukommen werden
wir später Gelegenheit haben; versuchen wir jetzt zu überblicken,
in welcher Weise die Schule Hegels die offenbar bei ihm selbst
zu kurz gekommene Entwicklung der allgemeinen Grundbegriffe
der Aesthetik vervollständigt hat. Dieser Ueberblick wird uns
zur Erörterung mancher in Hegels Lehre wichtigen Punkte zurückführen, zu deren Erwähnung sein eignes Werk weniger auf-
forderte.

Achtes Kapitel.

Innere dialektische Gliederung der Aesthetik durch Weiße und Bischer.

Sinn des Ausdrucks Idee bei Weiße und Differenz von Hegel. — Die drei Ideen des Wahren, des Schönen und des Guten. — Das Reich des Schönen als geschlossene Selbstentwicklung der Idee der Schönheit. — Uebersicht der hier unterschiedenen Entwicklungsstufen. — Die ästhetische Begriffswelt, die Kunst, der Genius. — Andere Anordnung bei Bischer.

Noch ehe Hegels Vorlesungen veröffentlicht waren, hatte Ch. H. Weiße, damals von der Vorzüglichkeit der dialektischen Methode überzeugt, das System der Aesthetik im Geiste der Schule entworfen. Doch nur um den Preis einer principiellen Umdeutung des Grundgedankens der Hegelischen Philosophie will Weiße sein Werk als Theil in das Lehrgebäude der Wissenschaft einreihen, welches diese zu erbauen versprochen hatte. Hegels Logik habe sich selbst nicht für das anerkannt, was sie sei; nicht für die Gesammtheit der nothwendigen Formen, die allem Seienden Bedingungen der Möglichkeit seines Seins sind; mit verhängnißvollem Mißverständniß habe sie vielmehr diese Formen zugleich für den Inbegriff aller Realität gehalten, der sich in ihnen entwickeln soll. Schon früher hatte Weiße gegen Hegel diesen Vorwurf erhoben; er hat später in seiner Metaphysik ausführlich die Gesammtheit der logischen, oder nach seinem eignen Sprachgebrauch: der metaphysischen Formenbestimmungen als eine unvordenkliche, aller Wirklichkeit gesetzgebende, dennoch selbst wesenlose Nothwendigkeit dargestellt, und ihr die Freiheit entgegengesetzt, mit welcher das Absolute den Reichthum der jene Formen erfüllenden Wirklichkeit gestalte. Welchen Gewinn dieser neue Weg brachte, auf welchem Weiße sich mit der neugestalteten Speculation Schellings begegnete, verfolgen wir hier nur in Bezug auf Aesthetik.

Ausdrücklich als Idee der Schönheit in dem strengen Sinne, welchen Hegel diesem Namen gegeben, bezeichnet Weiße den Gegenstand seines Werks. Ueber diesen strengen Sinn ist jedoch weder Hegel, eine alte Klage, deutlich genug, noch hat Weiße eben da, wo er ihn fordert und voraussetzt, eine Erläuterung gegeben, welche außerhalb der Schule verständlich werden könnte. Im Gegentheil, noch viel später finden wir den rastlosen Forscher bemüht, die Bedeutung dieses Kunstausdrucks festzustellen und eben eine seiner letzten Arbeiten erst, eine Abhandlung über Eintheilung und Gliederung des philosophischen Systems in Fichtes Zeitschrift für Philosophie (Bd. 46 u. 47) scheint uns zu gestatten, das Wesentliche seiner Meinung auf folgenden Nebenwegen zu verdeutlichen.

Dem Menschen, welcher mit dem Glauben an eine einzige Alles beherrschende Macht zur Betrachtung der Wirklichkeit kommt, wollen drei verschiedene Fäden, die deren Geflecht zusammensetzen, nicht leicht zu einem einzigen verschmelzen. Alles, was ist und geschieht, finden wir zuerst allgemeinen und nothwendigen Gesetzen des gegenseitigen Verhaltens unterworfen, die nicht aus der besondern Natur der bestehenden Wirklichkeit fließen, sondern weiter reichen als diese; denn jede andere geschaffene Welt würden sie, wie wir meinen, mit gleicher Gültigkeit bedingen; und ebenso wenig fließen sie unmittelbar aus dem, was uns als letztes Ziel oder höchstes Gut der Welt vorschwebt: gleichgültig für Alles, was nach ihrem Gebote entstehn kann, begründen sie vielmehr Verkehrtes, Schädliches und Gemeines mit gleicher Folgerichtigkeit aus seinen Bedingungen, wie das Sinnvolle, Glückliche und Edle aus den seinigen. Als zweiten Anfang finden wir dann die Fülle der wirklichen Weltgestaltungen; alle, nachdem sie da sind, jener allgemeinen Nothwendigkeit unterthan, keine aus ihr allein entspringend, jede vielmehr nur eine ver-

wirkliche Möglichkeit neben vielen andern unverwirklicht gebliebenen, die jene allgemeinen Gesetze ebensowohl würden zugelassen
haben. Nicht alle ferner, aber viele von ihnen lassen unserer
Einsicht werthvolle Zwecke hindurch scheinen und ihre Formen
finden wir mit Rücksicht auf diese gebildet; aber auch diese
Zwecke erklären nicht ihre ganze Natur, nicht die ganze buntfarbige Mannigfaltigkeit ihres Erscheinens, die ohne dem Gebote
jener Zwecke zu widerstreben, auch anders sein könnte als sie ist.
Das dritte endlich, das wir zu sehen glauben, sind eben jene
höchsten Werthe alles Guten, Schönen und Seligen, klar für sich
selbst in dem, was sie für unser Gefühl bedeuten und von uns
als die tiefste Wahrheit der Wirklichkeit verehrt, um deren willen
ist was ist und so ist wie es ist; aber diese Alleinherrschaft, die
wir für sie verlangen, sind wir dennoch außer Stand nachzuweisen: nicht aus ihnen allein, nicht durch sie selbst schon völlig
bestimmt, fließen die Mittel ihrer Verwirklichung, weder aus
ihnen noch aus diesen Mitteln scheinen die Gesetze ableitbar,
welche den Vorgang ihrer Verwirklichung beherrschen. Drei
Mächte, jede selbständigen Ursprungs, scheinen sich im Weltlauf
zu begegnen; daß ihre Dreiheit nur Einheit sei in dem Höchsten,
ist der Glaube, den wir dennoch festhalten.

Folgen wir nun dem Schwunge des Idealismus und versetzen wir uns in das innere Leben des göttlichen Geistes, in
den denkenden Selbstgenuß seines ewigen Wesens, so wird dieser
Geist zwar in dem Innewerden der nothwendigen Wahrheit,
welche die Verfahrungsweise seines Wirkens, sowie in der Betrachtung der höchsten Werthe, die alles seines Wirkens Absicht sind,
völlig bei sich selbst sein: aber seinem eignen Schaffen der Wirklichkeit, in die er sich ergossen hat, wird er doch nur wie einer
Thatsache innerer Erfahrung zusehen. Er könnte sich selbst nicht
als seiend oder wirkend überhaupt denken, ohne sich auf der Grundlage jener nothwendigen Wahrheit beruhend zu fühlen, welche
die Möglichkeit alles Seins ist; er könnte sich ferner nicht als

Der erscheinen, der er ist, ohne die höchsten Werthe als ziel-
setzende Absicht alles seines Wirkens zu empfinden; aber in der
Art des Wirkens, durch die er jener Wahrheit und dieser Absicht zugleich genügt, erscheint er selbst sich als frei, Form
und Richtung seines Schaffens als eine thatsächlich vollzogene
und ewig sich vollziehende Bewegung in ihm selbst, die so wie
sie ist, auch hätte nicht sein, oder anders hätte sein können als
sie ist, ohne darum der Einheit seines göttlichen Wesens zu
widerstreiten. Ist nun für Gott selbst dieser Theil seines innern Lebens nur Gegenstand einer Anschauung, nicht eines nothwendigen, d. h. eines Nothwendigkeit begreifenden Wissens, so ist
auch für den menschlichen Geist nur das Reich der allgemeinen
Gesetze einerseits, das der unbedingten Werthe andererseits,
Gegenstand einer vollkommenen wissenschaftlichen Erkenntniß; alles
Wirkliche dagegen kann nur durch Erfahrung erfaßt werden und
die Lehren über dasselbe lassen zwar Durchdringung durch leitende wissenschaftliche Gesichtspunkte zu, aber sie sind nicht eben-
bürtige Bestandtheile des philosophischen Systems der Wahrheit,
die aus sich selbst begriffen wird.

Scheiden wir nun dies mittlere Gebiet aus, so sind auch
jene beiden äußersten nicht gleichartig. Das Reich der denknothwendigen Gesetze ist der Inbegriff der Bedingungen, unter
denen Wirklichkeit überhaupt möglich ist; Wahres, Schönes und
Gutes aber sind die ewigen Zwecke, um deren willen Wirklichkeit
sein soll, nicht nur, um diese Güter als schon in sich vollendete, einer außer ihnen stehenden Welt mitzutheilen, sondern
eben so sehr, weil sie als unerfüllte Zwecke noch nicht diese
Güter sind, die sie sein wollen, sondern der Verwirklichung in
einer Welt bedürfen, um sie selbst zu sein. Wie dies gemeint
sei, ist nicht so dunkel, als es scheint. Denn wie oft begegnet es
nicht uns allen, daß wir mit den Namen des Wahren, Schönen
und Guten, in dieser Allgemeinheit ausgesprochen, gleichsam aus
allen Schranken der Endlichkeit tief aufathmend, das Größte,

Herrlichſte und Ueberſchwänglichſte zu nennen meinen; und doch
bemerken wir bald, daß eben dieſe Namen vielmehr leere Worte
werden, wenn ſie den allgemeinen Werth des Schönen und
Guten, der in unzähligen verſchieden geſtalteten Beiſpielen des
Erſcheinens und Thuns verſtändlich vor uns liegt, aus der Vereinzelung in dieſe Geſtaltungen zu löſen und in ſeiner Reinheit
als das Schöne an ſich oder das Gute an ſich feſtzuhalten verſuchen. Mit der Geſtalt, an der die Schönheit haftete, verſchwindet auch die Schönheit, mit dem Verhältniß und der beſtimmten Lage, worin das Gute Anlaß fand, in beſtimmter
Weiſe wirklich zu werden, verſchwindet auch das Gute ſelbſt; ſo
wenig es eine Gleichheit oder eine Ungleichheit an ſich geben
kann, wenn die beiden Elemente fehlen, zwiſchen denen ſie ſtatt-
zufinden hätten, ſo wenig ſind Wahrheit, Schönheit oder Güte
etwas Anderes als Bezeichnungen von Werthen, die nur an
einem Wirklichen Wirklichkeit haben, und nur innerhalb einer
wirklichen Welt verwirklicht in der That das ſind, was ſie bezeichnen. Oder, wenn ich auf einen früheren Ausdruck deſſelben
Gedankens zurückverweiſen darf: nicht die Schönheit iſt ſchön,
nicht die Güte gut, ſondern das Wirkliche iſt ſchön oder gut,
dem beide zukommen.

So ſetzen dieſe höchſten Abſichten des göttlichen Geiſtes die
Wirklichkeit voraus und liegen mit ihrer Erfüllung über derſelben; geht die denknothwendige Wahrheit umgekehrt der Wirklichkeit voran und ruht unter ihr als ihre Grundlage? Ihren
Inbegriff hat Weiße häufig mit Hervorhebung ſeines unbedingten
Nichtanderſſeinkönnens als die Bedingung der Daſeinsmöglichkeit
auch für Gott ſelbſt und als die geſetzgebende Schranke auch für
ſein Schaffen und Wirken bezeichnet. Aber warum ſollen wir
gerade dieſen Inbegriff der Nothwendigkeit zum erſten Gegenſtand unſerer Betrachtung machen, und auf ihn, wie auf ein
Erſtes, Fürſichfeſtſtehendes die lebendige Thätigkeit Gottes als
ein Zweites folgen laſſen, das ſich nach ihm richten müſſe?

Warum sollen wir uns nicht vielmehr zuerst in diese lebendige
Thätigkeit selbst, als das einzige Wirkliche versenken und von ihr
erwarten, daß sie dem Inhalt gemäß, den sie in sich hegt, selbst
erst jene unbedingt scheinende Wahrheit als Inbegriff der Bedingungen voraussetzen werde, unter welche sie ihre Verfahrungsweise, um deswillen was sie beabsichtigt, ewig stellen will?
Wenn Gott in seiner Selbstanschauung jene denknothwendige
Wahrheit als einzigen Gegenstand seines Bewußtseins hervorhebt, so findet er in ihr nicht eine seinem übrigen Wesen fremde
dunkle Wurzel, auf der als auf einer unvordenklich gegebenen
Voraussetzung die Klarheit seiner göttlichen Natur beruhte, sondern er übersieht in ihr nur eine Reihe von Abstractionen, die
ihm entstehen, wenn er die F o r m seines Verfahrens denkend
von den Z w e c k e n seines Verfahrens trennt; Abstractionen,
deren ganze Geltung und deren unvordenkliches Vorhandensein
dennoch nur auf dem Inhalt dieser Zwecke beruht, und die
Nichts bedeuten, als die Form, welche die göttliche Absicht, weil
sie d i e s e ist, sich in ihrer Selbstverwirklichung gibt, und welche
sie sich nicht geben würde, wenn sie eine andere als diese wäre.
Denn in welchen Gesammtsinn ließe sich die Bedeutung aller
logischen Formen, so wie sie Hegel entwickelt hatte, characteristischer zusammenziehen, als in den der absoluten Negativität?
d. h. in den Sinn, nicht Form der Ruhe eines stetig Seienden,
sondern Form jener ewigen Unruhe zu sein, durch welche alles
wahrhaft Seiende getrieben wird, nicht mit seinem unmittelbaren
Sein sich zu begnügen, sondern diese Unmittelbarkeit aufhebend
sich selbst durch Verneinung eines Andersseins, in das es sich
dahingibt, wiederzugewinnen? Und nun, wenn wir fragen, warum diese Negativität, mystisch und sonderbar, wie sie in Hegels
Logik erscheint, dennoch auf uns den Zauber ausübt, daß wir ihr
zutrauen, wenigstens einen Theil höchster Wahrheit zu bezeichnen,
so dürfen wir uns wohl zugestehen, daß d i e s e Form alles Daseins und Geschehens Sinn und Glaubwürdigkeit nur in einer

Welt hat, deren wesentlichster Kern die Verwirklichung von
Zwecken ist. Nur wenn die Welt überhaupt Aufgaben hat, nur
wenn ferner der Inhalt dieser Aufgaben das, was er bedeutet,
nicht als unmittelbar ewig und wandellos verwirklichter sein
kann, sondern es nur ist, sofern er in einem Vorgang der
Verwirklichung wird, nur wenn der höchste Weltgrund, um das
zu wollen, was er will, nicht die ewige Erfüllung des Ge-
wollten wollen kann, sondern die Sehnsucht nach seiner Erfüllung und eine Geschichte seines Erfülltwerdens wollen muß, nur
dann hat es natürlichen Sinn, alles Sein und Geschehen durch
das Gesetz jener dialektischen Unruhe bedingt zu denken. Nicht
das Reich dieser logischen Wahrheit würde deshalb als ein auf
eigner unabhängiger Denknothwendigkeit beruhendes Fatum dem
Inhalt der Welt und der inhaltschaffenden Thätigkeit des Höchsten
gesetzgebend vorangehen, sondern nur unser Denken würde sich,
absehend von jenem Inhalt der Welt, dieser Wahrheit abgesondert als der Formbestimmung alles Seienden bewußt werden
können, und in dieser Absonderung von dem lebendigen Inhalt,
der sie als seine Form erzeugt, umgibt sie sich dann mit dem
Schein, das Frühere und Selbständige zu sein, zu dem sein
eigner Grund in das Verhältniß des Bedingten und Späteren
träte. Diesen Schein nahm Weiße, unbeugsam, für Wahrheit.

Weil also Ideen der Zweck alles Seins und Geschehens
sind, ist alles Sein und Geschehen durch die Form der Idee
bedingt. Es wird nun nicht schwierig sein, durch Erläuterung
dieses Satzes die Grundanschauungen Weißes zu verdeutlichen.
Denn ganz in Uebereinstimmung mit ihm will ich im ersten Gliede
dieses Satzes unter Ideen nicht mit einem bekannten bequemen
Sprachgebrauch jeden Gedanken eines großen bedeutenden und
interessanten Inhalts überhaupt, sondern ausdrücklich den Gedanken eines solchen Inhalts verstanden wissen, der das, was er
bedeutet, nicht in ruhigem unmittelbarem Fertigsein, sondern nur
in jenem geschilderten Vorgang der Verwirklichung sein kann.

Jeder Inhalt, welcher Idee ist, oder als Idee gefaßt wird, hat also in sich ein Princip eigenthümlicher Fortentwicklung, und kann vollständig als das was er ist nur in Gestalt eines Systems verschiedener Gedanken erkannt werden, die untereinander nach demselben Rhythmus zusammenhängen, welcher allgemein dargestellt die logische Form der Idee bildet. Wenn daher Weiße am Anfang seiner Aesthetik die Schönheit als Idee zu fassen verlangte, so hatte dies den Sinn, die Gesammtheit der ästhetischen Grundbegriffe als ein dergestalt zusammengehöriges Ganze zu betrachten, daß jeder einzelne von ihnen nur dann völlig verstanden würde, wenn ihm durch die dialektische Behandlung die bestimmte Stelle zugewiesen wird, die er neben den übrigen allen als an seinem Ort unentbehrliches Glied in der Entwickelung des Einen Grundgedankens einzunehmen hat. Von dieser dialektischen Gestaltung des ästhetischen Systems will ich später berichten.

Aber unser obiger Satz sprach ferner von Ideen in der Mehrzahl, von solchen also, die durch ihren Inhalt sich von einander unterscheiden, während die Form der Idee nur eine ist, die sie alle tragen, sofern ihr Inhalt jene Unruhe der Selbstentwicklung gebietet. In diesem Sinne nennt Weiße Wahrheit, Schönheit und das Gute als die drei ewigen Aufgaben, auf deren Dasein in der Welt es ankam, und die zugleich das, was sie bedeuten, weder schon als unerfüllte sind, noch als unmittelbar wandellos verwirklichte, sondern nur als in dem Vorgang der Selbstverwirklichung sich unaufhörlich vollziehende. Deshalb, weil sie ihrer Natur nach die Form der Idee tragen, sind sie als die drei höchsten Ideen, als das wahrhaft Seiende und sein Sollende der Welt zu bezeichnen. Und hier zeigt sich die Differenz, welche Weiße von Hegel trennt. Wie alle logischen Formen, so habe Hegel auch die der Idee, ihrer aller Inbegriff, mit dem Inhalt verwechselt, dessen Form sie sein soll. Nachdem seine Logik einmal von diesem Ende der Sache, von der denknothwendigen Form, begonnen hatte, in welcher alles Sein und Ge-

scheen enthalten sein müsse, überhöhte sie den Werth dieser
Form so maßlos, daß es nur auf ihre Durchsetzung und Verwirklichung in der Welt abgesehen schien und alle Wirklichkeit
nur zu einer Sammlung von Beispielen wurde, die sich ver-
gebens bemühten, jene allgemeinen Begriffsbestimmungen, in
denen alles Höchste vorhanden schien, in ihrer Reinheit festzuhalten, abzubilden und zu wiederholen. Dieser Irrthum ist es,
der sich in dem Gebrauch des Namens der Idee schlechthin
ausdrückt, welchen Namen Hegel nur in der Einzahl gestattet;
denn eben hierdurch weist er jedes Verlangen zurück, einen Inhalt kennen zu lernen, dessen Form die Idee sei, und seine Speculation erklärt er ausdrücklich für unverstanden, so lange das
Verlangen wiederholt werde, zu erfahren, was hier als Idee
gedacht werden solle. Natürlich bedeutet gleichwohl bei Hegel
Idee nicht einen Gedanken im Sinne eines Satzes, der gedacht
werden könnte, wenn Jemand wäre, der ihn dächte; nicht als
denkbarer Gedankeninhalt, sondern als lebendig gedachter
Gedanke des Absoluten, als wirksame Bewegung also eines höchsten Wesens, entwickelt sich die Idee, und die Wirklichkeit soll
nicht aus wesenlosen Abstractionen, sondern aus dieser Thätigkeit eines Thätigen entstehen; aber dieses Absolute, welches das
thätige Subject dieser Thätigkeit ist, hat doch selbst keinen anderweitigen Inhalt seiner Natur, als diesen, eben die reale Seite
dieses dialektischen Thuns, eben nur das lebendige Subject dieser
sich vollziehenden Bewegung zu sein. Als personificirte Form
der Idee hat das Absolute auch in der Natur, in die es sich
auf unbegreifliche Weise ergießt, und in dem höheren Leben, in
das es sich als absoluter Geist nach Hegel zurückzieht, dennoch
keine anderen Aufgaben, als rastlos wieder die logische Form
der Idee an dem neuen Material auszuarbeiten, welches sich ihm
hier sei es darbietet oder von ihm geschaffen wird. Alle Gebiete des geistigen Lebens haben in Hegels systematischer Speculation diese unrichtige Beleuchtung erfahren, daß ihr eigenthüm-

lichster Gehalt nur nach der Vollkommenheit geschätzt wurde, mit
welcher sie die an sich so werthlosen und gleichgültigen logischen
Formbestimmungen zur Erscheinung brachten; keinem von ihnen
wurden eigenthümliche Aufgaben zugetraut, oder keine dieser
eigenthümlichen Aufgaben als ein Glied der Weltordnung von
selbständigem Werth genannt; sie erschienen in der Gliederung
des Ganzen nur da, wo der Vorgang ihrer Verwirklichung sich
von Seiten seiner Form her als Glied in die Entwicklungsreihe
einfügen ließ, durch welche der Rhythmus der logischen Idee
jene allgemeinen Formbestimmungen in immer erneuter und
verjüngter Gestalt reproducirt. Auch der Schönheit war Gleiches
begegnet. Nicht sie selbst hatte Hegel als eine ewige Aufgabe
der Weltordnung selbst, als einen integrirenden Bestandtheil dessen
hingestellt, was in der Welt sein soll, sondern nur in Gestalt
der Kunst war sie ihm erschienen als eine der Formen, in denen
der endliche Geist sich aus seiner Endlichkeit heraus der Wesens-
einheit mit dem Unendlichen zu versichern strebt. Dieser systematische Irrthum hat Hegels reichen Geist nicht gehindert, den
einzelnen Schönheiten der Kunst mit der eindringendsten Fein-
sinnigkeit gerecht zu werden; aber allerdings trägt er die Schuld
der äußerst mangelhaften Bestimmungen, die wir von ihm über
die einfachsten Grundbegriffe der Aesthetik erhalten haben. Weiße,
indem er die Schönheit als Idee faßt, und das, was er unter
diesem Namen als Gegenstand der Aesthetik vereinigt, zu einer
in sich zusammenhängenden, sich in sich selbst gliedernden unbedingten Aufgabe der Weltordnung erhebt, wird dadurch theils
zu einer anderen Stellung der Aesthetik im System der Philo=
sophie, theils zu einer neuen Anordnung ihres eignen Inhalts
geführt. Beide Aenderungen kann ich nur andeuten; ihre ge-
nauere Begründung ist für eine kurze Darstellung zu eng mit
theils schwierigen theils streitigen Feinheiten speculativer Dialektik
verwachsen.

Für Weiße wie für Hegel fällt die Betrachtung des Schönen

einer Lehre vom absoluten Geiste zu, welche für beide Denker die gleichnamige Aufgabe hat, das Leben zu begreifen, welches der Weltgeist führt, sofern er aus seiner Zerstreuung in die Endlichkeit des Wirklichen sich zum Selbstbesitz und Selbstgenuß seines Wesens zurücknimmt. Für Hegel gewann jedoch der Weltgeist auch diese seinem Begriffe genügende höchste Existenz nur in geistigen Bewegungen endlicher Wesen, die das Unendliche in sich selbst verwirklichen; Kunst, Religion und Philosophie waren die letzten Formen, in denen das Absolute die Rückkehr zu sich selbst vollzieht. Weiße, von Anfang an in der Gestalt des lebendigen Gottes den Abschluß seiner Gedanken suchend, konnte in der Lehre vom absoluten Geiste sich nicht mit der Aufzeigung der vollendeten Formen seines Erscheinens innerhalb der Endlichkeit begnügen, sondern mußte ihr, ohne sie auszuschließen, die Darstellung dessen überordnen, was der absolute Geist an sich selbst ist. Drei aufeinanderfolgende Wissenschaften, von der Idee der Wahrheit, von der Idee der Schönheit, von der Idee der Gottheit, sind bestimmt, in dieser Reihenfolge den Inhalt des unendlichen Geistes zu entwickeln.

Gott als denkendes Wesen, das Denken in uns als die uns mitgetheilte göttliche Kraft, die Ausübung dieser Kraft im Erkennen, das alles äußere Dasein zu Gedankenbestimmungen verinnerlicht, als Gottes und unser lebendiges Sein zu begreifen: dies ist die erste und einfachste Auslegung der Ueberzeugung, daß Gott ein Geist sei. Dem gewöhnlichen Bewußtsein, wenn es in diesen Satz einstimmt, schwebt dabei dennoch eine Welt vor, die dem Denken an sich fremd sei, und zwar einen Theil ihres Inhalts ihm abzubilden gestatte, einen andern unabbildbar zurückhalte; Beziehungen ihres Mannigfachen gültig zu vergleichen und zu verknüpfen erlaube sie ihm, in das Wesen des Bezogenen einzudringen nicht. Die speculative Erkenntniß dagegen glaubt an die Wirklichkeit eines Wissens, dem das Wesen der Dinge völlig durchsichtig werde, und das, wenn es ihre Begriffe denkt,

ohne Rückstand ihre ganze Natur im Gedanken erschöpfe und
nacherzeuge. Die Lehre von der Idee der Wahrheit widmet
Weiße der Darstellung des innern Zusammenhangs und der
Gliederung dieser Erkenntniß; denn nicht als für sich gültiger
Gedankeninhalt, der noch dessen wartete, welcher ihn dächte, ist
hier die Wahrheit gemeint, sondern als die lebendige Thätigkeit
des Erkennens selbst, die jenes Gültige dadurch verwirklicht, daß
sie sich auf dasselbe richtet. Dieses lebendige Wissen nun oder
diese ewige Verwirklichung der Wahrheit im Wissen hatte Hegel
als die innerste und die ganze Natur des Weltgeistes, als das
letzte Ziel und den treibenden Anfangspunkt seiner Selbstentwicklung gepriesen. Aber wäre das Denken der ganze Geist Gottes,
wo bliebe die Welt? Denn ihm als Denkendem würden allgemeine Denkbilder als Beziehungspunkte der Wahrheit genügen,
die er über sie denken will; nicht unzählige gleiche und ungleiche
Dinge, sondern die allgemeinen Begriffe der Dinge, jeder nur .
einmal in seiner ewigen Bedeutung vorhanden, würden diejenige
Welt bilden, die das Denken aus seinem eignen Wesen heraus
zu schaffen getrieben wäre. Und wäre das Denken die ganze
Natur des endlichen Geistes, woher käme er selbst in seiner
individuellen Einzelheit, und in seinem Unterschied des Ich vom
Du, da das Denken nur Eines ist? Und wäre das Denken
endlich die ganze Natur der Dinge selbst, wo bliebe der Gegensatz zwischen beiden, der aufheblich doch vorhanden sein muß,
wenn das Denken als thätige Bewegung die Dinge in sich verwandeln oder sich in ihnen wiedererkennen soll? So zeigt sich,
daß das Denken, so gewiß es eben das Allgemeine, Ewige und
Nothwendige der Dinge, oder die Dinge in Gestalt der Ewigkeit und Nothwendigkeit denkt, nicht hinreicht, um die ganze
Wirklichkeit, also nicht hinreicht, um den ganzen Geist Gottes,
der die Welt schuf, und den ganzen endlichen Geist zu bezeichnen,
der die geschaffene erkennen soll. Dieser Ueberzeugung aber,
deren Begründung streitig sein kann, kommt viel weniger bestreit-

bar und unabhängig von ihr der andere Glaube entgegen, der
nicht in dem unablässigen Spiel des Denkens, nicht in dem
ewigen Verstande allein den ganzen Werth wiederfindet, den
das Gemüth unter dem Namen Gottes verehrt. Die Idee der
Wahrheit, in diesem Sinne gefaßt, bildet daher nicht den Schluß,
sondern den Anfang der Lehre vom absoluten Geiste; der Weltgeist ist nicht allein sich wissendes Wissen, und die Welt hat
nicht als höchste Aufgabe die, in immer erhöhter Vollkommenheit
das mechanische Problem der Identität des Subjects mit seinem
Object zu lösen; sondern der Begriff dieses absoluten Wissens
hat sich selbst zu bescheiden, nur die Vorstufe eines höheren zu
sein, in den er selbst durch seinen eignen Widerspruch getrieben
sich aufheben muß.

Dies bedeutet jedoch keine Zurücknahme dessen, was alle
philosophische Speculation bleibend dem Denken zugestehen muß.
Es ist wahr: in den Dingen liegt über ihren Begriff hinaus
ein Mehr, das im Denken sich nicht erschöpfen läßt; aber es
ist darum nicht wahr, daß man zu jener speculativen Ansicht
zurückkehren müsse, die in den Dingen einen Kern dunkler und
unbegreiflicher Sachlichkeit voraussetzt, der den Angriffen des
Denkens stets unnahbar und für den Begriff unauflöslich bleiben
müsse, weil er von ganz unsagbar fremdartiger Natur, allem
Geistigen unvergleichbar, und als völlig vernunftlos im Grunde
zu schlecht für das Denken sei. Was in den Dingen mehr ist
als Begriff, das ist vielmehr auch dem Werthe nach ein Höheres,
dem gegenüber das Erkennen nicht mehr die Bedeutung des
völligen Innehabens, sondern nur die des Anerkennens hat; nicht
ungeistigen Ursprungs ist es, vielmehr Erzeugniß eines andern
lebendigen Triebes, durch dessen Hinzudenken wir unsere Vorstellung des göttlichen Wesens vervollständigen müssen, eines
Triebes, der nur innerhalb des ganz geistigen Wesens Gottes
vergleichungsweis als göttliche Natur bezeichnet werden darf.
Er ist die unendliche Productivität des göttlichen Gemüths,

welche von Ewigkeit her innerhalb der Formen der Wahrheit, die der göttliche Verstand denkt, die Urbilder der creatürlichen Welt in unabläſſigem Werdefluß auf- und absteigen läßt. Für dieſe Lebendigkeit des göttlichen Gemüths mag der Name der Schönheit ebenſo wie für die Regſamkeit des göttlichen Verſtandes der der Wahrheit gebraucht werden. Denn Schönheit iſt nicht Gegenſtand der gleichgültigen Einſicht, ſondern des beſeligenden Gefühls; dies aber ſcheint durch den hier gebrauchten Namen des Gemüths angedeutet zu ſein, daß die göttliche Productivität, wie ſie einerſeits durch die Schranken der denknothwendigen Wahrheit, anderſeits durch die ethiſchen Abſichten des göttlichen Willens Form und Richtung empfängt, ſo auch an ſich ſelbſt doch nicht unbeſtimmte, ziellose Bewegung iſt, ſondern daran ihre eigenthümliche Natur hat, nicht ſowohl eine unendliche Fülle der Geſtalten, ſondern in den Geſtalten und durch ſie eine zuſammenhängende unendliche Fülle des Glückes und der beſeligenden Werthe zu erzeugen. „Dieſen Proceß, der in allen Regionen des Univerſum, in dem innergöttlichen, vom Gemüthe der Gottheit umſchloſſen bleibenden, wie in dem durch den ſchöpferiſchen Willen der Gottheit zu ſelbſtändiger Exiſtenz herausgeſtellten, und dem entſprechend endlich auch im Menſchengeiſte, von Ewigkeit zu Ewigkeit vorgeht, ihn hat als Wiſſenſchaft von der Idee der Schönheit die Aeſthetik darzuſtellen."

Welche inneren Beweggründe nun an ihrem Schluſſe auch dieſe Wiſſenſchaft haben kann, ſich ſelbſt aufzuheben und einer ſpeculativen Theologie als Lehre von der Idee der Gottheit den Abſchluß der Betrachtung des abſoluten Geiſtes zu übertragen, darf ich als entbehrlich für meine Zwecke dahingeſtellt laſſen. Um ſo mehr, da von ſelbſt erhellt, daß der Begriff Gottes, den unſer Glaube philoſophiſch gerechtfertigt ſehen will, noch nicht abgeſchloſſen ſein kann durch die Attribute der Seligkeit, der Herrlichkeit und Weisheit, die in ihrer Weiſe eben dieſe geſtaltende und ihrer Geſtaltungen ſich erfreuende Bildungskraft des

Lope, Geſch. d. Aeſthetik. 14

göttlichen Gemüthes bezeichnen. Es fehlen noch die Attribute
des göttlichen Willens, die wir unter der Idee des Guten zusammenzufassen gewohnt sind; zu ihnen aber leiten die ästhetischen Prädicate Gottes, deren wir eben gedachten, in leicht erkennbarer Weise hinüber. Denn das Gute, wesentlich in dem
Willen der Mittheilung eines Realen bestehend, dessen Besitz in
dem Wollenden vorausgesetzt wird, bleibt in der That so lange
ein leerer Begriff, der nur wenig von dem Großen wirklich sagt,
das er meint, so lange die Voraussetzung dieses Realen abgeht,
welches den Gegenstand der Mittheilung bilden soll. Nur als
Inhalt der Empfindung oder des Gefühls aber, wie es unabhängig von dem Willen und vor ihm besteht, nur als ein Gut,
welches seinen Werth wesentlich in dem Gefühle oder für das
Gefühl hat, kann jenes Reale gedacht werden; die Güte des
göttlichen Willens setzt daher zum Verständniß ihres Begriffs
diese ästhetische Welt der vom Willen unabhängigen Werthe
voraus.

Ich muß hoffen, daß die kurze Uebersicht, die ich von der
höchst vielseitigen Verzweigung dieser Gedanken geben konnte, den
Eindruck der großartigen Aussicht nicht ganz verkümmert hat, den
Weiße uns über dies Ganze der ästhetischen Untersuchungen er-
öffnet. Von den kleinen Anfängen aus, welche die Aesthetik als
Untersuchung der Bedingungen einer eigenthümlichen Art der
Gefühlseindrücke nahm, ist sie zu einem Gedankenkreise erwachsen, welcher unmittelbar in dem göttlichen Wesen den ersten Ursprung eines vielverschlungenen Fadens der Weltordnung aufsucht, und als dessen zusammengehörige Windungen Reihen von
Erscheinungen verfolgt, deren Zugehörigkeit zu dem Reiche der
Idee der Schönheit zwar nicht selten Gegenstand vorübergehender
Ahnungen, aber bis dahin nicht ein fest ins Auge gefaßtes Object wissenschaftlicher Untersuchung gewesen war. Soweit andere
methodische Gewohnheiten überhaupt Zustimmung zu Ergebnissen
erlauben, deren Herbeiführung und Begründung noch Gegenstand

des Bedenkens sein kann, halte ich Weißes Aesthetik nicht nur
geschichtlich für den vollkommensten Abschluß der Bestrebungen,
die auf diesem Gebiete der philosophische Idealismus unserer
Zeit entfaltet hat, sondern die Zweifel, die ich gegen einzelne
Theile ihres Inhalts einwenden möchte, verschwinden gegen den
Reichthum an bleibender Wahrheit, die auch für andere Ausgangspunkte verwerthbar von ihr erarbeitet worden ist. Ungünstig für ihre Wirksamkeit, die mehr im Stillen als aner-
kannterweise dennoch bedeutend gewesen ist, war die geflissentlich
hervorgehobene Strenge dialektischer Methodik, durch welche sie
ihren reichen Inhalt dem Verständniß mehr entzog, als der frag-
liche Nutzen dieser Anstrengung vergüten konnte. Hierüber hat
im Laufe der Zeit Weiße selbst seine Meinung gemildert; wir
aber unserseits möchten nicht unbillig seiner Dialektik jeden Werth
absprechen, weil wir sie nicht unentbehrlich finden. Ueber ihren
Sinn hat er selbst nicht im Unklaren gelassen; er vermeidet die
beliebt gewordenen Ausdrücke, die von einem Umschlagen und
Uebergehen der Begriffe in der Weise einer Geschichte sprechen;
er erklärt ausdrücklich, die dialektische Ordnung der Begriffe sei
zwar für das Erkennen, welches sie fassen will, nothwendig, aber
doch auch nur für dieses nothwendig. Auch diese Meinung bestreiten wir, aber sie ist nicht widersinnig. Die systematische
Anordnung hat ihren entsprechenden Werth auch in andern
Wissenschaften selbst dann, wenn der Inhalt der einzelnen Gegenstände vorher völlig bekannt ist und durch die Art ihrer Auf-
reihung die Kenntniß desselben nicht erweitert wird. Aber überall pflegt dann zu geschehen, was wir auch für die speculativen
Untersuchungen gelten machen: es pflegt nicht nur eine ausschließliche, sondern mancherlei verschiedene Anordnungen zu geben,
deren jede eine gleich schätzbare und dem Verständniß dienende
Beleuchtung auf das sonst bekannte Material zurückwirft. Es
ist im Grunde ein sehr zufälliger Gesichtspunkt, eine Anzahl von
Curven unter dem Namen der Kegelschnitte zu vereinigen; gleich-

wohl möchten wir ihn in der Geometrie nicht missen; aber wir
geben zu, daß es auch wieder eine belehrende Ansicht ist, dieselben Curven auf andere Weise entstanden zu denken, umschrie-
ben um einen constanten Radius, oder um die constante
Summe oder Differenz zweier veränderlichen u. f. w.; auch so
geben sie eine interessante Stufenreihe, und die eine wie die andere Anordnung ist vollkommen richtig. Der Zusammenhang
der Dinge, welchen die Speculation bearbeitet, scheint mir nicht
ärmer, sondern ebenso reich gegliedert, wie das System der mathematischen Gebilde; in seinem Ganzen mag es wohl eine Haupt-
richtung des Fortschritts geben, die keine andere Ansicht als gleichwerthig zuläßt, aber dasselbe Ganze, das nach dieser einen Richtung unabänderlich polarisirt ist, kann nach vielen andern Richtungen in sehr willkürlich gewählten Bahnen durchlaufen werden
und in jeder wird die Trefflichkeit seines Baues den richtig
Denkenden auf die Spur eines bedeutungsvollen Zusammenhanges
führen.

Ueber Weißes innere systematische Gliederung der Aesthetik
belehrt uns §. 7 seines Werkes; die ideale Natur ihres Inhalts
erfordere den Gesetzen der dialektischen Methode zufolge eine nicht
willkürlich gesetzte, sondern aus dem Begriffe des Gegenstandes
selbst hervorgehende Dreiheit ihrer Haupttheile, welche sich zu-
einander wie unmittelbares Sein, vermitteltes oder reflectirtes
Sein und Einheit von beiden oder begriffsmäßiges Sein — oder
auch, das unmittelbare Sein der Schönheit sogleich als Begriff
gesetzt, wie subjectiver Begriff, objectives Dasein und Einheit
dieser beiden oder ideale Lebendigkeit verhalten. Diese Aufgabe
wird nun durch folgende Gliederung erfüllt. Der erste oder
allgemeine Theil enthält die subjective Begrifflehre von der
Schönheit, d. h. die speculative Erklärung des Begriffs der Schönheit in seinem unmittelbaren, noch nicht durch sich selbst gestalteten Dasein; den zweiten oder besondern Theil bildet die
Lehre von der Kunst, welche eben das äußerliche und objective

Dasein ist, in welchem die Schönheit dialektisch aufgehoben, und einem todten, für sich begrifflosen Stoffe eingebildet ist. Der dritte Theil endlich, welcher unter der Kategorie der Einzel= heit steht, die Lehre vom Genius, enthält diejenigen Begriffe, welche die wahre und ideale, zugleich subjective und objective Substanz und Wirklichkeit der Idee der Schönheit ausmachen. Den zweiten Theil hier übergehend, muß ich des ersten, weil sein Inhalt uns hier vorzüglich angeht, des dritten aber des= wegen ausdrücklicher gedenken, weil er zu dem Neuen und Eigen= thümlichen der Weißischen Aesthetik vor allem gehört.

Die allgemeine Lehre vom Begriff der Schönheit wird die Frage, was diese sei, zu beantworten haben. In der That fehlt es an ihrem Anfang nicht an einer kurz formulirten Definition, welche die Schönheit die aufgehobene Wahrheit nennt. Aber diese Definition drückt so sehr nur die systematische Stell= ung des Begriffs der Schönheit im Ganzen der Philosophie des Geistes aus, daß Weiße in umfänglichen Anmerkungen, mühsam und doch unanschaulich, die Angabe der inhaltlichen Bestimmt= heit nachholen muß, die durch diese systematische Stellenbezeich= nung dem Begriff der Schönheit zugeschrieben wird. Zum Ver= ständniß dessen, was unmittelbar folgt, gelangen wir viel frischer, wenn wir uns seiner späteren, oben mitgetheilten Darstellungen über die unendliche, selige Productivität des göttlichen Gemüths erinnern, die ihm als das zweite Wesensmoment Gottes und als der Ausgangspunkt aller ästhetischen Untersuchungen erschien. Eben sie, als lebendige geistige Thätigkeit gedacht, ist die uran= fängliche Existenz und Wirklichkeit des Schönen, und von einer solchen Wirklichkeit mußte die Aesthetik beginnen, wenn sie die Schönheit nicht als einen irgendwo aus zufälliger Verkettung irgend welcher Bedingungen entstehenden Schein, sondern überall als Erscheinung einer Idee zu fassen dachte, die selbst zu den höchsten Zielen der Welt, zu dem letzten Seinsollenden, und des= halb auch zu dem ersten Seienden gehört. Keineswegs auffällig

und fremdartig, sondern ganz natürlich erscheint es daher, daß
mehr in Uebereinstimmung mit Solger, als in Anschluß an ihn,
als die erste Form, das erste unmittelbare Dasein der Schönheit die Phantasie genannt wird, deren Name sich zur Bezeichnung jener göttlichen Thätigkeit bereits aufdrängte. Unterschieden von der gemeinen Einbildungskraft, welche blos mit
endlichen Bildern und Vorstellungen beschäftigt ist und diese auf
endliche Weise reproducirt, ist sie vielmehr die Gewißheit eines
Ewigen und Unendlichen, und der Drang zur Erzeugung seiner
Anschauung. Aus dieser Phantasie, welche ungeschieden zugleich
das Schöne und die selige Empfindung des Schönen ist, entwickeln sich diese beiden Momente nun so, daß der Name des
Schönen dem Gegenstande der Anschauung allein zufällt, die
Phantasie fortan in engerer Bedeutung ihres Namens zum anschauenden Subject wird, das nicht mehr die Schönheit selbst,
sondern der von außen sie ergänzende Gegensatz ist.

Die weitere Entwicklung des Begriffs von der Schönheit
als Gegenstand oder von dem Schönen zeigt dann, daß die
Schönheit zuerst wesentlich eine unbegrenzte Vielheit schöner
Gegenstände sei, in deren jedem der ganze Begriff der Schönheit, in keinem aber die Totalität der Idee nach allen Seiten
oder Momenten ihres möglichen Inhalts gesetzt sei; eine dialektische Entwicklung des Satzes, daß der Werth, den wir unter
dem Namen der Schönheit meinen, nicht ihr selbst als Allgemeinem, sondern nur dem unzähligen Besonderen zukomme, welches
durch ihren allgemeinen Begriff gedacht wird. Jeder dieser
schönen Gegenstände (nicht Dinge, sondern Einzelformen der
Schönheit) wird dann als ein unendlich einzelner, als dergestalt von allem andern, Schönem und Unschönem verschieden
bezeichnet, daß dasjenige, was seine Schönheit ausmacht, nie auf
gleiche Weise außer ihm ein Dasein haben kann. Als Mikro-
kosmus, als Mysterium erscheint die untheilbare einzelne Form
der Schönheit, sofern das Bewußtsein der Ewigkeit, Nothwendig-

keit und Allheit, welches in der Gestalt seiner Allgemeinheit
der Schönheit eingebildet ist, sich in ihr zu der Gewißheit der
in ihr der Anlage nach absolut gegenwärtigen Totalität der end=
lichen Welt individualisirt. Diese Betrachtungen, deren Einzel=
ausführungen hier zu übergehen sind, wiederholen nicht ohne
den Gewinn tieferer Auffassung, aber durch ihre Einschnürung
in dialektische Fesseln beengt, auch früher bekannte Gesichtspunkte.
Von ihnen wendet sich Weiße durch eine etwas wunderliche und
gemachte Dialektik endlich der Auffassung der Schönheit als einer
Eigenschaft von Wirklichem zu, dessen Wirklichkeit auf eigenen
andern Gründen beruhe, und an welchem die Schönheit deshalb
in das Verhältniß, beziehungsweis den Widerspruch einer er=
scheinenden Form zu dem realen Inhalte tritt. Als Erscheinung
und Form endlicher Dinge hat die Schönheit zum Element ihres
Daseins die natürliche Unmittelbarkeit, die Qualität und Quan=
tität jener Dinge und tritt als Maßbestimmung beider, als Regel
oder Kanon auf, welcher Ausdruck nicht ein Verhältniß von
Größen und Qualitäten, sondern ein Verhältniß zweiter Ord=
nung zwischen solchen Verhältnissen bezeichnen soll. Eine weit=
läufige Polemik führt Weiße hier gegen alle Versuche, den Kanon
der Schönheit in rationalen, d. h. verstandesmäßig bestimmbaren
Maßverhältnissen zu suchen. Man fühlt leicht das Richtige,
was er meint, aber die Darstellung wird durch irrigen Gebrauch
des letztern mathematischen Ausdrucks theilweis unwahr. Das
Irrationale ist nicht jedem mathematischen Maße überlegen,
sondern läßt eine gesetzmäßige Verwendung und Verknüpfung im
Calcül zu, die zu rationalen Ergebnissen zurückführt. Die Schön=
heit nun auf Verhältnisse zu gründen, die nur in diesem mathe=
matischen Sinne irrational sind, hat kein speculatives Interesse;
zu behaupten aber, daß sie an mathematisch schlechthin nicht
bestimmbaren, also mathematisch auch nicht bestimmten
Verhältnissen hafte, ist unmöglich, so weit die Schönheit in
räumlich zeitlichen Formen erscheint, deren jede einzelne für sich

ein mathematisch durchaus bestimmtes Verhältniß ist. Die Betrachtung der Endlichkeit der Dinge endlich, an welcher die
Schönheit als Maßverhältniß ihrer erscheinenden Eigenschaften
auftreten soll, dürfte wohl auf natürlicherem Wege, als der, den
hier Weiße geht, zu dem Inhalt des zweiten Abschnittes dieses
ersten Theiles geführt haben, zu der Lehre nämlich von der im
Gegensatz zu sich selbst begriffenen Schönheit, oder von der Erhabenheit, dem Häßlichen und dem Komischen.

Ich habe diese verschiedenen Formen des ästhetisch Wirksamen einer späteren Erörterung vorbehalten; doch kann ich diesen
ersten Versuch, sie zu einer dialektischen Reihenfolge zu verknüpfen, schon hier nicht unbemerkt lassen. Mit Recht erwiedert
Weiße der Verwunderung darüber, in der Aesthetik dem Begriffe
des Häßlichen zu begegnen, daß der Wissenschaft vom Schönen
auch das Gegentheil des Schönen ein so natürlicher Gegenstand
der Betrachtung sei, wie der Ethik die Sünde. Aber die Dialektik, welche jene drei Begriffe als einander erzeugende Entwick-
lungsmomente der Idee der Schönheit vorführt, ist doch nicht
von so unbedenklicher Klarheit, daß sie die häufig vernommenen
Einwürfe von selbst zurückwiese. Erinnern wir uns zunächst,
daß nicht der Idee der Schönheit als solcher ein inwohnendes
Bedürfniß zugeschrieben wird, durch Erhabenheit in Häßlichkeit
überzugehen, und in Lächerlichkeit zu endigen. Der Anlaß zu
diesen dialektischen Ereignissen liegt vielmehr darin, daß die
Schönheit, die an sich nur Schönheit und nicht ihr Gegentheil
ist, genöthigt wird, als Eigenschaft an einem Wirklichen zu erscheinen, welches sie selbst nicht schafft, sondern als entstanden
aus einem andern Zusammenhange des Wirkens voraussetzen
muß. Erhabenheit, Häßlichkeit und Lächerlichkeit erscheinen daher
als Schicksale, denen die Idee der Schönheit in ihrem Versuche,
sich in dem Material der endlichen Wirklichkeit auszuprägen, ausgesetzt ist. Drohen ihr nun diese Schicksale unvermeidlich, und
läßt sich das Eigenthümliche der hierdurch entstehenden Erschein-

ungen eben nur aus jenem Versuche der Idee der Schönheit zur
Besitznahme des Endlichen verstehen, so haben ohne Zweifel jene
drei Begriffe ihren wissenschaftlichen Ort nur in der Aesthetik
und allerdings an der Stelle, die ihnen Weiße angewiesen hat.
Nicht der Begriff der Schönheit geht also in den der Erhabenheit, nicht der Begriff der Erhabenheit in den der Häßlichkeit,
nicht dieser in den des Komischen über; sondern die Eigenschaften der Gegenstände, in denen die Schönheit sich verwirklichen will, gleiten unter Bedingungen, die in der Natur dieser
Gegenstände liegen, aus dem Gebiete des einen dieser Begriffe
in das des andern über; der Gegenstand, der schön zu werden
versprach, wird erhaben, der erhaben zu sein sich bestrebte, wird
häßlich. Der aber, der schön zu werden versprach und es nicht
wurde, verfehlt damit nicht einfach das ganze Gebiet des Aesthetischen, so daß er gleichgültig würde, sondern er geht unter bestimmten Bedingungen in eine andere Form oder Fehlform der
Erscheinung über, die selbst nur als Ableitung der Schönheit,
nur als ihr Gegentheil, als ein nur aus ihr entspringbares
Mißverhältniß verständlich und möglich ist.

Auch der letzte Abschnitt dieses ersten Theils, die Lehre vom
Ideal, läßt sich in seiner Zugehörigkeit zu dem bisherigen Ge-
dankengange leicht ohne Rücksicht auf die ausdrückliche dialektische
Motivirung seines Erscheinens begreifen. Zu dem abstracten
Begriffe der Schönheit als noch unerfüllter Aufgabe und zu
diesen Formen und Fehlformen, welche die Schönheit in der
wirklichen Welt sich erfüllend annimmt, gehört als drittes Glied
eine Rückkehr aus dieser Aeußerlichkeit in die Phantasie; eine
wieder innerliche Existenz der Schönheit, jetzt ausgebreitet über
alle Welt als eine eigenthümliche Beleuchtung, in welcher die
weltgeschichtliche Thätigkeit des menschlichen Geistes die Herrschaft der Idee der Schönheit über alle Wirklichkeit sich zur Anschauung bringt. Schon Solger hatte, und nach ihm Hegel,
diese Weltansichten, in denen das menschliche Gemüth den Zu-

sammenhang aller Dinge nach seinem Werthe zu rechtfertigen
sucht, unter dem Namen der Ideale zu Gegenständen der Aesthetik
gemacht; Weiße, die Bezeichnung von ihrer geschichtlichen Ausprägung entlehnend, unterscheidet das antike, romantische und
moderne Ideal; Begriffsbestimmungen, die wir späterer Beachtung vorbehalten.

Hinweggehend über den zweiten Haupttheil der Aesthetik,
welcher die Lehre von der Kunst enthält, finden wir in dem
dritten, der Lehre vom Genius, den eigenthümlichsten Theil des
Ganzen. Manche der Begriffe, mit denen er sich beschäftigt, wie
die des Talents, des Genies, waren von untergeordneten Gesichtspunkten aus in der Aesthetik stets als Mittel künstlerischer
Hervorbringung behandelt worden; Weiße vereinigt sie mit anderen, die bisher nur als bevorzugte Gegenstände der künstlerischen Phantasie gegolten hatten, zu einer Reihe, welche ihm die
vollendetsten Wirklichkeitsformen des Schönen darzustellen scheint;
Formen, in denen die Schönheit nicht wie in den Werken der Kunst
nur der objectivirte Widerschein der Phantasie und ihres Inhalts
ist, sondern selbst wirksames Dasein hat; nicht Gestalt, in welcher die Schönheit angeschaut werden kann, sondern lebendiger
Genius, der sich der Schönheit, die er unter anderem in seinem
Werke niederlegen kann, als ihn selbst beseelender Regsamkeit bewußt ist. Es will wenig bedeuten, wenn hiergegen eingewandt
wird, daß diese Anordnung den schaffenden Genius später als
sein Werk auftreten lasse; mag in der causalen Verkettung der
Dinge noch so sehr die schaffende lebendige Phantasie ihrem
Erzeugniß vorausgehn; die dialektische Reihenfolge ist ihrem
Wesen nach eine Abstufung der Werthe, nicht eine Geschichte der
Entstehung ihrer Gegenstände. Dem natürlichen Gefühle wird
sehr leicht klar werden, daß die höchste und wahrste Wirklichkeit
nicht darin bestehen kann, daß sie immer nur dargestellt wird,
daß sie immer nur in Werken der Kunst niedergelegt wird; muß
doch ohnehin die Kunst um ihrer selbst willen voraussetzen, daß

Jemand kommen werde, der das Dargestellte anschaut, das Niedergelegte aufhebt; ohne die Wirkung im Gemüthe, die sie hervorbringt, ist die Schönheit der Kunst so wenig vorhanden, als
das Licht ohne das Auge leuchtet, von dem es empfunden wird.

Nun eben diese innerliche Bewegung des Geistes, die das Kunstwerk
in dem Genießenden hervorruft, diese wahre und volle Gegenwart
und Wirklichkeit der Schönheit, wird nicht nur auf diesem Wege,
nicht nur als Eindruck äußerer Schönheit hervorgebracht; sie
hat überhaupt nicht nur diese einseitige Beziehung zur Kunst,
entweder erzeugende Kraft ihrer Darstellungen oder Empfänglichkeit für ihre Wirkungen zu sein, sondern unabhängig von aller
dieser Rücksicht tritt sie als die selbständige Form auf, in welcher
die Schönheit in der Wirklichkeit lebendig Platz nimmt, und nicht
nur als ein Jenseitiges in Werken erscheint, die dieser Wirklichkeit stets in gewisser Weise als Darstellungen einer nur idealen
Welt gegenüberstehen. Auch diesen letzten Abschluß, den Weiße
der Aesthetik gegeben hat, kann ich deshalb nur völlig übereinstimmend mit dem überall festgehaltenen Grundgedanken seines
Werkes finden, und halte ihn im Ganzen, obwohl im Einzelnen
nicht ohne Bedenken, für das natürliche und unentbehrliche End-
glied, in welchem diese weitausgreifende Betrachtung aller ästhetischen Elemente sich zusammenfassen muß. Von der inneren
Gliederung dieses Gedankencyclus muß ich mich begnügen, vorläufig zu erwähnen, daß zuerst der Genius in subjectiver Gestalt
als Gemüth Talent und Genius im engeren Sinne, dann der
Genius in objectiver Gestalt als Naturschönheit physiognomischer
Ausdruck und Sitte, endlich die Liebe als platonische Liebe,
Freundschaft und Geschlechtsliebe, die namentlich zuletzt etwas
paradoxen Stufen der hier aufgeführten Dialektik bezeichnen.

Ich durfte der Aesthetik Weißes diese verhältnißmäßig ausführliche Erwähnung nicht nur um ihres eignen Gehaltes willen,
sondern auch deshalb widmen, weil Weiße zuerst der Zeit nach,
und mit bedeutsamem eignen Fortschritt gezeigt hat, was sich der

allgemeinen Denkweise der Hegelischen Philosophie für die ästhetische Wissenschaft abgewinnen ließ. Ich ahnte nicht, als ich diese Darstellung beendigte, daß noch vor ihrer Veröffentlichung auch dieser große ernste und reine Geist uns verlassen, und daß Manches, was ich zur freundlichen Berücksichtigung des Lebenden zu schreiben meinte, jetzt nur dem verehrungsvollen Gedächtniß des Geschiedenen würde gewidmet werden können.

Hegels Schule ist in der Verfolgung dieser Bestrebungen thätig genug gewesen; ohne dem Werthe ihrer weiteren Leistungen zu nahe zu treten, muß ich mich begnügen, dem eignen Studium des Lesers zu empfehlen, was der Ausbildung der Wissenschaft förderlich gewesen ist, ohne doch durch entschieden neue Standpunkte die allgemeinen Grundansichten weiter verändert zu haben. So mag mit Dank Arnold Ruges gedacht werden, theils um seiner Vorschule der Aesthetik, noch mehr um der lebendigen Thätigkeit willen, mit welcher er als Kritiker, häufig mit dem vollsten Rechte der Sache, immer frisch und anregend, der Anschauungsweise der neueren Aesthetik Bahn zu brechen wußte. Nicht eben so kurz zwar, doch kürzer, als ich selbst möchte, bin ich gezwungen, in diesem allgemeinen Theil meiner Arbeit der wesentlichen Dienste zu gedenken, welche Fr. Wilhelm Bischer theils in verdienstreichen monographischen Arbeiten, theils in seiner umfänglichen Aesthetik als Wissenschaft des Schönen der Erweiterung, Vervollständigung und dem methodischen Ausbau des ästhetischen Gedankenkreises geleistet hat. Diese wissenschaftlichen Leistungen gehören so sehr der Gegenwart an, und diese Gegenwart flicht dem geistreichen Schriftsteller so viele Kränze der Anerkennung, daß er meines Lobes entbehren und ich unbedenklicher die Zweifel erwähnen kann, deren Beseitigung wir von seiner noch frischen Kraft hoffen dürfen.

Eine Seite seines Werkes hat Bischer selbst in dem Vorwort zum Schluß desselben herzlich beklagt: die Zerspaltung des

Bortrags in Textesparagraphen und erklärende Anmerkungen.
Aber es ist leider nicht blos diese äußerliche Form der Anordnung, in Bezug auf welche wir diesem Seufzer beistimmen, sondern wir beklagen durchaus, daß Bischer die große Fülle seiner
höchst anzuerkennenden frischen ästhetischen Anschauungen in völlig
unfruchtbarer Weise in den Schematismus Hegelischer Dialektik
preßt; noch mehr ermüdet die Gewissenhaftigkeit der beständigen
kleinen Polemik, die jeden kleinsten Schritt dieser Dialektik gegen
jede kleinste Abweichung anderer Dialektiker zu rechtfertigen sucht.
Wie nahe steht die Zukunft bevor, welche nur noch für die
größten Umrisse dieser ganzen Behandlungsweise der Wissenschaft
lebendige Theilnahme, für die minutiösen Etikettestreitigkeiten
zwischen den einzelnen Gliedern der dialektischen Entwicklung
aber nicht einmal mehr geschichtliches Interesse empfinden wird!
Und dieser Zukunft hätte Bischer eine große Fülle sachlicher Belehrung zu hinterlassen, während sie seine systematische Behandlung kaum in dem von ihm gehofften Maße den Leistungen Anderer vorziehen wird.

Das Schöne, weder theoretisch noch praktisch, aber auch
ebensowohl das eine wie das andere, hat nach Bischer zugleich
mit Religion und Philosophie seinen Platz in einer Sphäre über
diesem Gegensatz; alle drei gehören dem Geiste an, der nicht
mehr den Gegensatz zwischen Subject und Object, sei es als er-
kennender oder handelnder, zu überwinden erst strebt, sondern
überwunden hat, dem absoluten Geiste. Innerhalb dieses Gebiets aber trete nach dem allgemeinen Gesetze der dialektischen
Bewegung als erste Stufe die Religion, als zweite die Kunst,
als dritte die Philosophie auf; anders also als bei Hegel, welcher
die Kunst der Religion voranschickt. Auch der absolute Geist
wiederhole die Theilung in Subject und Object, doch so, daß
das letztere das eigne selbsterzeugte Gegenbild des vom absoluten
Gehalt durchdrungenen Subjects sei. Die Rangordnung der
Stufen hänge davon ab, ob dies Gegenbild diesem Gehalte ab-

äquat, und ob es vom Subject als frei erzeugtes anerkannt
werde. Die Religion leiste keines von beiden, indem sie mit
ihrem sinnlichen bestimmten Gegenbilde in unfreier Verwechslung
sich zu einer dunklen Einheit verschlinge; im Schönen sei das
Gegenbild zwar noch sinnlich bestimmt, aber das Subject trete
ihm doch frei gegenüber; die Philosophie genüge beiden Bedingungen: das Gegenbild sei Geist, durch die reine und freie Thätigkeit des Denkens erzeugt.

Solche Darlegungen machen fühlbar, wie wenig Sicherheit
Halt und Genauigkeit doch eigentlich eine Speculation bietet,
wenn sie so große und vielseitige Complexe geistiger Thätigkeiten,
wie Religion Kunst und Philosophie nach so armen und abstracten
Gesichtspunkten vergleicht, wie diese Abschätzung des Grades der
erreichten Subject-Objectivität. Selbst wenn über das, was mit
den Namen jener großen Lebensrichtungen bezeichnet sein soll,
völlige Uebereinstimmung bestände, würde geringer Scharfsinn
hinreichen, um von einem solchen Vergleichsgrunde aus jede be-
liebige Stufenreihe derselben mit gleicher Wahrscheinlichkeit zu
rechtfertigen; einfach indem man bald diesen bald jenen Theil
ihres reichen Inhalts, bald diese bald jene in ihm unterscheid-
bare Bestimmung einseitig als Angriffspunkt wählte, an welchen
man jenes abstracte und deswegen äußerst dehnbare Maß an-
legte. Von den Gründen, mit denen Hegel seine Anordnung
stützt, sagt Vischer, sie seien sehr scheinbar, nur irrig; man wird
seine eigne Begründung grade so finden können. Keiner würde
den Andern überzeugen, denn das eigentliche Motiv solcher Ansichten liegt in einer Grundanschauung, die durch die Dialektik
nicht geschaffen, sondern blos zum Vortrag vorbereitet zu werden
pflegt; für Vischer z. B. in einer Ansicht von der Religion, die
von allem abweicht, was Andere so nennen; denn wer würde
sie in dem wiedererkennen, was er oben von ihr sagt? Er liegt
ferner in der Zuversicht, mit der Vischer die Undenkbarkeit einer
göttlichen Persönlichkeit behauptet; und diese Zuversicht muß doch

haltbarere Wurzeln bei ihm haben, als den einen dünnen und langen Faden der dialektischen Methode. Diese Vorüberzeug- ungen hier zu discutiren ist unmöglich; es war aber auch über- flüssig, sie in die Aesthetik einzumengen; für die innere Ausge- staltung dieser Wissenschaft sind sie bei Bischer ebenso unfrucht- bar, wie bei Weiße die entgegengesetzten. Weiße bemerkt: Hegel, der durch das Schöne zum Wahren strebe, könne im Schönen nur werdende Wahrheit schätzen; Bischer erwiedert: umgekehrt, Weiße, welcher vom Wahren zum Schönen wolle, finde in diesem nur die Wahrheit wieder, die er hineingelegt. Bischer fürchtet, wer vom Schönen zum Guten strebe, werde im Schönen nur das gesuchte religiöse Element vorbereiten wollen; ich entgegne: umgekehrt, wer die Religion zur Vorstufe der Kunst macht, wird im Schönen nur das Religiöse wieder finden, das er hineinge- legt. Dies alles sind nutzlose Fechterkünste. Gewiß unrichtig ist es aber, daß der Glaube an einen lebendigen Gott es der Kunst zur höchsten Aufgabe mache, ihn selbst mit seinen Umgeb- ungen darzustellen; unrichtig, daß, wenn wir die Eingriffe Gottes in die Welt, sofern sie Erscheinungen sind, allerdings zu den höchsten Gegenständen der Kunst rechnen, dadurch alle Fortschritte der weltlichen Kunst seit der Reformation verkannt oder ver- dammt werden; wahr, aber nicht zu Bischers Vortheil wahr, daß der Theismus einen Punkt in Raum und Zeit, obwohl ge- wiß nicht e i n e n Punkt, setze, in welchem die höchste Einheit des Subjects und Objects wirklich ist; aber nicht wahr, daß er in Folge dessen diesem Gott einen eignen Leib und Wohnort gebe und Darstellungen desselben für die höchsten Aufgaben der Kunst erkläre. (I. S. 48 ff.) Ich begreife nicht, woher Bischers sonst so vorurtheilslosem Geiste diese Gespenster kommen, die in Weißes theistisch gedachter Aesthetik doch gar nicht umgehen.

Von den drei Theilen des Werkes benutzen wir die Kunst- lehre später. Der zweite, der objectiven Existenz des Schönen als Naturschönheit und der subjectiven als Phantasie gewidmet, zieht mit großer Fülle geistreicher Blicke, in den Schilderungen die Bedürfnisse eines Systems zur Freude der Leser weit überschreitend, dort die Schönheit der unorganischen und der organischen Welt, die Racencharactere der Menschheit und die geschichtlichen Physiognomieen der Völker, hier jegliche Thätigkeit der individuellen und der idealbildenden geschichtlichen Phantasie in Betracht. Dem ersten Theile, der Metaphysik des Schönen entlehne ich nur eine grundlegende Definition.

Schön ist das räumlich und zeitlich Einzelne, welches uns den Schein gibt, seinem Begriffe schlechthin zu entsprechen, zunächst also eine bestimmte Idee, mittelbar die Totalität der absoluten Idee in sich zu verwirklichen. In Wahrheit enthält nur der unendliche Weltlauf als Ganzes diese Wirklichkeit der Idee; dem Einzelnen wird sie immer durch den Zusammenhang der Bedingungen verkümmert, unter denen seine Verwirklichung steht; jener Schein selbst kann nur zu Stande kommen, wenn die Gestalt nicht nach ihrer innern Mischung und Structur, sondern nur nach ihrer erscheinenden Oberfläche, nur der Aufriß, nicht der Durchschnitt in Betracht kommt. So ist das Schöne in dem doppelten Sinn reiner Schein, daß in ihm die vom Stoffe abgelöste Oberfläche allein wirkt, und daß aus dieser Alles entfernt ist, wodurch die Gestalt auch den Störungen durch die Bedingungen unterliegen würde, von denen sie ihre reale Wirklichkeit erhielte. Das Schöne ist demnach Form ohne Stoff, aber nicht Form ohne Sinn; dieser grade ist es vielmehr, der aus der zur Durchsichtigkeit geläuterten Gestalt hervorleuchtet, und ihr, sofern er selbst eine Stufe der absoluten Idee ist, die Bedeutung eines Weltalls gibt.

Dem Ausdruck nach nur an plastische Schönheit erinnernd, läßt doch diese Definition leicht eine Erweiterung zu, die auch in Ereignissen Schönheit in dem idealen Werth der Formen des

Geschehens fände, abgetrennt von jeder Rücksicht auf den Mechanismus der Entstehung und auf die concreten Zwecke dieses
Geschehens.

Neuntes Kapitel.

Rückkehr zur Aufsuchung der wohlgefälligen Urverhältnisse des Mannigfachen bei Herbart.

Die bisher ungelöste Aufgabe der Aufzeignng dessen, was unter den Begriff der Schönheit fällt. — Herbarts philosophische Zuschärfung der Aufgabe. — Zweifelhafte Annahme durch sich selbst gefallender Verhältnisse ohne
reale Bedeutung. — Das ästhetische Urtheil und das Gefühl. — Subjective
und objective Gültigkeit des Schönen. — Erklärung gegen den Vorschlag
einer rein formalen Aesthetik.

In Platons Euthyphron verlangt Sokrates von seinem Begleiter eine Definition des Heiligen, oder des Sittlichen, wie
wir wohl besser übersetzen. Euthyphron verfehlt nicht, ihm einzelne Handlungsweisen anzuführen, die ihm sittlich dünken, und
es gelingt Sokrates nicht, ihm begreiflich zu machen, daß er
nicht Beispiele des Sittlichen, sondern den allgemeinen Sinn
dessen habe hören wollen, was wir auf die einzelne Handlung
eben dadurch übertragen wollen, daß wir sie sittlich nennen. Er
würde ganz anders bedient worden sein, wenn er die deutsche
Aesthetik gefragt hätte, was schön sei. Sie würde ihm sogleich
mit einer allgemeinen Definition der Schönheit geantwortet und
ihm erläutert haben, welchen Vorzug oder welche Ehre wir jeder
Erscheinung zuzuwenden meinen, wenn wir sie schön nennen.
Aber Euthyphron würde nicht befriedigt worden sein; denn
welche Erscheinungen oder Gegenstände es nun eigentlich sind,
die wir schön finden, oder durch welche formalen und bestimmten
Kennzeichen sich diejenigen verrathen, welche einen rechtlichen
Anspruch auf jene Auszeichnung haben, davon hat die deutsche

Aesthetik bisher sehr wenig gesprochen. Allerdings stellte sie bestimmte Forderungen auf, welchen Alles genügen müsse, was schön sein solle; allein diese Forderungen bewegten sich selbst noch in speculativen Beziehungen zwischen Momenten der Idee in so abstracter Weise, daß die anschauliche Form, in welcher uns zuletzt die wirkliche Erfüllung derselben im Schönen anlacht, aus ihnen selbst gar nicht ableitbar wurde. Der Kunstkritik, nicht der Aesthetik, fiel es zu, aus gelungenen Werken der Phantasie die Formen zu sammeln, in denen jene Forderungen erfüllt schienen, und dies Geschäft hat sie sehr eifrig, im Einzelnen aber nicht ohne die Irrthümer besorgt, welche unvermeidlich scheinen, wenn, bei zusammengesetzten Werken namentlich, der Geschmack aus dem Stegreif über das Zusammenpassen oder Nichtpassen der anschaulichen Form mit vorausgesetzten abstracten Aufgaben richten soll. Man ist zu leicht verführt, entweder das wirklich empfundene Wohlgefallen festzuhalten, es dann aber auf speculative Gründe zurückzudeuten, von denen es nicht abhängt, oder seine eignen Gefühle doctrinär zu verleugnen, weil man in der vorliegenden Erscheinung die vielleicht richtig gestellten allgemeinen ästhetischen Forderungen nicht in der bestimmten Art erfüllt sieht, in der man sie erfüllt zu sehn erwartete. Daß in beide Irrthümer die von speculativen Grundsätzen beherrschte Kunstkritik öfters verfallen ist, bedarf wohl eines Beweises durch Beispiele nicht.

Es hat nun aber auch nie an solchen gefehlt, welche den schwierigen und, wie es ihnen schien, unfruchtbaren Weg der speculativen Aesthetik ganz verließen, um vorerst, Weiteres vorbehaltend, erfahrungsmäßig die thatsächlichen Einzelobjecte des ästhetischen Urtheils, nämlich jene einfachsten Formen und Verhältnisse des Mannigfachen aufzusuchen, welche überall, wo sie vorkommen, unmittelbares Wohlgefallen erregen. Man begegnet diesen Auffassungen in den praktischen Anweisungen, welche in jeder einzelnen Kunst der Meister dem Schüler überliefert; in dieser Gestalt sind sie hier nicht aufführbar, da sie mit Recht an den bestimmten Einzelaufgaben haften bleiben, welche jede Kunst verschieden von jeder andern stellt. Ein Streben aber, so Gewonnenes zu verallgemeinern, führt in der Regel, da die Induction gewöhnlich doch nur von einem beschränkten Beobachtungsgebiet, einer vorzugsweis geübten oder mit Kennerschaft überlegten Einzelkunst ausgeht, zu dem Fehler, den Grund aller schönen Verhältnisse durch specielle Eigenthümlichkeiten einiger zu deuten. Daß endlich alle diese Bemühungen nur die wohlgefälligen Elemente finden, die zur Verknüpfung tauglich sind, geben sie selbst zu und erwarten das Beste, eben die Verbindung zu der Schönheit eines Ganzen, von einem schöpferischen Takt, der sich der Zergliederung entzieht.

Künstler und Kenner, denen in der Beurtheilung ihrer speciellen Gebiete ein maßgebendes Urtheil gern zugestanden werden mag, verhalten sich daher etwas dilettantisch, wenn sie zur Begründung einer allgemeinen Aesthetik übergehen. Einen scharfen und systematischen Ausdruck hat ihrem allgemeinen Bestreben Herbarts Philosophie gegeben, freilich nicht, ohne ihnen selbst manche Irrthümer ihres Verfahrens vorzuwerfen. Viel strenger richtete sich aber seine Speculation gegen die gesammte vorangegangene Aesthetik des Idealismus, die, da sie die wesentlichen Aufgaben verkannt und durch Vermischung mit fremdartigen ihre Beantwortung sich unmöglich gemacht habe, gänzlich dem Neubau weichen müsse, dessen Grundlagen er selbst verzeichnet. Mit aller Achtung vor dem großen und wahrheitsliebenden Geiste des Philosophen und dem heilsamen Anstoß, den er dem in sich versunkenen Idealismus zur Ueberlegung begangener Fehler gegeben hat, kann ich nicht verhehlen, was die ganze bisherige Darstellung ohnehin verräth, daß ich weder jener Verurtheilung des früher Geleisteten beitrete, noch von dem allseitigen Vorzug der neuen Vorschläge überzeugt bin. Gar Manches haben wir von den Ergebnissen, noch mehr von der Untersuchungsmethode des

Idealismus Preis geben müssen, und die allgemeine Tendenz, abgesehen von der speculativen Deutung der Idee der Schönheit die einzelnen Urverhältnisse aufzusuchen, auf denen thatsächlich der ästhetische Beifall ruht, erkennen wir rückhaltlos für eine nothwendige Ergänzung der alten Aesthetik an. Mit der Aufstellung dieser Forderung hat jedoch Herbart nur eine stets vorhandene Ueberzeugung ausgesprochen; ausgeführt hat er selbst leider nicht, was er verlangte; die speculative Zuschärfung aber, die er jenem allgemeinen Verlangen gab, möchte ich nicht für die bessere Bahn zum Ziele halten.

In jedes Kunstwerk ohne Ausnahme, bemerkt Herbart (Encyclopädie I. Abschnitt 9. Kapitel), und ebenso in jede natürliche Schönheit, setzen wir hinzu, muß Unzähliges hineingebracht werden; am schnellsten und sichersten wirkt die plastische Kunst, denn die menschliche Gestalt, ihre Mienen und Geberden zu deuten ist Jeder geübt; die Malerei dagegen rechnet auf die Bemühung des Zuschauers, den dargestellten Moment in Gedanken zu einer fortgehenden Handlung zu erheben; das Porträt vollends thut nur auf die, welche das lebende Original kannten, seine volle Wirkung; andern ist es nur ein schönes, häßliches oder gleichgültiges Bild; es ist der Perception allein überlassen, die Apperception fehlt und mit ihr das stärkste Interesse. Mit welchen Augen sieht dagegen der Historiker eine alte Münze! seine historische Aneignung (und nichts anderes heißt Apperception) gibt ihr den Werth.

Je zufälliger aber, fährt Herbart fort, die Apperception, desto leichter kann sie ausbleiben, und wiefern auf Zufälliges beim Kunstwerke gerechnet wird, desto weniger ist es ein geschlossenes Ganze. Die klassische Poesie bleibt haltbar durch Jahrtausende, weil sie das Nationalinteresse, mit dem sie einst zusammenhing, und selbst die alte Art des Vortrags größtentheils entbehren kann, ohne für uns merklich zu verlieren. Um den innern Kunstwerth eines Werkes recht zu würdigen, muß deshalb die Apperception insofern als sie nicht wesentlich die Auffassung bedingt, bei Seite gesetzt werden, obgleich Niemand sich gern entschließt, dieser Forderung vollständig Genüge zu leisten. Die Kunstwerke sollen etwas bedeuten, und die Deutelei drängt sich ungestüm herbei, sie zu Symbolen von diesem und jenem zu machen, woran der Künstler nicht gedacht hat. Was mögen wohl die alten Künstler, welche die möglichen Formen der Fuge entwickelten, oder die noch älteren, deren Fleiß die möglichen Säulenordnungen unterschied, auszudrücken beabsichtigt haben? Gar Nichts wollten sie ausdrücken; ihre Gedanken gingen nicht hinaus, sondern in das innere Wesen der Künste hinein; diejenigen aber, die sich auf Bedeutungen legen, verrathen ihre Scheu vor dem Innern und ihre Vorliebe für den äußern Schein.

Man kann zu diesen Gescholtenen gehören, ohne sich durch die letzte Aeußerung irgend getroffen zu fühlen, die, wie alle Heftigkeit, ihr Ziel verfehlt; denn scheinbarer klänge es gewiß, Vorliebe für äußern Schein da zu finden, wo man an dem Gegebenen der Anschauung haftet, seine Aufnahme in ausbeutende Gedankenkreise weigert. Sprechen wir jedoch von der Sache. Die Gesammtwirkung der Kunstwerke leitet auch Herbart von Gedanken ab, die sie erregen; nur ein geringer Theil dieser Wirkung scheint ihm indessen ästhetisch. Nun erhalten ja gewiß Naturerscheinungen und Kunstwerke durch Erinnerungen, die sie nur uns, nicht anderen, erwecken, einen Affectionswerth für uns, den man, als ihnen selbst nicht zukommend, von ihrem Schönheitswerthe scheint abziehen zu müssen. Wie weit soll jedoch diese Abstraction fortgesetzt werden? und was unterscheidet sich zuletzt als reine Perception, die aber doch den innern Kunstwerth fassen soll, von der Apperception, die das thatsächlich Gegebene in schon gehegte Gedankenkreise aufnimmt? Herbart bestimmt diese Grenze nicht; da er die Apperception nur so weit als sie nicht wesentlich die Auffassung bedingt, bei Seite setzen heißt, so scheint er anzuerkennen, daß sie nicht ganz vermeidbar ist; aber worin besteht doch diese Auffassung selbst und was ist an ihr wesentlich? Eine Gestalt der Sculptur ist der blos sinnlichen Perception nur ein geometrisches Bild in einer Ebene; schon die scheinbar gesehene Rundung im Raum, noch mehr die Deutung der Mienen und Geberden gehört der Apperception des Gesehenen in eine ihm entgegenkommende Vorstellungsmasse der Erinnerung. Nun fragt sich: soll dieser so vermittelte Gesammteindruck für einen ästhetischen angesehen werden, oder soll das Interesse, welches aus der Deutung entspringt, nur ein zwar schätzbarer, doch fremder Zusatz zu der Schönheit sein, welche in der bloßen percipirten Raumform liegt?

Schillers Ueberlegungen hierüber veranlaßten uns bereits (S. 90), das zweite Glied dieser Doppelfrage zu verneinen. Es ist gar nicht beweisbar, sondern ein leerer Einfall, daß die menschliche Gestalt, nur „als Ding im Raume" percipirt, uns ein Wohlgefallen erregen würde; eben weil jeder nicht blos geübt, sondern genöthigt ist, Mienen, Geberden und Umrisse zu deuten, so kommt eine blos geometrische Perception einer menschlichen Gestalt nie in Wirklichkeit vor, sondern ihre Deutung ist ein unvermeidlicher Bestandtheil der Umstände, unter denen es überhaupt zu einem ästhetischen Urtheil über sie kommt. Es bleibt daher mindestens zweifelhaft, ob diese Deutung nur eine unwesentliche, wenn auch beständige Begleitung der Bedingungen unsres Wohlgefallens, oder ob sie nicht vielmehr selbst eine von diesen ist; so weit wir uns künstlich in eine blos geometrische Anschauung zurückversetzen können, ist es nicht wahrscheinlich, daß eine solche, wenn sie ganz gelänge, uns die menschliche Gestalt würde schön erscheinen lassen. Eine kurze Fortsetzung dieser Ueberlegungen führt dahin, daß für alle Erscheinungen, welche eine natürliche Bedeutung haben, für alle mithin, welche Kant unter den Begriff der anhängenden Schönheit brachte, diese Bedeutung mit zu ihrer vollständigen Auffassung, die Ueberein-

stimmung aber zwischen der percipirten äußern Erscheinungsform
und diesem appercipirten Inneren zur Begründung ihrer Schön=
heit gehört. Und hier läßt sich sogleich hinzufügen, daß diese
dem ästhetischen Eindruck zu Grunde liegende Apperception sich
nicht nothwendig auf das beschränken muß, was „jeder hinzu=
zudenken geübt" ist; muß doch einmal zu dem Thatsächlichen des
sinnlichen Eindrucks eine Deutung hinzukommen, die jeder Be=
obachter aus seiner Erfahrung schöpft, so ist der Ausdehnung
dieser Zuthaten keine feste Grenze zu ziehen, über welche hinaus
sie den ästhetischen Eindruck nicht steigern, sondern nur noch
einen fremdartigen Reiz des Wissens hinzufügen könnten. Es
kommt nur darauf an, daß dem Hinzugedachten etwas in der
Erscheinung entspricht; ist dies aber der Fall, so wird ohne
Zweifel der, welcher sie in ein reicheres Verständniß appercipirt,
mehr Schönheit jener Uebereinstimmung des Innern und Aeußern
in ihr entdecken, als der, welcher nur die allgemeinen landläu=
figen Umrisse jenes Innern, nicht seine characteristische Indivi=
dualität begreifen kann. Nur ist es für die Kunst, da sie doch
Eindruck machen will, ein verkehrtes Verfahren, diesen haupt=
sächlich durch Züge zu erstreben, deren Verständniß minder all=
gemein vorausgesetzt werden kann.

Von jener Harmonie eines Innern und Aeußern aber, die
man zur ästhetischen Beurtheilung hier nothwendig annehmen
mußte, kann man ferner nicht sprechen, ohne irgend eine wo auch
immer gelegene Aehnlichkeit oder doch Correspondenz beider zu=
zugeben, die überdies, um wirksam zu sein, unserer Beobachtung
im einzelnen Falle leicht bemerklich sein muß. Hiermit gesteht
man im Princip zu, daß Formen, und zwar nicht nur räumliche,
sondern auch alle nur innerlich anschaulichen, ganz natürlich für
uns Symbole eines Innern werden, ja daß sie in unserer An=
schauung eigentlich gar nicht vorkommen, ohne, wenn auch mit
sehr veränderlicher Stärke, die Vorstellungen dieses Innern, dem
sie entsprechen, zu reproduciren. Eben dies, daß anderweitige

Kenntniß von der Bedeutung einer Erscheinung uns nicht hin= dert, in ihr dasjenige Innere anzunehmen, dessen Vorstellung durch die Form erweckt wird, läßt sie uns in jenem erfreulichen Gleichgewicht des Innern und des Aeußern erscheinen. Aber noch mehr: ganz willkürlich ist es jetzt, von der wahrscheinlichen Vermuthung völlig abzusehen, daß auch die anschaulichen Formen für sich ihre eigne ästhetische Bedeutung eben jenen Associationen erst verdanken, von denen wir sie in der Zeit, in welcher wir überhaupt ästhetisch zu urtheilen beginnen, längst nicht mehr zu trennen im Stande sind. Diese Vermuthung haben wir bisher, soweit uns Gelegenheit sich darbot, durchgeführt; auch jene freie Schönheit Kants, die ohne irgend einem Gattungsbegriff eines Wesens oder eines Vorgangs zur Erscheinung dienen zu müssen, nur in reinen Formen zu spielen schien, haben wir nicht auf einer ursprünglichen Wohlgefälligkeit dieser Formen als solcher beruhend gedacht, sondern auf dem Abglanz einer Bedeutung, an welche sie erinnern. Recht eigentlich mithin der Deutelei schuldig, die Herbart anklagt, darf ich wohl hier gegen seine ent= gegengesetzte Ansicht die meinige rechtfertigen.

Formell könnte ich beide als zwei zunächst gleich zulässige Hypothesen bezeichnen. Herbart vermuthet, daß der schwer zu zergliedernde und etwas schwankende ästhetische Eindruck, den wir von zusammengesetzten Werken der Natur und der Kunst empfangen, auf dem Zusammenwirken einfacher wohlgefälliger Formverhältnisse beruhe, von denen uns einige, wie die harmo= nischen Verhältnisse der musikalischen Töne, manche Raumfiguren und Rhythmen, wirklich in unserer innern Erfahrung abgeson= dert als ursprüngliche Objecte eines unmittelbaren Wohlgefallens gegeben sind. Diese Elemente habe man aufzusuchen, aus ihrer mannigfachen Verknüpfung und Verwendung nach Regeln, welche die Aesthetik aufzufinden habe, entstehe die Schönheit jedes zu= sammengesetzten Ganzen. Die Ansicht anderseits, die wir Her= bart gegenüber retten möchten, leugnet keineswegs das Vorhanden=

sein wohlgefälliger Verhältnißformen, und eben so wenig, daß
Schönheit auf ihnen beruhe und ohne sie undenkbar sei; sie fügt
nur die Behauptung hinzu, daß der Werth dieser Formen, den
das ästhetische Urtheil anerkennt, kein ursprünglich ihnen selbst
eigner sei, sondern auf sie übertragen von Vorstellungen aus, an
welche sie erinnern. Mit dieser Behauptung glauben wir keineswegs das Geschäft der bloßen Aufsuchung der wohlgefälligen
Urverhältnisse, das uns hier obliegt, durch eine voreilige Speculation über den Ursprung derselben zu stören; vielmehr scheint
uns diese Ergänzung, die wir hinzufügten, nothwendig zu sein,
um eben den Thatbestand dessen zu fixiren, worin unser ästhetisches Urtheil das Schöne findet. Jene Gewohnheit, die Herbart zu dem Vorwurf einer beständigen Deutelei veranlaßt, würde
in uns nicht so allgemein vorhanden sein, wenn die Formen
uns nicht in der That nur durch Erinnerung an ein inhaltlich
unbedingt Werthvolles erregten, dessen Vorbedingungen oder Er-
scheinungsweisen sie sind. Mit Vorstellungen dieses Werthvollen
finden wir die Anschauung der Formen so allgemein in uns
associirt, daß es uns eine gewaltsame Abstraction erscheint, das
empfundene Wohlgefallen allein auf die Formen als solche zu
beziehen und den anderen Bestandtheil dieses zusammengesetzten
Vorgangs in uns als unwesentlich zu übergehen. Ich frage
mich vergeblich, welchen zwingenden Grund es geben könnte, von
diesem Wege abzulenken, auf den uns die Selbstbeobachtung, und
auf den uns vor allem das Bedürfniß verweist, nicht nur das
Wohlgefallen am Schönen, sondern auch die Verehrung vor ihm
zu begreifen; nicht einmal Herbarts eigne Principien enthalten
ein Hinderniß, dieser Richtung zu folgen. Wer Verhältnisse der
Willen zu einander als sittliche Ideale aufstellt, denen unsere
unbedingte Billigung gebührt, kann nicht unmöglich finden, daß
die Erinnerung an sie durch ähnliche Verhältnisse zwischen
willenlosen Elementen des Anschaulichen in uns erweckt wird.
Und diese Erinnerung wird an die anschaulichen Formen nun

auch eine Werthbestimmung knüpfen, entstanden aus der Billigung, die den sittlichen Verhältnissen als solchen gehört, aber um-
gewandelt zu ästhetischem Wohlgefallen durch den Unterschied,
der zwischen jenen sein sollenden Beziehungen der Willen und
diesen nur bestehenden Verhältnissen willenloser Elemente übrig
bleibt.

Kann ich daher keineswegs von Anfang an einen Mißgriff
darin sehen, den ästhetischen Werth der Formen durch Erinnerung an einen werthvollen Inhalt zu erklären, so muß ich freilich
über den näheren Zusammenhang beider theils auf Früheres
verweisen (S. 74. 96.), theils späteren Gelegenheiten Weiteres vorbehalten. In der Schönheit nur eine verhüllte Wahrheit zu
suchen, die doch ohne Verhüllung dasselbe bedeuten würde, wie
mit ihr, Werken der Kunst die Empfehlung bestimmter Pflichten
oder Anleitungen zur Tugend zuzumuthen, überhaupt die ganze
kleinliche und engherzige Weise, die relative Selbstständigkeit der
Schönheit zu verkennen und sie zu unmittelbarem Dienste der
Moral oder der Wissenschaft herabzuwürdigen: alles Dies ist
weder Folge der von mir vertretenen Ansicht, noch hängt es
irgend mit ihr zusammen. Die elementaren Formen des Schönen
sind mir Analogieen der allgemeinen Verhältnisse, die alles Gute
zu seiner Verwirklichung voraussetzt; spielt das Mannigfaltige
der Anschauung, obgleich ihm keine sittliche Verpflichtung obliegt,
dennoch in diesen idealen Formen, so füllt es uns mit verehr-
ungsvollem Wohlgefallen durch den Schein einer Welt, in welcher die ewigen Gesetze des Seinsollenden zu Fleisch und Blut
der Erscheinungen geworden sind, und das Ideale zugleich als
reale Kraft die Fülle der Erscheinungen hervortreibt, ihrer selbst
froh, durch äußere Zwecke und Aufgaben unbelästigt, von keinem
ihnen fremden Mechanismus zurückgehalten. Weit ab liegt von
dieser Ansicht jeder Versuch, eine Schönheit räumlicher Gestalt
oder des zeitlichen Rhythmus zum Ausdruck eines bestimmten
Gedankens oder zum Symbol eines bestimmten Vorgangs zu

mißbrauchen; dieses Schöne deutet durch sich selbst nie auf einen einzelnen geformten Bestandtheil der wirklichen Welt hin, sondern nur den Werth der allgemeinen Verhältnisse, die in ihrer Formung herrschen sollen, stellt es in einem freien Gebilde dar, das an keine einzelne Wirklichkeit ausschließlich, aber gleichzeitig an unzählige erinnert.

Einen zweiten Punkt des Zweifels müssen wir diesen Betrachtungen sogleich anschließen. Kant hatte die Schönheit in eine Beziehung zu dem Gefühl gesetzt, die ich schon bei der Darstellung seiner Lehre gegen Einwürfe zu schützen gesucht habe. In dem späteren Idealismus, der alle Zwecke und Güter des Daseins nur in der vollkommensten Erkenntniß suchte, verlor sich diese Berücksichtigung des Gefühls allmählich und es fehlte nicht an gelegentlichem Spott gegen die, welche den Genuß des Schönen nur in dieser trüberen Form der innern Erregung für möglich hielten. Herbart trennt die ästhetischen Urtheile mit Entschiedenheit von allen theoretischen und sucht in der Schönheit keine erkennbare Wahrheit; aber dem Gefühl versagt er die frühere Stellung gleichfalls. Es ist nöthig, um auf den eigentlichen Fragepunkt zu kommen, in der Kürze Vieles zu beseitigen, was von jedem Standpunkt aus unwesentlich erscheinen muß; wir verlangen also mit Herbart, daß von den Gemüthsbewegungen, die dem einen so dem andern anders sich an den Eindruck des Schönen knüpfen, von aller Leidenschaft des Begehrens und aller Freude über seine Befriedigung abgesehen werde und daß die vollständige Vorstellung dessen, worüber das ästhetische Urtheil sich äußern soll, in ruhiger Contemplation vor uns schwebe. Kann aber diese Abstraction von veränderlichen und individuellen Gefühlen so weit fortgesetzt werden, daß in der Fällung des ästhetischen Urtheils das Gefühl für Nichts mehr wäre? und worin eigentlich würde dann der Inhalt dieses Urtheils bestehen?

Der Name des ästhetischen Urtheils, den wir allerdings

aus dem Sprachgebrauch wohl nicht wieder werden entfernen
können, scheint mir nicht unzweideutig zu sein. Alle inneren
Vorgänge, die wir erleben, können, welches auch ihre Natur sein
mag, später zu Gegenständen eines reflectirenden Denkens wer=
den, welches ihren Inhalt in seiner Weise, nämlich in der Form
eines Satzes, durch eine Beziehung zwischen irgend einem Subject und irgend einem Prädicat ausdrückt. In diesem Sinne
würde ästhetisches Urtheil die Form sein, in welcher das Denken
jenen innern Zustand der Erregung, den wir unter dem Ein=
drucke des Schönen erfahren, für Zwecke einer vergleichenden
und combinirenden Betrachtung ebenfalls in Gestalt eines Satzes
fixirt, der an einem gesondert denkbaren Subject ein gesondert
denkbares Prädicat bejaht. Keineswegs dagegen würde nöthig
sein, daß jenes innere, durch dieses Urtheil bezeichnete Erlebniß
der Erregung an sich selbst diese Form einer Beziehung zwischen
Subject und Prädicat tragen müßte, die es vielmehr nur unter
der Hand des discursiven, auf es reflectirenden Denkens annimmt. Nun aber tritt hier der eigenthümliche Fall ein, daß
in dem inneren Vorgang, den der Eindruck des Schönen in uns
hervorruft, auf irgend eine Weise ein Act der Werthbestimmung
und der Schätzung liegt, der gar zu sehr dazu verlockt, ihn unter
den Begriff einer eigentlichen Beurtheilung, d. h. einer Operation
unterzuordnen, welche in Gestalt eines Urtheils, also einer Beziehung eines Prädicats auf ein Subject erfolgt. Und deshalb
scheint nun das, was in uns unter dem Eindruck des Schönen
geschieht, nicht blos ein noch zu untersuchender, irgendwie be-
schaffener Vorgang zu sein, den secundär die auf ihn gerichtete
Reflexion des Denkens in Gestalt eines Urtheils aussprechen
könnte: er selbst vielmehr, dieser Vorgang, scheint in dem Ausspruch eines Urtheils zu bestehen, und ihm dieselbe Unterscheidung eines Subjects und eines Prädicats und die Beziehung beider auf einander wesentlich zu sein, um das zu sein, was er ist.
In diesem letzteren Sinne, den ich nur für einen Mißverstand

halten kann, wird der Name des ästhetischen Urtheils von Herbart gebraucht; zwar bezeichnet derselbe Name dann natürlich, nachdem der von mir gemachte Unterschied hinweggefallen ist, auch den vom Denken formulirten Satz, durch welchen unser Eindruck ausgedrückt wird; im Wesentlichen aber erscheint das ästhetische Urtheil als die unmittelbare Reaction, die der Eindruck des Schönen in uns hervorruft, oder vielleicht deutlicher gesagt, diese Reaction erscheint unter der Form eines ästhetischen Urtheils.

Die Folgen hiervon kommen nicht sogleich zum Vorschein. In dem Prädicat der Wohlgefälligkeit, mit dem es sein Subject ausgestattet, scheint zuerst das ästhetische Urtheil die characteristische Erregung, die wir unter dem Eindruck des Schönen erfahren, völlig zu enthalten, und das was in uns geschehen ist, nur in reflectirendem Denken zu wiederholen. Ja selbst diese in ihm hervortretende Unterscheidbarkeit des als Subject gedachten Inhalts von dem Gefallen, das ihm als Prädicat folgt, deutet richtig eine Differenz des Schönen vom Angenehmen an, in welchem wir das, was gefällt, nicht von der erzeugten Lust zu sondern vermögen. Das Mißliche zeigt sich allmählich, wenn wir jenes Prädicat der Wohlgefälligkeit selbst untersuchen, in welches sich nun der Unterschied eines ästhetischen Urtheils von andern Urtheilen concentrirt hat. Denken wir uns nämlich unter A, B, C drei verschiedene vollständig vorgestellte Verhältnisse, über welche der Geschmack sich äußern soll, so wird nach Analogie dessen, was Herbart in der Bestimmung der sittlichen Willensverhältnisse wirklich ausführt, die Reihe der bezüglichen ästhetischen Einzelurtheile doch nur lauten können: A gefällt, B gefällt, C gefällt oder mißfällt. In dieser Form können jedoch diese Urtheile nicht Ausdrücke der unmittelbaren ästhetischen Reaction sein, zu deren Hervorrufung in uns die Vorstellung jener Verhältnisse führt. Denn unzweifelhaft gefällt A anders als B und B anders als C; ein Satz, welcher diese Unterschiede nicht erwähnt, ist nicht mehr ein ästhetisches Urtheil in diesem zweiten Sinne; er drückt nicht unmittelbar die ästhetische Beurtheilung des zur Frage gestellten Verhältnisses durch unser Gemüth aus, sondern ist das Ergebniß eines reflectirenden Denkens, welches nach Vergleichung vieler solcher Beurtheilungen alle diese einzelnen Subjecte A B C nur noch mit dem allgemeinen durch Abstraction gewonnenen Prädicat ausstattet, von dem eigentlich jedem von ihnen nur eine specielle Unterart mit Ausschluß aller übrigen zukommt. Das erste Kapitel meines zweiten Buchs wird mir Veranlassung geben, diese Bemerkung nach einer andern Richtung hin zu verfolgen; hier will ich nur hinzufügen, daß sie für sich allein noch nicht zu schließen erlaubt, das Schöne werde ursprünglich durch ein Gefühl ergriffen, dessen feine Schattirungen im Denken unwiederholbar seien. Dieselbe Ungenauigkeit kommt in dem Ausdruck aller möglichen Wahrnehmungen vor; unsere Urtheile pflegen überall, durch die allgemeine Fassung ihres Prädicatsbegriffs, etwas Unbestimmteres zu sagen, als sie meinen; wer das Kupfer roth nennt, meint doch weder Rosenroth, noch Scharlach, sondern eben nur Kupferroth.

Allerdings aber kommen wir zu jenem Schlusse, wenn wir uns das Prädicat der Wohlgefälligkeit auch nur in seiner unzulässigen Allgemeinheit gefallen lassen und nach seiner Bedeutung fragen. Und hier weiß ich in der That nicht, warum ich weitläuftig sein sollte; denn entweder ist für sich klar, was ich behaupte, oder ich bin durchaus unfähig, den Sinn meiner Gegner zu verstehen. Wenn nun doch einmal das Gefallen etwas anders sein soll, als das Vorgestelltwerden, wenn es zu diesem hinzukommen muß, um ein ästhetisches Urtheil zu Stande zu bringen, wenn endlich in dem ästhetischen Urtheil das Vorgestellte nicht als gleichgültig vorgestellt werden soll: durch welchen andern mit Namen zu nennenden geistigen Vorgang können dann diese Forderungen erfüllt werden, als durch den, welchen alle Welt ein Gefühl im Gegensatz zu einer gleichgültigen Vorstellung

nennt? Gewiß ist nicht Alles schön, was Gefühle irgend welcher
Art aufregt; aber ganz unmöglich scheint es doch, die Abstraction
von den Gefühlen so weit fortzusetzen, daß zuletzt der innere
Vorgang, welcher das Gefallen ist, ganz aus dem Umfange des
Gefühls herausfiele, ohne doch in den Umfang des andern klaren
Begriffs der gleichgültigen Vorstellung einzutreten. Der Name
des Beifalls oder des Wohlgefallens kann zwar eine Art des
Gefühls von andern unterscheiden, allein er hat gar keine con-
struirbare oder nachweisbare Bedeutung in einer blos intelli-
genten Seele, die der Fähigkeit Lust oder Unlust zu empfinden,
überhaupt entbehrte. Dabei ist natürlich gänzlich gleichgültig,
ob Jemand Gefühle für Aeußerungen eines besondern ursprünglichen Vermögens oder für eine eigenthümliche Klasse von Producten des mechanischen Vorstellungsverlaufs halten will; im
letzteren Falle ist ästhetisches Wohlgefallen ein Ereigniß, das erst
eintreten kann, wenn oder indem der psychische Mechanismus
eines dieser eigenthümlichen Producte hervorbringt.

Worauf beruht nun das entschiedene Widerstreben Herbarts,
hierin der gewöhnlichen Meinung Zugeständnisse zu machen?
Ich kann es mir nur aus der zweideutigen Natur seines sogenannten ästhetischen Urtheils erklären. Wohlgefälligkeit, in dieser
Allgemeinheit gefaßt, war ein Erzeugniß des denkenden Ver-
gleichens; freilich nur, sofern sie eben als Allgemeines ihren besonderen Arten entgegensteht; denn das, wodurch sie vom Gleichgültigen sich unterscheidet, ließ sich nicht eigentlich denken, sondern
nur für weitere Behandlungen durch das Denken bezeichnen.
Wir unterliegen jedoch sehr leicht der Täuschung, als hätten wir
irgend einen Inhalt durch und durch, seinem ganzen Wesen nach
gedacht, wenn wir an ihm nur irgend eine leichte logische
Operation vollzogen, und das Ergebniß dieser Bearbeitung durch
einen Namen bezeichnet haben. Wir glauben Farbe denken zu
können, weil wir sie, die allgemeine, aus Roth, Blau, Gelb
durch vergleichende Abstraction gewonnen haben; aber Niemand

kann durch Denken den Unterschied zwischen Farbe und Ton,
Niemand mithin das Wesentliche der Farbe selbst bestimmen;
ihr Name ist nur ein Zeichen für einen lediglich empfindbaren,
aber nicht denkbaren Inhalt. Dieselbe Täuschung ist vielleicht
jenem allgemeinen Wohlgefallen zu Gut gekommen und hat es
als ein Prädicat erscheinen lassen, mit welchem das Denken, ohne
selbst fühlen zu müssen, dem von ihm vorgestellten Verhältnisse
einen Werth ertheilen könnte. Unterstützt konnte die Täuschung
werden durch die Gewöhnung, den innern Vorgang, in welchem
die ästhetische Erregung besteht, sich in derselben Form eines
ästhetischen Urtheils zu denken, in welcher sie von der Reflexion recapitulirt wird. Der Act der Zusammenfügung des
Prädicats der Wohlgefälligkeit mit dem als Subject vorgestellten
Verhältniß erschien dann freilich nicht mehr als ein Gefühl,
sondern als die Handlung eines beziehenden Denkens, bei der
vergessen wurde, daß das Prädicat nicht eher da sein konnte, bis
es in einem vorangegangnen Gefühle entstanden war.

Lust und Unlust sind jedoch ferner nicht begreiflich ohne
Voraussetzung von Einklang oder Widerspruch zwischen dem
Eindruck und der Natur dessen, der ihn erleidet. Ich übergehe
jetzt Vieles, was hiermit zusammenhängt und hebe nur die von
Kant gezogene Folgerung hervor, daß alle Prädicate des Gefallens nur Bezeichnungen der subjectiven Affection sind, die wir
von den Dingen erleiden. Auch die Schönheit macht hiervon
nicht Ausnahme; haben wir den Wunsch, sie vor anderen Arten
des Gefälligen auszuzeichnen, so müssen wir einen Grund suchen,
welcher ihr innerhalb dieser Subjectivität, die sich nicht aufheben
läßt, einen unbedingten Werth sichert. Ich verstehe hierüber
eine Reihe von Bemerkungen nicht, welche Zimmermann macht.
(Geschichte der Aesth. S. 772.) Kant habe das Geschmacksurtheil
durchaus seinem subjectiven psychischen Ursprung nach betrachtet
und ihm allgemeine Gültigkeit nur um der Gleichheit der urthei=
lenden Geister willen zugeschrieben; Herbart sehe von der psycho-

logischen Entstehung des ästhetischen Urtheils ganz ab, fasse rein
ten Gegenstand desselben, das Beifall oder Mißfallen erzeugende
Verhältniß ins Auge und erkenne daher dem ästhetischen Urtheil
allgemeine mit sich identische Geltung, um der Identität seines
Objectes willen zu; hierdurch erst sei eine objective Wissenschaft
vom Gefallenden und Mißfallenden möglich, die für Kant unmöglich gewesen. Ich bezweifle beide Glieder dieser Antithese.
Allerdings hat Kant an eine Sammlung der ästhetischen Urverhältnisse nicht gedacht; seine Ueberzeugung hätte es ihm jedoch
nicht unmöglich gemacht, eine objective Wissenschaft von dem aufzustellen, was immer gleich gefallen oder mißfallen wird, so
lange es von gleichartigen Subjecten beurtheilt wird. Mehr
aber zu leisten würde auch für Herbart nicht möglich sein, auch
nicht auf Grund des Satzes, den Zimmermann citirt: „vollendete
Vorstellung desselben Verhältnisses führt wie der Grund seine
Folge, dasselbe ästhetische Urtheil mit sich und zwar zu jeder
Zeit und unter allen Umständen." Die Folge entspringt eben,
wie Herbart ja sonst lehrt, nur aus ihrem vollständigen Grunde;
daß aber das vollendete Vorstellen des Verhältnisses der vollständige Grund des von ihm angeregten ästhetischen Urtheils sei,
ist unmöglich. Denn vollendetes Vorstellen ist nach dem Gesetz
der Identität, dessen Verletzung man nicht von Herbart erwarten
darf, nichts als vollendetes Vorstellen, und damit würde es in
Ewigkeit sein Bewenden haben, wenn das vorstellende Subject
eben nur vorstellendes Subject, ohne eine anderweitige Natur,
wäre. Soll aus dem Vorstellen etwas Anderes entstehen, und
das Wohlgefallen wird ja ausdrücklich vom Vorstellen unterschieden, so muß nach der Methode der Beziehungen eine anderweitige Bedingung hinzutreten, und an dem Zusammen derselben
mit dem Vorstellen muß das neue Ereigniß, das Wohlgefallen
hängen, das aus dem Vorstellen allein nicht entspringen kann.
Diese Bedingung nun kann ich nur darin suchen, daß der Geist
nicht blos vorstellendes Subject ist, daß vielmehr Verhältnisse

zwischen mehreren Vorstellungen, indem sie als neue innere Reize
auf sein ganzes Wesen einwirken, in ihm die durch äußere Reize
unmittelbar nicht angeregte Fähigkeit zu Lust und Unlust vor-
finden, und dieser das Gefühl des Beifalls oder Mißfallens als
Selbsterhaltung zweiter Ordnung abzugewinnen. Auch hier ist es
natürlich gleichgültig, ob wir diese Fähigkeit als ein in der einheitlichen Natur der Seele allein begründetes eigenthümliches
Vermögen ansehen, das aus der Fähigkeit, durch Vorstellungen
sich selbst zu erhalten, nicht ableitbar ist, oder ob wir mit allmählich ins Komische fallender Scheu vor dem Begriff der
Seelenvermögen auch Lust und Unlust als spontane Erzeugnisse
des Vorstellungslebens als solchen betrachten. In beiden Fällen
findet sich das ästhetische Urtheil nur ein, weil das vollendete
Vorstellen in einem solchen vorstellenden Subjecte geschieht, durch
dessen übrige concrete Natur zu ihm die sonst fehlende Bedingung zur Erzeugung dieses neuen Vorgangs hinzugebracht wird;
zur vollendeten Vorstellung desselben Verhältnisses tritt daher
dasselbe ästhetische Urtheil nur unter Voraussetzung derselben
Natur der Subjecte, in denen die eine das andere hervorrufen
soll. So war es bei Kant, so muß es auch bei Herbart sein.
Ein Unterschied liegt nur darin, daß Kant mit dem Gedanken
vielfach verschiedener Organisation der Geister spielte, und sich
höhere und niedere Seelen denken konnte, in welchen um ihrer
besondern Eigenthümlichkeit willen auf dieselbe vollendete Vorstellung desselben Verhältnisses entweder nicht dasselbe ästhetische
Urtheil oder gar keines zu folgen brauchte; Herbart dagegen
setzt, wenigstens was den psychischen Mechanismus betrifft, alle
Seelen als gleichartige Naturen voraus, in denen auf gleiche
Anregungen gleiche Rückwirkungen folgen. Auch für ihn also
hat das ästhetische Urtheil allgemeine und nothwendige Geltung
blos unter Voraussetzung der Identität der urtheilenden Subjecte, nur daß für ihn sich diese Identität als thatsächliche
von selbst versteht, während Kant sie dahingestellt läßt.

Auch für Herbart würde mithin, wenn der Schönheit ein höherer Werth als andern Gegenständen des Gefühls zukommen soll, ein Grund dazu innerhalb der allgemeinen Subjectivität alles Gefühls gesucht werden müssen. Und hier berühre ich den letzten mir unverständlichen Zug, den Zimmermann als einen Vorzug der Herbartischen Auffassung rühmt. Er wirft es der idealistischen Aesthetik vor, daß sie nicht nur frage, was schön sei, sondern auch w a r u m es schön sei. Allein wenn die Aesthetik die erste Frage hinlänglich beantwortet hätte, was allerdings, wie ich zugebe, nicht geschehen ist, so ist kein Grund zu entdecken, warum die zweite nicht aufgeworfen und ihre Beantwortung so weit gefördert werden solle, bis das Bedürfniß befriedigt ist, das zu ihr drängt. Ein solches Bedürfniß nun sehe ich allerdings. Schon das sinnlich Angenehme, dem wir doch keine Verehrung widmen, regt unsere wissenschaftliche Wißbegierde zur Frage nach den Bedingungen auf, unter denen dies immerhin wunderbare Ereigniß eines Interesses entsteht, welches die empfindende Seele an dem Inhalt des Empfundenen nimmt. Aber dem Schönen gegenüber, das wir verehren, können wir vollends unmöglich zufrieden mit der Erkenntniß sein, es gebe eine gewisse Vielheit einzelner, auf einander nicht zurückführbarer Verhältnisse des Mannigfachen, an die sich nun einmal das ästhetische Wohlgefallen knüpfe. Man kann diesen Satz als Warnung gegen zuversichtlich voreilige Theorieen aussprechen, die das Wahre schon ergriffen zu haben meinen; man kann durch ihn den höchst unvollkommenen thatsächlichen Zustand unserer Erkenntniß characterisiren; aber es scheint mir ganz unerhört, ihn so wie gerade Zimmermann thut, als erschöpfenden Ausdruck der S a c h e s e l b s t anzusehen und ihn zum Princip einer sogenannten formalen Aesthetik zu machen, welche die Irrthümer des Idealismus heilen soll. Woher denn und wozu unser ganzer Enthusiasmus für das Schöne, die Kunst und die Aesthetik, wenn der letzte Kern dessen, was uns begeistert, in dem vernunftlosen Factum besteht, ge-

16*

wissen Formen als Formen, ohne daß sie etwas bedeuten, und
zwar einer Vielheit von Formen, ohne daß in den vielen sich
ein und derselbe sie vereinigende Sinn verberge, sei es durch
ein unvordenklich grundloses Schicksal gegeben, unser Wohlgefallen
zu erregen? Wird nicht grade durch eine solche Annahme der
selbständige Werth des Schönen empfindlich geschädigt? Kommen
nicht dann jene formalen Verhältnisse, eben weil sie Nichts bedeuten, nur noch als Mittel in Betracht, uns nur auf irgend
eine Weise jenes Wohlgefallen zu erzeugen? ist die Beschäftigung
mit dem Schönen dann noch etwas Anderes als ein Bemühen,
sich mit Hülfe jener Formen, die es ja glücklicherweise gibt, den
Kitzel eines uns wohlthuenden, im Uebrigen freilich ganz bedeutungslosen ästhetischen Behagens zu verschaffen? Oder wenn
Jemand die ästhetischen Erregungen von Seiten des Nutzens
betrachten wollte, den sie der sittlichen Entwicklung bringen, würden wir dann nicht alle Schönheit und Kunst um so allgemeiner
und plumper in den directen Dienst der Moral ziehen müssen,
je empfindlicher wir uns vorher dagegen sträubten, in ihnen
selbst einen Widerschein des Guten zu sehen, der für sich ein
unbedingt werthvolles Gut ist und deshalb nicht nöthig hat, erst
noch dem sittlichen Handeln zu dienen? Und um von diesem
Ausruf des bedrängten Gemüths zu theoretischen Schwierigkeiten
zurückzukehren: wenn denn doch ästhetische Urtheile Werthbestimmungen enthalten sollen, wie wird Zimmermann den Begriff eines
Werthes klar machen, der einem formalen Verhältniß zwischen
Mannigfachem an sich, objectiv zukommen soll, so daß die auffassende Erkenntniß ihn nur vorfände, nicht aber ihn dadurch
erst erzeugte, daß sie den durch das Auffassen in ihr selbst entstandenen Zustand in Einklang oder Widerspruch mit dem ihr
vorschwebenden Bilde dessen fände, was wiederum sie selbst als
ein für sie sein Sollendes erkennt? Zimmermann erinnert hierüber an metaphysische Lehren, an Herbarts objectiven Schein, an
die Objectivirung der subjectiven Raumanschauung Kants und an

Anderes. Allein nach Herbarts eignem Sinne beweisen meta=
physische Analogien nichts in der Aesthetik; die angeführten aber
überreden den am wenigsten, der es nicht anzustellen weiß, Be=
ziehungen sich als bestehend außerhalb des Geistes zu denken,
welcher sie durch seine beziehende Thätigkeit verwirklicht.

Ich habe mich hier gegen Zimmermann gewandt; denn
Herbart selbst zeigt diesen Grad der Schroffheit nicht. Er
hat außer dem, was sein Lehrbuch der Einleitung in die Philo=
sophie und die Encyclopädie enthält, seine ästhetischen Lehren
nicht zusammenhängend vorgetragen; hier aber wie in andern
zerstreuten Aeußerungen finden sich, auch von seiner eignen Schule
anerkannt, mancherlei Zeichen eines Schwankens, das die end=
gültige systematische Entscheidung noch zurückhält. Voll seines
Sinnes für alles Schöne, mit Poesie und Musik in hohem Grade
vertraut, verfehlt Herbart nicht, uns mit einer Menge treffender
Einzelbemerkungen, von zum Theil doch sehr weitreichender Wich=
tigkeit, zu erfreuen; nur eine neue Bahn, der wir folgen möch=
ten, finden wir durch ihn nicht gebrochen, ihn selbst und seine
Schule auch gar nicht beschäftigt, wirklich die Aufgabe zu lösen,
in deren Aufstellung jede Ansicht mit ihm sympathisiren kann,
die der Aufsuchung der ästhetischen Elementarurtheile. Sie kann
ihrer Natur nach nur auf dem experimentalen Wege gelöst wer=
den, den wir später bei Gelegenheit von Fechner werden ein=
schlagen sehen; Herbart selbst und seine Schüler, obgleich sie
vorzeitige Einmischung theoretischer Speculation überall tadeln,
haben doch in diesen Fragen, wie z. B. der Betrachtung der mu=
sikalischen Intervalle, sogleich den Speculationen ihrer mathe=
matischen Psychologie ein unverhältnißmäßiges Uebergewicht ge=
geben.

Verschiedene Abhandlungen, welche die Zeitschrift für exacte
Philosophie von Allihn und Ziller vereinigt, zeigen, daß die Her=
bartische Schule keineswegs einstimmig in der extremen Ansicht
Zimmermanns die förderliche Fortbildung der Aesthetik ihres

Meisters sieht. Resl (Bedeutung der Reihenreproduction für die
ästhetischen Urtheile Bd. VI. S. 174) hat keinen Zweifel daran,
daß das ästhetische Wohlgefallen seinem Wesen nach ein Gefühl
sei, ästhetische Urtheile mithin in Gefühlen wurzeln. Nah-
lowsky (Aesthetisch-kritische Streifzüge Bd. III. u. IV.) und
Flügel (über den formalen Character der Aesthetik IV.) discutiren die Ansprüche der reinen Formen und des Inhalts oder
ihrer Bedeutung. Der Wahrheitsliebe dieser Untersuchungen
wird man mit Vergnügen folgen und auch aus ihnen Vortheile
für die Wissenschaft hoffen. Von einer Reform der Aesthetik
aber durch Herbart zu sprechen dürfte verfrüht sein; Reformen
bestehen nicht in der Aufstellung, sondern in der Durchführung
eines neuen Princips und in seiner Beglaubigung durch neue
Entdeckungen. Die formale Aesthetik aber arbeitet überwiegend
noch mit dem Stoffe, den ihr die großen und lebendigen, oft
mißleiteten, aber hier mit Unbilligkeit geringgeschätzten Anstrengungen der idealistischen Aesthetik überliefert haben.

Zweites Buch.

Geschichte der einzelnen ästhetischen Grundbegriffe.

Erstes Kapitel.

Verschiedene Arten des ästhetisch Wirksamen.

Gradunterschiede der Schönheit überhaupt möglich. — Das Angenehme, das Schöne und das Gute als Glieder einer und derselben Reihe. — Alle Gefühle gehören dem Gebiet der Aesthetik an. — Das Aesthetische subjectiver Erregung. — Das Angenehme der Sinnlichkeit, das Wohlgefällige der Anschauung, das Schöne der Reflexion.

Von der Schönheit pflegen die allgemeinsten Betrachtungen so zu reden, als wäre sie Eine und Dieselbe überall. In Wirklichkeit jedoch ist so angewandt ihr Name nur ein Sammelname für sehr verschiedene Gattungen des ästhetisch Wirksamen, die zwar alle den letzten Grund ihres Interesses in demselben Gedanken finden mögen, diesen Gedanken selbst jedoch in sehr verschiedenen Formen und Wendungen und mit mannigfachen Abstufungen der Lebhaftigkeit zum Ausdruck bringen. Der Anerkennung dieses Verhaltens, welche dem unbefangenen Geschmack völlig geläufig ist, stehen einige Vorurtheile des schulmäßigen Denkens entgegen.

So ist nicht selten geäußert worden, was einmal schön sei, sei unbedingt schön, eine Gradabstufung des mehr oder minder Schönen aber undenkbar. Diese Meinung erinnert an die stoischen Paradoxen Ciceros, nach denen jedes Vergehen gleich sündhaft ist, und in der That liegt ihr Ursprung in der antiken Verehrung der Sichselbstgleichheit eines von seinen Beispielen abgelösten und vereinsamten Allgemeinbegriffs. Die mathematische Bildung, weniger vom Alterthum als von der Natur der Sache

beeinflußt, kennt dieses Vorurtheil nicht. Sie gibt ebenfalls zu,
daß, was krumm ist, jedenfalls krumm und nicht grade sei, aber
während sie vom Graden freilich, um seiner Natur willen, nur
eine Gattung kennt, läßt sie sich doch nicht zu der Behauptung
verleiten, ebenso könne es nur Krummes überhaupt, nicht aber
mehr oder minder Gekrümmtes geben; sie mißt vielmehr die
Halbmesser der unendlich verschiedenen Krümmungsgrade, welche
sie an den Linien beobachtet. Und dabei räumt sie gar nicht
ein, daß diese verschiedenen Krümmungshalbmesser nur unwesentliche Nebenumstände seien, durch welche sich mannigfache Curven
außerdem, daß sie überhaupt Curven sind, nur nebenbei von einander unterscheiden; die Linie von kleinerem Krümmungsradius
erscheint ihr vielmehr wirklich krümmer als die von einem
größeren; beide unterscheiden sich durch diese Differenz nicht
nur von einander, sondern thun zugleich durch dieselbe ihrem
wesentlichen Begriffe, gekrümmt zu sein, in größerer oder geringerer Intensität Genüge. Dieses Beispiel beweist natürlich
noch nicht, daß es mit dem Schönen sich ebenso verhalten müsse;
es zeigt nur, daß es sich mit ihm so verhalten könne, und daß
nur ein logischer Irrthum die Furcht erzeugt, Reinheit und Richtigkeit eines Allgemeinbegriffs leide durch das Zugeständniß, daß
seine einzelnen Beispiele Abstufungen in der Größe der wesentlichen Eigenschaft darbieten, durch welche sie überhaupt unter
seine Herrschaft fallen. Ob sich dagegen das Schöne wirklich
ebenso verhalte, darüber kann nur die ästhetische Erfahrung entscheiden: diese aber hat längst entschieden; denn kein unbefangenes
Gemüth zweifelt an den Gradunterschieden mannigfaltiger Schönheiten eben in Bezug auf ihren Schönheitswerth, gerade so wie
die moralische Beurtheilung unbeirrt durch jene logischen Paradoxien an der Abstufung sittlicher Vergehungen eben in Bezug
auf ihren Bosheitsgrad festhalten wird.

　　Dasselbe Vorurtheil, Wahrheit sei nur durch starre Isolir-
ung jedes Begriffs und durch Flucht vor allen Vermittlungen zu

erreichen, welche sein Gebiet mit denen anderer verknüpfen könnten, hat überhaupt die ästhetischen Begriffe auf mir nicht triftig scheinende Weise von allen verwandten abzugrenzen gesucht. Von dem Behagen und Mißbehagen, welches uns das Angenehme und Unangenehme verursacht, und von der Billigung und Mißbilligung des Guten und Bösen unterscheiden wir freilich alle das Wohlgefallen und Mißfallen am Schönen und Häßlichen als eine eigenthümliche Art unseres Gefühls, die auf gleiche Eigenthümlichkeit ihres Gegenstandes hinweist. Die Berechtigung dieser von uns gemachten Unterscheidung überhaupt bezweifeln zu wollen, wäre ein leeres Unternehmen, denn Gefühle sind ohne Zweifel wesentlich verschieden, wenn sie verschieden gefühlt werden; es kann nur noch Aufgabe sein, Art und Größe des Unterschiedes begrifflich zu bestimmen, welcher zwischen diesen Gefühlen und in der Natur der Bedingungen obwaltet, von denen sie erzeugt werden. Aber diese Untersuchung muß nicht nothwendig auf scharfe Grenzlinien führen, durch welche ohne Uebergang jene drei Formen der Gefühle oder ihre Gegenstände, das Angenehme, das Schöne und das Gute, von einander gesondert würden. Es ist gleich denkbar, daß diese wie jene vielmehr nur Reihen bilden, in denen nur wenige Glieder als ausgezeichnete Punkte mit voller Bestimmtheit und zweifellos die durch jene drei Namen bezeichneten Eigenthümlichkeiten besitzen, während die übrigen Glieder sich dem einen oder dem andern dieser Punkte mehr oder minder annähern.

Auch hier nun verleitet die aus dem Alterthum ererbte Vorliebe für unbedingte Abgrenzung der Begriffe die philosophischen Bearbeiter der Aesthetik zu Sonderungen, welche nicht nur das Schöne jenen andern Gegenständen der Gefühle, sondern auch die einzelnen Formen der Schönheit einander mit der Unaufheblichkeit von Kastenunterschieden gegenüberstellen. Die Gewohnheit dagegen, zu beobachten, wie stetiges Wachsthum gewisser Bedingungen bei bestimmten Einzelwerthen, die sie er-

reichen, einem von ihnen abhängigen Erfolge plötzlich ganz neue
Formen seines Erscheinens gibt, hat diejenigen, die von Naturforschung zur Aesthetik kommen, nicht selten vermocht, Angenehmes, Schönes und Gutes nicht nur in Eine Reihe zu ordnen,
sondern zugleich jeden wesentlichen Unterschied zwischen ihnen
zu leugnen. Mit gleichem Unrecht fürchten die Ersten und behaupten die Anderen, das Vorhandensein von Mittelgliedern
schwäche oder vernichte die Eigenthümlichkeit und den Gegensatz
der Endglieder, zwischen denen sie stattfinden. Aber Gleichheit
und Ungleichheit hören darum nicht auf, vollkommen entgegengesetzte Verhältnisse zu sein, weil alles Ungleiche sich durch stetige
Uebergänge der Gleichheit nähern kann; Finsterniß ist nicht Dasselbe mit Helligkeit, weil durch unzählige Abstufungen der Däm-
merung die eine in die andere übergeht; Convexität und Concavität werden deßhalb nicht gleichbedeutend, weil eine Linie, die
in der einen Strecke concav ist, durch unmerkliche und stetige
Richtungsänderungen in einer andern Strecke convex werden
kann; die Zwei endlich wird weder der Eins noch der Drei um
deswillen gleich, weil unzählbare Zwischenwerthe von ihr zu der
einen wie zu der andern überführen. Ganz eben so würden
Angenehmes, Schönes und Gutes ihren unvertauschbaren und
wesentlich verschiedenen Begriffen auch dann noch jedes für sich
genügen, wenn eben diese Begriffe selbst nur drei ausgezeichnete
Punkte einer Reihe bezeichneten, zwischen denen durch andere
Glieder ein stetiger und unabgebrochener Uebergang hergestellt
würde. Auch diese logische Bemerkung aber hat nur ein Vorurtheil beseitigt, welches der Anerkennung eines vielleicht vorhandenen Verhaltens voreilig entgegensteht; über das wirkliche
Verhalten hat auch hier nur die ästhetische Erfahrung zu entscheiden. Aber die Thatsache eben, daß so häufig darüber gestritten werden kann, ob ein einfacher oder zusammengesetzter
sinnlicher Reiz oder eine sittliche Handlung auf uns einen Eindruck der Schönheit oder nur den der sinnlichen Annehmlichkeit

und der moralischen Löblichkeit mache, diese Thatsache scheint auch hier vorläufig zu Gunsten unserer Meinung zu sprechen.

Ich denke sie jedoch weiter rechtfertigen zu können. Alle ästhetischen Gegenstände, bemerkt Herbart, wirken bei günstiger Gemüthslage auf den Gemüthszustand; aber diese subjectiven Erregungen, die wir mit mancherlei Namen des Lieblichen, Rührenden, Schrecklichen und anderen bezeichnen, will er als Wirkungen des Schönen auf uns von der Anerkennung des Schönen an sich abgesondert wissen, welche allein das ästhetische Urtheil auszusprechen habe. Ich halte diese Sonderung für falsch. Herbart selbst bringt sonst darauf, verschiedene unmittelbar wohlgefällige Urverhältnisse zuzugestehen und die Schönheit nicht in Einem durch Abstraction gewonnenen Schönen zu suchen. Darum fällt es auf, daß er im Widerspruch zu dieser Mannigfaltigkeit in den Objecten des ästhetischen Urtheils das subjective Element, das Wohlgefallen, durch dessen Ausdruck diese Klasse der Urtheile sich von andern unterscheidet, als überall gleich, als Wohlgefallen an sich, betrachten zu wollen scheint. So wenig es einen Schmerz gibt, der blos überhaupt, aber nicht so oder anders weh thäte, so wenig ist ein Wohlgefallen möglich, in welchem nur der abstracte Gedanke einer ästhetischen Billigung überhaupt läge; käme es aber vor, so wäre sein einziger würdiger Gegenstand jenes reine ganz geschmacklose Wasser, mit welchem Winckelmann die Schönheit verglich. Jeder ästhetische Gegenstand wirkt auf das Gemüth in einer besondern Weise; ein Duraccord gefällt nicht blos, wie ein Mollaccord auch, gefällt auch nicht blos mehr oder weniger, sondern anders als dieser. Und dieses Colorit des ästhetischen Gefühls dürfen wir auf keine Weise von dem Wohlgefallen an sich als dem echten Inhalt des ästhetischen Urtheils trennen, denn ohne diese Färbung ist alles Gefallen überhaupt unmöglich, ebenso gewiß als es nicht Farbe schlechthin, sondern nur Roth oder Grün oder eine andere einzelne in unserer Empfindung wirklich gibt. Der Be-

griff des reinen farblosen Wohlgefallens ist ein zulässiger Begriff, ohne Zweifel; aber ein Urtheil, welches blos dieses Wohlgefallen ausspräche, ist kein ästhetisches mehr, sondern ein blos
logisches Vergleichungsurtheil, welches viele vorangedachte wirkliche ästhetische Urtheile mit Abstraction von einem wesentlichen
Theil ihres Inhalts unter einen allgemeinen Gesichtspunkt zu-
sammenordnet, dem in seiner Allgemeinheit kein wirklicher Vorgang im Gemüth entspricht. Vollkommen im Gegensatz zu Herbart muß ich daher behaupten, daß ein ästhetisches Urtheil gar
nichts Anders als der Ausdruck eines Gefühls sein kann, und
daß gar Nichts von ihm übrig bleibt, wenn man gerade die Erinnerung an die bestimmte Art unserer Gemüthserregung aus
ihm weglassen will. Doch gegen diese Harmonie, die in den
Gegenständen schon da sein soll, ehe sie von Jemand als Harmonie gefühlt wird, gegen dieses ästhetische Analogon des objectiven Scheines der Herbartischen Metaphysik, habe ich schon zu
oft meine Bedenken geäußert, um sie jetzt anders als mit speciel-
lerer Absicht zu wiederholen.

Und diese Absicht geht freilich weiter, als auch andere ästhetische Auffassungen zu folgen geneigt sein werden. Es scheint
mir, daß die Aesthetik sich viel zu schroff abgegrenzt hat, und
daß es ihr nützlich wäre, eine Menge von Gefühlseindrücken mit-
zubetrachten, die sie von ihrem Bereich ausschließt; ja vielleicht
sollte sie alle Gefühle überhaupt in ihr Gebiet aufnehmen, obwohl natürlich nicht allen gleichen Werth zugestehen. Mit Unrecht, scheint es mir, weist die Aesthetik Gefühle von sich weg,
deren Namen etymologisch freilich dasjenige, was sie als die
eigne ästhetische Natur des Eindrucks meinen, nur durch Worte
bezeichnen können, die von unserer Art, durch den Eindruck zu
leiden, hergenommen sind: denn überhaupt entscheiden Namen
nicht über Sachen. Es ist ganz gleichgültig, daß das Rührende
bildlich so genannt ist von einer characteristischen Form der Bewegung unseres Gemüths; was wir mit ihm meinen, ist doch

eine eigenthümliche ästhetische Eigenschaft, für welche nur die
Sprache eine unmittelbare Bezeichnung dessen, was sie ist, nicht
besitzt; und überall, wo wir im Leben gerührt werden, leiden
nicht blos wir etwas, sondern üben durch diese Gemüthsbeweg=
ung eine ästhetische Beurtheilung der Lage der Dinge aus, durch
welche wir erregt worden sind. Wer eine Gegend lieblich findet,
setzt blos durch die sprachliche Herkunft dieser Benennung seine
Beurtheilung dem falschen Verdacht aus, nicht rein ästhetisch
zu sein, sondern eine subjective Erregung auszudrücken, die zu
dem wahrgenommenen ästhetischen Werth des Landschaftsbildes
gleichgültig hinzukomme; in der That meint er eine der eigen=
thümlichen und specifischen Formen, von denen jede Schönheit,
um überhaupt zu sein, eine oder die andere annehmen muß.
Man kann zweifelhafter sein über andere Fälle; überraschend,
furchtbar, entsetzlich scheinen allerdings die Dinge und Ereignisse
nur heißen zu können, sofern sie zwar durch ihre eigne Natur,
aber doch auch nur um der Natur und Lage des Subjects willen,
auf welches sie einwirken, ihre Eindrücke ausüben. Allerdings,
was uns im Leben überrascht, der Einsturz eines Hauses, der
unerwartete Anblick eines Todfeindes, die unvermuthete Lösung
einer Verwicklung, das hat, blos Rücksicht auf die Größe der
Erschütterung genommen, die es uns zufügt, noch keinen ästhe=
tischen Werth. Elend ist die Kunst, die auf Erregung solcher
psychischen Roheffecte abzielt und deren Erzeugnisse nur das erste
Mal überraschen, nicht das zweite Mal. Aber es gibt in der
wahren Kunst ein Ueberraschendes, das ewig überraschend bleibt
und in dessen wunderbare Natur sich die wiederholte Anschau=
ung immer mit gleichem Genuß versenkt; dies wird nicht aus
der Reihe der wahren ästhetischen Gegenstände um deswillen zu
verstoßen sein, weil wir zur Bezeichnung seines eigenthümlichen
Wesens nur den Namen des psychischen Affectes wissen, den es
in uns hervorbringt. Auch das Furchtbare und Entsetzliche ist
nicht blos Gefahr und Drohung für uns; abgesehen von allem,

was uns von ihm widerfahren kann, verstehn wir unter ihm
einen eigenthümlichen Werth und Unwerth, dessen Auffassung
mit zu der ästhetischen Beurtheilung der Welt gehört.

Ich weiß nicht, ob ich weiter gehen darf. Doch dadurch,
daß ich im Lieblichen, Rührenden oder Entsetzlichen die ästhetische
Eigenthümlichkeit des Eindrucks, welche wir meinen, von dem
Namen der Gemüthserregung unterschied, durch den wir sie
ausdrücken, habe ich meine Ueberzeugung nicht vollständig
ausgesprochen. Jene ästhetischen Eigenschaften, von denen ich
spreche, sind in Wahrheit unsern Gemüthsbewegungen nicht so
fremd und von ihnen unterscheidbar, daß wir nur aus Mangel
an passenderen Worten sie durch die Namen der letzteren bezeichneten; sondern ihre eigene Natur hat wirklich gar keine Möglichkeit,
anders als in diesen Gemüthsbewegungen zu existiren; aber dennoch scheinen sie mir wahrhaft ästhetische Prädicate. Um dies
deutlich zu machen, wollen wir annehmen, nicht uns, den hier
Urtheilenden, widerführe das Furchtbare, Ueberraschende, oder
begegne das Liebliche und Rührende, sondern es sei ein fremdes
Gemüth, dessen Erregung wir beobachten. Nun soll ja nach der
Behauptung der Ansichten, die uns hier am meisten entgegengesetzt sind, ästhetischer Werth und Unwerth immer in Verhältnissen zweier Verhältnißglieder zu einander liegen. Welches
Verhältniß aber schön und welches häßlich, welches dritte gleichgültig sei, diese Fragen werden eben diese Ansichten lediglich
durch ein unmittelbares auf keinerlei logische Gründe gestütztes
Urtheil des Geschmackes beantwortbar denken.

Auf ganz die nämlichen Voraussetzungen berufe ich mich
nun auch, indem ich behaupte: überall, wo ein äußeres Ereigniß
auf einen empfänglichen Geist so wirkt, daß es diesem Eindrücke
der Lieblichkeit, des Rührenden, des Ueberraschenden und Furchtbaren gibt, überall da liegt ein Verhältniß vor, zwischen jenem
Ereigniß nämlich und diesem Geiste, welches in uns ein ästhetisches Urtheil rege macht und durch dasselbe ästhetisch gewürdigt

wird. Es ist gar nicht richtig, wenn das, was hier in uns stattfindet, nur als Mitgefühl, als Mitleid oder Mitfreude an dem Wohl oder Wehe des einzelnen Geistes gedeutet wird, auf den jenes Ereigniß wirkt. Dieses Mitgefühl empfinden wir freilich; aber die Hauptsache ist es nicht. Denn unser ganzer Gemüthszustand besteht in diesem Falle gar nicht in einem allgemeinen Interesse für das Wohl und Wehe des Andern überhaupt, sondern wir fühlen mit ihm, weil er dieses erlitten hat, dieses Liebliche, nicht jenes Rührende, oder dieses Rührende, nicht jenes Furchtbare. Es liegt also in unserm Mitgefühle eine ästhetische Würdigung des Werthes und der Eigenthümlichkeit dessen, worüber wir es dem Andern schenken. Nicht auf das Quantum des Wohl oder Wehe kommt es an, welches einem einzelnen Geiste hier zugefügt wird, sondern auf die Form, in der es diesem wie jedem andern, in der es also dem Geiste überhaupt zugefügt werden kann. Auf jenes bezieht sich unser menschliches Mitgefühl, auf diese die im Mitgefühl mitenthaltene ästhetische Beurtheilung: auf die allgemeine Thatsache also, daß im Weltlauf Ereignisse vorkommen, deren Eindruck die stetige Haltung unsers Gemüths, das Gefüge unserer Gedanken und Gefühle zu fassungsloser Beweglichkeit rührend auflöst, auf die Thatsache, daß die Vernichtung, die dem Vernichteten unfühlbar sein würde, dem noch Seienden als drohender Untergang furchtbar vor Augen stehen kann; darauf endlich, daß die Nothwendigkeit, die in allen Dingen herrscht, durch den unberechenbaren Gang der Ereignisse nicht immer zur Begründung des seinem Sinne nach Folgerichtigen, sondern auch zur Erzeugung dessen aufgefordert wird, was überraschend die zu erwartende Reihe der Begebenheiten unterbricht. Diese eigenthümlichen Formen des Gefüges, die wir in dem Inhalt der Wirklichkeit beobachten, sind abgesehen von dem Nutzwerth, den sie für das Wohl des einzelnen Geistes haben, ebenso gut Gegenstände eines ästhetischen Urtheils, als jene andern, die uns eine Erscheinung schön oder erhaben, tragisch oder lächerlich nennen lassen.

Dennoch haben alle diese ästhetischen Prädicate keinen andern Ort ihres Daseins, als unser Gemüth, und keine andere
Art ihres Daseins außer der, als Bewegungen unsers Gemüths
zu existiren; das Furchtbare ist furchtbar nur in unserer Furcht,
das Rührende rührend nur in unserer Rührung. Aber hierdurch unterscheiden sie sich nicht von denjenigen, die längst die
Aesthetik als ihr eigenthümliche anerkannt hat; unterscheiden sich
überhaupt nicht von allen Werthsbestimmungen, deren gemeinsame
Natur es ist, ein Wohl oder Wehe, ein Gut oder Uebel, welches
nur in dem Gefühl eines fühlenden Wesens Dasein haben kann,
als inwohnendes Verdienst oder als Schuld der äußern Gegenstände zu bezeichnen, welche die Veranlassungen seiner Erzeugung
in unserem Inneren sind. Will man diesem Werth oder Unwerth der Dinge ein selbstständiges Vorhandensein zuerkennen, so
daß beide an sich wären und von unserem Gefühl hernach nur
aufgefunden würden, so ist dies nur durch Vermittlung der Annahme
möglich, daß eine zwecksetzende Absicht die Verhältnisse der Dinge eben
zu diesem Zwecke geordnet habe, all dies mannigfach characteristische
Wohl und Wehe in der Welt hervorzubringen. Dann sind alle jene
Werthbenennungen und alle jene ästhetischen Prädicate Bezeichnungen dessen, was die Dinge und Ereignisse an sich selbst
wollen oder sollen, und hierin allein, in dieser Absicht gleichsam oder in dieser Bestimmung der Dinge, kann diejenige Objectivität liegen, welche wir dem Schönen und Erhabenen, dem
Rührenden und Furchtbaren zuschreiben dürfen. Erreicht aber
wird jene Absicht, erfüllt wird diese Bestimmung der Dinge niemals ohne Mithülfe des Geistes; ihn und sein Gefühl bedarf
die Natur als letztes Mittel, um das zu verwirklichen, was sie
will: nur in dem Gefühl des Fühlenden kommt der Werth und
der Unwerth, das Gut und das Uebel, das Wohl und das Wehe
wirklich zu lebendiger Wirklichkeit, welches die Außenwelt durch
bloße Verhältnisse des Mannigfachen, so lange diese noch nicht

von einem Gemüth genossen wurden, ewig nur vorzubereiten im
Stande war.

Doch diesen Gedanken habe ich im Allgemeinen eine andere
Ausführung gegeben, auf die ich hier verweisen darf. (Mikro-
kosmus 2. Bd. S. 178.) Jetzt liegt mir nur die Folgerung nahe,
die ich aus ihnen für die Gestaltung der Aesthetik ziehen möchte.
Nicht unsere Gefühle hat sie als ungehörige Zugabe von dem
reinen ästhetischen Urtheile zu trennen, welches nur den an sich
bestehenden Werth von Verhältnissen des Mannigfachen auszudrücken hätte, sondern alle Gefühle soll sie vielmehr in ihren
Bereich ziehen in der doppelten Ueberzeugung, daß ein ästhetisches
Urtheil nur Ausdruck eines Gefühls ist, weil nur in diesem,
nicht an sich jener Werth ein Dasein hat, und daß zugleich in
jedem Gefühl ein solcher Werth zum Dasein kommt, dessen
Ausdruck ein ästhetisches Urtheil bilden würde.

Diese Behauptung muß ich zuerst auf die untere Grenze
anwenden, welche sich die Aesthetik gegeben hat, indem sie das
Angenehme aus ihrem Gebiet ausschied. Die Bedeutung
dieses Namens ist in der Sprache nicht so scharf bestimmt, daß
wir aus ihr die Gründe für Zulassung oder Nichtzulassung des
Bezeichneten herleiten könnten. Wollen wir angenehm einen
Eindruck nennen, welcher unser persönliches Wohlsein vermehrt
und darum, weil er dies thut, so gehört allerdings diese Annehmlichkeit nicht zu den Gegenständen der Aesthetik, allein sie
ist einerseits eine Nebeneigenschaft, die jedem Eindrucke, auch dem
der wahrsten Schönheit, zukommen kann, und keineswegs unterscheidet sie eine Klasse unästhetisch gefallender Eindrücke von
einer andern ästhetisch wohlgefälligen. Auch der einfachste sinnliche Eindruck anderseits kann uns nicht blos überhaupt
wohlthun, sondern kann es nur in bestimmter Färbung; diese
Färbung ist auch an ihm ein ästhetisch werthvoller Inhalt, der
dadurch nicht geringer wird, daß er nur in unserem Wohlsein
ein Bestehen hat. Eine milde Wärme ist sinnlich angenehm,

17*

wenn wir nur auf das Quantum des Behagens Rücksicht nehmen, das sie uns verschafft; daß sie es aber so thut, anders
nämlich als eine erfrischende Kühle, die uns in einem andern
Augenblicke dieselbe Größe des Wohlseins gewähren würde, dies
erinnert uns, daß in ihr ein eigner Werth liegt, den wir auch
dann anerkennen, wenn er nicht auf uns, sondern auf einen andern günstig einwirkt. Es kommt daher gewissermaßen auf die
Richtung unsers Blickes an, ob wir in einem gegebenen Eindruck
nur Angenehmes in diesem Sinne, oder bereits Schönes in der
Bedeutung sehen, in welcher dieser Name alle Gegenstände ästhetischer Beurtheilung umfaßt. Wer von der echtesten Schönheit
sich nur zu einem Gefühle des persönlichen Behagens erregen
läßt, genießt auch sie nur als Angenehmes; wer bei dem einfachsten sinnlichen Eindruck von der Förderung seines persönlichen Wohlseins absieht, und sich in den eigenthümlichen Inhalt
versenkt, durch welchen der Eindruck diese Förderung bewirkt, hebt
aus diesem Sinnlichen das Element des Schönen hervor, das in
ihm eingeschlossen liegt. Nicht darauf kommt es in diesem Falle
an, daß uns der sinnliche Reiz erfreut, sondern darauf, daß wir
uns erfreuen lassen, damit in unserer Freude der eigene Werth
des Reizes einen Augenblick lang die lebendige Wirklichkeit er-
lange, die er anderswo nicht finden kann.

Möchte ich nun so alle Gefühle in der Aesthetik berücksichtigt sehen, natürlich nicht, damit künftig durch Gefühle, sondern damit über sie theoretisirt werde, so habe ich doch bereits
hervorgehoben, daß nicht alle mir deshalb gleichen ästhetischen
Werth besitzen, daß sie vielmehr eine Stufenleiter gradweis zunehmender Schönheit bilden. Wollen wir die Glieder dieser
Reihe sondern und ordnen, so kann dies nicht unmittelbar durch
eine Unterscheidung der verschiedenen Gefühle geschehen, welche
sie in uns erzeugen. Denn Gefühle sind eben in Bezug auf
das, was sie selbst sind, und wodurch das eine sich vom andern
unterscheidet, in Begriffen nicht zu erschöpfen; sie lassen sich be-

zeichnen und unterscheiden nur durch Hinweis auf die eigenthümliche Natur der Gegenstände, von denen sie erweckt zu werden
pflegen. Und auch die Werthgröße dessen, was sie uns zur Empfindung bringen, läßt sich nicht unmittelbar angeben oder vergleichen, sondern nur durch Reflexionen, durch welche wir ihre
Bedeutung im Zusammenhange mit dem Ganzen unsers geistigen
Lebens hinterher feststellen. Ich erläutere den ersten Theil dieses
Satzes durch Hinweis darauf, wie schnell jeder Versuch zur unmittelbaren Beschreibung der Gefühle dahin ausläuft, von Aufregung, Spannung, Druck oder Erschlaffung zu sprechen, lauter
Ausdrücke für die eigenthümliche Form der veranlassenden äußern
Einwirkungen, durch welche die Gefühle entstehen, aber nicht
unmittelbare Bezeichnungen dessen, was sie an sich sind. Den
andern Theil des Satzes aber erklärt die bekannte Geringschätzung, die wir den sinnlichen Gefühlen im Gegensatz zu intellectuellen oder moralischen zu beweisen pflegen; denn obwohl die
Heftigkeit der ersten nicht hinter der Lebhaftigkeit der andern zu-
rücksteht, so lehrt uns doch die Besinnung über den ganzen Zweck
unsers Lebens den höhern Werth dieser vor jenen.

Indem ich nun nach diesen Gesichtspunkten die verschiedenen
Formen des ästhetisch Wirksamen zu ordnen versuche, benutze ich
einen Leitfaden, den ich hier, wo er nur der übersichtlichen Auf-
reihung sehr mannigfaltiger Einzelheiten dienen soll, nicht ernst-
hafter glaube vertheidigen zu dürfen. (Vergleiche meine Abhandlungen über den Begriff der Schönheit und über Bedingungen
der Kunstschönheit in den Göttinger Studien 1845 und 1847.)

Jedes Gefühl beruht auf der Uebereinstimmung eines Eindrucks mit Bedingungen, unter denen die Thätigkeit und die
Wohlfahrt dessen besteht, der ihn empfängt. Der Mensch aber
bringt dem Aeußern eine dreifache Empfänglichkeit entgegen. Zuerst erzeugt er nicht aus sich selbst heraus den Inhalt seines
Vorstellens, sondern empfängt ihn durch Anregungen seiner Sinne;
so als sinnliches Wesen verlangt er von den Eindrücken Ueber-

einstimmung mit den Bedingungen, unter welchen die Verrich-
tung der Sinne dauernd und ohne Widerspruch gegen die Wohlfahrt des ganzen körperlichen Lebens vollzogen werden kann.
Was dieser Forderung entspricht, wollen wir das Angenehme
der Sinnlichkeit nennen, indem wir von der gewöhnlichen
Bedeutung des Angenehmen dies beibehalten, daß es den geringsten ästhetischen Werth eines Eindruckes bezeichne, zugleich aber
in der oben bemerkten Weise das rein Sinnliche so deuten, daß
es einen wahrhaft ästhetischen Inhalt noch einschließt. Die verschiedenen sinnlichen Eindrücke aber und die von ihnen zurück-
gebliebenen Erinnerungsbilder verknüpft der Vorstellungsverlauf
in mancherlei räumlichen und zeitlichen Formen der Anordnung,
der Aufeinanderfolge und gegenseitigen Beziehung. Auch er
folgt dabei allgemeinen mechanischen Gesetzen seiner Verrich-
tung, und nicht jede Verknüpfung der Eindrücke, zu welcher die
Thatsachen der äußern Reize nöthigen, entspricht gleich sehr den
Gewohnheiten seines Wirkens; die eine fällt ihm schwer, weil
sie der natürlichen Form seiner Bewegung widerspricht, die andere erweckt ein Gefühl der Lust, weil sie sich ihr vollkommen
anschließt und jede Uebung einer Fähigkeit in einer ihrer Natur
entsprechenden Weise uns erfreut. Wir wollen als das Wohlgefällige der Vorstellung alle diese Eindrücke zusammenfassen, die mit den Functionsbedingungen des psychischen Mechanismus in Uebereinstimmung sind. Aber der Mensch ist nicht
blos bestimmt, Schauplatz dieses Mechanismus zu sein und die
einzelnen Vorstellungen in sich wirken, einander verdrängen und
sich zu einander gesellen zu lassen; er soll aus ihnen die Erkenntniß der Wahrheit und die richtige Würdigung des Guten
gewinnen, und seine einzelnen Gedanken zu dem Ganzen einer
Weltansicht verbinden. Auch diese Bemühung folgt Gesetzen,
aber sie liegen hier in Ueberzeugungen über die Natur dessen,
was sein kann und sein soll; was diesen Ueberzeugungen entspricht, und die auf sie gegründete Thätigkeit des Geistes in

lebhafte Uebung setzt, wollen wir als das Schöne der Re=
flexion bezeichnen. Nennen wir unser Inneres Seele, sofern
es nur allgemeinen Gesetzen seines formalen Verhaltens gehorcht,
Geist aber diese Seele, sobald sie durch Uebung ihrer Fähigkeiten
sich jenen Gedankeninhalt einer Weltansicht erworben hat oder
in seiner Erwerbung begriffen ist, so sind Sinnlichkeit, Seele
und Geist die drei von einander unterscheidbaren lebendigen
Maßstäbe, an denen die Eindrücke sich messen und mit denen
übereinstimmend sie gefallen. Der ästhetische Werth dieses Ge=
fallens aber darf wohl ohne besondern Beweis entsprechend der
Rangordnung gedacht werden, in welcher wir jene drei aufstei=
gend auf einander folgen zu lassen gewohnt sind.

Ich habe weder die Pflicht noch die Erlaubniß, hier meiner
eignen Meinungen weiter zu gedenken, als zur Verdeutlichung
der geschichtlich vorliegenden Ansichten Anderer dienlich ist. Auch
diese Auseinandersetzung habe ich nur gewagt, weil ich irgend
eines Leitfadens bedurfte, um die außerordentliche Mannigfaltig=
keit der jetzt zu erwähnenden Untersuchungen über die einzelnen
Formen des Aesthetischen in übersichtliche und nicht allzuvielglie=
drige Abschnitte zu sammeln. Aus demselben Bedürfniß der
Deutlichkeit muß ich noch folgende Bemerkung hinzufügen.

Das Angenehme der Sinnlichkeit entsteht uns zwar aus
einer Erregung der Sinne, welche mit den Bedingungen ihrer
Empfänglichkeit übereinstimmt, das Wohlgefällige der Vorstellung
aus Verknüpfungen des Mannigfaltigen, welche auszuführen un=
serer vorstellenden Thätigkeit eine anpassende und belebende Auf=
gabe ist; aber ich meine nicht, daß darum der ganze Grund
unseres Wohlgefallens an beiden auch nur in diesen Bedingungen
ihrer Entstehung liegt. Weder in dem sinnlich Angenehmen
empfinden wir nur das uns fertig überlieferte günstige Ergebniß
einer glücklichen Reizung unserer leiblichen Organe, noch in dem
vorgestellten Wohlgefälligen das harmonische Zusammenpassen des
gegebenen Vorstellungsstoffes mit dem Mechanismus des Vor=

stellens, der ihn verarbeiten soll. Eine solche Ansicht würde
folgerecht dahin führen, das Angenehme der Sinnlichkeit als zu
gering und niedrig aus dem Gebiete der Aesthetik wieder auszuschließen, wie es früher allgemein ausgeschlossen war. Das
Wohlgefällige der Vorstellung dagegen würde sich zwar aus der
Aesthetik nicht verdrängen lassen, denn es ist zu klar, daß unser
ästhetisches Interesse sehr lebhaft an solchen Formen des verknüpften Mannigfachen haftet, wie wir sie unter dieser Benennung zusammengefaßt haben. Je sicherer man aber eben in diesem
Wohlgefälligen das eigentliche Schöne zu besitzen glaubt, desto
näher liegt die Folgerung, jenes dritte, welches wir als das
Schöne der Reflexion bezeichneten, aus der Aesthetik gleichfalls
auszuschließen, nicht als zu niedrig, sondern entweder als zu
hoch oder doch als nach anderer Richtung ihr Gebiet überschreitend. Den reichen Gedankengehalt eines zusammengesetzten Kunstwerks und die reale Bedeutung dieser Gedanken, die uns an
wichtige Züge des Baues der sinnlichen und der sittlichen Welt
erinnern, würde dann die Aesthetik zwar nicht werthlos finden,
aber sie werde doch an diesem Theile des Kunstwerks nur ein
anderweitiges Interesse nehmen, das ästhetische dagegen nur an
dem Formellen des Vortrags finden, durch welches ein bedeutender Inhalt natürlich mit größerer Gesammtwirkung als ein unbedeutender dargestellt werde. Wir haben diese ästhetische Grundanschauung in mancherlei Beispielen kennen gelernt und ich habe
nicht verschwiegen, daß ich gegen sie entschieden Partei nehme. Wir
haben nicht minder die idealistische Aesthetik in vielfachen Variationen den entgegengesetzten Standpunkt einnehmen sehen: alles
Schöne galt ihr als schön nur, weil es durch seine Form an
den werthvollen idealen Inhalt erinnert, welcher der Sinn und
die Bedeutung aller Wirklichkeit ist. Mit diesem Grundgedanken
völlig in Uebereinstimmung, muß ich doch gegen den Idealismus
bemerken, daß er zu einseitig dies, was ich das Schöne der Reflexion nannte, hervorgehoben, gegen das sinnlich Angenehme

aber und gegen die formale Wohlgefälligkeit des verknüpften
Mannigfachen sich zu spröde und ablehnend, wie gegen Gering=
fügigkeiten, verhalten hat, deren eigentliche Stellung und Be=
ziehung zu dem allein wahren ideal Schönen man nicht genauer
zu bestimmen nöthig habe. Die folgenden Abschnitte werden
daher gelegentlich auf den Weg hindeuten, den wie ich glaube
die Aesthetik hier zu nehmen hat: sie müßte nicht auf eine An=
zahl unabhängiger Urformen wohlgefälliger Verhältnisse ausgehn,
um aus diesen Elementen, nachdem sie gefunden wären, durch
Zusammensetzung und mannigfache Verwendung die höhere
Schönheit zusammengesetzter Erscheinungen aufzubauen; sondern
sie müßte im Einzelnen nachzuweisen versuchen, daß alles ästhe=
tische Interesse, welches wir an scheinbar rein formalen Ver=
hältnissen nehmen, nur darauf beruht, daß sie eben die natür=
lichen Formen sind, die sich das Höchste um seines eignen In=
halts willen gibt. Nicht die höhere Schönheit gefällt als glück=
liche Combination einfacher schönen Elemente, sondern die Ele=
mente gefallen als Theile der ganzen Schönheit, an die sie uns
erinnern.

Zweites Kapitel.

Vom Angenehmen der Empfindung.

Aesthetischer Werth der einfachen Sinnesempfindung. — Ton und Farbe. —
Die Höhenskala der Töne. — Der Grund der Consonanzen und Disso=
nanzen. — Die Schwebungen nach Helmholtz. — Unzulänglichkeit bloß
physiologischer Begründung. — Herbarts psychologische Deduction der
Consonanz. — Harmonien der Farben. — Parallelisirung der Farben und
Töne durch Unger. — Complementärfarben nach Brücke. — Geruch und
Geschmack.

Sehr einstimmig hat die Aesthetik Schönheit nur dem ver=
bundenen Mannigfachen, nicht dem Einfachen zugeschrieben. An
einzelnen Tönen und Farben hielt Kant ein ästhetisches Inter=

esse nur um ihrer Reinheit willen für möglich: sie gefallen,
weil sie durch viele Zeit- oder Raumpunkte ausgedehnt völlige
Sichselbstgleichheit eines und desselben Inhalts zeigen; der Inhalt selbst, das wodurch sich Ton von Farbe, die eine Farbe sich
von der andern unterscheidet, gilt ihm für ästhetisch gleichgültigen
Stoff der Empfindung, dem nur jenes formale Verhalten Anspruch auf ästhetische Beachtung giebt.

Wenn ich nun hiervon abweichend behaupte, daß allerdings
auch der einfache sinnliche Eindruck, und zwar nicht der der höheren Sinne allein, ein ästhetisches Wohlgefallen auf sich ziehe,
so verhindert freilich die Natur der Sache einen andern Beweis
für meine Behauptung, als die Berufung auf unbefangene Selbstbeobachtung. Wer sich in leuchtende Brechungsfarben oder in
klare Töne mit seiner Aufmerksamkeit vertieft, wird sich zugestehen, daß er abgesehen von der Reinheit, die ihnen allen zukommen kann, für jede einzelne Farbe, jeden einzelnen Ton ein
besonderes und eigenthümliches Interesse empfindet. Das reine
Blau gefällt nicht blos um seiner Reinheit willen ebenso oder
nur mehr oder weniger als das reine Orange um der seinigen
willen, sondern es gefällt ganz anders; und die Klarheit eines
Tons von mittler Höhe ganz anders als die eines andern, der
sich der obern oder untern Grenze der hörbaren Tonleiter
nähert.

Doch dies freilich giebt jeder zu; aber man wird hinzufügen, daß Reinheit sich natürlich nicht an Nichts, sondern nur
an irgend einem bestimmten Inhalte der Empfindung wahrnehmen
lasse; die Eigenthümlichkeit des Eindrucks nun, welchen dieser
unentbehrliche Inhalt der Farben und Töne auf unser Gemeingefühl macht, gebe allerdings unserer Gesammterregung ein besonderes sinnliches Colorit; das Aesthetische an ihr sei aber doch
nur das formale Verhalten der Reinheit, das an diesem Em-
pfindungsstoff als Gleichheit aller seiner Theile zur Wahrneh-
ung komme.

Nun könnte ich mich auf seinere Speculationen der Psychologie berufen und gelten machen, daß auch jede einfache Empfindung, die wir mit einem einzigen Namen roth, süß, warm
nennen, doch nur das Erzeugniß einer Vielheit aufeinanderfol-
gender oder zugleich ablaufender kleinsten Erregungen unserer
Seele sei, die nicht einzeln wahrgenommen werden, sondern nur
in bestimmter Verknüpfung zusammengefaßt jene einfachsten Gegenstände unsers Bewußtseins bilden. Das wodurch Roth sich von
Blau unterscheidet, würde dann auf einer eigenthümlichen Verbindungsweise jener unendlich kleinen an sich unwahrnehmbaren
Erregungen beruhen; und so könnte jede einfache Empfindung,
weil sie in der That verbundenes Mannigfache wäre, ein ästhetisches Urtheil auf sich ziehen, und zwar jede ein anderes, denn
das beurtheilte Verhältniß des Mannigfachen würde für jede ein
besonderes sein. Aber diese an sich richtige Berufung würde
hier ein übles Beispiel befolgen, das die Aesthetik mehrfach gegeben hat. Die Aufsuchung aller in und außer dem Bewußtsein
gelegenen Bedingungen, an denen die Entstehung unsers ästhetischen Wohlgefallens hängt, kann nur gelingen, wenn wir zuvor
unbefangen alle die Fälle beachtet haben, in denen es thatsächlich
eintritt. Wir handeln unrecht, wenn wir eine in der Mehrzahl
der Fälle wirksam gefundene Bedingung zur ausschließenden machen, und den ästhetischen Eindruck da nicht anerkennen wollen,
wo sie nicht vorkommt. Ueber die Natur des Antheils, den wir
an unsern sinnlichen Eindrücken nehmen, kann uns keine Speculation, sondern nur unser unmittelbares Gefühl belehren; und so
darf auch die Beantwortung dieser Frage, ob einfache Sinnesempfindungen einen wirklich ästhetischen Eindruck hervorbringen
können, nicht von unserer Wahl zwischen zwei psychologischen
Ansichten abhängig gemacht werden, von denen die eine diese
Empfindungen für wirklich, die andere nur für scheinbar einfach
erklärt.

Ich leugne nun, daß unsere Gesammterregung durch einen

einfachen Sinneseindruck nur in dem ästhetischen Wohlgefallen
an seiner Reinheit, und in einem nicht ästhetischen, sondern nur
sinnlichen Erregtsein durch das Qualitative seines Inhalts bestehe. Eben dies vielmehr, was den Ton zum Ton macht, und
ihn von der Farbe und jede Farbe von der andern unterscheidet,
hat neben der Wirkung auf das Behagen oder Mißbehagen unserer Sinnlichkeit eine von dieser trennbare und im Grunde stets
im Stillen von uns anerkannte ästhetische Bedeutung. Die
Landschaftsmalerei erreicht ihre ganze Wirkung gewiß nicht durch
die Formen allein, so daß sie etwa die Farben nur als nothwendiges Mittel brauchte, diese kenntlich zu machen; sie wirkt
vielmehr durch die Farben selbst und zugleich durch eine Menge
von Sinneseindrücken, die sie gar nicht wirklich darstellt, sondern
deren Erinnerung sie nur hervorruft. Auch die nicht zu malende
Wärme oder Kühle des Luftkreises und die undarstellbaren Düfte
der Gewächse tragen zu ihrem Gesammteindruck bei und es ist
auf diesen Beitrag gerechnet. Aber gewiß will diese Kunst durch
Erregung solcher Vorstellungen nicht einen blos sinnlichen Reiz
ausüben, und eben so wenig glaublich ist es, daß sie durch bloße
formale Vereinigung dieser undargestellten sinnlichen Empfindungen eine Schönheit erzeuge, während diese Empfindungen einzeln genommen ästhetisch ganz gleichgültig wären. Auch urtheilt
der unbefangene Sinn des Beobachters nicht so. Die Frische
oder Wärme, die ihm selbst allerdings sinnlich behagen, die Düfte,
die ihn erfreuen würden, kommen für ihn gar nicht von diesem
Gesichtspunkt aus, nicht nach dem Maße des Nützlichen oder
Schädlichen in Betracht, das sie für ihn enthalten; sie erscheinen
ihm vielmehr als eigne characteristische Lieblichkeiten und Trefflichkeiten der Außenwelt selbst, die nur das Eigenthümliche haben,
daß kein Verstand, welcher sie sich objectiv gegenüberstellen könnte,
sondern nur unser Gefühl der Lust oder Unlust das Organ für
ihre Anschauung Erlebung und Anerkennung ist.

Es hat nie ganz an Versuchen zur Ausbeutung dieses ästhe-

tischen Werthes der einfachen Empfindungen gefehlt, doch befrie-
tigen sie nicht. Herder fand das Angenehme der untern Sinne
doch nur in dem Zusammenpassen ihrer Eindrücke mit den Bedürfnissen unserer Organe; den Werth der Farben und der Töne
erklärte er zu sehr durch das, woran beide uns zum Theil nur
sehr mittelbar erinnern, zu wenig durch das, was beide unmittelbarer durch sich selbst bedeuten. Fast dasselbe gilt von den Versuchen des Idealismus. Für Schelling ist der Klang die Indifferenz der Einbildung des Unendlichen ins Endliche, rein als
Indifferenz aufgenommen, das Licht der unendliche Begriff aller
endlichen Dinge, sofern er in der realen Einheit begriffen ist.
Da er diese Ausdrücke in seiner Philosophie der Kunst mittheilt,
so hat er von ihnen für die ästhetische Würdigung beider Empfindungen Gewinn gehofft. Aber solche Definitionen, die mit
verändertem Ausdruck bei Hegel und in seiner Schule häufig
wiederkehren, bezeichnen nur eine Aufgabe, von der der Philosoph annehmen zu müssen glaubt, das Absolute habe sie im Zusammenhang seiner ganzen Entwicklung speciell dem Lichte und
dem Klange gestellt; sie nennen die Idee, zu deren Darstellung
in der Wirklichkeit beide berufen sind. Die ästhetische Würdigung der Sinneseindrücke kann jedoch nicht von einer so mhste-
riösen Bestimmung, sondern nur von demjenigen abhängen, was
von einer solchen Bestimmung unmittelbar durch unser Empfinden und ohne Philosophie bemerkt wird. Alle größeren Lehrbücher der Aesthetik haben seitdem theils im Anschluß an solche
Schulformeln, theils unabhängig von ihnen, wie unter andern
mit großer Ausführlichkeit das noch unvollendete von Köstlin
(Tübingen 1865—1866) die Gedanken zusammengestellt, die wir
mit den verschiedenen Sinneseindrücken zu verbinden pflegen;
auf eine Zergliederung dessen, was diese Eindrücke durch sich
selbst oder durch die nächsten und unabweisbarsten Vorstellungs-
associationen uns empfinden lassen, ist man weniger eingegangen.
Nur zur Verdeutlichung der Aufgabe, die hier liegt, füge ich

Einiges hinzu, ohne Anspruch auf Neuheit, nur häufig Empfundenes etwas schärfer nachzeichnend.

Ob das, wodurch Roth roth ist und sich vom Grün unterscheidet, sich raumlos denken lasse, bleibe dahingestellt; empfinden aber und in der Erinnerung vorstellen läßt sich Farbe nur in räumlicher, Klang nur in zeitlicher Ausdehnung; dagegen ist diesem die räumliche fremd, für die Farbe aber die Zeit nur ebenso unentbehrlich wie für das Zustandekommen jedes Vorstellungsactes. Worauf dieser Gegensatz des Verhaltens bei der Aehnlichkeit der erzeugenden Licht- und Schallschwingungen beruhe, geht Physiologie und Psychologie an; für die Aesthetik ist nur wichtig, daß er vorhanden ist und daß er dem unmittelbaren Empfinden angehört. Aus Gründen, die gleichfalls unbesprochen bleiben können, hat die Farbe auch ihren Ort, an dem sie ruht; dort, in irgend einer Entfernung sucht unser Blick sie auf und sie verschwindet, wenn wir ihn abwenden. Den Klang beziehen wir stets nur auf einen Ort seiner Entstehung, an dem er nicht ruht, sondern von dem er ausgeht, um an uns anzudrängen; er kommt uns nach, wenn wir uns entfernen und sucht uns auf. Deswegen, weil er so empfunden wird, nicht aber, weil er wirklich auf Bewegungen der tönenden Körper beruht (denn darin gleicht er den Farben), ist der Klang stets als eine thätige Offenbarung des gestaltlosen Innern der Dinge, die Farbe dagegen für die ruhige Erscheinung der Realität gehalten worden, mit welcher jedes, durch sein bloßes Sein, im Zusammenhang mit andern seine Stelle einnimmt. Das allgemeine Licht aber, dessen bloße Helligkeit wir im Empfinden leicht von den einzelnen Farben unterscheiden, erscheint uns als das universale Mittel, das geordnete Nebeneinandersein aller Dinge herzustellen; die Stille, denn nur diese, nicht einen allgemeinen Klang setzt unser Empfinden den einzelnen Tönen entgegen, ist der natürlichste Ausdruck der Thatlosigkeit, lautlose Finsterniß die sinnliche Erscheinung des Nichts. Denn Stille und Dunkel müssen wir

ten sinnlichen Empfindungen hier zurechnen; sie sind Wahrnehm=
ungen der Abwesenheit eines Reizes, nicht blos Abwesenheit der
Wahrnehmung in dem Sinne, wie der Hand oder dem Fuße
die Empfindung des Lichts oder der Farben einfach fehlt. Und
eben deswegen, weil sie die einzigen positiven Empfindungen
des Nichts sind, müssen sie nicht blos als beliebig erfundene
Gleichnisse für das Nichtige, denen man hundert andere gleich=
berechtigte gegenüberstellen könnte, sondern sie dürfen wohl als
psychologisch nothwendige Symbole angesehn werden.

Wenn ich aber auch Hindeutungen auf Realität Thätigkeit
Bewegung und Thatlosigkeit unmittelbar in dem Eindrucke von
Licht und Schall zu finden glaube, so wird man mir einwerfen,
daß dies wenigstens nur Gedanken sind, die sich an jene Eindrücke für denjenigen knüpfen, der vom Sein und Thun, vom
Handeln und Ruhen bereits andere Erfahrungen hat. Ich ant=
worte darauf, daß das ästhetisch urtheilende Subject, über dessen
Erregungen wir überhaupt Untersuchungen anzustellen haben, nur
die menschliche Seele und zwar nicht die des Neugebornen ist,
sondern nur die, welche durch mannigfache Lebenserfahrungen
schon längst viel weiter als zu der Ausbildung jener genannten
allgemeinen Vorstellungen gelangt ist. Die Empfindung dieser
Seele ist nun überall dieser zusammengesetzte Act, in welchem
der sinnliche Eindruck durch das Auftauchen jener Nebengedanken
gedeutet wird, und erst wo diese Stufe der Ausbildung erreicht
ist, können wir an die Möglichkeit eines ästhetischen Eindrucks
überhaupt glauben. Ich meine daher noch weiter gehn und
schon hier anstatt der einzelnen Töne und Farben die Gliederung des gesammten Ton= und Farbenreichs berücksichtigen zu
dürfen. Ich denke damit noch nicht von der Schönheit zu sprechen, die der Verknüpfung des Mannigfachen entspringt, son=
dern nur von der, die dem Einzelnen um seiner Vergleichbarkeit mit anderen willen zukommt. In solcher Vergleichung
aber lebt unser wirkliches Empfinden durchaus; wir haben, so

lange wir ästhetisch urtheilen, niemals blos eine Farbe oder einen Ton gekannt, sondern stets eine Vielheit beider, deren jedes einzelne Glied von uns nicht anders als mit dem Nebengefühl seines Verhaltens zu andern vorgestellt wird; auf dieses wirkliche Empfinden allein kann sich unsere Betrachtung beziehen, nicht auf die unauffindbare Seele, in der Dies alles anders wäre.

Die Töne erscheinen uns als Glieder einer aufsteigenden Reihe und ihre zunehmende Höhe hängt von der wachsenden Häufigkeit der erregenden Schallwellen ab. Diese physische Ursache der Skala erwähne ich nur, um die ganz anders geartete Natur ihrer Wirkung hervorzuheben. Steigerung überhaupt liegt allerdings sowohl in der zunehmenden Höhe der gehörten Töne als in der wachsenden Anzahl der Schallwellen; aber von der Vermehrung einer Anzahl, wie sie eben den letztern zukommt, enthält die Höhenzunahme der gehörten Töne keine Andeutung; sie setzt an die Stelle derselben vielmehr etwas ganz Eigenthümliches, eine Steigerung, die wir als Zunahme einer qualitativen Intensität, oder deutsch als Zunahme der Lebendigkeit bezeichnen könnten. Denn die wachsende Höhe des Tons ist nicht zunehmende Kraft eines qualitativ Gleichbleibenden, sondern sie ist Uebergang in eine andere Qualität, aber in eine solche, die eben durch das was sie ist, und wodurch sie sich qualitativ von andern unterscheidet, zugleich ein bestimmbares Mehr oder Minder als diese ist. Noch ein Anderes kommt hinzu. Der höhere Ton wird im Verhältniß seiner zunehmenden Höhe und abgesehn von seiner Stärke, dünner schärfer oder spitziger, der tiefere breiter und stumpfer empfunden; Ausdrücke, welche deswegen, weil sie von Raumverhältnissen entlehnt sind, nicht aufhören, eine von aller Vergleichung unabhängige, jedem bekannte Thatsache des Empfindens zu bezeichnen. Vielleicht hängt diese Eigenheit von der kürzeren Dauer der einzelnen Welle ab, durch die für die höheren Töne die größere Häufigkeit ihrer Wiederkehr in gleicher Zeit ermöglicht wird; gleichviel, nachdem einmal die hörbare

Skala so vor unserem Bewußtsein steht, versinnlicht sie uns ein vielgegliedertes Reich möglicher Thätigkeitsformen. Abgesehn von seiner Stärke hat jeder Ton, jede erscheinende Thätigkeit des Innern also, um ihrer qualitativen Natur willen einen meßbaren Werth größerer oder geringerer Lebendigkeit; aber nach zwei Richtungen hin verzehrt sich diese Thätigkeit selbst; sie wird unmöglich und der Ton verschwindet aus dem Reiche des Hörbaren, wenn seine Lebendigkeit, seine Höhe, sich beständig steigert, denn damit verdünnt sich gleichsam zu Nichts der Körper, von dem dies Leben ausgehn sollte; er verschwindet ebenso, wenn die Breite und Masse des Hörbaren in den tiefsten Stufen der Skala die Beweglichkeit erdrückt. So gleichen die höchsten Töne einer Bewegung von immer zunehmender Geschwindigkeit und immer abnehmender Größe des Bewegten, die tiefsten der stets verlangsamten Bewegung einer zugleich maßlos anwachsenden Masse.

Man wird dies im beßten Falle Gleichnisse schelten, die das, was im wirklichen Eindrucke liegt, willkürlich und nicht erschöpfend umschreiben. Allein wenn die ganze Eigenthümlichkeit des sinnlichen Eindrucks sich durch Begriffe wiedergeben ließe, so verlöre er eben das, wodurch er mehr ist, als die bloße Wiederholung des Gedankeninhalts, den er ja nicht blos wiederholen, sondern eben versinnlichen soll. Hierin scheinen die idealistischen Betrachtungen dieser Gegenstände mir zu irren. Ruhiges Dasein, thätige Bewegung und alle die Eigenthümlichkeiten der letztern, die ich oben in dem Tonreich ausgedrückt zu finden glaubte, können dem Idealismus als Formen des Daseins und Geschehens gelten, welche die höchste Idee zu ihrer Verwirklichung nothwendig voraussetzt; ist also Schönheit die Erscheinung des Idealen, so sind Klang und Farbe schön, weil sie jene nothwendigen Momente der Idee erscheinen lassen. Aber der Idealismus schätzt beide Sinneseindrücke zu sehr nur deshalb, weil sie jene abstracten Beziehungen enthalten; mir scheint

das Wichtigere die Art, wie sie dieselben versinnlichen. Nicht
darin besteht ihr ästhetischer Werth, daß man aus ihrer sinnlichen Eigenthümlichkeit abstracte Momente der Idee heraus-
schälen kann, sondern darin eben, daß der Gedanke hier diese
Schale angenommen hat; darin, daß Beziehungen, die man sonst
nur denken kann, jetzt vor unserem Ohre klingen, vor unserem
Auge glänzen. Der sinnliche Eindruck wiederholt also nicht
blos den denkbaren Inhalt jener Momente der Idee, sondern
gibt diesen, die an sich nur unaufgelöste Aufgaben und Räthsel
für das Denken sind, erst jene anschauliche Bestätigung ihrer
Wahrheit, welche für jedes Räthsel in seiner Lösung liegt. Denn
diese, sobald sie gefunden ist, zeigt nicht nur, was mit ihm gefunden war, sondern zeigt auch erst, daß überhaupt etwas mit
ihm gemeint sein konnte, und daß es nicht ein Hirngespinnst
einander widerstreitender Forderungen war. So könnte, um nur
ein Beispiel zu erwähnen, der Idealismus leicht in seinen Principien Veranlassung finden, als eine um der Idee willen nothwendige Form des Daseins auch die einer qualitativen Intensität zu verlangen; daß aber diese abstracte Forderung etwas
ausdrückt, was sich überhaupt erfüllen läßt, und wie sich ihre
Erfüllung denn eigentlich ausnimmt, das lernen wir erst von
der Tonleiter, welche uns auf eine vorher unerrathbare Weise,
durch das Steigen der Tonhöhe, das Verlangte vormacht. Begreiflich ist daher, daß diese der Sinnlichkeit ganz eigenthümliche
Art, wie sich in ihr die Erscheinung der Idee ausnimmt, nicht
nicht wieder durch Begriffe ausgemessen werden kann; der volle
ästhetische Werth der sinnlichen Eindrücke, der eben hierin besteht, läßt sich daher durch Gedanken niemals, aber auch ihr
Gedankengehalt scheint sich nur gleichnißweis erschöpfen zu lassen,
weil er in dieser seiner unauflöslichen Verbindung mit dem
Eigenen der sinnlichen Erscheinung nicht mehr sich selbst in
seiner abstracten Reinheit, sondern nur einem concreten Symbol
seiner selbst gleicht. Doch was ich hiermit meine, werde ich

deutlicher vielleicht machen können, wenn wir zuvor der Harmonie der Töne gedacht haben werden.

Schon Leibnitz hatte das Wohlgefallen an der Musik auf
unbewußtes Zählen der Seele zurückgeführt. Allein durch unbewußtes Zählen zu Lust oder Unlust bestimmt werden, heißt doch
nur: in Folge eines durch Zahlen bestimmbaren Reizes, der auf
uns einwirkt, auf bestimmte Weise leiden; so ist jener Ausspruch nicht Erklärung, sondern nur Bezeichnung einer bekannten
Thatsache. Auch Euler und nach ihm überhaupt die Aesthetik
betrachtete die einfachen Verhältnisse der Schwingungszahlen zweier
Töne als directen Grund ihrer Consonanz; man gab nicht an,
woran die Seele, welche die Schwingungen nicht zählt, die
Gegenwart so günstiger Verhältnisse in dem einen, ihre Abwesenheit in dem andern Tonpaare merken soll. Eine auf die Entstehung aller sinnlichen Gefühle gerichtete Betrachtung veranlaßte
mich selbst zu folgenden Bemerkungen. (Medicinische Psychologie
1852.) So wenig ein Sinn die mannigfachen Eindrücke als
verschiedene wahrnimmt, weil sie verschieden sind, sondern nur
weil und sofern sie auf ihn verschieden wirken, so wenig nimmt
ein Gefühl ein Verhältniß zwischen zwei Reizen wahr, blos weil
es zwischen ihnen besteht, sondern nur weil und sofern es als
solches auf uns einwirkt. Gegenstand der Erkenntniß wird das
Verhältniß, sobald jedes seiner beiden Glieder vorgestellt und zugleich die vorstellende Thätigkeit sich der Art und Größe der
Aenderung bewußt wird, welche sie bei dem Uebergang vom einen
zum andern erfährt; Gegenstand des Gefühls aber, der Lust oder
Unlust, wird dasselbe Verhältniß dann, wenn uns die Art und
Größe der Förderung oder Störung zum Bewußtsein kommt, die
wir durch das gleichzeitige Einwirken seiner beiden Glieder erleiden. Ebenso nun, wie die Empfindung des Rothen keine Hindeutung auf die Natur der Lichtwelle enthält, durch die sie erweckt wird, mithin ihre eigne Erzeugungsursache gar nicht abbildet, ganz ebenso ist im Allgemeinen das Gefühl von Lust und

16*

Unlust nicht eine Abbildung oder Erkenntniß, sondern nur eine Folge des Einklangs oder Widerstreits, welcher zwischen der Aufgabe, zwei Reize zugleich aufzunehmen, und unserer Fähigkeit besteht, diese Leistung auszuführen. Es ist nicht so, daß wir die durch beide Eindrücke uns zugefügte Störung oder Förderung zuerst als erkennbares Schauspiel beobachteten, um dann nach Befund des Sachverhaltes ein gewisses Maß von Lust oder Unlust zu beschließen; sondern die Vorgänge, auf denen unser Gefühl beruht, können sämmtlich außerhalb des Bewußtseins bleiben, während innerhalb desselben nur die Wahrnehmung unsers Wohls und Wehes als Schlußglied einer verborgenen Kette von Ereignissen auftritt. Es kann und muß daher allerdings eine theoretische Untersuchung nach dem nützlichen oder schädlichen Effect forschen, den das Verhältniß zweier Reize irgendwo in uns hervorbringt; denn ohne derartige Wirkung könnte es nicht Grund eines Gefühles für uns sein; aber es ist gar nicht nöthig, daß das Gefühl selbst von einer Einsicht in diese Gründe seiner Entstehung begleitet sei. Auch dafür, daß wir jetzt Roth, dann Grün sehen, muß die Theorie der Empfindung den Grund in der Verschiedenheit der Lichtwellen suchen, die nacheinander auf uns einwirken; die Empfindung selbst aber braucht außer der Röthe des Rothen und der Grüne des Grünen nicht auch noch ein Bild der Aetheroscillationen zu enthalten, auf denen beide beruhen. Ein Gefühl des Wohlgefallens kann sich daher recht wohl an einfache Verhältnisse der Schwingungszahlen zweier Töne knüpfen, obwohl diese Verhältnisse gar nicht Gegenstände der Wahrnehmung sind; aber allerdings kann es sich an diese Verhältnisse nicht knüpfen, sofern sie zwischen zwei Tönen blos bestehen, sondern nur sofern die Töne, die in ihnen stehen, eben um deswillen eine schädliche oder nützliche Aenderung unsers Zustandes hervorbringen. Größe und Art dieser Aenderung wird dann, um dies nochmals hervorzuheben, im Gefühl nicht abgebildet und erkannt, sondern nur ihr Werth für uns durch ein nach Art und Größe bestimmtes Wohl oder Wehe genossen.

Nach dieser allgemeinen Annahme schien mir damals noch ein doppelter Fortgang möglich. Bringen zwei dissonirende Töne in dem Gehörnerven zwei unverträgliche Nervenprocesse hervor? und erzeugen sie so einen Störungszustand des Nerven, der als Reiz auf die Seele wirkend, von dieser als Unlust wahrgenommen wird? Oder verlaufen die Eindrücke im Nerven ohne Schaden nebeneinander? und können vielleicht nur die beiden gehörten Töne, die Empfindungen also, nachdem sie im Bewußtsein entstanden sind, von der vorstellenden Thätigkeit der Seele um deswillen was sie sind, nicht zugleich ohne Widerstreit festgehalten werden? so daß die Zumuthung, es dennoch zu thun, Unlust erzeugt als Zeichen einer Gewalt, die der Seele, nicht einer solchen, die dem Nerven angethan wird?

Ich ging damals von der Annahme aus, daß alle Schallwellen auf alle Fasern des Hörnerven wirken, mithin auch die Nervenprocesse, welche zwei dissonirenden Tönen entsprechen, sich in denselben Fasern begegnen. Unter dieser Voraussetzung lag nahe, an eine Störung zu denken, die der Nerv selbst durch die Zumuthung dieser zwei gleichzeitigen Leistungen erführe. Specieller jedoch anzugeben, welche Arten gleichzeitiger Vorgänge den Functionsbedingungen des Nerven zuwider laufen, verhinderte damals wie jetzt die Unkenntniß des Nervenprocesses. Helmholtz hat in seiner Lehre von den Tonempfindungen (2. Aufl. S. 253 ff.) ausgeführt, daß in allen Sinnen intermittirende Reizungen Quellen der Unlust sind; er vergleicht das Unangenehme des Kratzens, Kitzelns und Bürstens, das Quälende des flimmernden Lichtes mit der Rauhigkeit von Tönen, denen er künstlich einen intermittirenden Verlauf gegeben.

Bei fortdauernd gleichmäßiger Einwirkung führe ein Sinnesreiz schnell eine Abstufung der Empfindlichkeit herbei, durch welche der Nerv vor einer zu anhaltenden und heftigen Erregung ge-

schützt werde. Während der Pausen eines intermittirenden Reizes
dagegen stelle sich die Empfindlichkeit einigermaßen wieder her
und der neue Reiz wirke also viel intensiver, als wenn er in
derselben Stärke dauernd gewirkt hätte. Ich glaube, daß in
diesen von Helmholtz angeführten Umständen die thatsächliche
Ursache des Unangenehmen unserer Empfindungen wenigstens in
vielen Fällen wirklich liegt, wenn gleich der eigentlich mechanische
Grund mir nicht hinlänglich klar scheint, um deswillen die intermittirende Aufbrauchung einer unterdessen stets wiederhergestellten
Empfindlichkeit ein um so viel schädlicherer Effect für die Oekonomie des Nerven sein sollte, als seine dauernde Reizung. Denn
die letztere muß ja nicht im Vergleich mit jener so überstark gedacht werden, daß schon ihr Anfang die Empfänglichkeit des
Nerven ganz aufhebt und dadurch der Schaden ihrer Fortsetzung
verhindert wird; continuirliche Reizungen von mittlerer Stärke
halten wir längere Zeit so aus, daß die Intensität der von
ihnen erregten Empfindung nicht merklich abnimmt; sie ver-
brauchen also ebenfalls von Moment zu Moment eine inzwischen
sich wieder sammelnde Erregbarkeit, ohne deswegen unangenehm
zu werden. Doch dies möge auf sich beruhen.

Von diesen Thatsachen führt nun bei Helmholtz zu einer
Ansicht über die Gründe der Dissonanz von Tönen die physiologische Hypothese: von den zahlreichen merkwürdigen Fasern,
die Corti im Innern des Gehörorgans in enger Verbindung mit
den Faserenden des Hörnerven gefunden, diene jede einzelne der
Empfindung eines einzigen Tones von bestimmter Höhe, werde
jedoch von Tönen, welche diesem ihrem eigenen sehr nahe liegen,
in geringerem Grade der Lebhaftigkeit miterregt. Treffen nun
zwei Töne von sehr geringem Intervall zusammen und reizen
folglich dieselben Cortischen Fasern, so müssen ihre Schwingungen sich verstärken, so oft gleiche Phasen derselben zugleich
eintreten; sie führen also dem Nervenende einen intermittirenden
Reiz, nämlich eine Erregung von abwechselnder Stärke zu. Töne

von größerem Interball erregen zwar nicht mehr dieselben Cortischen Fasern, aber Partialtöne derselben können nahe genug
zusammenliegen, um es zu thun; auch sie erzeugen dann jene
Schwebungen, durch welche die Klangmasse zum Theil in ge-
trennte Tonstöße verwandelt und der Zusammenklang rauh wird.
So entstehe die Dissonanz; Consonanz dagegen beruhe auf Schwing-
ungsverhältnissen zweier Töne, bei denen Schwebungen entweder
nicht, oder in zu geringer Stärke entstehn, um den Zusammenklang wahrnehmbar zu stören.

Die weitere Entwicklung, welche Helmholtz dieser Lehre bis
zur Erklärung und Rechtfertigung vieler Einzelheiten des General-
basses gibt, muß man in seiner eignen Darstellung verfolgen,
deren belehrender Reichthum an neu aufgefundenen Thatsachen
die Versuchung zu größerer Ausführlichkeit, als mein Raum gestattet, schwer überwinden läßt. Ueber die ästhetische Bedeutung
der Ergebnisse habe ich einige Zweifel. Unmittelbare Erklärung
fänden durch sie nur die Dissonanzen, wenn man nämlich die
Rauhigkeit von den Schwebungen für identisch mit ihnen ansieht; das Wohlgefallen an Consonanzen ist jedoch eine zu ausgezeichnete und zu positive Erscheinung, um zulänglich aus der
bloßen Abwesenheit solcher Störungen erklärt zu werden. Man
müßte hinzufügen, daß jede Nervenerregung Quelle um so
größerer Lust ist, je formell mannigfaltiger die Bewegungen sind,
in welche sie den Nerven innerhalb der Bedingungen seiner
dauernden Functionsfähigkeit versetzt. Dies liegt in der That in
Helmholtz's eigenen Beobachtungen, nach denen der wirklich einfache Ton musikalisch leer und nichtssagend klingt, einen gut
verwerthbaren Eindruck dagegen nur derjenige macht, der wie die
Töne der meisten Instrumente von einer Anzahl mitklingender Obertöne begleitet ist. Die Wohlgefälligkeit der Consonanz beruht daher
wirklich nicht blos auf dem Mangel der Störung, sondern auf der
vorhandenen Vielheit der mannigfaltigen unterscheidbaren Eindrücke, die ohne Störung neben einander wahrgenommen werden.

Mit alle Dem würden wir jedoch nur die physiologischen
Bedingungen gefunden haben, an denen factisch Consonanz und
Dissonanz hängt, ohne doch zu begreifen, warum diese Gründe
solche Folgen haben müssen. Weiter hat indeß auch Helmholtz
wohl nicht zu gehen gemeint; was ich hinzufüge, bezieht sich im
Allgemeinen auf die unvermeidliche Unzulänglichkeit der an sich
sehr wichtigen physiologischen Betrachtungsweise dieser Dinge.
Ich komme nämlich darauf zurück, daß nicht eine Dissonanz nur
ebenso, oder nur mehr oder minder dissonirt, als eine andere;
jede vielmehr, und ebenso jede Consonanz, erweckt ein seiner
qualitativen Färbung nach eigenthümliches Gefühl der Lust oder
Unlust; der characteristische Unterschied von Dur und Moll in
unserer Empfindung ist auf kein bloßes Mehr oder Weniger
einer und derselben Eigenschaft zurückführbar, welches bloßen
Gradunterschieden eines im Nerven vorgehenden schädlichen oder
nützlichen Vorgangs entspräche. Es ist dasselbe wie mit den
Tönen überhaupt; daß wir steigende Wellenfrequenz als steigende
Höhe empfinden müßten, folgt aus dem Begriff dieser Fre-
quenz nicht; daß wir größere oder geringere Intensität der
Schwebungen oder verschiedenen Formenreichthum störungsloser
Nervenprocesse in der Form dieser characteristisch verschiedenen
Consonanzen und Dissonanzen wahrnehmen müßten, folgt aus
ihren Begriffen ebenso wenig. Zur Erklärung der musikalischen
Erscheinungen reicht daher die Kenntniß dessen nicht hin, was
im Nerven geschieht; man müßte ferner wissen, wie das Geschehende auf die Seele wirken kann und in welcher Weise es
von ihr aufgenommen wird. Hier endet aber die Ergiebigkeit
der physiologischen Forschung ebenso, wie sie bei der Frage endet,
warum wir Aetherwellen als Licht und ihre verschiedene Fre-
quenz als Farben empfinden. Nur scheinbar mehr als dies versteht sich von selbst, daß Vorgänge, die den Nerven stören, nach
dem Maß dieser Störung auch der Seele Unlust erregen müßten;
es kommt immer noch auf den Nachweis an, daß der Störungs-

zustand des Nerven, wie ich oben bemerkte, nicht blos besteht, sondern selbst als Reiz auf das Bewußtsein wirkt.

Man denke sich, daß der schädliche Effect einer intermittirenden Reizung des Nerven mechanisch vollkommen nachweisbar sei, so könnte doch immer dieser Effect zuletzt nur in irgend einer Abweichung liegen, welche die Gesammtsituation der Elemente in dem gereizten Nerven oder in denen erführe, welche zur Ausgleichung der entstandenen Erregung aufgeboten werden. Wie aber könnte diese blos stattfindende Abweichung Grund unserer Unlust sein, wenn sie nicht nachweisbar auf die Seele wirkt? Jedenfalls müßte dieser schädliche und im Falle der Consonanz der günstige Effect im Nerven als ein positiver neuer Reiz angesehen werden, der Lust oder Unlust durch seine Einwirkung auf die Seele ebenso hervorruft, wie der einfache Nervenproceß die Empfindung. Aber es ist sehr unwahrscheinlich, daß jener physische Effect im Nerven als Ein fertig gemachter neuer Reiz auf die Seele wirke, so daß die zusammensetzenden Vorgänge, deren Resultante er ist, hier nicht mehr gesondert in Betracht kämen; sehr unwahrscheinlich also, daß zwei Tonempfindungen, welche aus den ursprünglichen beiden Nervenprocessen entstehen, von einem Unlustgefühle nur begleitet würden, welches neben ihnen als ein Drittes unmittelbar aus dem Angriff entstände, den die zu einem eigenen dritten Vorgange verselbständigte gegenseitige Störung der beiden Nervenprocesse noch nebenher auf die Seele machte. Viel wahrscheinlicher ist mir, daß die im Nerven entstandene materielle Störung nur allgemeine Symptome der Ermüdung, Anstrengung und erhöhter Reizbarkeit hervorbringt, daß dagegen die specifisch ästhetischen Gefühle des Wohlgefallens, welche sich an verschiedene Consonanzen und Dissonanzen verschieden knüpfen, erst aus den Gegenwirkungen der Empfindungen entspringen, nachdem diese im Bewußtsein entstanden sind, oder indem sie in ihm entstehen. Es würde dann das zweite Glied der oben (S. 277) gestellten

Doppelfrage bejaht: die ästhetischen Gefühle sind Zeichen einer Gewalt oder Gunst, die nicht dem Nerven, sondern der Seele widerfährt.

Diesen zweiten Standpunkt hat vor langer Zeit mit großer Entschiedenheit Herbart behauptet. Die Musik sei nicht Nervenkitzel, sondern Genuß für ein musikalisches Denken; die körperlichen Vorgänge haben nur für die Entstehung unserer Empfindungen zu sorgen, die ästhetische Beurtheilung dieser, nachdem sie im Bewußtsein da sind, erfolge nach Maßgabe dessen, was sie als Zustände des Bewußtseins sind und nach Gesetzen, welche die geistige Thätigkeit des Vorstellens beherrschen. Herbart hat sich wiederholt über diese Dinge ausgesprochen: in den Hauptpunkten der Metaphysik 1808, in den psychologischen Bemerkungen zur Tonlehre 1811, in den psychologischen Untersuchungen 1839; bequem unterrichtet man sich aus keiner dieser Darstellungen, am vollständigsten aus der letzten.

Zwei Acte des Vorstellens, welche sich durch vergleichbare Verschiedenheit ihres vorgestellten Inhalts, wie z. B. zwei Farbenvorstellungen, unterscheiden, können nach Herbart nicht ohne Weiteres nebeneinander bestehen; die Einheit der Seele drängt sie zur Wechselwirkung. Durch diese wird ein Theil der vorstellenden Thätigkeiten gehemmt, und in bloßes Streben vorzustellen verwandelt; die beiden Vorstellungen selbst aber erfahren einen Abbruch ihrer Klarheit im Bewußtsein, der sich im Allgemeinen auf sie im umgekehrten Verhältniß ihrer Stärke vertheilt. Rechnungen lehren dann, daß zwei gleich starke doch verschiedene Vorstellungen eine dritte schwächere ganz aus dem Bewußtsein verdrängen, wenn ihre Stärke sich zu der der letztern wie $\sqrt{2} : 1$ verhält. Den Raum einer Octave nun denkt sich Herbart als eine gradlinige Tonreihe, welche nach dem bloßen Zeugniß des Gehörs und ohne jede Berufung auf physikalische Erkenntnisse in zwölf gleiche Intervalle, die halben Töne, zerfällt. Jeder von diesen Tönen werde dem Grundton unähnlicher im

graben Verhältniß seines Abstandes von ihm, bis in der Octave
des Grundtones die Aehnlichkeit mit diesem ganz verschwinde
und nur noch Gegensatz, voller Gegensatz also nach Herbarts
Sprachgebrauch, übrig bleibe. Jeder Ton der Skala läßt sich
daher, obgleich er an sich eine völlig einfache Empfindung bleibt,
in einer zufälligen Ansicht als Summe dessen ausdrücken,
was er mit dem Grundton Gleiches, und dessen, was er zu ihm
Entgegengesetztes enthält. Erklingen zwei Töne zusammen, so
sucht ihr Gleiches sie in Eine Empfindung zu verschmelzen; dem
widerstreben aber die beiden entgegengesetzten Antheile beider, die
von dem Gleichen nicht ablösbar sind. So entsteht hier der
vorige Fall wieder: nämlich drei miteinander streitende Acte des
Vorstellens. Sind zwei von ihnen, hier die beiden gleichstarken
entgegengesetzten Eigenthümlichkeiten beider Töne, grade stark genug, um den dritten, die Vorstellung der Gleichheit in ihnen,
aus dem Bewußtsein ganz zu verdrängen, so wird dieser ausgezeichnete Fall sich im Bewußtsein durch ein besonderes Ereigniß,
das Wohlgefallen einer Consonanz, verrathen; wären alle drei
widereinander wirkenden Kräfte gleich, so würde dem dadurch gegebenen unbeendbaren Streite das Gefühl einer Dissonanz folgen.
Ist c der Grundton, so ist der Gegensatz des g zu ihm durch
7 Intervalle zu messen, um die g von c absteht; die Gleichheit
des g mit c durch 5, um welche g von c̄, dem vollen Gegensatz des c, entfernt ist; umgekehrt ist auch der Gegensatz von c̄
zu g = 7, seine Gleichheit mit ihm die vorige. Es verhält sich
also, wenn Grundton und Quinte zusammenklingen, die Stärke
der beiden gleichstarken Gegensätze zur Gleichheit wie 7:5, d. h.
sehr annähernd wie $\sqrt{2}:1$. Grundton und reine Quinte geben
daher die vollkommenste Consonanz, weil hier der Conflict zwischen dem Einigungsbestreben des Gleichen und dem Widerstreben
der Gegensätze völlig, und zwar zu Gunsten der letztern entschieden ist; die Vorstellung der angestrebten Gleichheit ist ganz gehemmt, und die beiden Töne laufen nebeneinander ohne weitere

gegenseitige Störung ab. Dagegen steht Fis von dem Grundton und der Octave um gleichviel ab; seine Gleichheit mit c wird ebenso wie sein Gegensatz zu ihm durch 6 gemessen; die drei Kräfte sind gleich, der Conflict zwischen dem Streben nach Einheit und dem Widerstreben der Gegensätze unversöhnbar, und die falsche Quinte bildet daher mit dem Grundton die schlimmste Dissonanz.

Dies muß genügen, um anzudeuten, wie Herbart über die Harmonien der gehörten Töne allerdings ganz unabhängig von der physikalischen Theorie der Schallwellen urtheilt; daß er sich dennoch zur Bestätigung seiner Resultate auf ihre Uebereinstimmung mit denen jener bezieht, verwirrt mehr, als es aufklärt. Denn seine Theorie müßte dieselben Ansprüche machen, wenn auch die gehörten Töne und ihre empfundenen Intervalle zu den Schwingungszahlen gar nicht in dem einfachen (hier übrigens ganz unerklärt bleibenden) Verhältniß ständen, welches eine so kurze Vergleichung der beiderseitigen Resultate gestattet. Auch darüber muß ich die weitere Ausführung der Lehre dem eignen Quellenstudium des Lesers überlassen; vielerlei Bedenken im Einzelnen unterdrücke ich hier, wo dem scharfsinnigen, ganz mit Unrecht fast völlig ignorirten Versuche seine Stelle in der Geschichte der Aesthetik zu sichern war; nur einige allgemeine Bemerkungen sollen mich noch zu dem Punkte zurückführen, von dem ich oben (S. 275) ablenkte.

Das ästhetische Urtheil trifft nach Herbart die Form eines Verhältnisses; unwesentlich ist ihm unsere Lust oder Unlust an der Wahrnehmung dieser Form, so wie deren sonstige ideale Bedeutung. Mit dieser Denkweise scheint mir seine Ableitung der Consonanzen nicht zu stimmen. Er sucht im Voraus die Verhältnisse von Tönen zu errathen, von denen zu erwarten ist, daß sie im Bewußtsein sich durch Consonanz und Dissonanz bemerklich machen werden. Was kann ihn hier leiten, wenn nicht der Gedanke: es verstehe sich von selbst, daß das gefallen oder mißfallen werde, was der Thätigkeit der Seele passend oder zuwider sei? Denn offenbar: nur so fern Größenverhältnisse zwischen Zuständen bestehen, deren gleichzeitige Erleidung ein und demselben vorstellenden Wesen zugemuthet wird, haben sie so verschiedenen Werth, daß man von dem einen angenehme, vom andern unangenehme Folgen erwarten darf; als bloßes Größenverhältniß ist eins nicht böser oder besser als das andere. Wenn daher auch nach Herbart das ästhetische Urtheil des Hörenden selbst Consonanzen billigte, Dissonanzen mißbilligte, ohne den psychologischen Grund dieses seines nothwendigen Verfahrens zu kennen, so läge doch in dem Gang, den Herbart nahm, das Zugeständniß der Theorie, Gefallen und Mißfallen hänge von dem Nutzen oder Schaden ab, den die wahrgenommenen Verhältnisse für die Oekonomie unseres Vorstellens haben. So sieht man sich zu Kants Ansicht zurückgeführt, welche die Schönheit in Uebereinstimmung der Eindrücke mit dem Ablauf der Seelenvermögen fand.

Aber ich kann die Unwissenheit des Hörenden über die Gründe seines ästhetischen Urtheils nicht einmal uneingeschränkt zugeben. Freilich ahnt er nicht, daß sein Wohlgefallen an dem Einklang von Grundton und Quinte auf einem Verhältniß von $\sqrt{2} : 1$ beruhe, das irgendwo stattfinde; aber die Unterscheidbarkeit und der störungslose Abfluß beider Töne, und auf ihm sollte ja die Consonanz beruhen, ist ein Ereigniß in seinem Bewußtsein, dem er zusieht, und ebenso dauert zwischen Grundton und falscher Quinte im Bewußtsein erkennbar der Zwiespalt fort, aus dem ihre Dissonanz entspringen sollte. Wenn daher ihrerseits die Theorie den Grund des Gefallens oder Mißfallens in dem Einklang oder dem Streit der Eindrücke mit der Wirkungsweise der geistigen Thätigkeit sucht, so bleibt dem Hörenden seinerseits zwar die entferntere Ursache unbewußt, die dieser Einklang oder Streit im psychischen Mechanismus hat, aber der Einklang und Streit selbst, als eine durch unbekannte Gründe fertig

gemachte Thatsache ist Gegenstand seines Bewußtseins und bildet
eben das Object, auf welches sich sein Gefallen oder Mißfallen
bezieht. Die Uebereinstimmung oder Nichtübereinstimmung der Eindrücke mit den Formen der Seelenthätigkeit ist daher hier nicht
blos die unbewußte Ursache, aus der auf unbekannte Weise das
Gefallen und Mißfallen entspringt, sondern der bewußte Grund,
um deswillen das eine oder andere sich an die Eindrücke und
ihr Verhältniß knüpft.

Aber noch eins. Herbart mochte die Musik nicht als Nervenkitzel ansehn; aber die Geringschätzigkeit, mit der dieser Ausdruck die physiologischen Erklärungen des musikalischen Genusses
abweist, kehrt sich auch gegen seine psychologische. Ist es nicht
Seelenkitzel statt des Nervenkitzels, wenn man die ästhetische Wirkung der musikalischen Accorde auf Nichts weiter zurückführt als
auf die Fügsamkeit oder Widerspenstigkeit, welche sie gegen die
Bedürfnisse der Oekonomie unsers Vorstellens zeigen? Oder ist
es an sich etwas durchaus Vornehmeres, wenn Vorstellungen
einander hemmen und begünstigen, und etwas an sich Gemei-
neres, wenn Aehnliches zwischen Nervenprocessen geschieht? Gewiß nicht; sondern wenn unser ästhetisches Interesse etwas Wür-
digeres sein soll, als das was hier unter dem Namen des Kitzels
getadelt wird, so muß sich finden, daß jene Tonverhältnisse nicht
gefallen, weil sie unserer Seele bequem sind, sondern weil sie
kenntlich und deutlich solche Formen des Daseins, Bestehens und
Geschehens abbilden, welche ein unbedingt Werthvolles, sagen
wir: ein höchstes Gut irgendwie als nothwendige Vorbedingungen seiner Verwirklichung voraussetzte. Um kurz über diesen
oft behandelten Punkt zu sein, wage ich die Behauptung: in dem
Streit gleicher Kräfte, den die falsche Quinte verursacht, hätte
Herbart keinen Grund zur Erwartung einer Dissonanz gefunden,
wenn nicht seine Ethik den Satz hätte, daß Streit unbedingt
mißfalle; in der Verträglichkeit der reinen Quinte keinen Grund
zur Erwartung einer Consonanz, wenn nicht ebenfalls seine

Ethik das gegenseitige Wohlwollen verschieden bleibender Wesen als unbedingt wohlgefällig betrachtete. Denn noch einmal: als bloße Zahlenverhältnisse sind alle Verhältnisse der Töne gleich ehrlich; als Verhältnisse auf uns einwirkender Reize werden sie schädlich oder nützlich, erklären aber dadurch nur unser subjectives Wohlbefinden; einen objectiven eignen Werth, den ein ästhetisches Urtheil anzuerkennen hätte, können sie nur haben, sofern sie Beispiele allgemeiner Verhältnißformen sind, die als nothwendige Momente einer Alles beherrschenden Idee, oder als Gegensätze zu solchen, nnbedingt anzuerkennen oder zu verwerfen sind. So fortgesetzt führt Herbarts Ansicht über die Kantische hinaus uns zu der des Idealismus zurück.

Befriedigend könnte mir nur die Vereinigung beider Standpunkte erscheinen: ästhetisch wirken Consonanzen und Dissonanzen nicht blos, weil sie solche Momente der Idee enthalten, und auch nicht blos weil sie unserer geistigen Organisation bequem sind, sondern deswegen, weil sie eben den einsehbaren Werth jener idealen Verhältnisse uns zu einem unmittelbaren Gefühl eines characteristischen Wohl oder Wehe verdichtet erlebbar machen. Denn nicht der Inhalt des Gedankens, daß zwei Töne streitlos nebeneinander in ihrer Eigenthümlichkeit ablaufen, ist schon Consonanz, sondern nur die unbeschreibliche aber wohlbekannte Art, wie sich dieser Ablauf für den Hörenden ausnimmt, darf so heißen; nicht die Thatsache des Streits dreier Kräfte ist Dissonanz, sondern nur die Art, wie diese Thatsache von dem Hörenden empfunden wird, in dem sie vorgeht. Und niemals würden wir, hätten wir nie consonirende oder dissonirende Töne gehört, aus dem bloßen Begriff jener Verhältnisse errathen, wie uns wohl zu Muth sein würde, wenn eines von ihnen sich zwischen Thätigkeiten oder Zuständen unsers eignen Selbst verwirklichte. Deßhalb möchte ich auch nicht eigentlich sagen, daß Consonanzen und Dissonanzen gefallen oder mißfallen, weil sie Beispiele auch sonst vorkommender und auch sonst gewürdigter allgemeiner Verhältniſſe des Einklangs oder Streits wären; ſie ſind nicht blos ſolche Beiſpiele neben andern, ſondern in ihrer Art ganz einzig. Denken kann man vielfache Arten von Streit und Ueberein-ſtimmung, und ihren relativen Nutzwerth für irgend einen Zweck überlegen; auch ihre Bitterkeit oder ihr Tröſtliches kann man im Leben durch ihre äußern Folgen oder die Stimmungen er-fahren, die ſie unſerem Gemüth verurſachen; aber um dahinter zu kommen, welche eigne Herbigkeit oder Süße in ihnen als bloßen Formen des Verhaltens ohne Rückſicht auf alle durch ſie erreichbar oder unerreichbar werdenden andern Güter liegt, dazu verhelfen uns nur die Conſonanzen und Diſſonanzen der Töne. Sie allein concentriren den Werth ſolcher Verhältniſſe, und zwar jeden in ſeiner Eigenheit, zu einem characteriſtiſchen, unmittelbar erlebbaren Gefühl; von ihnen hat daher die Sprache ſtets die Ausdrücke der Harmonie und Disharmonie entlehnt, wenn ſie den ähnlichen Werth analoger Verhältniſſe zwiſchen Dingen oder Perſonen gleich ausdrucksvoll und ebenſo unabhängig von aller Rückſicht auf die Zwecke oder Objecte, an denen die verſchiedenen Wirkſamkeiten dieſer zuſammenſtoßen, zu bezeichnen ſuchte. Doch hier muß ich abbrechen, nachdem ich auf den oben verlaſſnen Weg zurückgekommen bin, und jetzt dem inzwiſchen aus den Augen verlornen Reiche der Farben mich zuwenden.

Es ſind hauptſächlich die Harmonien der Farben, die uns intereſſiren. Denn daß der characteriſtiſche Eindruck der einzelnen Farben immer gefühlt worden iſt, beweiſen zwar die uralten Verſuche, ſie zu Symbolen der verſchiedenen Gemüths-ſtimmungen zu benutzen, doch weiß man, daß hiervon ſich kaum Etwas allgemeingültig hat fixiren laſſen. Es ſteht wenig beſſer um die Farbenharmonien, über welche die Traditionen der Maler neben manchem Willkürlichen gewiß viel Gutes enthalten, aber ohne wiſſenſchaftliches Princip. Auch Göthe in der Farben-lehre beurtheilt die Zuſammenſtellung von Farben nach indivi-dueller Abſchätzung ohne andern allgemeinen Grundſatz als den, daß Complementärfarben, die einander zu Weiß ergänzen, neben einander am meisten gefallen. Die einzelne Farbe, sagt er, erregt im Auge das Streben nach Totalität; es sucht deshalb neben ihr die andere hervorzubringen, die mit ihr die Totalität des Weißen bildet; werden ihm beide von außen entgegengebracht, so ist ihm diese Zusammenstellung erfreulich. Dieser Gedanke ist jedoch nur scheinbar deutlich, so lange man sich „das Auge" als wahrnehmendes, genießendes und beurtheilendes Subject gefallen läßt. Die complementärgefärbten Gegenbilder, die an die Stelle eines vorher betrachteten Bildes treten, werden von denselben Nervenfasern gesehen, die früher erregt waren; sieht man die Farben nebeneinander, so fallen sie auf verschiedene Fasern; es fehlt also an der Identität des Subjectes, welches sich dieses Verhältnisses seiner verschiedenen Erregungen erfreuen könnte. An die Stelle des Auges wird jedenfalls die Seele zu setzen sein, in der die Empfindungen zusammenkommen; der Grund aber für die allerdings thatsächliche Vorzüglichkeit complementärer Farbencombinationen bleibt vorläufig sowohl physiologisch als psychologisch dunkel.

Auf die Behandlung der Farbenharmonien haben seit langer Zeit Vergleiche mit den Tonconsonanzen Einfluß geübt. Namentlich seitdem die Undulationstheorie die Entstehungsursachen der Farben denen der Töne so gleichartig gemacht hatte, war der Gedanke verführerisch, dieselben Schwingungsverhältnisse, welche Tonaccorde bestimmen, seien auch Gründe der Farbenharmonien. Einen beredten und scharfsinnigen neuesten Vertreter hat diese Ueberzeugung in Fr. W. Unger gefunden (Die bildende Kunst. Göttingen 1858), welcher die Farbenoctave des Spectrum gleich der Tonoctave in zwölf Intervalle, halbe Farbentöne, eintheilt, und aus den Werken der besten Coloristen unter den Malern nachzuweisen sucht, daß am meisten diejenigen Combinationen gefallen, welche in Bezug auf die Schwingungszahlen der Lichtwellen als Farbenaccorde den consonirenden Tonaccorden ent-

sprechen. So consoniren die Farbenterzen Roth und Grün,
Orange und Blau, Gelb und Violet; dagegen sind unharmonisch
die Secunden Orange und Gelb, Gelb und Grün; ein Farben-
duraccord ist Roth Gelb Blau, ein Mollaccord Orange Grün
Violet. Die Verschiedenheiten zwischen gesehenen Farben und
gehörten Tönen sind hierbei nicht übersehen; indessen sind sie
doch bei aller Aehnlichkeit von Schall= und Lichtwellen viel größer,
als gern von ähnlichen Theorien zugestanden wird. Die Farben
bilden eben keine Skala zunehmender Höhe; sie sind überhaupt
Tönen viel weniger ähnlich, als Vocalen. Zwei Farben, wie
Blau und Roth, unterscheiden sich unvergleichlich viel mehr und
ganz anders, als zwei Töne jemals; zwei einfache Farben geben
eine einfache dritte, zwei Töne nie einen dritten; Farben, wie
auch immer verbunden, gefallen und mißfallen zwar, aber diese
Gefühle sind außerordentlich schwächer, als die der Tonconsonanz
und Dissonanz; dagegen gibt es für einzelne Farben häufige
Vorliebe, für Tonhöhen nicht. Diese Unterschiede, welche sich
zunächst auf den zu erwartenden ästhetischen Eindruck beziehen,
hat die neuere Physik (Helmholtz, physiologische Optik) in Bezug
auf das Physiologische der Farbenempfindung so vermehrt, daß
E. Brücke in der Vorrede zu seiner Physiologie der Farben für
die Zwecke der Kunstgewerbe (Leipzig 1866) wohl nur die allgemeine Ueberzeugung der Physiker ausspricht, wenn er alle Theorien über Farbenharmonien, die auf Vergleichung mit der Musik
hinauslaufen, durchaus ablehnt. Doch hat Zimmermann
(Allg. Aesth. Wien 1865) versucht, die Ansichten Ungers mit
den Lehren von Helmholtz über die musikalisch verwendbaren
Töne und die Zusammensetzbarkeit der Farben in Verbindung zu
setzen, um nach Herbarts psychologischer Anschauungsweise die
Theorie des ästhetischen Urtheils über die Farben zu begründen. In Bezug auf die ästhetische Wirkung der Farbenzusammen-
stellungen erklärt Brücke, ein allgemeines Gesetz noch nicht, die
von Andern aufgestellten nicht bewährt gefunden zu haben. Wir

verdanken dem eine um so mehr in das Einzelne eingehende
Würdigung der verschiedenen Farbenpaare und Farbentriaden,
durch welche seine Schrift die reichen Belehrungen noch vermehrt, welche sie Künstlern und Kunstfreunden in Bezug auf
Erklärung und Rechtfertigung längst geübter Praxis und Beurtheilung gewährt. Allgemein sei nur, daß Ergänzungsfarben
einander stärken und kräftigen; doch fügt Brücke vorsichtig und
gewiß sehr richtig hinzu, daß dieser Umstand in dem einen Fall
vortheilhaft, im andern nachtheilig wirke, und deshalb zur Basis
für die harmonische Zusammenstellung der Farben nicht gemacht
werden könne.

Das freiwillige Erscheinen einer subjectiven Ergänzungsfarbe
neben der objectiv vorhandenen führt Brücke (S. 146) auf eine
Irrung unserer Vorstellung zurück. Kehre unser sinnliches
Empfinden aus einem positiven Erregungszustande in den der
Neutralität zurück, so trete allgemein die Täuschung ein, als ge-
riethen wir in eine entgegengesetzte positive Erregung, gingen
also noch eine Strecke weiter auf der Bahn der Zustandsänder-
ung fort, auf welcher vom ursprünglichen Eindruck aus gerechnet
der Punkt der Neutralität diesem Entgegengesetzten näher liegt.
Wenn so eine farbige Fläche mit einem schwarzen Flecke unser
Auge farbig erleuchte mit Ausnahme der Netzhautstelle, die von
dem schwarzen Flecke nur durch einiges reflectirte weiße Licht
getroffen werde, so verschiebe sich unsere Vorstellung so, daß sie
dies neutrale weiße Licht im Gegensatz zu der Menge des gefärbten als dessen Complementärfarbe ansehe. Ich gestehe, daß
in Bezug auf Farben diese sonst ohne Zweifel ganz richtige Beobachtung Schwierigkeit zu machen scheint. Wenn früheres Dunkel
uns geringes Licht schon blendend, frühere Helligkeit dasselbe Licht
sehr matt erscheinen läßt, so liegt diesem Vorgang gewiß eine
physiologische Aenderung der Nervenreizbarkeit zu Grund, aber
doch könnte grade hier die obige Erklärung zugelassen werden,
weil das Empfinden hier sich nur über die Intensitäten desselben

Empfindungsinhaltes täuscht. Nach den Beobachtungen, die Pur-
kinje bei Gelegenheit seiner Schwindelversuche machte, gibt plötz-
liches Loslassen schwerer Gewichte, die man an Armen und
Beinen getragen, den Eindruck des Emporfliegens, oder erregt
uns die Täuschung, als kröchen die vorher belasteten und ge-
dehnten Arme sich verkürzend in die Schulterhöhlen ein. Auch
hier gleicht sich gewiß der frühere Erregungszustand der Nerven
erst langsam aus, und vielleicht schwankt er selbst um den Punkt
der Neutralität herum; aber auch hier wäre jene Erklärung
möglich, denn die subjective Empfindung der Bewegung enthält
nur einen Gegensatz der Richtung zu der früheren wirklichen,
ist ihr sonst aber als Bewegung gleichartig; nur dadurch, daß
wir sie nach unserer übrigen Kenntniß unsers Körpers und seiner
Gemeingefühle deuten, nimmt sie die besonderen Eigenthümlichkeiten des Fliegens oder jener Verkürzung an. Wenn dagegen
unser Vorstellen neben der positiven einen Farbe das neutrale
Grau oder Weiß wirklich zu einer entgegengesetzten andern Farbe
steigern wollte, so scheint es mir, es könne für sich selbst gar
nicht wissen und entscheiden, welche andere Farbe es dem Weiß
jetzt unterschieden soll. Vorstellungen der Farben unterscheiden sich nicht wie Vermehrung und Verminderung eines und
desselben Eindrucks und nicht wie entgegengesetzte Richtungen
derselben Bewegung, sondern sie sind qualitativ verschieden. Daß
zwei Farben dießseit und jenseit eines neutralen Punktes einander
entgegengesetzt liegen, zu dieser Vorstellung berechtigt uns nur
die Erfahrung, daß sie um der Verhältnisse der Nervenfunctionen
willen, auf denen sie beruhen, einander zu Weiß ergänzen. Wenn
daher die Vorstellung es sein sollte, welche hier dem Weiß
die complementäre Farbe der daneben gesehenen unterschiebt, so
scheint sie mir doch 'gerade zu dieser Verschiebung, zur Production gerade dieser Farbe nur durch einen gleichzeitigen pho-
sischen Vorgang im Nerven, welches dieser auch sein möge, diri-
girt zu werden.

Die übrigen Sinnesempfindungen können uns nicht beschäftigen. Zwar sprechen Feinschmecker von einer Aesthetik der Tafelgenüsse, und eine andere der Parfümerien würde sich dieser zugesellen lassen. Aber abgesehen von Anderem, was zu sagen überflüssig ist, beharre ich zwar dabei, daß auch das Angenehme des Geschmackes und der Düfte von uns nicht allein als Beitrag zu unserem Wohlbehagen, sondern als Erscheinung einer eignen Vortrefflichkeit der Dinge gefaßt wird, für die es kein anderes Organ der Auffassung gibt, als unser sinnliches Gefühl. Insofern gehören mir Gerüche und Geschmäcke allerdings in das Gebiet der Aesthetik, doch möchte ich in keiner Weise zu einer paradoxen Ueberschätzung derselben überreden. Sie nehmen niedrige Plätze in der allgemeinen Reihe des sinnlich Angenehmen ein, dieses selbst wieder ist nur die niedrigste Stufe des ästhetisch Wirksamen. Denn in aller sinnlichen Empfindung sind wir auf Empfänglichkeit fast allein, ohne viele Möglichkeit der Zergliederung des Gefallenden, angewiesen. Auch die höherstehenden Verknüpfungen des Mannigfachen gefallen freilich oft, ohne daß wir die Form der Verknüpfung, auf der das Gefallen ruht, oder den Grund ihrer Wirkung namhaft zu machen wüßten; aber das Mannigfache selbst läßt sich doch wenigstens unterscheiden, zwischen dem die gefällige Beziehung besteht. Von den Sinnesempfindungen dagegen erregen eigentlich nur die Töne unmittelbar durch die Art ihres Empfundenwerdens Vorstellungen von Verhältnissen, die sich als Gegenstand unsers Wohlgefallens von diesem selbst als Affection unsers Gefühls unterscheiden lassen; schon die Farben ließen sich nur noch sehr willkürlich und schwankend als Sinnbilder irgend eines objectiven Gehaltes auffassen; Geschmack und Geruch lassen noch weniger eine Absonderung dessen was uns gefällt, von der Lust oder der Unlust zu, die wir von ihm erleiden.

Drittes Kapitel.

Das Wohlgefällige der Anschauung.

Die Zeitgrößen und der Takt nach Herbart. — Verschiedenheit der zeitmessenden modernen Musik und der gewichtmessenden metrischen Recitation.
— Aesthetischer Werth des Metrischen überhaupt nach Moriz und Wilh.
Schlegel. — Der goldne Schnitt als allgemeines ästhetisches Gesetz räumlicher Gestaltung nach Zeising und Fechner. — Aphorismen über Figuren, Symmetrie und Gruppirung. — Die intellectuellen Verknüpfungsformen des Mannigfachen: Consequenz, Verwicklung, Spannung, Ueberraschung und Aehnliches.

Daß Schönheit in der Einheit von Mannigfachem bestehe,
ist so lange eine ziemlich unfruchtbare Bemerkung, bis genauer
die Gesichtspunkte nachgewiesen werden, nach welchen die Vereinigung des Mannigfaltigen geschehen soll. Ohne eifersüchtig
über die durchaus scharfe Sonderung der Abschnitte zu wachen,
habe ich im vorigen Harmonien und Disharmonien der Eindrücke besprochen, welche von uns in Gestalt eines eigenthümlichen sinnlichen Gefühls empfunden werden. Ich wende mich
den andern Einheiten des Mannigfachen zu, in denen wir das
Wohlgefällige der Vorstellung oder der Anschauung zu finden
dachten. Es sind hauptsächlich die zeitlichen Formen des Rhythmus und die räumlichen der Symmetrie und Gestaltung, die
uns beschäftigen werden; ihnen schließen wir einige Formen unsers Vorstellungsverlaufs an, die zwar nur in zeitlichem Ablauf
sich verwirklichen, aber nicht in der Art dieses Ablaufs den
Grund ihrer ästhetischen Wirksamkeit haben.

Das Wohlgefällige der Zeiteintheilung gehört zu den
wirksamsten ästhetischen Reizen; die Gesetzlichkeit eines stark hervorgehobenen Taktes und die Wiederkehr einfacher rhythmischer
Figuren electrisiren bereits den kindlichsten und ungebildetsten
Geschmack. Trotz dieser sichtlichen Leichtigkeit, mit welcher in

den einfacheren Fällen die Zeiteintheilung wahrgenommen wird, ist doch die psychologische Erklärung dieser Thatsache, und hier mehr als sonst mit dieser verbunden auch die Würdigung ihres ästhetischen Eindrucks, schwierig genug. So viel ich weiß, hat nur Herbart in einer Abhandlung über die ursprüngliche Auffassung eines Zeitmaßes (in den psychologischen Untersuch. I.) sich eingehend mit dieser Frage beschäftigt.

Zeitgrößen lassen sich, wie er richtig bemerkt, unmittelbar nicht an dauernden Wahrnehmungen, welche die Zeit stetig füllen, sondern nur an unterbrochenen schätzen, welche als Taktschläge, mögen diese nun durch kurze Töne oder durch sichtbare augenblickliche Bewegungen oder durch den fühlbaren Puls angegeben werden, zwischenliegende Pausen begrenzen. Da jedoch die Pausen als wahrnehmungslose völlig leere Zeiten nicht an sich wahrnehmbar und meßbar sein könnten, so müssen wir sie durch ein andersartiges Vorstellen ausgefüllt denken, von welchem die ausgezeichneten Empfindungen der wiederkehrenden Taktschläge gleiche Strecken abschneiden. Ein solches Vorstellen haben wir nicht nöthig, zu diesem Behuf besonders anzunehmen: es kann ohnehin nie Mangel an ihm sein, denn in jedem Augenblick ist unser Bewußtsein durch eine Menge von Vorstellungen ausgefüllt, die mit verschiedenen und veränderlichen Klarheitsgraden zu einander in mannigfachen Verbindungen stehen. Auf diese Vorstellungen wirkt der erste Schlag des Taktes als ein lebhafter Stoß und drückt sie nieder, ohne sie doch vernichten zu können; ihre Gegenwirkung gegen ihn, den sie ihrerseits gleichfalls hemmen, füllt vielmehr die nun eintretende Pause. Nach Verlauf einiger Zeit hat sich aus diesen Ereignissen irgend ein bestimmter Gesammtzustand a unsers Gemüthes ausgebildet, der uns in der Form eines zwar unsagbaren, aber darum nicht minder bestimmten Gemeingefühls zum Bewußtsein kommt; mit diesem Gemeingefühl, mit der Art also, wie uns in diesem Augenblicke zu Muth ist, verknüpft sich nun die neue Empfindung des zweiten Taktschlages,

der jetzt eintritt, in derselben Weise, die wir überhaupt als Association der Vorstellungen kennen. Für die Zukunft entsteht hieraus, falls unserer innerer Zustand durch verschiedene Lagen hindurch sich jenem Gemeingefühl a wieder annähern sollte, die
Erwartung, die völlige Wiederkehr desselben Gefühls werde aber-
mals eine plötzliche Aenderung unsers Zustands durch den Eindruck eines neuen Taktschlages herbeiführen. Erfolgt dieser dritte
Taktschlag wirklich, so werden uns die beiden Pausen zwischen
diesen drei Theilpunkten gleich groß erscheinen, weil sie in unserer Erinnerung durch einen ganz gleichen Verlauf von Veränderungen unser innern Zustände ausgefüllt sind. Ließe sich aber
ferner beweisen, daß dieser Verlauf von gleichen Anfangszuständen
zu gleichen Endzuständen beide Male auch mit derselben Geschwindigkeit vorging, daß also unser psychischer Mechanismus
die Wiederkehr des gleichen Gemeingefühls a stets in Zeiten
bewirkt, welche an einem andern objectiven Maßstabe gemessen
gleich sind, so würden uns dann gleich lang nur solche zwei
Pausen erscheinen, die es wirklich sind. Endlich, da durch die
regelmäßige oder unregelmäßige Wiederkehr der Taktschläge eine
Erwartung in uns entweder befriedigt oder getäuscht würde,
so ergäbe sich zugleich ein Grund des Wohlgefallens und der
Unlust, welche diese beiden Fälle uns erregen. Inwiefern nun
die gemachten Voraussetzungen beweisbar sind, darüber muß ich
auf Herbarts eigne Darstellung verweisen; ich verbürge ohnehin
nicht, daß der allgemeine Gedankengang, den ich hier nur mit
einiger Freiheit der Umschreibung deutlich machen konnte, seinen
feineren Intentionen völlig entspricht.

Was nun die ästhetische Verwerthung dieser Zeiteintheil-
ungen betrifft, so muß ich eine Thatsache hervorheben, auf der
alle, wie mir scheint, weiterbauen, ohne sie selbst recht unumwunden auszusprechen: gleiche Zeitabschnitte wirken für sich allein
bloß quälend und spannend, gleich den intermittirenden Reizen,
die Helmholtz erwähnte; ästhetisch verwendbare Takte werden sie

erst, sobald jeder von ihnen eine Mehrheit ungleichartiger Glieder zu einer kleinen Periode zusammenfaßt. Nur die Wiederkehr
solcher Perioden bildet hier die uns gefallende Einheit im Mannigfaltigen, die vollkommen gleiche Wiederholung durchaus gleicher
Elemente niemals. Der Schlag eines Maschinenhammers, der
nach gleichen Pausen immer gleich einfällt, martert den Hörenden; der Pendelgang einer Uhr macht seine Monotonie wenigstens durch den Wechsel erträglich, der zwischen der Thesis und
der Arsis seiner beiden meist ungleich klingenden Schläge stattfindet; jener ist bei aller Gleichheit seiner Intervalle doch gänzlich ohne Takt, erst dieser besitzt ihn. Auf dieser überall gemachten Voraussetzung beruht die Ausbildung des Taktes in
Musik und Metrik, doch nicht in gleicher Weise in dieser wie in
jener. Die moderne Musik hat wirkliche Zeitmessung; abgesehen
von kleinen Dehnungen und Beschleunigungen, welche der Vortrag verlangt, ist jeder Takt gleich lang jedem andern, und die
Zeitlänge des einzelnen ist die Summe der gleichen oder ungleichen Längen der einzelnen Töne und der Pausen, die zwischen
seinen Grenzen enthalten sind. Ich glaube nicht, daß man dasselbe von dem Metrum behaupten darf, sofern es unabhängig
von der Musik in blos recitirendem Vortrag empfunden wird;
doch stehe ich freilich mit diesem Bedenken der allgemeinen Ansicht allein gegenüber.

Auf Metrik ist die Aufmerksamkeit zuerst ausschließlich durch
das merkwürdige Beispiel feinster Ausbildung gelenkt worden,
die ihr das Alterthum gegeben hat. Aber die Geschichte der
gelehrten Untersuchungen über die griechische Metrik, zu denen
von G. Hermann, Böckh und A. Apel an bis auf v. Leutsch,
Westphal, Roßbach Deutschland die werthvollsten Beiträge
geliefert hat, darf ich wohl von meiner Verpflichtung hier ausschließen; sie haben, wie ich mit Herbart beklagen möchte, etwas
zu sehr von der Nachforschung nach den Gründen abgelenkt, auf
denen allgemein für die Menschen der Eindruck des Metrischen

beruht. Die griechische Messung der Verse hat sich in engem
Anschluß an eine Musik entwickelt, deren Vortragsweise wir
nicht genau kennen; diese nationalhellenische Verknüpfung zweier
an sich verschiedenen Dinge, die man leicht bei dem Mangel anderer ausgebildeter Beispiele des Metrischen für die allgemeine
Natur der Sache selbst mißverstehen konnte, scheint mir den Betrachtungen über das Letztere eine einseitige Richtung gegeben zu
haben. Denn die verschiedenen Ansichten, die einander hier ent-
gegenstehen, kommen doch darin überein, daß die Sylbe, die wir
als Bestandtheil einer metrischen Periode lang nennen, sich
von der kurzen ebenso durch längere Zeitdauer unterscheidet, wie
die musikalisch längere Note von der kürzeren. Beschränkt man
sich bei dieser Voraussetzung auf die hergebrachte Annahme des
einzigen Unterschiedes kurzer Sylben, welche nur eine, und langer,
welche zwei Zeiteinheiten füllen, so ist man mit G. Herrmann gezwungen, die begleitende Musik als taktlos anzusehen, wenn sie
dem metrischen Bau der gesungenen Strophe sich anschmiegen
soll. Aber man nimmt vielleicht lieber mit A. Apel neben der
zweizeitigen auch eine dreizeitige Länge an, und stimmt ihm in
der Vermuthung bei, nur ein Ungeschick in der Bezeichnung,
welches in der Geschichte der Künste und Wissenschaften gar nicht
ohne Beispiel ist, habe die antiken Metriker die viel reichere
und mannigfaltigere Gliederung, welche sie wirklich hörten, auf
den unzureichenden Unterschied des Lang und Kurz überhaupt
zurückführen lassen, den sie dann durch mancherlei Künsteleien
wieder zu corrigiren suchen mußten. Man gelangt dann, wie
Apels anziehendes und geistvolles Buch (Metrik. 2 Bde. 1814
bis 1816) an vielen Beispielen zeigt, zu der Vorstellung einer
antiken Musik, welche ebenso taktirt wie die moderne, und in
deren Takten doch die gesungene Strophe sehr ausdrucksvoll ihren
eigenen Rhythmus und das ihren verschiedenen Sylben metrisch
zukommende Verhältniß bewahrt. Zwischen diese beiden klaren
Vorstellungen sind mancherlei vermittelnde Ansichten getreten,

welche in dem dramatischen Gesang der Griechen eine nicht in
unserm Sinne musikalische, sondern rhetorische, in Bezug auf
Tempo Ton und Modulation der Stimme höchst genau bestimmte
Declamation fanden. Rochlitz unter Anderen hat bei Gelegenheit von Neukomms Musik zur Braut von Messina (für Freunde
der Tonkunst III. 235) eine deutlichere Anschauung dieser Vortragsweise zu geben versucht. Ich lasse ganz dahingestellt, welche
von diesen Ansichten die archäologische Frage nach der Eigenheit
der griechischen Musik und Metrik am triftigsten beantwortet;
die allgemeine Aesthetik hat kein Interesse an diesem Vergangenen, das sich nicht wiederbeleben läßt; sie hat dagegen die
Gründe des wohlgefälligen Eindrucks aufzusuchen, welchen wir
von allem Metrischen auch bei der blos reclamatorischen Recitation
erfahren; denn diese ist für uns die einzige stets reprobucirbare
Art, es zu genießen.

Daß diese Gründe nicht dieselben sind, auf denen der Ein-
druck der zeitmessenden Musik beruht, hätte man bemerken können,
als die Nachbildung antiker Rhythmen im Deutschen auf die
Eigenheiten der accentuirenden Sprachen führte. In dem Versuch einer deutschen Prosodie (Berlin 1786) lehrt Karl Phil.
Moriz: im Versbau der Alten entstehe das Metrum aus der
Zusammensetzung an sich kurzer und langer Sylben; in dem
unsern entstehe Länge und Kürze dieser erst durch ihre metrische
Zusammenstellung; sie sei nicht nach der Anzahl und Art der
Buchstaben oder der Laute zu schätzen, welche die Sylben bilden,
sondern nach der größeren oder geringeren Bedeutung, welche
diese als Redetheile haben (S. 246). Die gleitende Skala fügt
dann Moriz ausführlich bei, nach der sich die einzelnen gram-
matischen Wortklassen relativ gegen einander als Längen und
Kürzen verhalten. Wesentlich ähnlich dachten Klopstock, J. H.
Voß und A. W. v. Schlegel. Allein die Bedeutung, welche
die Sylben als Redetheile haben, kann die zur Aussprache nöthige Zeit nicht erheblich verkürzen, noch weniger aber mit ästhe-

tifch erträglicher Wirkung verlängern; erhalten also die Sylben dennoch ihren metrischen Werth von ihrer Bedeutung, so kann dieser Werth überhaupt nicht auf Zeitdauer, auf Länge und Kürze beruhen. Das Richtige, was Moriz fühlbar meint, ist durch eine ungehörige Reminiscenz an die Eigenthümlichkeit der antiken Metrik verdunkelt.

Ich wage die Paradoxie, daß metrische Recitation überhaupt gar nicht auf Messung von Zeitlängen beruht. Wenn diejenigen, die hierin sachverständig sind, griechische Chorgesänge declamiren, so geben sie, so lange sie unbefangen vortragen, der langen Sylbe zwar einen anderen Accent, aber keine längere Zeitdauer als der kurzen, mit wenigen scheinbaren Ausnahmen, die vielmehr auf das veränderliche Tempo des Vortrags zu rechnen sind; macht man sie aber auf diese Thatsache aufmerksam, so führen sie nun wohl geflissentlich Zeitmessung ein, aber gar nicht zum Vortheil des ästhetischen Eindrucks, der sich vielmehr entschieden verschlechtert. Was in der wirklich zeitmessenden musikalischen Ausführung zur Länge wird, das ist im gesprochenen Vortrag keine zeitliche, sondern eine dynamische Größe, die nur durch ihr sinnliches Gewicht, durch einen Hauptaccent oder durch einen der zahlreich zu unterscheidenden Nebenaccente wirkt. Schon die gewöhnliche Unterscheidung langer und kurzer Vocale in der Sprache überhaupt scheint mir zweifelhaft; der kurze Vocal ist nicht die Hälfte oder ein anderer Zeittheil eines ganz gleichen, langen, sondern er ist vor allem dem qualitativen Klange nach ein anderer Laut als dieser. Man muß dies nicht mißverstehen. Nicht als ob lange und kurze Vocale, einfache und mit beliebig vielen Consonanten belastete Sylben schlechthin in gleicher Zeit ausgesprochen würden. Dem stünde schon die Beobachtung entgegen, daß ein langer, oder wie wir sagen möchten, schwerer Vocal nicht leicht verkürzt wird, ohne in den helleren Klang des kurzen überzugehen, der kurze oder leichte nicht gedehnt, ohne sich dem dunklen Laut des langen zu nähern. Allein dies be-

weist doch nur Zusammenhang, nicht Identität zwischen Zeitdauer und dem, was wir gewöhnlich Kürze und Länge der Vocale nennen. Auch in der musikalischen Tonleiter läßt sich bei
kurzem Anschlag nur die Höhe der mittleren Töne deutlich bestimmen, sehr tiefe oder sehr hohe bedürfen, damit ihr Ort in
der Skala genau wahrnehmbar werde, längerer Dauer. Gleichwohl ist doch diese Dauer nicht das Maß ihrer Höhe oder Tiefe,
sondern nur ein Mittel, die eine oder die andere deutlich zur
Empfindung zu bringen. Ebenso bedarf das größere Gewicht
des sogenannten langen Vocals gewöhnlich längerer Zeit zur
Entwicklung der bestimmten Lautfarbe, auf der es beruht, und
die consonantenreichere Sylbe entfaltet ebenfalls ihre Schwere
langsamer.

Es fehlt daher allerdings nicht ein Zusammenhang zwischen
Zeitdauer und metrischem Werth; aber die Recitation nimmt
dennoch auf jene nicht principiell Rücksicht. Nicht zeitliche Vo-
lumina verknüpft sie zu bestimmten Gesammtausdehnungen, sondern Massen zu bestimmten Massensystemen. Und dies allgemein
so, daß in jedem Metrum das, was wir eine Takteinheit desselben nennen können, eine Brechung der Gesammtmasse in eine
Mehrheit einzelner Massen von verschiedenem Gewicht enthält,
die untereinander in mannigfachen Abhängigkeitsverhältnissen
stehen. Die Form dieser Brechung und die Vertheilung der Ac-
cente begründen das Characteristische der kleinen rhythmischen
Figuren, welche die einzelnen Versfüße für sich bilden. Und
hier freilich kommt nun die Zeit auf andere Weise wieder in
Betracht. Denn jene Massen von verschiedenem Gewicht stellen
wir nicht in ruhender Anordnung, sondern in bewegter Reihenfolge vor, und der Eindruck des Rhythmus beruht auf der Anschauung einer lebendigen Thätigkeit, welche diese auf ihrem
Wege eigenthümlich vertheilten Widerstände vorfindet und sie
bald steigend in ihrem Gange, bald fallend, hier verzögert dort
beschleunigt, jetzt stetig verfließend dann mit scharfen Unterbrech-

ungen ihres Verlaufes überwindet. Wo auf lange Strecken
die Widerstände gleich vertheilt sind, erzeugt der gleichartig fortlaufende Rhythmus den Eindruck einer Taktreihe gleicher Glieder,
ohne daß wirklich jedem von diesen eine gleiche Zeitlänge zum
Vortrag eingeräumt zu werden brauchte; wo die Massen un-
gleichförmiger zerstreut sind, zerfällt der Rhythmus nur noch in
Bewegungsfiguren, die weder gleiche Zeitdauer haben, noch aus
gleichen einfachen Elementen bestehen müssen, und die gleichwohl
durch ihre innere Gliederung einander so ergänzen und gegenseitig fordern können, wie in einer Arabeske eine links gewun-
dene Curve zum Gleichgewicht die rechtsgewundene hinzuverlangt,
oder wie zu einem hervortretenden Linienzuge andere ähnliche
oder unähnliche kleinere als einleitende Andeutungen oder als
wiederholende Schlußglieder hinzugehören.   Diese Ordnung
verschiedener Gewichte in der Zeit, dargestellt durch eine Bewegung, welche sie nach einander aufhebt, scheint mir in der rhythmischen Recitation Alles zu sein, die Dauer in der Zeit Nichts:
diese schwankt vielmehr als Tempo des Vortrags mit dem verschiedenen Sinne der verschiedenen Worte oder Laute, welche in
gleichen Rhythmen gleiche Stellen einnehmen.

Für diese Betrachtung, welche sich nur an die lebendige in
jedem Augenblick zu wiederholende Erfahrung hielt, haben manche
gelehrte metrische Streitigkeiten wenig Werth. Beruht der Eindruck des Rhythmus nur auf der Vertheilungsform der Massen,
welche von der Bewegung nach und nach aufgefunden werden,
so verstehen wir leicht, daß in entsprechenden Stellen eines fort-
laufenden Rhythmus nicht nur eine von diesen Massen durch
eine Mehrheit von gleichem Gesammtgewicht, sondern auch die
einzelne leichtere durch eine einzelne schwerere, seltener umgekehrt,
ersetzt werden kann. Nur ein neuer ästhetischer Reiz der Mannigfaltigkeit entsteht hierdurch, indem die Bewegung an der
Stelle, wo sie die leichtere Last bewältigen sollte, eine schwerere
findet, ohne doch durch sie aufgehalten zu werden; und wir haben

nicht Ursache, nach einer zeitlichen Messungsweise zu suchen, durch
welche diese Verschiedenheiten auf eine gleiche Zeitlänge zurückgeführt würden. Ein geschmackvoller Vortrag lehrt uns ferner
das Anmuthige der Möglichkeit empfinden, die langen und kurzen
Sylben, die größeren und kleineren Widerstände also, welche der
Rhythmus auf seinem Wege findet, in sehr verschiedener Weise
zu kleineren Gliedern zusammengelegt zu denken; auch die Bewegung, welche über sie hingeht, erhält dadurch eine nach dem
Sinne des Vorzutragenden höchst wechselbare Form, ohne den
Gesammtumriß des rhythmischen Ganzen zu verlassen. Man
kennt die gelehrten Zweifel darüber, wie der Bau der Strophen
zu verstehen, ob z. B. die erste Hälfte der alcäischen Anfangs-
zeilen als jambischer Rhythmus, oder als trochäische Dipodie mit
einer Vorschlagsylbe zu fassen sei; dies Bemühen, wie es auch
immer philologisch begründbar sein mag, wird dem ästhetischen
Gefühl nicht gerecht, welches vielmehr dadurch angezogen wird,
daß nach Erforderniß des auszusprechenden Sinnes dieselbe
Reihenfolge metrischer Elemente sich bald als steigende, bald als
fallende Bewegung, bald an dieser bald an jener Stelle abge-
theilt recitiren läßt, ohne daß der Eindruck eines gleichbleibenden
Gesammtverlaufs verschwindet, in welchen alle diese individuali-
sirten Formen des Fortschreitens eingeschlossen bleiben.

Im Uebrigen hat dieser Unterschied zwischen musikalischem
Vortrag und recitirender Rede seine bestätigenden Analogien.
Auch die reinste Stimme schwankt bei jeder Sylbe um eine bestimmte Tonhöhe, ohne sie festzuhalten; versucht man absichtlich
rein zu intoniren, so geht der natürliche Sprechton in den
Gesang über, den man der Aussprache als ungebildete Manier
vorwirft. Am Schluß der Sätze und in der Frage nähert sich
der Stimmfall einer musikalischen Cadenz von bestimmtem Intervall, ohne sie doch genau auszuführen, und diese Ungenauigkeit
gehört wesentlich zum natürlichen Character der Rede. Niemand
ist, wenn ein unbefangen Sprechender fragt, darüber in Zweifel,

daß er eine Frage ausspricht; prägt man dagegen singend den Sprung der Stimme zu einer reinen Quinte nach aufwärts aus, so wird seine Bedeutung ganz ungewiß, und es gibt überhaupt gar kein musikalisches Mittel, einen Tonfall durch reine Intervalle als unzweifelhafte Frage zu characterisiren. Dasselbe gilt nun von der Zeitmessung. Sobald im redenden Vortrag an die Stelle der Accentuirung, welche nur nebenbei dem Gewichtigeren längere, dem Leichteren kürzere Dauer gibt, eine genaue Taktirung tritt, verlieren die Rhythmen den größten Theil ihres Reizes und diese ungebildet manierirte Recitation wird erst wieder erträglich, wenn sie mit Benutzung aller übrigen musikalischen Mittel geradezu in Gesang übergeht.

Ich habe stillschweigend angenommen, daß der Reiz des Rhythmus auf der Anschauung einer Bewegungsform beruht, deren Gefühlswerth wir verstehen. Diese Annahme, schon in den griechischen Namen der Versfüße ausgesprochen, ist zu alt und zu allgemein, als daß ihr erster Urheber nachweisbar wäre. Weitere Betrachtungen über Natur und Entstehung des Rhythmus stellt Moriz an. (Deutsche Prosodie S. 23 ff.) Die Rede, wenn sie nur Gedanken erwecken will, strebe zu diesen unaufhaltsam hin, ohne ihre einzelnen Töne gehörig auszubilden; sie vernachlässige sich selbst, weil sie ihren Zweck mehr außer sich als in sich selbst habe. Die Empfindung dagegen, und diese habe in der alten Poesie den Gedanken überwogen, dränge die Rede in sich selbst zurück, hebe, weil sie den Verstand als schon befriedigt voraussetze, die Unterordnung des Unbedeutenderen wieder auf, und verweile mit Liebe auch auf ihm. Es sei mit der Rede, wie mit dem Gange. Hat das Gehen einen Zweck außer sich, so eilt es auf diesen zu, ohne in sein Fortschreiten Regel zu legen; die ziellose Leidenschaft aber, die hüpfende Freude, dränge auch den Gang in sich selbst zurück: die einzelnen Schritte, weil sie keinem Ziel mehr näher bringen, werden gleichwerthig, und es entstehe der Hang, dies Gleichgewordene zu gliedern und

einzutheilen. So sei der Tanz entsprungen; angetrieben, sich zu
bewegen, blos um sich zu bewegen, habe man einen Rechtfertig-
ungsgrund dieses zwecklosen Thuns gesucht; lange vergeblich; zufällig sei dann vielleicht dieselbe Abwechselung langsamer und
schneller Bewegungen nochmals aufeinander gefolgt; diese wiederholte gleiche Ordnung habe die Aufmerksamkeit gefesselt, sei bewundert und nachgeahmt worden. Ebenso war die Sprache der
Empfindung ein kunst- und regelloser Gang, den unabgemessenen
Sprüngen der Freude gleich, bis zufällig in gleicher Ordnung
wiederholte lange und kurze Sylben Gelegenheit zur Ausbildung
des metrischen Rhythmus gaben. A. W. v. Schlegel (über Sylbenmaß und Sprache 1795.
S. W. Bd. 7.) sucht diese Bemerkungen zu berichtigen und zu
vertiefen. Sylbenmaß sei keine unnatürliche und äußerliche Zierde
der Poesie; das Bedürfniß, welches den Menschen allein, nicht
die singenden und hüpfenden Thiere, Zeitmaß ihrer Bewegungen
gelehrt habe, könne nicht blos körperlich sein, sondern müsse aus
seiner geistigen Beschaffenheit herrühren. Allerdings habe es
seine physiologische Bedeutung: in der Aeußerung der Leidenschaften wolle die Seele gänzlich frei sein, aber der ungeregelte
Taumel der Freude und die Raserei des Schmerzes schädige die
körperlichen Kräfte; sie werden geschont, wenn die Bewegungen
in eine Regel gefesselt werden, die dem organischen Haushalt
entspricht, und die Seele finde Erleichterung in einem jetzt
dauernd und ohne Erschöpfung möglich gewordenen Ausdruck
ihrer Stimmung. Aber wesentlicher sei doch das Andere: die
Zügelung, welche die Leidenschaften selbst durch die Zucht erfahren, die ihrer Aeußerung auferlegt werde; geben daher die
ungesittetsten Völker ihren Gemüthsbewegungen schon in irgend
einem Rhythmus des Tanzes und Gesanges Ausdruck, so werde
die Erfindung der Musik, der Harmonie und des Metrum, von
den Sagen unter die ersten civilisatorischen Thaten gerechnet,
durch welche die zügellose Freiheit zu menschlicher Selbstbeherrsch-

ung veredelt wurde. Endlich habe der Rhythmus erst eine Vielheit der Menschen zum Ausdruck derselben Empfindungen ohne
gegenseitige Störung und Uebertäubung befähigt, einen gemischten
Haufen in Chöre abgesondert und die Leidenschaften der Einzelnen, die als wildlaufende Waffer floffen, zu Einem Strome
gesammelt. Der letzten Bemerkung schließt sich die vielfach, auch
von G. Herrmann, ausgesprochene Vermuthung an, der Takt
als genaue Zeitmessung sei erst aus dem Bedürfniß der vielstim-
migen Musik entstanden, die verschiedenen Rhythmen der einzelnen Stimmen zu gemeinsamem Gange zusammenzuhalten.

Wie die innere Ausbildung der poetischen Metrik, so muß
ich auch die Betrachtung der musikalischen Zeiteintheilung bis auf
Hauptmanns Harmonik und Metrik (Leipzig 1853) herab von
dieser Uebersicht ausschließen, die sich jetzt dem Eindruck der
räumlichen Verhältnisse zuzuwenden hat. Gefällig erscheinen uns
im Raume Vertheilungen ausgezeichneter Punkte, Richtungen von
Linien, Verhältnisse derselben zu einander, umschließende Formen
der Figuren und Anordnung der Figuren zu Gruppen. Ich erwähne zuerst eine Theorie, welche diese verschiedenen Fälle gemeinsam zu umfassen denkt.

In einer Reihe interessanter Schriften (Neue Lehre von den
Proportionen des menschlichen Körpers 1854, Aesthet. Forschungen, das Normalverhältniß der chemischen und morphologi-
schen Proportionen 1856) hat Ad. Zeising in die Aesthetik
das Verhältniß des goldnen Schnittes eingeführt, nach welchem sich ein Ganzes zu seinem größeren Theile verhält, wie
dieser zum kleineren. Er verfolgt dies Verhältniß durch die
ganze Natur, durch den Bau der Thiere, der Pflanzen, der Kry-
stalle und des Planetensystems, durch die chemische Mischung der
Stoffe und die Gestaltung der Erdoberfläche. In dieser Ausdehnung läßt sich das, was er meint, nur dahin aussprechen:
überall, wo in irgend einem Ganzen irgend welche Theile irgendwie in dem Verhältniß des goldnen Schnittes stehen, finde sich

irgend eine merkwürdige Eigenschaft. Diese Behauptung lasse ich als unserm Gegenstande fremd dahingestellt und hebe nur den ästhetischen Theil seiner Lehre hervor: wohlgefällig seien Raumgebilde, wenn ihre Bestandtheile irgendwie die Proportion des goldnen Schnittes verwirklichen.

In der letztgenannten Schrift empfiehlt Zeising zuerst dieses Verhältniß durch seine ausgezeichneten Eigenschaften. Das Wesen der Proportionalität — und hier ist wohl nur zu verstehen, was man ästhetisch von einer Proportion verlangen kann — habe man allgemein in Uebereinstimmung der Verhältnisse gesetzt, in welchem die Theile eines Ganzen zu einander und jeder von ihnen zum Ganzen stehe; eben die Forderung erfülle der goldne Schnitt. Allein gleich können doch diese drei Verhältnisse niemals sein, was aber der unbestimmtere Name der Uebereinstimmung hier bedeutet, ließe sich durch unzählige Proportionen leisten. Und ebenso würde nicht der goldne Schnitt allein, sondern unzählige Proportionen die weitere Eintheilung des kleineren Gliedes nach demselben Verhältniß gestatten, in welchem es selbst zum größeren, dieses zum Ganzen steht. Auf die Art, wie die vergleichende Wahrnehmung durch den Blick vollzogen wird, würde man achten müssen, um eines dieser Verhältnisse vor dem andern theoretisch zu bevorzugen. Denn alle noch so großen mathematischen Vortrefflichkeiten eines Verhältnisses berechtigen erst dann, es a priori für den Grund des Wohlgefallens sinnlicher Wahrnehmungsgegenstände zu erklären, wenn man nachweisen kann, daß es mit den Verfahrungsweisen der sinnlichen Wahrnehmungsthätigkeit ausgezeichnet oder ausschließlich übereinstimmt. Wo dies nicht möglich ist, hat die Erfahrung zu entscheiden.

Zu ihr geht Zeising durch die Bemerkung über, daß beide nach dem goldnen Schnitte bestimmte Theile des Ganzen stets irrationale Brüche desselben bilden. Also sei dies Verhältniß eigentlich ein ideales, mithin in der realen Welt eine Abweich-

20*

ung von ihm geradezu unvermeidlich. Aber dies ist irrig; gerade das Räumliche ist ja im Stande, jenes arithmetisch Irrationale mit vollkommner Genauigkeit anschaulich darzustellen, und es
liegt daher nicht der mindeste Grund vor, um deswillen wirkliche
Größenverhältnisse wirklicher Naturdinge jenes Verhältniß nur
annähernd, niemals exact verwirklichen könnten. Dieser Irrthum
dient Zeising zu einer zweideutigen Rechtfertigung, wenn er
später Verhältnisse, die von dem des goldnen Schnittes nicht un-
erheblich abweichen, dennoch als Annäherungen demselben noch
zurechnet. Zuzugestehen ist freilich anderseits, daß der auffassende Blick durch geringe Abweichungen von dem strengen Verhältniß nicht sehr gestört werden wird, wenn einmal dies Verhältniß das allgemeine Princip seiner Auffassung ist. Soll jedoch
dies Zugeständniß nicht die ganze Theorie unsicher machen, so muß
wenigstens nachweisbar sein, daß die völlige Uebereinstimmung
mit dem strengen Gesetze da, wo sie eintritt, eine ganz entscheidend größere Befriedigung gewährt, als alle Annäherungen.
Bleibt sich das Wohlgefallen durch eine gewisse Breite der Abweichungen ziemlich gleich, so steht nicht mehr fest, daß sein
Entstehen ausschließlich auf dieses Gesetz zurückzuführen ist.

Zeising hat die Proportionen des menschlichen Körpers aus
seiner Formel erläutert. Von der Vorstellung einer zweckmäßigen
Absicht, welche den Bau desselben geordnet habe, kann sich nun
Niemand losmachen, gleichviel wie man sie sich speculativ zurecht-
legt. Deshalb ist hier auch die andere Annahme nicht schwierig,
in der Grundformel des Menschen seien die wirkenden Kräfte so
abgewogen, daß eine Vielheit nach demselben Princip gegliederter
Dimensionen entstehn muß. Wenn daher Zeising den ganzen
Leib nach dem goldnen Schnitt eintheilt, und die einzelnen Theile
immer wieder nach demselben Verhältnisse in Unterabtheilungen
zerfallen läßt, so ist hier der allgemeine Gedanke seines Verfahrens sehr wahrscheinlich. Daß es aber der goldne Schnitt
sei, nach dem Alles geordnet ist, müssen wir seinen mühsamen

und verdienstlichen Messungen einstweilen glauben, bis der Fortgang dieser Untersuchungen, für deren Anregung die Aesthetik
ihm nur zu danken hat, Bestätigung oder Berichtigung bringt.
Ungläubiger sind wir gegen die Versuche, das Princip in
Gemälden großer Meister nachzuweisen. Gewiß verlangen wir
zwischen den auf einem Bilde vertheilten Massen auch noch abgesehn von der Bedeutung des Dargestellten rein formgefällige
Verhältnisse, die durch ein allgemeines mathematisches Gesetz bestimmt sein mögen. Aber doch wird gerade hier die Bedeutung
des Inhalts zu allerlei Abweichungen nöthigen; und selbst wenn
das Gesetz des goldnen Schnittes wirklich gilt, scheint es hoff-
nungslos, es aus Beispielen zu erweisen, in denen es durch viele
andere Bedingungen verdunkelt ist. Im Archiv für die zeichnenden Künste (1865 S. 100) hat Fechner Zeisings Messungen
der Sixtinischen Madonna mit eigenen des so sehr ähnlich angeordneten Holbeinschen Bildes verglichen; sie stimmen nicht;
auch aus Messungen anderer Gemälde schließt Fechner, in der
für die Anschauung sichtbarsten Höhenabtheilung der Gruppen
habe Raphael den goldnen Schnitt eher vermieden als gesucht.
Man kann einwerfen, vielleicht sei das Maß nicht an den rechten
Punkten angelegt worden; aber der ästhetische Werth des Verhältnisses wird zweifelhaft, wenn es nur zwischen Nebenpunkten
stattfindet, deren es natürlich jederzeit zwei gibt, die ihm genug
thun; wenn es dagegen nicht statt hat zwischen denen, die dem
Beobachter als Haupteintheilungspunkte am natürlichsten in die
Augen fallen. Endlich: wir sind mit Raphaels und Holbeins
Madonnen zwar herzlich zufrieden, so wie sie sind, aber freilich,
wer weiß, ob sie nicht noch schöner würden, wenn man sie genauer nach dem goldnen Schnitt entwürfe? Der nicht allzu
schwierige Versuch wäre der Mühe werth.

Auf diesem sicheren Weg des Experiments hat Fechner die
Untersuchung zunächst in Bezug auf einfachste Raumgebilde
gelenkt, indem er als vorläufig entscheidend über den ästhetischen

Werth derselben das Mittel aus den Urtheilen sehr Vieler ansieht, denen sie vorgelegt wurden. Er theilt mit, daß als Ein-
theilungsverhältniß, z. B. zur Bestimmung des Punktes, in
welchem der horizontale Arm eines Kreuzes den verticalen mit
der vortheilhaftesten Wirkung schneidet, der goldne Schnitt sich
ihm nicht bestätigt habe; daß dagegen derselbe als Verhältniß
der umfassenden Seiten z. B. eines Parallelogramms allerdings
entschieden den günstigsten Eindruck mache. Die Angabe ist sehr
interessant, denn das Umgekehrte würde man eher vermuthet
haben.

Versuchen wir nun die einzelnen Fälle des räumlich Wohlgefälligen zu trennen, welche dieses Gesetz zu umfassen dachte.
Eigentlich nur die decorative Kunst läßt Raumformen als solche
auf uns wirken; überall sonst wird der Eindruck derselben durch
Rücksicht auf die Natur des Inhalts mitbestimmt, dem sie als
Form dienen. Und selbst das reine bedeutungslose Ornament
wird nicht ohne Nebeneinwirkung einer bestimmten Geschmacks-
richtung beurtheilt, die von Temperament, Character und Gewohnheit abhängig, bald das Strenge dem Weichen, das Eckige
dem Gekrümmten, das Magere dem Breiten, bald dieses jenem
vorzieht. Dieser Erschwerung allgemeingültiger Bestimmungen
würde in einem gewissen Umfang wenigstens zu entgehen sein,
wenn die oft vorgetragene physiologische Annahme richtig wäre,
welche die Wohlgefälligkeit des Räumlichen von der Leichtigkeit
und Harmonie der Augenbewegungen abhängen läßt, die zu
seiner vollständigen Wahrnehmung nöthig sind. Die Oekonomie
dieser Bewegungen ist in allen Individuen dieselbe; allen würde
dann auch Dasselbe gefallen. Aber ich glaube nicht an diese
Annahme. Das Auge, was man auch immer von der Schnellig-
keit unsers Blickes sagen mag, ist verhältnißmäßig langsam in
seinen Bewegungen; verglichen mit der Beweglichkeit der Sprech-
werkzeuge oder der Finger dreht sich seine große von gegen einander wirkenden Muskeln bespannte Kugel auffallend träge um

ihre Axe. Ein fertiger Clavierspieler kann in einer Secunde zehnmal denselben Finger heben und fallen lassen, nicht halb so oft in derselben Zeit, und nicht ohne große Ermüdung kann man das Auge Schwingungen von rechts nach links oder von oben nach unten machen lassen. Schnelle Bewegungen sind daher überhaupt das, was dem Auge unbequem fällt. Man überzeugt sich davon, wenn man den pfeilschnellen Flug eines Vogels oder die leuchtenden Geschosse eines Feuerwerks von einem nahen Standpunkt aus mit großer Winkelgeschwindigkeit der Augenaxe begleitet. Die Betrachtung räumlicher Figuren stellt uns aber in der Regel auf diese Probe gar nicht; wir haben Zeit, sie mit Bequemlichkeit aufzunehmen. Sobald aber dies uns erlaubt ist, scheint es durchaus keinen Umriß zu geben, dessen Nachzeichnung durch den bewegten Blick unserem Auge schwerer fiele als irgend ein anderer; noch weniger ist bereits bewiesen, daß die stetig gekrümmten oder sonst regelmäßigen Figuren der Oekonomie unserer Augenbewegungen mehr als andere zusagten. Höchstens dürfte eine häufige Wiederholung ganz gleicher Bewegungen dem Auge ebenso wie andern beweglichen Gliedern widerstehen. Eine rechtwinklige Mäandertänie und eine regelmäßige Wellenlinie ermüden beide den Blick, der sie verfolgt; dennoch gefallen sie beide. Wir ziehen also in unserm ästhetischen Urtheil die körperliche Mühe ab, und die Wohlgefälligkeit beruht nicht auf der Bequemlichkeit der Verrichtungen, durch welche wir uns die Wahrnehmung verschaffen, sondern auf dem intellectuellen Genusse, den uns die Verhältnisse des Wahrgenommenen gewähren, nachdem wir es bereits besitzen. Dieser Genuß aber besteht immer, so lange wir Räumliches nur als solches fassen, in dem Gewahrwerden einer genauen Regelmäßigkeit, durch welche Mannigfaches unter eine allgemeine Formel fällt; nur wo die reale Bedeutung des räumlich gestalteten Inhalts mit zu berücksichtigen ist, kann die Abweichung von einer deutlich intendirten Regel der strengen Befolgung derselben vorzuziehen sein.

Vertheilung von Punkten beurtheilen wir zunächst nach dem
Verhältniß ihrer Entfernungen von einander. Liegen sie in der-
selben geraden Linie, so gefällt ihre Vertheilung, wenn sie deren
Längen in durchaus gleiche Abschnitte zerlegt; sie mißfällt um so
mehr, je mehr sie sich dieser Gleichheit nähert, ohne sie zu erreichen,
mithin als Verfehlung einer Absicht empfunden wird. Ungerade
Zahlen der Theilglieder wirken angenehmer als grade, drei
Drittel angenehmer als zwei Hälften oder vier Viertel; es scheint
Bedürfniß unsers Vorstellens, die gleichen Glieder nicht blos
unter einander und mit dem Ganzen, welches aus ihnen selbst
besteht, sondern noch besonders mit einem Mittelglied zu vergleichen, welches selbständig wahrnehmbar einen centralen Be-
ziehungspunkt für sie bildet. Kleine Zahlen der Theilglieder
wirken ebenfalls angenehmer als große; zerfällt eine Länge in
mehr als fünf gleiche Theile, so wird der Ort ihres Mittelgliedes nicht mehr deutlich; die bloße endlose Wiederholung ganz
gleicher Abschnitte aber ermüdet, wenn sie Anspruch auf Beachtung im Einzelnen macht; alle ganz gleichförmig eingetheilten
Linienzüge sind daher in der Kunst nur als decorative Saumbildungen zu verwerthen; man begnügt sich dann mit ihrem Totaleindruck und sie versinnlichen uns den Gedanken, daß die
gleichgültigeren Theile eines Ganzen, die zu dessen specifischer
Gliederung als einzelne nichts beitragen, wenigstens massenhaft
durch ein allgemeines Gesetz beherrscht werden, das dieser Gliederung nicht widerspricht. Das Bedürfniß, das ungerade Mittelglied auch sinnlich auszuzeichnen, führt zu symmetrischen Eintheilungen, in welchen von jenem aus die nach beiden Seiten
folgenden Glieder abnehmen oder zunehmen; ob diese Veränderung der Größen am zweckmäßigsten dem goldnen Schnitt oder
einem andern Gesetze folge, bleibt anzustellenden Versuchen überlassen.

Sind Punkte in einer Fläche vertheilt, so gefällt zuerst
die Symmetrie, welche die Zerfällung des ganzen Punktsystems

in zwei congruente Hälften erlaubt. Der Grad des Gefallens hängt jedoch von vielen Nebenumständen ab. Unter ihnen ist die Orientirung jeder Figur, die durch Punkte angedeutet wird, nach zwei Richtungen, der senkrechten und wagerechten, hervorzuheben. Zwei Punkte, deren Zwischenlinie eine schräge Richtung hat, mißfallen schon hierdurch in gewissem Maße; nur das horizontale Nebeneinander und das verticale Untereinander befriedigt; Eigenthümlichkeiten, die ohne Zweifel von einer Erinnerung an die physische Bedeutung dieses Gegensatzes herrühren, aber sich in die blos geometrische Anschauung unvermeidlich einmischen. Die symmetrische Anordnung gefällt ferner um so mehr, je deutlicher sie die Vorstellung eines Mittelpunktes oder einer Mittellinie erweckt. Ein auf seiner Seite ruhendes Quadrat ist nicht so interessant als ein anderes, dessen Diagonale senkrecht steht; die letztere Lage fordert wegen der angeführten Bedeutung des Horizontalen und Verticalen zur Aufeinanderbeziehung der diagonal entgegengesetzten Ecken durch Linien auf, die sich im Mittelpunkt schneiden würden; die erstere enthält diese Aufforderung, den Mittelpunkt zu suchen, nicht und wirkt durch den sehr offenbaren Parallelismus der Seiten unbedeutender, als jene durch den mehr versteckten obgleich fühlbaren der schräg gerichteten. In regelmäßigen Vielecken ist das Wohlgefallen an bestimmte Grenzen der Seitenzahlen gebunden. Es ist mäßig beim gleichseitigen Dreieck; genießbar ist dies überhaupt nur, wenn eine seiner Seiten horizontal, also die Höhe vertical liegt; da diese aber auf die unbezeichnete Hälfte der Grundlinie fällt, so erscheint das ganze Dreieck leicht als eine halbe Figur, der man in der Verlängerung der Höhe noch eine vierte Ecke zusetzen möchte. Fünfeck und Sechseck verbinden am angenehmsten Mannigfaltigkeit und Einheit; das letztere reizt durch den Parallelismus seiner Seitenpaare, am meisten wenn er verdeckt bei verticaler Stellung einer Diagonale wirkt, und durch die Gleichheit von Seite und Radius, die bei dieser Stellung gleichfalls fühl-

barer wird, und die Vorstellung eines Mittelpunktes kräftig her=
vorruft; das Fünfeck wirkt umgekehrt bedeutender durch den
Mangel des Parallelismus, während doch in beiden Stellungen
der Gedanke eines beherrschenden Centrum lebhaft durch die
Convergenz sowohl der obern als der untern Seiten nach der
Mittellinie hervorgerufen wird, besser als beim gleichseitigen
Dreieck, das je nach der Stellung entweder oben oder unten
durch eine ungebrochene Seite abgeschlossen wird. Eine Ver=
mehrung der Seitenzahl bringt in den Vielecken nichts Neues;
sie vermindert vielmehr das Characteristische des Eindrucks, je
näher sie zur Kreislinie führt; denn der lebendige Gegensatz der
Seiten verschwindet mit der Verflachung der Winkel zwischen
ihnen. Erst der wirkliche Kreis gibt die neue Anschauung eines
Gesetzes, welches allem Besondern nur eine Zusammenordnung
erlaubt, in der es dem Ganzen dient, ohne selbständig zu irgend
einer Ausdehnung seiner Existenz zu gelangen. Doch den ge=
wöhnlichen Preis des Kreises als der auch ästhetisch vollkom=
mensten Figur halte ich nicht für eine naturwüchsige, sondern
für eine doctrinäre Schätzung. Auch das allgemeine Gesetz wirkt
ästhetisch eindringlicher, wenn es das Besondere nicht völlig aus=
löscht und nivellirt. Wenn man von einer kreisförmig vertheilten
Punktreihe abwechselnd den ersten und dritten, den zweiten und
vierten und so fort zu zwei einander durchkreuzenden Polygonen
verbindet, so ist die Macht der blos hinzugedachten umschließen=
den Peripherie vielleicht noch anschaulicher als die der wirklich
beschriebenen einfachen Rundung. Mit Recht ersetzen daher
Architektur und decorative Kunst häufig die Krümmung durch
gebrochene Linien, runde Grundrisse durch Polygone, Cylinder
durch Prismen, Kegel durch Pyramiden.

Findet in Flächengebilden nur nach einer Axe Symmetrie
der Punktvertheilung und der Gestalt statt, so denken wir am
liebsten diese Axe horizontal; die verticale allein darf ohne Miß=
fallen zu beiden Seiten ihres Mittelpunktes verschiedene Formen

durchschneiden. Wo wir an realen Gegenständen horizontale
Asymmetrie finden, suchen wir immer in der Natur der Sachen
und ihren Beziehungen zu andern eine Rechtfertigung dieser an
sich verkehrt scheinenden Stellung. Dasselbe Bedürfniß macht sich
bei der Betrachtung von Curven gelten. Eine nach rechts und
links symmetrische, nach oben convexe krumme Linie kann man
ohne lebhaftes Bedürfniß einer Ergänzung ansehn; eine nach
rechts geöffnete Parabel dagegen fordert uns auf, als ihr Pen-
dant die congruente nach links geöffnete hinzuzudenken. Die Horizontale hat für unser Gefühl nicht die entgegengesetzten Pole,
die wir der Senkrechten zuschreiben; das Bedürfniß aber sie nach
rechts und links gleich organisirt zu denken, in aller Ornamentik
fühlbar, führt zu einer Menge schöner Eindrücke, welche uns die
Identität eines allgemeinen Bildungsgesetzes an zwei Gegen-
bildern zeigen, die unmittelbar gar nicht congruent sind, sondern es erst werden, die flächenförmigen, wenn man eines von
ihnen auf die Rückseite des andern, die stereometrischen, wenn
man alle Punkte des einen hinter eine Ebene um dieselben Entfernungen versetzt, um welche sie vor der Ebene von ihr absehen. Die ästhetische Kraft der Einheit ist um so größer,
wenn das Mannigfache, das sie beherrscht, in seiner unmittelbaren Gestalt nicht als Vielheit gleicher Beispiele, sondern als
Mehrheit charakteristisch irreducibler Gegensätze erscheint und
wenn dennoch eine Reihe ohne bewußte Reflexion ausgeführter
Umformungen der Anschauung seine Unterthänigkeit unter die
Einheit sinnlich klar macht.

Vom Zuge der Linien habe ich früher schon S. 77 bemerkt, daß er wohl nie als rein geometrisches Object, sondern
immer unter Erinnerung an statische und mechanische Verhältnisse und an deren uns wohlbekannten Gefühlswerth beurtheilt
wird. Man hat viel von einer absoluten Schönheitslinie gesprochen, ohne sie verzeichnen zu können; sie existirt gewiß nicht;
aber die verschiedenen Krümmungsweisen haben allerdings an

sich verschiedene ästhetische Werthe, welche sich auf dem Wege, den Fechner betreten, würden ermitteln lassen. Ich deute nur Weniges an. Ellipsen sind nicht gleich wohlgefällig bei jedem Axenverhältniß; sie scheinen es am meisten, wenn ihre Focaldistanz der großen oder der kleinen Halbaxe gleich wird; runder nähern sie sich dem Kreise zu sehr und flacher verlieren sie durch den wachsenden Gegensatz der gestreckten langen Bögen zu den stärkeren Krümmung an den Enden der großen Axe den Character eines durch alle Punkte ihres Verlaufs gleichen Bildungs-gesetzes. Auch die Parabel bedarf um zu gefallen, einer gewissen Größe des Parameters, wenigstens im Verhältniß zu der Länge der Bogen, die man wirklich sichtbar verzeichnet. Unsere Vor-stellung hat, indem sie einen Curvenbogen durchläuft, in jedem Punkte eine tangentiale Richtung ihres Fortgangs; Aenderungen dieser Richtung aber scheint sie nur gleichförmig, nicht mit rasch ab- oder zunehmender Beschleunigung zu lieben. Unangenehm sind daher die nicht hinlänglich ausgiebigen Schwünge von Li-nien, welche zu früh oder zu spät in eine beabsichtigte Aenderung der Krümmung einleiten oder einen nahezu gradlinigen Fortgang zwischen krumme Bahnen einschalten. Einen besondern Reiz aber finden wir fast überall in dem Uebergang von Concavität zur Convexität; er liegt vielleicht in einer Erinnerung an un-sere lebendige Thätigkeit: der einseitige Zug, den wir lange während des Fortschritts auf dem concaven Bogen durch Ablenk-ung von der Tangente nach der einen Seite erfuhren, verlangt mildernde Compensation durch darauf folgende entgegengesetzte Ablenkung. Soll hier die Bewegung zum Schluß kommen, so bilden wir gern diesen compensirenden Bogen kürzer und mit stärkerer Krümmung. Aber es muß genügen, an diese Gegen-stände fernerer Untersuchungen erinnert zu haben; die Aesthetik hat sie noch wenig berücksichtigt.

Ich verweise auf Fechners Bemerkungen S. 310 in Bezug auf die gefälligen Verhältnisse zwischen den umfassenden Seiten

einer Fläche. Alle Umfassung hat außerdem die Aufgabe, das
Innere als Ganzes vom Aeußern abzuscheiden. Aesthetisch wirksam geschieht dies nicht dadurch, daß ein Ganzes einfach eben
da aufhört, wo es alle ist, sondern ein eigner Trieb nach Begrenzung muß an ihm anschaulich gemacht werden. Dies ist
der Grund aller Saumbildungen. Schon der unentwickelte Geschmack roher Völker verfällt auf Verzierungen hauptsächlich an
den Rändern von Flächen, an den Endpunkten von Linien; hier
wird durch Farbenstreifen, durch Einschnürungen, Anschwellungen
und ähnliche Mittel ausgedrückt, daß ein Ganzes sich durch
eignen Willen abschließt, nicht nur durch die Umgebung abge-
schnitten werde. Dasselbe Princip der Selbstbegrenzung liegt den
Friesen und Kapitellen der Architectur, den abschließenden Dach-
gebälken und dem anfangenden Unterbau, den Einsäumungen der
Decken und zahllosen Gewohnheiten der decorativen Kunst zu
Grunde. Ebenso ist auch der Zusammenstoß zweier Begrenz-
ungen ein ausgezeichneter Ort; von den Eckverzierungen, die jede
Parallelogrammenfläche zu fordern scheint, bis zu den Kymatien
der Architectur ist diese Empfindung lebendig.

Außer der Umgrenzung zur Einheit eines Ganzen kann auch
die Ausdehnung der Fläche durch innere Gliederung der Einheit
eines Allgemeinen unterworfen werden: man belebt sie durch
Musterung. Vieles hiervon, wie die Zeichnungen orientalischer
Teppiche, läßt kaum bestimmte Regeln zu; doch findet sich in
griechischen, maurischen und gothischen Decorationen ein Verfahren, das principiell verständlich ist: die Eintheilung der Fläche
nach dem Muster ihrer Umfassungsform. Dies Verfahren führt
einestheils zu um so schöneren Wirkungen, je interessanter jene
Form selbst ist; quadratische oder sonst rechtwinklige Zergliederung reizt am wenigsten. Verwickeltere Grundformen des Um-
risses aber erfreuen andererseits um so mehr, wenn sie im Innern
nicht nur nebeneinander, sondern ineinander eingreifend und mit
Durchschneidungen wiederholt werden, welche die verschiedenen

gebildeten Theile nach verschiedenen Richtungen zu immer neuen
Formelementen verbinden lassen. So vervielfältigt sich der
Eindruck, daß der Raum als ein und derselbe Hintergrund nicht
nur Möglichkeit des Zusammenpassens für vieles Gleiche, sondern in jedem seiner Punkte zugleich Möglichkeit für gegenseitiges Auffinden und Begegnen des Ungleichen ist.

Wo wir in der Landschaft, in der Darstellung von Handlungen, in architectonischen Bauten ein Ganzes der Gruppirung, nicht ein Individuum, eingrenzen, da verlangen wir, daß
an entsprechenden Punkten des Raumes sich ästhetisch gleich ein-
drucksvolle Massen, jedoch ihrer Natur und Form nach verschiedene, angeordnet finden. Volle Symmetrie, welche gleiche Orte
auch mit gleichen Erscheinungen besetzt, wirkt unwahrscheinlich,
gemacht und erkältend in allen diesen Fällen, in welchen eine
Vielheit von einander unabhängiger Glieder nur zusammenkommt,
ohne Eines zu sein; in der Landschaft soll nicht ein Baum rechts
genau dem Baume links das Gleichgewicht halten; der schim-
mernde Mond kann ein besseres Contrapost gegen jenen sein,
wenn er an dem Punkte steht, welcher symmetrisch dem Schwerpunkt der größeren Gestalt des Baumes entspricht. Scheu vor
dem Unwahrscheinlichen wird in ähnlichen Fällen auch die symmetrisch benutzten Punkte etwas gegen die geometrische Eintheilung des gesammten Grundes verschieben und nicht leicht das
bedeutendste Element oder die hervortretendste Dimension des
Bildes genau in die Halbirungslinie des Grundes verlegen. Die
Form der symmetrischen Vertheilung aber, die Anzahl der Massengruppen, in welche das Ganze zerlegt wird, und die Art ihrer
gegenseitigen Verbindung bleibt nach den Aufgaben der darstell-
enden Kunst sehr mannigfach. Die Landschaft will gar nicht
ausschließlich volles Gleichgewicht des Gemüths herstellen, sie will
auch die Stimmungen des Hangens und Bangens, der Sehnsucht, kurz des Ungleichgewichts erwecken; ihr kann es daher

nicht allgemein auf Markirung der versteckten Symmetrie der
Welt ankommen. Die kirchliche Malerei führt dagegen ein Hei-
liges vor, das ein wirklicher Mittelpunkt der Welt, und dem es
daher natürlich ist, auch in jedem Einzelraume völlig central zu
erscheinen und die Umgebungen in möglich strengster Symmetrie
um sich zu gruppiren; dem Genre und größtentheils der Ge-
schichtsmalerei stände dieser Anspruch nicht zu. In der That
hat man nur für die Aufgaben der historischen oder heiligen
Malerei als der eigentlich monumentalen und vollendeten, gewisse
verbindliche Gesetze der Gruppirung aufgestellt, vor allem das
der pyramidalen Anordnung, die allerdings wohl in den Statuengruppen der Alten durch die Gestalt des Giebelfeldes veranlaßt, später in trefflichen Kunstwerken sich auch unabhängig hiervon bewährt hat, von Lessing am Laokoon gepriesen worden ist
und durch ihre natürliche Symbolik sich überall von selbst
empfiehlt, wo der Gegenstand sie zuläßt. Köstlin (Aesthetik
S. 436) drückt das Hauptgesetz der Gruppirung dahin aus: die
verschiedenst geformten und gestellten Gegenstände sollen in einer
continuirlichen Linie liegen, die auch die pyramidale Erhebung,
wo sie vorkommt, allmählich vermittelt. Zerfalle das Ganze in
mehrere, zunächst zwei Gruppen, so seien drei Anordnungen
möglich: die Gruppen bilden zwei von oben und von unten nach
der Mitte convexe Bögen, wie in der Disputa; oder sie bilden
zwei Bögen Eines Kreises, die nach der Mitte concav sind, oder
endlich sie setzen, nach gleicher Richtung, der untere jedoch schwächer gekrümmt, eine Art Meniscus zusammen; die erste Gestaltung gewähre den schlagendsten Eindruck, die andere mehr Ein-
heitlichkeit und Ruhe. Ich füge als Beispiel der zweiten hinzu,
daß in Raphaels Sixtinischer und in Holbeins Madonna sämmtliche Köpfe mit sehr unbedeutenden Abweichungen sich an symmetrische Punkte einer stehenden Ellipse einordnen lassen. Nach
der früher erwähnten Forderung entspricht bei Raphael dem
Kopf der Madonna ziemlich der Schwerpunkt zwischen beiden

Engeln; bei Holbein bildet für den Kopf des Bürgermeisters links
auf der rechten Seite das Paar der beiden Frauenköpfe, für den
einzelnen Mädchenkopf rechts das Paar des Jünglings und des
stehenden Kindes links ein Gegengewicht; dies Kind selbst links
und unten, entspricht einigermaßen dem andern, welches die Madonna rechts und oben trägt. Andere Formen symmetrischer
Gruppirung hat an Raphaels Disputa und andern Werken F.
W. Unger erläutert. (Die bildende Kunst. 1858.)

Ohne Eignes und Fremdes zu sondern und die ersten Urheber dieser flüchtigen Bemerkungen angeben zu können, habe ich
hier nur einige Fragen andeuten wollen, über welche ich systematische Untersuchungen vermisse. Eine Vergleichung der ästhetischen
Lehrbücher, auch des neuesten von Köstlin, welches über die
Schätzung der Raumfiguren sehr ausführlich ist, wird bestätigen,
daß es an beredten Interpretationen der Gefühle, die uns ihre
Betrachtung erweckt, und an feinen Beobachtungen bei Gelegenheit der Kritik von Kunstwerken keineswegs mangelt; die Zurück-
führung dieses Erwerbs auf allgemeine Grundsätze dagegen
müssen wir von der Zukunft hoffen.

Ich habe Gleiches von der dritten Gruppe ästhetischer Reize
zu bedauern, die ich hier erwähnen wollte: von den Formen der
Verknüpfung des Mannigfachen, die zwar meist nur in zeitlicher
Folge entstehen, ihren ästhetischen Werth aber nicht in dieser,
sondern in dem innern Zusammenhang der Ereignisse selbst oder
in dem der Gemüthszustände haben, in welche sie uns versetzen.
Wer spräche nicht als von wesentlichen ästhetischen Bedingungen
vor allem von der Einheit des Mannigfachen auch in Beziehung
auf seinen qualitativen Inhalt? wer nicht von Correctheit und
Consequenz, und doch zugleich von Unberechenbarkeit und Freiheit? wer fände nicht in Verwicklung, Spannung und Entwicklung,
in Contrast und retardirenden Motiven, in Einfachheit hier und
in Reichthum dort die wirksamsten Mittel des ästhetischen Eindrucks? Dennoch hat es noch Niemand gereizt, alle diese offen-

Das Wohlgefällige der Anschauung.

bar verwandten Gegenstände in einer erschöpfenden allgemeinen Betrachtung zu vereinigen. Unbeachtet freilich ist keiner von ihnen geblieben, aber es sind einzelne Gelegenheiten gewesen, welche die Aufmerksamkeit auf sie lenkten. In der Logik allein pflegt man von Eintheilungen und Classificationen zu sprechen, und da hat man gewöhnlich nur Tadel gegen den Hang, alle gegebenen Gegenstände der Betrachtung demselben Schema, demselben Rhythmus des Fortschritts zu unterwerfen und vollständige Symmetrie der Gliederung des Ganzen vielleicht durch einige Willkür herzustellen. Ganz mit Recht; denn die Logik hat nicht das Geschäft der allgemeinen Aesthetik zu übernehmen; dieser aber läge es ob, zu zeigen, wie jener im wissenschaftlichen Denken unberechtigte Trieb seine rechtmäßige Befriedigung im Schönen sucht und findet. Denn in diesem glücklichen Ausschnitt der Wirklichkeit oder diesem glücklichen Erzeugniß der Erfindung sind eben ausnahmsweise alle Theile auf alle mit der harmonischen Vollständigkeit bezogen, die einem für andere Zwecke eingegrenzten Gegenstand der Betrachtung seine Abhängigkeit von außer ihm liegenden Bedingungen zu versagen pflegt.

Die Rhetorik, eine fast untergegangne Kunst, lehrte die wirksamste Vertheilung der Gedanken sowohl zur größten Klarheit der Einsicht als zur völligsten Ueberwältigung des Gemüths; sie kannte den Werth der stetigen Beweisverkettung so wie der schlagenden Antithesen, die Gewalt eines allgemeinen Satzes und die Macht des anschaulichen Einzelfalles, endlich die Wirkung der Bilder, die das Einzelne als Beispiel auch sonst vorkommender allgemeiner Verhältnisse über seine Beschränktheit erhöhen und das Verweilen der Gedanken auf ihm rechtfertigen. Die Mathematik hat wenig von solchen Dingen geredet, aber in der Stille hat sie dem, der sie liebt, in den wunderbaren unerschöpflichen und doch so sicheren Beziehungen der Größen, die sie in ihren Formeln, Constructionen, Reihen und Gleichungen darstellt, den vollsten Zauber einer in Wahrheit durch und durch harmonischen

Lotze, Gesch. d. Aesthetik.

21

Welt vorgehalten, in der es weder an Consequenz noch an Ueberraschung, weder an Spannung noch an Lösung, nicht an Einfachheit und nicht an Reichthum fehlt. In der Musik ist längst
zum Einklang das Bedürfniß der Dissonanz und ihrer Auflösung
empfunden worden; gefordert die Zusammenschließung der ganzen
Mannigfaltigkeit durch die Herrschaft eines Grundtons, zu dem
sie zurückkehren muß, die Individualisirung eines Thema durch
alle Mittel verschiedener Rhythmen, durch Vertauschung der verbindenden Tonfolge zwischen feststehenden Hauptpunkten, durch
Ausweichungen in mehr oder minder verwandte Tonarten. Ich
will nicht alle sieben freie Künste durchgehen, sondern nur noch
an die Sorgsamkeit erinnern, mit welcher neben vielen andern
Lessing in den dramaturgischen Arbeiten, Göthe und Schiller
in ihrem Briefwechsel diese formalen Bedingungen der Darstellung auf dem Gebiete der Poesie berücksichtigten; der speciellen
Aesthetik fehlt es daher gar nicht an äußerst schätzbarem Material, welches die allgemeine zum Gewinn allgemeiner Grundsätze verwerthen könnte.

Dies Geschäft liegt nicht innerhalb meiner Aufgabe. Wer
sich indessen seiner annehmen wollte, würde wohl nicht Alles
durch die psychologische Erörterung der Veränderungen geleistet
haben, welche durch eines der erwähnten ästhetischen Mittel unserm Vorstellungsverlauf oder dem Ablauf unserer innern Zustände überhaupt zugefügt werden. Am wenigsten freilich würde
es genügen, nur den Nutzwerth aufzuzeigen, den jedes von ihnen
zu möglich angenehmster Erregung nur Reizung unsers Gemüths
besitzt; die innere Bewegung, so lange sie nur unter dem Gesichtspunkt eines uns widerfahrenden Wohl oder Wehe gerückt
wird, gehört ästhetischen Untersuchungen höchstens so weit an,
als man allerdings die technischen Mittel nicht vernachlässigen
darf, die dem Schönen seinen ihm sonst gebührenden Eindruck
verschaffen. Aber ungenügend würde es auch sein, mit Nicht-
achtung der Art, wie wir afficirt werden, nur die einfachen

Grundformen der Verhältnisse des Mannigfachen, von denen die Affection ausgeht, als directe, letzte und thatsächliche Objecte unsers ästhetischen Wohlgefallens auszusondern. Wir haben den Rhythmus nicht als blos zeitliche Ordnung, das räumlich Wohlgefällige nicht blos als geometrische Erscheinung angesehn; sie galten uns beide nur als anschauliche Erscheinungen eben dieser Momente eines intellectuellen Zusammenhangs, auf die wir jetzt zurückkommen: der Einheit in der Mannigfaltigkeit überhaupt, der Consequenz und des Contrastes, der Spannung und Lösung, der Erwartung und Ueberraschung, der Gleichheit und des Gegensatzes. Wir können eben so wenig jetzt den ästhetischen Werth dieser Momente in ihnen selbst suchen; auch sie erscheinen uns als die anschaulichen, mindestens als die formalen Vorbedingungen des Einen, was allein Werth hat, des Guten. Wir verehren Identität und Consequenz nicht als Formen, auf denen nun einmal durch ein vorweltliches Fatum ein unableitbares Wohlgefallen ruhe; sondern wir freuen uns ihrer als wohlbekannter formaler Bedingungen der Zuverlässigkeit, der Sicherheit und Treue gegen sich selbst, Bedingungen, welche das Gute der Welt zu Grund legt, in der es erscheinen will, und die keine Verbindlichkeit für eine Welt haben würden, in der es nicht erscheinen wollte. Ich erinnere mich eines wunderlichen Ausdrucks, der Köstlin entschlüpft: die gerade Linie sei das Symbol aller „Geradheit;" er hat dennoch Recht; der ästhetische Eindruck der Linie beruht wahrlich nicht darauf, daß sie der kürzeste Weg zwischen zwei Punkten, oder daß ihre Richtung in jedem Punkte die nämliche sei, oder wie man geometrisch sie sonst definiren mag; er beruht vielmehr eben auf diesem ethischen Moment der Treue und Wahrhaftigkeit, das zunächst dem abstracten Begriffe der Consequenz, dann auch der anschaulichen Erscheinung derselben in der räumlichen Geradlinigkeit Bedeutung gibt. Und wenn Verwicklung, Spannung und Lösung, wenn Ueberraschung und Contrast ästhetischen Werth haben, so wird

auch) für sie derselbe darauf begründet sein, daß alle diese Formen
des Verhaltens und Geschehens nothwendige Elemente in der
Ordnung derjenigen Welt sind, welche durch ihren Zusammenhang der allseitigen Verwirklichung des Guten die unerläßlichen
formalen Vorbedingungen darbieten soll. Nur davor würde die
hierauf gerichtete Entwicklung sich hüten müssen, in kümmerlicher
Weise jedes einzelne jener Verhältnisse als Symbol einer bestimmten ethischen Vortrefflichkeit zu deuten; nur eine in großem
Styl ausgeführte Uebersicht des ethischen Weltganzen könnte den
abgeleiteten Werth dieser Formen des Seins und Geschehens in
seiner ganzen allgemeinen und vieldeutigen Wichtigkeit für die
Erreichung der höchsten Zwecke und die Erscheinung der höchsten
Güter darstellen.

Viertes Kapitel.

Die Schönheiten der Reflexion.

Das Erhabene nach Kant, Solger, Weiße, Vischer. — Grundgedanke und verschiedene Formen des Erhabenen. — Das Häßliche nach gewöhnlicher Meinung. — Weiße's dialektische Gleichung zwischen Schönem
und Häßlichkeit. — Das Häßliche nach Vischer und Rosenkranz. —
Das Lächerliche nach Kant. — Die Erklärungen des Lachens. — Jean
Paul's irrige Erklärung des Komischen. — Definition von St. Schütze.
— Dialektische Stellung des Lächerlichen bei Vischer und Bohtz.

Das eigentlich Erhabene, bemerkt Kant (Kr. d. U. S. 94)
kann in seiner sinnlichen Form enthalten sein, sondern trifft nur
Ideen der Vernunft, welche, obgleich ihnen keine angemessene
Darstellung möglich ist, eben durch diese Unangemessenheit, welche
sich sinnlich darstellen läßt, rege gemacht und ins Gemüth ge-
rufen werden. So ist der Anblick des empörten Oceans nicht
erhaben, sondern gräßlich; man muß das Gemüth schon mit
mancherlei Ideen gefüllt haben, wenn es durch solche Anschau-

ung zu einem Gefühl gestimmt werden soll, welches selbst erhaben ist, in dem das Gemüth die Sinnlichkeit zu verlassen und sich mit Ideen, die höhere Zweckmäßigkeit enthalten, zu beschäftigen angereizt wird.

In diesen Worten mag man die Rechtfertigung dafür finden, daß ich zur Uebersichtlichkeit der Eintheilung Erhabenes Häßliches und Komisches in diesem Abschnitt als Schönheiten der Reflexion zusammenfasse; der Reflexion deswegen, weil allerdings die ganze Kraft dieser ästhetischen Motive nur dem Geiste zugänglich ist, der den einen Eindruck durch den Gewinn seiner Erinnerungen an andere beleuchten kann; Schönheiten aber, weil erst der so verstandene Eindruck einen ästhetischen Genuß gewährt, der dem Angenehmen und dem Wohlgefälligen gegenüber die Auszeichnung des höher ehrenden Namens verdient.

Das Erhabene nahm Kant auf, wie die innere Erfahrung es neben dem Schönen als neues Object ästhetischer Beurtheilung darbietet, und untersuchte die Gründe seines Eindrucks. Schönes, durch zwecklose Zweckmäßigkeit seiner Form für unsere Urtheilskraft gleichsam vorherbestimmt, befriedige unmittelbar in ruhiger Contemplation; Erhabenes, durch seine Größe die Leistungsfähigkeit unsers Vorstellens überschreitend und gewaltthätig für unser Einbildungsvermögen, hemme zuerst die Lebenskräfte und befriedige mittelbar durch nachfolgende um so stärkere Ergießung derselben. Zweifach aber biete sich das Große dar: als Maßlosigkeit räumlicher und zeitlicher Ausdehnung spotte es der Zusammenfassungsfähigkeit unserer Einbildungskraft; als Ungeheures der Macht übersteige es jeden denkbaren Widerstand. In beiden Fällen folge dem ersten niederbeugenden Eindruck eine erhebende Rückwirkung: dem mathematisch Erhabenen der Ausdehnung das Bewußtsein, ein Unendliches denken zu können, vor dem alles maßlos Große der sinnlichen Erscheinung seinerseits Nichts ist; dem dynamisch Erhabenen der Gewalt die Gewißheit, durch die Freiheit unserer Selbstbestimmung auch den größten

Mächten der Außenwelt, die unser Dasein wohl aufheben, unser Selbst aber nicht ändern können, überlegen zu sein. In der Stimmung des Gemüths, die aus dieser Bewegung desselben entspringt, habe die Erhabenheit ihre eigentliche Wirklichkeit, nicht als Eigenschaft in dem Gegenstande, der uns erregte.

Nicht ganz stimmt mit dieser Auffassung das unbefangene Gefühl. Es ist sich bewußt, den erhabenen Gegenstand nicht nur als Brücke zu der Vorstellung des Unendlichen zu benutzen, sondern bleibende Theilnahme für seine eigne Größe zu empfinden. Könnte er doch ohne diese auch nicht jene Brücke bilden; denn unendlich ist das Unendliche nicht, sofern Kleines, sondern sofern selbst Großes und Maßloses vor ihm Nichts ist. Aesthetisch ergreifend aber träte das Unendliche nicht vor uns, wenn wir die leere Vorstellung eines unwirklichen Großen an ihm mäßen, sondern nur, wenn wir die Maßlosigkeit eines in sinnlicher Anschauung Wirklichen vor ihm verschwinden sehen. Die eigne Größe des sinnlichen Gegenstands bleibt daher Mittelpunkt unsers Gefühls, und obwohl ihre Vergleichung mit dem Unendlichen einen neuen Eindruck gleicher Art erzeugen mag, so beruht doch im Allgemeinen die Erhabenheit nicht in der Beziehung der Erscheinung auf ein Unendliches, das ihr jenseitig bleibt, sondern in dem Innewerden der Unendlichkeit, welche sie selbst in sich einschließt. Ein Berg mag erhaben durch die Höhe des Himmels über ihm wirken, welche uns die Möglichkeit des noch immer unendlichen Fortschritts im Raume mit sinnlicher Klarheit vor Augen stellt; aber gewiß wirkt er ebenso auch ohne diesen Nebengedanken, theils durch die Erhebung über seine Umgebung, die dem sinnlichen Anblick unbestimmbar groß erscheint, theils durch die Vielheit seiner unterscheidbaren Theile, von deren jedem wir empfinden, daß er dem näheren Blicke wieder in eine unübersehbare Mannigfaltigkeit zerfallen würde. Daß solche Unendlichkeit nicht eine leere Vorstellung, nicht ein Unerreichbares ist, sondern daß sie als Wirkliches in der Wirklichkeit Platz nimmt,

tiefe verehrungsvolle Freude an der Realität des Großen liegt
dem Gefühl des Erhabenen allgemeiner zu Grunde, als jene Beziehung des Sinnlichen auf einen Maßstab, der seine Größe vernichtet.

Fast alle Beispiele, an denen man sich über seine Empfindungen klar zu werden sucht, machen überdies den Unterschied
zwischen dem mathematisch Erhabenen der Ausdehnung und dem
dynamisch Erhabenen der Kraft zweifelhaft. Auch das, was
wesenlos an sich selbst, so rein als möglich nur durch seine Größe
zu wirken scheint, selbst das ganz Leere, der unendliche Raum und
die endlose Zeit, auch sie werden von uns als wirkende Kräfte
gefaßt, die Unendliches aus sich hervorgehen zu lassen, Unzähliges
in sich zu vernichten vermögen; keine Ausdehnung gibt es, die
nicht eben indem unsere Einbildungskraft sie zu durchlaufen und
zusammenzufassen sucht, uns als sich selbst lebendig ausdehnende
Kraft erschiene. So fällt das mathematisch Erhabene unter das
Dynamische. Aber dieses selbst hat Kant nicht erschöpfend bestimmt, indem er die in ihm erscheinende Macht ausschließlich
als unsere Selbständigkeit bedrohende dachte. Jean Paul erwähnt dieser Ansicht unfügsame Beispiele: Erhabenheit des Handelns stehe im umgekehrten Verhältniß zu dem Gewicht ihres
sinnlichen Zeichens, das kleinste sei das erhabenste. Jupiters
Augenbrauen bewegen sich erhabener als sein Arm oder er selbst,
und das leise linde Wehen, in dem Gott komme, nicht in Feuer
Donner oder Sturmwind, sei majestätischer als diese. Erhaben
ist hier die Macht, vor der kein Widerstand gilt, während sie
selbst in der sinnlichen Erscheinung in Gestalt des Kleinen auftritt; in dieser Gestalt verneint das Uebersinnliche den Werth
aller sinnlichen Größe in selbst sinnlich anschaulicher Weise.

Nicht befriedigt wie das Schöne ruht das Erhabene in der
Erscheinung. Als unvollkommne noch im Werden begriffene
Schönheit deutete es darum Solger. Unbestimmt und unvoll-
ständig in ihrer erscheinenden Form sei die erhabene Natur-

gestalt; noch nicht von dem Geiste durchdrungen, der erst im
Herabsteigen zu ihr begriffen sei, rege sie uns an, ein Inneres
in ihr zu ahnen, das gleichwohl ihr noch fremd sei und wie
aus einem andern Gebiet zu ihr hinzukomme. So hebt Solger
die Formlosigkeit der Erscheinung hervor, die schon Kant mit der
Erhabenheit, aber nicht mit der Schönheit verträglich gefunden
hatte; den Grund ihres Eindrucks aber sucht er in der Form
des Gemüthszustandes, der uns ihr gegenüber allein möglich ist,
in dem Ahnen und Suchen, während die Schönheit geschaut wird.
Aber weder allem Erhabenen ist Formlosigkeit wesentlich, noch ist
Suchen an sich erhabener als Besitzen. Aber das Gestaltete ist
wie es gestaltet ist, das Gefundene wie es gefunden wird: das
Ungestaltete ist unerschöpfliche Möglichkeit mannigfacher Gestaltung, das Gesuchte bietet unendliche Möglichkeit verschiedener Befriedigung. In diesem Geltenmachen der unendlichen Möglichkeit des Andersseins, gegen welche alles Bestehende nur ein zu-
rücknehmbares Dasein hat, liegt ein Widerspruch, den die erhabene Erscheinung gegen alles ruhige Erscheinen überhaupt
einlegt.

Verschieden gewendet ist dies im Ganzen der gleichbleibende
Hauptgedanke, den die neuere Aesthetik dem Erhabenen unterlegt,
und dem wir in eigenthümlicher Verarbeitung zunächst bei
Weiße begegnen. Sehen wir überhaupt in der Schönheit ein
Gut, das der Wirklichkeit nicht fehlen soll, so müssen wir auch
verlangen, daß vollständig alle Formen des Erscheinens auftreten,
die einander zur vollendeten Verwirklichung dieses Gutes zu ergänzen haben. Deshalb befriedigt uns die reine Schönheit nicht,
wenn sie die einzige ästhetische Beleuchtung der Welt sein soll.
Als vollständige Einheit der Erscheinung mit ihrer Idee erfüllt
sie zwar eine Forderung unseres Gemüths; aber wir erinnern
uns, daß wir doch dieses Zusammenfallen nur verlangten, damit
jeder Gedanke an einen Widerstand widerlegt werde, den der
Idee irgend ein Element, in dem sie sich ausgestalten wolle, zu

leisten vermöchte. Die schöne Erscheinung nun, in ihrem unge-
störten, durch keine Ahnung möglichen Andersseins getrübten
Einklange, bringt diesen Nebengedanken nicht zum Ausdruck; sie
thut, als könne es nicht anders sein und verstände sich von
selbst, daß das Einzelne ein sich selbst genügendes auf sich beruhendes Dasein bilde. Das Entgegengesetzte verlangen wir
vielmehr zu sehen: es soll offenbar werden, daß kein Einzelnes
sich selbst aus eigner Kraft genügt, sondern daß Alles, was an
ihm Wesen und Realität und Leben ist, ihm nur von der ewigen
Kraft der Alles umfassenden Idee kommt, gegen die es Nichts
ist. Und dies soll nicht an jenen unschönen Gebilden offenbar
werden, in denen sich für unser Verständniß die wirkenden Kräfte
überhaupt dem Gebote der Idee entziehen; sondern eben da, wo
diese Kräfte ihr am eifrigsten dienen, an dem Schönen selbst,
muß dies innerliche Ungenügen des Endlichen durch Hinausdeut-
ung auf ein unendliches Ganze, worin es sich aufhebt, zu Tage
kommen. Nehmen wir an, daß eben dies der Gedanke sei, den
erhabene Gegenstände versinnlichen, so verlangt also unser Gefühl, daß nicht Alles harmonische Schönheit, sondern daß Erhabenheit wenigstens neben ihr, die stählende Dissonanz neben
dem verführerischen Einklang vorhanden sei, damit die Welt dem
ästhetischen Gefühl ihr Wesen ebenso vollständig kundgebe, wie
sie es auf andere Weise der theoretischen Erkenntniß thut.

Speculative Untersuchungen gehen nie ohne Abstumpfung
in die gewöhnliche Denkweise über; nicht ohne solchen Verlust
habe ich hier den Versuch verdeutlicht, das Erhabene als dialektisches Entwicklungsmoment der Idee des Schönen abzuleiten.
Seit Weiße, dem die Erhabenheit als aufgehobene Schönheit
galt, ist diese dialektische Verknüpfung der ästhetischen Grundbegriffe eine stehende Aufgabe der hegelischen Schule geblieben.
Nicht immer ist der Werth verständlich, den für die Erkenntniß der Sache diese Combinationen unserer Vorstellungen von
der Sache besitzen. Anstatt unmittelbar aus der Natur des

Schönen oder den eigenthümlichen Bedürfnissen der ästhetischen Weltansicht den nöthig erachteten Fortschritt zu begründen, folgen viele dieser Versuche zu sehr gewissen allgemeinen Vorschriften der logischen Methode, welche in abstracter Fassung vorausgeschickt tausend Mißverständnissen an sich selbst unterliegen, am wenigsten aber uns überzeugen, daß nur ihnen zu Gefallen die Idee der Schönheit die ihr zugeschriebene Entwicklung zu durchlaufen verpflichtet sei.

Ein wenig erweckt auch Vischers Ableitung des Erhabenen diese Bedenken. Aus der Schönheit, der ruhigen Einheit von Idee und Bild, reiße die Idee sich los, greife über das Bild hinaus und halte ihm, dem Endlichen, ihre Unendlichkeit entgegen. Dennoch sei die Idee nur in ihrem endlichen Träger, dieser also zugleich als wesentliche Erscheinung der Idee und zugleich als nichtig und verschwindend gegen sie gesetzt: dieser Widerspruch sei das Erhabene. Aber diese etwas zu scholastische Formel vergütet Vischer durch eine reiche und belehrende Zusammenstellung und Zergliederung der verschiedenen und verschiedengefärbten Beispiele, welche uns die Kräfte der Natur und des Geistes, endlich der allgemeine Weltlauf, von dem Erhabenen darbieten. Hierin wetteifert mit ihm Z e i s i n g, dem Erhabenes eine Mittelform zwischen rein Schönem und Tragischem ist; durch eine vorhandene Vollkommenheit, am meisten durch Größe, rege die erhabene Erscheinung den Gedanken der unbedingten Vollkommenheit an, hinter der sie zurückbleibe.

Z i m m e r m a n n sieht in der Form des Erhabenen den Ausdruck des Widerspruchs, daß die Vorstellung des Unendlichgroßen von uns nur angestrebt wird, und daß sie gleichwohl, da jedes Streben eine Vorstellung des Erstrebten voraussetzt, zugleich innerhalb unsers Vorstellens liegt. Ich kann mich nicht von dieser Umdeutung der Kantischen Ansicht überzeugen: das unendlich Kleine wirkt nicht erhaben, obgleich die Verhältnisse des Vorstellens dieselben sind. Allerdings geht Zimmermann davon aus,

daß das Vorstellen des Größeren, weil es die Summe der Vorstellungen seiner Theile enthalte, auch ein größeres Quantum
des Vorstellens sei, und dies größere Vorstellen gefalle neben
dem Kleineren. Gehen wir jedoch von irgend einer mittlern
Größe aus, die unserer Wahrnehmung gewöhnlich ist, so erreichen
wir das unendlich Kleine durch eben so viele Subtractionen oder
Divisionen, wie die des Großen durch Additionen oder Mul-
tiplicationen, also durch ein gleich großes Quantum eines nur
nach anderer Richtung gehenden Vorstellens. Dennoch bleibt die
erhabene Wirkung aus; man wird deshalb ihren Grund doch
nicht in der Größe des Vorstellens, sondern in dem von ihr zu
unterscheidenden Werthe des vorgestellten Inhalts sehen müssen.

Suche ich zusammenzufassen, so scheint die allgemeine Bedingung aller erhabenen Wirkung darin zu liegen, daß irgend
eine Erscheinung irgendwie uns ein Letztes, über das hinaus
kein Fortschritt des Denkens und kein Rückgang des Geschehens
möglich ist, nicht als einen Gedanken, mit dem sich hypothetisch
spielen läßt, nicht als eine überweltliche Möglichkeit, sondern in
dem ganzen Ernst einer wirklich den Augenblick füllenden wirksamen Gegenwart, zur Anerkennung bringt. Es ist gleichgültig,
wie fein oder wie roh wir dieses Letzte auffassen und die Empfänglichkeit für das Erhabne ist nicht der Vorzug einer höhern
Bildungsstufe. Eben so wenig wird es ausschließlich durch eine
besondere Klasse der Erscheinungen dargestellt, sondern jede kann
uns zu ihm hinleiten; aber der gemeinsame Eindruck der Erhabenheit erhält sehr abweichende Färbungen der Stimmung je
nach der besondern Weise, in der uns in jedem Fall jenes Letzte
berührt und nach der Richtung, welche die von ihm erzeugten
Gedanken nehmen.

Dem Einzelnen steht als Letztes das Allgemeine gegenüber, das ihm gebietet und vor dem seine Besonderheit Nichts
gilt. Hierauf beruht das Erhabene der Massenwirkung. Schon
die unübersehbare ruhende Vielheit des Gleichartigen übt diesen

Reiz; wo wir aber vieles Gleichartige in gleicher Bewegung
sehen, unzählige Meereswellen, die stürmenden Massen eines
Wasserfalls, den gleichmäßigen Tritt eines Heeres, überall da
fühlen wir, daß es ein Allgemeines nicht blos in der Logik gibt
als einen Gedanken, den man fassen kann, sondern daß es in
der Welt selbst als lebendige Wirksamkeit gegenwärtig seinerseits
das Einzelne faßt und sich unterwirft. Seine besondere Färbung aber empfängt dieser Eindruck von der besondern Beziehung,
die sein Inhalt zu unserem Gemüth hat: das Walten des Allgemeinen empfindet sich anders an einem Naturereigniß, das entfernt vom menschlichen Leben in der Stille seinen Gang nimmt,
anders an dem Aufschwung lebendiger Kräfte, anders endlich an
Bildern des gemeinsamen Untergangs. Der characteristischen
Form, in der jedes Endliche ist, was es ist, steht als Letztes
das Gestaltlose, die Alles in sich aufhebende und aus sich
neubildende Macht gegenüber. So scheint uns erhaben das einfache und ungeformte Element, das Leere selbst, wo es in großer
Ausdehnung auftretend, nicht als Lücke in der Gestaltung, sondern als der alle Gestaltung begrenzende, umgebende, in sich
aufzehrende Grund und Hintergrund ins Auge fällt; erhaben
auch alles Dauernde, an welchem der lebendige Wechsel der
Dinge nichts veränderte, als daß er Spuren seiner eignen Vergänglichkeit an ihm zurückließ; erhaben auch der plötzliche Um-
sturz, der die Gestalt der Welt mächtig ändert. Auch diese Eindrücke gehen von ihrem Gemeinsamen in sehr verschiedene Stimmungen auseinander; Gefühle der Sicherheit und der Angst, der
Sehnsucht und des Entsetzens knüpfen sich an die Anschauung
der wandellosen aber Alles verwandelnden Macht des Unendlichen.

Diese Beispiele, dem Gebiet der Naturerscheinungen ange-
hörig, zeigen uns die Idee, um mit dem gewöhnlichen Sprachgebrauch der Aesthetik zu reden, rückhaltlos mächtig über das
Einzelne, ohne doch in dem letztern irgend einen Widerspruch

desselben in sich selbst oder gegen die Idee bemerken zu lassen, welche es darzustellen versucht. In der That, die Behauptung, erhaben sei das Endliche, das sich selbst verzehrt, indem es sich zum Träger des Unendlichen macht, bezieht sich unmittelbar nur auf sittliche Charactere, nicht auf natürliche Erscheinungen. Alles Endliche ist bedingt und wird durch äußere Einflüsse von seiner Bahn unstetig abgelenkt; aber in dieser Bedingtheit und Unfolge= richtigkeit liegen zugleich die unzähligen süßen und freundlichen Gewohnheiten des Daseins begründet, die sein Glück bilden: Resignation ist der wesentliche Zug des erhabenen Characters, der in sich selbst die Idee verwirklichen möchte; Verzicht auf Bedürfnisse und Genüsse, auf welche Endliches ungestraft nicht verzichten kann, Verleugnung aller Inconsequenz, der goldenen Zurücknehmbarkeit alles Früheren, der Leichtherzigkeit neuer An= fänge in jedem Augenblick, Fesselung des Willens an Einen Entschluß, wo die endliche Natur Erholung im Wechsel verlangt. Diese formellen Eigenschaften der Unbedingtheit, Einfachheit, Consequenz und Bedürfnißlosigkeit wirken überall erhaben, doch verschieden nach Ort und Art ihres Erscheinens. Eine öde Ge= gend scheint uns charactervoll dem freundlichen Schmuck entsagt zu haben und stimmt uns durch solche Erhabenheit wehmüthig; grauenhaft dünkt uns die Rücksichtslosigkeit der Leidenschaft und ihre unbeugsame Folgerichtigkeit ohne rechtfertigendes Ziel, be= geisternd die Selbstaufopferung des sittlichen Geistes; in unsag= baren Gefühlen verstummen wir vor der Feierlichkeit des Todes, der die uns fremdeste Eigenschaft des Unendlichen, die Unwider= ruflichkeit, so grell in unser auf allerhand Widerruf gebautes Leben hineinscheinen läßt.

Daß des Erhabenen Erbfeind das Lächerliche, von jenem zu diesem nur ein Schritt sei, diese Wahrnehmung hat gewöhn= lich beide Begriffe in unmittelbarer Folge behandeln lassen; nur das Häßliche hat die Aesthetik zwischen sie eingeschaltet. Unsere Erfahrung findet das Häßliche vor; wie wir die Schönheit als

löbliche Nachahmung eines Ideals fassen, die glücklicherweise hie
und da in der Welt vorhanden sei, aber auch fehlen könne, ohne
die Wirklichkeit zu Grunde zu richten, so nehmen wir auch die
häßlichen Erscheinungen als Beispiele eines Zurückbleibens hinter
diesem Muster hin, das leider gleichfalls vorkomme. Jeden einzelnen dieser Fälle bestrafen wir mit einem Urtheile des Mißfallens, ohne im Uebrigen in der Möglichkeit ihres Vorkommens
eine Bedingung für die Denkbarkeit des ästhetischen Urtheilens
überhaupt zu suchen. Daß indessen das Häßliche nicht blos
Mangel der Schönheit, sondern Feindseligkeit gegen sie, und darum auch für ihr Wesen von größerer Bedeutung ist, als jener
bloße Mangel sein würde, davon überzeugen wir uns bald. Zwar
sprechen wir von Häßlichkeit auch da schon, wo Erscheinungen
aus den Verhältnissen, die ihnen ein für sie maßgebender Begriff vorzeichnet, kraftlos herausweichen, ohne für alle ihre Ein-
zelabweichungen einen neuen, sie wieder zur Einheit zusammen-
schließenden Mittelpunkt zu gewinnen. Und hier allerdings ver-
stimmt uns nur der völlige Mangel jener Einheit des Mannigfaltigen, die überhaupt uns erst Veranlassung zu ästhetischer Billigung oder Mißbilligung gibt. Allein wir fühlen zugleich, daß
diese formale Bestimmtheit, durch welche ein Gegenstand Object
ästhetischer Beurtheilung wird, ihn noch keineswegs zugleich zur
Schönheit macht; daß vielmehr nun erst die Frage entsteht, ob
jene Einheit das Mannigfache zum Schönen oder zum Häßlichen
verknüpft habe. Das wahre Häßliche scheint uns erst da vorzukommen, wo dieselben Mittel, durch welche die Erscheinung
ihre Schönheit auszubilden berufen war, dieser Aufgabe zuwider
zu einer Gestaltung benutzt werden, die an Lebendigkeit, Reichthum der innern Gliederung und Folgerichtigkeit, kurz an allen
formalen Trefflichkeiten dem Schönen nicht nachsteht, aber alle
diese Vorzüge ebenso mißbraucht, wie der mächtige intelligente
böse Wille die Mittel der Kraft und Einsicht. Innerhalb des
allgemeineren Begriffes des Aesthetischen überhaupt oder des

ästhetisch Beurtheilbaren und ästhetisch Wirksamen, den wir sehr leicht und häufig mit dem des Schönen verwechseln, fassen wir jetzt Schönes und Häßliches als zwei entgegengesetzte Arten, die eine das Gegenbild der andern, wie das Rechte Gegenbild des Linken ist, nur nicht, wie diese, gleichberechtigte Widerspiele von einander. Um sie zu unterscheiden, um die Verwendung der ästhetischen Formen, welche zum Schönen führt, als wohlgefällig der andern entgegenzusetzen, die zum Häßlichen führend mißfällig wird, bleibt uns nur ein Gesichtspunkt, der über das ganze Gebiet des Aesthetischen hinaus liegt: das Schöne als Seinsollendes läßt sich in seiner Benutzung der Mittel vom Guten leiten; das Häßliche verwendet sie nach Anleitung des Bösen. Diese Betrachtung hat von je dem menschlichen Gemüth nahe gelegen, so oft Erfahrung des Lebens auf den Gedanken einer verführerischen unlautern Schönheit brachte, die an formalem ästhetischen Reiz der wahren Schönheit gewachsen schien. Auf die Häßlichkeit, welche die Natur darbietet, litt diese Ansicht eben so leicht Anwendung, wie auf absichtlich durch bewußte Kräfte gestaltete Zerrbilder. Denn theils sind wir wirklich nicht gewohnt, Unförmlichkeiten des Unlebendigen schon häßlich zu nennen, sondern wir versparen diesen Namen für die Widrigkeit des Lebendigen, dessen Erscheinung sich als Ausdruck Eines gesammelten, in sich einigen, aber verkehrten Bildungstriebes deuten läßt; theils dehnen wir in der That diese Deutung doch auch auf die unlebendige Natur aus, und dann erscheint auch sie uns häßlich, wenn ihre zufälligen Bildungen das unheimliche Walten eines dem Lichte abgekehrten Willens verrathen.

Auch diese Auffassung betrachtet jedoch das Häßliche, sofern es wirklich ist, als eine Thatsache, die auch fehlen könnte, seinen Begriff aber, sofern er im Reiche des Denkbaren vorkommt, als den einer Erscheinungsform, deren Denkbarkeit durch die allgemeinen Bedingungen des Erscheinens nur nicht ausgeschlossen ist, ohne daß sie selbst unentbehrlich für die Ordnung alles Erschei-

nens wäre. Dieser gewöhnlichen Meinung mußte daher sehr
befremdlich die Behauptung Weißes sein, die Häßlichkeit bilde
in der Entwicklung der Idee der Schönheit ein wesentliches
Glied, noch befremdlicher die Steigerung dieser Behauptung zu
der dialektischen Formel, daß die Schönheit, „in gewissem
Sinne" freilich, geradezu die Häßlichkeit selbst sei. Einige Neigung, vernachlässigte Wahrheiten durch Seltsamkeit ihres Ausdrucks eindringlich zu machen, hat wohl im Verein mit der Vorliebe für die Spiele der Dialektik zu dieser Formulirung geführt,
deren Sinn wir uns klar machen wollen.

Ich habe früher (S. 214) der Bestimmungen gedacht, welche
Weiße über den Begriff der Schönheit gibt. Es kann damals
schon aufgefallen sein, daß das Wesentlichste, was die Schönheit
auszeichnet, in ihnen unerwähnt blieb, dies nämlich, daß sie gefalle. Denn daß die Schönheit aufgehobene Wahrheit, daß sie
Erscheinung an Dingen sei, Verhältniß zwischen den Eigenschaften
der Dinge, unberechenbarer Kanon solcher Verhältnisse, mikrolos-
mische Selbstgenügsamkeit einer individuellen Erscheinung, mb-
stische Einheit des Mannigfachen derselben: alles Dies verbürgt
nicht, daß dasjenige, was diesen Bedingungen genügt, uns gefallen und nicht vielmehr mißfallen werde. Weiße selbst hebt
hervor, daß er durch alle diese Begriffe gar nicht allein das
Schöne, sondern sein Gegentheil, das Häßliche mit definirt zu
haben meine; erst jetzt sei durch Verneinung des Häßlichen das
Wesen der Schönheit festzustellen. Nach den Bemerkungen, die
ich früher (S. 178) über die dialektische Methode machte, legen
wir uns dies so zurecht. Jene Definitionen, durch die wir die
Schönheit, und nur sie, zu fassen suchten, verfehlten ihr Ziel:
anstatt der Schönheit haben wir nur einen allgemeineren Begriff, den des Aesthetischen überhaupt, gefunden, und werden jetzt
inne, daß unsere für den Begriff der Schönheit gehaltene Bestimmung so unvollkommen ist, daß sie das, was wir gar nicht
wollten, den Begriff des Häßlichen, zugleich mit einschließt. Wie

nun allenthalben die dialektische Methode das Innewerden unserer Irrthümer und die Verbesserung derselben als eigene Entwicklung der Sache faßt, an welcher wir untersuchend herumirren, so wird hier der Schönheit selbst, als wäre sie durch jenen Erstlingsbegriff bereits von uns gefaßt gewesen, die innerliche Unruhe zugeschrieben, aus sich selbst heraus in die Häßlichkeit überzugehen und aus diesem Andersfein in sich selbst zurückzukehren. Und wirklich gesteht uns jene Dialektik ausdrücklich zu, in der That sei die Schönheit, die wir in jenem ersten Begriffe dachten, noch nicht die wahre volle Schönheit gewesen; aber doch habe nicht unfer Begriff sich geirrt und den Gegenstand verfehlt; sondern es sei eben die Natur der Sache selbst, der Schönheit selbst, zuerst in dieser unvollständigen und deshalb unwahren Weise als Schönheit an sich, als gemeinsame Wurzel des Schönen und Häßlichen zu existiren und durch Uebergang in ihr Gegentheil und Rückkehr aus demselben erst zu dem zu werden, was wir von Anfang an in ihr suchten. In jedem Falle, antworten wir hierauf, dürfen zwei Begriffe, welche nicht identisch sind, wie tief und innig auch sonst die Wechselbeziehung ihrer Inhalte sein mag, nicht mit demselben Namen bezeichnet werden. Deshalb gehen wir auf diesen Sprachgebrauch nicht ein, dasjenige, woraus Schönheit und Häßlichkeit hervorgehen, blos deshalb, weil wir die Schönheit von ihm haben wollen, die Häßlichkeit aber nicht, bereits mit dem Namen der Schönheit, wenn auch mit dem Zusatze der ansichseienden zu benennen, sondern behaupten: wer die Schönheit nur durch jene erwähnten formalen Bestimmungen definirt, welche wir unter dem Namen der Einheit des Mannigfachen zusammenfassen wollen, der hat gar nicht die Schönheit definirt, sondern nur das ästhetisch Wirksame und Eindruckmachende überhaupt, von dem noch dahinsteht, ob es schön oder häßlich sein werde.

Gegen diese Erklärung wird der Vorwurf nicht ausbleiben, daß sie doch den Gedanken jener Dialektik mit allzugroßer Ein-

buße seines Eigenthümlichen umschreibe; auch sie fasse das Häßliche als ein thatsächlich Gegebenes, in welches hinein, nachdem
es eben da ist, die Betrachtung des Schönen sich verirren könne,
daß es aber irgendwie für die Schönheit wesentlich sei, das
Häßliche in der Welt des Denkbaren zum Nachbar zu haben,
leuchte aus ihr nicht ein. Dies ist richtig; aber ich weiß nicht,
ob ich die feinen Intentionen jener Dialektik nur nicht vollständig
verstehe, oder ob sie nicht selbst durch fremdartige Beleuchtung
einen einfachen Gedanken unkenntlich macht. Ganz verständlich
würden wir sagen, Häßliches müsse in der Welt sein, damit
durch den Contrast die Schönheit auffalle und als Gut neben
dem Uebel genießbar werde. Nun, zwar nicht auf diesen einfachen Gedanken selbst, aber auf einen nahen Vetter desselben
scheint mir doch jene Dialektik zurückzulaufen. Nicht auf ihn
selbst, denn sie verlangt nicht die Wirklichkeit eines Häßlichen
als Folie der Schönheit; sondern das meint sie, daß eben der
Begriff der Schönheit leer und undenkbar sei, wenn ihm nicht
der der Häßlichkeit in der Welt des Denkbaren gleich denkbar
entgegenstehe. Aber dieser Gedanke, wie wir ihn auch wenden,
führt fast nur auf die gemeingültige Vorstellungsweise zurück,
deren ich eben gedachte. Wir suchen in der Schönheit Uebereinstimmung einer Idee mit einer Erscheinung; diese Uebereinstimmung setzen wir ausdrücklich nicht als selbstverständlich, sondern als eine glückliche Harmonie zwischen Verschiedenem an,
welche auch nicht sein könnte. Allerdings muß es daher ein
Mittelglied geben, ein Reich der Formen, die dasjenige, was die
Idee will, nur in allgemeiner Weise begründen und es muß die
Möglichkeit stattfinden, daß dieselben Formen, obwohl zum Dienste
der Idee bestimmt, gegen diesen ihren Zweck zu nichtseinsollen-
den Gestaltungen benutzt werden. Nur in diesem sehr bescheidenen Sinne können wir sagen, daß die Denkbarkeit des Häßlichen nothwendig für die Denkbarkeit des Schönen sei, ebenso
wie ohne die Möglichkeit des Unrechts nicht nur die Freude am

Recht, sondern auch die ganze Bedeutung seines Begriffs verschwinden würde. Daß aber Häßlichkeit ein unentbehrlicher
Durchgangspunkt für das Wesen der Schönheit sei, damit sie
werde, was sie sein will oder soll, ist nur in dem eigenthümlichen Zusammenhange denkbar, in welchem Weiße die Aesthetik
vorträgt. Jenes allgemeine Aesthetische, das wir vom Schönen
unterscheiden, Weiße dagegen mit dem Namen des Schönen bereits belegt, weil er dieses aus ihm hervorgehen zu sehen erwartet, ist bei ihm nicht einseitig der erkennbare Inhalt, der
wenn er von uns gefaßt wird, auf unser Gefühl wirkt, sondern
doppeldeutig sowohl dieser Inhalt, als die lebendige geistige Kraft,
in welcher er als Form Grund und Ziel ihrer Thätigkeit vorkommt. Mit einem Worte: für Weiße ist am Anfang das
Schöne Nichts als die Phantasie, jene schöpferische Kraft, die
in dem göttlichen Geiste wie im endlichen thätig ist, und in
ihrem Thun eben jene formalen Gesetze des Aesthetischen, jene
Einheit des Mannigfachen, als die Gesetze ihrer Natur befolgt.
Diese Phantasie ist die Mutter des Schönen und des Häßlichen
zugleich; sie bringt das Häßliche hervor, wenn sie sich nur ihrer
Beweglichkeit ziel- und zwecklos überläßt, und das, was ihr zu
schaffen möglich ist, zugleich als das verfestigt, was geschaffen zu
werden verdient. Dieser Phantasie hält es Weiße für unentbehrlich, daß sie nicht auf geradem Wege zur Erzeugung des
Schönen fortschreite, sondern daß sie die lügenhaften Gestalten
des Häßlichen wenigstens als mögliche geschaut und von sich gewiesen habe; nur durch die Verneinung des Häßlichen gelange
sie zur Erschaffung des wahrhaften und höchsten Schönen. In
dem allgemeinen Glauben an eine Gespensterwelt oder vielmehr
in der Erzeugung einer solchen findet Weiße das Zeugniß für
die immerfort im menschlichen Geschlecht in solcher Richtung
wirkende Phantasie; er findet nicht minder dafür Zeugnisse in
Bestrebungen der Kunst, die unbewußt häufig genug das entschieden Häßliche hervorbringen und arglose Bewunderung bei

22*

Vielen finden, die dies Häßliche für wahre Schönheit nehmen. Vor dieser Verirrung des Geschmackes in höchst beredter und einbringlicher, das tiefste Verständniß der Schönheit und der Kunst überall bethätigender Sprache gewarnt zu haben, ist ein voll anzuerkennendes Verdienst, welches Weißes Werk sich in diesem Abschnitte erworben hat.

Eine gewisse Unanschaulichkeit bleibt dennoch bei ihm zurück. Wir hören wohl, daß das Häßliche in einer vom Bösen herrührenden Verzerrung der Schönheit bestehen soll; aber wie sieht es aus? in welchen erkennbaren Einzelzügen kommt diese Verzerrung unterscheidbar von der richtigen Gestalt des Schönen zum Vorschein? Hierüber ist Vischer ausführlicher. Indem er gegen Weiße das Häßliche nur als verschwindenden Uebergang, nicht als eignes dialektisches Glied gelten lassen will, findet er es da, wo einzelne Elemente, denen ein Allgemeines in der Verbindung mit andern eine untergeordnete Stellung vorschreibt, aus dieser heraustreten, und sich anmaßen, das Ganze nach sich zu bestimmen; häßlich sei das Krokodil, dessen ganzer Leib nur gemacht scheint, dem ungeheuren Alles zusammenfassenden Rachen als Träger zu dienen; häßlich jede Erscheinung, welche sich gegen ihre eigne Idee oder gegen die aus ihrer eignen Gattung fließenden Bildungsgesetze auflehnt, ohne welche sie doch selbst Nichts ist, und deren verzerrtes Bild sich selbst in der Verkehrung noch darstellt.

Ich weiß nicht, ob dies hinreicht. Gegen seine eigne Idee und die aus seiner eignen Gattung fließenden Bildungsgesetze lehnt sich doch eigentlich das Krokodil nicht auf, sondern die ganze Gattung ist uns widrig, weil sie in ihrer Gestalt die Werthabstufung der thierischen Functionen auf den Kopf zu stellen scheint: ein Thier, das nicht frißt um zu leben, sondern lebt um zu fressen. Erhabenes anderseits lehnt sich wirklich in gewisser Weise gegen die aus seiner Gattung fließenden Gesetze, wenn nicht der Bildung, so doch des Verhaltens auf; aber es wird dadurch nicht häßlich. Die Häßlichkeit möchte daher wohl nicht schon in der Auflehnung der Erscheinung gegen die Idee, sondern erst in dem Unwerthe der Absicht liegen, aus welcher die Auflehnung hervorgeht, und diese selbst sich nicht sowohl gegen das Bild, welches die Gattung vorschreibt, als gegen den **Werth des Sinnes** richten, zu dessen Verwirklichung auch die Gattung selbst erst jenes Bild entwirft. Auch der Zufall und das Zufällige der individuellen Einzelheit begründet an sich kaum das Häßliche, wie Vischer zu meinen scheint; häßlich ist der Zufall nur, sobald wir in ihn die feindselige Absicht deuten, zu stören, was sein soll; der unabsichtlich gedachte, auch wenn er das Schönste unterbricht, führt zu Empfindungen des Tragischen oder Komischen, aber nicht zu dem Häßlichen, d. h. zu dem was **des Hasses** werth ist. Kurz, eine weitere Verfolgung dieser Betrachtung führt zu dem Gedanken zurück, den Weiße theilt, Vischer zurückweist: daß allerdings das Häßliche seinen Grund in der vorhandenen oder ihm untergeschobenen Bosheit der Gesinnung hat, die es antreibt, die Ordnung und die Formen zu verzerren, welche das Gute zu seinem eignen Dienste der Wirklichkeit und dem Erscheinen vorzeichnet. Es ist natürlich nicht davon die Rede, wie Vischer dies auffaßt, daß die Phantasie sich erst durch „positive Religion" ergänzen müsse, um nicht das Häßliche zu bilden; aber davon allerdings, daß wie das Schöne die formale Erscheinung des Guten, so das Häßliche die des Bösen sei. Daß hierin eine Anlehnung der Aesthetik an einen ihr auswärtigen Ideenkreis liegt, geben wir zu, aber wir können nicht selbständig machen, was nicht selbständig ist. Eine Aesthetik, welche nicht das Gute, sondern nur „die Idee" als höchstes Princip der Welt verehrt, und in der Schönheit nur die Erscheinung des formalen Organismus der Idee sucht, würde allerdings, vom ästhetischen Standpunkt angesehen, genau unter den von Weiße und Vischer selbst aufgestellten Begriff der Häßlichkeit fallen; sie würde ein untergeordnetes Moment, die Form

der Negativität, zum Ganzen, die abstracten formalen Werth=
bedingungen der Erscheinung zum concreten Zweck des Erschei=
nens machen.

Liegt nun das Wesen des Häßlichen überall in einer Ver=
kehrung der wirklichen Werthe, so kann doch diese sehr verschie=
dene Angriffspunkte wählen, nach deren Bedeutung für uns auch
die Stimmungen, welche das überall gleiche Häßliche hervorruft,
dennoch sehr verschieden ausfallen; bald ekelhaft und widrig, bald
furchtbar und entsetzlich, kann es ebenso reizend und verlockend
sein. Diese mannigfaltigen Formen hat von mehr systematischem
Gesichtspunkt Rosenkranz in seiner Aesthetik des Häßlichen
1853 unter die drei Hauptbegriffe der Formlosigkeit Incorrekt=
heit und Verbildung zusammengefaßt, von denen der dritte das
Gemeine, das Widrige vom Plumpen bis zum Satanischen, end=
lich die Caricatur als Uebergang zu dem Komischen umfaßt, in
welches letzte das haltlose Uebermaß der Häßlichkeit sich auflöse.

Auch die Betrachtung des Lächerlichen beginnt Kant mit
Hervorhebung des subjectiven Eindrucks. Musik und Stoff zum
Lachen sind ihm zweierlei Arten des Spiels mit ästhetischen
Ideen oder auch Verstandesvorstellungen, wodurch am Ende
Nichts gedacht wird und die blos durch ihren Wechsel und den=
noch lebhaft vergnügen, wodurch sie klar zu erkennen geben, daß
die Belebung durch beide blos körperlich sei und das Gefühl der
Gesundheit, durch eine jenem Spiel correspondirende Bewegung
der Eingeweide, das ganze für so fein und geistvoll gepriesene
Vergnügen einer aufgeweckten Gesellschaft ausmacht. Im Lachen
entspringe dieser Affect aus der plötzlichen Verwandlung einer
gespannten Erwartung in Nichts; doch müsse in allen solchen
Fällen der Spaß immer etwas enthalten, welches auf einen
Augenblick täuschen kann; daher, wenn der Schein in Nichts
verschwindet, das Gemüth wieder zurücksieht, um es noch einmal
mit ihm zu versuchen, und so durch schnell hinter einander fol=
gende Anspannung und Abspannung hin= und zurückgeschnellt

und in Schwankung gesetzt wird; mit dieser Gemüthsbewegung verbinde sich eine harmonirende inwendige körperliche Bewegung, die unwillkürlich fortdauert und Ermüdung, dabei aber auch Erheiterung hervorbringt.

Der eine Theil dieser wunderlichen Darstellung, die Erklärung des Lachens, ist später nicht wesentlich überboten worden. Man hat unmittelbar aus der speculativen Bedeutung des Komischen, aus der Vernichtung des Widersprechenden, die in ihm vorgeht, die Nothwendigkeit einer so lebhaften und gerade so gestalteten Mitaffection des Körpers, einer plötzlichen Explosion, die aus den unbekannten Tiefen des Organismus entspringe, ableiten zu können geglaubt; aber warum niest dann der Mensch nicht, oder erbricht sich? Hierauf kann höchstens die Physiologie antworten, daß gerade die Respiration, welche auf kurze Zeit großen Wechsel ihres Rhythmus und ihrer Intensität ohne weitere Folge für die Oekonomie des Lebens verträgt, überhaupt der gewöhnlichste Schauplatz ist, auf welchem Gemüthserschütterungen, in deren Natur kein Ansatz zu einem bestimmten Handeln liegt, den bloßen Aufruhr ihrer Bewegung unschädlich und ohne etwas Bestimmtes zu bewirken, zur Erscheinung zu bringen. Lachen, Seufzen, Schluchzen, Gähnen und zorniges Schnauben sind verschiedene Belege hierfür.

Die Erklärung des Lachens aus Verwandlung gespannter Erwartung in Nichts, noch unverständlicher gemacht durch die Einschärfung, die Erwartung dürfe sich nicht in ihr positives Gegentheil, sondern müsse sich völlig in Nichts verwandeln, drückt offenbar ein richtig Gefühltes unvollkommen aus; sie paßt selbst zu Kants eignen Beispielen schlecht. Anstatt ihrer heben wir eine andere Betrachtung Kants hervor. Man lache über die Einfalt, die es noch nicht versteht, sich zu verstellen und erfreue sich zugleich über die Einfalt der Natur, die jener uns zur Natur gewordenen Verstellungskunst hier einen Streich spielt. Man erwartete die gekünstelte Sitte und den vorsichtig schönen Schein,

und siehe! es ist die unverdorbene Natur, die man anzutreffen gar
nicht gewärtig, und der, welcher sie blicken ließ, auch gar nicht
zu entblößen gemeint war. Daß der schöne, aber falsche Schein,
der gewöhnlich in unserm Urtheile so viel bedeutet, hier plötzlich in
Nichts verwandelt, der Schalk in uns gleichsam bloßgestellt wird,
bringt die Bewegung des Gemüths nach zwei entgegengesetzten Richt=
ungen hervor, die zugleich den Körper heilsam schüttelt. Daß aber
Etwas, was unendlich besser als alle angenommene Sitte ist, die
Lauterkeit der Denkungsart, doch nicht ganz in der menschlichen
Natur erloschen ist, mischt Ernst und Hochachtung in dieses
Spiel der Urtheilskraft. Weil es aber nur eine auf kurze Zeit
sich hervorthuende Erscheinung ist und die Decke der Verstell=
ungskunst bald wieder vorgezogen wird, so mengt sich zugleich ein
Bedauern darunter, welches eine Rührung der Zärtlichkeit ist, die
sich mit einem solchen gutherzigen Lachen sehr wohl verbinden
läßt und auch wirklich damit gewöhnlich verbindet, zugleich auch
demjenigen, der den Stoff dazu hergibt, die Verlegenheit darüber,
daß er noch nicht nach Menschenweise gewitzt ist, zu vergüten
pflegt.

Diese Stelle enthält in ihrer hübschen altfränkischen Weise
schon viel von dem, was die moderne Dialektik ungenießbarer zu
incrustiren pflegt. Es ist offenbar das falsche Erhabene, an dem
Kant das Lächerliche Rache üben läßt; seine psychologisch meister=
hafte Schilderung aber läßt das tröstliche Element, das im Lä=
cherlichen liegt, ebenso deutlich schon hervortreten, wie Solger's
allgemeiner gefaßte Erklärung: der Widerspruch, der im Komischen
zwischen Wirklichkeit und Idee bestehe, habe zugleich eine Be=
ruhigung in der Wahrnehmung, daß Alles doch zuletzt gemeine
Existenz und auch in dieser die Idee des Schönen überall gegen=
wärtig ist, daß wir mithin in unserer Zeitlichkeit doch immer im
Schönen leben. Dies Gefühl, daß die Idee in der Existenz
bleibe und wir nie ganz von ihr verstoßen seien, mache uns
glücklich und froh.

Auch Jean Paul beginnt die Zergliederung des Lächerlichen mit der Erklärung seines Eindrucks. Dem unendlich
Großen, welches Bewunderung, müsse ein unendlich Kleines
gegenüberstehen, das die entgegengesetzte Empfindung errege; im
moralischen Reiche aber gäbe es kein Kleines; der Mangel der
Moralität erzeuge Haß oder Verachtung; zum Haß sei das Lächerliche zu gut, zur Verachtung zu unbedeutend; so bleibe für
dasselbe nur das Reich des Verstandes, und zwar aus demselben
das Unverständige übrig. Aber um eine Empfindung zu erwecken, müsse das Unverständige sinnlich als Handlung oder Zustand angeschaut werden; dies geschehe, wenn die Handlung als
falsches Mittel die Absicht des Verstandes, oder wenn die wirkliche Lage der Umstände als Widerspiel die Meinung des Verstandes über sie Lügen straft. Aber auch so seien wir nicht zu
Ende; weder Irrthum und Unwissenheit an sich, noch ihre aus=
druckvollste Anschaulichkeit seien schon lächerlich; hier komme erst
der Hauptpunkt: wir leihen dem ungereimt Handelnden unsere
Ansicht und Einsicht. Dieser Selbsttrug, womit wir dem fremden Bestreben eine entgegengesetzte Kenntniß unterlegen, mache
es eben erst zu jenem Minimum des Verstandes, zu der unendlichen Ungereimtheit, worüber wir lachen, so daß also das Ko=
mische, wie das Erhabene, nie im Objecte wohne, sondern im
Subjecte; aus demselben Grunde endlich seien nur Menschen
und unter den Thieren die klügeren, weil nur bei ihnen jene
Unterschiebung leicht ist, in ihren verkehrten Handlungen lächer=
lich. Den Quell des Vergnügens an diesem Lächerlichen aber
findet er nicht mit Hobbes in dem Bewußtsein unserer eignen
Klugheit, sondern in dem Genusse dreier in Einer Anschauung
festgehaltenen Gedankenreihen: der eignen, der fremden und der
von uns dem Anderen untergeschobenen. Die Anschaulichkeit
des Komischen zwinge uns zum Hinüber- und Herüber-Wechsel-
spiel mit diesen drei Reihen, aber dieser Zwang verliere sich
durch die Unvereinbarkeit derselben in heitere Willkür. Das Ko-

mische sei also der Genuß oder die Phantasie und Poesie des ganz für das Freie entbundenen Verstandes, welcher sich an drei Schluß- oder Blumenketten spielend entwickelt und daran hin- und wiedertanzt.

In diesen Tanz trete ich nicht mit ein; jene fast allgemein angenommene Theorie aber von der bessern Einsicht, die dem ungereimt Handelnden untergeschoben sein Handeln lächerlich mache, halte ich für ganz irrig. Wenn Unwissenheit an sich nicht lächerlich ist, wie anschaulich auch ihr verkehrtes Benehmen hervortreten mag, so wird sie es auch dadurch nicht, daß sie bis zum Sinnlosen gesteigert wird, so lange sie dabei eben blos Unwissenheit bleibt. Schieben wir dem zweckwidrig Handelnden aber unsere ihm verborgene Kenntniß der Umstände unter, so wird seine Handlungsweise, da wir sie jetzt als durch Beachtung dieser Umstände gelenkte und gleichwohl noch ebenso zweckwidrige denken müssen, zwar für uns in ihrer Dummheit unbegreiflich, aber eben weil wir Nichts mehr von ihr begreifen und uns nicht mehr in sie zu versetzen wissen, hört sie ganz auf, ästhetisch auf uns zu wirken. Wenn gleichwohl in tausend Beispielen, die Jedem sofort einfallen, Jean Paul Recht zu behalten scheint, so rührt dies davon her, daß wir in ihnen allen einen andern Nebengedanken über das lächerliche Subject mitdenken; nicht die Kenntniß dieser bestimmten Lage der Umstände schreiben wir ihm zu, sondern das gravitätische Bewußtsein, ein Wesen zu sein, welches überhaupt Absichten zu fassen und diese unter beliebigen Umständen passend und angemessen zu verwirklichen die allgemeine, bleibende, immer gegenwärtige Befähigung habe. Das heißt mit andern Worten: das Lächerliche liegt eben gar nicht allein im Reiche des Verstandes, sondern kommt überall erst zum Vorschein, wo das Handelnde einen Willen hat, durch den es aus sich selbst heraus und zugleich den Umständen angemessen, eine Wirklichkeit hervorbringen zu können gar nicht zweifelt. Diesen Willen und das Bewußtsein, ihn zu haben,

schieben wir überall dem lächerlichen Objecte unter, dagegen jene
unsere Kenntniß der bestimmten Umstände, gegen welche sein
Handeln verstößt, keineswegs. In vielen Fällen wird das Bewußtsein des geistigen Wesens,
unabhängiger und selbständiger Wille zu sein, dem die Dinge
sich fügen müssen, in besonderer Lebendigkeit gedacht; diese ver-
meintliche Erhabenheit des Subjects, wenn sie durch eben die
Umstände, über die sie so weit hinaus zu sein glaubte, plötzlich
zu Falle gebracht wird, liefert die ausdrucksvollsten Beispiele des
Lächerlichen; hinzugedacht freilich die Beschränkung, daß jenes
Bewußtsein nicht in wirklicher sittlicher Erhebung erhaben ist,
sondern in falschen Bestrebungen sich so dünkt, oder formell ohne
inhaltvolle Absicht überhaupt nur im Genusse seiner Fähigkeit
schwelgt. Und hierher gehören alle jene Fälle des Lächerlichen,
die aus unterbrochener Feierlichkeit und Convenienz entspringen
oder aus der plötzlichen Täuschung eines aufmerksam und absichtlich concentrirten Strebens, das unerwartet bei dem Gegentheil
seines Wunsches anlangt. Aber es ist nicht nöthig, daß das Erhabene, das zu Falle kommen soll, überall in ausdrücklicher Selbst-
bewußtheit einer ihres Erfolgs sichern Absicht bestehe; der Mensch
und das klügere Thier, so wie sie gehn und stehn, wandeln mit
dem stillen Anspruch herum, jedenfalls wenigstens über ihren
Körper souverain zu herrschen und über seine Fähigkeiten frei
zu verfügen. Sie erscheinen uns beide lächerlich, wenn der physiologische Mechanismus plötzlich diese Herrschaft unterbricht und
ihre Bewegungen, indem sie mit selbstgewisser Leichtigkeit ihrem
Ziele zustreben, zu einem unliebsamen Ende führt; der Mensch
noch lächerlicher, wenn er sein nächstes Eigenthum, den Lauf
seiner Gedanken und ihren Ausdruck, nicht in seiner Hand hat,
sondern durch mechanische Associationen der Vorstellungen, durch
angewöhnte Bewegungen seiner Organe oder Unfügsamkeit derselben, zum Verwechseln der Worte, zu unpassenden Schlüssen
angefangener Reden, zum Aussprechen des hellen Widersinns ge-

trieben wird, um so mehr natürlich, je deutlicher sich seine Intention, hier nach tief angelegten Planen zu verfahren, in seinem
Benehmen ausgesprochen hat. Auf alle diese Fälle paßt eine
Definition des Lächerlichen von St. Schütze (Versuch einer
Theorie des Komischen. Leipzig 1817), die nicht mit Unrecht Vischer als vorzüglich hervorhebt: es sei Wahrnehmung
eines Spiels, welches die Natur mit dem Menschen treibe, während er frei zu handeln glaube oder strebe. Zur Natur, d. h.
zu dem, was seinen eignen irgendwie beschaffenen Gesetzen folgend dem Anspruch des Einzelnen auf wirksame Freiheit entgegensteht, kann hier die ganze Außenwelt, mit ihr also auch die
Summe der andern Einzelnen gezählt werden, deren geistige
Regsamkeit und Willkür die Erfolge jenes ersten durchkreuzt.
Doch werden wir finden, daß der reinere Genuß des Lächerlichen
nicht durch diesen Conflict, sondern durch den zwischen der unbewußt wirkenden Naturnothwendigkeit und dem hochtrabenden
Anspruch auf Freiheit entsteht, und auch hier hauptsächlich dann,
wenn es gar nicht große und mächtige Naturwirkungen sind, an
denen die individuelle Berechnung scheitert, sondern die kleinen,
für sich bedeutungslosen, unbeabsichtigten Ausläufer, welche diese
Nothwendigkeit als gewöhnlichen Zufall zwischen die Bestrebungen
der Freiheit hineinschiebt.

Man kann endlich dieser Ansicht einwerfen, sie erkläre doch
nur Lächerliches, das in irgend einer Art des Handelns bestehe,
aber nicht den großen Genuß, den uns bloße Wortspiele, witzige
Antithesen und Aehnliches gewähren. Allein auch in den Begriffen, noch vielmehr in den Namen, durch die wir sie sprach-
lich zu verfestigen suchen, liegt ein gewisser Anspruch auf erhabene
Selbständigkeit, Abgeschlossenheit und Eigenthümlichkeit, der durch
jene Spiele des Witzes ganz ähnlich verspottet wird. Sie machen
klar, daß der Inhalt des einen Begriffs, der sich für etwas ganz
Individuelles und Unvergleichliches gab, zwar nicht ganz, aber
nach irgend einem bedeutsamen Theile seines Wesens durch

Worte bezeichnet werden kann, die, allerdings oft in anderem
Sinne, zur Bezeichnung auch eines andern Inhalts dienen, mit
welchem zusammenfallen jener erste höchlich verschmähen würde.
Daß der Wortwitz häufig auf bloßer Doppeldeutigkeit der Worte
beruht, ändert daran Nichts; denn ein Wort könnte nicht zwei
Bedeutungen haben, ohne daß diese beiden in irgend einem dritten
Vergleichungspunkte zusammenträfen; der Witz wird nur um so
komischer, je näher dieser Vergleichungspunkt liegt, der so zwei
steif sich gegeneinander abgrenzende Begriffe gegen ihren Willen
unter denselben Gesichtspunkt unterdückt. Auch der komische Reiz
der Antithesen, wie jener schweren Verläumbung, daß außer=
ordentliche Professoren nichts Ordentliches, ordentliche nichts
Außerordentliches wüßten, beruht doch darauf, daß selbst die gra=
vitätischen logischen Formen, die immer nur die ernsteste Wahr=
heit zu erzielen vorgeben, so aufs Eis geführt werden, daß aus
ihrer regelrechten Anwendung der reine blühende Unsinn, oder
mit besonderer Bosheit, wie in diesem Fall, eine unerwartete
Harmonie des Irrthums in sich selbst zu Tage kommt.

Nach diesen Bemerkungen würden wir natürlich finden,
wenn die dialektische Aesthetik vom Erhabenen unmittelbar zu
seinem Widerspiele, dem Lächerlichen, übergegangen wäre. Doch
ist dies nicht ganz so geschehen. Weiße nimmt seinen Weg
durch das Häßliche, welches, obgleich nichtig an sich, doch, um
als Moment in die Idee einzutreten, als dieses Verschwindende
und Nichtige sich ausdrücklich darstellen müsse; dies geschehe durch
die Komik. Bohtz (über das Komische. Göttingen 1844) nähert
sich dem gleichen Ziele durch eine dialektische Gliederung des
Häßlichen selbst; er unterscheidet die Häßlichkeit, die in ihrer
Verzerrung der Schönheit das ideale Moment noch auffallend
hervortreten läßt und deshalb Berührungen mit dem Erhabenen
hat: das Dämonische; dann das Häßliche, welches durch die ihm
inwohnende Unwahrheit das positive Moment ganz zurückdrängt
und dagegen den gleißnerischen Schein grell zur Schau stellt: das

Gespenstige; endlich könne die Unwahrheit in so roher plumper Gestalt auftreten, daß sie ohnmächtig, unschädlich erscheint und im Kontrast mit der Wahrheit des wirklichen Lebens Lachen erweckt: die Caricatur. Auch Vischer benutzt das Häßliche wenigstens als Durchgang. Im Erhabenen hatte die Idee das Bild erdrückt; das Wesen des Schönen erforderte nun völlige Genugthuung für das verkürzte Recht des Bildes und diese könne nur in einer negativen Stellung bestehen, die nun sich das Bild gegen die Idee gibt, indem es sich der Durchdringung mit derselben widersetzt und ohne sie als das Ganze behauptet. Diese an sich ganz billige Revanche, seinerseits gegen die Idee widerborstig zu sein, geht aber doch dem Bilde, das durch sie häßlich wird, nicht gut aus; denn wiewohl das Bild ohne die Idee das Ganze zu sein behaupte, so bleibe diese doch in Wahrheit die lebendige und bildende Macht der Einzelheit, und indem das häßliche Individuum sich anmaße, schön (?) zu sein, gestehe es die Schönheit, also die Idee, die es doch von sich ausschließt, als das Geltende zu. Dies habe jedoch nicht die Folge, daß das Häßliche in seinem Widerspruch gegen die Idee nachlasse; negirt werde diese fortwährend; da sie aber doch durch jenes Zugeständniß als dem Häßlichen selbst inwohnend bejaht werde, so treffe die Negation die Idee nur als solche, welche sich die Miene gebe, sich vom Bilde loszureißen und in das Unendliche zu entfernen, d. h. die Idee in der Form der Erhabenheit. Der Sinn sei also: Die Negation des Endlichen, die im Erhabenen liegt, d. h. die Entfremdung der Idee als einer über die Grenze übergreifenden und daher von außen kommenden zu negiren und vielmehr gelten zu machen, daß das Bild trotz seiner allen Brechungen des Zufalls hingegebenen Einzelnheit völlig im Besitze der Idee ist. Das Ganze dieser Bewegung sei das Komische.

Dies letzte mag so zugegeben werden, daß das Ganze der Gemüthsbewegung, die den komischen Genuß bildet, die Refle-

zionen allerdings einschließt, die Vischer hier nach Solgers Vorgang entwickelt hat. Denn gewiß gehört zu diesem Ganzen dieses
Element der Harmlosigkeit und des Trostes, daß der Widerspruch,
der im Lächerlichen stattfindet, nicht im Allgemeinen den Triumph
des Widersinns anzeigt, sondern innerhalb der unerschütterten all=
gemeinen Herrschaft des Sinnes und der Vernunft unschädlich
aufblitzt. Aber es scheint mir doch, daß diese Dialektik jenes
Ganze des Komischen nicht an seinem verständlichsten Ende an-
faßt; das Nächste, was wir im Lächerlichen empfinden, ist umgekehrt dies, daß das Einzelne ganz gewiß die Idee, die es in
sich zu fassen meinte, nicht in sich faßt, sondern als Einzelnes
ganz aus dem Besitze der Idee, nämlich als Besitzer, herausfällt;
ein Zweites ist es erst, daß es trotzdem im Besitze der Idee,
nämlich als Besessenes, bleibt. Es war eben keine glückliche, in
dieser Allgemeinheit in der That kaum verständliche Behauptung, daß das Häßliche sich anmaße, schön zu sein; ging die
Häßlichkeit aus der Negativität des Einzelnen gegen die Idee
hervor, so bestand sie darin, daß das Häßliche sich als selbst-
genügsam und selbständig, also als erhaben darstellte; diesen
Dünkel ihm zu dämpfen ist sein Uebergang ins Lächerliche bestimmt.

Hat es überhaupt einigen Reiz, einer befriedigenden dialektischen Anordnung der ästhetischen Grundbegriffe nachzusinnen,
welche ich hier behandelt habe, so erlaube ich mir folgenden
Vorschlag. Der dialektische Fortschritt scheint mir nicht nothwendig einen überall gleich dünnen Faden bilden zu müssen,
sondern der weitern Verzierung fähig zu sein, zwischen dem
ersten und dritten Moment, wie zwischen zwei zusammengezogenen
Knoten ein aufgebauschtes Mittelglied zu bilden. Als Anderssein
oder als Moment des Gegensatzes hat ja gewiß das zweite Glied
das Recht, auch formell als eine Vielheit sich vom ersten und
dritten als Einheiten zu unterscheiden. Dann stände die Sache
so. Als Ausgangspunkt einer dialektischen Trias würden wir

den Begriff der Schönheit überhaupt benutzen, indem wir voraussetzten, es sei nachgewiesen, daß dieser Begriff der reinen
Schönheit nur eine abstracte Forderung von Uebereinstimmung
zwischen Idee und Erscheinung sei, die ebenso, wie Farbe nur
in Roth Grün Gelb wirklich wird, Erfüllung und Anschaulichkeit nur in einer characteristischen Einzelgestalt finde. Das zweite
Moment bestände dann aus der großen Reihe der oben unterschiedenen Formen der Schönheit mit den beiden Polen der
Erhabenheit und der Häßlichkeit, in welche die Schönheit endet,
wenn sie entweder der Idee oder dem characteristischen Naturell
ihres Trägers zu großes Uebergewicht läßt. Hierbei würde
nicht auffallen, daß das Erhabene, als parteiisch für das edlere
Glied, die Idee, ästhetisch löblich, das Häßliche, den negativen
Pol bildend und das Unedlere bevorzugend, tadelhaft gefunden
wird; ohnehin würden ja diese beiden nur die Endpunkte einer
Reihe bilden, in deren Gliedern Gutes und Schlimmes sehr
verschieden gemischt ist. Durch das Lächerliche als einschnüren-
den Ring ginge dann dies zweite Glied in das dritte, die zugleich
characteristische und harmonische Schönheit über. In ihr würde
die kalte und farblose Erhabenheit der Idee durch den eigenthümlichen Lebenstrieb einer endlichen Wirklichkeit, der sich freiwillig und vollständig der Idee hingibt, erwärmt und zu far-
bigem Glanze verklärt.

Fünftes Kapitel.

Die ästhetischen Stimmungen der Phantasie.

Schiller über das Naive und Sentimentale; und über Realismus und Idealismus. — Der Spieltrieb bei Schiller und der Begriff der Ironie. Ironie bei Fr. Schlegel und Solger. — Die romantische Schule. — Der Humor nach J. Paul und Solger. — Forderung einer universalen Komik bei Weiße und Vischer. — Bedenken hierüber.

Die Gegenstände der ästhetischen Beurtheilung wirft uns die Erfahrung des Lebens unzusammenhängend in den Weg: bald erfreut uns der Reiz des Ebenmaßes und der Harmonie, bald schreckt uns Häßliches; hier begegnet uns Erhabnes, dort die Nichtigkeit des Lächerlichen. Aber so wenig die Erkenntniß der Welt sich mit der Auffassung der vereinzelten Wahrnehmungen begnügt, so wenig mag das Gemüth nur abwechselnd die verschiedenen Werthe der Dinge auf sich wirken lassen; wie der Verstand Zusammenhang der Erscheinungen sucht, so strebt auch das Gemüth, das Ganze der Dinge als ästhetische Einheit seines ästhetisch Mannigfachen zu empfinden. Der zusammenfassenden Weltansichten, in denen sich diese Sehnsucht Befriedigung gibt, werde ich bald zu gedenken haben; theils die Natur der Sache, theils die Geschichte der Wissenschaft, die ich zu erzählen habe, veranlaßt mich, zuvor die verschiedenen Stimmungen der Phantasie zu betrachten, welche zur Entwerfung jener Weltbilder als Organe dienen.

Auch die theoretische Erkenntniß der Welt vertieft sich, ehe sie abschließende Ergebnisse gewinnt, in methodisch verschiedene Untersuchungsweisen, deren jede von den verschiedenen Fäden, aus denen der ganze Zusammenhang der Wirklichkeit besteht, nur einen einseitig aber vollständig in alle seine Verschlingungen verfolgt: mechanische Untersuchungen über die Wechselverknüpfung aller Kräfte stehen neben zusammenhängenden Deutungen aller Zwecke des Geschehens, mathematische Berechnungen der Möglichkeit der Ereignisse neben Ableitungen ihrer Nothwendigkeit aus dem Gebote von Ideen. Man wird abrechnen müssen, was die Verschiedenheit des Erkennens von der ästhetischen Beurtheilung in meine Vergleichung Unzutreffendes bringt; im Ganzen aber wird man jenen verschiedenen Standpunkten der untersuchenden Wissenschaft verschiedene bleibend geworbene Stimmungen der Phantasie entgegenstellen können, mit denen das Gemüth alle Dinge ästhetisch auffassen zu müssen, und ihre ästhetische Gesammtwürdigung leisten zu können meint.

An eine Bemerkung Kants über den Eindruck, den uns Schönheit macht, wenn sie als Naturwirkung auftritt, hat Schiller die erste uns hier reizende Untersuchung, seine denkwürdige Unterscheidung des Naiven und des Sentimentalen, angeknüpft. Kants eigner Gedanke, flüchtig hingeworfen und wenig ausgeführt, zielt eigentlich nach anderer Richtung, als nach welcher Schiller ihn fortsetzt. Es interessire die Vernunft, bemerkt Kant, daß die Ideen auch objective Realität haben; an jeder Aeußerung der Natur von jener gesetzlichen Uebereinstimmung ihres Mannigfachen, an welche sich unser ästhetisches Wohlgefallen knüpfe, nehme daher das Gemüth noch ein anderes Interesse, welches der Verwandtschaft nach moralisch sei. Das solle nicht heißen: eine Naturerscheinung interesse durch ihre Schönheit nur, sofern ihr eine moralische Idee beigesellt werde; vielmehr diejenige Eigenschaft derselben an sich selbst interessire unmittelbar, durch die sie eine solche Beigesellung möglich mache, oder sich zu einer solchen qualificire. Man sieht: daran erfreut sich Kant, daß uns die Natur Veranlassung gibt anzunehmen, die Schönheit, welche zunächst nur in unserer Auffassung oder in unserem Genusse vorhanden ist, sei auch in ihr selbst als eine Wirklichkeit vorhanden, die durch unsern Genuß nur für uns aufgefunten wird. Deßhalb verschwinde der Reiz, sobald das, was zuerst natürliche Lebendigkeit, also Theil der äußern Wirklichkeit schien, hinterher sich doch wieder nur als Kunststück einer Absicht aus= weist, deren Erzeugnisse, wie schön sie auch immer seien, doch in der Wirklichkeit nicht als deren legitime Bestandtheile mit= zählen. Der natürliche Gesang der Vögel entzücke uns als Aus= druck ihrer fröhlichen Zufriedenheit mit ihrer Existenz; der täu= schend nachgeahmte Schlag der Nachtigall rühre Niemand, sobald das Geheimniß verrathen sei.

Schiller, mit seiner vorwiegenden Theilnahme für das sittliche Element in allen Betrachtungen, gibt diesem Gedanken von vorn herein eine andere Wendung. Damit jene Freude an der Natur entstehe, scheint ihm nicht hinzureichen, daß diese eben Natur sei, sondern sie müsse zugleich mit der Kunst oder der Absicht in Contrast stehen und beide beschämen. So stellt sich Schiller, im Gegensatze zu Kant, der sich unbefangen über die Naturwüchsigkeit der Schönheit freute, zu der ganzen Frage von Anfang an auf jenen Standpunkt, den er selbst in dieser Ab= handlung als den der sentimentalen Theilnahme an der Natur von dem ihres naiven Genusses zu unterscheiden sucht. Wir lieben nach ihm an den Gegenständen der Natur das stille schaffende Leben, die innere Nothwendigkeit, die ewige Einheit mit sich selbst. Sie sind, was wir waren; sie sind was wir wieder werden sollen; wir waren Natur wie sie, und unsere Cultur soll uns auf dem Wege der Vernunft und der Freiheit zur Natur zurückführen. Sie sind also zugleich Darstellungen unserer verlorenen Kindheit, die uns ewig das Theuerste bleibt, daher sie uns mit einer gewissen Wehmuth erfüllen; zugleich sind sie Darstellungen unserer Vollendung im Ideale, daher sie uns in eine erhabene Rührung versetzen. Aber ihre Vollkommen= heit ist nicht ihr Verdienst, weil sie nicht das Werk ihrer Wahl ist; wir erblicken in ihrer willenlosen Vollkommenheit das was uns abgeht und wonach wir ringen sollen, aber wir fühlen in

uns den Vorzug der Freiheit, die auch die Annäherung schon
zum Ziele ein Verdienst werden läßt; so stellen die Naturerscheinungen uns unsere ideale Vollendung dar, ohne uns doch
zu beschämen.

Dem Wortlaut nach widerspricht dieser Schluß dem Anfang, der den Eindruck der Natur auf Beschämung der Absicht
gründete; doch spricht hier Schiller von der unbeseelten Natur,
während er dort an die Natürlichkeit des sittlichen Verhaltens
dachte. Die äußere Natur, zu keiner Fortentwicklung bestimmt,
ist immer was sie ist: natürlich; nur in dem Geiste, der sich
selbst fortbildet und verbildet, ist Naivetät zu finden, als eine
Kindlichkeit oder Natürlichkeit des Benehmens da wo sie nicht
mehr erwartet wird, und wo sie zugleich Recht hat in ihrem
Gegensatz zu der Bildung, gegen welche sie verstößt. Mit Feinheit unterscheidet Schiller zwei Arten ihres Hervortretens. Im
Naiven der Ueberraschung bricht die im Menschen wirkende Natur gegen seinen Willen die Gesetze der Convenienz, und eine
solche Person, zur Besinnung gebracht, wird über sich erschrecken;
im Naiven der Gesinnung handelt der natürliche Character des
Menschen übereinstimmend mit sich selbst im arglosen Gegensatze
gegen die herkömmliche Meinung, und der so Handelnde wird,
aufmerksam gemacht, nur über die Menschen und ihre Verwunderung erstaunen. Beide Fälle gewähren uns Vergnügen, denn
in beiden hat die Natur Recht und behält Recht; aber nur der
letzte gibt zugleich der Person Ehre, während im ersten unwillkürliche Aufrichtigkeit der Natur ihr Schande macht.

Zur Betrachtung nun sowohl der äußern Natur als des
sittlichen Geistes kommen wir nach Schiller mit verschiedener
Stimmung der Phantasie. Wir verhalten uns sentimental zu
beiden, wenn die stets uns begleitende Erinnerung an unsere
eigene Bestimmung und die Voraussetzung eines Zieles, das auch
der Welt im Ganzen gesetzt ist, uns verhindert, Dinge und Ereignisse zu nehmen, wie sie sind, und uns nöthigt, sie mit ihrem

Ideale zu vergleichen. Worüber die unbefangene Auffassung hinweggleitet wie über etwas, das nicht anders zu sein braucht, als es ist, darin findet diese Vergleichung Mängel, die zur Sehnsucht nach einem nicht wirklichen Besseren treiben; wo aber die Erscheinungen dem genügen, was wir von ihnen verlangen zu müssen glauben, da wirkt diese Uebereinstimmung rührender und mit größerem Gewicht auf uns, gehoben durch das Bewußtsein nicht allein der Möglichkeit, sondern der Gewöhnlichkeit eines hier glücklich vermiedenen Gegensatzes. Für Mängel und Vorzüge der Wirklichkeit in erhöhtem Grade empfänglich, suchen wir empfindsam die Einfachheit idyllischer Schönheit und unverfälschter Natur auf, beklagen elegisch die unvermeidlichen Uebel, welche der Lauf der Dinge im natürlichen und geselligen Leben mit sich führt, oder verfolgen satyrisch die Unvollkommenheiten, welche zu diesen die mißbrauchte Freiheit des menschlichen Handelns ohne Noth hinzufügt. Es ist unnöthig, dies Bild der sentimentalen Stimmung weiter auszumalen, denn Schillers scharfe Zeichnung hat es für immer festgestellt; nicht durch positive Züge ebenso deutlich bezeichnet hat er ihr Gegenbild, die naive Stimmung; was sie sei, müssen wir aus verschiedenen Stellen seiner etwas verschlungenen Darstellung entnehmen.

Bekannt ist Schillers Frage nach dem Grunde des geringen Antheils, den die alte Kunst an der Naturschönheit nahm. Er meinte nicht, daß die Alten der Empfänglichkeit für sie überhaupt ermangelt hätten; nur daß ihnen die tiefe, schwärmerische und leidenschaftliche Theilnahme fremd gewesen sei, welche sich für die Natur auch in der modernen Menschheit erst spät zu regen angefangen hat. Und diese Behauptung wird allerdings keine Stellensammlung aus alten Dichtern widerlegen. Aber Bedenken erregt seine Antwort: das Alterthum habe in zu inniger Gemeinschaft mit der Natur gelebt, um nach ihr die Sehnsucht zu empfinden, die in uns aus dem Bewußtsein, ihr ferner zu stehen, entspringe. Worin soll doch diese innigere Gemeinschaft mit der

Natur bestanden haben? Wohl war das Leben damals weniger häuslich und zurückgezogen, sondern öffentlicher und geselliger, aber deshalb war es kein innigerer Umgang mit der Natur. Hätte aber diese Lebensweise nebenbei dem Menschen die Natur= erscheinungen öfter vorgeführt und ihn mit ihnen vertrauter ge= macht, so möchte wohl diese Gewohnheit den Reiz derselben für ungebildete Gemüther damals ebenso sehr, aber für gebildete da= mals ebenso wenig wie jetzt abgestumpft haben.

Es muß offenbar in dem geistigen Leben der Alten ein Grund gelegen haben, der ihre Stellung zur Natur bedingte. Auch sucht ihn Schiller hier; aber er findet ihn wieder in einer größeren Naturmäßigkeit dieses Lebens. Bei den alten Griechen sei die Cultur nicht so weit ausgeartet, daß die Natur darüber verlassen worden wäre; der ganze Bau ihres gesellschaftlichen Lebens sei auf Empfindungen, nicht auf einem Machwerk der Kunst, errichtet gewesen. Es ist schwer zu sagen, von welcher Zeit des Alterthums diese Behauptung gelten könnte. Hat je ein Volk nicht natürwüchsig hingelebt, sondern seine persönliche, gesellige und staatliche Ausbildung mit Bewußtsein und Absicht= lichkeit nicht nach naturläufigen Empfindungen, vielmehr nach Grundsätzen gelenkt, die nur gebildetes Nachsinnen lehren konnte, so waren dies eben die Griechen; fast Nichts ist Natur in ihnen, fast Alles Erziehung, Zucht, Disciplin oder Machwerk der Kunst, wie Schiller es tadelnd, wir im Gegentheil lobend nennen. Hätten die Griechen nun auf diesem Wege der Selbsterziehung das Glück gehabt, immer in Uebereinstimmung mit der Natur zu bleiben, so würde doch schon diese Gewohnheit, natürliche Verhältnisse mit selbstbewußter Absicht wiederzuerzeugen, ihnen Grund genug gegeben haben, der äußern Natur eine aufmerk= same Theilnahme zu widmen. Aber sie hatten sogar allen Grund zu sentimentaler und leidenschaftlicher Theilnahme für sie: denn die beständige Ruhelosigkeit ihrer geselligen und politischen Zu= stände zeigt, daß ihre künstliche Bildung jene feste Ordnung und

Harmonie allgemeiner Befriedigung nicht schaffen konnte, deren Bild ihnen die äußere Natur ebenso wie jetzt uns darbot. Steigerte sich nun dennoch ihre Empfänglichkeit für Naturschönheit bis zu dieser Leidenschaftlichkeit nicht, so lag der Grund nur darin, daß ihr ganzes Streben sich im öffentlichen Leben und in der Erziehung des Mannes zum Bürger erschöpfte. Deswegen hatten sie wenig Sinn für die Natur, die kein politisches Leben kennt; deswegen ruhte ihr Blick nicht, wie Schiller von unserer Zeit sagen kann, mit Ehrfurcht auf dem Kinde, das noch eine Unendlichkeit ahnungsvoll verspricht; es kam vielmehr in ihren Gesichtskreis fast erst dann, wenn es zur öffentlichen Gemeinschaft in Beziehung trat; deswegen beklagen ihre Dichter zwar die vergangnen Jahre der Kraft, die sich gelten machen kann, aber nicht den entschwundenen unvergleichlichen Zauber der phantasiewarmen Jugend; deshalb endlich reizte auch das Naive des Benehmens ihre Aufmerksamkeit fast nur zum Spott; denn wie natürlich es auch immer war, so lag in ihren Augen darin nur ein Fehler: es war amusisch, ungebildet, nur Natur, nicht Erziehung. Auch in der übrigen Weltbetrachtung fehlten ihnen die Antriebe zur sentimentalen Stimmung nicht deshalb, weil ihr ganzes Dasein natürlicher gewesen wäre; wenigstens nicht, weil es eine Natürlichkeit gehabt hätte, die man zu preisen genöthigt wäre. Der Gedanke einer überirdischen Bestimmung durchdrang ihr Leben nicht; die Ueberzeugung von einem ewigen Werth der Persönlichkeit beunruhigte sie nicht; das Verhältniß der Geschlechter faßten sie allerdings so, wie die Natur, die schlechteste Lehrerin hierin, es zu fassen anleitet. Diese drei Gedanken, die ich andeutete, sind aber die Wurzeln im Gemüthe, aus denen die sentimentale Stimmung der Weltbetrachtung immer erwachsen ist; ihre geringe Macht im Alterthum ist die Ursache des nicht durchgängigen Fehlens, aber der Seltenheit dieser Stimmung.

Ich hebe dies hervor, weil eine hiermit zusammenhängende Unsicherheit Schillers ganze Darstellung trübt. Wer die senti-

mentale Stimmung nur aus verlorener Natürlichkeit herleitet,
faßt sie als Etwas, das eigentlich n i c h t sein sollte, als Folge
eines Rückschrittes der Cultur. Diesen Stein des Mißverständ-
nisses, den Schiller sich am Anfang selbst in den Weg geworfen,
sehen wir ihn dann beständig hin= und herwälzen: seine richtigen
Ueberzeugungen streiten überall mit den Folgerungen aus diesem
Anfang. Er spricht aus, daß unsere Bestimmung zu freier
Selbstentwicklung den Untergang jener Natürlichkeit nothwendig
machte, aber er sieht ihn dennoch elegisch als eine zu beklagende
Nothwendigkeit an; so sehr er selbst die Stimmung rechtfertigt,
die alle Wahrnehmung an Idealen mißt, so bleibt er doch dabei,
nur die Kümmerlichkeit, Kläglichkeit und Naturwidrigkeit der späteren Zeiten habe uns in diese Stimmung versetzt; sein dich-
terisches Selbstgefühl empört sich dagegen, daß unwiderruflich alle
sentimentale Kunst der Gegenwart Nichts sein soll gegen die
naive des Alterthums, aber seine Betrachtungen haben doch
hier immer die Farbe eines Entschuldigungsversuchs; er sucht
abzuwägen, durch welche eigenthümlichen Vortheile die Werke der
sentimentalen Zeit sich neben denen der antiken Naivetät behaupten
können; im Ganzen bleibt die naive Stimmung die einzig künstlerisch vollberechtigte.

Fragt man nun um so dringender, worin der Vorzug dieser
Naivetät bestehe, so wird man Schiller nicht ganz davon frei-
sprechen können, die S t i m m u n g der Phantasie, welche der
Weltbetrachtung zu Grunde liegt, mit dem künstlerischen Vortrag ihrer Ergebnisse verwechselt zu haben. Was er an den Alten
rühmt, ist die plastische Objectivität ihrer Darstellung, die sich begnügt, scharf gezeichnete Erscheinungen des äußern und innern Lebens für sich sprechen zu lassen und von ihnen die Anregung von
Gefühlen zu erwarten, denen sie eben deshalb keinen besondern
Ausdruck gibt. Der sentimentalen Stimmung dagegen schreibt
er als selbstverständlich zu, daß sie die ganze vorbereitende Arbeit
der Gemüthsbewegung, durch welche der Künstler sein künstlerisch

geſtaltbares Ergebniß gewinnt, in die Darſtellung vergleichend, reflectirend, ſich ſelbſt deutend und beleuchtend übertrage. Aber ohne zu verkennen, daß eine Weltbetrachtung, die alles Erſcheinende an Idealen zu meſſen gewohnt iſt, zu dieſer Subjectivität des Vortrags leicht verführt, müſſen wir doch behaupten, daß in der Natur der Sache keine Nöthigung zu dieſem Fehler liegt. Auch die Alten haben doch in ihrer lyriſchen und dramatiſchen Poeſie nicht immer blos plaſtiſche Bilder ohne Hindeutung auf Ideen und Ideale dargeſtellt, ſondern die ſtürmiſchen und kämpfenden Bewegungen des menſchlichen Gemüths im Widerſtreit ſeiner Meinungen Hoffnungen und Befürchtungen ſind auch für ſie Gegenſtand des Ausdrucks geweſen; warum ſollte der ſentimentalen Weltbetrachtung verſagt ſein, ihre Ergebniſſe mit demſelben Grade der Objectivität auszudrücken? Schiller fühlt dies ſehr wohl; aber ſein richtiges Gefühl führt ihn in Folge der früheren Unklarheit zu dem ſeltſamen Ausſpruch, Homer unter den Alten und Shakeſpear unter den Neuern als völlig Eins in dieſem Characterzuge der Naivetät zu bezeichnen. Man kann dies nur begreifen, wenn man unter Naivetät die Objectivität der künſtleriſchen Darſtellung verſteht, denn übrigens wird ſchwerlich Jemand bezweifeln, daß eben Shakeſpear als Vertreter der ſentimentalen Weltbetrachtung dem Alterthum gegenüber zu ſtellen iſt. Aber von dem Fehler einer geſtaltungsunkräftigen Empfindſamkeit, die ihre kleinen Gefühle und Reizbarkeiten, ihre hochfliegenden Schwärmereien und Ahnungen als pſychologiſche Rohproducte der Welt anbot, ohne ſie zu einem feſten und ſichern Geſammtergebniß verbinden zu können, von dieſem Fehler war die deutſche Poeſie eben vor Schiller durchbrungen geweſen, und der Rückblick auf dieſe unangenehme Wirklichkeit verführt ihn, hier Unvermeidlichkeiten zu ſehen, wo nur die Verführung zum Irrthum groß war.

Denn zu jener Empfindſamkeit, welcher im üblen Sinne der Name der Sentimentalität geblieben iſt, wird das Gemüth dann

leicht geführt, wenn es das Ganze seiner ästhetischen Weltansicht
durch eigne Thätigkeit erfinden muß, ohne in der Bildung seines
Zeitalters oder seiner Nation eine Summe unangezweifelter Vorurtheile anzutreffen, welche ihm die feststehenden Grenzen für die
Bewegungen seiner Phantasie vorzeichnen. In diesem Falle befindet sich allerdings im Allgemeinen die moderne Welt gegenüber der Blüthezeit des Alterthums; die größere Mannigfaltigkeit und zum Theil die Unsicherheit der höher gewählten Gesichtspunkte, von denen aus sie das Leben und die Welt betrachtet,
läßt ihr nicht nur eine vielfarbigere Beleuchtung aller Dinge
zu, als die Einmüthigkeit der nationalen Lebensansicht sie den
Alten gestattete, sondern verführt auch zu größerer Subjectivität
in der Darstellung ästhetischer Ergebnisse, welche Eigenthum des
Subjects, durch seine individuelle Phantasie errungen, nicht bekanntes Gemeingut sind, auf das man sich stillschweigend berufen
könnte. Wo die Zersplitterung des allgemeinen Bewußtseins
nicht so weit fortgeschritten ist, sondern die Vorurtheile der nationalen Lebenssitte noch stark genug geblieben sind, da findet,
wie in den Volksliedern der verschiedensten Stämme, trotz der
wesentlich sentimentalen Färbung der gesammten Weltansicht, die
Darstellung doch jenen naiven Ton der Objectivität wieder. In
dieser widerspruchlosen Beherrschung der ganzen Phantasie durch
einen feststehenden Inhalt der Sitte, in den sie so eingetaucht
ist, wie wir in die Luft, die wir athmen, können wir allein jene
Naivetät sehen, welche Schiller von einer kaum klar zu bezeich-
nenden Uebereinstimmung des menschlichen Gemüthslebens mit der
Natur ableitet. Wohl fügt er hinzu, nicht was die rohe Natur, sondern nur was die edle gebiete, habe für uns den ästhetischen Reiz der Naivetät; aber er sagt nicht, worin die bild-
ungslose Natur edel ist; sie mag es vielleicht sein in einfachen
Regungen eines gutartigen Temperaments, die sich auf die alltäglichsten Verhältnisse des geselligen Lebens beziehen; aber diese
Regungen würde vor allen Schiller selbst zu arm an Inhalt

gefunden haben, um sie als hinreichenden Gehalt einer Kunstwelt anzusehen. Die naive Stimmung, die uns ästhetisch interessiren soll, kann nicht darin bestehen, daß das Gemüth aus
Armuth an zusammenfassenden Gesichtspunkten jede Lebenslage
einzeln auf sich wirken läßt, und jede Messung derselben an
Vorstellungen eines Ideales flieht; sie besteht nur in der zweifel-
losen Ueberzeugung von der Gültigkeit und Selbstverständlich-
keit der Weltansicht, in welcher die menschliche Bildung ihre
Urtheile über alle Verhältnisse des Lebens niedergelegt und jedes
Ereigniß nach seinem Werthe an seinen Ort gestellt hat. Naiv
erscheint daher der Dichter, der mit seinem persönlichen Ge-
müthsantheil hinter dem Werke verschwindet, das durch ihn die
allgemeingeltende Phantasie seines Volks und seiner Zeit hervorbringt.   ·   -

So schienen wir denn mit der Annahme abschließen zu können,
daß im Grunde jede ästhetische Weltansicht sentimental ist, sofern sie
nie ohne Messung des Wirklichen an einem Ideale besteht, daß
aber naiv die Stimmung der Phantasie ist, soweit die Arbeit der
Gründung jener Weltansicht abgethan hinter ihr liegt, und daß
sie im Sinne des Tadels sentimental bleibt, so lange sie ungewiß und mit subjectiver Leidenschaftlichkeit die Lösung ihrer
Zweifel noch sucht. Aber dennoch ist durch diese formale Bedeutung der Gehalt beider Ausdrücke nicht erschöpft; es spielt
ein anderer inhaltlicher Gegensatz hinein, den Schiller feinsinnig
am Ende seiner Abhandlung zur Sprache bringt. Man gelangt,
sagt er, zu dem wahren Begriff dieses Gegensatzes, wenn man
sowohl von dem naiven als von dem sentimentalischen Character
absondert, was beide Poetisches haben. Schiller bestätigt durch
diese Bemerkung, obwohl er sie nicht so meint, meine frühere,
daß seine Darstellung nicht, wie sie Anfangs zu wollen schien,
die Stimmung allein, aus der die ästhetische Weltansicht hervorgeht, sondern zugleich die künstlerische Vortragsweise dieser Ansicht selbst im Auge hatte. Ziehen wir diese also ab, so „bleibt

alsdann von dem naiven Character nichts übrig, als in Rücksicht
auf das Theoretische ein nüchterner Beobachtungsgeist und eine
feste Anhänglichkeit an das gleichförmige Zeugniß der Sinne, in
Rücksicht auf das Praktische eine resignirte Unterwerfung unter
die Nothwendigkeit (nicht aber unter die blinde Nöthigung) der
Natur: eine Ergebung also in das, was ist, und sein muß. Es
bleibt anderseits von dem sentimentalischen Character nichts
übrig, als im Theoretischen ein unruhiger Speculationsgeist, der
auf das Unbedingte in allen Erkenntnissen dringt, im Praktischen
ein moralischer Rigorism, der auf das Unbedingte in Willens-
handlungen besteht. Wer sich zur ersten Klasse zählt, kann ein
Realist, und wer zur andern, ein Idealist genannt werden,
bei welchen Namen man sich aber weder an den guten noch
schlimmen Sinn, den man in der Metaphysik damit verbindet,
erinnern darf."

Der Zusatz am Schlusse dieser Stelle erinnert uns, daß
die nun folgende wunderbar schöne Schilderung wohl zum ersten
Male den jetzt uns Allen unter diesen Namen geläufigen Unterschied menschlicher Sinnesrichtung in alle Gebiete des Wissens
und des Thuns verfolgt. Sie kehrt nicht ausdrücklich zu dem
mittleren Gebiet, dem der ästhetischen Gefühle und Stimmungen
zurück; aber es ist kein Zweifel, daß sie dennoch erst den wahrhaften Kern der Gedanken enthält, welche Schiller vorher über
den ästhetischen Gegensatz des Naiven und des Sentimentalen
entwickelt hat. Wie im Wissen der Realismus nicht über den
einheimischen Zusammenhang des Wirklichen unter sich hinaus
will, wie er im Thun die Schranken achtet, die das Gegebene
dem Streben entgegensetzt und die Wege verfolgt, die es ihm
vorzeichnet, so macht ihn auch in der ästhetischen Weltbetrachtung
diese Ueberzeugung von der Würde der Wirklichkeit geneigt zu
jener Resignation, die sich jeder allgemeinen Nothwendigkeit unterwirft, geneigt zur freudigen Beachtung jeder Erscheinung, gerecht
gegen den Werth der formellen Schönheit, die sie ihm zeigt,

aber abgeneigt den Idealen, die ihre Bedeutsamkeit nicht durch
volles Eingehen in die Erscheinung rechtfertigen; und diese
Sinnesart führt ihn zu naivem Vortrag, sobald er das Gebiet
der künstlerischen Darstellung betritt. Dem Idealismus fällt
nicht nur im Wissen wie im Thun die Unabgeschlossenheit und
Bedingtheit alles nur erfahrungsmäßig Begründeten, sondern
auch in der ästhetischen Weltbetrachtung die Vergänglichkeit, Hinfälligkeit und stets nur annähernde Vollkommenheit des Wirklichen schärfer ins Auge; die Gewißheit, das belebende Gesetz
dieser Wirklichkeit nur in Ideen zu finden, macht ihn abgeneigt
gegen das Gegebene, das dennoch hinter dem Gebote der Ideen
zurückbleibt, unempfindlicher für alle Schönheit der Form, deren
Eindruck er sich nicht durch Zurückbeziehung auf Ideale rechtfertigen könnte; die größere Schwierigkeit der Vollendung dieser
seiner Aufgabe setzt ihn der Gefahr unfertiger Sentimentalität
und unbildnerischer Unanschaulichkeit im Vortrag seiner künstlerischen Gedanken aus. Die Schönheit ist weder Form noch
Gedanke, sondern Gedanke in der Form erscheinend; keine von
beiden Sinnesarten, weder Realismus noch Idealismus, würde
an sich künstlerische Stimmung sein, sondern wie „das Ideal
menschlicher Natur unter beide vertheilt, von keinem aber völlig
erreicht ist," so würde die ästhetische Gesammtwürdigung der
Wirklichkeit nur einer Stimmung vorbehalten sein, welche beide
Sinnesarten in glücklicher Mischung vereinigte.

In den Briefen über die ästhetische Erziehung des Menschen
kommt Schiller, von anderen Voraussetzungen beginnend, zu einer
nähern Bestimmung dieser ästhetischen Haltung des Gemüths.
Dem endlichen Geist ist es nur beschieden, durch Anregungen
einer Außenwelt, die nicht er selbst ist, den Inhalt seines Lebens
zu empfangen; aber er würde nicht als er selbst leben, wenn er
dem empfangenen Inhalt nicht eine Form gäbe, durch die er
seine eigene Einheit und sein Wesen an demselben zur Geltung
bringt. Nicht nur beide Seiten dieser seiner Natur hat der

Mensch zu pflegen und auszubilden, die sinnliche Empfänglichkeit nicht minder als den intellectuellen Formtrieb, der das gegebene Material zu zusammenhängender Erkenntniß umgestaltet; sondern Vollkommenheit wird er nur erlangen, wenn er zugleich die beiden einander entgegengesetzten Richtungen seiner Thätigkeit in einem dritten mittleren Zustand verschmilzt. In den Gegenständen der Anschauung muß der vollkommene und vollkommen glückliche Geist nicht Stoff sehen, der der Form noch widerstrebt, sondern solchen, der sie lebendig an sich hat; im Handeln nicht Zwecke verfolgen, welche ihm die Außenwelt aufdrängt, sondern Thätigkeiten entfalten, die ohne äußeres Ziel nur die Erscheinung der inneren Bewegung seines Formtriebes sind. Ein Spieltrieb kann dieses Streben heißen, in solcher Verschmelzung beide Richtungen des geistigen Lebens zu vereinigen, und zwischen den physischen oder sinnlichen Zustand des Gemüths, in welchem der Mensch die Macht der Natur blos erleidet, und den moralischen in welchem er sie beherrscht, tritt dieser ästhetische Zustand in die Mitte. Es ist der Zustand der schönen Seele, für welche der Gegensatz zwischen Nothwendigkeit und Freiheit, Sinnlichkeit und Vernunft, Natur und Sittlichkeit seinen Stachel verloren hat, weil sie gewöhnt ist, in dem gegebenen Stoffe der Erfahrung die Ideen zu sehen, und, was mehr in ihrer Gewalt ist, sich gewöhnt hat, als Natur edler zu begehren, damit sie nicht nöthig hat, als Wille erhabener zu wollen. Für sie „verliert alles Wirkliche seinen Ernst, indem es mit Ideen in Gemeinschaft kommt, weil es klein wird, und, indem es mit der Empfindung zusammentrifft, legt das Nothwendige den seinigen ab, weil es leicht wird."

Diese Betrachtungen führen theils zu dem zurück, was ich oben bemerkt habe, theils lenken die sehr abstracten Grundgedanken, die Schiller, von Kant und Fichte beeinflußt, verfolgt, nach einer andern Richtung ab. Indem er Bestimmbarkeit und Selbstbestimmung als die beiden Grundzüge unseres geistigen We-

jens faßt, wird ihm ästhetische Stimmung immer mehr zu dem
Selbstgenuß eines Gemüthszustandes, dessen ganze Weihe eben-
falls nur in dem Formalen des Gleichgewichts jener beiden besteht.
Nach dem Genuß ächter Schönheit seien wir unserer leidenden
und thätigen Kräfte in gleichem Grade Meister, und fähig, uns zum
Ernst und Spiele, zur Ruhe und zur Bewegung, zum abstracten
Denken und zur Anschauung mit gleicher Leichtigkeit zu wenden.
Doch leider sei diese hohe Gleichmüthigkeit und Freiheit des
Geistes nie völlig zu erreichen; auch die vortrefflichsten Kunstwerke entlassen uns doch immer in einer besondern Stimmung
und mit einer eigenthümlichen Richtung unserer Gemüthsbewegung; je weniger eingeschränkt die letztere, je allgemeiner die
Stimmung sei, die durch eine bestimmte Kunstgattung oder eins
ihrer Werke erzeugt wird, um so edler jene Gattung, um so
vortrefflicher dies ihr Werk. In einem wahrhaft schönen Kunstwerk, behauptet Schiller nun folgerecht weiter, solle der Inhalt
Nichts, die Form Alles thun; das Kunstgeheimniß des Meisters
bestehe darin, daß er den Stoff durch die Form vertilge, und je
imposanter, anmaßender und eigenmächtiger der Stoff mit seiner
Wirkung sich hervordränge, desto größer der Triumph der Kunst,
wenn sie durch die formelle Behandlung das Gemüth des Zuschauers oder Zuhörers völlig frei und unverletzt erhalte; der
fribolste Gegenstand müsse so behandelt werden, daß uns der unmittelbare Uebergang zum strengsten Ernste, der ernsteste Stoff
so, daß seine unmittelbare Vertauschung mit dem Spiele leicht
bleibe. Weder der sinnliche Nutzwerth noch die moralische Würde
der Gegenstände gelte für die ästhetische Stimmung; sie habe
ihre Freude allein am Schein. Alles wirkliche Dasein rühre
von der Natur als einer fremden Macht her, aller Schein ursprünglich von dem Menschen als vorstellendem Subjecte; so be-
diene er sich seines absoluten Eigenthumsrechtes, wenn er den
Schein von dem Wesen zurücknehme und mit demselben nach
eignen Gesetzen schalte. Mit ungebundener Freiheit könne er

hier verbinden und trennen, was die Natur getrennt oder verbunden; nichts dürfe ihm hier heilig sein, als sein eignes
Gesetz, sobald er nur die Markung in Acht nehme, welche sein
Gebiet von dem Dasein der Dinge oder dem Naturgebiete
scheidet.

Ich unterlasse billig, auf den großen Antheil von Wahrheit
aufmerksam zu machen, der in dieser Darstellung Schillers fühlbar ist. Sie schildert zutreffend die formale Gemüthsstimmung
völliger Unbefangenheit, die als die vortheilhafteste für den Genuß jeder Schönheit vorausgesetzt wird; schwerlich aber schildert
sie ebenso richtig die Stimmung, welche ihm folgen soll. Wäre
es nur darum zu thun, uns in jenem formalen Gleichgewicht
unserer geistigen Kräfte zurückzulassen, wozu dann der Aufwand
eigenthümlicher Schönheit, durch die ein Kunstwerk sich vom andern unterscheidet? hätte jedes doch nur den Nutzeffect einer
Speise zu leisten, die sonst sein kann, wie sie will, wenn sie
nur den Hunger stillt. Schiller selbst unterscheidet allerdings
das Gleichgewicht der ästhetischen Stimmung als Ruhe sich
gegenseitig aufwägender reicher Kräfte von der Bewegungslosig-
keit des leeren Gemüths. Aber nach seinen Aeußerungen hier
würde der Gewinn, den der Genuß der Schönheit bringt, auch
zwischen immer gesteigerten Kräften doch nur in einem solchen
formalen Gleichgewicht bestehen, bei welchem eben diese Steigerung kein Gewinn ist; denn auch die reicher entwickelten Kräfte
würden doch nur die Bestimmung haben, einander zu einer Ruhe
aufzuheben, in welcher ihre eigne Größe ebenso gut verschwindet,
wie die Schwäche kleinerer. Ist die ästhetische Stimmung Nichts
als dieses Gleichgewicht, so läßt sich das volle Gemüth vom
leeren nicht so unterscheiden, wie ein richtiges Gefühl Schiller
verlangen ließ.

Zu dieser nicht annehmbaren Folgerung wurde er aber geführt, weil er von der Bestimmbarkeit und Selbstbestimmung
des Geistes als allgemeinen formalen Grundzügen seines Wesens

ausging, ohne den Inhalt zu berücksichtigen, den durch die erste zu erlangen, durch die zweite zu erzeugen, ganz ebenso unerläß= lich zu seiner Natur gehört. Gewiß soll die Zuträglichkeit oder Schädlichkeit eines Gegenstandes für unser sinnliches Wohlbefin= den unser ästhetisches Urtheil über ihn ebenso wenig unmittelbar bestimmen als sein moralischer Werth oder Unwerth. Aber ebenso gewiß wissen wir durchaus Nichts von einer ästhetischen Stimm= ung, die in Wesen stattfände, welche nur bestimmbar überhaupt, aber nicht zu sinnlicher Lust und Unlust bestimmbar wären, nur selbstbestimmungsfähig überhaupt, aber nicht auf ein Ideal hin= gewiesen, dem sie mit ihrer Selbstbestimmung zu dienen ver= pflichtet wären. Nur in dem Menschen ist uns ästhetisches Ge= fühl und Urtheil als Thatsache der Erfahrung bekannt; an die Stelle der concreten sinnlich sittlichen Natur des Menschen dürfen wir nicht die abstracte einer unanschaulichen Bestimmbarkeit und Selbstbestimmung überhaupt setzen und dann doch noch behaupten, daß an dieser leeren Form noch die Möglichkeit einer ästhetischen Stimmung haften werde, die uns durchaus nur an jener spe= cifisch erfüllten Form erfahrbar ist. Beruht aber die ästhetische Stimmung nicht auf dem Balancement einer namenlosen Be= stimmbarkeit und einer inhaltlosen Selbstbestimmung, sondern auf einer hier nicht wieder zu erörternden Harmonie zwischen dem, was unserem sittlichen Wesen als Ideal, und dem, was unserem sinnlichen als Lust und Unlust erzeugender Reiz gilt, so würden alle diese Behauptungen Schillers einer Umdeutung bedürfen. Es würde nicht richtig sein, was ohnehin eine übertriebene und unerfüllbare Forderung ist, daß in der Schönheit die Form den Stoff vernichten solle, sondern daran läge unser Interesse, daß jene Harmonie eben sich durch die Gestaltung dieses Stoffes als nicht bloßes Gespinnst unseres Hirnes, sondern als wahrhaft gültig erwiese, wozu nicht gehört, daß der von ihr beherrschte Stoff auch in äußerer Wirklichkeit existire. Es würde nicht richtig sein, daß bloßes Gleichgewicht unserer Thätigkeiten die

von der Kunst erstrebte Wirkung sei, sondern jede Schönheit soll
uns eine objective Harmonie jener benannten beiden Factoren
zeigen; nicht richtig, daß jede Kunst und jedes Werk um so höher
stände, je weniger eigenthümlich gefärbt die von ihnen zurückgelassene
Stimmung ist; ohne diese ganz eigenthümliche qualitative Färbung vielmehr, welche für jede Kunst und jedes Werk eine andere
ist, würde der erzeugte Eindruck nur ein dem sinnlichen Wohlbefinden gleiches gedankenloses Gefühl der Befriedigung sein,
dessen Intensität sogar für uns ohne Genuß wäre. Denn jedes
Gleichgewicht fühlt man nur, wenn man die Gefahr mitfühlt,
der es glücklich widersteht; auch dies Gleichgewicht unsers Gemüths kann uns nur beseligen, wenn die mannigfachen, von der
Natur des angeschauten schönen Inhalts abhängigen Bewegungen
der Seele noch fortklingen, und dennoch die Harmonie gefühlt
wird, welche zwischen ihnen als solchen auf characteristische Weise
obwaltet. Und deshalb endlich ist uns Schillers letzter Satz
zweifelhaft: dem Geiste dürfe in ästhetischem Genuß und in Erzeugung der Schönheit nichts heilig sein, als sein eignes Gesetz.
Welches ist dieses Gesetz? Erinnern wir uns der Dichterwerke
Schillers, so finden wir ihn ganz auf unserer Seite; in dieser
philosophischen Betrachtung dagegen würde als solches Gesetz
kaum ein anderes übrig bleiben, als das Gebot, jene formale
Selbständigkeit der eignen Bestimmung zu üben, die sich an
keinen Inhalt hingibt, sondern mit jedem spielt, für die das
„Wirkliche klein wird, und das Nothwendige seinen Ernst ab-
legt."

Es ist der später viel berufene Begriff der Ironie, der
hier namenlos sein Haupt erhebt, von Schiller selbst ernsthaft
zurückgehalten nicht nur durch Hindeutung auf die „Markung",
welche die Welt des ästhetischen Scheines von der Wissenschaft
und den Pflichten des Lebens trennt, sondern noch mehr durch
seine Sinnesweise überhaupt. Der Geschichte der Literatur und
der Bildung in weiterem Sinne muß es überlassen bleiben, die

Bedingungen zu betrachten, unter denen für die Aesthetik dieser Keim sich weiter entwickelte. Nicht in der Ruhe des leeren, sondern in dem Gleichgewicht des erfüllten und reichen Gemüths hatte Schiller die ästhetische Stimmung gesucht. Aber einem leeren eher als einem vollen konnte ästhetisch die damals vorangegangene Stimmung des deutschen Volkes verglichen werden; in trägem Herkommen und engherzigen Lebenssitten hatte sich die Empfänglichkeit für das Schöne so verloren, daß es Aufgabe erscheinen konnte, zuerst durch Auflehnung gegen unzählige Schranken, durch Prüfung und Bestreitung unzähliger Vorurtheile die unbefangene Lebendigkeit der Triebe wiederherzustellen, in deren Harmonie Schiller die Vollkommenheit der Menschlichkeit gefunden hatte. Von den Markungen freilich, durch die er das Spiel mit dem schönen Scheine eingegrenzt hatte, achteten diese Bestrebungen keine. Die Phantasie, die sich durch kleinliche Vorurtheile der Lebensansicht und der Sitte an ihrer rechtmäßigen Bewegung gehindert sah, drängte im Kampf jeden Lebensinhalt, jede Sicherheit einer festen Ueberzeugung zurück und setzte ihre eigne Befriedigung und die Uebung ihrer Beweglichkeit an die Stelle jedes andern Zweckes; dem Leben schob sie die Kunst, seinen Pflichten die Ungebundenheit künstlerischer Launen unter; in dem Spiel mit dem schönen Schein fand sie die höchste menschliche Bestimmung. Und an diesem Schein selbst achtete sie nicht eine selbständige und eigengesetzliche Schönheit, die sie als ewiges Gut gegen die kleinen Interessen der Zeitlichkeit zu vertreten gesucht hätte; Spielwerk war auch die Schönheit zuletzt und das einzige Substantielle in der Welt die Eitelkeit der kalten an Allem unbetheiligten Phantasie, die aus jedem Gebilde, in das sie mit ganzem Herzen eingegangen schien, sich unerwärmt wieder zurückzieht und ironisch wieder zerstört, was sie ohne Ernst geschaffen hatte.

Friedrich von Schlegel gab diesen Bestrebungen einigen theoretischen Unterbau. Mit Schiller bewundert er die volle

24*

Harmonie in der naiven Schönheit des Alterthums; die neuere
Kunst huldige jedem andern Princip eher als dem der Schönheit. Aber nachdem die antike Weltansicht habe untergehn müssen,
bleibe der Phantasie nur übrig, eine Reihe von Stufen zu
durchlaufen, welche, sämmtlich von provisorischem Kunstwerth, zu
jener vollen Schönheit zurückzuführen bestimmt sind. In dem
Interessanten bestehe diese Vorstufe des wiederzuerzeugenden
Schönen, d. h. in Allem, was ein größeres Maß von intellectu-
ellem Gehalt oder von künstlerischer Wirksamkeit enthält, als das
empfangende Individuum bereits besitzt. Abhängig deshalb von
der Bildung, der Empfänglichkeit und Stimmung des Subjects
habe das Interessante nicht die unwandelbare Gesetzlichkeit und
innere Abgeschlossenheit des Schönen; aber eben die dem subjectiven Gestaltungstrieb unbeschränkt gewährte Freiheit werde von
selbst zum Objectiven, Allgemeinen und Bleibenden, zu dem höchsten und harmonischen Schönen zurückleiten. Das antike Ideal
sei uns durch seinen Inhalt fremd geworden, der den Geist unsers Lebens nicht befriedigt; mit einem fremden Ideal aber könne
keine wahre Kunst arbeiten. Deshalb sei es uns nöthig, den
Gehalt unsers eignen Lebens nach seinen ästhetischen Elementen
ebenso zu durchforschen, wie die Griechen den des ihrigen kannten;
eine allseitige Beleuchtung desselben werde uns die vollzähligen
Bausteine zu einer harmonischen Weltansicht ebenso liefern, wie
die Griechen sie zu einem unvergänglichen Bau fanden, in dem
nur wir nicht mehr wohnen können.

Dieser an sich richtige Aufruf zur Selbständigkeit übersieht
jedoch den Vorzug des griechischen Kunstideals, das langsam gereifte Erzeugniß einer stetigen volksthümlichen Geistesentwicklung
zu sein; diese Kunst war durch dieses Leben möglich geworden.
Der modernen Zeit dagegen soll ihr neues Ideal kunstmäßig
durch eine Phantasie entstehn, die fast überall im Streit mit der
herrschenden Meinung ist, die nicht ausdrückt, was an ästhetischen
Elementen sich von selbst lebendig regt, die vielmehr durch freie

Erfindung des Neuen Interessanten und Unerhörten das empfangende Gemüth überrascht und außer sich setzt. Es ist nicht zu hoffen, daß ein so gewitterhaftes Verfahren eine harmonische Bildung zurücklassen werde, und die romantische Schule, die zu dieser Theorie die Ausübung war, bestätigt diese Befürchtung. Müde des Spiels mit abgetretenen Stoffen in überlieferten Formen, begierig nach neuem Gedankeninhalt, wandte sie sich allerdings den tieferen Gemüthsregungen zu, über die das Alterthum wortkarg gewesen war; aber ebenso grillenhaft kehrte sie sich vom Wirklichen, Gesunden und Realen ab zu jeder krankhaften Abenteuerlichkeit des Empfindens, von dem, was in der Welt des Wachens gilt, zu Allem, was nur im Halbdunkel zweifelhaft besteht, von dem Nahen Gegenwärtigen und Verständlichen zu Sitten Stimmungen und Gewohnheiten von Völkern und Zeiten, die weit von uns abliegen, und deren Leben niemals als Ganzes von uns nachgenossen werden kann. Alle diese willkürlich aufgegriffenen Stoffe blieben dem Gemüth fremd; um so näher lag die Versuchung, sie auch nur als Stoffe zu behandeln, an denen sich die künstlerische Virtuosität zeigen, und die man in jedem Augenblick mit anderen vertauschen kann. Folgerecht in seinem Sinn hatte Schlegel vor Allem ästhetische Wirksamkeit, Kraft, Fülle und Eigenthümlichkeit verlangt, nur das Leere und Langweilige verdammt, in dem höchsten Häßlichen noch eine Spur von Schönheit gefunden und in dem regellosesten Erzeugniß einer kraftvollen Phantasie einen Fortschritt zum höchsten Schönen gesehen. Daß Dies alles nur provisorischen Kunstwerth haben sollte, vergaß man bald und hielt um so fester an der Vollberechtigung der zügellos subjectiven Phantasie. Nur daß sich zeigte, wie wenig Kraft und Fülle dieser selbst möglich ist, wenn sie ohne Treu und Glauben für irgend einen Lebensinhalt sich spielend über allem Stoffe halten will; bei Schlegel selbst ging in der Lucinde der scheinbar titanische Aufschwung in dem langweiligsten formalen Plätschern des leeren Gemüths unter;

faſt überall ſonſt blieb es bei einem Jagen nach Andacht und
Begeiſterung, deren man nicht habhaft ward.

Von ſeiner Entrüſtung über die Apoſtel dieſer Ironie nimmt
Hegel Solgern aus, gewiß mit Recht, obwohl grade durch
dieſen ernſt und wahrhaft Begeiſterten der Name der Ironie
in die Aeſthetik förmlich eingeführt worden iſt. In dem vierten
Geſpräch des Erwin lehrt eine berühmt gewordene Stelle (II.S.
277): „die Idee, wenn ſie durch den künſtleriſchen Verſtand in
die Beſonderheit übergehe, drücke ſich nicht nur im Endlichen ab,
erſcheine nicht blos zeitlich und vergänglich, ſondern ſie werde
das Wirkliche, und da außer ihr Nichts ſei, werde ſie die
Nichtigkeit und das Vergehen ſelbſt. Unermeßliche Trauer müſſe
uns ergreifen, wenn wir das Herrlichſte, durch ſein nothwendiges Daſein, in Nichts zerſtieben ſehen, und doch können wir
die Schuld davon auf Nichts anders wälzen als auf das Vollkommne ſelbſt in ſeiner Offenbarung für das zeitliche Erkennen.
Dieſen Uebergang, in welchem die Idee ſelbſt zu nichte wird,
müſſe der Alles überſchauende Blick des Künſtlers erfaſſen und
dieſen über Allem ſchwebenden, Alles vernichtenden Blick nennen
wir die Ironie.“ Nur die unendliche Trauer, die hier ſo
glücklich nebenher erwähnt wird, unterſcheidet in dieſer unver-
ſichtigen Aeußerung dieſe Ironie von der ruchloſen, die über
Alles ihren öden Spaß macht und beweiſen möchte, daß es nichts
Edles und Reines gebe. Dieſe wehrt freilich Solger ab: ſie
ſchiebe den wahren Ideen leere Ideale unter und decke dann
leicht die Nichtigkeit deſſen auf, was ſie ſelbſt nur zum Schein
belebt habe. Aber er ſelbſt ſagt doch auch: wer nicht den Muth
habe, die Ideen ſelbſt in ihrer ganzen Vergänglichkeit und Nichtigkeit zu faſſen, ſei für die Kunſt verloren. Aus dieſen Unklarheiten flüchten wir zu den klareren Ausſprüchen der Vorleſungen
(S. 125). Dort heißt Ironie die Stimmung, welche die wirkliche Welt als nichtige ſetzt und anerkennt, daß das ganze menſchliche Weſen gerade in ſeinem Höchſten und Edelſten Nichts iſt.

gegen die göttliche Idee gehalten. Die Idee selbst mithin geht
keineswegs mit in jene Vernichtung ein, welche ihr die ungenaue
Stelle des Erwin auferlegt.

Aus Dem allen eignen wir uns den allgemeinen Gedanken
an: zu der Verfassung des Gemüths, welche die ästhetische Weltbetrachtung erfordert, gehöre ein Schmerz über die Zwiespältigkeit zwischen Idee und Wirklichkeit, ein Schmerz jedoch, der, weil
er Unvermeidlichem gilt, nicht mehr leidenschaftliche Bewegung,
sondern ruhige Entsagung sei. Und in der That sucht das Gefühl gern in dieser süßen Melancholie den dunkeln Hintergrund,
auf dem die ästhetischen Elemente der Welt sich mit ungebrochner
Kraft ihrer Farben abbilden. Um so merkwürdiger ist uns die
sehr einstimmige Bemühung der neuern Aesthetik, grade in der
Ausbildung der komischen Phantasie eine unentbehrliche Ergänzung nachzuweisen, deren diese Empfindsamkeit bedürfe, um das
Organ einer vollständigen ästhetischen Gesammtwürdigung der
Welt zu werden. Nicht dem Witze freilich, der in Niemandes
Dienste nur zu eignem Behagen lächerlich macht, was ihm der
Zufall in den Weg wirft, traute man die Erfüllung dieser Auf-
gabe zu; man erwartete sie von jener universellen Komik, die
als Humor nicht das Einzelne, sondern das Endliche überhaupt
durch Contrast mit dem Unendlichen, der Idee, vernichte.

So formulirt J. Paul die Natur dieser Gemüthsstimmung, deren Name, einst in England zur Bezeichnung jeder zufälligen Sonderbarkeit der Laune erfunden, allerdings dort in der
Praxis großer Dichter zur Benennung einer so eigenthümlichen
ästhetischen Gemüthsrichtung passend geworden war. Für den
Humor gebe es keine einzelne Thorheit und keine Thoren, sondern nur eine tolle Welt; er erniedrige das Große, um ihm das
Kleine, erhöhe das Kleine, um ihm das Große an die Seite zu
setzen und so beide zu vernichten, weil vor der Unendlichkeit
Alles gleich und Alles Nichts ist. Duldsam sei um dieser seiner
Totalität willen der Humorist gegen einzelne Thorheiten; er

könne sich seine eigne Zugehörigkeit zu der Welt nicht verbergen. Der gemeine Spötter im selbstsüchtigen Bewußtsein seiner Erhabenheit reite als Hippocentaur durch Onocentauren; o wie beschelde sich dagegen ein Mann, der blos über Alles lacht, ohne weder den Hippocentauren auszunehmen, noch sich selbst! Wie aber, fragt J. Paul weiter, unterscheidet sich bei dieser Allgemeinheit des Spottes der Humorist, welcher die Seele erwärmt, von dem Persifleur, der sie erkältet? Und darauf, es ist die Frage nach dem Unterschied der frommen und der ruchlosen Ironie, antwortet er: sie unterscheiden sich durch die vernichtende Idee. Doch folgt diesem Schlagwort keine Erklärung. Der Humor gleiche dem Vogel Merops, der zwar dem Himmel den Schwanz zukehre, aber doch in dieser Stellung in den Himmel fliege; dieser Gaukler trinke den Nektar hinaufwärts. Artig gesagt, aber Nichts sagend, ebenso wie die folgende lahme Antithese: wenn der Mensch, wie die alte Theologie, aus der überirdischen Welt auf die Erde herabsehe, ziehe diese klein und eitel dahin; wenn er, wie der Humor, mit der kleinern Welt die unendliche ausmesse, entstehe' jenes Lachen, worin noch ein Schmerz und eine Größe sei; deßhalb stimme der Humor sehr ernst. Ueber die kleinen Eigenheiten humoristischer Darstellung schenkt uns J. Paul viele feine Bemerkungen; für das allgemeine Verständniß des Humors sind wir ihm wenig verpflichtet. Auch im Begriff zu theoretisiren bändigt er nicht einen Augenblick den Veitstanz der Gedanken, den der Humor zwar verträgt, den aber für dessen wesentlichstes Element zu halten ihn nur seine eigne fehlerhafte Praxis verleitete.

Verständlicher äußert sich Solger. Unähnlich der hohen Kunst des Alterthums, welche das Ideale und Typische mit kühler Nichtachtung des Individuellen gestaltet, führe der Humor die Idee ganz in das gegenwärtige Leben hinab; wie der Liebende alles Göttliche in der Geliebten, so finde er auch in einem engen Gesichtskreis Alles und lasse jedes Gefühl allumfassend werden; dafür sei ihm auch alles Wahrgenommene Etwas nur „durch seine Bedeutsamkeit auf das in ihm erscheinende göttliche Wesen." In jener hohen Kunst stehe die Gottheit ganz über der zeitlichen Welt und selbst über der irdischen Schönheit; im Humor habe sie sich ganz in die endliche mannigfache Welt ver= loren und ins Unendliche vereinzelt. Nichts sei deshalb lächerlich und komisch hier, das nicht mit einer Mischung von Würde und Anreg= ung zur Wehmuth versetzt wäre, Nichts erhaben und tragisch, das nicht durch seine zeitliche und gemeine Gestaltung in das Bedeut= ungslose und Lächerliche fiele. Gewiß mit Recht hebt Solger dieses Element der Herzlichkeit als das hervor, wodurch der Hu= mor erwärmt, während die Persiflage erkältet. Eben die letztere kennt nur eine vernichtende Idee, der Humor aber den posi= tiven Gehalt des Endlichen, das bei aller Sonderbarkeit doch dem liebevoll eingehenden Blicke die Gegenwart der höchsten Güter, wenn auch in Knechtsgestalt, verräth. Doch eben deshalb hat Solger weniger Sinn für das eigentliche komische Element des Humors, größere Theilnahme nur für das Formale seiner Darstellungsweise, für die mikroskopische Kleinmalerei, die dem Endlichen mit Geduld in seine krausesten Verwicklungen folgt, um sich mit dem Anschauen der auch in scheinbar so verlornen Gebieten allgegenwärtigen Idee zu sättigen. Auch von Solger erfahren wir daher nicht, warum mit der ernsten Empfindsamkeit durchaus die schrankenlose Lust der komischen Phantasie sich zur vollkommnen ästhetischen Stimmung des Gemüths verbinden müsse.

Aufklärung hierüber müssen wir von Weiße erwarten; denn bei ihm tritt ja ausdrücklich nach dem Erhabenen und dem Häßlichen das Komische als Vermittlungsglied auf, durch welches die Phantasie aus einem Widerstreit entgegengesetzter Strömungen sich zu einer idealen ästhetischen Weltansicht rette. Gemeinhin erscheine die komische Stimmung, da sie von dem Eindruck eines Gegenstands ausgeht, als ein Leiden des Geistes von den Dingen; in Wahrheit befinde sich vielmehr dem Schönen und Häßlichen

gegenüber das Gemüth in der Lage des blos genießenden und
leidenden Anschauens, alle Thätigkeit des Subjects in dem angeschauten Object absorbirt. Komisches dagegen sei nicht ohne beziehendes vergleichendes zergliederndes und verknüpfendes Verstehen möglich; nur in dieser Thätigkeit entstehe am Gegenstand
das, was ihn komisch macht; unser scheinbares Leiden von ihm
sei also vielmehr für eine Thätigkeit des Herauswerfens dieser
Objectivität aus dem subjectiven Geiste zu nehmen. In der
That: Schönes und Häßliches thut dem Gemüth Gewalt an,
nöthigt es, sich tiefbewegter Stimmung hinzugeben, ohne deren
Beweggründe einzusehn; die komische Phantasie dagegen, indem
sie durch Auflösung des Werthes der Dinge ihren Druck auf
uns aufhebt, erscheint als Herstellung des Subjects zu der ihm
gebührenden Freiheit der Selbstbestimmung. Die alte Rede,
das Wohlgefallen am Komischen beruhe auf dem Gefühl der
eignen Ueberlegenheit über die angeschaute Mangelhaftigkeit, findet
Weiße nur ungeschickt, so weit sie von dem Dünkel des einzelnen
Subjects andern Einzelnen gegenüber spricht; sie sei richtig, wenn
sie auf das glückliche Selbstgefühl der allgemeinen geistigen
Subjectivität gedeutet werde, die durch erwachende Kritik, und
alle Komik ist eine Art der Kritik, sich dem ungerechtfertigten
Eindruck des Gegebenen, dem Vorurtheil, entzieht. Das Auftreten der entwickelten Komödie bezeichnet, wie Weiße nach Hegel
bemerkt, einen weltgeschichtlichen Wendepunkt der Cultur, ein Erwachen des Selbstbewußtseins der Persönlichkeit, entsprechend dem
gleichzeitig aufgegangnen speculativen Selbstbewußtsein in der
Schule des Sokrates und vorbereitend das weltgeschichtlich-reli-
giöse des Christenthums.

Kritik und Komik nun stimmen darin überein, daß sie an
sich nur zerstören, nicht aufbauen; beide thun dies jedoch nur
auf Grund irgend einer maßgebenden Gewißheit, die sie unan-
getastet lassen. Die Summe dieser Gewißheit nun pflegt schon
der wissenschaftlichen Kritik nicht als eine Reihe im Bewußtsein

gegenwärtiger Sätze vorzuschweben; nicht als erkannter Inhalt
ist sie gegenwärtig, sondern als eine lebendige Kraft des Erkennens, der man in jedem Augenblick des Bedürfnisses den eben
nöthigen Grundsatz der Beurtheilung abfühlen kann. Noch viel
weniger läßt die komische Phantasie eine Ausscheidung der ästhetischen Wahrheiten zu, nach denen sie ihre einzelnen Gegenstände
richtet; noch weit mehr als dort, erscheint hier der Rechtsgrund
der zerstörenden Thätigkeit nur als lebendige Thätigkeit des Subjects, welches die ästhetische Gerechtigkeit ist. „In der Komik tritt
an die Stelle des genießenden Anschauens eine freie allseitige
Thätigkeit des Subjects, die ein reines von aller Anstrengung
freies Spiel seiner Kräfte ist; ein Spiel, dessen ergötzende und beseligende Wirkung in seiner Zwecklosigkeit, d. h. in der Beseel-
ung durch ein gestaltloses Absolute liegt, das nicht mehr in der
Form eines Zwecks auftritt, und dem doch die endliche Subjectivität allein ihre Macht des Auflösens und Verflüchtigens verdankt."

Eine allgemeine Schranke setzt endlich Weiße aller Geltung
der komischen Phantasie. Der Humor enthalte allerdings das
vollständige Bewußtsein des Ideals; hinter der von ihm verspot-
teten Endlichkeit erblicke er bereits den Keim des von ihm angestrebten unendlich Erhabenen, und diese Wahrnehmung mache
alle von ihm angeschauten Erscheinungen eben in ihrer äußersten
Kleinheit und Zerspaltenheit zu unendlich lieblichen und werthvollen. In diesem Sinne müsse allerdings der Humor die ästhetische Weltanschauung durchdringen, aber als ein Letztes und
Höchstes gilt seine Regsamkeit nicht. Dies habe vielmehr die
ästhetische Dialektik gelehrt, daß die Phantasie, als Geisteskraft
des Individuum gefaßt, nothwendig in Häßlichkeit übergehe auch
der Humor stelle durch Vernichtung des Endlichen die Schönheit
nur in negativer Weise her, nur als Freiheit des Selbstbewußtseins, das über dem verschwindenden Inhalt schwebt; eine Wiedereinkehr des hier nur als zwecklose Thätigkeit vorhandenen ästhe-

tischen Princips in bestimmte, bleibende Gestalten sei noch zu
suchen: die Erzeugung der allein vollkommnen und des Namens
würdigen Schönheit, die als Ideal oder ideale Weltansicht nur
durch die weltgeschichtliche Thätigkeit des menschlichen Geschlechts,
nicht durch den Einzelnen möglich sei.

Der ausführlichen und in vielem Betracht ausgezeichneten
Darstellung Bischers entlehne ich zunächst ihren §. 185, welcher
aus verschiedenen Wendungen Schellings und Hegels Ansichten so zusammenstellt. „Schellings Schule bestimmt das Komische als die negative und unendliche Freiheit des Subjects,
welches in reiner Zwecklosigkeit und Willkür die Welt vernichtet,
indem es sie des bindenden Gesetzes entleert durch Umkehrung
alles Objectiven und Positiven, aber nur, um sie als ursprünglich in ihrer Fülle Eins mit dem Unendlichen darzustellen und
sie zum Spiegel der eignen Freiheit zu machen. Hegel bezeichnet
es als den Verrath der allgemeinen Wesenheit an das Selbst,
als die negative Kraft des einzelnen Selbst, in welcher die
Götter als Naturmächte wie als die sittlichen Gesetze der allgemeinen Ordnung verschwinden, die absolute Macht die Form
eines Vorgestellten, von dem Bewußtsein überhaupt Getrennten
und ihm Fremden verliert und eben nur die Gewißheit seiner selbst
bleibt, worin das einzelne Bewußtsein ganz bei sich und die einzige
Wirklichkeit ist: eine Rückkehr alles Allgemeinen in die Gewißheit
seiner selbst, die hierdurch eine vollkommne Frucht- und Wesen-
losigkeit alles Fremden und ein reines Wohlsein und Sichwohlsein-
lassen des Bewußtseins ist." Dem erkennbaren Grundgedanken dieser
schwerfaßlichen Aeußerungen stimmt Bischer selbst deutlicher bei:
das komische Subject negire jede Erhabenheit, d. h. jede unendliche Größe, welche ihm von außen zu kommen sich die Miene
gebe; sie falle; aber der Ort, wohin sie falle, sei das gegenwärtige Subject, welches das absolute in sich hereingenommen
habe; in ihm sei sie also aufgehoben, es sei ihre lebendige Auf-
bewahrung."

Durch solche Erörterungen kann ich doch nicht alle unsere Bedürfnisse gedeckt finden. Sie heben zunächst nur die Freude an unserer eignen übermächtigen geistigen Regsamkeit hervor, welche den Werth aller Dinge bezweifelt und aufhebt; Nichts ist, wie Vischer sagt, fest und gewiß, als der Selbstgenuß der Subjectivität in unendlichem Spiele. Aber die alte Frage, welchen ästhetischen Werth ein solches Treiben der komischen Phantasie habe, bleibt doch unbeantwortet. Denen, welchen dieses Wesen der Komik bedenklich und frevelhaft erscheint, mag Vischer mit Recht antworten, daß das Komische nicht das ganze Schöne sei; aber wenn es sich von selbst versteht, daß alles an sich Lächerliche dem Verlachen mit Recht verfällt, so ist doch nicht klar, aus welchem Grunde diese zerstörende Tendenz in dem Maße wie Vischer will, gegen allen Inhalt der Welt gerichtet werden müsse, damit die ästhetische Würdigung der Welt vollkommen sei. Es ist in hohem Grade anzuerkennen, daß der geistreiche Aesthetiker an vielen Stellen seines Werkes die Nothwendigkeit hervorhebt, jenem Geiste der Verneinung auch eine befriedigende Bejahung zuzugesellen, die im unendlich Kleinen, welches jene aus dem unendlich Großen hervorzieht, eben die eigne freie Strahlenbrechung des unendlich Großen anerkenne; der Humor sei gegen die Thorheit, die er auflöse, nicht blos darum duldsam, weil er sich selbst in sie mit einschließt, sondern weil er zugleich das Bewußtsein des unendlichen Werthes des unendlich Kleinen in sich trage. Dem ist mit vollem Herzen beizustimmen; aber es scheint mir, daß auf diese Weise nur eine Gesinnung bezeichnet werde, die zu der nicht gelegentlich angeregten, sondern systematisch geübten komischen Phantasie hinzuverlangt werden müsse, um dieselbe, wenn sie nun einmal so da sein muß, ästhetisch erträglich zu machen; dagegen fehlt mir der Nachweis, daß diese innige Schätzung des unendlichen Werthes des unendlich Kleinen nur auf dem Wege einer vorangehenden Verlachung aller Dinge zu erreichen, daß also die universale Komik, welche die ganze Welt

belacht, eine unentbehrliche, wenn auch wieder aufzuhebende
Vorbereitung zu der vollständigen ästhetischen Würdigung der
Welt sei.

Wenn ich es recht verstehe, drückt Bohtz dasselbe aus. Der
Jubel, mit dem die Schöpfungen der vollen komischen Begeisterung erfüllen, sei nur daraus erklärlich, daß in der komischen
Kunst die dunkle gemeine Welt durch den Blitzstrahl der Idee
plötzlich sich aufhelle. „Der Komiker ist keineswegs bemüht,
nachzuweisen, wie auch in diesen und jenen verzerrten und verachteten Erscheinungen des Lebens die höhern Momente des
Geistes noch fortleben." Eine solche Absicht würde alle Harmlosigkeit und Heiterkeit des Komischen aufheben. Doch gewiß
sei es, daß der wahre Komiker mehr als Talent, daß er im
vollen Sinne des Wortes Mensch sein, ein an Liebe reiches
Herz in sich tragen müsse; dieser reichen schönen Seele des
Dichters sei es nothwendig, alle noch so seltsamen verwunderlichen Gestalten mit heiterem Wohlwollen zu betrachten. Wenn
Bohtz unmittelbar hinzusetzt, aus der ganzen Lebensauffassung
des Dichters folge, daß die Erde überall des Herrn, und in der
göttlichen Welt alle Mißtöne zu einer Harmonie ausgeglichen
seien, so stimmt dies wohl nicht ganz mit der früheren Behauptung, daß der Dichter das Fortleben des Höheren im Verachteten
nicht nachweisen wolle; denn anders als durch solchen Nachweis im Einzelnen ließe sich doch diese reine Harmonie nicht
darthun; das bloße wohlwollende Herz, welches sich in dem
Ganzen der Darstellungsweise immerhin verrathen mag, verbürgt
keine Ausgleichung der Mißtöne in dem Dargestellten. Ich kann
mich daher nicht überzeugen, daß diese Betrachtung beweise, wie
„durch die allseitige Komik die Welt nicht erniedrigt, vielmehr
der Komiker genöthigt sei, sie nicht anders, als insofern sie mit
der Idee versöhnt sei," anzuschauen. Wenigstens ist mir nicht
klar, wie er dazu eben durch die Komik genöthigt sei.

Ich bescheide mich jedoch, daß das, was ich suche, und viel-

leicht Beſſeres als ich finden könnte, bereits in den geiſtvollen
Schriften, die ich erwähnte, enthalten ſein mag. Was mir fehlt,
will ich indeſſen andeuten. Die Gefliſſentlichkeit, an allen Dingen
die lächerlichen Elemente aufzuſpüren und überall die Incon=
gruenz der Wirklichkeit mit ihrer Beſtimmung aufzuweiſen, wirkt
an ſich nur erkältend und verſtimmend. Eine Rechtfertigung für
ſie kann in keiner Weiſe darin liegen, daß die Vollkommen=
heit, welche aus der Wirklichkeit verſchwindet, dafür in der Vir=
tuoſität der komiſchen Phantaſie fortdauert oder wiedergeboren
wird; durchaus mit Unrecht ſcheint mir die neuere Aeſthetik dieſe
Freiheit einer ſich ſelbſt in ihrer abſoluten Machtvollkommenheit
genießenden Subjectivität, welche allerdings der komiſchen Phan=
taſie zukommt, als den Grund ihres äſthetiſchen Werthes zu
betrachten. Für eine Dialektik, die anderweitig ſich die Hände
gebunden hat, mag dieſer ganze Unterſchied eines im Objectiven
vorhandenen äſthetiſchen Princips und deſſelben Princips, ſofern
es nur als geſtaltloſe Regſamkeit des Subjects auftritt, ſeinen
Werth haben; für die unbefangene Würdigung der äſthetiſchen
Fragen iſt er überaus untergeordnet. Allerdings gehört die Be=
weglichkeit der komiſchen Phantaſie auch zu den Gegenſtänden,
die uns gefallen, aber als bloße formale Elaſticität des ſubjec=
tiven Geiſtes betrachtet, und ohne ſich durch den Werth des Er=
zeugniſſes, welches ſie erarbeitet, zu legitimiren, kann ſie unmög=
lich als das höchſte Organ zur Erfaſſung des Schönen oder als
die höchſte Form gelten, in der das Schöne im Geiſte ſelbſt gegen=
wärtig ſei. Nun wird uns freilich in richtiger Anerkennung
dieſer Forderung verſichert, daß die Komik, indem ſie zerſtöre,
zugleich aufbaue, indem ſie die Unangemeſſenheit der Erſcheinungen
zur Idee verlache, doch zugleich die durchgängige Immanenz der
Idee in ihnen zu Tage bringe. Aber ich wüßte nicht, daß uns
nachgewieſen würde, auf welche Weiſe ſie dieſe widerſprechenden
Leiſtungen vereinige. Denn gegen die unzähligen Einzelheiten
der Endlichkeit, welche ſie verneint, richtet ſie unzählige einzelne

und vereinzelte Angriffe; jede vernichtet sie aus einem besondern
Grunde; wie soll es geschehen, daß so viele Negationen sich von
selbst zu einem positiven Ergebniß zusammensetzen, das doch zu-
rückbleiben soll? und welches ist die allgemeine Herrschaft der
Idee, die dadurch bewiesen würde, daß die Herrschaft derselben
Idee in allen einzelnen Fällen geleugnet wird? Und doch, wenn
die Komik den ihr zugeschriebenen ästhetischen Werth haben soll,
müßte es so sein; die Gewißheit, daß trotz alledem und alledem
die Welt doch vernünftige Harmonie sei, dürfte nicht nebenher
versichert werden, sondern müßte unmittelbar in derselben That
liegen, durch welche das Endliche verneint wird.

Suchen wir nun den Grund der ästhetischen Eigenschaften
der Dinge, wie hergebracht, in ihrem Verhältniß zur Idee, so
kann die mangelnde Uebereinstimmung des Endlichen mit dieser,
wie wir früher angaben, zuletzt doch nur von dem Mechanismus
abhängen, an den die Idee in ihrer Verwirklichung gebunden
ist, und dessen durch allgemeine Gesetze bestimmtes Verfahren
nicht überall im Sinne des besondern Planes wirkt, welchen die
Idee in jedem Einzelnen auszuführen strebt. Aus dieser Quelle
fließt nicht nur die Unvollkommenheit in der Bildung jedes Natur-
erzeugnisses und der Zufall, der die beabsichtigte Entwicklung
kreuzt; auch die Mängel des geistigen Lebens entspringen theils
aus der Unvermeidlichkeit eines psychischen Mechanismus, welcher
die Einheit und Reinheit jeder höhern Bestrebung durch fremdartige Beigaben stört, theils aus der allgemeinen Verknüpfung
mit dem körperlichen Dasein, dessen Naturverlauf die Verfolgung
der Zwecke durch Unzulänglichkeit oder eigenwillige Nebenwirk-
ungen der Mittel unterbricht. Wenigstens Alles, was Gegenstand ästhetischer Beurtheilung werden soll, ist auf dieses Verhältniß zurückzuführen; Unvollkommenheiten, die nicht aus ihm,
sondern aus dem bösen Willen des freien Geistes hervorgehen,
unterliegen als solche nur einem sittlichen Urtheil und nehmen
ästhetische Prädicate nur an, sofern sie nebenher doch wieder an

jene Verkettung des Besondern und Individuellen mit der Allgemeinheit seiner Verwirklichungsbedingungen erinnern. Das Gewahrwerden dieser thatsächlichen Abhängigkeit des Ideellen von dem Mechanismus der reellen Mittel erzeugt je nach dem verschiedenen Werthe dessen, das ihr im einzelnen Falle unterliegt, bald elegische Stimmung über den natürlichen Untergang des Trefflichen, bald Heiterkeit über die komische Vernichtung des Eitlen; aber eine geflissentliche Hervorhebung der dunklen Mittel, auf denen aller Glanz des Lebens beruht, der Nachweis, daß alles Größte und Höchste zuletzt von dem Mechanismus zu Falle gebracht wird, auf dem allein sein Dasein beruht: dieser Nachweis könnte an sich nur als eine mephistophelische Herabsetzung der Wirklichkeit, nicht als die Vollendung ihrer ästhetischen Würdigung gedacht werden. Geht der Ausdruck der Ideen in der Welt zu Grunde, so tröstet uns darüber gar nicht der Nachsatz, daß dafür Alles nach unwandelbaren Gesetzen eines unveränderlichen Mechanismus geschehe, denn diese ewige Nothwendigkeit hat an sich selbst keine Heiligkeit und keinen Werth. Befriedigung könnte nur aus der Entdeckung wieder entstehen, daß diese allgemeine Nothwendigkeit, in welche wie in ein auflösendes und absorbirendes Element jeder hohe Aufschwung des Einzelnen zurücksinkt, in ihren eigenen Formen durchgängig von dem Sinne der Idee durchdrungen ist, und daß auch dann, wenn die einzelnen Erscheinungen zusammenfallen, die auf diesem Grund und Boden sich mit individueller Lebenskraft nach eigenthümlichen Zielen erheben wollten, dieser Grund und Boden doch selbst noch demjenigen, das ziel- und zwecklos in ihm versinkt und ruht, ein gewisses Glück des Umfangenseins von dem werthvollen Sinne der Idee bewahrt. Seine individuelle Melodie zwar, durch die das Unendliche auf eigenthümliche Weise ausgedrückt werden sollte, läßt das Endliche nun verzagend verstummen; aber die allgemeine Welt der Töne wogt mit der allgemeinen Gesetzlichkeit ihrer Harmonie fort und gewährt dem, der sich in sie versenkt, das

Bewußtsein eines ewig vorhandenen Elementes, dessen Theile zwar zu keiner bestimmten Gestalt geordnet sind, aber so aufeinander bezogen, daß eine Unermeßlichkeit bestimmter Gestaltungen aus ihm entspringen und das tiefe Glück seiner harmonischen Verhältnisse in immer neuen melodiösen Wendungen entfalten kann.

Die Hervorhebung nun dieses in sich selbst gegliederten und harmonischen Grundes aller Dinge beginnt schon der einzelne Witz, der ein komisches Gebahren verlacht; seine Wirkung beruht gar nicht auf der immer allein hervorgehobenen vernichtenden Kraft, die er ausübt, sondern eben darauf, daß das Vernichtete nun nicht in die bodenlose Leere des Nichts fällt, daß vielmehr die Bestrebung, die ihr Ziel verfehlt, von dem allgemeinen Zusammenhang der Dinge ergriffen wird, und deshalb gar nicht verfehlen kann, auf geradem Wege ein anderes Ziel zu erreichen, das mit dem ihrigen in Widerspruch steht. Aber weit mehr tritt dies in der höheren Komik hervor, die nicht mehr einzelne Gegenstände verlacht, sondern mit allen spielt. Schon ihre einfachste Form, der Wortwitz, erfreut durch die Wahrnehmung, daß Worte und Begriffe, ihrer gewöhnlichen Bedeutung entfremdet und willkürlich verknüpft, immer wieder ein zusammenpassendes, im Denken ausführbares Ganze bilden, daß Formen des Großen auf das Kleine, Eigenheiten des Kleinen auf das Große angewandt, ganz unvermuthet wohlzusammenstimmende Verhältnisse geben, daß endlich überhaupt die Elemente der Wirklichkeit, auseinandergerissen, zerstampft und durcheinandergeschüttelt, mit unverwüstlicher Kraft sich immer wieder kaleidoskopisch in anmuthigen, und bei aller Willkür tausendfach an das Wahre erinnernden Gestalten zusammenthun. Nur in dieser heiteren Betrachtung der Unzerstörbarkeit des allgemeinen Füreinanderseins der Dinge kann ich den Reiz jener absoluten Komik finden, welche sich die ganze Welt zum Object wählt; keineswegs in der Freiheit der subjectiven Phantasie, oder in der bloßen Negation aller bestimmten Gestaltung. Wohl mag man sie ein Spiel nennen; aber es ist eben ein Irrthum, daß der Reiz eines Spieles in der bloßen zwecklosen Ausübung der eignen Kraft bestehe. Welches Ballspiel würde uns wohl ergötzen, wenn wir zwar die Elasticität unsrer eignen Muskeln in allen möglichen Variationen dabei genössen, die Bälle aber nach keinem vorauszuberechnenden Gesetze ihre Bahnen beschrieben, sondern principlos nach gleichem Anstoß ungleich, bald nach rechts, bald nach oben liefen, bald zurückkehrten, bald nicht? Das Spiel gefällt, weil unsere zwecklose Thätigkeit überall in den Dingen, mit denen sie spielt, eine allgemeine Gesetzlichkeit, ein Princip der Zusammengehörigkeit und des Füreinanderseins aller ihrer Zustände antrifft, durch welches allein die einzelnen Erfolge unsers Thuns zu einem wohlgefälligen Ganzen sich zusammenschließen.

Meine bisherige Betrachtung würde darauf führen, daß die Komik nicht die objective Welt von der Idee entleert, um nur die subjective Phantasie als ihren Sitz gelten zu lassen, daß sie vielmehr eben über die Unverjagbarkeit der Idee aus dem Wirklichen unsere Freude erregt. Aber freilich mit dem Zusatz, daß diese der Welt bleibende Idee nicht dieselbe ist, welche die gegnerischen Ansichten so nennen. Daß alle schönen einzelnen Entwürfe bestimmter Gestaltung ästhetisch zu nichte werden, lehrt auch für uns die Komik; sie tröstet nur dadurch, daß die Idee als allgemeine, gestaltlose, unendliche Möglichkeit für das Auftauchen einzelner immer vergänglicher Gestaltungen zu Grunde liegen bleibt. Aber von dem Humor wird einstimmig versichert, daß er nicht nur dies gestaltlose Unendliche dem Einzelnen gegenüber festhalte, sondern den unendlichen Werth des kleinen Endlichen anerkenne, eben indem er es verlacht. Hieße dies nur, das Endliche habe seinen anderweitigen Werth trotz seiner bleibenden ästhetischen Abgeschmacktheit, so wäre der Humor, der dies nachwiese, nicht eine besondere Gestalt der ästhetischen Phantasie, sondern eine Mischung des ästhetischen Urtheils mit mora-

25*

lischer Billigkeit. Man muß vielmehr annehmen, der Humor, welcher ja Alles bespöttle, werde zugleich seine eignen Voraussetzungen über das Wesen und die Bedingungen der Schönheit persifliren, und sich in der Betrachtung des Endlichen selbst auf der Vorliebe für eine unnöthige Erhabenheit ertappen, die er in diesem erst schmerzlich vermißt, dann aber lachend fahren läßt. Und ich glaube beinahe, daß es so ist, und daß der Humor wirklich zuletzt derselben ästhetischen Theorie heimlich eine Fratze macht, von der er so hoch gestellt wird: ich meine der Theorie, welche alle ästhetischen Eigenschaften der Dinge immer aus den Verhältnissen der Idee zur Erscheinung ableitet.

Die Glut der schwärmerischen Sehnsucht nach allem Höchsten, die Zufriedenheit mit dem Gegebenen, die Wärme und Zärtlichkeit der Liebe, jeder gute Wille zu lebhafter Aeußerung in vernünftigen Werken, sie sind alle an sich werthvolle Güter, die Nichts durch die Hemmungen verlieren, welche der Weltlauf ihrer Entfaltung entgegensetzt; die Sehnsucht Nichts durch die Unwirklichkeit ihrer Ideale in der bestimmten Gestalt, welche ihnen ihre Unerfahrenheit gab; die Zufriedenheit Nichts durch die Kümmerlichkeit dessen, woran sie sich genügen läßt; die Liebe Nichts durch die Unbeholfenheit ihres Ausdrucks; der gute Wille Nichts durch die Unfruchtbarkeit, zu welcher ihn die Engigkeit eines beschränkten Gesichtskreises verurtheilt. Und doch ist kein Grund, alle diese Güter bereits als ein sittliches Gute zu betrachten, so daß der Humor sie blos achten müßte, während er sie ästhetisch verlachte; er kann sie vielmehr nicht verlachen, weil sie eben selbst die eigentlichsten, lebendigsten und wesenhaftesten Schönheiten sind, die es in der Welt gibt. Die Komik, welche sich mit ihnen beschäftigt, erinnert sich, daß zwar gleichgültigere Ideen, — und sehr gleichgültig ist allerdings das, was diese ästhetischen Theorien schlechthin Ideen nennen, — Schönheit nur durch völlige Verkörperung ihres Gedankeninhalts in einer mangellosen mannigfaltigen Erscheinung erwerben, daß aber diese wesentlichen ästhetischen Güter die Schönheit, welche sie selbst sind, nicht durch Uebereinstimmung mit irgend welchem Anderen zu erlangen brauchen. Indem daher die komische Phantasie das Verkehrte in der Erscheinungsweise dieser Güter hervorhebt, verspottet sie nicht deren Unfähigkeit, sich eine fehlerlos zutreffende Erscheinung zu geben, sondern sie persiflirt ihre eigene eben damit nun überwundene Pedanterie, das höchste Schöne stets nur in der hochtrabenden Feierlichkeit und Umständlichkeit einer vollständigen Harmonie zwischen der Innerlichkeit des Wesens und der Aeußerlichkeit seiner Erscheinung zu suchen. Nichts ist daher ein so dankbarer, ja recht der eigentliche Gegenstand der humoristischen Komik, als der Nachweis, daß eben jene endlichen Güter schön bleiben, obgleich sie den äußerlichen Formen der Schönheit nirgends genügen; diese Formen sind es, deren schließliche Ohnmacht aufgezeigt wird, das Schöne aus sich zu begründen, wo es nicht ist, oder seine Schönheit durch ihr eigenes Nichtdasein aufzuheben; auch sie gehören, wenn sie von der ästhetischen Theorie als unaufhebliche Mächte vorgestellt werden, mit zu jenem Erhabenen, welches der Humor nirgends gelten läßt, sondern immer auflöst; Nichts bleibt vor ihm sicher, als jene wesentlichen ästhetischen Güter, die nicht verlacht werden können, weil sie die erhabene Prätension, die Erscheinung ganz durch sich zu bestimmen, in ihrer Bescheidenheit gar nicht erheben.

Eine ausführliche Darstellung hat dem Humor als psychologischem Phänomen in neuester Zeit Lazarus gewidmet. (Das Leben der Seele. 1. Berlin 1856.) Seine anziehende Schilderung wird dem Leser alle die Gesichtspunkte zu verdeutlichen im Stande sein, deren wir bisher gedacht haben; doch thut sie sich selbst vielleicht Unrecht, wenn sie sich mit dem vielen Vortrefflichen, welches sie enthält, in völligem Widerspruch zu allen Lehren der bisherigen Aesthetiker zu befinden glaubt.

Sechstes Kapitel.

Die ästhetischen Ideale.

Der ideale Stoff der Kunst nach Schelling. — Mythologie und Weltansicht. — Symbol und Allegorie bei Solger. — Begriffsbestimmung des
Ideals durch Weiße. — Dessen Dreiheit der Ideale: das antike, das romantische, das moderne. — Bemerkungen über das Wesentliche des modernen Ideals.

Daß die Wirklichkeit nie Vollkommenes bilde, daß hinter
ihren Erzeugnissen nur die künstlerische Phantasie die ewige
Schönheit ahne, war die alte Ueberzeugung, die Klage und der
Trost ästhetisch angeregter Gemüther gewesen. Doch hatte dieses
Ideal des Schönen als fertig durch sich selbst gegolten, in seinem
überweltlichen Dasein immer bestehend; die Arbeit des menschlichen Geistes hatte nur für die Ebnung des Wegs zu sorgen,
der zu seiner Anschauung führt. Diese Auffassung änderte
Schelling, oder gab der allmählich entstandenen Aenderung
bestimmteren Ausdruck. Die Kunst war früher als eine Ausübung menschlicher Geistesthätigkeit neben andern erschienen, löblich und segensreich vor vielen andern, doch nicht so unentbehrlich, daß ihr Nichtsein eine Lücke der Weltordnung gewesen wäre:
Schelling setzt sich die Aufgabe, die Stellung der Kunst im Universum zu bestimmen. Sie ist ihm nicht eine menschliche Entwicklung, die auch fehlen könnte, sondern ein unentbehrliches
Glied des Weltganzen, das an einer bestimmten Stelle seiner
Entwicklung auch sie zum vollen Ausdruck seines umfassenden
Grundgedankens fordert. „Vollkommne Offenbarung Gottes sei
nicht in der Natur; sie sei nur da möglich, wo in der abgebildeten endlichen Welt selbst die einzelnen Formen sich in absolute
Identität auflösen. Dies geschehe in der Vernunft; sie also sei

im All selbst das vollkommene Gegenbild Gottes." Dies ist der
bekannte bleibende Grundgedanke des Idealismus: das geistige
Leben sei nicht Zugabe zur Natur, die an sich schon die ganze
Welt bilde, nicht ein Spiegel, der den geschlossenen Bestand derselben nur noch einmal bewundernd abbilde, sondern selbst das
wichtigste Glied dieser Wirklichkeit; nicht ihren fertigen Inhalt
solle er nur begreifen, sondern ihren unfertigen Inhalt durch
sein Hinzukommen erst zu einem abgeschlossenen Ganzen vervollständigen. Innerhalb des idealen All nun, welches die Vernunft,
dem realen All gegenüber, zum Abschluß des universalen All
hinzu erzeugt, löse die Kunst die Aufgabe der Ineinsbildung der
unendlichen Idealität ins Reale, eine Aufgabe, die der realen
äußerlichen endlichen Welt selbst nicht lösbar ist. Die Kunst
gebe den Ideen Formen, wie diese Außenwelt ihnen deren gab,
aber sie gebe ihnen solche Formen, welche ihnen im Geiste
Gottes zukommen, und die Gott ihnen nicht durch Ausarbeitung
in dem Stoffe der Wirklichkeit, sondern nur durch das Mittelglied der seine Absichten nachahmenden und nachschaffenden Einbildungskraft der Geister geben konnte. So gelangt Schelling
dazu, nicht blos die Form, sondern auch den Stoff der Kunst
als nothwendigen aufzeigen zu wollen; dieser Stoff aber ist keine
äußere Wirklichkeit, welche die Kunst nachzuahmen hätte, sondern
ein Erzeugniß der Phantasie; kein willkürliches und gesetzloses
jedoch, sondern eine solche Idealwelt, in welcher die Phantasie
den ewigen Urbildern der Dinge die Formen gibt, die ihnen ge-
bühren, und welche die gemeine Wirklichkeit ihnen versagt. Es
ist die Welt der Mythologie, welche Schelling für die nothwendige Bedingung und für den ersten Stoff aller Kunst erklärt;
sie sei Nichts anderes, als das Universum in höherem Gewand,
in seiner absoluten Gestalt, das wahre Universum an sich, Bild
des Lebens und des wundervollen Chaos in der göttlichen Ima-
gination, selbst schon Poesie und doch für sich wieder Stoff und
Element der Poesie.

Eine Reihe von Sätzen von einiger Paradoxie des Ausdrucks bestimmt zuerst den Werth der Mythologie. Ihre Dichtungen seien weder absichtlich noch unabsichtlich; anstatt des unmöglichen Dritten, das diese Behauptung zu verlangen scheint, verlangt sie indessen nur dasselbe, was die nächstfolgende freilich wenig glücklicher bezeichnet: „die Mythologie könne weder das Werk des einzelnen Menschen, noch des Geschlechts oder der Gattung, sofern diese nur Zusammensetzung der Einzelnen sei, sondern allein des Geschlechts sein, sofern es selbst Individuum und einem einzelnen Menschen gleich sei; die Unbegreiflichkeit dieser Idee raube ihrer Wahrheit Nichts." Es ist zu erkennen, was hiermit gemeint ist: die Mythologie entspringt weder mit absichtlicher Berechnung den launenhaften Einfällen Einzelner, noch mit blinder Nothwendigkeit einem psychischen Mechanismus, der alle Einzelnen der Gattung zugleich beherrscht; wie jeder große geistige Gemeinbesitz der Menschheit bildet sie sich vielmehr in dem Wechselverkehr und dem Austausch der Gedanken Unzähliger. Dieser Verkehr verbindet die Einzelnen der Gattung zwar nicht zu Einem Individuum, aber doch zu einem Ganzen, dessen Theile nicht blos neben einander sind, und er sorgt dafür, daß Alles, was aus blindem Naturtrieb entsprang, zum Bewußtsein seiner Bedeutung gebracht wird, Alles aber, was aus zufälliger Absicht der Einzelnen hervorging, nur soweit erhalten bleibt, als es sich zugleich auf die nothwendigen Ziele des allgemeinen Geistes bezieht, seinen wesentlichen Bedürfnissen entspricht, und seine unvermeidlichen Anschauungsweisen ausdrückt. Durch diese gemeinsame geistige Arbeit des Geschlechtes zu Stande gebracht, besitzen die mythologischen Bildungen allerdings für die Menschheit einen ewigen Werth und eine unverlierbare ideale Bedeutung, die wir mit Schelling anerkennen können, ohne mit ihm aus der absoluten Idealität der mythischen Götter auf ihre absolute „Realität" zu schließen und so den hergebrachten Sinn bekannter Worte durch die Behauptung ins Schwanken zu bringen, die Wirklichkeit dieser Erzeugnisse der Phantasie sei wirklicher als die des sinnlich Wirklichen.

Auf den formalen Character der Mythologie geht eine zweite Reihe von Bemerkungen ein. Darstellung des Absoluten mit absoluter Indifferenz des Allgemeinen und Besondern im Besondern, — und dies sei die Aufgabe der Kunst — sei nur symbolisch möglich. Schematismus sei die Darstellung, in welcher das Allgemeine das Besondere bedeute, oder Besonderes durch Allgemeines angeschaut werde; Allegorie deute Allgemeines durch Besonderes an; Symbol sei die Synthesis beider, in welcher weder Allgemeines das Besondere, noch dieses jenes bedeute, sondern beide absolut Eins seien. Diese an sich vortrefflichen Begriffsbestimmungen wendet Schelling in weiterer Bedeutung an: in der Körperreihe verfahre die Natur allegorisirend, in der Wechselwirkung des Lichtes mit den Körpern schematisirend, im Organischen symbolisch; Denken sei schematisch, Handeln allegorisch, weil Allgemeines durch Besonderes bezweckend, die Kunst symbolisch; Geometrie schematisire, Arithmetik allegorisire, sofern jene durch Allgemeines das Besondere darstelle, diese den umgekehrten Weg gehe. Vielleicht hat im letzten Beispiel ein Druckfehler die Plätze der Arithmetik und Geometrie vertauscht; aber dieselbe Unsicherheit drückt doch auch die andern Betrachtungen, welche jene Begriffe auf Kunst und Mythologie, und zwar auf die des Christenthums und der modernen Zeit nicht minder als auf die des Alterthums anwenden. Manche geistreich aufgefaßte und ausgedrückte Wahrheit wird man in ihnen finden, ohne sich zu verhehlen, daß sehr oft die Vertheidigung gerade entgegengesetzter Behauptungen ebenso glücklich sein würde. Dies ist kein Wunder; so weitschichtige und inhaltarme Abstractionen, wie die hier stets verwendeten Gegensätze von Allgemeinem und Besonderem, Einbildung des Unendlichen ins Endliche oder des Endlichen ins Unendliche, flattern viel zu lose und zu hoch über dem lebendigen Inhalt der Sache, um nicht nach

willkürlichem Belieben bald so, bald anders mit demselben verknüpft werden zu können.

Im Alterthum findet Schelling die Aufgabe, das Unendliche
im Endlichen darzustellen, also die Aufgabe einer Symbolik des
Unendlichen, in der Bildung von Göttergestalten gelöst, deren
jede ungeachtet ihrer characteristischen Besonderheit doch die Totalität des geistigen Lebens darstellt, und nicht eine Idee bedeutet, sondern diese Idee in aller Fülle einer durch den Gedanken unausdenkbaren, nur der Phantasie faßbaren lebendigen
Individualität ist. Alle diese Gestalten aber sind verknüpft zu
einer Götterwelt, in deren inneren Verhältnissen alle die allgemeinen, ewigen und typischen Beziehungen, welche die Wirklichkeit durchkreuzen, nach ihrem wesentlichen Sinne befaßt sind.
Dem Christenthum eigne das entgegengesetzte Bestreben, das Endliche in das Unendliche aufzunehmen, d. h. es zur Allegorie
des Unendlichen zu machen. Im Alterthum gelte das Endliche
etwas für sich, denn es nehme das Unendliche in sich auf; dem
Christenthum sei das Endliche für sich Nichts, sondern nur Etwas, sofern es das Unendliche bedeute. Diesem Gegensatze gemäß, der freilich fast nur darin zu bestehen scheint, daß in beiden Fällen dasselbe geschieht, nur in dem einen Falle: weil,
in dem andern: sofern das Unendliche im Endlichen ist, habe
das Christenthum keine vollendeten Symbole, d. h. keine Göttergestalten entworfen, die in vollkommen anpassender Erscheinung
den unendlichen Inhalt ihres Wesens ausdrückten, sondern nur
symbolische Handlungen. Brachte daher die griechische Mythologie in ihrer Götterwelt das ewig feststehende System der
Natur zu künstlerischer Wiedergeburt, so müsse das Christenthum nothwendig eine mythische Geschichte der Welt entfalten.
In der That habe es eine solche von der Weltschöpfung bis zum
Weltgericht entwickelt; aber nur der Katholicismus habe unbefangen in dieser Mythologie gelebt. Seitdem das protestantische
Princip die Freiheit des geistigen Lebens wieder errungen, sei

nur noch ein poetischer Gebrauch dieser Gedankenwelt möglich, der nicht für den Glauben an sie entschädige. Bei der
Universalität der modernen Bildung, die nicht, wie die antike,
national sich entwickelt habe, bleibe nichts übrig, als daß jeder
künstlerische Genius sich seine eigene Mythologie, seine eigene
Gestaltenwelt in Uebereinstimmung mit dem Geiste seiner Zeit
bilde; nur in ferner Zukunft scheint Schelling die Neugestaltung
einer allgemeingültigen mythischen Weltansicht der Menschheit
zu ahnen. Aber dies, sowie die Andeutungen über die Möglichkeit, Wahrheiten einer speculativen Physik zu benutzen, um
den „Geschichtsgöttern" der modernen Phantasie die anschauliche
Erscheinungsweise von Naturgöttern wiederzugeben, überlassen
wir jener Zukunft selbst, deren Fügungen auch Schelling die Erfüllung solcher Ahnungen anheimstellt.

Man wird diesem ganzen Gedankenzuge kaum ohne Befremden gefolgt sein. Sollte in der That die Kunst einen nothwendigen Stoff haben? da doch die gewöhnliche Meinung über
sie in der Form ihres Verfahrens ihre ganze Eigenthümlichkeit
sucht und jeden Stoff für dienlich hält, dies Verfahren an ihm
zu versuchen? Und sollte dieser vermeintlich nothwendige Stoff
in einer mythologischen Welt bestehen, von deren Inhalt wir
für die Musik gar keine, für die Baukunst nur mittelbare, für
die Malerei fast nur unvortheilhafte Anregungen erwarten können,
während die Poesie in ihrer Allseitigkeit ihn zwar aufnehmen
kann, aber durch Beschränkung auf ihn empfindlich leiden würde.
Nur der Plastik kann unmittelbar jene göttliche Gestaltenwelt
willkommen und unentbehrlich scheinen. Und in der That ist
wohl die Bewunderung der in den Meisterwerken ihrer Sculptur
vertretenen Mythologie des Alterthums der eigentliche Ausgangspunkt dieser Betrachtungen gewesen, unterstützt durch Schellings
speculative Neigung, eine systematische Gliederung der Welt, in
welcher ihre beständig vorhandenen allgemeinen Typen als eine
geordnete Gestaltenreihe auftreten, vor der Betrachtung der ewig

wechselnden Beziehungen der veränderlichen einzelnen Ereignisse zu bevorzugen. Denn von ewigen Ideen der Dinge spricht er überall zuerst und immer vorzugsweis; was zwischen ten Dingen vorgeht, hat ihm nur Werth, so weit es wieder auf ein immer vorhandenes oder immer wiederkehrendes allgemeines Verhältniß zurückführbar ist. Diese Neigung fand nur in der antiken Mythologie Befriedigung; die Weltvorstellungen des Christenthums mußten ihr unvollendet und ungenügend erscheinen, während umgekehrt eben die Ueberlegung dieser zu der Ueberzeugung hätte führen sollen, daß das, was hier gesucht wurde, nicht allgemein in Mythologie bestehen muß, sondern nur im Alterthum eben diese Form angenommen hat. Eine ästhetische Weltansicht überhaupt ist das, was in allen diesen Betrachtungen Schelling vorschwebt; daß diese Ansicht ihren Inhalt nothwendig in einem anschaulichen Götterkreis und den inneren Beziehungen desselben verkörpern müsse, ist eine ungerecht verallgemeinerte Forderung, denn sie ist nicht für jedes Zeitalter erfüllbar, und reicht selbst, wo sie erfüllt ist, nicht hin, so wie Schelling es will, Stoff und Element aller Kunst zu bilden. Auch im Alterthum kann nicht jeder Vorzug seiner Kunst aus der Mythologie allein abgeleitet werden, wenn man nicht in sehr weiter Bedeutung des Wortes zu ihr eine Menge von Lebensansichten und Maximen rechnen will, die in dem mythischen Götterkreis als solchem keine unmittelbare Vertretung haben. Aber in so weiter Bedeutung würde der Name der Mythologie eben nur jene allgemeine und umfassende Weltansicht bezeichnen, die wir meinen, und für welche die Ausprägung in einer Götterwelt zwar ein möglicher, aber nicht ein allgemein nothwendiger Abschluß ist.

Das aber, was wir unter dieser Weltansicht meinen, ist etwas viel Umfassenderes, als Schelling hier ausspricht, obgleich er es ohne Zweifel in seinen Gedanken mitumfaßt hat. Der Grund seines einseitigen Ausdrucks liegt in der unvortheilhaften

Gewöhnung, durch die bedeutungsarmen Begriffe des Unendlichen
und Endlichen, des Allgemeinen und Besonderen die Räthsel bezeichnen zu wollen, um deren Lösung sich die Phantasie der
Menschheit zu bemühen habe; d. h. um in Schellings Redeweise
zu sprechen, in dem Schematismus, der das Besondere, Concrete Lebendige und Individuelle blos durch allgemeine, abstracte,
leblose und formale Begriffe andeutet. Freilich wird Jeder, so
gefragt, zugeben, daß seine ästhetische Weltansicht Unendliches und
Endliches, Allgemeines und Besonderes zu vermitteln suche; aber
was Jeder damit meint, ist dies, daß er sich klar zu machen
suche, wie mit der allgemeinen Einrichtung der Natur die besonderen Bedürfnisse des menschlichen Gemüths, mit dem nothwendigen Schicksal der freie Wille, mit den unendlichen
Zielen die Beschränktheit des endlichen Daseins, wie überhaupt alle diejenigen Widersprüche zu versöhnen sind, die uns
ans Herz greifen, und unter denen wir leiden. Wie sich dagegen Unendliches überhaupt zu Endlichem, irgend welche Nothwendigkeit zu irgend welcher Freiheit, beliebiges Allgemeine zu
beliebigem Besondern verhalte, dies sind Fragen, welche sich die
ästhetische Phantasie nicht ursprünglich und hauptsächlich, sondern
erst in zweiter Linie zu beantworten sucht, weil die Ueberlegung
jener brennenden Fragen auch auf sie zurückleitet.

Eine solche Weltansicht, nur durch die gemeinsame Arbeit
ganzer Geschlechter zu Stande gebracht, wird weder in einer
übersehbaren Reihe von Sätzen, noch in einem geschlossenen
Reiche von Gestalten erschöpfbar sein; sie bildet vielmehr ein
vielverschlungenes Gewebe von Ueberzeugungen und Vorurtheilen,
Ahnungen und Hoffnungen, Stimmungen und Sitten, in welchen sich sinnend und handelnd der Geist der Menschheit alle Verhältnisse des Lebens zu einem zusammenstimmenden Gesammt-
ergebniß zurechtgelegt hat. Von ihr ist daher einerseits zu erwarten, daß sie jeder Kunst, der musikalischen nicht minder als
der statuarischen, characteristische Anregungen gebe; denn wo, wie

in der ersten dieser beiden, keine ewigen Begriffe von Dingen
mehr maßgebend sein können, dahin reichen doch noch die von
dem allgemeinen Gepräge der Weltansicht begünstigten Vorneig-
ungen für bloße Formen der Verknüpfung des Mannigfachen
und für den Ausdruck der Bewegung irgend welcher lebendigen
Kräfte überhaupt. Anderseits aber hat man eben diese allgemeine
ästhetische Weltansicht nicht einseitig in den Darstellungen der
Kunst aufzusuchen; sie ist von breiterer Ausdehnung und liegt
den Gewohnheiten des Lebens nicht minder als jenen zu Grunde.
Und deswegen können solche Begriffe, welche wie die des Schematismus, der Allegorie und der Symbolik, lediglich von dem
formellen Verfahren des künstlerischen und des philosophischen
Gedankens entnommen sind, nicht zur Bezeichnung dieses umfassenden Elementes dienen, das aller Kunst unentbehrliche Vorbedingung sein soll.

Zunächst sind dennoch diese Unterscheidungen als maßgebende
festgehalten worden; wir begegnen ihnen bei S o l g e r und bei
H e g e l wieder. Auch Solgers ästhetische Speculation bewegt sich
in einer abstracten Welt; sie untersucht die verschiedenen Wege,
welche eine Phantasie, von der wir nur nebenbei erfahren, daß
sie auch eine menschliche Gemüthserregung sei, zwischen einer
namenlosen Idee und einer unanschaulich gelassenen Endlichkeit
hin- und hergehend beschreibt, um beide miteinander zu versöhnen.
Die feinsinnigen Beobachtungen, die Solgers künstlerisch gebildeter Geschmack dennoch auch über die Unterschiede der ästhetischen Weltansichten verschiedener Zeitalter einflicht, erscheinen
bei ihm nur als Beispiele für die verschiedenen logisch möglichen
Unterarten, welche jenes allgemeine Verfahren der Phantasie zuläßt. Auf diese Weise werden ihm S y m b o l und A l l e g o r i e
zu umfassenden Bezeichnungen nicht nur formell künstlerischer
Auffassungsarten, sondern der geistigen Gesammtgewohnheiten
ganzer Zeitalter. Von Hegel könnten wir erwarten, daß ihm,
der das Schöne nur als eine Entwickelungsstufe des Absoluten

im endlichen Geiste kennt, die hiftorifch verfchiedenen Färbungen, die es in dem Genius verfchiedener Zeitalter annahm, als ebenfo viel wefentlich bedeutfame Momente feines eignen Begriffs er- fcheinen würden. Da die Natur ihm ftets Unvollkommnes zu erzeugen fcheint, die wahre Schönheit daher nur in dem Geifte und in feiner verklärenden Nachfchöpfung der Wirklichkeit ihr Dafein hat, fo durfte man vorausfetzen, daß Hegel in den eigen- thümlichen Färbungen, welche der Geift jedes Zeitalters über fein Nachbild der Welt verbreitet, oder in dem eigenthümlichen Styl der Auffaffungsweife, die er auf alle Wirklichkeit ausdehnt, einen wefentlichen Beitrag zu der Erzeugung diefer wahren Schönheit anerkennen würde. Doch diefe Erwartung erfüllt fich nicht. Wie unvollkommen auch Hegels allgemeine Beftimmungen über das Wefen des Schönen an fich find, und wie fehr er es nur im Geifte und in den gefchichtlichen Thaten des Geiftes auffucht: dennoch befteht ihm eigentlich das Schöne an fich; Alles, was die menfchliche Phantafie leiftet, ift nur eine Bemüh- ung, diefes an fich fertige Schöne von feiner Trübung in der Wirklichkeit zu reinigen, und es zugleich durch die Mittel diefer Wirklichkeit fo darzuftellen, wie es an fich geformt fein müßte, wenn es in ihr fich ohne Trübung darftellen könnte. Das dritte Kapitel des erften Theils feiner Aefthetik verfpricht von dem Ideal zu handeln oder dem Kunftfchönen. Schon die Gleich- ftellung beider Namen deutet an, was der Inhalt beftätigt, daß nicht von der äfthetifchen Gefammtanficht der Welt die Rede fein wird, die allen Kunftbeftrebungen zu Grunde liegt und die Schön- heit ausarbeitet, welche jene darftellen follen; daß es fich viel- mehr unmittelbar um die Wahl der Gegenftände, der Situationen und der Mittel des Ausdrucks handelt, welche gefchickt find, ein ewig feftftehendes Ideal des Schönen zur Erfcheinung zu brin- gen. Nur nebenher bemerken wir, wie fehr auch diefe fonft im Einzelnen höchft anziehenden und fruchtbaren Erörterungen von einfeitiger Rückficht auf die bildenden Künfte und auf das bild-

liche Element der Poesie beherrscht sind. Welche Stellung aber
den characteristischen Unterschieden der ästhetischen Weltansicht zu
jenem Ideale angewiesen wird, mag einstweilen die kurze Aeußerung bezeichnen, welche Hegel über die von ihm aufgestellte Drei-
theilung der Kunstformen thut: „Die symbolische Kunst (des
orientalischen Alterthums) sucht jene vollendete Einheit der innern Bedeutung und der äußern Gestalt, welche die klassische
in der Darstellung der substantiellen Individualität für die sinnliche Anschauung findet, und die romantische in ihrer her-
vorragenden Geistigkeit überschreitet."

Eine ganz andere Stellung, eben diejenige, die wir hier
suchen, hat dem Begriffe des Ideals Weiße gegeben, und ich
halte es für ebenso ersprießlich als nothwendig, der Erörterung
und Begründung seiner Lehre hier weitläufiger zu folgen. Seit
längerer Zeit, bemerkt Weiße, ist es hergebracht, diejenige Schönheit, die man für die wahre und eigentliche erkennt, von anderen
Bedeutungen dieses Namens ausdrücklich durch den Zusatz der
idealen zu unterscheiden. Die Wissenschaft ist berechtigt, solche
Ausdrücke, welche der Sprachgebrauch in unbestimmtem Sinne
geschaffen hat, zur Bezeichnung derjenigen näheren Bestimmungen
zu verwenden, welche nur sie, die Wissenschaft, nicht jener
Sprachgebrauch, mit vollkommner Deutlichkeit als wesentliche
und nothwendige Bestimmungen des Begriffs, dem sie beigefügt
zu werden pflegen, zu erkennen vermag. Daß nun der Ausdruck Schönheit nicht für hinreichend befunden wird, um
das Werthvollste dessen zu bezeichnen, was man im Allgemeinen
durch ihn bezeichnen will, daß man vielmehr den besonderen Zusatz der Idealität nöthig glaubt: diese sprachliche Erscheinung trifft
mit der Ueberzeugung der wissenschaftlichen Aesthetik zusammen,
welche in dem ersten oder unmittelbaren Dasein der Schönheit,
wie dieses sowohl in der innern als äußern Erfahrung eines
Jeden gegeben ist, wesentlich nur ein verschwindendes und in
das Gegentheil seiner selbst übergehendes anerkennen kann. Aber

dem Sprachgebrauche, der hier mit dem Ergebniß der Wissen=
schaft übereinstimmt, fehlt ein genaueres Bewußtsein von der
eigenthümlichen Entstehung dessen, was er Ideal nennt. Diese
Entstehung ist eine doppelte: zuerst die dialektische Entstehung
des Begriffs vom Ideal innerhalb der ästhetischen Wissenschaft,
dann eine zeitliche oder geschichtliche Entstehung der Ideale selbst,
welche letztere reale Genesis eben durch den auf dialektischem
Wege sich ergebenden Begriff gefordert wird. Denn wenn die
gewöhnliche Ansicht des Idealbegriffs nur eine unbestimmte Ahnung von der Bedeutung eines geschichtlichen Elements in seiner
Gestaltung einschließt, so lehrt die Dialektik der Wissenschaft vielmehr dessen Unentbehrlichkeit. Denn sie hat uns gezeigt, daß
die Phantasie, als Geistes- oder Seelenkraft des Individuum gefaßt, nothwendig in Häßlichkeit übergeht und daß die Wiederherstellung der Schönheit durch die thätige und lebendige Selbst-
vernichtung des Endlichen innerhalb eben dieses Gebietes der
Subjectivität nur zu einer negativen Gestalt derselben gelangt,
welche in dem Humor als freie Allgemeinheit des idealen Selbstbewußtseins über dem Spiele der witzigen und komischen Wechsel-
vernichtung des Endlichen schwebt. Durch eben diese Dialektik
werden wir daher genöthigt, um den uranfänglichen Forderungen
des Begriffs der Schönheit zu genügen, eine Form derselben
aufzusuchen, durch welche eine Wiedereinkehr dieser zu gestaltloser
Allgemeinheit verflüchtigten ästhetischen Phantasie in bestimmte
bleibende Gestaltungen erreicht wird. Als diese wahre und allein
dieses Namens würdige Schönheit erscheint nun eine solche, die
nicht unmittelbar in der Phantasie vorhanden, sondern durch die
gemeinsame Thätigkeit dieser und der endlichen Geisteskräfte, nicht
aus dem Stegreif also durch den glücklichen Schwung der Phan=
tasie allein, sondern aus dem Ganzen der menschlichen Geistesbildung unter der Führung der Phantasie, erst hervorgebracht ist.
Diese Thätigkeit, obgleich sie der individuellen Geister als ihrer
Werkzeuge sich bedient, gehört demnach nicht den Individuen als

solchen oder der Unmittelbarkeit ihres persönlichen Daseins an; sondern sie wird vermittelt durch die weltgeschichtliche Thätigkeit des menschlichen Geschlechts und die darin enthaltene Selbstentäußerung und Bildung der Individuen. Die Schönheit selbst aber, die auf diese Weise hervorgerufen wird, heißt die ideale, und in jeder ihrer besonderen, durch den Begriff geforderten und in der Weltgeschichte realisirten Gestaltungen das (ein) Ideal.

Sehr nahe war die Aesthetik schon früher diesem Gedanken gekommen. Mit übermächtiger Gewalt hatte sich die Ansicht aufgedrängt, daß zu den wesentlichsten Unterschieden der Schönheit, insbesondere der Kunstschönheit, jener Gegensatz des Antiken und des Romantischen, des Naiven und Sentimentalen nach Schiller gehöre; ein Unterschied, der bei allem concreten und entfalteten Reichthum des tiefsten und umfassenden geistigen Inhalts doch im Grunde höchst einfach war und eben dadurch sich als Abdruck einer höhern übersinnlichen und speculativen Nothwendigkeit erwies. Dennoch gelangte bisher die Aesthetik nicht dahin, diese beiden Glieder in ihrer Selbständigkeit als Ideale, als Weltansichten aufzufassen, die in dem Schaffen und Treiben des Geistes und der Phantasie der Völker und Zeiten ihr eigenthümliches, von allen äußern Mitteln der Darstellung unabhängiges Dasein und Bestehen haben; man faßte sie durchgehends nur als Attribute der Kunst und des künstlerischen Schaffens. Aber nicht so, nicht wiefern sie sich in die äußerliche Formbildung der Kunst reflectiren, sind die Ideale zuerst zu betrachten, sondern nach dem, was sie an und für sich sind, in dem vorstellenden Geiste und der schöpferischen Phantasie der Völker. Nicht der Begriff der Kunst, sondern der Begriff des Ideals verweist unmittelbar auf die Geschichte, um durch sie seine Ausfüllung und selbständige Wirklichkeit zu erhalten; nur dadurch wird der sonst leere und gehaltlose Name des Ideals zu einem bedeutungsvollen, daß diese geschichtlichen Formbildungen durch die Wissenschaft auf ihn

übertragen und angewandt werden. Solchergestalt allein nämlich können die Ideale nachgewiesen werden als eine nicht blos
geforderte, sondern wirklich vorhandene Schönheit; vorhanden in
der Innerlichkeit des Geistes, ohne alle natürliche oder technische
Aeußerlichkeit, hervorgebracht aber nicht ohne Arbeit, sondern
durch die lebendige, anhaltende und begeisterte Wechselthätigkeit
ganzer Geschlechter und Nationen.

So weit die Darstellung Weißes. Den Faden der Dialektik, durch den er sich von der Schönheit der (bloßen) Phantasie durch die Häßlichkeit und das Komische zu dem Bedürfnisse
dieser Ideale leiten läßt, verfolge ich hier nicht; doch einige andere naheliegende Bedenken möchte ich zerstreuen. Man kann
zunächst zweifeln, ob Schönheit genannt werden darf, was nur
in der Innerlichkeit des Geistes vorhanden ist, und zwar in
den meisten Einzelnen überdies nur als unbewußt wirkender
Hintergrund vorhanden, der ihre Vorstellungen, ihre Gefühle
und Stimmungen bedingt; selbst dem Künstler, der von ihm getrieben, Werke schafft, schwebt das Ideal nicht mit seinem ganzen
Inhalt als Gegenstand seines Bewußtseins vor: erst die nachfolgende Zeit, die nicht mehr an das Ideal glaubt, und nicht
mehr von ihm beherrscht wird, gewinnt den vollständigen Ueberblick desselben aus der Betrachtung der Werke, die unter seinem
Einfluß geschaffen, und des Lebens, das unter seinem Einflusse
geführt worden ist. So scheint das Ideal mehr eine Bedingung
der Schönheit, als an sich selbst Schönheit. Doch dies beruhe
auf sich; wo so klar ist, was gemeint wird, haben Beanstand-
ungen der Namengebung wenig Bedeutung. Man kann ferner
einwenden, daß eine Weltansicht, welche durch die Arbeit ganzer
Geschlechter entstanden ist, nicht um dieses formalen Characters
willen schön sei, sondern nur eben dann, wenn sie den allgemeinen Bedingungen der Schönheit ebenso wie jeder andere
Gegenstand entspreche, dem wir dieses Lob zutheilen. Aber dieser
Einwurf wiederholt, so weit er triftig ist, nur was die geschil-

derte Ansicht selbst behauptet. Die Weltvorstellungen, welche sich
eine Nation oder ein Zeitalter entwirft, sind von unzähligen
Umständen der äußern Lage, von den Schicksalen und Hülfsmitteln, von den Kenntnissen und den Bildungselementen abhängig, welche der Menschheit eben zu Gebote stehen. Kein
Zweifel daher, daß unter ungünstigen Bedingungen das Ideal eines
Volks und einer Zeit ebenso häßlich und grauenhaft, als unter
günstigen schön ausfallen kann. Allein eben jene ungünstigen
Umstände sind zugleich Ursache, daß so abstoßende Weltvorstellungen auch anderweit dem nicht entsprechen, was hier der Name
des Ideals bezeichnen soll. Denn sie gehen eben alle aus einer
unvollständigen fragmentarischen Bildung hervor, die nicht, wie
wir hier voraussetzten, alle menschlich bedeutsamen Interessen des
Lebens und alle Verhältnisse der Welt beachtet, sich in Gedanken
zurecht gelegt und ihre Vorstellungen über sie zu einem zusammenhängenden Ganzen verbunden hat; sie gleichen im Gegentheil den
Erzeugnissen der blos individuellen Phantasie, die von ihrem
stets beschränkten Gesichtskreise aus sich ein Bild der Welt entwirft, das ihr vielleicht genügt und sie begeistert, ohne daß sie
ahnt, wie dasselbe Bild, ausgedehnt auf die Gegenden der Welt,
die ihr unbekannt geblieben sind, folgerecht sich zur Häßlichkeit
verkehren würde. Aus diesem Grunde sind nicht blos die Weltvorstellungen der wilden Völker, sondern auch die des vorklas-
sischen Orients des Namens der Ideale nicht würdig; denn wie
kraftvoll und tiefsinnig auch die Bildung des Morgenlandes in
manchen Beziehungen war: einseitig ist sie immer gewesen; weder
ihre Religion noch ihr Staatsleben oder ihre geselligen Ord-
nungen haben sich von der Vorherrschaft eines übermächtigen
Gedankenkreises befreien können, dem alle übrigen menschlichen
Interessen widerrechtlich dienstbar gemacht wurden.

Mißverständlich würde man jedoch annehmen, daß ein Ideal
die Lösung aller Räthsel, welche die Betrachtung der Welt und
des Lebens uns vorführt, in theoretischer Weise enthalten müsse,

mißverständlich hieraus schließen, daß es nur Ein Ideal, nämlich dasjenige geben könne, welches die absolut wahre Ansicht aller Dinge darbiete. Die Weltansicht, von der hier die Rede ist, ist nicht That der Wissenschaft, sondern der Phantasie; sie soll nicht den Zusammenhang der Wirklichkeit auffinden, wie er ist, sondern ihn so erfinden, daß die gegebene Welt zu einem folgerichtigen Scheine verklärt wird, innerhalb dessen das menschliche Gemüth ganz befriedigt oder halb entsagend zur Ruhe in sich selbst und zum Gleichgewicht mit den äußern Bedingungen seines Daseins gelangen kann. Nur ein Theil der Gedanken, welche das Ideal zusammensetzen, sucht daher die Welt zu erkennen; der größere Theil geht auf in eine Bestimmung der Werthe des Wirklichen, und diese wird nicht allein durch die eigne Natur des zu Schätzenden, sondern überwiegend durch den Entschluß und die Stimmung des Gemüths bedingt, welches entscheidet, wie und wie hoch es für sich die Dinge gelten lassen will. Deshalb, so wie es verschiedene musikalische Accorde gibt, deren jeder Wohlklang und doch jeder in eigenthümlicher Färbung ist, eben so kann es verschiedene Ideale geben, in denen sich die vielseitigen Bestrebungen der Phantasie zu einem befriedigenden Gesammtbilde der Welt verständigt haben.

Wer endlich Schönheit nur in formellen Verhältnissen bestehend denkt, wird einwenden, daß eine Weltansicht, welche unsere Ueberzeugungen über alle Räthsel des Lebens zu einem harmonischen Ganzen vereinigt, zwar durch den Reichthum des Mannigfachen, das sie verbindet, eine vorzüglich wichtige Schönheit sein möge, aber doch nur eine Schönheit neben andern bleibe, nicht in dem Sinne die höchste, daß von ihr die Schönheit der niedrigeren abhinge. In welcher Weise könne der Reiz einer musikalischen Melodie oder die Symmetrie einer räumlichen Gestaltung so von der allgemeinen Weltansicht bedingt werden, daß beide, um schön zu sein, der Anerkennung durch diese bedürften? Zum Theil erledigt sich dieser Einwurf durch die Bemerkung,

daß die idealistische Aesthetik den unabhängigen Reiz dieser einfacheren ästhetischen Formen völlig anerkennt, aber in ihnen noch
nicht Schönheit, sondern jene Wohlgefälligkeit findet, die natürlich an mancherlei Beziehungen zwischen den einfachen Elementen
der Welt haften muß, wenn überhaupt die Bestrebung möglich
sein soll, die Gesammtheit aller dieser Elemente zu einem
schönen Ganzen zu verknüpfen. Darin aber, daß sie den
Namen der Schönheit diesem Wohlgefälligen noch vorenthält,
befindet sich die idealistische Aesthetik besser als ihre Gegnerin in
Uebereinstimmung mit dem Gefühl der Sprache; einen einfachen
Accord schön zu nennen, ist Sprachgebrauch einer Schule, nicht
des allgemeinen ästhetischen Bewußtseins, das vielmehr diesen
Namen an die Erfüllung immer höher gesteigerter Bedingungen,
ohne diese freilich klar zu machen, zu knüpfen liebt. Die hier
geschilderte Lehre ist nun eben ein Versuch, die mangelnde Klarheit zu bewirken; nur wohlgefällig findet sie alle Eindrücke, welche
der gesunden Organisation unserer Sinne wohlthun und in
Uebereinstimmung mit den Ablaufsformen des psychischen Mechanismus sind, der in der unerfahrnen Seele derselbe ist, wie in
der gebildeten; Schönheit sieht sie nur da, wo der allseitig durch
die Erfahrung des Lebens gebildete Geist vermocht hat, durch
Verwendung dieser wohlgefälligen Elemente dem ganzen Character seiner erworbenen Weltansicht, obwohl nicht ihrem ganzen
Inhalt, einen deutlichen Ausdruck zu geben.

Einige Selbstprüfung würde außerdem, wie ich glaube, zeigen, daß jene einfachen formellen Verhältnisse, wo sie in der
That den Character der Schönheit anzunehmen scheinen, diese
Erhöhung ihres Reizes immer dem Reflex einer allgemeinen
Weltansicht verdanken, der auf sie gefallen ist. Dem blos geometrisch auffassenden Auge kann ein einfaches Ornament durch
die Verhältnisse seiner Linien gefallen; zur Schönheit wird es
doch nur dem Kundigen, der es als einen kleinen Ausdruck eines
characteristischen Kunststyls fassen kann, und so eine allgemeine

Auffassungsweise in jenen Linienverhältnissen gespiegelt sieht. Doch hiervon brechen wir ab; denn was wir weiter zu sagen hätten, wäre nur Wiederholung unserer schon oft vorgebrachten Behauptung, nicht in der Wahrnehmung der Formen liege die Schönheit, sondern in ihrer Deutung; und zwar die volle Schönheit nicht in jener Deutung, die in Wahrheit schon der natürliche Gedankenlauf zu jeder Wahrnehmung hinzufügt, (so daß Formen als solche überhaupt niemals den Gegenstand ästhetischer Beurtheilung bilden), sondern in der allein, welche dem gegebenen Eindruck, wie geringfügig und einfach er auch sein mag, seine Stelle in dem Ganzen eines die Welt zusammenfassenden Ideals anweist. Und ebenso wenig will ich weitläufig streiten, wenn es uns vorgeworfen wird, unsere Meinung lasse nur allenfalls dem geringer geschätzten Wohlgefälligen eine objective Geltung, gestehe dagegen der höchsten Schönheit, als einer Auffassungsweise des Geistes, nur subjective zu. Der Geist gehört uns eben mit zur Welt, und ist nicht nur Zuschauer des Schauspiels, das in ihr aufgeführt wird; vereinigen sich in ihm die verschiedenen Bilder, welche die Außenwelt in ihn wirft, zu einem symmetrischen Ganzen, so ist dies eine Thatsache, die ebenso ernstlich zu dem objectiven Bestande der Welt gehört, wie nur irgend ein Beispiel von symmetrischen Formen und Lagen äußerer Dinge zu ihm gehören kann.

Da die Darstellung Weißes den Vorzug systematischer Abgeschlossenheit allein hat, so erwähne ich nicht weiter die ihren Inhalt allerdings wesentlich vorbereitenden Gedanken seiner Vorgänger. Er selbst hat es gewagt, die verschiedenen Idealgestaltungen, die in ihrer Entstehung den Schein historischer Aeußerlichkeit und Zufälligkeit an sich tragen, durch den Faden einer dialektisch nothwendigen Abfolge zu verbinden, und den Gegensatz des antiken und romantischen Ideals, in deren Anerkennung ihm unter verschiedenen Benennungen vorangegangen war, durch die Hinzufügung eines positiven modernen Ideals zur

Freiheit abzuschließen. Die orientalischen Weltansichten fallen
als unvollkommene Vorstufen aus dieser Gliederung und somit
für Weiße auch aus der Schilderung aus; man wird eine überaus reichhaltige und feinsinnige Zergliederung derselben, im Wesentlichen zu gleicher Behauptung ihrer Unvollkommenheit führend,
bei Hegel finden.

Die erste, die antike Idealbildung ist nach Weiße die Erzeugung einer Welt von Phantasiegestalten, die in der natürlichen
aber geistig verklärten Form der Persönlichkeit den Völkern ein
Gegenbild ihres welthistorischen Lebens und Thuns bieten. So
vielerlei wesentlich verschiedene Gestalten des geistigen Lebens die
Phantasie als schöne zu denken und bis in alle Einzelheiten der
Form auszuarbeiten fähig sei, so viel Götterbilder erzeuge
sie, die nicht als äußerliche Symbole einem auch ohne sie ausdrückbaren Gedanken dienen, deren jedes vielmehr, unendlich
concret und organisch gebildet, den Reichthum der in ihm enthaltenen Bedeutung so in das Bild einer lebendigen characteristisch ausgeprägten Persönlichkeit zusammendrängt, daß mit der
Aufhebung dieser erscheinenden Gestalt zugleich auch ihr Gehalt
verloren gehen würde: dieselbe Einheit von Wesen und Erscheinung, die schon Solger unter dem Namen des Symbols als die
characteristische Eigenthümlichkeit der antiken Phantasieschöpfungen
bezeichnet hatte. Stellt uns nun so die Göttersage die Schönheit nicht als Attribut, sondern als Substanz von Wesenheiten
dar, deren Bedeutung ganz aufgeht in die Gewißheit einer ewigen
und alle natürliche Aeußerlichkeit schlechthin beherrschenden Persönlichkeit, so hat die geschichtliche Willkür und Zufälligkeit, welche
hier unter die Nothwendigkeit der mit ewigem Gehalt erfüllten
Schönheit gebunden ist, ihren freien Spielraum in der Heroen-
sage, welche darum die nothwendige Begleiterin der Göttersage
ist, weil das Geschichtliche als solches in seiner wesentlichen Beziehung zu dem Höhern und Absoluten im Andenken erhalten
werden muß, „damit das speculative und ästhetische Verständniß

des symbolisch-geschichtlichen Ausdrucks des letztern nicht unter-
gehe." Aeußerlich zu einer Gesammtheit verknüpft die Phantasie
diese idealen Gestalten durch die gleichfalls ideale Schöpfung eines
sinnlichen Universum, dessen architektonische Schönheit auf entsprechende Weise Symbol für die abstractere Totalität des ge-
setzmäßigen welthistorischen Lebens, für die einfachen und großen
Verhältnisse von Vergangenheit, Gegenwart und Zukunft ist, wie
die plastische und poetische Schönheit der individuellen Göttergestalten für die besonderen Formationen der selbstbewußten geschichtlichen Bildung.

Das antike Ideal ging durch das geschichtlich entwickelte
Bewußtsein der Erhabenheit zu Grunde, welche dem reinen Begriffe des absoluten Geistes über alle aus ihm hervorgegangenen
dem Reiche der Erscheinungen zugehörigen Schöpfungen zukommt;
der jetzt hervortretende Gegensatz der endlichen zur ewigen Welt
gestattete nicht mehr, wie die Naivität des Alterthums versucht
hatte, den Geist zu verkörpern, sondern führte zu der sentimentalen
Stimmung, die Körperwelt zu vergeisten, indem die empirische
Wirklichkeit als eine stoffartige Unendlichkeit vorausgesetzt wurde,
welche der gleichfalls vorausgesetzte absolute Geist in einem unendlichen Prozesse zu sich heraufzuziehen und sich zu assimiliren
beschäftigt ist. Dazu muß einerseits der Geist in die Gestalt
der Endlichkeit eingehn, der Gott zum Menschen werden, andererseits das Endliche, wiefern es unabhängig von der beseligenden
Macht des Geistes sich selbst zum Geiste zu erheben sucht, als
eine abgefallene, böse, dem Lichte gegenüberstehende Geisterwelt
erscheinen, deren Häßlichkeit nur durch die Gewißheit von dem
Siege des Lichtes von vornherein aufgehoben wird. Der Kampf
dieser beiden Reiche des Lichtes und der Finsterniß ist das große
Schauspiel, welches die Romantik durch alle Sphären der natürlichen und der geschichtlichen Wirklichkeit ebenso, wie auch durch
jene eines abstracten Jenseits, welches in diesem Kampfe erst
zur erscheinenden Existenz gebracht wird, hindurchführt. Als die

nicht in einem bestimmten Zeitpunkt sich vollbringende, sondern gleichfalls von voruherein gegenwärtige, aber stets wieder in die Arbeit des Kämpfens zurückfallende Versöhnung dieses Kampfes tritt die Idee der Liebe auf, mit deren Einführung die Romantik erst zum Bewußtsein ihrer eignen Schönheit und ihres wesentlichen Verhältnisses zu dem für sich seienden Göttlichen gelangt.

Diese beiden Darstellungen des antiken und des romantischen Ideals, die ich freilich hier abkürzen mußte, enthalten wohl nicht die ganze ästhetisch wirksame Eigenthümlichkeit der beiden Weltansichten, die wir mit diesen Namen bezeichnen möchten, sondern legen auf eins der allerdings wesentlichsten Erzeugnisse dieser Wirksamkeit, die Gestaltung eines mythologischen Weltbildes einen überwiegenden Werth. Beim Uebergang zu dem modernen Ideal entsteht daher für Weiße die Bedenklichkeit, wie ein Zeitalter, in welchem die mythologische Thätigkeit der Phantasie erloschen sei, überhaupt noch eines eigenthümlichen Ideals der Schönheit theilhaftig genannt werden könne. Es scheine nur die Wahl zu bleiben, daß entweder (wie Schelling angedeutet hatte) eine neue Mythologie, sei sie Fortsetzung der romantischen oder Original, entstehe, oder daß (wie Hegel gemeint) das Zeitalter der Schönheit überhaupt vorüber sei, und diese der reinen Wissenschaft und Wahrheit den Platz zu überlassen habe. Aber gegen beide Annahmen macht Weiße dennoch die Erfahrung der Gegenwart gelten, welche bei allem Mangel an mythenbildender Phantasie weder den Sinn und die Begeisterung für die Schönheit aller Art, noch die künstlerische Schöpferkraft verloren habe, vielmehr beide noch kräftiger und universeller als in irgend einem andern Zeitalter fortlebend zeige. Diese geschichtliche Thatsache könne nur so auf wissenschaftlich genügende Art erklärt werden, daß jener Begriff der mythischen Dichtung durch Aufzeigung eines andern entbehrlich gemacht werde, der nicht weniger wie jener ein Dasein und eine Wirklichkeit der Schönheit und Phantasie im Leben und den Formbildungen der Geschichte und der Bildung enthalte. Diesen Begriff gelte es jetzt zu finden.

Wer außerhalb des dialektischen Zusammenhanges dieser speculativen Aesthetik steht, wird schwerlich das Bedenkliche dieses Bedenkens besonders schwer empfinden. Eine Erinnerung an die Musik und Malerei, deren glänzendste uns bekannte Entwicklung weder dem antiken noch dem romantischen Ideal, sondern der modernen Zeit angehört, sowie ein Gedanke an die eigenthümlichen Leistungen der Dichtkunst, nachdem sie von der Herrschaft beider Ideale sich freigemacht, reichen zu der Ueberzeugung hin, daß die schönheiterzeugende Kraft der Weltansicht gar nicht von ihrer mythenbildenden abhängt, und daß es von Anfang an nicht richtig war, für jede ästhetisch wirksame Auffassungsweise die Probeleistung einer mythischen Gestaltenwelt zu verlangen. Ich wiederhole meine Behauptung, daß gar nicht Alles, was in antiker oder romantischer Denkweise den Keim ästhetischer Leistungen enthielt, wirklich in jenes mythische Weltbild sich zuerst ergossen hat, um erst unter Voraussetzung dieses Bildes in dem lebendigen Genuß der Schönheit oder in ihrer künstlerischen Hervorbringung wirksam zu werden. Ist daher die neue Zeit nicht geneigt und nicht fähig, neue Mythen zu bilden, so ist dadurch weder ihr Unvermögen zur Darstellung der Schönheit, noch ihre Verpflichtung bewiesen, etwa in beständiger Nachahmung der Ideale sich zu bewegen, die glücklichere Zeiten geschaffen hätten, und die doch ihr selbst eben nicht mehr gelten.

Der Begriff nun, in welchem Weiße die Lösung seiner Schwierigkeit findet, „ist kein anderer, als der seiner selbst bewußte Begriff der Schönheit selbst; d. h. das Wissen um, und die Einsicht in die Idee der Schönheit in ihrem vollen Umfange." Diese Einsicht ist nicht blos eine zu dem Ideal und seiner Entwicklung unserseits hinzukommende Kenntnißnahme, sondern selbst das letzte Glied dieser Idealbildung; um möglich zu sein, bedurfte sie der geschichtlichen Einleitung durch das antike und das romantische Ideal, und diese beiden bedurften ihrer zum Abschluß. Denn beide hatten die Schönheit nur in Verschmelzung mit dem nicht ästhetischen, sondern religiösen Bewußtsein der Gottheit gekannt; nach dieser Seite hin unterscheidet sich von ihnen das moderne Ideal durch seine Reinheit. Das ästhetische Bewußtsein löst sich entweder gänzlich von dem religiösen, — und so geschieht es in vielen Systemen und Denkweisen der neuern Zeit, die theoretisch als atheistische auftreten, in der That aber von dem Geiste der höhern Welt beseelt sind, — oder die Schönheit wird zwar für die in dem Selbst der Gottheit enthaltene, aber doch zugleich selbständig aus ihm heraustretende und in eigenthümlicher Gesetzmäßigkeit sich bewegende Welt der Erscheinung und Aeußerlichkeit des göttlichen Geistes erkannt. Mit dieser Reinheit des ästhetischen Begriffs hängt wesentlich der zweite characteristische Zug des modernen Ideals zusammen: seine Universalität, d. h. die Thatsache, daß alles Schöne, welches wirklich schön ist, und alle natürlichen und geschichtlichen Formen, innerhalb deren Schönheit bestehen kann, als solche erkannt und anerkannt werden. Beide früheren Ideale hatten die Anerkennung des Schönen an etwas Fremdes, namentlich an unmittelbar religiöse Stimmungen oder Ansichten geknüpft; von beiden wurde deßhalb eine Schönheit, die in irgend einer Form rein für sich hervortrat, entweder mißkannt, oder verabscheut und verworfen als ungehörige Anmaßung des bloß Endlichen und Sinnlichen, sich unabhängig von dem in Wahrheit Göttlichen zur Selbständigkeit zu erheben. Wegen dieser Unfreiheit des Schönen befolgte die Bildung desselben gewisse einseitige Richtungen und was nicht innerhalb dieser lag, blieb nicht nur von der objectiven Verwirklichung, sondern auch von der bloßen Anerkennung der Möglichkeit, als Schönes verwirklicht zu werden, ausgeschlossen. Das moderne Ideal dagegen ist ein Gottesdienst der reinen Schönheit, der durchaus Nichts, als was wirklich in der Schönheit vorhanden ist, aber dieses auch allseitig und vollständig, also die Totalität aller schönen Formen rein als schöner und ohne beigemischte Nebenrücksicht verehrt und sich in die Mitte stellt zwischen den Dienst der reinen Wahrheit und den Dienst der persönlichen Gottheit.

Unter den Schönheiten, welche diese Universalität des modernen Ideals anerkennt, befinden sich vor allem die Gebilde der beiden früheren Ideale selbst. Zwar gibt es ganze Gattungen schöner Gegenstände, über welche diese beiden ihre Herrschaft nicht maßgebend ausgedehnt hatten; aber jenseit dieser so zu sagen indifferenten Schönheit thut besonders in denjenigen Kunstformen, welche das geschichtliche Leben in sich hineinscheinen lassen, jener alte Gegensatz sich hervor, und die Schönheit scheint gleichsam um zwei Brennpunkte sich zu bewegen, deren einer, der antike, die absolute Gegenwart der Idee in Raum und Zeit, der andere romantische ihr absolutes Jenseits bezeichnet. Indem nun das moderne Ideal alle dem individuellen wie dem geschichtlichen Geiste angehörenden Gestaltungen der Schönheit umfaßt, erkennt es doch die Schönheit selbst als ein von aller subjectiven Phantasie Verschiedenes an. Als die einzige dem Ideale genügende wahre Gestalt dieser Schönheit kann daher nur eine solche gelten, „in welcher die unendliche Innerlichkeit und die unmittelbare subjective Einheit des absoluten Ideals in eine äußerlich unbegrenzte Vielheit objectiver Formbildungen dergestalt sich heraussetzt, daß einer jeden dieser Schöpfungen außer ihrer besonderen individuellen Eigenthümlichkeit das reine Bewußtsein des Ideals vollständig eingebildet ist. Diese Gestaltung nun der Schönheit, das Reich der Erscheinung, innerhalb dessen das Ideal sich als absolutes Wesen in sich selbst und nach außen in den endlichen Geist reflectirt, ist die Kunst." Das moderne Ideal, weil es die Kunst nicht nur vorfindet oder aus Naturdrang übt, sondern sie als eine in sich beschlossene und dialektisch gegliederte Sphäre der Existenz und substantiellen Wirklichkeit der Schönheit fordert, ist deshalb vorzugweis Kunstideal; oder: es selbst als Ideal in seiner Realität und Verwirklichung ist die Kunst, die demzufolge als der daseiende lebendige und absolute oder göttliche Geist der Schönheit anerkannt und verehrt wird.

Man wird sich ohne Mühe der Thatsachen erinnern, welche dieser Contrastirung der verschiedenen Ideale zur Seite stehen: der entschiedenen Hinneigung des Alterthums zu der erhabenen Schönheit und seiner erst in der Zeit seines Verfalls weichenden Ungunst gegen alle genreartige Darstellung der Endlichkeit; dann der unmittelbaren Anknüpfung aller Kunst an den religiösen Cultus und die uns etwas doctrinär erscheinende Neigung, freie Schönheiten der Form, die ein feinsinniges Gefühl gefunden hatte, nachher doch durch religiöse Beziehungen zu rechtfertigen; ferner des Fortdauerns dieser symbolisirenden Neigung im Mittelalter, seines Abscheus gegen alle ungöttliche verführerische Schönheit der bloßen endlichen Erscheinung, und der geringen Achtung, welche die berufsmäßige Uebung der Kunst als solcher fand. Im Gegensatz hierzu gedenkt man der zunehmenden Vertiefung der modernen Zeit in alle realistischen Einzelheiten der Wirklichkeit und ihrer Abwendung von der Darstellung der Ideale; der Ueberhandnahme der rein ästhetischen Kritik und der Forderung, Schönheit in reinen Formverhältnissen zu suchen und der damit verbundenen Universalität des Geschmackes für die ästhetischen Leistungen jeder Zeit und jedes Volkes; endlich der übertriebenen Ansprüche, welche jede künstlerische Berufsthätigkeit auf Anerkennung ihrer welthistorischen Bedeutung gegenwärtig zu erheben pflegt.

Aber in Bezug auf den Unterschied, welcher Weißes Meinung von der Schellings und Hegels trennt, könnte man fragen, ob nicht dieser Besitz des „selbstbewußten Begriffs der Schönheit selbst", den Weiße der modernen Zeit zuspricht, im Grunde nur ein anderer Ausdruck für Hegels Ansicht sei, nach welcher der Gegenwart keine eigene Erzeugung ihr eigenthümlicher neuer Schönheit, sondern nur die denkende Betrachtung aller früher erzeugten und ihre Verwandlung in Begriff übrig bleibe. Dies ist Weißes Meinung nicht; aber sie kann es nur dann nicht sein, wenn in ihr eine Behauptung über die Natur der Schönheit liegt, welche nicht nur die Behauptungen der früheren Ideale auf ihren Gedankenausdruck bringt, sondern selbst als inhaltlich neue Auffassung der Schönheit zu ihnen hinzutritt. Ich weiß nicht, ob ich durchgängig Weißes Beistimmung gehabt haben würde, wenn ich hierüber Folgendes, an früher gethane Aeußerungen anschließend, bemerke.

Der eigenthümlichste Zug der modernen Geistesbildung liegt in dem doppelten Bewußtsein, daß einerseits die Mannigfaltigkeit der geschehenen Naturereignisse einem gemeinsamen höchsten Gesichtskreis des mechanisch Möglichen unterliegt, nicht aber jede einzelne Erscheinungsgruppe aus einem ihr allein beschiedenen unvergleichbaren Triebe entspringt, und daß anderseits Alles, was durch die Thätigkeit des Geistes geschehen soll, nach allgemeinen Grundsätzen eines gemeinsamen und unveränderlichen Rechts, und nicht allein nach Zweckmäßigkeitsrücksichten des Augenblicks geordnet werden muß. Auch wir können noch an wirkende, aber wir können nicht mehr an hexende Ideen glauben. Wir sind überzeugt, daß vernünftige und bedeutungsvolle Zwecke sich in der Natur verwirklichen, aber nicht, weil sie mit einem allmächtigen Triebe, der nur durch ihre Absicht geleitet würde, jeden vorhandenen Thatbestand nach ihrem Belieben ändern könnten, sondern nur weil der ganze Haushalt der Natur von Anfang an so geordnet ist, daß sein stetiges Wirken nach allgemeinen Gesetzen zu bestimmter Zeit und Stunde auch die zwingenden Erfüllungsbedingungen jener besondern Zwecke herbeiführt. Wir sind ebenso überzeugt, daß das freie Handeln des Geistes in die Welt Zustände einführen soll, die ohne dies Handeln nicht sein würden, aber heilsame und dauernde Folgen erwarten wir auch von den Thaten des Genius nur da, wo sie so mit der augenblicklichen Lage der Gesellschaft zusammentreffen, daß sie nur vollziehen, was der Haushalt des geistigen Lebens in diesem bestimmten Augenblicke bedurfte, um nach seinen allgemeinen Gesetzen jene Folgen nothwendig zu erzeugen. Unsere Zeit ist in aller Beziehung die Zeit des Mechanismus. Gleichviel ob sie ihn als die letzte aller Welt zu Grunde liegende Wahrheit und Nothwendigkeit anbetet, oder ob sie ihn selbst nur als abhängige Vorbedingung und als Diener eines höheren Gutes ansieht: darin ist sie einstimmig, daß alle besonderen Gestaltungen und Ereignisse nur Beispiele dessen sind, was nach allgemeinen Gesetzen aus den ewig vorhandenen Wirkungsmitteln der Welt durch verschiedenartige Verknüpfung und Benutzung derselben entstehen kann. Diese Erkenntniß, den scharfen, auf diese Wahrheit unablässig gerichteten Blick besaß weder das Alterthum noch das Mittelalter. Dem letztern war die ganze Wirklichkeit in eine Geschichte aufgegangen, die von der Schöpfung bis zum Weltgericht einen zusammenhängenden Plan verfolgt; Alles, was an allgemeiner Gesetzlichkeit sich seinem Blicke darbot, galt doch nicht für eine ursprüngliche Nothwendigkeit in der Natur der Sachen, die jeder Möglichkeit irgend einer Geschichte zu Grunde läge, sondern für eine zeitweilige und stets aufhebliche Stiftung, die der Sinn dieser souverain sich auswirkenden Geschichte zu seinem eignen Bedarf gemacht. Die Weltansicht des Alterthums hat nicht diesen Character des Geschichtlichen im Sinne einer fortschreitenden Entwicklung, aber sie hat ihn allerdings in dem Sinne gleichfalls, daß ein rhythmischer Kreislauf des Geschehens der ursprüngliche Thatbestand der Welt ist, aus dem, weil er so verläuft und nicht anders, auch für die einzelnen Theile der Welt Gesetzlichkeiten ihres Verhaltens folgen, nicht als Nothwendigkeit an sich, sondern als allgemeine Gewohnheiten der Dinge. Denn auch das Schicksal verknüpft im Alterthum nicht das, was der allgemeinen Natur der Sachen nach zusammengehört, sondern das, dessen Zusammengehörigkeit kein Verstand als selbstverständlich

begreift; in dem dunklen Sinne der Geschichte vielmehr, die ge=
schieht, liegt der Grund dieser Fügungen.

Und wie hängen nun, wird man fragen, diese allgemeinen
Betrachtungen mit dem zusammen, was uns hier beschäftigt?
Aber die äfthetifche Weltauffassung kann niemals ohne Zusammen=
hang mit diesen allgemeineren Beurtheilungsweisen aller Dinge
sein, und diese Verknüpfung ist hier eng genug. Auch die
Schönheit galt jenen beiden früheren Idealen nur, sofern sie
den Plan dessen, was in dem Weltall geschieht, oder einen
seiner wesentlichen Grundzüge, in sinnlicher Erscheinung auf=
leuchten ließ; der göttliche sittliche Inhalt der Welt oder jene
allgemeinsten Urereignisse, auf welche ein dunkles Gefühl den
Werth einer mystischen Heiligkeit häufte, sie waren es, welche,
wenn sie sich entwickelten, die Formen ihrer Entwicklung zu
schönen machten; wo aber irgend eine Form des Erscheinens
ohne Rückdeutbarkeit auf diesen ewigen Weltinhalt dem unbe=
fangenen Sinne gefiel, wurde sie als verführerisches Blendwerk
mißachtet oder zurückgestoßen. Freilich hätte in diesem Gedanken
allein schon, wäre er durchgedacht worden, die Erkenntniß ge=
legen, welche die moderne Zeit nachholen mußte, die Erkenntniß,
wie die weltschaffende Phantasie nicht aus dem Stegreif jedes
der Gebilde, die sie zur Vollendung ihres Planes bedarf, einzeln
aus dem Nichts hervorruft; wie sie vielmehr, auf Ganzes von
Anbeginn sinnend, aller Mannigfaltigkeit ihres späteren Schaf=
fens zuerst die Einheit eines allgemeinen Gesetzkreises voranschickt,
an den sich jede ihrer veränderlichen Handlungen knüpfen wird;
wie darum nicht nur jede Einzelentwicklung, die sich vernünftig
in den Plan des Ganzen fügt, auf allgemeinen Bedingungen des
Möglichen beruht, wie vielmehr auch jede Schönheit, die aus
der Uebereinstimmung eines idealen Sinnes mit der Form seiner
Erscheinung entspringt, auf einer allgemeinen Verwandtschaft,
Vergleichbarkeit und Beziehbarkeit aller Formen und Inhalte be=
gründet ist, durch die es überhaupt erst geschehen kann, daß

Etwas, wie Einklang und Mißklang, in der Welt eriſtire; wie
endlich eben deshalb Schönheit nicht unmittelbar von dem höchſten Inhalt abhängt, zu deſſen Verwirklichung wir die Welt beſtimmt denken, ſondern wie ſie überall da vorkommt, wo dieſe
allgemeine Natur der Dinge, die wir eben andeuteten, auch nur
in zweckloſem Spiele, uns ein Beiſpiel jenes harmoniſchen Für-
einanderſeins aller Formen und Verhältniſſe gibt. Unſere Freude
am Schönen gilt nicht ausſchließlich den einzelnen Fällen, in
welchen der ernſthafte Sinn des Weltplans ſelbſt dieſe Formen
des Erſcheinens mit ſeiner Gegenwart ausfüllt, ſondern ſie gilt
der allgemeinen Vortrefflichkeit der Natur des Wirklichen, die
noch vor jeder Anſpannung zu einem beſtimmten Zwecke ſich
jedem künftigen Zwecke gewachſen zeigt.

Hierin liegt der Anſpruch auf Reinheit und Univerſalität,
den wir allerdings dem modernen äſthetiſchen Ideal zugeſtehen
müſſen. Auf Reinheit inſofern, als unſer modernes Gefühl die
Schönheit von den Ideen des ſittlichen und des religiöſen Gebietes völlig ſondert, ohne ſie doch von ihnen loszureißen. Denn
daran zweifeln wir nicht, daß jene allgemeine äſthetiſche Natur
des Wirklichen, welche die Möglichkeit des Schönen enthält,
ebenſo ſehr, wie die allgemeine Wahrheit, welche die Geſetze der
Möglichkeit alles Geſchehens einſchließt, doch nur vorangeſchickte
Vorbedingungen des höchſten Guten ſind, die dieſes ſelbſt, weil
es das iſt, was es iſt, aller künftigen Wirklichkeit zu Grunde
legt; und bis hierher theilen wir den Grundgedanken, den wir
oben dem Alterthum und dem Mittelalter zuſchrieben. Aber
wir unterſcheiden uns von beiden in der Oekonomie der Anwendung dieſes Gedankens: wir glauben nicht, daß der höchſte
Zweck der Welt in jedem Augenblick ſeiner Entwicklung die
Regel des Verhaltens, die er eben bedarf, zur geltenden Wahrheit, und die Form des Erſcheinens, in welcher er ſich vollkommen äußert, zur Schönheit macht; die Möglichkeit jenes Verhaltens und der Werth dieſer Schönheit beruhen uns weſentlich

auf ihrer Uebereinſtimmung mit der allgemeinen Wahrheit und
der allgemeinen Formenwelt, die nun, nachdem das Höchſte ſie
ſich zur Grundlage ſeines Schaffens gegeben, jeder einzelnen
ſeiner Schöpfungen ſelbſtändig gegenüberſtehen und jeder ein=
zelnen mit einer Macht gebieten, welche ſie im Auftrage des
Geſammtſinnes aller Schöpfung beſitzen. Wohl wird dieſe
Selbſtändigkeit, die wir der Schönheit ſichern müſſen, von einem
Theile unſerer Zeitgenoſſen bis zu völliger Zerreißung ihres von
uns geſchonten Bandes mit der Idee des Guten übertrieben.
Aber diejenigen, welche theoretiſirend die Schönheit in der ur=
ſprünglichen Wohlgefälligkeit bloßer Formen ſuchen, für welche
ſie auch dieſe allgemeine Abkunft aus dem höchſten Inhalt ver=
ſchmähen, widerlegen ihre theoretiſche Anſicht durch die lebendige
Begeiſterung, die ſie dem Schönen und der Kunſt widmen.
Denn dieſe Begeiſterung bezeugt, daß auch ſie in aller Schön=
heit mehr als ein blos thatſächlich gefallendes Verhältniß, daß
ſie in ihr auf irgend eine Weiſe den Abglanz der höchſten
Werthe fühlen, die allein dieſe Verehrung und dieſe Hingabe
des menſchlichen Gemüths rechtfertigen können. Nur um den
Preis dieſer allgemeinen Anknüpfung des Schönen an das Gute
iſt es möglich, die einzelne Schönheit von der Verpflichtung
einer Hinweiſung auf ein einzelnes Gute zu entlaſſen und jene
Univerſalität des Geſchmackes zu hegen, welche in jeder kleinſten
Erſcheinung einen vollgültigen Beweis der ewigen Harmonie
findet, auf der das Größte ruht, ebenſo wie unſere Erkenntniß
in dem zufälligen Falle des Steins, den der Tritt eines Wildes
gelöſt, dieſelbe Kraft wahrnimmt, welche die Geſtirne aneinander
kettet: In dieſem Sinne gehört, wie der Gedanke des allge=
meinen Mechanismus der modernen Wiſſenſchaft, ſo der eines
allgemeinen äſthetiſchen Formalismus dem modernen äſthe=
tiſchen Ideale als eine Eigenthümlichkeit an, welche nicht nur
den Beurtheilungsgrund gegebener, ſondern auch die Quelle neu
zu geſtaltender Schönheit in ſich faßt.

27*

Ob nun das antike, das romantische und das moderne Ideal in dem Sinne, den Weiße voraussetzt, eine geschlossene dialektische Dreiheit bilden, so daß alle Zukunft kein eigenthümliches viertes Glied ihnen würde hinzufügen können, kann zweifelhaft scheinen. Doch wird nicht eigentlich durch diese Annahme die Zukunft verkürzt; es wird ihr möglich sein, aus den Bildungszuständen, die sie entwickeln wird, auch neue characteristische Ausprägungen der Weltauffassung hervorzubringen, obgleich sie die Anzahl der Grundgedanken, die jenen drei Idealen entsprechen, ebensowenig um einen neuen vermehren wird, als sie glaublicherweise zu den längst ausgebildeten Kunstformen eine noch unerhörte hinzu entdecken wird. Einstweilen hat die Bestimmtheit, mit welcher Weiße die geschlossene dialektische Trias der Ideale aufstellte, nicht Nachfolge gefunden, während zugleich die zunehmende Aufmerksamkeit auf die geschichtliche Entwicklung der Künste immer ausgedehnter auf den Einfluß einging, den auf sie die gesammte geistige Entwicklung jedes einzelnen Zeitalters ausübte. Schon Winckelmanns Kunstgeschichte übersah diesen Gesichtspunkt nicht; wir finden ihn mehr oder minder ausgebeutet in den zahlreichen Werken über Geschichte der Kunst und Literatur, deren wir uns jetzt erfreuen; ganz ausdrücklich hat ihn die reichhaltige und sehr dankenswerthe Arbeit von M. Carriere gewählt: die Kunst im Zusammenhang der Culturentwicklung, (I. II. Lpz. 1863. 66.) ein Werk, dem eine allgemeine Theilnahme glücklichen Fortschritt und Vollendung gewähren möge.

Siebentes Kapitel.

Die künstlerischen Thätigkeiten.

Versuche zur Bestimmung des Begriffs vom Genie bei Kant und Fries. — Weißes Lehre vom Gemüth, von der Seele und dem Geiste, von dem Talent, dem Genius und dem Genie. — Schillers ästhetische Erziehung der Menschheit. — Schleiermachers Nationalität der Kunst. — H. Ritters Darstellung der Bedeutung des Kunstlebens.

Mit merklicher Geringschätzung ihres Gegenstands haben wir die deutsche Aesthetik beginnen sehen. Es war nicht wunderbar. Großes Mißgeschick hatte im Volk die Erinnerung an die frühere Blüthe seiner Kunst verlöscht, die noch fortgesetzten kraftlosen Bemühungen unschöpferischer Geister erwärmten es nicht. Die Dichter, die mit kalter Aufgeblasenheit sich als Begeisterte Apolls und der neun Musen priesen, mußten selbst fühlen, daß dieser ihr Umgang mit den Göttern des Parnaß eine Privatliebhaberei war, für die sich weder in der Weltgeschichte noch im geselligen Leben eine ernstliche Aufgabe entdecken ließ. So galt die Kunst Nichts, die Schönheit wurde einer unvollkommnen Erkenntnißweise der Sinnlichkeit zugeschrieben, das Genie konnte noch Abelung als merkliches Ueberwiegen der niedern Seelenkräfte bezeichnen. Seit dieser barbarischen Definition, wie J. Paul sie entrüstet nennt, haben die Ansichten sich bis zum Uebermaß des Entgegengesetzten verändert. Die Wiederbelebung des ästhetischen Sinnes hat über das Walten des künstlerischen Genius und über die Bedeutung der Kunst im Ganzen unsers Lebens eine unzählbare Menge geistreicher Ansichten und Aeußerungen veranlaßt. Ich kann, indem ich hier dieselben Fragen berühre, nur wenig Gebrauch von dieser Fülle machen; denn Alles muß ich übergehen, was über Phantasie und Kunst eben auch nur in der Weise der Phantasie und Kunst,

Dichtung durch neue Dichtung umschreibend, aber nicht in der
Form wissenschaftlicher Untersuchung, behauptet worden ist.

Auf Kants Ansichten über Kunst und Genius drückte jene
Geringschätzung noch sehr bemerkbar. Grade er hatte die Schönheit vom Guten und Angenehmen getrennt und sie nur in wohlgefälligen Formverhältnissen gesucht; aber er hatte wenig Achtung vor dem Spiel mit diesen Formen. „Wenn die schönen
Künste nicht nah oder fern mit moralischen Ideen in Verbindung gebracht werden, die allein ein selbständiges Wohlgefallen
mit sich führen, so dienen sie nur zur Zerstreuung, deren man
um so mehr bedürftig wird, als man sich ihrer bedient, um die
Unzufriedenheit des Gemüths mit selbst dadurch zu vertreiben,
daß man sich immer unnützlicher und mit sich selbst unzufrie-
dener macht.“ Seine weiteren Aeußerungen über die Kunst,
nur der Gedankenfülle der Poesie günstig, der Musik ganz ab-
hold, zeigen, daß er sich jene Verbindung der Kunst mit moralischen Ideen sehr eng und absichtlich dachte.

Dieselbe Stimmung herrscht in dem, was er über den
künstlerischen Genius sagt. Psychologisch erklärt er sein Wirken
nicht. Die Natur habe durch Stimmung der Vermögen des
Gemüths diese Fähigkeit hervorgebracht, die ihres eignen Verfahrens gänzlich unbewußt Werke bilde, welche für Andere exem-
plarische Vorbilder werden, deren Erzeugung aber nach keiner
Regel gelernt werden könne. Nur einmal geht Kant tiefer ein.
Man sage von gewissen Werken, sie seien ohne Geist, obgleich
der Geschmack an ihnen Nichts auszusetzen habe; was sei hier
Geist? Und er antwortet: Geist in ästhetischer Bedeutung ist
das belebende Princip im Gemüthe, welches die Kräfte der Seele
zweckmäßig in Schwung, nämlich in ein Spiel versetzt, das sich
selbst erhält und sich selbst die Kraft dazu stärkt. Dies Princip
aber sei das Vermögen zur Darstellung ästhetischer Ideen,
d. h. solcher Vorstellungen der Einbildungskraft, welche, zu einem
bestimmten Begriffe gesellt, die Aussicht in ein unabsehliches Feld

verwandter Vorstellungen eröffnen und uns einen Schwung geben, viel Unnennbares obwohl zur Sache Gehöriges hinzuzudenken, was sich in Begriffen nicht fassen, deutlich machen oder exponiren läßt. Aber Kant fügt den Grund dieser Unausdrückbarkeit nicht hinzu, und denkt keineswegs groß von der Gabe, so unnachrechenbare Vorstellungsverknüpfungen zu erfinden. Das Genie bringe in seiner gesetzlosen Freiheit Nichts als Unsinn hervor; erst der Geschmack der Urtheilskraft gebe der Gedankenfülle Klarheit und Ordnung; müsse an einem von beiden etwas abgebrochen werden, so möge es auf Seiten des Genies geschehen; zum Behuf der Schönheit sei Reichthum und Originalität der Ideen weniger nöthig als die Angemessenheit der Einbildungskraft zu der Ge= setzmäßigkeit des Verstandes.

Aber diese Theilung der Arbeit, so daß das Genie das Rohmaterial des geistreichen Inhalts, der Geschmack die richtige Form besorgt, unterscheidet künstlerisches Schaffen nicht von jeder andern geistigen Production. Die Fortschritte in den Wissen= schaften und der Technik entstehen ebenso: zuerst mannigfaches Hin und Her der Gedanken, lebhaftes Spiel der Einfälle, wel= ches an sich selbst zwar nicht lauter Unsinn, aber doch vielen Irrthum zu Wege bringt, dann die kritische Thätigkeit des Ver= standes, die das Taugliche ausscheidet. Es ist daher wenig er= klärt, so lange nicht der Unterschied der ästhetischen Ideen von andern unvergohrenen Einfällen, und der des sichtenden Ge= schmacks von andern Arten der kritischen Prüfung aufgehellt wird. Kant hätte wohl für beide Fragen die Antwort gehabt, die er hier nicht gibt: der Reiz der ästhetischen Ideen liegt nicht blos in der Unabsehlichkeit und unendlichen Theilbarkeit ihres Gedankeninhalts, sondern in dem Gefühlswerth jedes kleinsten dieser Theilchen, und in der dem Begriffe nicht blos überlegenen, sondern dem Denken überhaupt nicht zugänglichen Uebereinstimm= ung dieser Einzelwerthe zu einem Ganzen. Und eben in der feinen Empfindlichkeit hierfür beruht die Eigenthümlichkeit des

Geschmackes, von dem Kant sehr wohl wußte, daß die Ordnung und Klarheit, die er verlangt, eine ganz andere ist als jene, welche der Verstand, an den er hier ganz zur Unzeit erinnert, den Erzeugnissen des Denkens zu geben sucht.

Größere Achtung beweist diesen ästhetischen Ideen in Kantischem Sinne Fries, wie er denn die höhere Bedeutung des ästhetischen Theils unsers Geisteslebens in dem oft wiederholten Hauptsatze seiner Philosophie ausspricht: von Erscheinungen wissen wir, an ein ewiges Wesen der Dinge glauben wir, Ahnung läßt uns dieses in jenen anerkennen. Den ewigen Grundwahrheiten des Glaubens, nämlich den Gedanken der Gottheit, des ewigen Lebens und der Freiheit der Geisteskraft, lassen sich die anschaulich wirklichen Gegenstände nicht nach bestimmten Begriffen so unterordnen, daß sie als Ausflüsse und Ausdrücke dieses allein die Welt beherrschenden und ihr Werth gebenden idealen Inhalts klar würden. Nur durch unaussprechbare Mittelbegriffe kann diese Unterordnung des Wirklichen unter die Glaubensideen vollzogen werden; dieser Vorgang ist die Ahndung, die Form ihres Ausdrucks das ästhetische Urtheil, das nur unser Gefühl, nicht eine erweisbare Erkenntniß enthält. Von den leichtesten Spielen des Schönheitsgefühls mit gefälligen Umrissen, Rhythmen und Lebensbewegungen bis zu dem höchsten Ernst der epischen tragischen und lyrischen Ideale für die Dichtkunst, waltet in alle diesem das gleiche Princip der Ahndung ewiger Ideen. In die drei Klassen der epischen, tragischen und lyrischen aber zerfallen alle ästhetischen Ideen gemäß der Verschiedenheit der Stimmungen, welche diese Rückdeutung des Endlichen auf das Ewige erweckt. Epische zeigen uns in Stimmungen der Begeisterung die Uebereinstimmung des irdischen Schicksals mit der Idee des ewigen Lebens; dramatische in Stimmungen der Resignation die Verwerfung der endlichen Erscheinung gegen das Ewige; die Andacht der lyrischen erhebt uns über das Endliche und Irdische zu dem Ewigen und Himmlischen selbst. (Apelt Religionsphilosophie 1860. S. 151.) Man fühlt leicht das Anerkennenswerthe dieser Ansichten und ihre Bedeutung für die religiöse Seite unsers geistigen Lebens; für die Aesthetik als solche sind sie nicht fruchtbar geworden. Und Gleiches gilt von dem, was Fries über das Genie denkt, von dem wir sprechen wollten. Mit nicht zu großer Klarheit setzt er das Vermögen zur Erzeugung des Schönen zusammen aus dem Geschmack, als dem Vermögen der ästhetischen Beurtheilung, dem Geist als der Fähigkeit sich lebendig auszusprechen, und dem Genie als der Kraft der lebendigen Darstellung und dies letztere spaltet er in das Vermögen der anschaulichen Darstellung und das, welches dieser Darstellung die geforderte Form der Schönheit und Erhabenheit bringt. (Neue Kritik der Vernunft III. 280 ff.)

Und hier darf ich wohl einschalten, daß die Erklärung des künstlerischen Schaffens auch später von keiner Seite wesentlich gefördert worden ist. Die Phrenologie hat kaum einige Eigenheiten des körperlichen Baues mit speciellen Talenten in einige thatsächliche Verbindung bringen können, den Nutzwerth jener für diese aber ganz unerklärt gelassen. Die Psychologie, die verschiedne in einander greifende Seelenvermögen anerkennt, hat nur, wie oben Fries, die Leistungen des Genies, nachdem sie geschehen sind, sortiren und mit unbefriedigender Stumpfheit diejenige Combination der verschiednen Vermögen andeuten können, welche sie für tauglich zu jenen Leistungen halten würde. Und über diese Tautologien ist man nicht dadurch hinausgekommen, daß man mit Vermeidung einer Mehrheit ursprünglicher Vermögen alle Leistungen des geistigen Lebens aus der Wechselwirkung unzähliger Vorstellungen als der einzigen ursprünglichen Handlungen der Seele abzuleiten versuchte. Man kann auch hier allenfalls gewisse Bedingungsgleichungen aufstellen, denen der psychische Mechanismus genügt haben müßte, wenn er künstlerische Productionskraft erzeugen soll; aber man kann nicht sagen, durch welche Vorgänge jenen Bedingungen Genüge geleistet wird.

Dies Mißlingen einer wissenschaftlichen Erkenntniß der Natur und der Wirkungsbedingungen des Genius erlaubt uns nur, der Bemühungen um die andere Frage zu gedenken, welche Bedeutung und welchen Werth und Sinn diese geheimnißvolle Gabe und ihre Ausübung im Ganzen der Welt und des menschlichen Lebens habe.

In welchem Styl hierüber der Idealismus im Allgemeinen gedacht hat, bedarf keiner Erwähnung; ausdrücklich zu einer dialektischen Entwicklung hat erst Weiße die hierhergehörigen Begriffe verflochten. Die höchste Wirklichkeit der Schönheit sieht er in demjenigen Sein, für welches alles objective Schöne vorhanden sei: in dem Gemüth. Die Anthropologie, von der allein die im Geist wirkenden Kräfte einige Beachtung gefunden, faßt Gemüth, Talent und Genius nur als Steigerungen der natürlichen Kräfte des endlichen Menschengeistes; als die absolut geistige Substanz der Schönheit selbst habe man sie vielmehr zu fassen, als Herablassungen des unendlichen Geistes in die Gestalt menschlicher Persönlichkeit. Nicht als zweites Ich stehe dieses unendliche Selbst neben dem endlichen Ich, sondern nehme dies völlig in sich auf und beherrsche dessen Kräfte, an die es als Mittel seiner Thätigkeit gewiesen sei. (Solger.) Die Vielheit der geistigen Individualitäten aber, in die sich so das Unendliche zersplittert, bezeuge ihre innerliche Zusammengehörigkeit dadurch, daß sie in Gestalt eines Gegensatzes auftrete. Wie Mann und Weib nicht Theile des Menschen, sondern beide ganze Menschen, so seien die beiden Gemüthsgeschlechter, Geist und Seele beide dasselbe ganze Gemüth; dennoch einander entgegengesetzt. In der Seele herrsche die substantielle Einheit des Gemüths ebenso vor, wie wir unter den natürlichen Geschlechtern von dem weiblichen die Verwirklichung des Allgemeinbegriffs des Menschlichen, und Gleichgewicht zwischen den besondern Tendenzen erwarten, die das männliche einseitig verfolgt. Der Geist dagegen repräsentirt den Gegensatz; ihm fallen im Lauf der Geschichte die im engern

Sinn objectiv und intellectuell zu nennenden Thaten und Werke zu, bei deren Ausführung sich das Gemüth ganz in die besondere ihm jedesmal vorliegende Idee verliert. Das Umgekehrte ließe sich freilich auch wohl vertheidigen: seelenvoll ist das Gemüth, das sich ganz in seinen jedesmaligen Gegenstand verliert, Geist hat der, der keinem sich völlig hingibt, sondern jedem dadurch gerecht wird, daß er zugleich alle andern bedenkt.

Blos als Gemüthstiefe aber, die nur in sich aufnimmt, und ohne alle Richtung nach außen, würde das Unendliche nicht sich selbst entsprechend, im Endlichen verwirklicht sein; es muß die von ihm angenommenen Schranken der Persönlichkeit überschreiten, und seine absolut geistige Substanz als objective setzen. So nach außen gewandt, auf Werke bedacht, und als Princip für Beschaffenheit und Richtung wirkender Kräfte ist das Gemüth Talent. In dem Aussichherausgehn, welches den Begriff des Talents bestimme, liege freilich die Möglichkeit eines gemüthlosen Talents, nur zeige die Erfahrung, daß seine Ablösung vom Gemüth zugleich sein eigner Untergang, Verlust seiner absolut geistigen Substanz und Uebergang in blos formale Fertigkeit sei. Allein dies Zugeständniß, daß in der Wirklichkeit die Folge selbständig ohne ihren dialektischen Grund vorkomme, erlaubt auch die Annahme, daß ebenso der Grund ohne die Folge vorhanden sein könne, ein talentloses Gemüth also, welches Weiße leugnet. Im Uebrigen wird die Mannigfaltigkeit specifisch verschiedner Talente von Weiße hier zugegeben, auch dialektisch begründet, ihre psychologischen Bedingungen jedoch unerörtert gelassen.

Als sich rührende Anlage zum Wirken nach außen entzweit das Talent das Gemüth mit sich selbst; aber durch die Erzeugnisse seiner Thätigkeit verhilft es ihm zum ruhigen Wiederbesitz seiner selbst. Das wahrhafte Talent ist eben nicht jene bloße Anlage, die als geist- und gemüthlose Leichtigkeit formaler Production der Kindheit künstlerischer Geister eigen ist, sondern nur

die durch Uebung erworbene Fertigkeit und Sicherheit: der Geschmack und Takt.

In einer Vermählung von Talent und Gemüth findet endlich Weiße den Genius. Der Begriff des Gemüths allein, der
Abgrund einer Alles in ihr Inneres hineinziehenden Wesenheit,
würde die einzelnen gemüthvollen Individuen völlig vereinzeln;
das Talent aber kann zwischen ihnen und der Welt einen mehr
als zufälligen, einen organischen Zusammenhang nur dann herstellen, wenn es innerhalb seines Gebiets ein Höchstes leistet.
Ein solches Talent, das nun in gewisser Weise das Gemüth aus
sich als sein Erzeugniß wiedergebiert, ist der Genius. Durch
ihn ist ein welthistorischer Zusammenhang aller Thaten und
Werke des Talents gesetzt, die sonst, der Willkür der einzelnen
Talentbegabten überlassen, nur den Stempel der Zufälligkeit
tragen. Der Genius trägt den der Nothwendigkeit, das Siegel
seiner wahrhaft göttlichen und ewigen Bestimmung. Denn er
will und vollbringt nur dasjenige, was auf der jedesmal erreichten Stufe der geistigen Entwicklung der Menschheit sich, doch
nur nach seiner Erfüllung, nicht vor ihr, als das allein Mögliche und Geforderte zeigt; und er vollbringt es nicht auf Antrieb äußerer Kräfte, sondern weil sein eignes ideales Selbst
Eins ist mit der göttlichen Nothwendigkeit des Fortschritts.
Grundlos klage man, daß so viele hohe Genien zu früh untergehn oder ihre Bestimmung verfehlen; jedem sei vielmehr Umfang und Inhalt seiner Laufbahn prädestinirt und sie werde
stets vollständig von ihm durchmessen; in den Werken frühver-
storbener genialer Individuen finde sich ein ebenso ganz durch-
laufner Cyclus, wie in denen langlebiger. So gehn die Genien
als unmittelbarste Erscheinungen des absoluten Geistes durch die
Welt; sie erheben zur Klarheit die weltgeschichtlichen Ideen, die
durch talentvolle und talentlose Thätigkeit Anderer vorbereitet
sind; sie entdecken in der Wissenschaft die Einheitsprincipien ganzer

Erkenntnißsphären; sie schaffen in der Kunst den Begriff neuer Arten, innerhalb deren eine Vielheit von Talenten, vor ihnen unvollkommen strebend, nach ihnen mit erhöhter Virtuosität fortarbeitet. Diesen Genien stehen die bösen Geister gegenüber, für die der verstümmelte Name der Genies passe, und welche die im allgemeinen Begriffe des Genius liegende Freiheit mißbrauchend mit gleicher Schöpferkraft und Consequenz die Lüge und das Böse schaffen, wie jene das Schöne, Wahre und Gute.

Wenden wir uns jetzt von dem dunklen Wesen des künstlerischen Geistes zu der Bedeutung seines Wirkens, so glauben wir der hohen Stellung nicht noch einmal gedenken zu müssen, welche der Idealismus meinte der Kunst als einer der Entwicklungsstufen des absoluten Geistes geben zu müssen. Wir lassen vielmehr denjenigen noch einmal ausführlicher das Wort, welche der Kunst innerhalb der Entwicklung des menschlichen Geistes und seiner Strebungen ihre nicht minder bedeutende Stellung anwiesen.

Der große Rechtshandel der französischen Revolution gab Schiller die lebendige Veranlassung, über den Weg nachzudenken, auf welchem mit Sicherheit die hier angestrebte Verwandlung des geschichtlich entstandenen Nothstaates in einen mit Freiheit zu ordnenden Vernunftstaat gelingen könne. Mensch sei der Mensch nur dadurch, daß er sich mit dem nicht begnügt, was die Natur und der Naturlauf der geschichtlichen Wirkungen aus ihm macht, daß er vielmehr dies Werk der Noth in ein Werk der freien Wahl umwandelt. Aber der Vernunftstaat sei auf den sittlichen Menschen berechnet, der sein soll, nur der physische Mensch sei wirklich. Indem die Vernunft den Naturstaat aufhebe, um den Vernunftstaat, wie sie muß, an dessen Stelle zu setzen, wage sie den wirklichen Menschen an den nur möglichen sittlichen; solle ihr bei diesem Beginnen nicht aller Boden unter den Füßen schwinden, so dürfe die physische Gesellschaft in der Zeit keinen Augenblick aufhören, während die

moralische in der Idee sich bildet, und es müsse für die Gesellschaft eine Stütze gesucht werden, welche sie von dem aufzulösen-
den Naturstaat unabhängig macht und dem zu stiftenden Ver-
nunftstaate vorbildet. Mit vielleicht zu großem Luxus der Begründung durch abstracte Betrachtungen, welche sich dem Gedankenkreise Kants anschließen, finden Schillers Briefe über die
ästhetische Erziehung der Menschheit in der schönen Kunst
das vermittelnde Werkzeug dieses Uebergangs. Es reiche nicht
hin, daß die moralische Vernunft ihre sittlichen Gesetze nur aufstellt, sie müsse zugleich wirkende Kraft in uns werden, so daß
auf das sittliche Betragen wie auf einen natürlichen Erfolg gerechnet werden kann. Die Kunst stelle die Wahrheit in der
Schönheit heraus, lehre nicht blos den Gedanken ihr huldigen,
sondern auch den Sinn ihre Erscheinung liebend ergreifen, und
verwandle so das Nothwendige und Ewige aus einem Gegenstand unserer vernünftigen Anerkennung in einen Gegenstand
unserer lebendigen Triebe. Der Weg zur Freiheit geht durch
die Schönheit, und wird geebnet durch die ästhetische Cultur,
welche alles das, worüber weder Naturgesetze noch Sittengesetze
die menschliche Willkür binden, Gesetzen der Schönheit unterwirft, und in der Form, die sie dem äußern Leben gibt, schon
das innere eröffnet. So erscheint die Kunst hier als ein päda-
gogisches Mittel zur Erreichung der sittlichen Lebensordnung;
aber wie wenig sie für Schiller nur diese Bestimmung hat, habe
ich früher bereits berühren können. Das ästhetische Leben ist
ihm nicht blos Uebergang vom Sinnlichen zum Sittlichen; es
hat den selbständigen Werth, den er in die Worte faßt: Der
Mensch soll mit der Schönheit nur spielen und er soll nur
mit der Schönheit spielen; er spielt nur, wo er in voller Bedeutung des Wortes Mensch ist, und er ist nur dort ganz
Mensch, wo er spielt.

Schillers Ansichten hat J. G. Fichte sich angeeignet und
dem Ganzen seiner philosophischen Weltauffassung anzuschließen

gesucht; (S. W. IV. 353. VIII. 270) ich glaube auf seine eigne
Darstellung verweisen zu können. Bereits Schiller hatte das
voll und innig von ihm empfundene Glück und die Seligkeit
der ästhetischen Stimmung nicht überzeugend auf das formale
Ereigniß der Verschmelzung eines Formtriebes und eines Stoff-
triebes zurückgeführt, für deren keinen wir uns interessiren
können; Fichte unterscheidet von dem Erkenntnißtrieb, der die Dinge
lassen und fassen will, wie sie sind, und von dem praktischen,
sie unendlich umzuschaffen, den ästhetischen, den er zwischen beide
in die Mitte stellt, und der schon dann befriedigt sein soll, wenn
er die freie Form des Bildes ohne Abgebildetes erzeugt. Auch
dieser Weg führt vielleicht nach Rom, aber es hat kein Interesse,
Umwege zu verfolgen, für welche man nicht um ihrer selbst,
sondern nur um der Paradoxie ihres Ausgangspunktes willen
Sympathie haben kann.

Den Ort der Aesthetik in der Ethik aufzusuchen, hatte sich
Schleiermacher als Aufgabe gestellt; seiner Ansichten würde
daher hier besonders zu gedenken sein. Aber so viele hier nicht
wiederholbare schöne Einzelheiten seine Vorlesungen enthalten, so
muß ich doch auch in Bezug auf den allgemeinen Gesichtspunkt,
den sie gewählt haben, im Wesentlichen auf sie selbst verweisen.
Dem einen Tadel, den Zimmermann in seiner ausführlichen
Kritik (Geschichte der Aesthetik I. S. 609 ff.) gegen sie richtet,
nur beschreibend die künstlerische Thätigkeit zu zergliedern, ohne
in der Idee der Schönheit eine für sich gültige Gesetzgebung für
diese Thätigkeit anzuerkennen, habe ich früher beitreten müssen.
Lassen wir dies aber nun abgethan sein, so wird man die be-
beschränktere Gültigkeit der Ansicht zugeben können, welche
Schleiermacher in Bezug auf die Nationalität der Kunst ausspricht. Zu den freien Thätigkeiten gehörte ihm der Kunsttrieb,
die der eine so, der andere anders auszuüben berechtigt ist; da
gleichwohl dieser Trieb sich in äußern Werken auslebt, so ist es
natürlich, daß er auch Verständniß seines Thuns sucht, daß er

folglich nicht die individuellste Anschauung des Einzelnen, sondern die gemeinsame zum Ausdruck bringt, welche einem Complexe von Einzelnen, einem Volke, einer Nation verständlich und angewohnt ist. Ich gebe zu, daß hierin nur eine halbe Verbesserung des einmal gemachten Fehlers liegt und daß das Wahre dieser Behauptung sich bestimmter auf dem entgegengesetzten Wege finden ließ, zuerst die unbedingte Gesetzgebung der Schönheit überhaupt zu bedenken, dann aber von jeder künstlerischen Thätigkeit, welche Schönes zu schaffen sucht, zu verlangen, daß sie es auf characteristische Weise schaffe. Methodisch nicht gut begründet und gerechtfertigt, scheint mir diese Hochhaltung der Nationalität der Kunst dennoch keineswegs zu tadeln; sie hat ihr Recht nicht nur außerhalb der Aesthetik, wenn wir die Stellung künstlerischer Bestrebungen zu dem Ganzen unsers Lebens bedenken, sondern auch innerhalb der Wissenschaft vom Schönen hat sie ihre Stelle. Kann die Kunst einmal nicht die Schönheit an sich, sondern nur einzelne Erscheinungen derselben darstellen, so ist es ihr auch Pflicht, alle Unterschiede des Erscheinens festzuhalten, die dem an sich Unaussprechlichen verschiedene eigenthümliche Beleuchtungen geben können.

Aber Schleiermacher hat seine Gedanken nicht selbst in einer endgültigen Fassung veröffentlicht; es ist deshalb gerechter und für uns anziehender, die Darstellung anzuführen, welche von gleichartigen Gesichtspunkten aus H. Ritter gegeben hat. (Ueber die Principien der Aesthetik. Kleine philosoph. Schriften. Bd. 2. Kiel 1840.)

Nicht unsre ganze Kraft soll auf den Kampf des Lebens verwendet werden; wir haben auch ein Leben des Friedens und der Muße zu suchen, welches nach der Anspannung unsers Geistes uns Erholung gewährt. Auch diese Erholung freilich wird nicht in Unthätigkeit und Ruhe, aber doch nur in einer solchen Thätigkeit zu suchen sein, die unsern Neigungen entspricht. Nicht nur durch jene Erfrischung, die allerdings schon in der Abwech-

selung der Arbeit liegt, soll uns die Muße zu neuer Anstrengung stärken, sondern sie soll uns jene Allseitigkeit der Ausbildung unsers ganzen Wesens möglich machen, welche das kämpfende
Leben mit seiner unvermeidlichen Theilung der Arbeiten versagt.
Auch die Beschäftigung mit den Wissenschaften bietet daher den
wahren Inhalt dieser Muße nicht; denn die einzelnen verstricken
uns sogleich wieder in die Mühseligkeiten und Einseitigkeiten,
welche die ausschließliche Richtung der Untersuchung auf ein bestimmtes Gebiet mit sich führt; die allgemeine Wissenschaft aber,
die Philosophie, verliert weder den Character einer strengen
Arbeit, noch steht sie in Wirklichkeit so, wie ihr Ideal es verlangen mag, als allumfassende über den beschränkten Gesichts-
kreisen jener. In aller Wissenschaft überhaupt leben wir dem
Allgemeinen; ein gemeinsames Gut der Erkenntniß, den Gewinn
von Jahrtausenden, haben wir, jeder im Kreise seines Berufs,
der Gegenwart zu erhalten und der Zukunft vermehrt zu überliefern; wer so die Wissenschaft betreibt, mag Freude an ihr
finden, wie jeder gemeinnützige Arbeiter an seinem Werke; aber
er wird dennoch gestehn müssen, daß sie ihm Arbeit bleibe, und
daß, wenn er seiner Muße nachgehn wolle, seine Thätigkeit einer
andern Art der Beschäftigung sich zuwenden müsse.

Das würdige Ziel für diese Thätigkeit der Muße finden
wir nur in der Ausbildung jener eigenthümlichsten Anlage, die
den Einzelnen als Persönlichkeit vom andern unterscheidet. Während die Wissenschaft mit ausgesprochener Scheu vor aller Einmischung des Individuellen nur den allgemeinen Geist zu ihrem
Dienste beruft, soll die Thätigkeit der Muße die Entwicklung
und Ausrundung jener persönlichen Welt- und Lebensansicht
übernehmen, zu deren Entstehung die eigenthümlichsten Regungen
unsrer Seele, unsre ganze Gesinnung, die besondern Richtungen
unsrer Phantasie, unsrer Liebe und Abneigung beitragen, und
die belebt wird durch den Wiederklang von tausenderlei gelungnen
und mißlungnen Bestrebungen und von ebenso vielen Erfahr-

ungen, die wir auf den verschlungnen Bahnen unsers persönlichen Lebens haben machen müssen. Und während sowohl die
gemeine als die sittliche Arbeit im Kampfe des Lebens unser
Verhalten an allgemeingültige Vorschriften fesselt, soll das Leben
der Muße den eigenthümlichen Neigungen unserer Natur Gelegenheit zur Bethätigung und allen individuellsten Anlagen unserer Natur Spielraum zur Entfaltung geben. Weder jener
Weltansicht noch dieser unserer Art zu sein können wir daher
allgemeine Gültigkeit zuschreiben, aber es würde eben irrig sein,
nur die dem Allgemeinen geleistete Arbeit gelten lassen zu wollen;
auch die harmonische Ausbildung des individuellen Geistes gehört zu den würdigen Zielen und sittlichen Pflichten des Menschen. Und nicht besonders braucht hinzugefügt zu werden, daß
weder. in der Ansicht vom Leben noch in der Art des Benehmens
diese individuelle Ausbildung sich von dem Allgemeingültigen
und von dem Allgemeinverpflichtenden fremd und willkürlich
entfernen darf; sie ist nach beiden Richtungen hin nur die eigenthümliche Färbung, die zu der feststehenden Zeichnung des Allgemeingültigen hinzukommt, ohne dieselbe zu überschreiten. So
ist das Leben der Muße, das ästhetische Leben eine eigenthümliche und große Bereicherung der Lebensgüter.

So lange nun in unserem Inneren Unruhe, Ungewißheit
und Streit zwiespältiger Meinungen ist, mag dies persönliche Gemüthsleben die Einsamkeit suchen; sobald aber in dem Menschen
das rechte mit sich einige Bewußtsein seines Wesens zum Durch-
bruch gekommen ist, fühlt er sich von Natur gedrungen, sich ge-
sellig mitzutheilen, und diesem Drange zu folgen erkennen wir
zugleich für eine sittliche Verpflichtung. Denn Selbstsucht wäre
es, mit seinem Eigenthümlichsten heimlich zu thun und es Anderen nicht in demselben Maße mitzutheilen, in welchem es aufgenommen werden kann. Aber die Erfüllung dieser Pflicht wird
nicht zur Arbeit für uns; was sie verlangt, ist zugleich der natürliche Hang der Menschheit: in keiner Zeit ist die Muße Sache

des einsamen Lebens geblieben, sie hat sich auch nicht im Schoße
der Familie zurückgehalten, sondern ganze Völker haben sie ge=
feiert in Festen bald ernsterer Art, bald lauterer und scherzhafter
Fröhlichkeit gewidmeten, jene erstere Art der Begehung fast ohne
Ausnahme der Gottes= oder Götterverehrung zugewandt, diese
andere immer zur schönen Kunst hinneigend. Denn zur Ge=
selligkeit drängt das religiöse wie das künstlerische Element un=
sers innern Lebens; das religiöse Bewußtsein heißt uns unser
Heil nicht für uns allein, sondern in Verbindung mit dem Heil
der ganzen Welt suchen, und für unsere Ueberzeugungen von
dem übersinnlichen, nie erscheinenden Grunde aller Wirklichkeit
Bestätigung aus der Uebereinstimmung mit andern gewinnen;
der künstlerische Trieb will weniger diesen Widerhall als seine
eigne Mittheilung an Andere. Denn nicht allein in jenen
Kunstwerken, die von andern Entwicklungen des Lebens und von
der Persönlichkeit ihres Urhebers wie selbstständige Wesen sich ab=
sondern, haben wir dies künstlerische Element zu suchen, sondern
in jeder Aeußerung, an welcher die Phantasie in einer ihrer
mannigfaltigen Gestaltungen Theil hat. Der flüchtige Blitz des
Witzes, die Anmuth der einfachen Erzählung oder Schilderung,
die Würde im Ausdruck der Gesinnung, über alle diese Gestalten
der Rede, wie sie im geselligen Gespräch heraustreten, über Ge=
sänge und Tänze und alle Formen des Benehmens breitet sich
der Reiz eines Strebens nach Schönheit aus; jeder will in ge=
selliger Lust dem andern sich dienstbar erweisen, und dies Ge=
fallen gewährt eben nur die Schönheit, welcher Art sie auch sei.

Uns selbst daher und den ganzen Verlauf des Lebens durch
übereinstimmende Ausbildung des eignen Wesens zu einem
schönen Ganzen auszugestalten, würde die ideale Aufgabe dieses
ästhetischen Triebes sein. Doch das Leben mit seinen von uns
unabhängigen Fügungen, und die eigne Natur, die nicht ganz
userm Willen unterthan ist, sind zu spröde Stoffe, um die
völlige Erfüllung dieser Aufgabe zuzulassen. Nur in beschränk=
28*

terer Weise können wir hoffen, der Eigenthümlichkeit unsers
Innern einen harmonischen Ausdruck zu verschaffen, indem wir
seinen Gehalt in einem von unserer Persönlichkeit ablösbaren
Stoffe zu dem selbständigen Dasein eines Kunstwerks verdichten.
Hat aber die schöne Gestaltung unsers eignen Wesens keine
Aussicht auf Vollendung, so hängt andrerseits auch die Vollend-
barkeit der Schönheit eines an fremdem Materiale darzustellenden Innern von der ungleich vertheilten Naturgabe zur Bearbeitung dieses letztern ab. Innerhalb des geselligen ästhetischen
Gesammtlebens scheiden sich Künstler und Kunstfreunde, zu Genuß Verständniß und Beurtheilung des Schönen beide, zu seiner
Hervorbringung nur die ersten befähigt, zur gesunden Entwicklung des ästhetischen Lebens diese nicht entbehrlicher als jene.
Denn irrig behauptet man, der Künstler wolle in der Darstellung nur sich selbst genügen; obwohl er ohne Zweifel den Inhalt
einer ihm eigenthümlichen Begeisterung mitzutheilen sucht, so
sucht er ihn doch eben mitzutheilen und muß umgeben von einem
Kreise gedacht werden, der sich seiner Werke freut. Er ist nicht
der machtvollkommne Herrscher, der ohne Rücksicht auf die ihm
Untergebenen Alles in seine Bahn mit sich fortreißt, nicht nur
ein Begeisterter Gottes; wir erblicken vielmehr in ihm einen
Menschen, ungefähr wie wir selbst sind, und wenn wir auch
neidlos zugeben, daß in ihm, und doch auch in ihm nur in einzelnen Augenblicken, ein gesteigertes Bewußtsein über sich selbst
sich bis zu darstellungskräftiger Begeisterung erhöht, dennoch
wird auch er ähnlichen Einflüssen wie wir unterworfen sein,
und wie er gibt, so nicht weniger empfangen. Man soll nicht
den Künstlern jenen Stolz einbilden, mit dem sie allein ein
wahrhaft freies Geschäft zu treiben glauben, in dem sie Niemand
zu berücksichtigen, sondern ihrem Genius allein zu folgen hätten;
man soll sie ihre Kunst vielmehr in stetiger Beziehung zu dem
ästhetischen Leben der Gesellschaft üben heißen, in welcher sie

arbeiten, und für welche sogar auf Bestellung zu arbeiten ihrer
Würde nicht schlechthin Eintrag thut.

Die Geschichte bestätigt, daß in glücklichen Zeiten der Kunst=
blüthe dies richtige Verhältniß der productiven Künstler zu dem
ästhetischen Leben ihres Volks, zu der Weltansicht und Sitte
ihrer Zeit immer beachtet worden ist; die größten Genien haben
aus diesem Bedürfniß der Wechselwirkung mit der Gesellschaft,
in der sie standen, die stete Wiederholung bekannter, der Sage
oder der religiösen und nationalen Geschichte angehörigen Stoffe,
in welche der allgemeine Geist sich mitfühlend eingelebt hatte,
dem eitlen Anspruch auf völlige Neuheit der Erfindung vorge=
zogen, und sie haben in der Behandlung dieser Stoffe nicht
minder den formalen Anforderungen genügt, welche der Geschmack
ihrer Zeit nothwendig fand. Sie waren sich bewußt über dieses
dem Ganzen der Gesellschaft gehörige Eigenthum noch immer
eine ihrem eignen Gemüth entspringende originale Beleuchtung
werfen zu können, welche ihre Werke zu Bereicherungen des
ästhetischen Gemeinbesitzes machte. Nur in unglücklichen Zeiten
verlorener Einheit des ästhetischen Lebens muß die Phantasie
neue Bahnen suchen, selten mit glücklichem Erfolg; meist führt
die Ablösung der künstlerischen Production von ihrem natürlichen
Boden in der nationalen Geselligkeit, und der Versuch, diese
durch eine höhere und feinere Geselligkeit ausschließlich zwischen
Künstlern und Kunstfreunden zu ersetzen, nur zum Kränkeln und
zum Verfall der Kunst selbst.

Diese letzten Worte meines verehrungswürdigen Freundes
erinnern mich an die Schwierigkeit der Aufgabe, die mir noch
bevorsteht. Ohne Zweifel hat die lebendige Kunst, die sich
noch fortentwickeln will, ihren natürlichen Boden in der natio=
nalen Geselligkeit und der Einheit der herrschenden Phantasie;
aber die ästhetische Theorie, die der Schönheit des Gelei=
steten nachdenkt, nachdem es da ist, findet sich in unseren Tagen
einer höchst mannigfachen Ueberlieferung gegenüber, die uns die

Werke der verschiedensten Zeitalter neben einander vorführt. Vieles von diesen ist unserer Sinnesart völlig fremd, und kann nur mittelbar Gegenstand unsers Genusses werden, wenn wir von der Eigenthümlichkeit unsers Lebens absehen; Vieles steht unsern gegenwärtigen Strebungen nahe genug und erfreut uns dennoch nicht durch die Vollendung, die wir jenen Erzeugnissen einer für uns abgethanen Zeit zugestehen müssen. Zwei entgegengesetzten Gefahren sind daher unsere Kunsttheorien ausgesetzt: sie können theils in leidenschaftlicher Theilnahme für das, was uns nahe angeht, die Schönheit dessen verkennen, was uns fremd geworden ist, theils in einseitiger Bewunderung einer Vollendung, an der uns nur ein mittelbarer Genuß möglich ist, die fruchtbaren Keime übersehen, aus denen das Gegenwärtige eine ganz anders gestaltete, aber nicht geringere Schönheit zu unmittelbarem lebendigen Genusse erzeugen könnte.

Drittes Buch.

Zur Geschichte der Kunsttheorien.

Erstes Kapitel.

Die Kunst und die Künste.

Abgrenzung des Gesammtgebietes der Kunst. — Allgemeine Aesthetik und
Theorie der Künste. — Naturnachahmung; Objectivirung; Idealisirung. —
Stylisirung und Manier. — Classification der Künste nach Schelling,
Solger, Hegel, Weiße, Vischer, Koosen, Zeising. — Beschränkter
Werth aller Classificirung. — Vorbemerkung zu den Kunsttheorien.

Fast nur in rhetorischem Schmuck und technischer Tadellosigkeit von Dichtwerken hatte der Anfang der deutschen Aesthetik
die Schönheit gesehen; rasch hatte dann Lessings und Winckelmanns Thätigkeit, der selbständige Aufschwung der deutschen
Dichtung und die fortdauernde Blüthe der Musik alle Gebiete
der Kunst ihrer Betrachtung zugeführt und die Empfindung für
die lebendige Bedeutung der Schönheit geweckt; als dann die
Speculation des Idealismus den künstlerischen Bestrebungen, die
früher als entbehrliche Zierde des Lebens gegolten, die Bedeutung einer wesentlichen Entwicklungsweise des menschlichen Geistes
und der Welt selbst gegeben hatte, begannen in der Uebersicht
des Gesammtgebietes der Aesthetik zwei entgegengesetzte Richtungen sich gelten zu machen. So verpflichtend erschien der einen
das Gebot, nach Schönheit zu streben, daß kein noch so unbedeutendes Gebiet des alltäglichen Lebens und Handelns von der
Verbindlichkeit frei wäre, sich ästhetisch auszugestalten; dieser Auffassung genügte die Zahl der Künste nicht, welche die Vorzeit
überliefert hatte; sie wies unermüdlich auf eine Menge zusammen-

gehöriger ästhetischer Triebe hin, deren Bedeutung im Leben
gern jeder anerkennt und die doch in der hergebrachten Abschließ-
ung jener Anzahl vergessen waren. Die andere Ansicht, von
dem Gedanken einer bestimmten Weltstellung der Kunst überhaupt beherrscht, mußte dem entgegengesetzt ein geschlossenes System der Künste zu finden suchen, dessen innere Gliederung und
Eintheilung dem Bauplan des Universum entsprach, als dessen
Wiederholung und Wiederaufrichtung im Geiste alle künstlerische
Thätigkeit anzusehen war.

Man kann dem Princip der ersten Ansicht beipflichten, ohne
allen ihren Ausführungen zuzustimmen. Eine Aesthetik, welche
alle Erscheinungen umfassen möchte, in denen sich der Trieb
nach Schönheit kundgibt, könnte die Form ihrer Darstellung nach
dem Muster der allgemeinen Mechanik entwerfen. Was möglich,
was unmöglich, welche Zusammenstellungen von Wirkungen ausführbar, welche andere vergeblich oder unvortheilhaft sind, dies
alles lehrt diese so, daß sie die entscheidenden Bedingungen des
Geschehens nur in ihren allgemeinen Formen erfaßt, und es der
Anwendung im Leben überläßt, aus der besonderen Gestalt, in
welcher in jedem Einzelfall diese Bedingungen gegeben sind, das
hier speciell Mögliche und Nothwendige aus jenen allgemeinen
Gesetzen abzuleiten; niemals aber verliert sich die Mechanik in
den nutzlosen Versuch, alle Wirkungen zu beschreiben, die in der
Welt in Folge ihrer allgemeinen Principien sich ereignen könnten.
Auch die Aesthetik würde genug thun, wenn sie allgemeine
Grundsätze aufstellte, welche den Werth aller elementaren Verhältnisse und die Art der Verknüpfung bestimmten, durch welche
diese zu wohlgefälligen Zusammensetzungen benutzt werden können;
eine vollständige Aufzählung der zahllosen Anwendungen, welche
diese Principien in jedem kleinsten Bereich des Lebens zulassen,
braucht sie nicht zu versuchen; sie kann dieses Geschäft den andern Betrachtungen überlassen, welche aus besondern Gründen
ihre Aufmerksamkeit auf einen dieser Einzelfälle sammeln und,

um ihn vollständig zu erschöpfen, auch die ihm mögliche ästhetische Gestaltung zu berücksichtigen haben. Versuchte aber die
Aesthetik diese Uebersicht dennoch, so würde sie grade zu diesem
Unternehmen um so mehr befähigt sein, je klarer ihr die allgemeinen Gesetze ihres Urtheils sind; denn um so leichter würde
sie die Hauptverschiedenheiten der möglichen Anwendungsfälle
treffen, durch deren Berücksichtigung die ganze Fülle der aus
den Principien zu erwartenden Folgen umfaßt würde.

Als Beispiel solcher Grundlegung und solcher Uebersicht
zugleich nenne ich Rob. Zimmermanns „allgemeine Aesthetik
als Formwissenschaft" (Wien 1865). Nachdem sie im ersten
Buch die allgemeinen Formen des Schönen erörtert, theilt sie in
den beiden andern das Gebiet der Anwendungen in Natur und
Geist, den schönen Geist selbst in vorstellenden, fühlenden, wollenden. Zu ausführlicher Gliederung folgen dann die einfachen
und zusammengesetzten idealen Kunstwerke des zusammenfassenden,
des empfindenden und des Gedanken-Vorstellens, die ästhetische
Gesellschaft als sociales schönes Vorstellen, die Humanitätsgesell-
schaft als sociales schönes Fühlen, die sittliche Gesellschaft als
entsprechendes Wollen, endlich die realen einfachen und zusammengesetzten Kunstwerke. Diese Systematik hat unstreitig Platz für
alle Gegenstände und Fragen der Aesthetik; aber ich habe sie
nur unvollständig wiedergegeben in dem sich aufdrängenden Gefühl, daß ihre etwas unübersichtliche Vielgliedrigkeit doch nicht die
wünschenswerthe Form ist, welche die Aesthetik beibehalten dürfte.
Man wird vielmehr sich nach der gewohnten Behandlung und
Eintheilung des ästhetischen Gebietes zurücksehnen; immer wird
man verlangen, im Vordergrunde den bekannten Namen der einzelnen Künste zu begegnen, deren jede wie ein lebendiger Organismus, eine vielgestaltige Menge ästhetischer Mittel zu einem
characteristischen Ganzen verknüpft. Jenem ästhetischen Gegenbild
der Mechanik muß ein anderes der Physik oder der Naturgeschichte
folgen. Wir wissen, daß der Umlauf der Planeten und die

Gewitter der Erdatmosphäre, die Leistungen eines Hebels und
die Kraftäußerungen lebendiger Geschöpfe zuletzt nur Anwendungen derselben allgemeinsten Gesetze alles Wirkens sind; aber
wir wollen doch diese ausdrucksvollen Erscheinungen nicht blos
als Beispiele jenes Allgemeinen angesehen wissen und die Bestandtheile, die in ihnen zum Ganzen verbunden sind, nicht wieder zerpflückt und stückweis den verschiedenen allgemeinen Gesichtspunkten untergeordnet sehen, unter die ja freilich jeder von ihnen
außerhalb jener Verbindung gehört. Es ist, um es kurz zu
sagen, der alte Streit zwischen Realismus und Idealismus, der
auch hier wieder ausbricht. Jener sieht alle einzelnen Gebilde
nur als Beispiele dessen an, was alles nach allgemeinen Gesetzen
unter verschiedenen Umständen möglich ist, und jedes dieser Beispiele ist ihm so berechtigt, wie jedes andere; der Idealismus
hebt hervor, daß von dem Vielen, das nach jenen Gesetzen entstehen könnte, doch nur Weniges die Lebenskraft hat, sich innerhalb der Wirklichkeit auf eine bedeutungsvolle Weise gelten zu
machen. Und diese Kraft verdankt es der Idee, die in einer gewissen Zusammenstellung der Elemente zum Ausdruck kommt,
und eben dadurch diese Zusammenstellung vor vielen andern,
mechanisch gleich möglichen, einer Idee aber nicht adäquaten bevorzugt. Diesen Vorzug haben die Künste, die sich in der Geschichte des menschlichen Geistes längst als große geistige Mächte
erwiesen haben, vor jenen Anwendungsgebieten ästhetischer Principien voraus, welche man durch systematische Eintheilung oder
durch mikroskopische Aufmerksamkeit auf alle Kleinigkeiten des
Lebens entdecken kann, die aber im Leben selbst niemals als
ebenbürtig mit jenen empfunden werden.

Hierauf wird die Aesthetik achten müssen, und ich halte es
für gleich unzweckmäßig, diese großen Gestalten der bekannten
Künste unter abstracte Gesichtspunkte der allgemeinen Aesthetik
unterzustecken, oder ihnen mit dem Anspruch auf gleichen systematischen Rang, wenn auch auf geringere Wichtigkeit, eine Un-

zahl kleinerer Gestirne beizuordnen, jene von ästhetischen Principien allerdings durchdrungenen Uebungen nämlich, die ihrer
Natur nach viel zu beschränkt sind, um die Totalität des geistigen
Lebens in irgend einer annähernden Weise auszudrücken. So
wie kleine Gemeinden und große Staaten von demselben Princip
der Sittlichkeit und des Rechts durchdrungen sein sollen, gleichwohl aber jene wegen der Beschränktheit ihrer Aufgaben und
ihrer Mittel niemals diesen zugerechnet werden können, so werden Gymnastik und Tanz, schöne Gartenkunst und Feuerwerkerei,
Toilettenkunst und Mimik zwar immer Territorien nach amerika-
nischem Ausdruck sein, in welchen ästhetische Gesetze gelten, aber
niemals werden sie Anspruch darauf erwerben, unter die Reihe
der stimmfähigen Staaten aufgenommen zu werden.

Für manche vielverhandelte Streitpunkte würde diese Auffassung kein Interesse haben. Ob diese oder jene Fertigkeit mit
ihren Erzeugnissen der Kunst zuzurechnen sei oder nicht, würde
ihr nur wichtig scheinen, so weit die Gesetzgebung an diese Unterordnung Vortheile und Nachtheile knüpft, und so weit es darauf
ankommt, die juristische Fixirung des Begriffs der Kunst so sehr
als möglich in Uebereinstimmung mit der unbefangenen ästhetischen Schätzung der verschiedenen Arbeitsgattungen zu erhalten.
Für die Aesthetik selbst dagegen ist es zwar von Werth, die wesentlichen Eigenschaften zu kennen, die den charakteristischen Begriff einer Kunstleistung zusammensetzen, aber nicht unerläßlich, in
jedem Einzelfall, der zweifelhaft sein kann, zu beurtheilen, ob er
durch einen kleinen Gehalt an künstlerischem Element der Kunst,
oder durch den größeren an unkünstlerischem Verfahren dem
Handwerk zugehört. Aesthetische Casuistik dieser Art, deren Beispiele man bei Schleiermacher scharfsinnig ausgeführt findet,
scheint mir passender den Gegenstand geselliger Unterhaltung, als
den der Wissenschaft zu bilden.

Kein größeres Interesse dürfte desselben Schriftstellers Bestrebung erregen, einen allgemeinen Begriff der Kunst aufzu-

finden, aus welchem alle Einzelkünſte ſo ableitbar würden, daß man durch ihre Zuſammenſtellung den ganzen Umfang jenes Begriffes erſchöpfen könne. Da es doch nicht wohl auf Entdeckung bisher unbekannt gebliebener Künſte abgeſehn ſein kann, vielmehr die verſchiedenen Glieder, zu deren ſyſtematiſcher Aufzählung man kommen will, mit aller wünſchenswerthen Deutlichkeit vorher gegeben ſind, ſo iſt die Dringlichkeit dieſes ·Unternehmens nicht einleuchtend. Sein leicht vorauszuſehendes Reſultat: es werde ſo viele verſchiedene Künſte geben, als dem allgemeinen mit ſich identiſchen Kunſttriebe verſchiedene Arten der Erſcheinung möglich ſind, ließ ſich weniger umſtändlich erreichen.

So weit dagegen derartige Ueberlegungen nicht nur zur logiſchen Unterſcheidung der Kunſt von andern Gebieten und zur vollſtändigen Geographie ihres eignen, ſondern zugleich zur poſitiven Characteriſtik ihres weſentlichen Verfahrens dienen, erregen ſie allerdings Aufmerkſamkeit. Die hierher gehörigen Gedanken ſind indeſſen von ſo altem Urſprung und ſind ſo durch allmählich vervollkommnete Verſuche, ſie auszuſprechen, entwickelt worden, daß ich ſie nur kurz berühren will, ohne eine beſtimmte Geſchichte ihrer Entſtehung geben zu können.

Kunſt iſt ſtets von Natur unterſchieden worden, nicht nur von der, die uns äußerlich umgibt, ſondern auch von der, die in uns ſelbſt wirkt. Angeborne Anmuth der Bewegung, der ausdrucksvolle Schrei des Schmerzes, bezeichnende Geberden der Freude und des Entſetzens ſind Wirkungen der Natur in uns; Kunſt werden ſie erſt, wenn ſie nicht mit vorgezeichneter Nothwendigkeit unwillkürlich aus dem Zuſammenhang unſers Weſens entſpringen, ſondern von der Seele zum Ausdruck eines inneren Zuſtandes mit freier Thätigkeit wiederholt und benutzt werden. Dieſen Unterſchied hat Schleiermacher ausführlich und ſcharfſinnig erwogen; wir folgern aus ihm, daß die weitverbreitete entgegengeſetzte Gewohnheit, alle Wirkungen auch der äußern Natur als Kundgebungen einer unbewußten Kunſtthätigkeit anzusehn, eine wichtige Differenz vernachlässigt. Ein geistiges Innere überhaupt mag man immerhin in der Natur suchen, aber die Aeußerungen desselben geschehen hier eben als unmittelbare und nothwendige Folge der gegebenen Zustände, ebenso wie der Laut des Schmerzes unwillkürlich in uns sich zu der empfundenen Qual gesellt; es fehlt, was der Kunst eigenthümlich ist, die freie Production der Erscheinung und ihre Verwendung zu einem Ausdruck des Innern, der auch hätte unterdrückt werden können. In diesem Sinne ist die Behauptung richtig, daß alle Kunst Nachahmung der Natur sei; sie darf nicht selbst Natur sein, sondern nur freie Verwendung der Mittel, welche zum angemessenen Ausbruck eines Innern allerdings die Natur im weitesten Sinne, die Ordnung der Dinge überhaupt, allein er= findet, die Freiheit dagegen nur benutzen soll.

Es ist fast nur ein anderer Ausdruck desselben Gedankens, wenn man von jedem Künstler Objectivität der Anschauung und Darstellung verlangt, obgleich diese Forderung nicht in allen Künsten gleich ausdrucksvoll und in derselben Art zu befriedigen ist. Ich beginne zu ihrer Erläuterung von einer Bemerkung Herbarts. Das Thier, meist von schneller körperlicher Ent= wicklung begünstigt, werde sehr früh in das thätige Leben ge= worfen; damit verknüpft sei ein Nachtheil, welchen dem Menschen seine lange unbehülfliche Kindheit erspare: der Nachtheil, auf jeden einzelnen Reiz durch eine augenblickliche einzelne Rückwirk= ung zu antworten. Der Mensch, lange zum Handeln unfähig, sammle dagegen beobachtend und combinirend eine reiche Vor= stellungswelt und gewöhne sich, sein Handeln zurückzuhalten, seine Aeußerungen nicht atomistisch durch die einzelnen Veranlassungen, sondern stetig durch den Zusammenhang seiner Erinnerungen und die aus denselben entstandenen allgemeinen Gesichtspunkte leiten zu lassen. Man sieht leicht, wie ihm auf diesem Wege die Fähigkeit entsteht, sowie Schleiermacher verlangte, den Natur= ausbruck seiner innern Zustände nicht blos geschehen zu lassen, sondern ihn mit Freiheit und Auswahl zu wiederholen. Was die Aesthetik von dem Künstler verlangt, ist nur die weitere Ausbildung dieses ächt menschlichen Verfahrens. Jene Sammlung aller bestimmenden Motive, deren jedes für sich ein Element des Handelns verlangen würde, zu einem zusammenhängenden vernünftigen Triebe, in welchem viele Widersprüche der einzelnen Impulse sich ausgeglichen haben, diese menschliche Besonnenheit ist weiter entwickelt die Objectivität des künstlerischen Schaffens. Der Künstler soll uns nicht auf das Ausdrucksvollste den psychischen Roheffect seiner Erregung, Ueberraschung, Rührung oder Begeisterung vortragen, so wie er sie im Augenblicke erleidet, sondern nur in der gerechtfertigten Gestalt soll er sie darstellen, mit den Mäßigungen, Erhöhungen und wechselseitigen Abgleichungen ihrer Stärke, welche sie annehmen, wenn sie in dem besonnenen menschlichen Gemüth durch Vergleichung mit den Erfahrungen anderer Augenblicke und mit dem Gesammtwerthe der Welt aus ihrer falschen Vereinzelung gezogen werden. Dies aber ist unmöglich, so lange die innern Zustände nur Erregungen des Gemüths sind; sie müssen Gegenstände, Objecte des Bewußtseins werden. In diesem Herausstellen dessen, was wir leiden, zur Objectivität für uns hatte die idealistische Philosophie auch ohnedies eine bedeutsame Entwicklung des menschlichen Geistes gesehen; durch sie ist der Name der Objectivität zum technischen Ausdruck für diese Forderung der Aesthetik geworden. Es bedarf nur kurzer Hindeutung, daß auch eine andere Auslegung desselben hiermit zusammenhängt. Object für uns kann unsere Stimmung kaum anders als dadurch werden, daß sie uns als der eigene Sinn gewisser Verhältnisse zwischen Objecten unseres Vorstellens erscheint. Jene erste Bedeutung, die wir der künstlerischen Objectivität geben, hängt also ganz nahe mit der specielleren Forderung zusammen, daß der Künstler uns nicht unmittelbar seine eigne Stimmung, sondern nur die anschaulichen Gestalten und Verhältnisse vorführen sollte, aus denen sie uns durch einen Vorgang der Wiederverinnerlichung von neuem entstehen wird.

Ganz eng mit dieser Objectivität verknüpft ist die andere an die Kunst so häufig gerichtete Forderung der Idealisirung. Ihr erster Ursprung wird wohl unauffindbar sein; gestritten ist in der deutschen Aesthetik über ihren Sinn und ihre Berechtigung seit Winckelmann und Lessing, Göthe und Schiller von Künstlern, Kunstfreunden und Aesthetikern. Ich verweise auf Vischers feinsinnige Darstellung (Aesthetik II. S. 304 ff. und anderwärts).

Sie hebt mit Recht hervor, wie sehr der menschliche Geist auch in seiner gewöhnlichen Auffassung der Dinge in einem beständigen Idealisiren begriffen ist, welches die künstlerische Thätigkeit nur in ausgezeichneterer Weise fortzusetzen hat. Vischers Bemerkungen erlauben noch einen Schritt weiter rückwärts zu gehen. Alle Auffassung der Welt, nicht die ästhetische allein, beruht auf Abstraction von vielen Bestandtheilen des Gegebenen und auf neuer Verbindung der beibehaltenen Reste. Schon die einfache Empfindung erfährt Nichts von den einzelnen Schall- und Lichtwellen, sondern setzt an ihre Stelle den Totaleindruck der Töne und Farben; die beschränkte Schärfe der Sinne erlaubt nicht die Einzelwahrnehmung aller Punkte, die eine Fläche, aller Klänge, die einen Zeitaugenblick füllen; von dieser Mannigfaltigkeit absehend, die uns verwirren würde, hebt unsere Auffassung um so mehr die begrenzenden Umrisse der Gestalten, den Gesammtcharacter des Naturgeräusches hervor; unsere Erinnerung hält nicht die Einzelbilder der Gegenstände sämmtlich fest, sondern schafft aus ihnen allgemeine Schemate und Begriffe, und das Einzelne erscheint uns nur noch als deren Beispiel, mit seinen individuellen Zügen auf ihren feststehenden und seine Wahrnehmung verfestigenden Umriß aufgetragen. Diese Abstractionen vollzieht der psychische Mechanismus ohne Ueberlegung. Mit gleich unbewußter Nothwendigkeit führen wir Aenderungen des Wahrnehmungsinhaltes aus, welche der ästhetischen Idealisirung

schon näher stehen. Wo unserem Auge in der That nur Kreile-
punkte gegeben sind, die innerhalb einer kreisähnlichen Zone unregelmäßig zerstreut sind, da glauben wir den vollen Kreis zu
sehen; wenn ein Ton mit unerheblichen Schwankungen sich um
eine bestimmte Höhe bewegt, überhören wir entweder diese
Ungleichheiten ganz und glauben die bestimmte Note allein zu
empfinden, oder wir nehmen jene nur als Abweichungen von
dieser an, heben also diese idealisirend als das eigentliche Wesen
des Empfundenen hervor, obgleich in der wirklichen Empfindung
sie vielleicht in ihrer Reinheit nicht längere Zeit füllte als jene
Abweichungen. Nicht blos die wissenschaftliche Untersuchung,
sondern schon die gewöhnliche Neugierde bearbeitet das Wahrgenommene ähnlich. Von einem einzelnen Eindrucke angeregt, verfolgt sie in der Menge des Beobachtbaren nur die einzelnen Fäden, die mit jenem durch einen ursachlichen Zusammenhang, durch
eine Zweckbeziehung, durch irgend eine Analogie verknüpft sind;
diese Bestandtheile hebt sie hervor und verbindet sie, während
sie achtlos über Unzähliges hinwegsieht, was in demselben Seh-
feld der Beobachtung sich zwar auch findet, aber mit jenem zusammengehörigen Ganzen, dem sie ihr Interesse widmet, in keiner Beziehung steht. Die Poesie folgt diesem Beispiele nur mit
anderen Zielen; sie sucht das zusammen, was nicht nach einem
zufällig aufgegriffenen Gesichtspunkt der Neugier oder nach einem
der Principe, an denen die Wissenschaft Theil nimmt, sondern
nach ästhetischer Gerechtigkeit zusammengehört; idealisirend in diesem Sinne ist sie stets, wo sie echt ist. Mit einem gelungenen
Wortspiel setzt L. Tieck die Dichter als Verdichter den Dün-
nern entgegen, die diese zusammengehörigen Nerven des Wahrgenommenen durch breites Gewährenlassen des Gleichgültigen und
Fremdartigen lähmen, womit die Bruttogestalt des alltäglichen
Weltlaufs sie belastet. Alle Künste folgen diesem Triebe des
Idealisirens. Die Musik scheint es nur weniger zu thun, weil
wir das ganze Tonreich, mit dem sie wirkt, als ein gegebenes

Material der Wahrnehmung zu betrachten pflegen; mit Unrecht, denn eben die ganze musikalisch gegliederte Tonwelt selbst ist das große Ergebniß einer Idealisirung; weder reine Töne, noch genaue Intervalle führt uns die Natur häufig vor; sie sind Gebilde, zu denen erst die menschliche Phantasie den wahrgenommenen Empfindungsinhalt verklärt, Formen, nach denen dieser sich als nach seiner Wahrheit zu sehnen schien, ohne sie außerhalb des Geistes erreichen zu können. Unterstützung und Druck wirkt in den Massen der Außenwelt überall; aber erst die architectonische Phantasie bringt in dem scharfen Gegensatz gradliniger Träger von senkrechter und der Lasten von horizontaler Richtung oder in den bestimmten Curvenformen der Gewölbe diesen Gedanken der Wechselwirkung zu dem klassischen Ausdruck, der in der Natur selbst stets durch fremdartige Nebenumstände erstickt wird. Diese leicht zu vermehrenden Betrachtungen führen zu Vischers Schlußsatz zurück: ein Naturschönes ergreift das Subject und weckt die Stimmung in ihm; diese Stimmung macht dann mehr aus dem Gegenstande, als er an sich ist; der Anfang ist objectiv, der Fortgang subjectiv; das Natürliche ist nicht wahrhaft schön, aber es muß da sein, um im Subjecte das zu wecken, was wahrhaft schön ist.

Es versteht sich hiernach, daß künstlerisches Idealisiren nicht ein zielloses Verschönern des Gegebenen ins Blaue hinein und auch nicht eine Umformung desselben nach einem vorherbestimmten Muster sein kann; es soll zunächst den Gegenstand so darzustellen versuchen, wie e r sein will, aber nicht sein kann, weil ihm fremdartige Bedingungen die Zusammensetzung aller seiner individuellen Züge zu einem stabilen Gleichgewicht verhindern. In diesem Sinne ist das Characteristische der nächste Zielpunkt des Idealisirens, und das schlimmste Mißverständniß die Annahme, es könne darauf ankommen, das Gegebene nicht nach seiner individuellen Gleichgewichtslage hin, sondern einem abstracten Allgemeinen entgegen zu idealisiren. Eine solche Mein-

ung verwechselt die Frage nach der Wahl der Gegenstände, bei
denen lange zu verweilen der Kunst ziemlich ist, mit der formalen Behandlung, die sie jedem Gegenstande muß angedeihen
lassen. Es ist unwürdig, das Kleinliche, Widrige und Erbärm-
liche zum einzigen Object oder zum Hauptvorwurf einer Kunstübung zu machen; aber überall da, wo seine Darstellung überhaupt zulässig ist, kann seine Idealisirung nur in der Schärfe
bestehen, mit welcher es seinem eigenen characteristischen Typus
zugebildet und die Ungehörigkeiten entfernt werden, welche in
der Natur auch das Schlechte an der Erreichung seines festen
Gleichgewichts hindern. Diese Verschärfung ist es, wodurch die
gemeinsten Erscheinungen in ihrer künstlerischen Darstellung ge-
adelt werden; ist ihr Inhalt unbedeutend, so werden sie wenigstens in der formellen Beziehung, vollständige mangellose Totalitäten
zu sein, den bedeutenden ebenbürtig.

Hierin liegt ein Theil dessen, was wir Styl in der Kunst
nennen. Zuerst nämlich veredelt die Kunst die wirklichen Gegenstände dadurch, daß sie überhaupt verschärfend ihnen die Stumpfheit nimmt, mit der sie in der Wirklichkeit kraftlos um einen
nicht erreichten Gleichgewichtspunkt herum hangen. Allein der
Eindruck würde doch nicht der nämliche sein, wenn wir ein so
idealisirtes Kunstproduct als Naturerzeugniß denken wollten; es
gehört das Bewußtsein hinzu, daß es nicht Natur, sondern vom
Geist erzeugtes Gegenbild sei. Ein lebendig gewordenes Bild
würde uns als ein glücklicher Zufall und nicht nothwendig als
ein Beweis der Macht erscheinen, mit welcher eine characteristische
Idee die Einzelheiten zusammenhält; um diese Macht in ihm zu
sehen, müssen wir uns bewußt sein, daß ein schaffender Geist,
der des Künstlers, zwar nicht nothwendig mit überlegener Absicht, aber doch aus der Einheit eines gestaltenden Triebes heraus diese Harmonie gestiftet habe. Und hieraus erklärt sich, daß
auch eine Mannigfaltigkeit der Style, wie sie in der Geschichte
der Kunst auftreten, ihre ästhetische Berechtigung hat. So viele

wesentlich verschiedene Stimmungen, Sinnesarten oder Ziele man
dem Schaffen der Natur unterlegen kann in a l l e n ihren Pro=
ductionen, so viele berechtigte verschiedene Beleuchtungen aller
Dinge giebt es, oder so viel characteristische Constructionsverfah=
ren, durch welche der künstlerische Geist das Gegebene auf seine
Weise nachzeichnend idealisirt. In M a n i e r wird der Styl
übergehen, wenn er Einzelformen oder Einzelzusammenhänge der
Dinge und Ereignisse festhält, die zwar vorkommen können, aber
von keinem Standpunkt aus als Projectionsweisen eines allge=
meinen Verfahrens der Wirklichkeit sich rechtfertigen lassen. Doch
auch diese Bemerkungen wird man aus Vischers eingehender Darstel=
lung (Aesth. III. S.122) vervollständigen; wir werden außerdem durch
die Betrachtung der einzelnen Künste auf sie zurückgeführt werden.

Ich hatte von den Merkmalen, durch die man Kunst von
dem was nicht Kunst ist, zu unterscheiden dachte, vielmehr zur
positiven Bestimmung ihres Wesens einigen Gebrauch machen
wollen; ich kehre jetzt zu der systematischen Eintheilung der Künste
zurück. Redende und bildende Künste sind am frühesten unter=
schieden worden, ohne daß die Consequenzen vollständig gezogen
worden wären, welche aus der zeitlichen Verknüpfung des Man=
nigfachen in jenen, aus der räumlichen in diesen fließen würden.
Lessing war das tiefere Eindringen vorbehalten. Kant zeigt
kein lebhafteres Interesse für eine innere Gliederung des Systems
der Künste; Herder folgt auch hier seiner Neigung für anthro=
pologische und culturgeschichtliche Betrachtung: als die erste freie
Kunst erscheint ihm das Bauen, dann folgen die Gärtnerei, die
Kleidung und ihre Decoration, die Gymnastik und der Tanz, die
Ausbildung der Sprache, die selbst schon ein Kunstwerk sei, zur
Poesie und Beredsamkeit. Die Stellung der Musik und der
bildenden Künste ist nicht ganz klar. Auch Hegel erkennt in
einer anmuthigen Beschreibung des Zusammentretens der Künste
zum Ausdruck des menschlich Höchsten den Reiz dieser Betrach=
tungsweise an, der wir später häufig wieder begegnen. Das

Interesse für ein geschlossenes System der Künste tritt entschieden bei Schelling hervor, als nothwendige Folge jener Einordnung der Kunst in die Entwicklung des Absoluten, in der ihr die Bestimmung zufiel, in der idealen Welt die Indifferenz des Idealen und Realen als Indifferenz darzustellen.

Zwei entgegengesetzte Aufgaben hat die Kunst ebenso zu erfüllen, wie das Absolute überhaupt sich ihre Erfüllung vornimmt: Einbildung des Unendlichen in das Endliche, und dies ist, was im engeren Sinne P o e s i e heißen kann, und Einbildung des Endlichen ins Unendliche: im engern Sinne die K u n s t in der Kunst. Auch ohne Beifügung der zwischentretenden Ableitung begreift man leicht, wie die erste Richtung des Schaffens in der redenden Kunst, der Poesie, die andere in den bildenden Künsten herrscht, zu denen hier auch Musik gezählt wird um des sinnlichen Elementes willen, in welchem sie ihre Schöpfungen ausführt. S o l g e r findet, über diesen höchsten Gesichtspunkt mit Schelling in Uebereinstimmung, die Idee müsse auf zweifache Weise in die Wirklichkeit eingehn, als innere Einheit das Mannigfaltige aufhebend und wiedererzeugend, kann aber auch so, daß sie sich in die Gegensätze der Wirklichkeit spaltet und diese zum Ausdruck ihrer selbst macht. Hieraus entsteht derselbe Gegensatz von Poesie und Kunst, von denen die erste nur in verschiedene Arten der Poesie, die andere aber nach den Gegensätzen der Wirklichkeit in der That in verschiedene Künste zerfällt. In ihrer Verbindung nämlich mit der Wirklichkeit erscheint die Idee entweder s y m b o l i s c h so, daß der innere Begriff ganz mit dem besondern Dinge verschmilzt, dessen Begriff er ist, oder a l l e g o r i s c h so, daß nicht ein Einzelnes, sondern ein Zusammenhang des mannigfachen Besonderen sie, die Idee, als allgemeinen Gedanken ausdrückt. Symbolik ist die Sculptur, Allegorie die Malerei. Erinnert man sich an Kants Unterscheidung der freien Schönheit als bloßen Spiels mit Formen und der anhängenden Schönheit, die zugleich dem inhaltvollen Gattungsbegriff

eines bestimmten Wesens entsprechen muß, so versteht man leichter als nach Solgers eigner Deduction, wie zu den bisher
genannten Künsten, als zu Darstellungen der anhängenden
Schönheit, noch Architectur und Musik als Künste der freien
Schönheit hinzutreten: die erste arbeitet nach Solger in bloßer
Körperlichkeit, ohne einen individuellen Begriff derselben schonen
zu müssen, die andere zeigt den Begriff selbst ohne Stoff
thätig, den einfachen Gedanken, der ohne Objectivität wirklich wird.

Hegel wird durch die Beobachtung, daß ganze Künste und
Gruppen von Künsten einem Ideale vor andern entsprechen und
unter seiner Herrschaft eine vorzügliche Ausbildung finden, nach
Vischers Bemerkung (Aesth. III, 158) mit Unrecht dazu gebracht,
dies geschichtliche Moment zum Haupteintheilungsgrunde der
Künste zu machen: die Architectur tritt als symbolische, die Plastik als classische, Malerei, Musik und Poesie verbunden als romantische Kunst auf, eine Classification, die einen ohne Zweifel auch
benutzbaren Gesichtspunct bis zum offenbar Unrichtigen mißbraucht.
Für Weiße fiel diese Rücksicht auf das Geschichtliche hinweg, da
der erste Theil seines Systems ausdrücklich mit dem Begriff des
modernen Ideals und der in ihm enthaltenen Universalität des
ästhetischen Geschmackes schloß. Von dieser Grundlage aus versucht er zum ersten Male „den einfachen Rhythmus des dialektisch sich in sein Gegentheil verkehrenden und aus diesem wiederum auftauchenden speculativen Gedankens als das Princip
aufzuzeigen, nach welchem auch der organische Leib der Kunst
in seine Theile und Systeme sich gliedert. Die auch von den
Alten in tiefsinniger Ahnung als heilig verehrten Zahlen, die
Drei und die Neun, werden uns auch hier wiederum als Expo-
nenten dieser Gliederung entgegentreten, was in Bezug auf das
Weltall der Kunst (das ihnen freilich nie im Sinne der ernsten
Wissenschaft zu durchwandern vergönnt war) jene Alten vielleicht
durch die sinnvoll gewählte Neunzahl der Musen andeuten wollten.“ (Aesth. II, 16.) Demnach bilden Instrumentalmusik,

Gesang und dramatische Musik die erste, Baukunst, Sculptur und Malerei die zweite, epische, lyrische und dramatische Poesie die dritte Trias dieser Neun. Zur Rechtfertigung der Reihenfolge wird bemerkt, daß der Geist des Ideals in der Tonwelt noch als gestaltloser in sich selbst webt, dann sich in die plastischen Naturgestalten mannigfach ausbreitet, zuletzt aber die Poesie diese auseinandergelegte Fülle der Gestalten, ohne sie verschwinden zu lassen, wieder in die concrete Einheit des Gedankens, der durch Sprache und Rede ausgedrückt wird, zurücknimmt. Innerhalb jeder Gruppe aber mache eine Unterart den Anfang, welche den eigenthümlichen Begriff der Gattung am einfachsten und unmittelbarsten ausdrückt, werde dann durch eine andre abgelöst, welche diese Unmittelbarkeit negirt und ausdrücklich eine Beziehung auf das dieser Kunstgattung Aeußerliche enthält; durch Zurücknehmung dieser Beziehung in die Einheit des Begriffs entstehe dann das dritte Glied jeder Gruppe.

Vischer, den Eintheilungsgrund in der innern Sinnlichkeit der Phantasie suchend, findet, daß diese selbst theils sich an die wirkliche Erscheinung knüpft, theils dieses Band abwirft, um sich nur innerhalb ihrer selbst zu bewegen. Dies würde auf Solgers zweigliedrigen Unterschied zwischen Kunst und Poesie führen. Aber die ausübende Phantasie könne von der Gebundenheit an ein körperliches Material nicht durch einen Sprung zu jener freien inneren Bewegung übergehen, es müsse eine Mitte sein, in welcher das körperliche Medium so eben verschwindet und verschwebt; dies verschwindende Material ist der Ton. So entsteht die Dreigliederung in die auf das Auge berechnete bildende Kunst, die auf das Gehör organisirte empfindende Musik, und die auf die ganze ideal gesetzte Sinnlichkeit der Phantasie begründete Poesie; endlich entfalte diese Dreiheit sich zu einer Fünfheit durch den Reichthum der bildenden Kunst, welcher Baukunst, Plastik und Malerei als eigne Glieder auseinandertreten läßt.

Die eigenthümlichen und scharfsinnigen Ansichten, welche

Joh. Heinr. Koosen in seiner Propädeutik der Kunst (Königs=
berg 1847) entwickelt, führen in der Classification der Künste
zuerst zu drei Aufgaben. Die Kunst entsteht ihm aus dem Be=
dürfnisse, die Erscheinung durch Lösung ihrer Verbindung mit
dem Naturobjecte als ewig und unvergänglich, obgleich noch in
der Form der Erscheinung, hinzustellen. Sie ahmt also die na=
türliche Erscheinung nach, sofern in dieser überhaupt ein In=
teresse für den menschlichen Geist vorhanden ist, welches diesen
antreibt, sie vor ihrer Vergänglichkeit zu retten. Nun liegt das
erste solche Interesse in dem Wohlgefallen an der reinen unge=
trübten Schönheit im Naturobjecte, und alle Künste, mögen
sie der Anschauung durch Auge oder Ohr vermittelt werden,
bilden eine besondere, die classische Kunstform, wenn sie diese
Schönheit von jeder anderweitigen Wirkung des Urbildes auf das
menschliche Gemüth getrennt darstellen. Aber außerdem bieten
fast alle Naturerscheinungen ein zweites Interesse, auf zufälligen
und auswärtigen Beziehungen ruhend, auf die wir um beson=
derer uns im Leben entstandenen Neigungen willen Werth legen;
alle Kunstproducte, die ein solches particulares Interesse berück=
sichtigen, gehören zur zweiten, empirischen oder dramatischen
Kunstform. Die dritte, die formale, entsteht aus der Er=
wägung, daß der concrete Inhalt der Erscheinung, den die bei=
den ersten reproduciren, dem ästhetischen Eindruck unwesentlich,
nur die Form der Beziehung ihm wesentlich ist, in welcher das
concrete Mannigfache verbunden ist; sie ahmt mithin nicht die
Geschöpfe und Ereignisse der Natur, sondern nur den Rhythmus
des natürlichen Wirkens in ihrer Erzeugung nach. Sculptur
und Lyrik sind die beiden Künste der classischen, Malerei und
dramatische Kunst die der empirischen, Architectur und Musik die
der formalen Kunstform. Den characteristischen Aufgaben dieser
drei entsprechen auch drei gleichnamige Kunststyle, deren jeder
auch übertragbar auf die Productionen der Kunstformen ist, denen
er ursprünglich nicht angehört.

Ad. Zeising findet in seinen ästhetischen Forschungen ein Doppeltes für die Kunstproduction nöthig: den Stoff, in dem sie arbeitet, und die Idee, die sie in ihn niederlegt. Jener zerfällt in das Sichtbare, das Hörbare und die anschauliche Bewegung der Körper; die Idee aber strebt in der Welt zuerst Makrokosmusbildung an, d. h. einseitige, dualistische Entwicklung von Natur und Geist, dann Mikrokosmusbildung, gemeinsame individualisirende Entwicklung beider, endlich Mikromakrokosmusbildung, allseitige Entwicklung von Natur und Geist oder universalisirende Ausgleichung des dualistischen und des einheitlichen Strebens. Aus der Combination dieser Unterschiede des Materials und der Idee entstehen neun Künste; unter den makrokosmischen die bildende der Architektur, die tonische der Instrumentalmusik, die mimische des Tanzes; unter den mikrokosmischen bildend die Sculptur, tonisch der Gesang, mimisch die Pantomimik; die mikromakrokosmischen zerfallen nach gleichem Muster in Malerei, Poesie und Schauspielkunst.

Kaum bedarf es noch weiterer Beispiele, um die Mannigfaltigkeit der Classificationsversuche anschaulich zu machen, die uns zu Gebot stehen. Es ist schwieriger zu sagen, was denn eigentlich diese Versuche nützen, und wem? Die Einsicht in die Natur und die Gesetze der einzelnen Künste wird nur wenig durch die Angabe der systematischen Stelle gefördert, an welche sie verwiesen werden. Denn theils folgt diese Ortsbestimmung aus einer vorangegangenen Kenntniß Dessen was jede Kunst will und der Mittel, die ihr zu Gebot stehen, und dann ist die systematische Stellung nur letzter Ausdruck einer gewonnenen, nicht der Keim einer zu gewinnenden Erkenntniß; theils schweben die meisten der gegebenen Definitionen, indem sie vorzugsweise den Geist und die Intentionen der verschiedenen Künste in's Auge fassen, etwas zu hoch über den bestimmten Verfahrungsweisen derselben, um über diese hinlänglich deutliche Regeln aus sich ableiten zu lassen. Wo dies aber doch möglich wird,

und ich leugne nicht, daß auch dieser Fall vorkommt, da liegt
doch die Befürchtung nahe, daß die Bemühung, das Wesen einer
Kunst zum Zweck der Classification in eine kurze Formel zu
drängen, zu einseitiger Hervorhebung und Verschärfung einzelner
Züge geführt habe und in Folge dessen zu doctrinären Festsetzun-
gen dessen führen werde, was in jeder Kunst erlaubt, wünschenswerth oder verboten sei.

Allein die Gruppirung der Künste, wird man einwenden,
und die Einsicht in ihren tieferen Zusammenhang gewinne man
doch durch diese Classification? Ich antworte, daß im
Leben und in der Wirklichkeit die Künste zwar zu mannigfalti-
gem Zusammenwirken bestimmt sind, aber nirgends dazu, in
einer systematischen Reihenfolge sich zu gruppiren; in der Welt
des Denkens aber und der Begriffe haben alle Gegenstände
nicht nur eine systematische Ordnung, die unveränderlich fest-
stände, sondern der Zusammenhang der Dinge ist so allseitig
organisirt, daß man in jeder Richtung, in welcher man ihn
durchkreuzt, eine besondere immer bedeutungsvolle Projection seines Gefüges entdeckt. Keine der erwähnten Classificationen hat
nur Unrecht; jede hebt eine dieser gültigen Beziehungen, einen
gewissen Durchschnitt der Sache nach einer der Spaltungsrichtungen
hervor, die ihr natürlich sind; aber wunderlich ist der Eifer, mit
dem jeder neue Versuch sich als den endgültigen und einzig wahren ansieht und die vorangegangenen als nüchterne und überwundene Standpunkte betrachtet.

Indem ich jetzt der einzelnen Kunsttheorien zu gedenken
habe, folge ich einer dieser möglichen Anordnungen, die meiner
Absicht bequem ist. Ich beginne von der Musik als der Kunst
freier Schönheit, die nur durch die Gesetze ihres Materials
aber nicht durch Bedingungen einer bestimmten Aufgabe der
Zweckmäßigkeit oder der Nachahmung beschränkt ist; ihr folgt
die Architektur, die nicht mehr frei in Formen spielt, sondern
diese dem Dienst eines Zweckes widmet, sie aber doch für diesen

Zweck frei zu erfinden hat. Die Sculptur iſt auf Darſtellung
der Schönheit innerhalb der Nachahmung natürlicher Formen
angewieſen; die Malerei fügt zu dieſer Aufgabe die größere Ausführlichkeit des zeitlichen Geſchehens, das ſie andeuten kann und
der Wechſelwirkung mannigfacher Geſtalten, die ſie ſinnlich dar-
ſtellt; die Poeſie endlich nöthigt zu einem Gedankenlauf von vorgezeichneter Ordnung der Vorſtellungen und ſucht mittelbar durch
dieſen die Phantaſie zur Erzeugung von Anſchauungen zu leiten,
welche ſie ſelbſt nicht ſinnlich hervorbringt. Man wird dieſe
Bemerkungen, die nur als flüchtige Vorausbezeichnung des folgenden Inhalts gemacht werden, nicht dahin mißverſtehen, als
erhöben ſie den Anſpruch, das Weſen der einzelnen Künſte zu
erſchöpfen.

Ehe ich meine fernere Darſtellung beginne, muß ich endlich
unumwunden ausſprechen, daß ich in dieſem letzten Theile meiner Arbeit mich zu irgend einer Vollſtändigkeit nicht verpflichtet
fühle. Die ſpecielle Literatur aller einzelnen Künſte mit der
Genauigkeit zu kennen, welche keine ſchätzbare Leiſtung überſehen
ließe, mag an ſich möglich ſein, iſt jedoch für mich eine unerfüllbare Forderung. Mein Bedauern hierüber wird durch die
hinlänglich befeſtigte Ueberzeugung gemildert, daß die deutſche
Literatur zwar überreich an kunſtkritiſchen Leiſtungen von vorzüglichem Werthe iſt, daß aber von dieſen Arbeiten doch bisher
ſehr Weniges ſich zu einem bleibenden Gewinn allgemein aus-
ſprechbarer äſthetiſcher Reſultate verdichtet hat. Nur dieſe aber
könnte eine Geſchichte der Aeſthetik zu überliefern unternehmen.

Zweites Kapitel.

Die Musik.

Die Anwendung discreter Tonstufen. — Die Gestaltung der Skala, und der verschiedenen Tonleitern nach Helmholtz. — Tonalität und Tonika; homophone und polyphone Musik. — Aesthetischer Werth der Consonanzen und der Melodie. — Hanslicks Ansicht über die Unmöglichkeit des musikalischen Gefühlsausdrucks. — Die namenlosen Gefühle Zweck der musikalischen Composition. Drei Momente der Musik: Zeiteintheilung, Harmonie, Melodie. — Dialektische Gliederung der Musik. — Richard Wagner.

Musik hat selten zu den Lieblingen deutscher Philosophen gehört. Nicht viele von ihnen scheinen hinlänglich natürliche Fähigkeit für diese Kunst und genug erworbene Kenntniß ihrer Werke besessen zu haben, um wirklich aus einem reichhaltigen eigenen Genuß heraus sich ihre allgemeinen Ansichten zu bilden. So haben sie entweder nur unbestimmte Aufgaben namhaft zu machen gewußt, die freilich so oder so Jeder in der Musik gelöst finden wird, oder sie wurden durch systematische Vorüberzeugungen verleitet, in sie hinein manches zu deuten, was der schaffende Künstler sich nicht bewußt ist, beabsichtigt zu haben, und der sachkundige Kenner nicht in ihr antrifft. Denselben Eindruck werden aus denselben Gründen auch unsere jetzt folgenden Betrachtungen machen. Man mag ihre Mangelhaftigkeit durch Rücksicht darauf entschuldigen, daß der Laie vielleicht in keiner Kunst so wenig wie in der Musik von dem Sachverständigen unterstützt wird, wenn er den eigentlichen Sinn und Geist der künstlerischen Absichten zu begreifen sucht. Schöpferische Talente sind hier wie überall wenig geneigt gewesen, Nichtwissenden über die Gründe ihres Verfahrens Aufschluß zu geben; Kenner aber lieben es, daß der Wein nach dem Stocke schmecke; ich meine, sie lassen ihren allgemeinen Ansichten gern etwas von dem Dufte der Beispiele, aus deren mühsamer Vergleichung sie gewonnen zu haben ihr Verdienst ist; auf das wirklich farblos Allgemeine gehen sie ungern zurück.

Man wird einwerfen, daß außer Künstlern und Kennern grade die Musik unter ihren Pflegern auch Theoretiker zähle; besitze sie doch einen Kanon des ästhetisch Wohlgefälligen, um den jede andere Kunst sie zu beneiden hat. In der That hat Herbart in dem Generalbaß den einzigen verhältnißmäßig vollendeten Theil der Aesthetik gesehen, und für die dringlichste Aufgabe der fortschreitenden Wissenschaft gehalten, für die übrigen Künste Gleiches zu leisten.

Aber die Erinnerung an die geschichtlich späte Festsetzung unsers gegenwärtigen Tonsystems und der mit ihm zusammenhängenden Harmonielehre muß Bedenken darüber erwecken, ob die von dieser aufgestellten einzelnen Sätze wirklich ästhetische Elementarurtheile in dem Sinne Herbart's sind. Solche Urtheile nämlich, die gänzlich nur den eignen Werth eines Verhältnisses von Mannigfachem ausdrücken, und zu deren Fällung daher das menschliche Gemüth keiner anderen Vorbereitung bedarf, als der vollständigen Vorstellung des Verhältnisses selbst, und der Hinwegräumung der Hindernisse, welche die Aufmerksamkeit auf dasselbe hindern könnten. Man würde begreifen, daß in der Dumpfheit allgemeiner Barbarei und Wildheit diese ästhetische Beurtheilung ausbleibt, weil beide Bedingungen nicht erfüllt werden; aber es ist nicht wohl einzusehen, wie bei gebildeten und sonst kunstsinnigen Völkern solche Erfüllung hätte fehlen können. Es ist ferner äußerst unwahrscheinlich, daß die körperliche Organisation zu verschiedenen Zeiten verschieden gewesen sei und eben so wenig sind gewiß die mechanischen Gesetze des Vorstellungsverlaufs sonst andere gewesen als jetzt. Urtheilte man dennoch über den ästhetischen Werth der Tonverhältnisse sonst anders als wir, so kann dies Urtheil nicht von der bloßen Perception jener Verhältnisse, sondern muß von ihrer Apperception in einen schon bestehenden andern Vorstellungskreis abgehangen haben.

Und dann haben wir nicht sofort ein Recht, unsere eigene Be=
urtheilung für die von Vorurtheilen ungetrübte Aeußerung des
wahren ästhetischen Urtheils auszugeben; wir können höchstens
den Nachweis versuchen, daß unsere Art, den Werth der einzel=
nen musikalischen Verhältnisse aufzufassen, durch ein ästhetisch
richtigeres Vorurtheil über die Bedingungen der höchsten
Schönheit temperirt wird, während frühere Ansichten entweder
von doctrinären Voraussetzungen beherrscht wurden, oder ohne
Leitung durch wahrhaft ästhetische Einsicht nur an der sinnlichen
Annehmlichkeit der Eindrücke hafteten. Unter dieser Voraussetzung
würde hier wiederkehren, was wir im Allgemeinen gegen den
Versuch einer rein formalen Aesthetik einwendeten: die Schön=
heit des Ganzen würde nicht schlechthin aus der Zusammensetzung
der unabhängigen Schönheiten der Elementarverhältnisse entstehen,
sondern der ästhetische Werth der letztern erheblich von der Be=
deutung des Ganzen abhängen, dem sie als Theile zu dienen be=
stimmt sind.

Das ist es, was Helmholtz den musikalischen Theoretikern
einzuprägen sucht: unser System der Tonleitern, der Tonarten
und des Harmoniegewebes beruhe nicht auf unveränderlichen
Naturgesetzen, sondern sei die Consequenz ästhetischer Principien,
die mit fortschreitender Entwicklung der Menschheit dem Wechsel
unterworfen gewesen sind und noch sein werden. Nur die Aus=
sicht auf einen ferneren Wechsel möchte ich nicht so schrankenlos
theilen, als die Kürze dieses Satzes sie wohl nur anzudeuten scheint;
in der Musik wie in allen Künsten mindert sich der Spielraum
für die Weite der ferneren Entwicklungsschritte mit der bereits
erreichten Annäherung an den reichen und vollen Ausdruck der
Schönheit. Aber in dem weiteren Ueberblick über die Glie=
derung der Tonmittel, deren sich die Kunst bedient, folge ich
im Wesentlichen der einsichtigen Darstellung des kunstsinnigen
Naturforschers. (Helmholtz, Lehre von den Tonempfindungen.
S. 357 ff.)

Durch Geräusche, welche mit absatzloser Stetigkeit von einer
Tonhöhe zur andern schwanken, gibt uns die Natur sehr lebhafte
Eindrücke anschwellender oder nachlassender Kräfte; es ist dagegen
der erste Schritt jener Idealisirung, welche die Kunst an dem
Tonmaterial ausführt, daß sie diese stetigen Uebergänge nicht benutzt. Die naturwissenschaftliche Atomistik leitet den Verlauf der
Erscheinungen aus veränderlichen Verhältnissen zwischen festen
und untheilbaren Elementen ab; die Musik erzeugt ihr künstlerisches Gegenbild des Weltlaufs, indem sie einzelne Punkte fest-
legt, auf denen die weiterstrebenden Kräfte sich zu vorübergehender Ruhe niederlassen; die Bewegungen selbst, durch welche diese
Punkte erreicht werden, unterdrückt sie in der Darstellung und
verräth ihre Größe nur durch die deutlich empfindbare Weite
des Intervalls, welches überschritten worden ist. Ein Grund zu
dieser ausschließlichen Benutzung discreter Tonstufen liegt allerdings in dem von Helmholtz berührten psychologischen Bedürfnisse, die Größe der stattfindenden Bewegung durch Zergliederung
in einzelne Bestandtheile überhaupt übersichtlicher zu machen; ich
möchte jedoch noch mehr die ästhetische Forderung der Vergleichbarkeit verschiedener Bewegungen nach gleichem Maßstab hervorheben. Ein Klang, der wie das Geräusch des Windes von einer
Tonhöhe stetig zur andern übergeht, scheint für unsere Vorstellung in einer Weise anzuschwellen oder nachzulassen, für die es
kein allgemeines Gesetz gibt; eine Bewegung dagegen, welche in
Absätzen von Ton zu Ton steigt, läßt eben dadurch diese Intervalle als feste, auch sonst vorhandene Stufen erscheinen, die durch
die allgemeine Organisation des Tonreichs auf verpflichtende
Weise für jede Bewegung gegeben sind. Die einzelne lebendige
Regsamkeit, die ihren Ausdruck in einer Reihe von Tönen findet,
ist nun nicht mehr eigensinnige Unberechenbarkeit, sondern nur
eine besondere Weise, sich innerhalb der objectiven Gliederung
einer Wirklichkeit zu benehmen, von der sie zugleich mit unzähligen andern umfaßt wird. Und dies eben werden wir als eine

ausnahmslos gültige ästhetische Forderung noch oft bestätigen
können, daß jede individuell ausgebildete Erscheinung eine deutliche Erinnerung an das Allgemeine erwecken muß, auf welchem
für sie die Möglichkeit ihrer charactcristischen Eigenheit und ihrer
Vergleichbarkeit mit anderen beruht. Dann, nachdem dies ato-
mistische Princip discreter Tonstufen einmal angenommen ist,
verbietet ein nicht minder allgemein gültiges Gesetz gleichförmiger
Haltung, auch nur zwischenburch stetige Uebergänge von einer
Tonstufe zur andern einzuschalten; nur in bescheidenstem Umfang
bleiben sie, und nur als stets bedenkliche Färbungen des Vortrags, nicht als Mittel der Composition, zulässig.

Böten nun die Töne nur Unterschiede wachsender Höhe dar,
so würden zwar Bewegungen, welche diese verschiedenen Stufen
mit verschiedener Richtung und Geschwindigkeit in gerader Reihenfolge oder sprungweis berührten, schon reichliche Mittel zum
Ausdruck lebendiger Regsamkeit bieten; doch wissen wir uns keine
Vorstellung von dem ästhetischen Eindruck einer Musik zu bilden,
die hierauf beschränkt wäre. Das Reich der Töne bietet eben
freiwillig ein Mehr dar durch die harmonischen Beziehungen
seiner einzelnen Glieder. Die einfachste von diesen, die Wiederkehr des gleichen Toncharacters mit der Verdoppelung der
Schwingungszahl, ist nie unbemerkt geblieben; sie theilt die
ganze Tonmenge in die Abschnitte der Octaven. Aber die innere
Gliederung der Octave ist Gegenstand sehr verschiedener Auffassungen gewesen.

Ganz befremdlich und der unbefangenen Empfindung wider-
strebend ist Herbarts Meinung, zwischen Grundton und Octave
sei voller Gegensatz mit Verlust aller Aehnlichkeit, jeder Zwischen-
ton aber büße an Gleichheit mit dem Grundton um so mehr
ein, als er sich von diesem entferne. Drobisch hat diese Construction des Octavenraums als einer geraden Linie durch das
passendere Bild einer Schraubenlinie ersetzt, die man sich um
einen geraden Cylinder gewunden denkt. (Ueber musikalische

Tonbestimmung. Leipzig 1862. S. 36 ff.) Von dem Grundton aus, der ihren Ursprungspunkt bildet, entfernt sich diese
Curve anfangs mehr und mehr, doch erreicht ihre Windung,
zwischen Quart und Quint etwa, das Maximum der Entfernung
von ihm; die zweite Hälfte der Windung nähert sich ihm wieder
und die Octave am Ende derselben steht vertical über ihm. Diese
Construction versinnlicht den ganz eigenthümlichen Eindruck der
Octave dadurch, daß die horizontale Componente der Entfernung
vom Grundton, die Projection des Radius Vector auf die Grund-
ebene des Cylinders, für sie zu Null wird, und nur die senk-
rechte Componente übrig bleibt. Denn in der That empfinden
wir alle die Octave qualitativ als denselben Ton mit dem Grundton, nur von ihm in einer Weise verschieden, für die es kaum
eine anderweitige Analogie als eben diese Höhendifferenz gibt,
die ja der Sprachgebrauch längst zur Bezeichnung derselben gewählt hat. So verhält sich die Sache, wenn wir jetzt die ausgebildete Tonleiter durchlaufen: von C bis Fis steigt das Gefühl
der Entfremdung von C; in g tritt zuerst eine Umkehr ein und
die späteren Stufen der Scala werden mehr und mehr zu Leit-
tönen, welche dem c zustreben.

Zur weiteren inneren Gliederung des Octavenraums reicht
jedoch dieser Eindruck nicht hin. Wären wir völlig ungebunden,
so würden wir wahrscheinlich versuchen, die Octave in gleiche
Stufen zu zerfällen, und die Anzahl derselben so zu wählen, daß
die Intervalle groß genug für deutliche Unterscheidung blieben,
aber klein genug würden, um später die Melodie nicht zu lauter
Schritten zu zwingen, die noch als Sprünge auffielen, sondern
ihr durch eng beisammenliegende discrete Töne wenigstens die
Nachahmung eines stetigen Ueberganges zwischen verschiedenen
Tonhöhen zu ermöglichen. Die abendländische Musik hat diese
Bedingungen durch die Annahme ihrer zwölf halben Töne zu
erfüllen geglaubt und die kleineren Intervalle aufgegeben, welche
die morgenländische zum Theil festhält. Allein diese Eintheil-,

ung, welche sich sehr früh müßte gebildet haben, wenn die Musik von solchen Ueberlegungen hätte ausgehen können, ist vielmehr das Erzeugniß einer verhältnißmäßig späten Zeit. Auch hätte sie nicht als Grundlage der beginnenden Musik dienen können; sie würde die innerhalb der Octave unterscheidbaren Tonhöhen in einer Ordnung gesammelt haben, in welcher sie für musika= lische Verwendung unbrauchbar sind. Denn für keine Melodie sind alle diese Halbtöne von gleichem Werth; jede benutzt von ihnen nur eine engere Auswahl, und erst diese nach einem an= dern Princip geordnete Auswahl bildet anstatt der bloßen Reihe von Tönen die Tonleiter, auf welcher der Gang der Melodie auf und ab steigt.

Mit der Gestaltung dieser Tonleiter begann die musikalische Arbeit. Denn vom Anfang an schwebte dem Gehör der Octaven= raum nicht als gleichmäßige Progression der Tonhöhe vor; viel= mehr eben solche harmonische Beziehungen, wie die, welche über= haupt die Octaven begrenzten, machten sich auch innerhalb der= selben fühlbar und gaben den einzelnen unterscheidbaren Ton= stufen andere Werthe, als ihre bloßen Höhenverhältnisse gefordert hätten. In dem leeren Raum zwischen Grundton und Octave legte das musikalische Denken zuerst die Töne fest, welche mit dem einen oder der andern harmonisch consoniren, und gewöhnte sich, die Bewegung, welche auf= oder absteigend diese bevorzugten Töne der Reihe nach berührt, als die Tonleiter zu fühlen, welche von dem einen Endpunkt des Octavenraums zum andern führt. Dies Verfahren konnte weder sogleich alle Stufen unserer jetzt üblichen Tonleiter auffinden, noch mußte es nothwendig dieselbe Ordnung der Intervalle festsetzen, die wir gegenwärtig bevor= zugen.

Zwei Töne consoniren um so entschiedener, je niedriger die Ordnungszahlen der ihnen beiden gemeinsamen Obertöne sind. Nach dieser Regel, durch welche Helmholtz der blos subjectiven Abschätzung des Consonanzgrades eine objective Unterlage gegeben

30*

hat, mußten innerhalb des Octavenraums Quint und Quart zuerst als die den beiden Endtönen nächstverwandten auffallen,
Terz und Sext dagegen nicht, da ihre Verwandtschaft mit jenen
nur auf der Uebereinstimmung höherer und schwächerer Obertöne
beruht. Wohl aber konnte zu dieser anfänglichsten Leiter c f
g c nach gleichem Princip d als neue Quinte von g, und b
als neue Quarte von f hinzutreten; so mag die alte chinesische
und gälische Scala c d f g b c entstanden sein. Aus derselben
Feststellung der Tonstufen nach ihren Consonanzbeziehungen ist
die siebenstufige diatonische Tonleiter des Pythagoras hergeleitet;
sie besteht aus einer Progression von Quinten, deren passende
untere Octaven in den Raum einer Octavenleiter geordnet sind;
so stellt sie im Wesentlichen der Reihenfolge unsere Durscala
dar, obgleich sie nach der Art ihrer Entstehung so wie nach ihrer
muthmaßlichen musikalischen Verwendung mit dieser Nichts weniger als identisch ist.

Dieser letzte Punkt ist von der Frage nach der allgemeinen
Natur der Melodie und ihrer Beziehung zu den harmonischen
Verhältnissen nicht zu trennen. Für unser modernes Gefühl
besteht der Reiz einer Melodie niemals in der bloßen Bewegung
durch verschiedene Tonhöhen, sondern stets darin, daß diese Bewegung, wie unberechenbar auch sonst ihr Schwung und ihre
Richtung sein mag, dennoch in gewissen Augenblicken mit Sicherheit gewisse feststehende Stufen der Tonreihe trifft, die unter
einander in wohlbekannten und von unserer Erinnerung stets
hinzugedachten harmonischen Verhältnissen stehen. Die Melodie
schwingt sich nicht wie ein Vogel in einem sonst leeren Luftraum
auf und ab, sondern sie wandelt eben auf einer Leiter; unser
Genuß an ihr besteht in der gewissen Voraussicht, daß ihr nächster
Tritt nicht ins Unberechenbare und Leere versinken, sondern daß
er eine der Sprossen erreichen wird, die in der allgemeinen Organisation des Tonreichs ein für allemal nicht nur für diese,
sondern für jede andere Melodie festgelegt sind. Dies ist keine

besondere Eigenthümlichkeit der musikalischen, sondern eine allgemeine Eigenschaft jeder Schönheit. Ich wiederhole, was ich früher
gelten zu machen hatte: (S. 387) an keinem freien Spiel, nicht
einmal an dem Werfen von Bällen, wäre ein Interesse denkbar,
wenn nicht die ganz willkürlichen Bewegungen, die wir hervorbringen, nur die Einleitung dazu bildeten, einen gesetzlichen Zusammenhang der Naturwirkungen zur Erscheinung zu veranlassen.
Nicht die principlose Freiheit allein erfreut uns, sondern die
gleichzeitige Wahrnehmung einer Nothwendigkeit, die überall bereit
ist, die Willkür jener nicht nur einzuschränken, sondern ihr auch
stützend, fördernd und sichernd entgegenzukommen. Aus diesem
Grunde erfreut sich auch die Musik an dem freien Schwunge der
Melodie durch verschiedene Töne nur, weil sie durch ihn Gelegenheit
findet, sich der Festigkeit und Wechselbeziehung der Unterstützungspunkte bewußt zu werden, zwischen denen diese freie Bewegung stattfindet. Unrichtig würde es allerdings sein, in der Melodie nur
eine zeitliche Auseinanderlegung der Töne zu suchen, welche der
Grundaccord der gewählten Tonart gleichzeitig erklingen läßt;
denn das Eigenthümliche jeder schönen Melodie muß in dem liegen, wodurch sie sich von andern unterscheidet, nicht in dem,
was sie mit ihnen gemeinsam besitzt, nicht in den Accordtönen
selbst also, sondern in der Figur der Bewegung, mit welcher
sie von einem zum andern übergeht. Aber gewiß ist es allerdings, daß uns eine Tonreihe nicht als Melodie erscheinen würde,
wenn die Bewegung in ihr uns nicht jene festen Intervalle als
Ausgangs- oder Zielpunkte ihrer veränderlichen Schritte fühlbar
werden ließe, und wenn nicht auch diejenigen Zwischentöne,
welche der Accord der Tonart nicht enthält, als zugehörig zu
dem einer andern empfunden würden, welche zu der gewählten
selbst in einem einfachen harmonischen Verhältnisse steht.
Diese Ansprüche nun, die wir an eine Melodie zu machen
pflegen, betrachtet Helmholtz ohne Zweifel mit Recht als hervor-
gegangen aus der Art des Hörens, an welche uns die moderne

Ausbildung der Musik zu harmonischer Vielstimmigkeit gewöhnt
habe; die einstimmige, homophone Musik, die dieser so lange
vorangegangen, habe sich nicht auf gleiche Weise durch einen
subintendirten Fundamentalbaß den Gang der Melodie deuten
können, sei also genöthigt gewesen, ihre ästhetische Lust auf andere Principien zu gründen. Wie dies nun geschehen sein möge,
wird in vielen Stücken für uns unklar bleiben, theils wegen der
Kärglichkeit der vorhandenen Beispiele, theils wegen der Schwierigkeit, unsere musikalischen Gewöhnungen abzustreifen und uns unbefangen in eine ganz fremdartige Weise des Genusses zu versetzen. Helmholtz glaubt der homophonen Musik das, was er
mit Fetis das Princip der Tonalität nennt, absprechen zu dürfen;
sie habe nicht das Bedürfniß gehabt, von einem Grundton, welcher
der Anfangston der benutzten Leiter gewesen wäre, als Tonica
auszugehen und zu ihm zurückzukehren, noch während der Bewegung alle durchlaufenen Töne in ihrer harmonischen Beziehung zur Tonica und den auf sie gebauten Grundaccorden festzuhalten. In den gälischen Volksmelodien könne als Tonica,
wenn überhaupt nun dieser Name noch gelten soll, jeder Ton
der Leiter auftreten; auch die verschiedenen griechischen Leitern
seien bei den Alten wahrscheinlich im Gebrauche das geblieben,
was sie ursprünglich waren, nämlich verschiedene, von verschiedenen Tonhöhen beginnende Ausschnitte einer gemeinsamen durch
mehrere Octaven durchgeführten Leiter, in denen die innere Gliederung dieser letzteren nicht nach dem jedesmaligen Anfangston
transponirt wurde und weder dieser noch ein anderer Ton die
entschiedene Stellung einer Tonica für die auf so abgestimmten
Saiten auszuführende Melodie besaß.

Wenn nun die einzelnen Töne einer Melodie nicht durch
ihre gemeinsame, für jeden aber anders geartete Beziehung zum
Grundton zusammengehalten werden, so scheinen außer den bloßen
Schwankungen der Tonhöhe, auf die allein wohl schwerlich ein
musikalischer Genuß gebaut werden dürfte, nur noch die harmo-

nischen Verhältnisse je zweier auf einander folgenden Töne als
Grundlage eines solchen übrig zu bleiben. Auf diese kettenartige
Verknüpfung jedes Gliedes mit dem folgenden durch das Gefühl
einer harmonischen Beziehung zu ihm scheint Helmholtz den ästhetischen Reiz der Melodie in der That hier zu begründen. Wie
sehr man sich indessen bemühen mag, von unsern auf die Tonalität unserer Musik begründeten Gewohnheiten abzusehen, so wird
man es doch schwierig finden, aus diesem andern Princip heraus auch nur den Grad des Eindrucks zu begreifen, den solche
Melodien doch auf die Völker ausüben müssen, denen sie eigen
sind. Wir können allerdings im Gesange eine Reihenfolge von
Quinten oder von Quarten vortragen, aber doch nur so, daß
wir die Quint des ersten Tones als neuen Grundton ansehen,
von dem aus wir die zweite Quint treffen; nach wenigen solchen
Schritten ist die Erinnerung an den Ausgangston fast verschwunden, und wir haben nicht nur das Gefühl einer Zusammengehörigkeit der späteren Töne mit dem Anfang nicht mehr, sondern es
fehlt uns überhaupt auch die Möglichkeit, den Gang einer solchen
Bewegung von Tönen in der Erinnerung zu einem Gesammtbilde zusammenzufassen; gleichwohl setzt jede Melodie dies voraus, und sie kommt nie zu Stande, wenn der zweite Ton in
dem Augenblick vergessen ist, in welchem etwa der vierte eintritt.
Doch hierin könnte vielleicht Gewöhnung uns mehr unterstützen,
als sich im Voraus berechnen läßt. Melodien wiederholen jedoch
nicht immer denselben Sprung, von Quint zu Quint oder von
Quart zu Quart; im Allgemeinen kann jeder Ton zum folgenden
ein anderes harmonisches Verhältniß haben, als dieser zum später-
folgenden; dies steigert die Schwierigkeit, die einander ablösen-
den Intervalle zu einer Gesammterinnerung zusammenzulesen,
sobald die Vorstellung einer Beziehung jedes Tones zu einer ge-
meinschaftlichen Einheit, das gemeinschaftliche Maß ihrer verschiedenen Intervalle, fehlt. Endlich mag zwar die Tonleiter aus
einer Wiederholung desselben Intervalls, der Quint z. B., ent-

standen sein; aber aus den verschiedenen Octaven, in welche die
verschiedenen Glieder einer Quintenfolge fallen, in den Raum
einer und derselben Octave projicirt und dort nach ihrer Höhe
geordnet, stehen diese Töne jetzt in anderen Verhältnissen zu einander, und die melodische Bewegung, die sie in irgend einer
Richtung durchläuft, kann sich nun an diese Einheit des Princips,
auf welcher das Dasein derselben in der Scala beruht, auf keine
Weise erinnern. Alle diese Zweifel entstehen schließlich allerdings unter dem Vorurtheil unserer modernen musikalischen Gewöhnungen, dennoch glaube ich, daß jeder Musik ein Princip der
Tonalität zukommen muß; wenn nicht in dem vollen Sinne, den
Helmholtz diesem Ausdruck gibt, so doch in ähnlichem. Kurze
Ausrufe, mit denen herkömmlich Verkäufer ihre Waaren anbieten,
Posten einander Signale geben, gemeinsam Arbeitende sich er-
muntern, mögen als einfache Cadenzen sich in wenigen harmonischen Intervallen bewegen, ohne weitere Ansprüche an eine
tiefere Verknüpfung ihrer Töne zu erwecken; entwickelt sich jedoch
die Melodie bis zu dem Grade, daß überhaupt eine bestimmte
Tonleiter ihr zu Grunde gelegt wird, so wird eben das Gehör-
bild dieser Leiter selbst der von der Erinnerung beständig dargebotene allgemeine Grundriß sein, auf welchen alle einzelnen Töne
der Melodie aufgetragen gedacht werden. Es ist nicht nöthig,
daß ein bestimmtes Glied der Leiter als Tonica festgehalten wird,
von der die Bewegung ausgeht, und zu der sie zurückkehrt, aber
nöthig allerdings, daß jeder einzelne Ton der Melodie, indem er
vorgetragen wird, nicht blos in seinem harmonischen Verhalten
zum nächstvorigen und zum nächstfolgenden, sondern zugleich in
seiner Stellung innerhalb der Leiter selbst, also in seiner Beziehung zu dem ganzen benutzten Tonsystem vorgestellt wird.

Unter dieser Bedingung verdienen aber dann auch die ver-
schiedenen griechischen Scalen, die wir haben entstehen sehen, den
Namen essentieller Tonleitern, den ihnen Helmholtz vorenthält.
Denn jede von ihnen verschiebt, indem sie von einem andern

Tone beginnt, ohne nach diesem Anfang die Verhältnisse der folgenden Töne zu modificiren, die innere Gliederung der Octave auf eine eigenthümliche Weise; dieses Bild aber, als Grundriß sich der Melodie unterschiebend, gibt ihr eine jener eigenthümlichen Färbungen, von deren früherer Mannigfaltigkeit uns jetzt nur noch die Unterschiede des Dur und Moll übrig geblieben sind. So lange nun die Musik nur auf einstimmige Melodien bedacht war, hatte jede dieser Tonleitern gleiche Berechtigung; dagegen erläutert Helmholtz mit siegreicher Klarheit, wie die allmählich mächtiger werdende Neigung zu harmonischer Vielstimmigkeit in der neueren Tonkunst die Mehrzahl jener Tonleitern und ihre characteristische Ausdrucksfähigkeit dem angestrebten höheren ästhetischen Gute opfern mußte.

In dem christlichen Kirchengesange, welcher die griechischen Tonarten beibehalten hatte, entwickelte sich das Princip der Tonalität nach und nach entschiedener, und führte zu einem andern Gefühl für die Gliederung der Tonleiter. Sie war früher aus harmonischen Kettenfortschritten und der Transposition der gefundenen Intervalle in den Raum einer Octave entstanden; jetzt traten die directen harmonischen Beziehungen der Leitertöne zu der Tonica in den Vordergrund. Helmholtz reconstruirt die Scala von diesem Gesichtspunkt aus. Verwandt im ersten Grade nennt er die Klänge, welche zwei gleiche Partialtöne haben, und zwar um so stärker verwandt, je stärker diese Partialtöne im Verhältniß zu den übrigen derselben Klänge sind. Nach dieser Bezeichnung folgen in der Octave über der Tonica c nach der Stärke ihrer Verwandtschaft ersten Grades mit c die Töne c g f a e es, in absteigender Leiter C F G Es As A. Die Intervalle zunächst an der Tonica sind hier noch zu groß, ihre Theilung geschieht durch Einschaltung von Tönen, welche mit der Tonica im zweiten Grade, d. h. welche mit ihr zugleich demselben dritten Klange im ersten Grade verwandt sind. Als solche dritte Klänge bieten sich obere und untere Quint der Tonica dar, durch

Verwandtschaft mit beiden treten d und h oder b in harmonische
Beziehung zum Grundton. Mit diesen verschieden gewählten
Einschaltungen lassen sich alle melodischen Tongeschlechter der
alten Griechen und der altchristlichen Kirche als Leitern wiederfinden, in denen sämmtliche Töne durch Verwandtschaften des
ersten und zweiten Grades mit dem Grundton zusammengehalten
werden. Unter diesen Tönen der Scala hat h die schwächste
Verwandtschaft mit der Quinte der Tonica, die schwächste also
noch mehr mit dieser selbst; aber durch seine Höhenstellung gewinnt es dennoch eine hervorragende Bedeutung; durch das kleinste
Intervall der Scala von der Octave der Tonica getrennt, erscheint es wesentlich als Vorstufe zu dieser. Dieser Umstand
hat sich in der modernen Musik, welche überall die deutlichsten
Beziehungen zur Tonica herstellt, immer mehr gelten gemacht
und hat bewirkt, daß bei aufsteigender Bewegung zur Tonica die
große Septime als Leitton zu dieser hin in allen Tonarten bevorzugt wurde, auch in denjenigen, denen sie ursprünglich nicht
zukam. Durch diese Umänderung ging die antike ionische Leiter
in die lydische, unsere Durscala über, die andern verschmolzen
durch Einsetzung der großen Septime in unsere aufsteigenden
und absteigenden Mollscalen.

Derselbe Vorrang gebührt diesen beiden Leitern auch um
des größeren Reichthums willen, mit welchem sie die allmählich
steigenden Anforderungen der harmonisch-vielstimmigen Musik erfüllen. Die stete Beziehung der Melodie auf den Grundton
verlangte zuerst am Schlusse eines polyphonen Satzes, daß außer
der deutlich hervorgehobenen Tonica die übrigen Stimmen nicht
nur in Tönen endigen, die überhaupt mit ihr consoniren, sondern
ausschließlich in solchen, welche Partialtöne der Tonica selbst sind.
Nur unter dieser im Gebrauch bekannten, theoretisch von Helmholtz zuerst erläuterten Bedingung ist der Schlußaccord ein be-
friedigender Vertreter des Grundtons; durch sie ist Quart und
Sexte der Tonica hier ausgeschlossen, große Terz und Quinte

zuläſſig; auch die kleine Terz des Mollaccordes galt lange für
untauglich, und kann in der That, ſo lange nur die Beziehung
des Ganzen auf die Tonica allein feſtgehalten wird, da ſie in
dem Klange derſelben nicht enthalten iſt, im Schluſſe nicht verwendet werden.

Daſſelbe harmoniſche Gefühl ſuchte jedoch nicht allein am
Ende, ſondern auch in dem inneren Gefüge des Satzes eine ſtraf-
fere Einheit herzuſtellen. Während Anfangs Accorde noch in
unzuſammenhängenden Sprüngen aneinander gereiht wurden,
ohne anderes Band als die Gleichheit der Tonart, aus deren
Stufen ſie alle gebildet waren, definirt Helmholtz die vom 16.
bis zum Anfang des 18. Jahrhunderts in der Muſik vorge-
gangene Veränderung dahin, daß ſich das Gefühl für die ſelbſt-
ſtändige Verwandtſchaft der Accorde untereinander ausbildete, und
nun auch für die Reihe conſonanter Accorde, welche die Tonart
zuläßt, ein gemeinſam verknüpfendes Centrum in dem toniſchen
Accorde geſucht und gefunden wurde. Direct verwandt nennt
Helmholtz zwei Accorde, welche einen oder mehrere Töne gemein
haben, indirect oder im zweiten Grade verwandt die, welche beide
mit demſelben dritten conſonirenden Accorde es direct ſind; als
toniſcher Accord aber kann innerhalb eines Tongeſchlechtes nur
ein ſolcher gewählt werden, deſſen Grundton die Tonica iſt, und
deſſen übrige Töne am geſchickteſten ſind, den Eindruck der Tonica zu verſtärken. Zu einem künſtleriſch zuſammenhängenden
Harmoniegewebe werden dann diejenigen Tongeſchlechter am meiſten geeignet ſein, welche die größte Zahl unter ſich und mit
dem toniſchen Accord verwandter conſonirender Accorde liefern
können. Die ausführliche Ueberſicht, welche Helmholtz hinzufügt,
läßt erkennen, daß dieſe Bedingungen am vollkommenſten nur in
den beiden Tongeſchlechtern des Dur und Moll erfüllbar ſind,
und daß auch aus dieſem Grunde vor ihnen die übrigen Tongeſchlechter des Alterthums mit Recht verſchwunden ſind.

Den Gebrauch der Diſſonanzen entſchuldigt und rechtfertigt

Helmholtz mit der gewöhnlichen Meinung aus dem Bedürfniß, theils die Lieblichkeit der Consonanzen, die allein ein selbständiges Recht der Existenz haben, durch Contrast zu heben, theils Mittel zu kräftigerem leidenschaftlichen Ausdruck zu besitzen. Dem entspricht, wenn er den Gang der Melodie durch das Bestreben geleitet denkt, zwei Töne auf einander folgen zu lassen, welche mit einander consoniren, die also durch die Gleichheit eines oder mehrerer Partialtöne zusammenhängen, und zwischen denen andere, blos nach dem Princip der Höhe eingeschaltete, nur als Durchgangstöne zu gelten haben. Vielleicht ist so das ästhetische Motiv solcher Tonverwendungen nicht vollständig ausgesprochen. Das sinnlich Angenehme nennt Helmholtz selbst ein wichtiges Unterstützungsmittel der Schönheit, jedoch nicht mit ihr identisch. Eben aus diesem Grunde scheint man diese Gedanken etwas anders wenden zu müssen. Die Dissonanz ist dadurch noch nicht ästhetisch gerechtfertigt, daß sie uns den Dienst leistet, durch Contrast das Wohlgefällige der Consonanz hervorzuheben. Man will keineswegs blos diesen Nutzeffect der Dissonanz einernten, so daß sie selbst, wenn er auf andere Weise sich erreichen ließe, wegbleiben könnte, sondern sie soll selbst Bestandtheil des dargestellten musikalischen Inhalts sein; man will nicht den Contrast nur subjectiv zur Hebung des consonanten Eindrucks ausnutzen, sondern verlangt, daß das Contrastiren als Ereigniß in dem musikalischen Object dargestellt werde.

Die Verschlingung der Stimmen in der polyphonischen Musik hat den Gebrauch der Dissonanzen mit sich geführt. Nachdem dies geschehen war, konnte man sich nachträglich, und es geschah nicht sogleich, der ästhetischen Forderung bewußt werden, die dieser Vorgang ungesucht erfüllt hatte. Die Möglichkeit eines Zwiespalts zwischen der Willkür des Einzelnen und der Ordnung des Ganzen ist ebenso sehr wie die Verneinung seines dauernden Bestehens ein Theil des Weltbildes, welches die Kunst entwerfen soll. Beständiger Einklang aller Stimmen würde uns den Eindruck eines Allgemeinen geben, das zwar vielgliedrig genug ist, um durch seine Mannigfaltigkeit zu reizen, aber doch der Einheit dieses Mannigfachen sich zu mühelos als einer durchaus unfraglichen Nothwendigkeit erfreut; erst die sich vorbereitenden und wieder auflösenden Dissonanzen überzeugen uns, daß dies allgemeine Element Raum hat nicht nur für die Mannigfaltigkeit des mechanisch Unfehlbaren, sondern auch für lebendige individuelle Entwickelungen und daß es den augenblicklichen Widerstreit der auseinandergehenden Richtungen dieser überdauert.

Dasselbe doppelte Bedürfniß, nicht nur eine subjectiv wohlgefällige Reihe von Erregungen zu bewirken, sondern durch sie den Werth eines objectiven Geschehens darzustellen, in dieser Darstellung aber das Lebendige dem Mechanischen gegenüber zu bevorzugen, beseelt auch die einzelne Melodie. Allerdings strebt sie von einer Tonstufe aus eine andere mit ihr consonirende zu erreichen; aber sie thut es doch nicht, um uns den subjectiven Genuß zu verschaffen, der uns vermöge der Gleichheit von Partialtönen beider aufeinanderfolgenden Töne aus der vorbereiteten und vermittelten Aenderung unserer Erregungen entspringen könnte. Sie thut es vielmehr, weil die Reihe der consonirenden Töne, worauf auch immer ihre Consonanz beruhen mag, jene objectiv ausgezeichneten und festliegenden Punkte des Tonreichs enthält, auf welche die Willkür jeder musikalischen Bewegung sich stützen und zwischen denen sie hin- und hergehen muß, wenn sie der hörenden Seele das Bild irgend eines Geschehens sein soll. Als solche Stufen werden die Töne von der Melodie aufgesucht und benutzt, nicht als Erregungen, deren Abwechselung den größten Annehmlichkeitswerth für unsere Sinnlichkeit oder den Mechanismus unseres Vorstellens hätte, sondern als Zielpunkte, welche durch eine objective Ordnung den sich vollziehenden Ereignissen vorgeschrieben sind. Und in dieser Darstellung einer Wirklichkeit wächst der Reiz der Melodie, wenn sie nicht von jeder Stufe aus das nächste Ziel wie eine seelenlose Kraft mit

einem Anlauf zweifellos trifft, sondern mit der Eigenwilligkeit
oder der Unsicherheit lebendiger Regsamkeit es zuerst überfliegt
oder hinter ihm zurückbleibt, um dann erst mit neuer Sammlung
und Besinnung sich fest auf ihm niederzulassen oder in beständiger Bewegung um dasselbe zu kreisen. So kann man sich die
Durchgangstöne der Melodie, die Vorhalte und mancherlei einfache Melismen deuten, so auch in andern Künsten allerhand
retardirende und beschleunigende Formen der Darstellung, halbe
Verhüllungen und vielfache kleine Störungen eines zu frühen
und zu leblosen Gleichgewichts; alle diese Formen dienen nicht
nur zur Steigerung der Annehmlichkeit unserer Erregungen, sie
stellen alle vielmehr Etwas dar, was zu dem vollständigen und
wahren Abbilde eines Geschehens überhaupt gehört, und allerdings erst hierin finden wir den ästhetischen Werth, der die
sinnliche Wohlgefälligkeit eines Tongebildes zu der Würde der
Schönheit erhöht.

Die Aufklärungen hatte ich bisher erwähnen wollen, die
wir über die Natur und den Zusammenhang des Tonmaterials
dem wissenschaftlichen Verfahren eines Naturforschers verdanken;
die letzten Bemerkungen haben indessen der Beantwortung einer
zweiten Frage vorgegriffen, über welche der Streit der Meinungen fortdauert, nach der allgemeinen Aufgabe nämlich, zu
deren Erfüllung die Musik die so beschaffenen Mittel benutzt.
Die ältere Meinung suchte sie theils in einer Darstellung der
Welt überhaupt, theils in der besonderen der menschlichen Gemüthszustände und Gefühle; die formalistische Ansicht, welche
jeden angebbaren Inhalt als Gegenstand der musikalischen Composition leugnet, ist erst neuerlich entschieden hervorgetreten. Unfruchtbare Versuche zu verzeichnen kann nicht die Pflicht der Geschichte sein; ich hebe deshalb allein Ed. Hanslicks ausgezeichnete Schrift über das Musikalisch-Schöne hervor, die bei ihrem
Erscheinen (Leipzig 1854) einen Sturm von Entgegnungen erregte, und sich die Aufmerksamkeit zu erhalten gewußt hat. (3. Aufl.)

Ich habe im Wesentlichen über sie zu wiederholen, was ich 1855
in den Göttinger Gel. Anz. S. 1049 ff. geäußert habe.

Gegen die empfindsame Flachheit wendet sich Hanslick zu=
erst, Gefühle als den unmittelbaren Inhalt und die Ueberlieferung
derselben als nächsten und einzigen Zweck der Musik anzusehen.
Er zeigt, wie wenig das Gefühl, zu dem wir angeregt zu wer=
den glauben, in den Melodien selbst liegt; wie leicht vielmehr
dieselbe Tonfolge sich zu gleich angemessenem Ausdrucke der ent=
gegengesetztesten Stimmungen verwenden läßt; er spricht geradezu
aus, daß die Darstellung eines Gefühls oder Affectes gar nicht
in dem eignen Vermögen der Tonkunst liege. Was macht denn,
fragt er, ein Gefühl zu diesem bestimmten Gefühl, zur Sehn=
sucht, Hoffnung, Liebe? Nur auf Grundlage einer Anzahl von
Vorstellungen und Urtheilen könne unser Seelenzustand sich zu
einer dieser characteristischen Stimmungen verdichten. Von der
Hoffnung sei unabtrennbar die Vorstellung eines Glückes, welches
kommen soll und mit dem gegenwärtigen Zustande verglichen
wird; die Wehmuth vergleiche ein vergangenes Glück mit der
Gegenwart; ohne diesen Gedankenapparat könne man das eine
Fühlen nicht Hoffnung, das andere nicht Wehmuth nennen; er
erst mache beide zu dem was sie sind, gerade er aber sei durch
die Mittel der Tonkunst nicht wiederzugeben. Und daher könne
die Musik den wesentlichen Inhalt und die Natur der Gefühle
gar nicht darstellen, wohl aber vermöge sie gerade, was man ihr
abgesprochen habe, die äußere Erscheinung formell nachzuahmen.
Das Fallen der Schneeflocken, das Flattern der Vögel lasse sich
musikalisch so malen, daß analoge diesen Phänomenen dynamisch
verwandte Gehöreindrücke entstehen. In Höhe Stärke Schnellig-
keit und Rhythmus der Töne biete sich dem Ohre eine Figur
von der ausgedehntesten Analogie mit der Gesichtswahrnehmung;
zwischen der Bewegung im Raume und jener in der Zeit, zwischen der Farbe Feinheit Größe eines Gegenstandes und der
Höhe Stärke Klangfarbe eines Tones bestehe eine Aehnlichkeit,

die uns in der That einen Gegenstand musikalisch zu malen erlaube, das Gefühl aber in Tönen schildern zu wollen, das der
fallende Schnee, der zuckende Blitz in uns hervorbringt, sei widersinnig.

An diesen letzten Gegensatz knüpfe ich meine Bedenken. Ein
Gefühl in Tönen zu schildern war es wohl eigentlich nie, was
man von der Musik verlangte; nur erwecken sollte sie es in
uns durch die Art der Bewegung, in welcher sie die Töne ver-
flocht. Und diese Aufgabe ist nicht schwerer lösbar, als die
andere, die Hanslick zuläßt: einen Gegenstand musikalisch zu
malen. Denn auch er selbst übertreibt seine Meinung nicht bis
zu der Behauptung, die Musik vermöge bestimmte namhaft zu
machende Gegenstände mit allem Zubehör ihrer Eigenthümlichkeit
abzubilden; nur das Dynamische ihrer Erscheinung, den Rhythmus des Geschehens ahme sie nach. Sie mag also die Bewegungsform, in welcher der Schnee fällt, durch eine Tonfigur
wiedergeben, aber durch keine Tonfigur kann sie sagen, daß es
eben der Schnee ist, der so zu fallen pflegt; die Erinnerung an
ihn oder an das Flattern der Vögel ist nicht der eigne Inhalt
dessen was wir hören, sondern eine Deutung, die unsere Einbildungskraft hinzufügt. Warum nun nicht zugeben, daß ganz
ebenso durch bestimmte Verknüpfungsweisen der Töne auch bestimmte Gefühle sich andeuten lassen? Denn daß gehörte Tonfiguren uns die Vorstellungen äußerer Ereignisse erwecken, denen
der gleiche Rhythmus zukommt, ist nicht das einzig Natürliche;
gleich natürlich wird durch sie die Erinnerung an die innern
Gemüthsbewegungen hervorgerufen, die in analogen Formen des
Wechsels zwischen Anspannung, Gleichgewicht und Erschlaffung
verlaufen. Unmittelbar kann daher die Musik zwar keines jener
bestimmten Gefühle darstellen, deren characteristische Natur nur
unterscheidbar wird durch die musikalisch nicht ausdrückbaren Veranlassungen, von denen sie ausgehen, und der Gegenstände, auf
die sie sich beziehen: die Hoffnung als solche mit dem für ihren

Begriff unentbehrlichen Nebengedanken eines künftigen Glücks, die Wehmuth mit dem gleich unentbehrlichen eines vergangenen, laſſen ſich durch Tonfiguren ſo wenig kenntlich bezeichnen, als der fallende Schnee mit ſeiner Kryſtallform oder der flatternde Vogel mit ſeinem Gliederbau. Aber ebenſo wie eine gehörte Tonfolge von beſtimmtem Character uns ſtets nur an eine beſchränkte Auswahl äußerer Erſcheinungen denken läßt, in denen wir ihre Bewegungsform wiederzuerkennen glauben, ebenſo würde ſie uns nur an die beſtimmte Gruppe von Gefühlen erinnern, die durch den Rhythmus der Verknüpfung und Abwechſelung der kleinſten Gemüthserregungen untereinander verwandt und dem Gehörten ähnlich ſind. Und ſo würde ſich denn der Gegenſatz doch nicht beſtätigen, den Hanslick zwiſchen der Fähigkeit der Muſik, Gegenſtände zu malen, und ihrer Unfähigkeit zur Darſtellung von Gefühlen zu finden glaubte; ſie vermag das eine genau in denſelben Grenzen zu leiſten, wie das andere.

Doch möchte ich noch mehr behaupten, dies nämlich, daß der Muſik die Erregung von Gefühlen nicht nur möglich iſt, ſondern daß ſie auf dieſe ihre eigentliche äſthetiſche Aufgabe gar nicht verzichten darf, daß aber zugleich ihr wahres Ziel nur in jenen namenloſen Gefühlen liegt, die der muſikaliſch nicht ausdrückbaren äußeren Veranlaſſung zu ihrem Verſtändniß und zu ihrer Bezeichnung nicht bedürfen, ſondern die unmittelbar dem eignen Werth der durch Tonfiguren darſtellbaren Verhältnißformen des Mannigfachen überhaupt gelten.

Ueber den erſten Punkt will ich kurz ſein. Die Zeit der äſthetiſchen Syſteme, bemerkt Hanslick, ſei vorüber, welche das Schöne nur in Bezug auf die von ihm wachgerufenen Empfindungen betrachteten; in jeder Unterſuchung müſſe zuerſt das ſchöne Object, nicht das empfindende Subject berückſichtigt werden. Aber das erſte Ergebniß einer ſo begonnenen Unterſuchung, möchte ich fortfahren, wird eben in der Erkenntniß beſtehen, daß es die eigne Natur des ſchönen Objectes iſt, nur für das Sub-

ject schön zu sein, und daß nicht blos die Hoffnung auf Verständniß der Schönheit, sondern selbst jeder Grund zur Erfind-
dung ihres Namens aus der Welt verschwinden würde, wenn
wir von dem Gefühle des durch sie erregten Wohlgefallens absehen wollten. Sei es je, fährt freilich Hanslick fort, einem
vernünftigen Architekten eingefallen, durch Baukunst Gefühle erregen zu wollen, oder ergründe man das Wesen des Weines,
indem man ihn trinke? Aber warum sollten wir diese beiden
wunderlichen Fragen nicht bejahen? Wie anders als durch
Trinken könnte man die Güte des Weines prüfen, (denn von
dieser, nicht von seinem sonstigen Wesen müßte hier die Rede
sein); und welchen erdenklichen Grund könnte ein Baumeister
haben, mehr zu bauen, als das nackte Bedürfniß erheischt, wenn
nicht die Absicht, eine Stimmung des Behagens, der Sicherheit,
der Feierlichkeit oder Andacht hervorzurufen? Doch dieser alte
Streit mag ruhen; mit Hanslicks sonstigen Ansichten ist diese
ihr wahres Ziel so sehr überfliegende Polemik gegen alles Gefühl nicht unablösbar verbunden; sie ist eine leicht zurücknehm-
bare Concession an die formalistische Aesthetik, deren kühnster
Vertreter Zimmermann allerdings eine Musik für möglich hält,
bei der sich gar Nichts fühlen ließe. Wäre sie wirklich möglich,
so würde sie nur zu sehr wissenschaftlichen Sätzen gleichen, bei
denen sich Nichts denken läßt.

Von größerer Wichtigkeit ist uns der zweite Satz, dessen
Erläuterung und Erweis uns noch obliegt. Gewiß nicht Gefühle überhaupt, nicht Gefühle um jeden Preis soll die Kunst
erregen wollen, nicht der Empfindsamkeit schmeicheln und die
Trägheit durch ein Aufgebot von Reizen aufstacheln, nicht durch
jedes Mittel Erschütterung des Gemüths bewirken, nur damit
aus diesem Aufruhr ein Zuwachs des Wohlgefühls für den Er-
schütterten entspringe. Aesthetisch berechtigt ist nur dasjenige
Gefühl, welches durch die Darstellung eines objectiven Verhältnisses erregt wird, ein Gefühl, das nicht sowohl auch die

Objective nur zur Förderung des persönlichen Wohlseins aus-
beuten will, sondern das sich selbst vielmehr nur dazu bestimmt
glaubt, dem Werthe desselben die lebendige Wirklichkeit zu verschaffen, die dieser, wie jedes Gut, nur in der Lust eines Genießenden gewinnen kann. In der Erweckung solcher Gemüthszustände wird nun die Musik durch ihre Unfähigkeit zur kennt-
lichen Darstellung empirischer Einzelheiten nicht gehindert, sondern nur begünstigt. Denn eben diejenigen Gefühle, welche ihr
unausdrückbar bleiben, weil sie von bestimmten Umständen und
deren Verwicklung abhängen, lassen auch da, wo wir sie wirklich
erleben, den objectiven Eigenwerth der Verhältnisse, von denen sie
erregt werden, selten ungetrübt zu unserem Genusse kommen; sie
überlasten ihn meistens durch leidenschaftliche und egoistische Hervorhebung der Förderung oder Störung, die wir persönlich durch
unsere Verwicklung in jene bestimmten Umstände erfahren. Der
Schmerz um das Hinscheiden Geliebter empfindet selten rein den
elegischen Inhalt des beklagten Ereignisses; er ist nicht blos die
Trauer um die Vergänglichkeit, sondern geschärft durch die Bitterkeit, daß wir es sind, die von diesem Wehe leiden, und getrübt
durch mannigfache Nebenumstände, die unsere Erregung steigern,
vermindern, nach widerstreitenden Richtungen auseinanderziehen.
Die Lust eines Wiederfindens genießt ebenso selten rein das
Glück, das in dieser andern Form des Geschehens liegt; unzählige Einzelheiten, an denen einerseits seine Verwirklichung hängt,
sind andererseits zugleich geschäftig, seine Würdigung durch leidenschaftliche Uebertreibung der gefundenen Befriedigung oder durch
Nebenempfindungen beginnender Verlegenheiten zu verderben.
Von diesen Gefühlen, so wie sie aus bestimmten Veranlassungen
heftig und in unreiner Vermischung entstehen, sollen wir im
Leben unser Gemüth nicht hin- und herwerfen lassen; die Schönheit der Seele, mit welcher auch die Darstellungen der Kunst
einstimmig sein sollen, besteht in jener Festigkeit, die von keinem
einzelnen Eindrucke sich weiter hinreißen läßt, als die Gerechtig-

keit gegen die übrige Gesammtheit des Weltinhalts gestattet, und in
der Ueberwindung, den Inhalt des Geschehenden nach dem Werthe zu
schätzen, den er selbst in der allgemeinen Ordnung der Dinge hat,
nicht nach dem Maße der Förderung oder Störung, die aus ihm
für unsere persönliche Wohlfahrt entspringt. Diese Idealisirung des
Geschehenden ist die gemeinsame Aufgabe aller Künste; sie alle
lassen von der empirischen Gestalt des Darzustellenden viele Züge
hinweg, welche den reinen Gehalt eines in ihm vorhandenen
ästhetisch wirksamen Verhältnisses nur verdunkeln würden. Während indessen die Poesie im Stande ist, ihrem Ausdrucke dieses
Gehaltes noch eine breite realistische Unterlage in der Zeichnung
bestimmter mit Namen zu nennenden Gebilde der Wirklichkeit und
ihrer anschaulichen Beziehungen zu lassen, thut die Musik noch
einen weiteren Schritt zurück; sie läßt uns den Werth bestimmter
Formen des Geschehens unmittelbarer empfinden, indem sie als
Elemente, zwischen denen es sich ereignet, nur Töne benutzt, in
denen keine Verbildlichung irgend einer bestimmten Wirklichkeit
liegt. Sie erfüllt aber hierdurch ein wesentliches Verlangen unseres Gemüthes.

Wir wissen die Vortheile unserer menschlichen Organisation
und alle Gunst unserer menschlichen Lebensstellung zu schätzen;
wir empfinden, daß alle höheren und geringeren Güter, die wir
erwerben, an die bestimmte Gestalt dieser Mittel geknüpft sind,
mit denen die Natur uns ausgestattet. Dennoch empfinden wir
alle zuweilen diese Grundlage unsers Seins als eine Beschränkung; wir möchten diese Grenzen unserer Endlichkeit überfliegen
und das Leben anderer Geschöpfe versuchen können, ja vielmehr
das Leben selbst, nicht dieses oder jenes bestimmte, sondern die
allgemeine Regsamkeit des Daseins möchten wir kosten, wie sie
frei von jeder Beschränkung durch die unterscheidende Bildung
einer besonderen Gattung die Welt im Großen durchwogt. Alles
ferner, was wir im Leben erreichen, das erfreut uns zuerst wohl
durch seine bestimmte Einzelgestalt, in der es für den Augenblick

und dessen besondere Wünsche ein zufriedenstellendes Gut ist; aber das Leben ist lang und in seinem Verlauf erblaßt allmählich der Werth dieser einzelnen Befriedigungen. Indem wir die bleibende Summe unseres Gewinnes zu ziehen suchen, bemerken wir mehr und mehr, daß das wahre Gut in einem Allgemeineren besteht, für das alle jene einzelnen glücklichen Erfolge nur die Gelegenheiten seiner Verwirklichung sind. Und dieses Gefühl kommt uns doch nicht nur am Abschlusse des Lebens; wenn wir uns selbst prüfen, finden wir, daß es uns schon mitten im wirklichen Genusse jener veränderlichen Einzelheiten durchdringt. Wir freuen uns nicht blos der bestimmten Mannigfaltigkeit von Eindrücken, die uns vielleicht in diesem Augenblicke, zusammengefaßt in unserem Bewußtsein, Unterhaltung gewährt; wir freuen uns vielmehr zugleich des allgemeinen Gedankens einer Mannigfaltigkeit überhaupt, die zur Einheit sich verbinden läßt. In unserer Erinnerung verschwindet allmählich der bestimmte Inhalt der einzelnen vom Glücke uns geschenkten Güter, die in dem Augenblicke, da wir sie empfingen, lebhaften Wünschen entsprachen; aber unsere Empfänglichkeit für die Gaben des Schicksals steigert sich; denn geblieben ist uns von früheren Erlebnissen die allgemeine von tiefem Gefühl durchdrungene Anschauung, daß es überhaupt in der Welt diese gegenseitige freundliche Beziehung ihrer Elemente auf einander gibt, aus der einzelne hellere Punkte des Glückes hervorstrahlen können; und diese allgemeine Erinnerung kommt in uns der Würdigung jedes neuen Gutes entgegen, mit dem der Verlauf des Lebens uns noch ferner beschenkt. Finden wir uns durch unablässige Consequenz des Handelns einem lang erstrebten Ziele zugeführt, so schätzen wir nicht nur den bestimmten Vortheil, der uns durch die Erreichung dieses bestimmten Zweckes zufällt, sondern wir erfreuen uns nicht minder an dem Gedanken der allgemeinen Festigkeit der Welt, die es möglich macht, daß stetige Consequenz Erfolg hat. Wird unsere Hoffnung auf eine bestimmte einzelne Wendung unseres

Schicksals erfüllt, so liegt doch der ganze Genuß weder in der Erwartung noch in der Erlangung dieses besonderen Gewinnes, sondern auch in dem allgemeinen Gefühl, daß es im Laufe der Schicksale überhaupt glückliche Wendungen und erreichbare Punkte der Befriedigung gibt. Ueberblicken wir endlich die Welt im Ganzen und finden wir, daß sie nicht in principlose Mannigfaltigkeit zerfällt, sondern daß feste Gattungen der Geschöpfe, in verschiedenen Graden der Verwandtschaft auf einander bezogen, jede in ihrer Weise sich entwickeln, und daß jede zu ihrer Entwicklung in der umgebenden Außenwelt die hinlänglichen Bedingungen antrifft, so bleibt aus dieser Anschauung, wenn wir längst die einzelnen Punkte wieder vergessen haben, das Bild einer harmonischen Fülle zurück, in der jeder einzelne lebendige Trieb nicht allein und verlassen sich ins Leere hinein ausbreitet, sondern jeder darauf hoffen kann, begleitende Bewegungen zu finden, die ihn heben, stärken und zum Ziele führen.

Und dieses große Bild können wir kaum aussprechen, ohne daß es sich von selbst für uns in Musik verwandelte; ohne daß wir sogleich inne würden, wie eben dies die Aufgabe der Tonkunst ist, das tiefe Glück auszudrücken, das in diesem Baue der Welt liegt, und von welchem die Lust jedes einzelnen empirischen Gefühls nur ein besonderer Widerschein ist. Indem die Musik die endlichen Veranlassungen verschweigt und verschweigen muß, von denen im Leben unsere einzelnen Gefühle ausgehen, sagt sie sich doch nicht von dem Gefühle überhaupt los, sondern sie idealisirt es in einer so eigenthümlichen Weise, daß sie hierin von keiner andern Kunst erreicht, noch weniger überboten wird. Nicht dadurch nämlich wirkt sie, daß sie in sich selbst das fertige Gefühl enthielte und uns überlieferte, sondern dadurch, daß sie uns die allgemeinen Beziehungen des Mannigfachen anschaulich verführt, in deren gemeinsamer aber unendlich bildsamer Form Alles sich entwickelt, was im Laufe des äußern und des innern Lebens für unser Gemüth von Werth ist. Und eben, weil sie diese Beziehungen nur in allgemeiner Gestalt, nur in namenlosen Umrissen, unnennbaren Bewegungen darstellt, hindert sie unsere Phantasie, nur wieder an einem einzelnen besondern Ereignisse zu haften, und zwingt sie, an jeder besondern Deutung verzweifelnd, in allgemeiner Form das allgemeine Glück zu empfinden, das aller einzelnen Lust zu Grunde liegt.

So geben wir dem geistreichen Schriftsteller, der diese Bemerkungen veranlaßte, völlig Recht darin, daß unmittelbar die Musik nur das Dynamische der geschehenden Ereignisse, nur die Figuren ihres Geschehens wiedergibt; aber den Werth dieser Figuren halten wir für keinen eigenen; sie erscheinen schön, indem sie die Erinnerung der unzähligen Güter erwecken, die in dem gleichen Rhythmus des Geschehens und nur in ihm denkbar sind. Das Verdienst Hanslicks aber, jene Wahrheit entschieden hervorgehoben zu haben, halte ich für weit größer, als den Irrthum, den er, wenn ich Recht habe, mit seiner Abweisung des Gefühls beging. Die Natur der Sache ist zu mächtig, als daß dieser Irrthum Hoffnung auf Verbreitung hätte; viel wichtiger ist es, daß Hanslick mit hoffentlich bleibendem Erfolg jene flache Empfindsamkeit bekämpft, die von der Musik nur eine gefällige Wiedergabe ihrer kleinen beschränkten empirischen Gemüthszustände verlangt, ohne dafür Sinn zu haben, daß jedes berechtigte ästhetische Gefühl nur auf der Anschauung und Bewunderung einer großen objectiven Thatsache der Weltordnung beruhen kann.

Und nun, da man doch einmal gewohnt ist, Philosophen doctrinär reden zu hören, will ich einen eignen früheren Versuch erwähnen, durch den ich, ohne mit ihm Glück zu machen, die oben mitgetheilte Deutung der Musik bestimmter gliedern zu können meinte. (Ueber Bedingungen der Kunstschönheit. Göttingen 1847.) Jedes Kunstwerk hebt aus der unzählbaren Fülle denkbarer Gestaltungen eine einzelne heraus, und strebt in sie den vollen Gehalt der Schönheit niederzulegen. Dies Beginnen schien mir einer Rechtfertigung zu bedürfen: ein Einzelnes durfte zur Erscheinung der Idee nur gemacht werden, wenn seine Darstellung, obgleich sie es allein hervorhebt, doch eine deutliche Erinnerung an das Allgemeine oder das Ganze einschloß, auf dem zu beruhen oder dem unterthan zu sein, das Recht und die Pflicht jedes Einzelnen ist. Diese Gerechtigkeit kann die Kunst, ohne ihre Zwecke zu gefährden, nicht auf dem Wege einer unmittelbaren Verneinung üben, durch welche das Einzelne aus der angemaßten Stellung, für sich selbst ein Ganzes zu sein, wieder herabgedrückt würde; sie kann nur dadurch ihre Kritik seiner Unselbständigkeit ausführen, daß sie bejahend die allgemeinen Grundlagen miterscheinen läßt, die ihm den Schein seiner selbständigen Genügsamkeit möglich machen. Jede Kunst schien mir deshalb eine Andeutung des ganzen Weltbaues, und erst auf sie aufgetragen die Darstellung einer besonderen Erscheinung bieten zu müssen, keine aber ausdrücklicher als die Musik zur Erfüllung dieser Forderung befähigt zu sein. In der Verschlingung dreier Momente glaubte ich nun die allgemeine Figur alles Geschehens zu finden: allgemeine Gesetze zuerst, theilnahmlos und ohne Vorliebe für die besondere Gestalt der herauskommenden Erfolge, beherrschen alle Erscheinungen; ihnen unterthan ist dann eine Vielheit wirklicher Elemente, jedes mit seiner unableitbaren Eigennatur ausgerüstet, die dem Gebote der allgemeinen Gesetze gehorcht, ohne doch aus ihnen zu entspringen; ein ordnender Gedanke fügt als leitender Zweck den mannigfachen Lärm der Erscheinungen zu dem Ganzen eines Planes zusammen. Wie diese drei aufeinander nicht zurückführbaren Mächte sich in die Welt theilen, mag die Philosophie untersuchen; die Kunst aber, um uns in ihren Werken das verlangte Abbild des gesammten Weltlaufs zu geben, muß sie alle drei in ihrem Zusammenwirken andeuten.

Die drei wesentlichen Bestandtheile der Musik, die Zeitmessung, die Harmonie und die Melodie, schienen sich

Takt, indem er die Zeit in gleiche Abschnitte zerlegt und die Hebungen und Senkungen seiner inneren Gliederung immer in
gleicher Weise wiederholt, ohne Rücksicht auf die Verschiedenheit
des musikalischen Inhalts, der sich innerhalb dieser Schranken
entfaltet, gibt uns unmittelbar den Eindruck eines allgemeinen
Gesetzkreises, welcher alle Mannigfaltigkeit gleichmüthig beherrscht
und in sich aufnimmt, ohne für die Besonderheit der einen Erscheinung mehr Theilnahme zu empfinden, als für die der andern. Um dieser Bedeutung willen hat für verschiedene Kunst-
zwecke das deutliche Hervortreten des Taktes verschiedene Bedeutung. Die Zeiteintheilung allein, an dem Substrat eines formlosen Tones, wie an dem der Trommel markirt, bildet kaum
noch ein ästhetisches Object, denn die bloße Wahrnehmung des
inhaltlosen Mechanismus kann uns nicht reizen; auch in der
Tanzmusik gibt die lebhafte Accentuation des Taktes und die mit
ihm zusammenwirkende rhythmische Gliederung der Melodie jener
Vorstellung der allgemeinen Gesetze nur die Nebenbedeutung eines
gemeinen Laufes der Dinge, dem sich das geistige Leben, auf
Individualität verzichtend, willenlos hingibt; aus einiger Entfernung gehört, welche die Melodie undeutlich macht, erscheint dann
der Takt als roher Ausdruck für den geistlosen Schlendrian des
Daseins, der die Menge elektrisirt. Anders wirkt er in dem
gehalteneren Gange der kriegerischen Musik, hier ein ernsteres
Allgemeine versinnlichend, dem sich das individuelle Leben mit
festem Entschluß und würdevoll selbst unterwirft. Ganz entbehrlich ist diese Darstellung des Allgemeinen durch den Takt zum
vollen Eindruck der Musik nicht; eine Melodie oder eine Har-
monienfolge, die sich längere Zeit ohne erkennbaren zeitlichen
Rhythmus bewegt, nimmt einen melancholischen und ängstlichen
Charakter der Unsicherheit an; sie gleicht einer Entwicklung, die
es wagt, in einem leeren Raum vor sich zu gehen, in welchem
es keine Festigkeit vorausbestimmter Gesetze gibt, die ihr Stetig-

keit und Erfolg verbürgen. Verhüllt aber kann die Gleichförmig=
keit der Zeiteintheilung werden und als nur intentionell festge=
haltener Takt dennoch wirksam bleiben durch die Bildung der
Melodie, welche die Hebungen und Senkungen ihres eignen In=
halts nicht immer mit denen des Zeitmaßes zusammenfallen läßt,
sondern sie gegen dieselben verschiebt.

Die harmonischen Verhältnisse, und zwar meine ich hier
die verschiedenen Tonarten und ihre gegenseitigen Beziehungen,
erschienen mir ebenso ungezwungen als Gegenbilder der allge=
meinen Gattungsbegriffe, welche in der theoretischen Weltauffas=
sung die charakteristische Eigenform einer den höchsten Gesetzen
gehorchenden, aber aus ihnen nicht ableitbaren Lebendigkeit be=
zeichnen. Man wird nicht scrupulöse Genauigkeit dieses Ver=
gleichs erwarten; denn die Musik bildet ja eben nicht sowohl die
geschaffene Natur, die natura naturata der Philosophen ab, son=
dern die schaffende, jene natura naturans, die mit ihren allge=
meinen Wirkungsmitteln spielt und die durchdringende Zweck=
mäßigkeit derselben sehen läßt, ohne sie noch auf einen wirklichen
Zweck zu richten. Wir könnten daher genauer sagen, daß die
Tonarten nicht die Gattungen der Natur, sondern nur jene un=
endliche Beziehbarkeit, Vergleichbarkeit, Verwandtschaft und abge=
stufte Verschiedenheit des Weltinhalts überhaupt repräsentiren,
durch welche es geschehen kann, daß die Mannigfaltigkeit des
Wirklichen, das den allgemeinen Gesetzen gleichmäßig unterliegt,
zugleich ein geordnetes Ganzes auf einander hindeutender, in ein=
ander übergehender oder einander ausschließender Gattungen bildet.
Indem die Musik in einer Tonart beginnt, in eine andere aus=
weicht, und in dieser zweiten ganz die nämliche innere Glieder=
ung wieder antrifft, die sie in jener ersten fand, indem sie ferner
nicht von jeder Tonart zu jeder andern unmittelbar übergeht,
sondern Wege der Vermittlung aufsuchen muß, führt sie uns
deutlich diese allgemeine Wahrheit vor, daß die einzelnen Er=
scheinungen der Wirklichkeit nicht beziehungslos auseinanderfallen

als bloße Beispiele der allgemeinen Gesetze, daß sie vielmehr zusammen ein Ganzes bilden; daß ferner die Theile dieses Ganzen nicht bis zur Vertauschbarkeit gleichgültig, jeder vielmehr dem andern in einem besonders abgemessenen Grade verwandt ist, obgleich in allen diesen einzelnen Gattungen des Wirklichen der innere Zusammenhang der Gliederung durch dieselben allgemeinsten, sich immer wiederholenden Gesetze bestimmt ist. Die nächste Analogie zu dieser Wirkung der Harmonien bietet die Vielheit der perspectivischen Projectionen räumlicher Gegenstände. Es liegt ein großer ästhetischer Reiz in dem Bewußtsein, daß das Wahrgenommene nicht blos eine anschauliche Gestalt hat, nicht nur von einem Standpunkt aus sich als geschlossenes und faßbares Gebilde darstellt, sondern daß es von verschiedenen Seiten gesehen, verschiedene Formen annimmt, die doch alle nach allgemeinen Gesetzen aus einander ableitbar sind, und die zusammengenommen erst den ganzen Umriß des beobachteten Gegenstandes ausmachen. Ein großer Theil des schönen Eindrucks, welchen die Landschaft durch ihre Formen macht, wird auf eine solche günstige Vertheilung ihrer Gegenstände zu rechnen sein, durch welche wir gleichsam eingeladen und angetrieben werden, uns in verschiedene Theile ihres Ganzen hineinzudenken und von allen diesen wechselnden Standpunkten aus die Gestaltverschiebungen der übrigen Theile des Ganzen nach und nach zu beobachten. So werden wir mit dem Eindruck eines unendlich vielseitigen Zusammenhangs der Dinge gesättigt, welcher trotz der Einförmigkeit der allgemeinsten Gesetze eine unermeßliche Mannigfaltigkeit des Wirklichen und zugleich unabläßige Harmonie dieses Mannigfachen möglich macht. Denselben Eindruck nun gewährt uns schon eine harmonisch geordnete Aufeinanderfolge von Accorden, auch noch ohne bestimmte Melodie; jeder Schritt eröffnet uns hier eine neue Perspective, einen neuen eigenthümlich gefärbten Durchblick auf die in aller Mannigfaltigkeit gleiche und in aller Gleichheit unendlich mannigfache Organisation der Welt, und auf

die unzähligen sich stets verschiebenden Verwandtschaften und
Gegensätze ihrer Elemente.

Für sich allein indessen, nur durch Zeiteintheilung vielleicht
unterstützt, aber noch ohne sich deutlich hervorhebende Melodie,
kann eine harmonische Accordfolge nur unvollständig befriedigen.
Sie ist eben nur ein Versinken in das Hin= und Herwogen
wirkungsfähiger, aber noch nicht zu bestimmter Wirkung her=
austretender Kräfte. So mag sie am meisten den religiösen
Stimmungen dienen, welche die characteristische auf endliche
Zwecke gerichtete Thätigkeit in der Betrachtung des Unendlichen
zu Grunde gehen lassen; der Choral und andere Formen der
geistlichen Musik, obwohl sie nicht jedes melodiöse Element aus=
schließen können, beschränken es doch mit Recht auf den melo=
diösen Fortschritt, der von selbst aus der Folge der harmonischen
Accorde nebenher entsteht; sie sind der Gefahr ausgesetzt, zu
weltlich zu werden, wenn sie die Melodie allzu lebhaft freilassen
und sie entziehen sich dem theilweis wieder durch künstliche Ver=
arbeitung einfacher melodischer Themen, durch welche die Me=
lodie ihre Selbständigkeit etwas gegen den verstärkten Ausdruck
ihrer Unterordnung unter die Gesetze der Harmonie einbüßt.
Kaum brauche ich nun besonders auszusprechen, daß die Melodie
mir als das ganz individuelle, von einem specifischen Plane ge=
leitete Leben erscheint, das den allgemeinen Typus seiner Gat=
tung, die Harmonie, und die noch allgemeineren Gesetze alles
Daseins, die rhythmische Zeiteintheilung, zwar als Grundlage
seiner Möglichkeit benutzt und zur Erscheinung bringt, dessen
Eigenthümlichkeit aber von keinem dieser beiden Elemente ableit=
bar ist. Wie auch immer die Melodie durch die Bestimmungen
ihrer Tonart gebunden ist: innerhalb dieser Schranke ist doch
jede Fortsetzung, die ihr Anfang verlangt, nur durch diesen An=
fang, oder nur durch den besondern Geist der Consequenz be=
dingt, der in ihrem Ganzen herrscht; so überredend diese Con=
sequenz ist, nachdem sie da ist, so ganz incommensurabel bleibt

sie und die freie Erfindung kann durch keine gesetzliche Anweisung zur Erzeugung einer wahrhaft reizvollen Melodie angeleitet
werden. So ist sie das ästhetische Gegenbild alles Individuellen,
das auch der theoretischen Weltbetrachtung immer nur als Gegenstand der Anschauung gilt, in Begriffen und Denkbestimmungen
dagegen sich niemals erschöpfen läßt. Aber für sich allein bildet
auch die Melodie nicht die volle musikalische Schönheit. Es ist
nicht nur unsere moderne Gewohnheit, zu ihr eine harmonische
Begleitung hinzuzudenken, sondern sie selbst ist ohne diese nicht
vollständig. Der einstimmige Gesang, sei es, daß nur Einer,
oder daß Viele ihn unisono vortragen, hat für sich allein und
länger dauernd, stets den Character des Melancholischen, gleichviel wie belebt sonst die gesungene Melodie sei; er wird erst
freudiger, wenn die harmonische Begleitung ihm den festen Boden einer ihn stützenden und haltenden Gesetzlichkeit unterbreitet.
Man kann den Reiz eines Violinsolo dagegen einwenden; doch
scheint mir auch hier der Ausdruck einer ängstlichen Vereinsamung nur durch ein Uebermaß melodiöser Lebendigkeit vermieden, und er tritt sofort hervor, wenn einfache und langsame
Gänge, wie sie der Natur einer Gesangweise entsprechen, vorgetragen werden.

Ueber die kunstmäßige Verarbeitung melodischer Themen
hat die Vergleichung des instinctiv Geschaffenen noch einige Gesetze kennen gelehrt, in denen man leicht die Forderung derselben
allgemeinen Figuren des Geschehens wiedererkennt, welche auch
für andere Künste maßgebend sind. Wie in Linienzügen der
Arabesken die Gegensätze von Rechts und Links, wie in der
Baukunst die ornamentale Vorandeutung des kommenden Gliedes
am vorhergehenden, wie in Rhetorik und Poesie bald Antithesen,
bald vermittelnde Uebergänge und sich steigernde Wiederholungen
reizend wirken, so wird auch die Melodie durch Umkehrung ihres
Laufs, durch Aenderung ihrer Rhythmisirung, durch Vorbereitung und Verzögerung neuer Wendungen, durch Täuschung der

erregten Erwartung und Ausweichung in unerwartete Consequenzen zu lebendiger Entwicklung gegliedert.

Alle diese Betrachtungen gelten indessen nur den allge=
meinen Mitteln, deren sich die musikalische Phantasie bedient;
über Recht und Unrecht ihres Gebrauchs, über die Ziele, welche
die Erfindung zu verfolgen, die Schranken, die sie zu achten
hätte, mit einem Wort über den ästhetischen Geist der musikalischen Kunstwerke verstummt die Theorie. Sie überläßt hier
das Feld jener Kunstkritik, die im Einzelfalle scharfsinnig Ge=
lungenes und Verfehltes, Großes und Unbedeutendes scheidet,
ohne die Gründe ihres Urtheils auf allgemeingeltende Gesichts=
punkte zurückzubringen. Ich bekenne die Unvollständigkeit meiner
Kenntniß musikalischer Literatur; wo ich jedoch suchte, bin ich in
der Erwartung weiterer Aufklärung getäuscht worden. Eines=
theils stört die gewöhnliche Unart der Schriftsteller, Unwesentliches, wie die der Physik leicht zu entlehnenden akustischen Thatsachen, breit vorzutragen und da abzubrechen, wo das Gebiet der
eigentlich ästhetischen Fragen beginnt; anderntheils fällt uns der
Mangel einer Tradition auf, durch welche früher errungene
Wahrheiten fortgepflanzt oder frühere Ausdrücke der Wahrheit
festgehalten und durch zusammenhängende Arbeit der Späteren
nach und nach vervollkommnet würden; jeder neue Versuch geht
unbekümmert um seine Vorgänger wieder in die Tiefe des eignen
Gefühls zurück, und wagt einen neuen glücklichen Griff nach
dem, was Andere vielleicht schon eben so sicher oder unsicher erreicht hatten. So wilde Phantasien, wie Heinses Hildegard
von Hohenthal, bereichern die Erkenntniß nicht; Daniel Schu-
barts Aesthetik der Tonkunst bricht an dem entscheidenden
Punkte unvollendet ab; Hands gleichnamiges verdienstliches Werk
behandelt doch nur das Technische und Conventionelle mit geschmackvoller Schätzung; nicht wesentlich weiter kommt Krauses
allgemeine Theorie der Musik (Göttingen 1838); die Aufgabe,
die er, Philosoph und Musiker zugleich, seiner Lieblingskunst

stellt, das schöne und erhabene Gemüthsleben in dem Leben des Tones oder durch die Welt der Töne darzubilden, klärt nicht über die Verfahrungsweisen auf, die der Musik nöthig sein würden. Dieselbe Kluft läßt Bernhard Marx zwischen den Idealen der Tonkunst, die bei ihm in allzuweither entbotenen philosophischen Formeln auftreten, und dem musikalischen Inhalt, welcher sie erfüllen soll. Viel größeren Gewinn würden die historischen und kritischen Darstellungen theils einzelner Meister, theils einzelner musikalischen Kunstrichtungen gewähren, unter denen an Winterfelds, Chrysanders und Jahns in verschiedenem Betracht meisterhafte Leistungen erinnert sein mag; aber dieser Gewinn fügt sich einer Berichterstattung eben so wenig, als aus früherer Zeit die stets liebenswürdigen und anspruchslosen Darstellungen, durch welche Rochlitz (für Freunde der Tonkunst. 4 Bde.) ohne in abstruse Tiefen zu tauchen, Geschmack und Urtheil seiner Leser zu bilden suchte.

Die Unmöglichkeit, den Gehalt der Musik durch Gedanken zu fixiren, eine Unmöglichkeit, die man so oft als Unfähigkeit der Tonkunst selbst und als Zeugniß ihres Unwerthes gedeutet, hat Ed. Krüger (Beiträge für Leben und Wissenschaft der Tonkunst. Leipzig 1847. S. 97—185) namentlich im Kampf gegen Hegel scharfsinnig beleuchtet. Man wird seinem Nachweis beistimmen, daß das Poetische in jeder Kunst sich dem logischen Gedanken entzieht; andere Künste täuschen nur hierüber mehr als die Musik, weil die Mittel, deren sie sich bedienen, einen ungleich größeren Kreis bestimmter Vorstellungen und Gedanken anzuregen pflegen; aber dieser logische Gehalt stellt doch nur das Material dar, aus welchem die Schönheit durch eine völlig unberechenbare Verbindung seiner Elemente entsteht. In dem „System der Tonkunst" (Leipzig 1866) gliedert derselbe Kunstkenner seine Aufgabe in eine Naturlehre, eine Kunstlehre, eine Ideenlehre der Musik. Aber zu der letzten, welche die hier erwähnten Fragen zu beantworten hätte, findet auch er nur ahnungsvolle Anfänge, aus denen ein wissenschaftliches Ganze zu erbauen noch lange Mühen kosten werde. Nach diesem Geständniß eines Sachverständigen darf ich nicht besorgen, geirrt zu haben, als ich für diesen Kreis von Aufgaben keine Fortschritte der systematischen Aesthetik glaubte berichten zu können.

Von den Kennern kehre ich noch einmal zu den Philosophen zurück. Beiden freilich zuzurechnen ist Karl Köstlin, dem Vischers Aesthetik den größeren Theil ihres reichhaltigen Abschnitts über Musik verdankt, eine Arbeit, die als zusammenfassende Schatzkammer des bisher Geleisteten und eigener weiterfördernden Gedanken sich der verdienten Anerkennung bereits hinlänglich erfreut. Von den älteren Darstellungen reizt mich Weiße's Versuch einer dialektischen Gliederung des ganzen musikalischen Reiches. Ich habe erwähnt, wie Weiße die Eigenheit des modernen Kunstideals in jener Reinheit und Universalität der Phantasie findet, welche die Schönheit als solche anschaut und sie überall und unter jeder Gestalt anerkennt, ohne sie an irgend einen natürlichen oder religiösen Inhalt, ohne sie an einen Inhalt überhaupt gebunden zu denken. Von anderem Ausgangspunkte her trifft diese Ansicht nahe mit dem zusammen, was ich oben als die Bestimmung der Musik nannte. Sie lag uns nicht in der Darstellung der wirklichen Natur oder irgend eines Theils derselben, sondern in der Vorführung aller jener in einander greifenden formalen Beziehungen, welche die Bedingungen alles Daseins, alles Glückes und alles Werthes der Wirklichkeit sind; und diese Beziehungen waren vorzuführen an einem Materiale, welches sich zum Symbole jeder Thätigkeit, aber zum Abbilde keiner einzigen eignet. Dies ist dieselbe Forderung, welche nach Weiße das moderne Ideal stellt, die Musik aber erfüllt; daher die wesentlich erst der modernen Zeit angehörige Entwicklung dieser Kunst zu völliger Selbständigkeit.

Es müsse nun, beginnt Weiße seine Dialektik, dies moderne Ideal des Schönen zuerst sich rein zur Erscheinung gestalten, in

einer Welt von Tönen also, die nicht die Natur, sondern die
Kunst selbst geschaffen, und ohne Beimischung solcher Klänge,
deren besonderer Inhalt die völlig reine und namenlose Schönheit
des musikalischen Gedankens stören würde. Nicht die menschliche
Stimme, nur die Instrumente bieten diese reinen Töne, in denen
weder Nachahmung der Naturlaute, noch Hindeutung auf die
bestimmten Inhalte des menschlichen Geisteslebens liegt. Deshalb sei die Instrumentalmusik, vom Alterthum als un-
statthaft betrachtet, der Zeit nach die jüngste Form der Kunst
und gehöre dem modernen Ideal als dessen unmittelbarster Ausdruck an; aber in der dialektischen Reihenfolge sei sie die erste,
vollkommen in sich selbst gerechtfertigte, nur durch Mißverständniß beanstandete Stufe der Tonkunst. Die Lebendigkeit des
Geistes schwebe in ihr zwischen den zwei Polen der Freude und
der Trauer, beide Stimmungen jedoch ohne unmittelbare Beziehung auf das gedacht, was im endlichen Geiste sie erweckt, ver-
mannigfacht und begleitet, so vielmehr, wie beide auch in der
Seele eines Gottes sein könnten.

Die zweite Stufe ist der Gesang. Innerhalb des Begriffs der Musik entstehe der seinige dialektisch, indem die Töne,
die an sich doch schon natürliche Klänge sind, auch die Bedeutung solcher annehmen. Der Naturlaut, als nachahmende Ton-
malerei hindurchbrechend, sei ein Verderb der Instrumentalmusik;
ausdrücklich gesetzt aber und in ein künstlerisches Element verwandelt erscheine er, indem an die Stelle der Instrumente die
menschliche Stimme, nicht als Stimme allein, sondern als sprechende Stimme tritt und die Gesammtheit des menschlichen
Geisteslebens zum vermittelnden Princip des absoluten Geistes
der Schönheit macht. Hierauf habe indessen dies Menschliche
nur dann ein Recht, wenn es wesentlich als Hinausführung des
reinen Kunstideals zur Beziehung auf ein Höheres, auf die Idee
der Gottheit, auftritt. Alle künstlerisch höher begeistete Vocal-
musik habe daher religiöse Bedeutung, sei Anrufung der Gott-

heit oder Gottesdienst; kleinere Gesänge, nicht für Ernst, sondern für leichtes Spiel der Kunst zu nehmen, bedürfen, um künstlerische Würde zu behaupten, der instrumentalen Begleitung, die dem religiösen Gesange entbehrlich sei.

Als höhere Einheit der Instrumentalmusik und des Gesangs erscheint die dramatische Musik. Der Gesang verneinte die Selbständigkeit des rein musikalischen Inhalts; die Oper hebt diese Verneinung so wieder auf, daß sie durch die Verknüpfung vieler sich im Gesang entwickelnden Individualitäten und durch die instrumentale Begleitung die selbständige Geltung der Singstimme herabsetzt zum bloßen Moment einer Idee, die sich nur in der Einheit des ganzen Werks, in seiner auch musikalisch sich verwickelnden spannenden und die Lösung erstrebenden Composition entfalte. Die angebliche Unnatur der Oper dürfe nicht stören; theils sei die Forderung der Natürlichkeit hier unangebracht, wo das Ganze des Kunstwerks den Boden der gemeinen Wirklichkeit verläßt, um durchaus den einer künstlerischen Illusion zu betreten; anderseits hindere nur die Mangelhaftigkeit unserer Darstellungsweise, die fehlende Verbindung einer passenden Mimik und Orchestik mit dem übrigen Inhalt der Oper, eine an sich mögliche Vollständigkeit der Illusion, vor welcher jener Einwurf verstummen würde. Diese Beihülfen übrigens, eingeschlossen die Decorationsmalerei, seien nicht ungehörige Unterstützungen einer an sich mangelhaften Leistung der Musik; diese selbst vielmehr wiederhole nur ihren Schöpferact, indem sie, in ihrem eigenen Stoffe schon erscheinend, noch einen andern ihr äußerlichen, die sichtbare Erscheinung, mit ihrem Geiste zu erfüllen suche.

Diese dialektische Festsetzung hat den Streit der Meinungen nicht verhindert fortzudauern und eben in unserer Zeit mit besonderer Lebhaftigkeit hervorzubrechen. Das höchste Schöne, der größte Reichthum in vollendet harmonischer und deutlicher Form, ist in jeder Kunst schwer zu erzeugen und schwer zu genießen; es hat daher nie an solchen gefehlt, deren geringere und einsei-

tigere Empfänglichkeit ihm gegenüber, wo es gelungen war, zu=
rückwich und als vollendete Kunst die einfacheren Leistungen pries,
die dem Verständniß weniger schwierig oder einer bevorzugten
Stimmung gleichartiger waren. Nicht nur gehörunfähige Philo=
sophen haben mit Vorliebe für ärmliche Einfachheit und zugleich
den gemüthlichen Reiz der Scenerie mit der Schönheit eines
Kunstwerks verwechselnd, den Schall des Kuhreizens dem Ge=
webe einer Symphonie vorgezogen; auch Kenner wie Thibaut
konnten in Palestrina den Höhepunkt, in allem Späteren nur
Verderb der Kunst finden; und bekannt ist der Zwiespalt des
nationalen Geschmackes, der im Süden an der leichten Verständ=
lichkeit der Melodie, in Deutschland an ihrer kunstmäßigen Durch=
bildung, hier wie dort oft bis zu einseitigem Uebermaß Antheil
nimmt. Die Gegenwart hat Richard Wagner in lebhafte Auf=
regung über eine Reform der Tonkunst gesetzt, die er theoretisch
zu begründen, und zugleich durch Werke zu verwirklichen sucht.
Es ist nicht meines Amtes, über die letzteren zu sprechen, deren
Wirkungsfähigkeit überhaupt wohl auch von Gegnern widerwillig
eingeräumt wird; daß die theoretische Begründung wirkliche
Mängel der bisherigen Kunstübung trifft und anzuerkennende
Ziele aufstellt, wird nicht minder zuzugeben sein. Gegen eine
von Wagners Behauptungen verwahren wir uns im Voraus:
gegen die Mißachtung der Instrumentalmusik und des rein mu=
sikalischen Gedankens, der gerade in ihr die rechtmäßige Freiheit
hat, sich mit Breite und Fülle in alle seine Consequenzen zu
entfalten. Nicht ebenso kann man der bisherigen Schule theo=
retisch beistimmen, wenn sie den ganzen weitverzweigten Mecha=
nismus der rein musikalischen Modulation auch für die Compo=
sition des dramatischen Gesanges festhalten will, und Wagners
Forderung zurückweist, daß die Musik hier, ohne Luxuriation
ihres eignen Bildungstriebes, sich zum anpassenden Ausdrucks=
mittel jeder momentanen Stimmung darbiete. Es ist gewiß ganz
richtig, wie Köstlin bemerkt, daß die Musik eben durch die man=

nigfache Modulation ihrer Melodie die eigenthümlichen dyna-
mischen Formen der Gemüthserregung nachbildet, die dem Gedanken unerschöpflich und der Rede unausdrückbar sind; daß die
Musik also „da beginne, wo die Rede endet." Aber eben dar=
aus scheint mir mit Recht zu folgern, daß auch die Rede endigen
müsse, wo die Musik beginnt, d. h. wo sie jene selbständige Entwicklung beginnt, in welche die Rede ihr nicht folgen kann.
Wo menschliche Sprache erklingt, da wird eben durch sie bezeugt, daß das Gemüth aus dem bloßen Schweben in unsagbaren
Erschütterungen sich befreien und in einen ausdrückbaren Gedanken die Summe seiner Erregung verdichten will. Nun gibt
es lyrische Stimmungen, in denen der Vorstellungslauf selbst es
liebt, auf dem einen Gedanken zu ruhen, den er hervorgetrieben
hat, oder immer von neuem, von verschiedenen Richtungen her
und darum auch mit verschiedener Färbung des Gefühls zu ihm
zurückzukehren; und dies werden die glücklichen Einzelfälle sein,
in welchen die Musik mit ihrem ganzen eignen Formalismus
dem Ausdruck des Gemüthslebens dienen kann, weil dieses selbst
nur musikalisch hin- und herwogt. Aber nicht dies ist der Gegenstand des Streites, sondern jener Mißbrauch, mit welchem die
Musik den Verlauf dramatisch bewegter Gemüthszustände, die
von Stimmung zu Stimmung, von Gedanken zu Gedanken vorwärts eilen, gewaltsam aufhält, und da, wo jeder Ruhepunkt
unmöglich ist, breit sich niederläßt, um den Consequenzen eines
musikalischen Thema nachzuhängen. Dazu ist die Instrumentalmusik vorhanden; denn sie versetzt uns in eine Welt, in der es
keine andern Aufgaben, Ziele und Bestimmungsgründe des Strebens außer denen gibt, die in der angeschlagenen Melodie selbst
liegen; dazu auch der einfache lyrische Gesang, der eine herrschend bleibende Stimmung durch eine Reihe gleichartiger Ge-
dankenwendungen wiederholt. Aber eine gewaltsame und nicht
lohnende Abstraction von aller Natur ist nothwendig, um in
dramatischer Musik, und zwar noch mehr in ernsten Oratorien

als in der Oper, die furchtbare Wiederholung von Fragen zu
ertragen, auf welche die Antworten längst gehört worden sind,
oder die Wiederkehr der Antworten, nachdem die Frage längst
verklungen ist, das verwirrende Wiederauftauchen von Gedanken,
nachdem der Zeitpunkt ihrer natürlichen Entstehung vergangen
ist, die unbegreiflichen Verzögerungen, die den Ausdruck einer
lebhaften Erschütterung stocken lassen: lauter beängstigende Zeichen
einer gänzlichen Rücksichtslosigkeit und Taubheit einer Stimme
für die andere, und aller für die äußern Umstände, während
doch alle in die Einheit eines dramatischen Handelns verflochten
sein sollen; und Dies Alles nur der mufikalischen Confequenz zu
Liebe, die den ganzen Reichthum eines melodiösen Thema erschöpfen will.

„So lasse man doch, wendet Köstlin ein, die Mufik ganz
weg, und declamire, natürlich nicht ohne Ausdruck; sieht man
denn nicht, daß der mufikalische Ausdruck, um den es doch
in der Mufik ohne Zweifel zu thun sein möchte, wächst, je
mehr man die Mufik ihre Mittel entfalten läßt, und abnimmt, je
engere Grenzen man ihr ziehen will?" Ich glaube nicht, daß
dies übersehen worden ist; es fragt sich nur, ob jene Verbind=
ung der Gedankensprache mit der Mufik, von der wir hier allein
sprechen, eben die rücksichtlose Entfaltung der mufikalischen Mittel
zuläßt. Zwischen dem ersteren, welches Köstlin vorschlägt, die
Mufik wegzulassen, und dem andern, das mit gleichem Recht
vorgeschlagen werden könnte, den Text zu unterdrücken, liegt noch
Vieles, und ohne Zweifel auch viel Schönes in der Mitte.

Zuletzt vereinigen sich darüber theoretisch die Meinungen
mehr, als anfänglich schien. Gefühlerwärmte Handlung und ge=
fühlwarme Stoffe verlangt Köstlin (Vischers Aesth. III. S. 1116)
für die Oper; einfache und spannende, nicht ins Breite und
Prosaische sich verlierende und durchaus anschaulich sich wieder
lösende, das Mufikalische frei gewähren lassende Verwicklung;
Vermeidung der Intrigue und der Action, die nur dem Ver=

stande begreiflich, aber für musikalischen Ausdruck unfruchtbar ist.
Und gewiß, wo ungezwungen sich alle diese Forderungen befriedigen lassen, werden alle Parteien den Glücksfall einer vollendeten Kunstleistung zugestehen. Doch kann der Gegner gelten
machen, daß nicht durchaus der poetische Stoff verpflichtet sei,
sich der Musik, sondern auch diese sich jenem zu bequemen. Die
Hervorhebung der Musik allein könnte leicht die dramatische Poesie,
die sich mit ihr verbinden soll, zur Beschränkung auf zu einfache
und lyrische Stoffe nöthigen und von Werken eines größeren
und heroischeren Styls zurückhalten, deren Mangel das Ganze
der Kunstwelt beeinträchtigen würde. Ob Wagners Versuche,
durch Erneuerung mittelalterlicher Sagenstoffe und die Verbindung scenischer Pracht mit der Eigenthümlichkeit seiner Musik und
ihrer Texte diese große Aufgabe erfüllen, darüber steht dem allmählich sich bildenden Urtheile der Nation die Entscheidung zu.

Wie weit verbreitet die Theilnahme für Musik in Deutschland ist, bedarf der Erinnerung nicht; ihre Einwirkung auf die
Nation halte ich nicht für günstig. Es ist ein zweideutiges Glück,
daß die Musik uns unmittelbar in jene noch gestaltlose Welt der
wirkenden Kräfte einführt, auf denen wir ahnungsvoll alle Wirklichkeit beruhen fühlen, ohne sie doch schon aus ihnen hervorgehen
zu sehen. Die Einkehr in diese vorweltliche Natur kann eine
erhebende und erquickende Reinigung für denjenigen sein, der in
den harten Zusammenhängen der Wirklichkeit eingewohnt ist, und
den Ernst der Dinge, der bestimmten Aufgaben und Ziele des
Lebens kennt, den ihm die Musik zu heiterem und versöhntem
Spiele auflöst. Aber das Versenken in diese Welt des noch Gestaltlosen ist noch öfter eine schädliche Erschlaffung aller Kräfte,
die das thätige Leben auf angebbare Zwecke und stetige Arbeit
richten soll; die verhängnißvolle Leichtigkeit, mit welcher grade
diese Kunst eine leidliche Ausübung gestattet, hat längst ihre zu
alltäglich gewordenen Productionen jener Heiligkeit entkleidet, die
sie als selten dargebotene Wiederholungen ernster und großer

Meisterwerke gehabt haben würden. Zwar ist die Zeit hoffent=
lich vorüber, da die deutsche Nation in jeder drohenden Lage
nichts Nothwendigeres zu thun wußte, als den vierstimmigen
Männergesang zu erfinden, welcher der Situation entsprach; den=
noch nimmt die Versenkung in musikalische Gefühle noch eine
unverhältnißmäßige Zeit unsers Lebens in Anspruch, während
die zeichnenden und bildenden Künste, die den Sinn für die
Wirklichkeit schärfen, der Theilnahme nur wenig finden. Aber
ich will Rochlitz, den Freund der Tonkunst, hierüber sprechen
lassen. (II. S. 261. ff.)

In Weimar hatte er die erste Aufführung von Schillers
Wallenstein gesehen. Wie ich nun Abends, erzählt er, aus dem
Theater ging, gerieth ich zufällig unter jenaische Studenten und
weimarische Männer vom mittleren Bürgerstande; Personen, die
unmöglich das Ganze, die meisten wohl nicht einmal den innern
Zusammenhang der Geschichte ganz gefaßt haben konnten. Den=
noch sah und hörte ich da einen Ernst, und in diesem Ernste
ein Feuer, ein Eifern, ein Streiten . . . Ich stutzte, horchte,
was vernahm ich? vor Allem: Kernsprüche, vom Dichter gewisser=
maßen epigrammatisch in Verse eingefangen und gewisse andere
Kraftstellen, die allen angeflogen und sogleich, wenn auch nicht
wörtlich, haften geblieben waren: In deiner Brust sind deines
Schicksals Sterne; der Zug des Herzens ist des Schicksals
Stimme; der Weg der Ordnung, ging er auch durch Krümmen:
er ist kein Umweg; — und dergleichen mehr. Solche Sprüche
nun, und vieles vieles Aehnliche, dies wiederholten sie sich, so
weit es dem Einen oder dem Andern geblieben war; sie tauschten
es gegenseitig aus, sie berichtigten es gegenseitig; und nun frisch,
aber immer ernst darüber her: „Was heißt das? was will das?
Schön ist's; aber ist's auch wahr? ist's nur aus der Seele
dessen, der es dort spricht, oder gilts überhaupt? gilts auch
für mich? was lehrt es mich? was kann ich, was soll ich damit
machen?" Ja, nein; herüber, hinüber; unter Einschränkung,

unter keiner; und so fort, die Einen bis an die Wohnung und
da noch lange stehn geblieben und fortbedacht und forterwogen,
die Andern in Gasthäusern desgleichen. Und so wahr ich ehrlich bin, am frühen Morgen, der erste Mensch, der in mein
Zimmer tritt, der Barbier — fängt er doch wieder vom Wallenstein an und zwar mit nichts Geringerem als der sehr bescheiden
und ernstlich vorgebrachten Bitte, ihm seine Zweifel über einen
Punkt zu lösen . . .

Doch diesen Zweifel verschweige ich; denn warum soll ich
den Leser nicht einladen, die allerliebste Stelle selbst nachzuschla-
gen? Und unnöthig ist es wohl, weiter anzudeuten, wie Rech-
litz diese Wirkung der Poesie mit der der Musik vergleicht.

Drittes Kapitel.

Die Baukunst.

Definitionen der Baukunst. — Abhängigkeit vom Zweck und Schönheit des
Nützlichen. — Construction und Ornament. — Böttichers Tektonik der
Hellenen. — Römische, romanische und gothische Baukunst. — Hübsch über
die Aufgaben der Baukunst. — Controversen über Gothik. — Die Prepor-
tionen. — Ueber den Baustyl der Gegenwart.

Begriffe von Dingen, die nur durch Kunst möglich sind
und deren Form nicht in der Natur, sondern in einem willkürlichen Zwecke ihren Bestimmungsgrund hat, soll nach Kant die
Baukunst ästhetisch wohlgefällig machen und zugleich jener willkürlichen Absicht anpassend verwirklichen. Hegel aber findet ihre
allgemeine Aufgabe darin, die äußere unorganische Natur so zurecht zu arbeiten, daß sie als kunstgemäße Außenwelt dem Geiste
verwandt wird.

Es hat wenig Werth, scharfe Begriffsgrenzen für die einzelnen Künste nur zu suchen, um zweifellos jedes einzelne Erzeugniß einer von ihnen unterordnen zu können; aber diese bei-

ben Definitionen treffen doch zu wenig das, was der Baukunſt
weſentlich iſt in den Werken, die ihr unbeſtreitbar angehören.
Gewiß hatte Hegel guten Grund, ihre Grenzen weit auszubehnen;
jeder Steinſaum, mit welchem wir eine ſinkende Erdmaſſe feſti-
gen, der Damm, der den ungeregelten Lauf eines Fluſſes richtet,
die Ebene, die wir durch künſtliche Pflaſterung herſtellen, jede
Treppſtufe, durch welche wir einen abſchüſſigen Hang theilen,
wie die Brücke über den Abgrund, ſie alle ſind unzweifelhaft
Werke der Baukunſt, obgleich von verſchiedenem Werth und ver-
ſchiedener Schönheitsfähigkeit. Aber nach dieſer Richtung hin,
indem wir doch immer nur „die Außenwelt kunſtgemäß zu geſtalten" ſuchen, verläuft ſich unſere Thätigkeit ohne entſcheidende
Grenze bis in die gefällig-zweckmäßige Anlage der Straßen,
Kanäle, Eiſenbahnen, Gärten und Parke, lauter Werke, in denen
von dem ſpecifiſchen Geiſte der Baukunſt nur ſehr wenig mehr
ſichtbar iſt, und ſelbſt die gewohnten techniſchen Verfahrungs-
weiſen derſelben nur vereinzelte Anwendung finden. So ſtreitet
Hegels Definition mit dem Sprachgebrauch; die unorganiſche
Natur kunſtgemäß zurecht zu arbeiten, daß ſie dem Geiſte verwandt werde, iſt allerdings ein einheitlicher Zweck und eine der
äſthetiſchen Culturaufgaben der Menſchheit, aber nicht Aufgabe
Einer Kunſt; in ihre Erfüllung können ſich verſchiedene Künſte
theilen, und man verwirrt den Begriff der Baukunſt, wenn man
ſie durch einen Zweck beſtimmen will, an dem ſie nur mitarbeitet,
denn man verdeckt hierdurch die Eigenthümlichkeit ihres Beitrags.

Nach anderer Richtung führt auch Kants Definition ins
Weite; ſie ſchließt die Erzeugung alles Hausgeräths in den Bereich der Architektur ein, und Kant gab dies ausdrücklich zu:
nur die Angemeſſenheit des Productes zu einem gewiſſen Gebrauche mache das Weſentliche eines Bauwerks. Aber dann wäre
auch das Blatt Papier, auf welchem Kant dieſe Definition nieder-
ſchrieb, ein Erzeugniß der Baukunſt geweſen. Jede Anſicht iſt
verdächtig, die ſich in ſo grellen Widerſprüchen gegen den Sprach-

gebrauch bewegt, deſſen Beachtung uns hier leicht zu paſſenderer Begrenzung des fraglichen Gebietes führen kann.

Man baut vor Allem nur das, was beſtimmt iſt, aufrecht zu ſtehen. Selbſt der Straßenbau, deſſen Erzeugniß als Ganzes liegend erſcheint, hat doch die Abſicht, jeden einzelnen Abſchnitt deſſelben gegen Neigungen ſtabil zu machen. Und ſo baut man allerhand Geräthe, Maſchinen, Inſtrumente, deren Zweck nur in beſtimmter Stellung erreichbar iſt, und deren Formen ſich mithin dieſer Normalſtellung anpaſſen müſſen; aber man baut nicht Teppiche, Bijouterien und die kleinen Werkzeuge, die in der mannigfachſten Weiſe liegend, hängend oder von unſerer Hand bewegt ihre Dienſte zu leiſten haben. Durch dieſe Rückſicht auf ein Gleichgewicht, welches gegen die Einwirkung der Schwere zu vertheidigen iſt, werden aus dem Bereiche der Architektur die meiſten jener Geräthe ausgeſchloſſen, die Kant ihm noch zugetheilt hatte.

Man baut ferner nicht den Stein, aber aus Steinen das Haus. Dies will ſagen, daß jede Bauthätigkeit in der Zuſammenſetzung eines Ganzen aus geſondert bleibenden Elementen beſteht, von denen jedes in ſich ſelbſt durch die Wirkung von Naturkräften eine feſte Einheit bildet, jedes aber mit jedem andern nur durch eine Berechnung der Kunſt verbunden iſt. Es iſt gleichgültig, woher dieſe zu verbindenden Einheiten kommen: die Natur kann ſie fertig liefern oder unſere Thätigkeit ſie erſt formen: die architektoniſche Kunſt beginnt erſt mit ihrer Anwendung. Den Backſtein geſtalten wir ſelbſt, aber nicht durch Zuſammenſetzung von Theilen, die ſpäter unterſcheidbar bleiben und durch ihre berechnete Stellung die Fügung des ganzen Steines ſichern ſollen; ſeine Endgeſtalt haben wir vielmehr in einer feſten Form vorher entworfen und überlaſſen es dann den molecularen Wechſelwirkungen der in ſie eingepreßten Maſſe, nach der Wegnahme der Form die gegebene Geſtalt aufrecht zu erhalten. Auf dieſelbe Wirkung der Naturkräfte rechnen wir, wenn wir durch Behauung dem Felsgeſtein eine regelmäßige

Form geben, die es zur verwendbaren Einheit macht. Beide Verfahrungsarten sind der architektonischen Kunst völlig fremd; Werke der Sculptur können durch jene Formung von außen in einem nachgiebigen Material oder durch diese Wegnahme des Ueberflüssigen von einem festeren entstehen; Werke der Baukunst entspringen immer aus Addition, nicht aus Subtraction, und sie erzeugen immer ihre Endgestalt als letztes Ergebniß einer Zusammensetzung unterscheidbar bleibender Theile, niemals durch Pressung formlosen Stoffes in eine ungegliederte Einheit. Der Eindruck plastischer Werke verliert, sobald die technisch etwa nothwendig gewesene Zusammensetzung aus mehreren Stücken merkbar wird, die Werke der Baukunst dagegen verlieren, wenn ihre technisch vielleicht untadelhafte Zusammenfügung in der Außenform des Ganzen nicht zum Vorschein kommt.

So dürften wir vorläufig also Baukunst überall da finden, wo eine Vielheit discret bleibender schwerer Massenelemente zu einem Ganzen verbunden ist, das durch die Wechselwirkung seiner Theile sich auf einer unterstützenden Ebene im Gleichgewichte hält. Aber völlig thut doch diese Bestimmung dem Sprachgebrauche nicht Genüge. Wir würden ein Ganzes nicht für ein Bauwerk gelten lassen, dessen verschiedene Theile hier durch Stricke, dort durch Klammern, an andern Orten durch Leim oder Mörtel zusammengehalten würden. Dem Bedürfniß mag auch hierdurch genügt werden, aber als Kunst scheint die Architektur zu verlangen, daß das Gleichgewicht ihres ganzen Werkes nicht durch mancherlei verschiedene Kunstgriffe erzwungen, sondern durch die Gewalt eines einzigen Princips und seiner zweckmäßigen Anwendung gesichert werde. Aus diesem Grunde hat stets der Steinbau, der es möglich macht, nur durch den Druck der Schwere und den Gegendruck der festen Masse ein Ganzes zusammenzuhalten, für die wahre und vollkommene Leistung der Baukunst gegolten. Die Schwere des Holzes ist zu gering, um gleiche Stabilität durch bloße Auflagerung zu gewähren; es be-

darf verschiedenartiger Mittel der Verzahnung, und das Ganze
eines Holzbaues verdankt sein Gleichgewicht einer Menge verschieden gerichteter Spannungen, die nicht alle aus Zerlegung
verticaler Drucke entspringen. Aber man kann schwerlich den
Aufbau der Schiffe ganz von dem Gebiet der Architektur trennen,
und doch ist hier die Forderung unmöglich, das Gleichgewicht
des jetzt beweglich gewordenen Ganzen nur auf Druck und
Gegendruck schwerer Massen zu gründen. Und anderseits kann
auch der Steinbau diese Forderung niemals vollständig erfüllen;
nicht nur nöthigen ihn mancherlei Bedürfnisse zu verdeckter Anwendung auch anderer Festigungsmittel, sondern ganz allgemein
kann er die Cohäsion seiner Materialien nicht entbehren, denn
sie allein erlaubt ihm, aus der Vertheilung der Drucke und
Gegendrucke den beabsichtigten Nutzen zu ziehen. Der Schiffbau
wendet diese beiden Principien nur in anderer Weise an. Unter
Voraussetzung cohärirender Massen erzielt der Steinbau durch
Vertheilung ihrer Gewichte Stabilität des Ganzen; der Schiffbau bildet unter Voraussetzung schwerer Massen durch Benutzung ihrer cohäsiven Spannungen ein Ganzes, das durch symmetrische Drucke nach außen sein Gleichgewicht wahrt und herstellt. So schiene die ästhetische Aufgabe der Architektur überhaupt nur in der Einheit ihres Princips der Massenverknüpfung
zu liegen, gleichviel ob dies Princip nur in dem Wechselspiel von
Schwere und Druck, oder ob es in der Cohäsion der Massen
und in den Vorkehrungen beruht, durch welche nicht cohärirende
Stoffe künstlich zu festem Zusammenhang verbunden werden.

Während wir nun den Schiffbau der Architektur zurechnen,
fühlen wir Neigung, aus ihr jene stehenden Geräthe auszuschei-
den, die nach unserer ersten dem Sprachgebrauch entlehnten Beobachtung allerdings gebaut zu werden pflegen. Worin liegt es
nun, daß wir ihnen dennoch diesen Namen nicht gönnen? Dem
Steinbau gegenüber allerdings in ihrem Machwerk; ihre Theile
pflegen so durch allerhand Mittel zusammengeschweißt zu sein,

daß der Zusammenhalt des Ganzen auch unter Bedingungen
fortdauert, unter denen die Wirkung der Schwere die Theile von
einanderlösen müßte; diese gleichgültige todte Festigkeit unterscheidet
sie von der lebendigen Thätigkeit, mit der das Bauwerk sein
Gleichgewicht unter bestimmten äußern Bedingungen bewahrt und
mit Verletzung dieser Bedingungen verliert. Von dem Schiff
dagegen würde sich so das Geräth nicht unterscheiden. Aber hier
kommt in Betracht, daß der Begriff eines Bauwerks sich nur für
dasjenige zu schicken scheint, was im Vergleich mit menschlichen
Kräften entweder unverrückbar festgegründet, oder doch zu gewaltig
ist, um Gegenstand unserer Handhabung zu sein. Daß sie Geräthe sind, Mobilien, die unsere Hand bewegt, scheidet diese Erzeugnisse aus dem Bereiche der Baukunst aus; zu diesem Bereiche
gehört nur das, dem wir uns unterordnen, nicht das, was sich
uns unterordnen läßt. Darum erscheint ein großes Schiff uns
als edles Bauwerk, der kleine Kahn als Geräth.

Ein logischer Scharfsinn, der sich üben wollte, würde noch
erfreuliche Aussicht auf Beschäftigung haben, wenn er diese Betrachtungen fortsetzte, die wie man leicht sieht, noch manchen
Einwand möglich lassen. Diese Exercitien vermeiden wir durch
die Ueberlegung, daß jede Kunst eine bestimmte Gruppe von
Aufgaben durch eine ebenso begrenzte Auswahl von Mitteln und
nach einer ihr eigenthümlichen Methode des Verfahrens zu lösen
hat. Diese drei Elemente bedingen sich wechselsweis, ohne doch
untrennbar verbunden zu sein; das Größte, was jede Kunst zu
leisten im Stande ist, und wonach wir ihr specifisches Wesen
zu bestimmen pflegen, entspringt aus der passenden Vereinigung
dieser drei. Aber neben diesen Werken können nicht blos die
einzelnen Bedürfnisse des Lebens, sondern auch der allgemeine
ästhetische Trieb andere veranlassen, welche zwar verwandte Aufgaben verfolgen, aber an ungeeignete Stoffe gewiesen, oder welche
zwar in dem gewohnten Stoffe ausführbar, aber nicht durch
dieselbe Aufgabe bedingt sind. Die ersten werden zu einer Modi-

fication ihrer Verfahrungsmethode genöthigt sein, und der Kunst
zwar durch ihre Endform, aber nicht durch ihr Machwerk ange-
hörig scheinen, die letzten, weil sie meist nur vereinzelte Theile
jener Methode auf ihre Aufgaben anwendbar finden, stellen sich
als verschönernde Uebertragungen allgemeiner Stylprincipien auf
das Bedürfniß dar. Suchen wir zuerst die Baukunst in den vollkommensten und vollständigen Leistungen auf, in denen sich jene
drei Elemente verknüpfen: der schwere unorganische Stoff als
Material, die consequente Verbindung seiner Einheiten durch
ein und dasselbe Princip des Zusammenhalts als Methode des
Verfahrens, endlich die Herstellung in sich ruhender, für menschliche Kraft unverrückbarer Massenganzen als Aufgabe.

Das letzte dieser Elemente haben wir bisher am wenigsten
zureichend bestimmt. Die Erzeugung eines großen Massengebäudes,
nur damit es sich im Gleichgewicht halte, ist die wahre Aufgabe
der Baukunst nicht; Niemand rechnet zu ihr die kolossalen auf
schmaler Fußspitze beweglich balancirenden Felsstücke, durch deren
Aufrichtung, wenn sie nicht Werk der Natur ist, ungebildete
Völker ein Denkmal ihrer Kraft zu stiften dachten. Die Architektur ist vielmehr gänzlich zum Dienste menschlicher Lebenszwecke
bestimmt, und ist Kunst nur insoweit, als sie von diesen ihre
Aufgaben erhält. Wie sehr dies der Fall ist, lehrt ein Blick
auf die Monumente, welche sie ausdrücklich nur als Denkmale,
nicht zu irgend einem bestimmten Gebrauche ausführt. Abgesehen
von der Hülfe, welche die Sculptur leistet, ist noch kein Denk-
malbau von architektonisch erheblichem Belang erfunden worden,
der nicht zu seinem monumentalen Zweck eben wieder jene
Formen verwandt hätte, die das menschliche Bedürfniß allein
verständlich macht, die Formen des Hauses, der Halle, des
Thores. Die Obelisken wird man schwerlich als Leistungen der
Baukunst, Pyramiden nur als monströse Dächer eines Grabes,
freistehende Denksäulen aber, die Nichts tragen, nur als entsprungen aus der Verzweiflung ansehen können, da bauen zu

sollen, wo kein bestimmtes Bedürfniß die Anwendung einer Bau-
form rechtfertigt.

Eben um dieser unvermeidlichen Beziehung-auf unser Bedürfniß und unsere Zwecke willen hat die Architektur nicht die
Würde einer freien Kunst zu haben geschienen und man hat auf
mancherlei Art versucht, das was an ihr nur dem Nutzen dient,
von dem abzutrennen, wodurch sie Schönheit erzeugt. Das
Weitere vorbehaltend, möchte ich zuerst die Schärfe dieses Gegensatzes von Nützlichem und Schönem bezweifeln. Jeder Gegenstand, der durch eine den Sinnen merkbare, anschauliche Verbindung mannigfacher Theile seinem Zwecke genügt, erwirbt dadurch einen ästhetischen Werth. Wir irren, wie ich meine, nicht
darin, daß wir das Nützliche dem Schönen allzu nahe setzen,
sondern darin, daß wir an einer sehr unvollkommnen Nutzbarkeit
der Dinge uns gewöhnlich genügen lassen, die allerdings dem
Schönen sehr fern steht. In der vollen Bedeutung, die wir
hier dem Worte geben müssen, ist nützlich nicht dasjenige, dem
sich nebenbei ein bestimmter Nutzen abgewinnen läßt, sondern
nur das, was durch keine Nebeneigenschaft die Vollständigkeit der
Zweckerfüllung hindert. Und von diesem wird sich leicht zeigen
lassen, daß es nur in ästhetisch wohlgefälligen Formen vorkommen
kann, oder daß jede Form wohlgefällig ist, welche in dieser
straffen und exacten Weise zur Erfüllung eines Zweckes dient.
Der Prügel, den wir aus dem Walde schneiden, läßt sich in
mancher Weise als Stock benutzen; aber fast in jeder ist seine
Ungestalt hinderlich für die volle Ausnutzung: er ist nicht grad-
linig, seine Masse nicht symmetrisch um die Axe, ebensowenig
durch die ganze Länge gleichförmig oder mit regelmäßiger Bevorzugung des einen Endes vertheilt; so liegt er schlecht in der
Hand, ist schwerfällig zur Stütze, plump als Sonde, nimmt eine
zweckwidrige Drehung beim Schwunge an und ist als Hebel
schwer zu handhaben. Um völlig den Nutzen zu haben, den man
von ihm haben kann, wird man den hinderlichen Massenüber-

fluß wegnehmen, den Rest cylindrisch drehen und gerade strecken,
und sich so überzeugen, daß die stereometrisch genaueste und ästhetisch wohlgefälligste Gestaltung das Maximum des Nutzwerthes
bedingt. Einen Krug kann man an jedem Henkel tragen, der
festhält. Will man jedoch den größten Nutzen des Kruges haben,
so daß Nichts überläuft, wenn er ganz gefüllt getragen wird, so
muß der Saum seines Mundes beim Tragen in einer wagerechten Ebene liegen. Der Henkel quer über der Oeffnung er-
schwert den übrigen Gebrauch, wir denken ihn an der Seite
angebracht, so daß sein höchster Punkt die Mündung des Kruges
nicht übersteigt. Dann wird man diese in wagerechter Ebene
nur tragen, wenn die Hand den Mittelpunkt des Henkelbogens,
den sie beim Anfassen umschließt, zum Drehpunkt eines Hebels
macht und durch entgegengesetzte Drucke den obern Theil dieses
Bogens nach außen und oben, den untern nach innen und unten
zu bewegen sucht. Diese Drucke erfordern ziemlichen Kraftaufwand und viel Masse und Festigkeit im Henkel; theils weil der
Radius seiner Krümmung groß sein muß, um die Anbringung
jener Handdrucke zu erleichtern, theils weil die Richtung derselben einseitig den Zusammenhalt des oberen Henkelendes mit
dem Körper des Gefäßes gefährdet. Man vermindert diesen
letztern schädlichen Effect und zugleich die Weite der zur Hori-
zontalität der Krugöffnung nöthigen Drehbewegungen, indem man
den Henkel in steilem Bogen über den Rand des Gefäßes aufsteigen und nach einer ausgiebigen Wölbung in nahezu paral-
lelem Bogen absteigen läßt. Dann aber erinnert man sich, daß
der Krug nicht blos zum Enthalten, sondern auch zum Ausgießen
bestimmt ist. Es ließe sich leicht zeigen, daß für diese zweite
Function die größten mechanischen Vortheile durch Erhöhung der
ausgießenden Lippe über den übrigen Rand der Mündung entstehen. Und diese Einrichtung, welche den zweiten Zweck erfüllt, mindert zugleich die noch übrige Gefahr für die Solidität
beim Tragen, denn sie gestattet schräge Haltung des Krugs und

faft vertikalen Zug beider Henkelarme. Und eben durch diese
Form, die allen Nützlichkeitsbedingungen am meisten genügt,
zeichnen sich die anmuthigsten Gefäße aus. Es ist ebenso mit
allen Geräthen und Werkzeugen, und ich hielte den allgemeinen
Nachweis nicht für unmöglich, daß die Aufgabe, das Maximum
des Nutzwerthes irgend einer Vorrichtung zu bestimmen, allemal
für diese auf Verhältnisse führen wird, die auch dem ästhetischen
Sinne wohlgefällig sind. Einstweilen kann es genügen, auf den
Fortschritt der Maschinentechnik hinzuweisen: je genauer sie die
zu leistende Arbeit und die aufzuwendenden Mittel berechnen
lernt, um so einfacher, knapper, gefälliger und schlanker werden
ihre Apparate, während die der Vorzeit an rohem Massenüber-
schuß litten, der dem Zwecke schädlich war. Denn alles, was
dem Zwecke nicht dient, dient ihm nicht blos nicht, sondern
stört ihn.

Ich habe kleine Geräthe als Beispiele benutzt; es ist leicht,
die Anwendung auf Bauwerke zu machen. Auch sie erschienen
unschön, wenn ihre Massenanhäufung nur nutzbar ist für einen
Zweck, mit dessen nothdürftiger Erfüllung wir uns aus Trägheit begnügen; sie werden schön, wenn sie in dem angeführten
Sinne nützlich sind zu einem Zwecke, dessen unbedingte Erfüllung wir uns vorsetzen. Man kann aus unregelmäßigen Fels-
brocken, die wild aus der Mauer hervorsehen, ein Obdach bauen,
niedrig und in elenden Verhältnissen, und es kann zu dem Zwecke
eines augenblicklichen Schutzes gegen Wind, Regen und wilde
Thiere nutzbar sein; aber es ist ein Werk voll technischer Widersprüche. Für das Bedürfniß eines Augenblickes hat es einen un-
verhältnißmäßigen Kraftaufwand gekostet; die dauernde Benutzung
wird schon durch alle die Unregelmäßigkeiten gehindert, welche
den Zerfall durch Verwitterung beschleunigen. Ueberdies würde
die Absicht eines dauernden Aufenthalts sogleich die Befriedigung
einer Menge anderer Bedürfnisse verlangen: hinlängliche Be-
leuchtbarkeit, Erwärmung, Respirabilität der Luft, Bequemlichkeit

für Aufstellung der Geräthe, ohne deren Besitz die bloße Wohnung selbst ein widersprechender Begriff ist. Denkt man sich alle
diese Anforderungen erfüllt, so wird man von selbst auf scharf-
geglättete Ebenen und Kanten des Gebäudes, auf symmetrische
Regelmäßigkeit der platzgebenden Innenräume, auf Gliederung
der Gesammtmasse durch lichtbringende Oeffnungen, endlich auf
anmuthige Höhenproportionen der Theile geführt. Die unschönen
Gebäude, in denen Dies alles fehlt, sind nicht unschön, weil sie
blos das Bedürfniß befriedigen, sondern weil sie es nicht befriedigen; denn man täuscht das Bedürfniß, aber man stillt es
nicht, wenn man sich mit der halben Erfüllung jedes einzelnen
Zweckes und der Zusammensetzung aller dieser Halbheiten begnügt.

Man würde diese Bemerkungen mißverstehen, wenn man in
ihnen die Behauptung sähe, daß alle architektonische Schönheit
in dieser knappen Angemessenheit zu den Trivialzwecken des täglichen Lebens liege. Eben die Aufgaben des Lebens selbst haben
wir in der gleichen vollständigen und umfassenden Weise zu
nehmen, wie wir jeden einzelnen Zweck auf sein Maximum erhöhten; und dann gehört zu ihnen auch die Befriedigung jenes
ästhetischen Bedürfnisses, die umgebende Außenwelt nach Hegels
Ausdruck so umzuarbeiten, daß sie dem Geiste verwandt erscheine.
Nur dies Doppelte wollte ich behaupten, daß einerseits auch die
bloße Correctheit und Zweckmäßigkeit der Formgebung nicht aus
dem Reich des Schönen auszuschließen sei, sondern nur innerhalb desselben im Vergleich mit unzweifelhaft höherer Schönheit
zu untergeordneter Geltung zurücktrete, und daß andererseits die
Baukunst durch ihre Beziehung auf menschliche Zwecke in der
Entfaltung dieses Höheren nicht gehindert, sondern unterstützt
werde. Von dem Bauwerk verlangen wir keine Arbeit, die durch
Bewegung geleistet wird; nur zur Umschließung und zum Schauplatz unserer eignen Arbeit hat es zu dienen; unbestimmter im
Vergleich mit der eines Werkzeugs läßt diese Aufgabe viele Frei-

heit für den ästhetischen Trieb, der in dem Vortrag seiner Zwecke zugleich den wesentlichen Character eines geistigen Naturells zum Ausdrucke bringen will. Da überhaupt dieses geistige Innere niemals an sich, sondern immer nur in der Art und Weise darstellbar ist, wie es mit bestimmten Aufgaben des Lebens umspringt, so ist nicht zu besorgen, daß die Rücksichtnahme auf das Bedürfniß den ästhetischen Werth der Baukunst schädigen, viel eher, daß der Versuch allzu unmittelbarer Ausprägung einer idealen Sinnesart ohne Anlehnung an praktische Zwecke zu leeren und unerfreulichen Gebilden führen werde.

Noch sehr wenig Bewußtsein über diesen Zusammenhang der architektonischen Schönheit mit der Nützlichkeit verrathen Winckelmanns Anmerkungen über die Baukunst der Alten, eine frühere Schrift des großen Archäologen, der später der Architektur nur vorübergehend Aufmerksamkeit schenkte. Das erste Kapitel verspricht von dem Wesentlichen der Baukunst zu handeln, und behandelt in der That das Baumaterial, die Arten des Mauerverbands, und die Formen der einzelnen Bautheile, mit trockner Aufzählung der Bildung und Dimensionen verschiedener Säulenordnungen. Auf dies Wesentliche sei dann, so fährt das zweite Kapitel fort, die Zierlichkeit gefolgt, ohne welche ein Gebäude der Gesundheit in Dürftigkeit gleiche, die nach Aristoteles Niemand für glücklich halte. Diese Zierlichkeit aber besteht für Winckelmann gänzlich in einzelnen Zieraten, die „als Kleidung anzusehen sind, welche die Blöße zu decken dienet." Es versteht sich, daß einige allgemeine Empfehlungen der Einfalt, die sich mit der Zierde verbinden müsse, und einigen Tadel sinnloser Ueberladung Winckelmanns guter Geschmack hinzufügt; im Ganzen aber fallen in seiner Darstellung auf das Naivste die Nützlichkeitszwecke des Bauwerks und seine Schönheit durch Verzierung auseinander. Seine Meinung ist die seiner Zeit, für welche die Lehre von den antiken Säulenordnungen, durch die

Renaissance ungründlich wiederbelebt, der einzige Gegenstand
ästhetischer Bautheorie war.

Die allgemeine Culturgeschichte würde zu zeigen haben, wie
der geistige Aufschwung Deutschlands in der zweiten Hälfte des
vorigen Jahrhunderts auch die bildenden Künste aus ihrer
Vereinsamung zog, und die Werke derselben in ihrem Zusammenhang mit dem geistigen Naturell der Völker und den geschichtlichen Wandelungen ihrer höchsten Lebensinteressen aufzufassen gewöhnte. Auch das Verständniß der Baukunst ist auf diesem
Wege des historischen Studium gewonnen worden; indem man
sich in die Denkmäler vertiefte, lernte man unterscheiden, welche
Eigenthümlichkeiten des Styls, der Ornamentik und der End-
formen im Grundriß und Höhenaufbau unmittelbar aus technischen Nöthigungen, welche andern aus der Eigenthümlichkeit
der Sinnesart, die ihren Ausdruck suchte, welche zuletzt aus den
Forderungen der Zwecke flossen. Nach den Arbeiten von Hirt
und Stieglitz bezeichnen die von Schnaase, Kinkel und
Kugler den Beginn dieser neuen Periode der Kunstschätzung.

Die ersten, schon 1843 erschienenen Bände der großen Geschichte der bildenden Künste, durch welche Schnaase sich ein
unvergängliches Verdienst um die deutsche Aesthetik erwirbt, folgen
noch ausschließlich dem neu belebten Antriebe, die Motive der
künstlerischen Gestaltung unmittelbar in dem Gesammtcharacter
des geistigen Volkslebens zu suchen. Sie verkennen nicht die
Bedeutung der Construction, entwickeln aber mehr ein feines
Gefühl für ihren Gesammteindruck, als daß sie die einzelnen
Elemente auf zulängliche Gesichtspunkte zurückführten. In der
Betrachtung des griechischen Säulenbaues machen sie psychologische Bedürfnisse einer Vermittlung gelten, welche das Auge
zwischen verschiedenen Gliedern angedeutet wünscht, und eines
Eindruckes von Lebendigkeit, den ihre Zusammenfügung machen
soll. Aber die Deutung der Schwellung der Säule als einer

Verbreiterung durch den Druck von oben, dem sie elastisch wider-
stehe, und die gleiche Deutung des Echinus und des Wulstes an
der Basis auf gequetschte Massen, die der pressenden Gewalt
sich widersetzen, wird man kaum billigen. Ein Bauwerk hat vor
Allem den Eindruck völliger Festigkeit zu machen; wie sich auch
immer an ihm Lebendigkeit und Elasticität zeigen mögen, jedenfalls dürfen sie es nicht in Formen thun, welche uns eine theilweis wirklich erfolgte schädliche Einwirkung der Last auf die
Träger versinnlichen, und die eben deshalb keine Sicherheit dafür bieten, daß das stabile Gleichgewicht nun für die Dauer erreicht sei.

Nicht auf das ganze Gebiet der bildenden Künste ausgedehnt, dem Schnaase's an Werth und Interesse sich stets steigernde
Arbeit gilt, sondern auf das Beispiel der griechischen Säulen-
architektur beschränkt, hat in seiner Tektonik der Hellenen
Karl Bötticher eine Theorie entwickelt, deren scharf bestimmte
Formulirung zur Wiederholung ihrer Grundgedanken reizt. Die
griechische Architektur erbilde die Totalform eines Bauwerks, der
Natur des Materials entsprechend, aus einzelnen, zur Existenz
und dem Gebrauch des Bauwerks nothwendigen, und dem entsprechend im Raume angeordneten und vertheilten Körpern.
Jedem von diesen theile sie eine gewisse bauliche Dienstverrich-
tung zu, die er in einem ihr entsprechenden technisch nothwendigen Schema von seiner örtlichen Stellung oder Lage an beginnt, nach einer bestimmten Richtung hinwärts entwickelt und
in vorgezeichneten Raumgrenzen beendigt. Nach ihrer structiven
Vereinigung zum Ganzen erscheinen alle diese Structurtheile in
einem Ausdrucke, welcher sowohl den innern Begriff und die
mechanische Function jedes Theiles für sich, als auch die wechselseitige Begriffsverbindung aller im Ganzen auf das Anschaulichste
und Prägnanteste darstellt. Hierin bestehe das Decorative oder
die Kunstform jedes Theils. In der ersten Aufgabe nun, das
innere Wesen jedes Theils vollständig in der Form erscheinen

zu lassen, könne die Kunst nicht ebenso wie die Natur verfahren, welche das gleiche Princip verfolgt. Denn nur die Natur könne durch die wirklichen inneren Functionen ihrer wirksamen Theile die äußere Form erzeugen; die Tektonik dagegen könne dem todten unorganischen Materiale, mit dem sie arbeitet, einen solchen Ausdruck der innern Wesenheit nur scheinbar und gleichsam als von außen angebildet oder angelegt verschaffen. Und zwar geschehe dies so, daß man sich zuerst ein Gestaltschema des Theiles denkt, welches in seiner Nacktheit die architektonische Function, die ihm obliegt, vollkommen erfüllt, alsdann aber diesem Kerne solche Extremitäten anfügt, oder denselben gleichsam mit solchen Formen oder einer solchen Hülle bekleidet, welche seinen innern Begriff in allen Beziehungen auf die prägnanteste Weise erklärt.

Diese decorative Bekleidung der architektonischen Kernform fungire nie materiell oder structiv; sie habe nur den ethischen Zweck, die bauliche Function, welche der Kern ganz allein verrichtet, äußerlich darzustellen und lebendig zu versinnlichen; sie sei daher symbolisch. Die zweite der obigen Aufgaben aber, die wechselseitige organische Beziehung zweier Structurtheile zu einander, ihre Junctur, auszudrücken, löse die Architektur mit gleich richtigem Sinne so, daß sie die decorative Bekleidung des Kernes, als structiv nicht nothwendige, von dem structiven Kernvolumen desselben ganz wahrnehmbar sondert und sie wie angelegt oder von außen angefügt darstellt. Durch diese Trennung des Scheinbaren vom Wirklichen werde nicht allein dem ursprünglichen Verständniß beider entsprochen, sondern es entspringe auch der materielle Vortheil einer Sicherung der zarten decorativen Gebilde gegen die zerstörenden Wirkungen des Druckes, den wirklich statisch fungirende Massen aufeinander ausüben.

Der Zweck der decorativen Hülle war also dieser, den Begriff des decorirten Theiles in allen Beziehungen, bis auf die kleinste Singularität, prägnant vor Augen zu stellen. So viel

einzelne Bezüge zum Ganzen oder so viel Singularitäten für
sich dieser Begriff jedesmal enthält, so viel einzelne dafür
analoge Symbole werden in der decorativen Hülle des Kerns an
den entsprechenden Oertlichkeiten entwickelt. Im Allgemeinen
wird die Decoration den Beginn eines Structurtheils zu mar-
kiren, seine Wesenheit nach der bestimmten Richtung hin, nach
der er sich ausdehnt, zu characterisiren, endlich seinen Abschluß
hervorzuheben suchen. Hat die Kernform eines Structurtheils
in ihrer ganzen Ausdehnung gleiche Wesenheit oder Function,
so erhält sie auch ohne Unterbrechung eine stetig fortlaufende
Verzierung; im Gegenfall hat diese den örtlichen Wechsel der
Function ebenfalls streng auszudrücken. Der Schluß der Decoration hat entweder den Begriff freier Endigung, wo kein weiterer Structurtheil sich anschließt, oder wo ein solcher folgt, zugleich den Begriff der statischen Einwirkung darzustellen, welche
der anschließende Theil seiner Wesenheit nach auf den vorhergehenden ausübt. Vollkommen werde der Begriff einer solchen
Verknüpfung erst dadurch versinnlicht, daß man der Endung ein
Symbol folgen läßt, welches entschieden schon auf Entwicklung
und Wesenheit des folgenden Gliedes hindeutet oder dieselbe indi-
cirt; der Character des anschließenden Structurtheils bestimme
also das Symbol der Junctur. Endlich, wenn ein Structurtheil
als selbständiger ohne Bezug auf die gesammte Organisation gefaßt sei, müsse er auch beim Beginn seine selbständigen nur für
seine Wesenheit gültigen Indicien oder Juncturen haben; sei er
dagegen als integrirend im Ganzen und auf die ganze Organisation bezüglich gefaßt, so erhalte er auch allgemein bezügliche
Juncturen, welche auf die Wesenheit alles Folgenden allgemein
hinweisen.

Um nun diese Forderungen zu erfüllen und die verlangten
Symbole zu finden, sehe die griechische Tektonik sich unter den
Körpern der Natur oder den Objecten um, die zum Gebrauch
des Lebens dienen; sie wähle diejenigen zu architektonischen Sym-

bolen, in welchen sich augenfällig und allen deutlich dieselben
Begriffe, Eigenschaften oder Wesenheiten ausgesprochen finden,
deren Ausdruck sie den Gliedern des Baues zu geben wünscht.
Sie überträgt jedoch nicht den gefundenen Gegenstand mit voller
Nachahmung seiner realen Wirklichkeit in das Gebäude, sondern
reproducirt ihn für diese seine Bestimmung im Kunstwerk, indem sie alles von ihm ablöst, was in seinem natürlichen Vorkommen ihm zufällig anklebt, und nur das Wesentliche festhält,
was für den ihm aufzutragenden tektonischen Begriff allgemein
wahr und innerlich nothwendig ist; niemals darf diese ausdrückliche Stylisirung des Natürlichen für die Zwecke der Kunstwelt
fehlen.

In einige ihrer Anwendungen müssen wir dieser Theorie
folgen, deren straffer Zusammenhang und methodische Bestimmtheit ein lebendiges wissenschaftliches Interesse in jedem Falle
erweckt, auch wenn ein gewisses Widerstreben gegen den Gedanken übrig bleibt, die decorative Hülle in der angegebenen
Ausdrücklichkeit von dem constructiven Kerne zu sondern. Aber
es wird gleichfalls einiges Interesse gewähren, die anzuführenden
Beispiele zugleich nach einer andern sonst viel verbreiteten Auffassung zu betrachten, welche die griechischen Ornamente nicht
als ursprünglich mit Absicht aufgesuchte Symbole des architektonischen Gedankens, sondern als spätere Idealisirungen theils technisch nothwendig gewesener Vorkehrungen, theils fremdländischer
Ueberlieferungen ansieht, theils endlich anmuthige Formen, die
der Zufall herbeigeführt, von der künstlerischen Phantasie festgehalten und stylisirt glaubt. Ohne zwischen beiden Ueberzeugungen entscheiden zu wollen, finde ich doch keines der Motive,
welche die letztere aufstellt, des künstlerischen Schaffens unwürdig.
Darin stimmen ja ohnehin Alle überein, daß das, was die griechische Baukunst auszeichnet, die Einheit ihrer Gesammtgliederung
und das feinsinnig empfundene Wohlverhältniß aller ihrer Theile,
ihr auch ganz allein eigenthümlich ist; diese ewig bewunderns-

werthe Leistung verliert Nichts, welches auch der Ursprung der Einzelheiten sein mag, die sie zu diesem Ganzen verarbeitet hat. Die Sinnesart des dorischen Volksstammes, lehrt uns Böt- ticher, habe überall das Einzelne nur als dienend dem Ganzen, nicht als Individualität gelten lassen, die auf eigner Basis be- ruhte; deshalb steige die dorische Säule ohne eignen Fuß aus der gemeinsamen Fläche des zur Aufnahme des ganzen Gebäudes vorbereiteten Erdbodens empor; die dorische Baukunst, behauptet dagegen Forchhammer, an dessen kurze Darstellung (Ueber Reinheit der Baukunst, Hamburg 1856) ich hier anknüpfe, sei auf dem Felsenboden Griechenlands entstanden; deshalb habe die hölzerne Säule, die man zuerst aufgerichtet, nur Glättung des harten Grundes, keinen sichernden Fuß bedurft. Dieser sei noth- wendig gewesen in dem feuchten Alluvialboden der kleinasiatischen Thäler, in denen die ionische Bauart sich entwickelt habe: des- halb besitze die ionische Säule ihren Untersatz. Bötticher dagegen sieht in ihm den Ausdruck des demokratischen Sinnes der Jonier, der dem Einzelnen selbständige Regung im Staate, und so ab- bildlich auch in der Kunst dem einzelnen Bauglied abgeschlos- senere Individualität gestatte; durch ihren Fuß sei die ionische Säule innerhalb ihres Dienstes für das Ganze doch relativ eine Einheit für sich. Bemüht ferner, der Säule, die nur mit ihrem Scheitel trägt, in ihrem ganzen Verlauf den Ausdruck des Auf- strebens zu geben, habe die griechische Phantasie an dem Stengel von Dolden, der gleichfalls nur an seinem Scheitel die ausge- breitete Fläche trägt, den Character dieser aufwärtswirkenden Kraft in den scharfen Längsreifungen der Oberfläche gefunden; diese Beobachtung habe ihr das Symbol der Kanellirung der Säulenschäfte verschafft. Nach Forchhammer schützte man in Aegypten die aufgerichteten Palmstämme der Säulen durch wirk- liche Rohrbündel und die spätere Architektur idealisirte den ge- fälligen Eindruck, welcher durch vielfache Wiederholung der Ver- tikalen die Lebendigkeit der nach dieser Richtung wirkenden Kraft hervorhob. Hatte die dorische Säule, in den trockenen Erdboden eingelassen, unten keinen Schutz gegen Spaltung des hölzernen Stammes gebraucht, sondern nur oben, so bedurfte die ionische, auf dem gesonderten Fuß ruhend, einen solchen an beiden Stellen; man schnitt deshalb Furchen ein, und legte einen zusammenhaltenden Strang oder Ring wirklich an. Nach Bötticher verlangte ohne solches technische Bedürfniß die Consequenz der ästhetischen Phantasie, daß die dorische Säule oben, die ionische auch unten mit einem decorativen Symbol ihrer relativen Selbständigkeit und Einheit in sich versehen werde; dies Symbol aber nahm die Phantasie ganz von eben denselben Stricken, welche jene andere Ansicht sich ursprünglich wirklich angewandt dachte. Denn nicht als gequetschtes Kissen, sondern als einen aus vielfacher Bandumschlingung entstandenen Wulst habe man den ionischen Fußpfühl und den Echinus des Kapitells aufzufassen, beide als decorative Symbole an das cylindrische Kernschema der Säule angetragen. Mit dem sich ausbreitenden Ansatz der Aeste, sagt Forchhammer, habe man das obere Ende des Stammes zu benutzen geliebt; daher nicht blos der Blätterkranz, sondern auch die technische Nothwendigkeit, auf diesen aufgerichteten Aesten, die bei verschiedenen Stämmen nicht in derselben Ebne enden, dem Querbalken durch Unterlage kleinerer Platten festes Auflager zu geben; für Bötticher ist der Abakus nicht blos bei der Säule, sondern überall wo er vorkommt, ein Symbol der Junctur, durch welches ohne mechanischen Zweck der Begriff des nächstfolgenden Gliedes, hier des Architravs vorangedeutet wird; daher die rechtwinklige Form des Abakus, die von der Rundung der Säule zu dem prismatischen Architrav hinüberleitet. Das Blatt aber sei an sich das allgemeine Symbol des frei Endigenden, und so komme es als Dachbekrönung vor; übergeneigt auf seine Basis bedeute es die Endigung des einen Gliedes, auf welchem ein zweites lastet; daher die Verwendung des Blätterkranzes am Kapitell. Die Voluten des ionischen Säulenknaufs erklärten

ältere Meinungen bald als Erinnerungen an die Hörner aufge-
hängter Köpfe geopferter Widder, bald als Umrollungen eines
nachgiebigen Stoffes, der zufällig oder zum Schutz gegen Be-
schädigungen zwischen Säule und Abakus gelegt worden sei;
etwas Willkürliches schien immer an diesem Ornament übrig zu
bleiben. Bötticher leitet es als eigenthümlich ionisches Junctur-
symbol ab. Der Dorier lasse vor der Beziehung der Theile
auf das Ganze ihre besondern Wechselbeziehungen zu einander
zurücktreten; deshalb deute das Kapitell seiner Säule mit überallhin gleichsinniger Rundung auf das Ganze der zu tragenden
Last hin; ionischer Sinn verbinde erst Glied mit Glied, dann
die verbundenen mit dem Ganzen; darum kehre die ionische
Säule sich mit nur doppelseitiger Auslabung ihres Kapitells nur
ihren beiden Nachbarn rechts und links unmittelbar zu und beziehe sich durch diese Orientirung zunächst auf den Architrav
allein, nicht auf das Ganze des Baues unmittelbar. Denn
die Schnecken seien Nichts, als die umgerollten Enden einer
langen Tafel, welche die oblonge Form des Architravs vorbe-
deute; umgerollt aber seien die Enden, weil diese Tafel als nur
decoratives Symbol, nicht statisch fungirender Theil, den nur so
zu versinnlichenden Character des frei in sich Endenden ausdrücken
müsse.

Doch die Häufung solcher Beispiele könnte das eigne Studium des gelehrten und mühevollen Werkes nicht ersetzen. Ich
hebe nur zwei Punkte noch hervor, über welche der Streit fortdauert. An den ersten erinnert das Vorangehende von selbst:
die Herleitung der griechischen Architektur aus dem Holzbau.
Sie war, durch Vitruv veranlaßt, lang die allgemeine Meinung;
Winckelmann setzte sie unbefangen voraus, Hirt suchte sie durch-
zuführen; auch unter den Neuern hat sie Vertheidiger; die
Architekten sind ihr jedoch allgemein abgeneigt; S c h i n k e l,
H ü b s c h, W o l f f, S e m p e r, ganz ausdrücklich auch Bötticher
finden die Formen der griechischen Architektur nur aus ursprüng-

lichem Steinbau erklärbar. Diese Ueberzeugung der Sachverständigen fällt schwer ins Gewicht; nicht der Rede werth dagegen sind die blos declamatorischen Gründe, die es nur des
griechischen Geistes nicht würdig finden, Motive des einen
Kunstverfahrens in ein anderes aufzunehmen und sie demgemäß
umzubilden. Die zwingenden technischen Gründe zur Annahme
des ursprünglichen Steinbaus sollten jedoch deutlicher gemacht
werden, als bisher geschehen ist. Es scheint mir ganz unglaublich, daß ein Volk ohne vorangegangenen Holzbau überhaupt auf
den Gedanken sollte verfallen sein, Steine in Form steilaufgerich-
teter Säulen zu benutzen. Dieser allgemeinste Gedanke, und
mit ihm freilich schon ein Theil des Weiteren, gehört unzweifelhaft wohl dem Holzbau ebenso an, wie die cyclopische Mauer
und der Terrassenbau der ursprünglichen Stein- und Erd-
arbeit. Es kann sich nur fragen, wie weit der Steinbau die
durch Holzarchitektur gegebenen Motive seinem durch das neue
Material gebotenen Verfahren assimilirt habe. Daß er nicht
den gesammten Holzverband copirte, wie die lycischen Bauwerke,
wissen wir; daß er aber die Formen, die im Holzgebäude entstanden waren, ihrem allgemeinen Sinne nach beibehalten habe, ist
um Nichts unwürdiger, als daß die griechische Phantasie sich an
die Doldengewächse gewandt habe, auch nicht, um sie unverändert
zu copiren, sondern um den allgemeinen Gedanken ihrer Form
architektonisch zu stylisiren.

Kommen wir jedoch auf das Einzelne. Die Triglyphen
und Metopen hauptsächlich, und einige feinere in ihrer Zone
liegenden Ornamente, schienen die Entstehung aus Holzbau zu
stützen; man hielt die Triglyphen für die Köpfe der Deckbalken,
die über dem Epistyl zum Vorschein kommen. Grade die Triglyphen nun will Bötticher als wesentliche Elemente des griechischen Steinbaus erklären. Die Steinbalken, deren Stirnen
allerdings hinter ihnen lagern, habe man nicht wie hölzerne bis
an den Vorderrand des Epistylion hervorziehen dürfen, sondern

ihnen ein schmäleres Auflager auf seinem Hinterrande geben
müssen. Hieraus würde, wie mir scheint, nur ein leerer Raum
vor jenen Stirnen folgen, der ganz geeignet schiene, dieselbe das
obere Gebälk stützende Stirn des Balkens, die man technisch an
dieser Stelle nicht benutzte, als decoratives Symbol ihrer selbst
abgesondert wieder aufzunehmen, ganz ebenso wie der statisch
nicht fungirende Kapitellschmuck als gesondertes Symbol am
Säulenschafte sitzt. Bötticher sieht jedoch in dem Triglyphblocke
ein constructives Element; durch die Stellung dieses Blockes auf
der Stoßfuge, in der zwei Epistylionbalken zusammentreffen,
werde der ganze Druck des obern Gebälks sicher auf die Axe
der Säule senkrecht unter diesen Fugen abgeleitet und der schwebende Theil des Epistylion über dem Zwischensäulenraum ent-
lastet. So gewiß dies ist, so bleibt doch zu fragen, wie nun
das Geison, welches wieder über die Triglyphenblöcke gespannt
ist, das auf ihm lastende Dach tragen werde? Denn der schwebende Theil des Geison über den Metopen befindet sich zu seiner
Aufgabe ganz in derselben Stellung, wie das freie Epistylion zu
der seinigen. Wie dies nun gemacht worden sei, erläutert Böt=
ticher (I. S. 173): die Tympanontafeln über dem Geison, auf
welchen das schräge Dach ruht, haben dadurch wenig zu tragen,
daß jede Tafel als ein Continuum von dem Mittelpunkt einer
Triglyphe zum Mittelpunkt der andern reicht, die Lastung mithin
allerdings wieder auf die Axe der Triglyphen und auf die der
Säule abgeleitet wird. Aber diese Ableitung geschieht doch hier
nicht dadurch, daß die ununterstützten Theile Nichts tragen; sie
tragen vielmehr genau das, was auf ihnen liegt; man verläßt
sich nur auf die natürliche Cohäsion der Tympanonplatte, die
den Druck von oben aushält, ohne zu brechen und ihn hierdurch
auf ihre unterstützten Endpunkte überträgt. Warum konnte nun
dieselbe Leistung, die man doch hier zuletzt einmal verlangen
muß, nicht sogleich dem Epistylion übertragen werden, dessen
schwebende Länge dieselbe ist, und dessen Unterstützungspunkte ge-

nau in denselben Axen liegen, wie die des Geison? Mit andern
Worten: um dieses structiven Dienstes willen, den Bötticher
hier angibt, schiene mir die ganze Zone des Frieses, die Triglyphen und Metopen, überhaupt wegbleiben, und der Architrav
zugleich die Stelle des Geison vertreten zu dürfen; man hätte
bei der Vorliebe des Steinbaus zu „möglichst geringem Auflager"
die Stirnen der Deckbalken hinter der Stoßfuge der Epistylionbalken unmittelbar auf den Abakus der Säule auflegen und die
Verbindung aller dieser Glieder durch die Last des Daches vor
Ausweichung hindern können. Das Vorhandensein der ganzen
Zone des Frieses scheint mir nur als Reminiscenz des Holzbaus
zu denken, der die Balken nicht aneinander stoßen, sondern zur
Sicherheit übereinander legen mußte. Vielleicht irre ich hier
irgendwo; aber ich irre dann mit einem Sachverständigen gemeinschaftlich; denn auch Hübsch gesteht zu, das Triglyphen-
system nur als ein Motiv des Holzbaues zu begreifen.

Der zweite Punkt ist dieser. Bötticher betrachtet den Tempel
nicht nur als Auflösung eines constructiven Problems; er fügt
ferner nicht nur die decorative Hülle hinzu, welche die statischen
Functionen symbolisch ausdrückt; sehr schön schildert er, wie
durch alle möglichen Mittel, schon durch den aufsteigenden
Treppenbau, der ihn vom Erdboden sondert, der Tempel zugleich
als ein emporgehobenes Weihgeschenk für die Gottheit, ein Ana-
thema, dargestellt wird. In seiner eignen Form aber wiederhole
er andeutend die Gestalt eines heiligen Zeltes, dessen Teppich-
wandungen und Decken zugleich in den Mustern ihrer Verzierung eine Nachbildung des Alls, des gestirnten Himmelsgewölbes
enthalten; die Epistylien erscheinen ihm als die versteinerten
Schnuren, welche von Säule zu Säule jene hangenden Wände
hielten. Auf solche Bedeutung der Weberei kommt auch Semper
(vier Elemente der Baukunst 1851); Hettner (Vorschule der
bild. K. der Griechen) tadelt diese Auffassung als phantastische
Trübung an Böttichers sonst von ihm bewunderter Theorie.

Dies wohl mit Unrecht; Nichts hat größere psychologische Wahr=
scheinlichkeit als dies Ineinanderspielen verschiedener Gedanken=
kreise, das ganz ebenso im Mittelalter wieder vorkommt; die
Kunst verliert sicher Nichts durch diese Vielseitigkeit. Aber
warum dann bei solcher Auffassung die Abneigung gegen alle
Erinnerungen des Holzbaus, wenn man zur Erklärung des archi=
tektonischen Planes bis zur Versteinerung von Schnuren und
Teppichen zurückgeht?

Die Ausbeutung des griechischen Säulenbaus läßt noch
einige scheinbar sehr einfache Punkte unerklärt. Ich rechne da=
hin die Verjüngung und die Schwellnng der Säule. Es mag
ja richtig sein, daß, wie Bötticher sagt, die Verjüngung „durch=
aus" den Ausdruck des ohne weitere Hülfe Festen und Selb=
ständigen erweckt; dies thut freilich jeder Körper, dessen untere
Grundfläche breiter als seine obere ist. Aber die Säule soll
auch stützen und tragen, und ganz gewiß scheint die verjüngte
dies kräftiger zu thun, als die nicht verjüngte. Aber auf welcher
Ideenverbindung beruht dies eben, daß eine Leistung uns ener=
gischer scheint, wenn in der Richtung, in der sie verlangt wird,
die leistende Masse abnimmt? Denken wir uns vielleicht in
demselben Maße die Geschwindigkeit, oder hier, wo von wirk=
licher Bewegung nicht die Rede sein darf, wenigstens die speci=
fische Kraft der Anspannung um so größer? oder erweckt die
Convergenz der Umrißlinien die Vorstellung eines Durchschnitts=
punktes, an welchem die Kräfte ihr Object recht sicher fassen?
Ganz ebenso dunkel ist die Schwellung. Sie ist so gering, daß
Bötticher zweifelhaft findet, ob sie überhaupt merklich wirkt, in=
dessen ist sie doch da. Daß sie eine wirkliche Aufbauchung des
Säulenschaftes durch den Druck von oben darstelle, ist ein archi=
tektonisch gewiß unbrauchbarer Gedanke; daß sie den Schein der
Verdünnung der Säulenmitte, wenn sie gegen die Luft gesehn
wird, beseitigen solle, ist wenigstens denkbar. Ganz undefinirbar
ferner sind die ästhetischen Vortheile, die man sich von der

Krümmung des Stereobats und des Epistyls versprach, als man diese verwunderlichen Messungsresultate für ursprüngliche Erzeugnisse künstlerischer Absicht ansah; selbst die gewiß beabsichtigte leichte Schrägstellung der Säulen an peripterischen Tempeln nach dem Mittelpunkte zu läßt zwar die technische Deutung auf Beseitigung des Außenschubs der Bedachung zu, scheint aber ästhetischen Zwecken der Perspective eher hinderlich als förderlich.

Ich gedachte dieser Einzelheiten, weil man die antiken Monumente nicht nur als Denkmäler, sondern zugleich allgemeinästhetisch als unvergängliche Muster der Baukunst, mit vollem Recht, zu behandeln pflegt. Die Anerkennung der klassischen Durchbildung des griechischen Säulenbaus hat indessen seine anderweitige Gebundenheit und die Engigkeit seines Leistungsgebietes nicht verkennen lassen. Der Grundsatz monolither Deckung beschränkte die obere Säulenweite auf die zu habende Länge der Steinbalken; für die Höhe der Säulen lag bei den festgesetzten Verjüngungsverhältnissen eine bald erreichte Grenze in der Nothwendigkeit, die untere Säulenweite nicht zu sehr für den Durchgang zu verengen. So entstand eine Engräumigkeit der Tempel, die den griechischen Cultusbedürfnissen zwar genügt haben muß, unsere modernen Ansprüche jedoch nicht befriedigen würde. Der ganze Zusammenhang der architektonischen Gliederung in seiner vollkommnen Einheit war doch zugleich unbeweglich, fast auf den Einen Aufriß des Tempels beschränkt; Säulenreihen ließen sich weder ins Ungemessene fortsetzen, ohne nüchtern zu wirken, noch lag in der scharf ausgesprochenen Rechtwinkligkeit des Zusammentreffens von Stütze und Last ein Princip gefälliger Verbindung verschiedener Gebäude zu Einem Ganzen; die Anordnung verschiedener Säulenreihen über einander endlich, obwohl für das Auge nicht formenunschön, überschreitet eigentlich schon den architektonischen Grundgedanken des Systems, denn sie bietet für die höhere Reihe keinen Boden, aus dem diese mit ästhetischer Wahrscheinlichkeit entspringen könnte. So blieb der griechische Styl im

im Wesentlichen auf einstöckige Gebäude von sehr mäßigem Umfang und oblongem, polygonem oder kreisförmigem Grundriß beschränkt, deren Ganzes unter Einem Dache lag, ohne differente
Höhengliederung und Anbauten, der zusammenfassenden Gruppirung nicht günstig, aber in seiner Abgeschlossenheit und Einheit
unübertrefflich.

Dieser Styl mußte daher verlassen werden, wenn andere
Bedürfnisse eine durch ihn nicht zu beschaffende Großräumigkeit
des bedeckten Innern verlangten, oder wenn eine andere Con-
structionsweise an die Stelle der gradlinigen Bedachung trat,
oder endlich, wenn eine andere Richtung der Phantasie den
scharfen Gegensatz zwischen tragenden und lastenden Massen nicht
mehr ausgesprochen, sondern vermittelt oder aufgehoben wünschte.
Treffliche kunstgeschichtliche Leistungen haben eines dieser Motive
nach dem andern, zuerst einseitig, dann in gerechter Schätzung
ihres Zusammenwirkens beleuchtet; genöthigt, mich auf den Gewinn allgemeiner ästhetischer Lehren zu beschränken, hebe ich die
Uebersicht hervor, welche Hübsch von den Aufgaben der Baukunst und den geschichtlichen Lösungen derselben gegeben hat.
(Die Architektur und ihr Verhältniß zur heutigen Malerei und
Sculptur. Stuttgart. Cotta. 1847.)

Der innere gedeckte Hauptraum, die geschlossene äußere
Façade, die offene Halle mit ihrer Decke nennt er als die drei
Hauptbildungen, zu deren Herstellung die Baukunst in Anspruch
genommen werde. Nur die letzte sei das Object der griechischen
Architektur gewesen; eine geschlossene Façade habe sie nicht entwickelt, den Innenraum nur unbedeutend gestaltet, oder bei größeren Dimensionen wieder in einen Hof mit Hallen verwandelt,
in jenen Hypäthraltempeln nämlich, deren Gesammtbild auch
Hübsch wegen des unvermeidlichen Dachausschnittes sonderbar
findet; (eingeschlagenes Rückgrat nennt ihn Jul. Braun, der
die Existenz dieser Tempelform leugnet). Vorliebe für Kolossa-
lität und neue Bedürfnisse außerordentlicher Räume für Thermen,

Amphitheater, Kaiserpaläste haben kann bei den Römern zu
großen, im Grundplan complicirten, mehrstöckigen Gebänden mit
Nebenflügeln von verschiedener Höhe geführt. Diesen Bedürfnissen sei in Italien die alte etruskische Kunst des Gewölbe-
baues entgegengekommen mit ihrer nach und nach zu großer
Kühnheit gesteigerten Ueberspannung weiter Räume. Aber während die wahre Construction der Gebäude auf diesem neuen
Princip beruhte, sei der ästhetische Sinn der Römer, ohne Eigenthümlichkeit, von der rechtwinkligen Gliederung des Säulenbaus
und seiner Decoration befangen geblieben, und habe die Großartigkeit der constructiven Leistungen durch Verbindung mit einer
ihr widerstreitenden Scheingliederung nach griechischer Weise verdeckt. Dieser Tadel ist auch von Andern vielfach erhoben worden; gerade die römische Architektur hat das Bewußtsein von der
ästhetischen Nothwendigkeit eines Zusammenhangs zwischen Construction und Decoration, und von dem Mangel geschärft, der
selbst bei anerkannter Großartigkeit des Ganzen und formaler
Schönheit des Einzelnen in dem Auseinanderfallen beider liegt.

Ein Gewölbe kann im Gegensatz zu dem Unterbau als Last
erscheinen; in sich selbst aber stellt es nicht einen Gegensatz, sondern einen stetigen Uebergang von Stütze und Last in einander
dar; die Phantasie wird hierdurch leicht angeleitet, auch im
Ganzen des Bauwerks diesen Gegensatz fallen zu lassen. Die
Römer thaten dies nicht; ihre Gewölbe blieben wesentlich Lasten,
auf massigen Substructionen ruhend und von diesen durch entscheidend hervortretende Gesimse abgesondert. Was die romanische und gothische Bauweise zusammengenommen von der
römischen unterscheidet, scheint mir theils in dem Bestreben zu
liegen, der gewölbten Decke ein erzeugendes Motiv, nicht blos
eine Stütze in dem Unterbau zu geben, theils aber in der Bedeutung,
die sie beide dem massigen Mauerkörper geben. In den griechischen
Tempeln liegt die Cella, also der nutzbare Raum, zu welchem
die Säulenhalle den Zugang bilden soll, im Grunde außerhalb

der ästhetischen Bearbeitung als ungegliederte Wandmasse; die
Kunst entfaltet sich nur an jenem Eingang, und ganz folgerecht
ging schon in der römischen Architektur das griechische Säulen-
haus in den bloßen Porticus einer größeren Anlage unter. Aber
auch die Römer benutzten die umschließende Wandmasse nur als
Stütze der Wölbung, und gaben ihr selbst nur geringe und nicht
entsprechende Gliederung. Die beiden späteren Style scheinen
mir nun den Eindruck zu geben, daß die eigentliche raumumfas-
sende Mauermasse als allgemeine Substanz wirkt, aus der die
einzelnen constructiven Kräfte an einzelnen bestimmten Stellen
herauskrystallisiren, ganz wie die Glieder eines lebendigen Organismus sich aus einer indifferenten Keimflüssigkeit formen, die
zwischen den gestalteten Theilen noch als formloses, aber form-
schaffendes Substrat sichtbar bleibt. Gelegenheit zu solcher Gestaltung bot theils die Vielgliedrigkeit der Innenräume, theils
die zunehmende Verwendung der Fenster, theils die Anlage der
Thürme; überall, wo die umschließende Wand einer solchen Aenderung ihrer Function unterlag, war die Aufforderung da, aus
ihrer gleichartigen Masse die hier gerade sich sammelnden und
anspannenden Kräfte in äußerlicher Form anzudeuten; als vor-
springenden Wandpfeiler, als horizontales Gesims, das einen
Absatz ausruhender Kraft versinnlicht, als eine Reihenfolge dicht
gedrängter Zierglieder, die um Fenster und Portale die raum-
öffnende Thätigkeit, mit der die Masse sich hier auseinander thut,
als eignen Entschluß derselben, als ihre eigne lebendige Leistung,
vorher anzudeuten.

Diesen gemeinsamen Gedanken wenden jene beiden Bau-
weisen characteristisch verschieden. Die romanische, wo sie in
ihren bezeichnendsten Werken folgerechter Rundbogenstyl ist, läßt
dem Mauerkörper noch große ruhige Flächen, aus denen sich die
erzeugende Masse nur an wenigen, den Hauptgliederungen der
Construction entsprechenden Orten zu ausdrucksvollen Formen zu-
sammenzieht; im Innern bieten sich jene Flächen der Malerei

dar, im Aeußern deuten sie nur an ihren Grenzen durch Rund-
bogensäume das allgemeine Bildungsgesetz der Masse an, das an
den Wölbungen der Fenster und Portale und deren decorativer
Füllung mit großem Formenreichthum sichtbar wird, und sich in
dem polygonen Grundriß der Thürme und ihrer pyramidalen
Dachung auf verhülltere, nicht minder ausdrucksvolle Weise wiederholt. Zugleich läßt der romanische Styl den Gegensatz der
Träger und des Getragenen nicht verschwinden; der Bildungstrieb des Ganzen erzeugt sich selbst Theile, die als Stützen und
Lasten auf einander wirken und als solche durch den bleibenden
Gegensatz aufstrebender Glieder und deutlicher, satter Horizontalgesimse unterschieden sind. Diesen Character eines ruhigen
Gleichgewichts mächtiger lebendiger Kräfte löst der gothische Styl
in den andern eines durchgehenden Aufstrebens auf, in welchem
der Gegensatz der Träger und des Getragenen völlig aufhört,
und jeder horizontale Absatz nur momentane Ruhe und Sammlung der in die Höhe eilenden Thätigkeit, aber nicht den Druck
einer zu unterhaltenden Last bezeichnet. Es ist folgerecht, daß
die Mächtigkeit dieses Aufstrebens nicht einzelne Theile, sondern
den ganzen Mauerkörper mitergreift, daß die ruhenden Wandflächen verschwinden oder auch an ihnen Linien hervortreten, in
denen der lebendige Trieb nach oben erwacht, daß die horizontalen Gliederungen durch den rastlosen Vertikalismus aller Theile
unterbrochen werden, daß an die Stelle des Rundbogens und
seiner Ornamentik der Spitzbogen mit der seinigen tritt, daß
endlich für die Größe der aufwärts drängenden Macht ein Maßstab durch die Vielfältigkeit der Gipfel gegeben wird, die vor der
Erreichung des letzten Zieles endigen.

Hiermit schildere ich nur den Eindruck, den in Deutschland
die ästhetische Phantasie von den Werken der romanischen und
gothischen Architektur empfing. Den Eindruck, hebe ich ausdrücklich hervor, den diese Monumente machten, nachdem sie da
waren; keineswegs soll damit zugleich der erfinderische Gedanken-

gang angegeben sein, der zur Entwicklung beider Style führte.
Die früheren Einfälle, welche die Gothik kurzer Hand aus dem
ägyptischen Pyramidenbau oder von den Zweigzerschränkungen
alter deutscher Waldheiligthümer ableiteten, die Meinungen,
welche dem mittelalterlichen Christenthum zutrauten, aus dem
Stegreif plötzlich diesen complicirten Ausdruck seines Glaubens-
aufschwungs erfunden zu haben, sind ebenso wie der Traum, in
der Gothik eine reindeutsche Kunst verehren zu können, vor den
Fortschritten der Kunstgeschichte verschwunden. Wir bewundern
diese Fortschritte; aber die Aesthetik hat nur die Schönheit des
Geleisteten zu betrachten; die Entstehungsgeschichte der Leistungsfähigkeit interessirt uns in diesem Falle nur, sofern die Menge
der zusammenwirkenden Bedingungen, die sie nachweist, es erklärlich macht, daß der gothische Styl niemals wie der griechische
zu typischer Festsetzung seiner Formen gekommen ist. In der
Beurtheilung des Geleisteten nun gehen nach einem Zeitraum
ästhetischer Schwärmerei für die Gothik die Meinungen auseinander, und zwar in neuester Zeit mit einer Verbitterung der
Parteinahme, die mich absichtlich auch hierüber nur zu der
ruhigeren Darstellung von Hübsch zurückkehren läßt.

Ich unterscheide in ihr, was sein ästhetischer Geschmack will,
von seinen Urtheilen in technischer Beziehung, in der Sache dagegen das, was den Baustyl selbst angeht, von den Mängeln,
die der handhabende Künstler oder der Irrthum der Zeit verschuldet hat. Viele dieser letztern Art fallen ohne Zweifel den
gothischen Kathedralen zur Last: die oft unverhältnißmäßige Thurm-
höhe und die Niedrigkeit und Schmalheit der Portale, durch
welche eine übel angebrachte Symbolik zum Himmel wies und
die Engigkeit des Weges zum Heile andeutete; die allzu große
Menge der stützenden Vorbauten, die dem Ganzen einen schräg
ansteigenden Schattenriß geben und den Vertikalismus der aufsteigenden Wände zu sehr verdecken; die keineswegs glückliche
Idee der Strebebögen, deren gewöhnlich viel geringerer Steig-

ungswinkel dem größeren der übrigen ansteigenden Theile unharmonisch ist, und deren perspectivisch sich kreuzende Linien dem
Bau das Ansehen „eines stehen gebliebenen Gerüstes" geben.
Aber dies und vieles Aehnliche sind nicht Fehler des Styls,
sondern des Planes, zu dem man ihn verwendete, und fast
möchte man hierher auch einen Theil der Vorwürfe rechnen, die
Hübsch gegen die technischen Verfahrungsweisen der Gothik
richtet. Unzweckmäßig und dem Klima nicht angemessen findet
er die unzähligen Winkel der nicht unter Ein Dach zu bringen-
den Einzelglieder des Baues; gering im Verhältniß zu der Großräumigkeit des folgenden italiänischen Styls die technostatische
Kühnheit der Wölbungen, welche das Mittelschiff mit geringer
Breite nur mehr in schwindelnde Höhe ziehe, durch massenhafte
Pfeiler die Uebersicht des ganzen Innenraumes hindere, und
durch ungeheure Apparate doch nur eine'leichte, kaum den Brand
des Dachstuhls aushaltende Gewölbdecke unterstütze.

Den wesentlichen Character des Styls betrifft dagegen der
seitdem öfter wiederholte Tadel gegen die Gliederung des Ganzen
und das System der decorativen Formen; und hierüber scheint
mir allerdings eine weitere Berufung zulässig. Die unablässige
Hervorhebung des senkrecht aufsteigenden Triebes und die Zurück-
drängung und Durchschneidung aller Horizontalgesimse war lange
der allgemeinen Meinung als ein kraftvoller Ausdruck des auf-
strebenden Sinnes der christlichen Weltansicht erschienen. Ich
kann nicht begreifen, warum dieser lebhafte Eindruck, den der
Anblick der Monumente noch immer wiederholt, jetzt gering-
schätzig zu den mystischen Träumereien der Nichtsachverständigen
gerechnet werden soll. Wie auch immer der gothische Styl aus
vielen vereinzelten früheren Elementen entstanden sein mag, die
dann in bestimmter Stunde etwa des Abtes Süger glücklicher
Griff zu einem consequenten Ganzen vereinigte: immer lag doch
im Hintergrunde wirklich jene eigenthümliche Weltansicht; sie
hatte eben jene Bedürfnisse geschaffen, zu deren Befriedigung

man auf die Vereinigung aller jener Mittel geleitet wurde.
Aesthetisch aber ist nicht einzusehen, warum der vollständige Ausdruck dieser Stimmung der Baukunst unerlaubt und unter den
gothischen Denkmalen diejenigen vorzuziehen seien, welche noch
nach der Weise des romanischen Styles mit deutlicher Hervorhebung horizontaler Abtheilungen ihr Ganzes in allerdings klarer
und gefälliger Weise gliedern. Der Gedanke, Stockwerk auf
Stockwerk zu häufen, ist an sich kein künstlerischer; ein horizontales Gesims hat nur einmal, als Abschluß des Ganzen, ein
Recht, dieses Ganze wesentlich zu bestimmen; eine deutliche Ho-
rizontalgliederung, welche die ganze Façade in übereinandergestellte
Viereckfelder theilt, kann als geometrische Verzierungsform eines
Geräthes, dem es natürlich ist, aus Fächern zu bestehen, leichter
gerechtfertigt werden, denn als Gliederung eines Bauwerks. Es
verhält sich sehr verschieden, ob die einzelnen aufsteigenden Theile
eines Ganzen, indem sie in verschiedenen Höhen frei endigen,
dadurch nebenher eine Menge in verschiedenem Niveau gelegene
Plätze hervorbringen, die einem Gebrauche dienen können, oder
ob das Ganze selbst in seiner Gesammtmasse in Geschosse zerfällt, deren eines nicht als das erzeugende Motiv, sondern nur
als die mechanische Unterlage des andern erscheint. Den ungünstigen letztern Eindruck machen die vielen Geschosse roma-
nischer Domthürme, welche die ganze Masse in einzelne Trom-
meln theilen; die gothischen Thürme dagegen mit ihren halb bis
zum Gipfel durchgehenden, halb vorher frei endigenden Massen
lassen die Horizontalebenen mit Recht nur als Nebenprodukte
eines nicht absichtlich auf sie gerichteten Strebens erscheinen.

Ungünstig beurtheilt Hübsch das ganze Ornament der Gothik; sie verziere alle Glieder des Baues nur mit einer Klein-
architektur, welche jedes wahrhaft freie Ornament ausschließe,
nur die Formen des Ganzen in Miniatur und ohne ihre con-
structive Bedeutung wiederhole, endlich durch antioptische Magerkeit das Auge beleidige. Diese Vorwürfe zeigen, daß auch für

die Architektur die Aesthetik noch manches nicht genug grundsätz-
lich bestimmt, sondern Vieles dem Geschmack überlassen hat, der
nicht alles mit gleichem Maße mißt. Wenn Hübsch die gothischen
Dome Glashäuser nennt, — eine übertriebene Bezeichnung, die
der wirkliche Eindruck nicht rechtfertigt, — und wenn er das
Verschwinden der breiten für Gemälde passenden Wandflächen
bedauert, so scheint uns doch fraglich, ob die Architektur die Verpflichtung habe, Raum für eine so ausgedehnte malerische Schaustellung zu bieten, wie sie romanische Kirchen füllen, und ob sie
nicht genug thut, einzelnen Gemälden die Stätten zu gewähren,
die ihnen auch der gothische Styl nicht versagen muß. Für
das freie schön geschwungene Ornament ferner finden wir die
Architekten meist eingenommen; welcher begründete Einwurf aber,
der nicht blos auf der sogenannten feinen Bildung des Auges,
sondern auf ästhetischen Grundsätzen beruhte, läßt sich gegen den
Gedanken aufbringen, die ganze wirksame Masse des Bauwerks
als durchgängig belebt durch denselben specifischen Bildungstrieb
zu characterisiren, der auch ihren wirklichen mechanischen Functionen die eigenthümliche Form ihrer Ausführung bestimmt?
Nicht jede dieser Decorationen soll vertheidigt werden, die ja in
der großen Menge der Monumente von sehr verschiedenem Werth
häufig genug übel angebracht sind, wohl aber das Princip der
Ausschließung des völlig freien Ornamentes, welches keine der
specifischen Formen andeutet, die in die Masse als ihr eigenes
lebendiges Gestaltungsgesetz hineingedacht sind. Vollkommen am
unrechten Ort wurde dasselbe Princip der Architektur in der
Bildung der Geräthe angewandt, deren sonst oft geistreiche Einzelheiten den thörichten Geschmack nicht vergüten können, Schmuck-
kästchen, Sessel und Kelche als mannigfach gethürmte und gegie-
belte Miniaturgebäude zu formen. Derselbe Mangel erfindischer
Phantasie, der uns hier auffällt, begegnet uns in der gothischen
Baukunst häufig da, wo sie wirklich, wie in Kapitellbildungen,
zum freien Ornament griff; sie copirte dann, aber sie stylisirte

nicht die natürlichen Muster, die sie überdies zuweilen mit grillenhaftem Geschmack wählte.

Der Vorwurf antioptischer Magerkeit der gothischen Profilirungen geht aus einer allgemeinen Verschiedenheit der Geschmacksrichtungen hervor, deren eine der andern schlechthin nachzusetzen, ein Fehler der ästhetischen Theorie sein würde. Verschiedene Gemüther und verschiedene Zeitalter bevorzugen stets denjenigen allgemeinen Formcharacter, welcher dem von ihnen besonders verehrten Theile des sittlichen Ideals oder auch dem entgegengesetzten entspricht, in dessen Erfüllung sie sich vorzugsweis schwach fühlen. Charactere, welche das Gute fast nur unter der Form der Gerechtigkeit und Consequenz kennen, neigen auch in der Kunst oft zu den strengen harten und knappen Formen, aber ebenso oft gefallen sie sich unerwartet hier in einer Vorliebe für zerfließende Weichheit, der sie im Leben ganz fremd sind. Und so sehen wir ganz allgemein in Musik Sculptur Baukunst und Poesie Zeiten und Völker abwechseln mit der einseitigen Vorliebe für das Herbe und Magere oder für das Satte und Volle, für die ruhige und vollständige Motivirung und für die characteristische Ueberraschung, für das Harte und Scharfgezeichnete und für das Verschwebende und Ahnungsvolle. Keiner dieser allgemeinen Formcharactere ist so ausschließlich schön, daß sein Gegentheil unschön wäre; jeder deutet für sich einseitig auf einen Zug des Guten hin, das in aller Schönheit zur Erscheinung kommen soll, und läßt seinem Gegensatz die Aufgabe, auf einen andern Zug zur Ergänzung hinzuweisen. In Malerei und Sculptur werden die geschichtlich hinlänglich bekannten Schwankungen des Geschmacks in dieser Beziehung durch die Nothwendigkeit der Naturtreue bald eingeengt; in Musik und Architektur gebührt den verschiedenen Neigungen freierer Spielraum. Das gerechte ästhetische Urtheil scheint mir nicht in der ausschließlichen Verehrung der unzweifelhaft schönen und schwungvollen Formengebung der Griechen, sondern in der Fähigkeit zu

liegen, sich auch in den ganz abweichenden Eindruck der krystal=
linischen Brechungen und der Magerkeit gothischer Decoration
zu vertiefen. Eine dieser Weisen vor der andern zu lieben, ist
das unbestreitbare Recht des individuellen Geschmackes; eine von
ihnen um der andern willen zu verurtheilen, kein Recht der
ästhetischen Theorie. Der Stimmung nördlicher Völker scheint
die satte Entfaltung des anmuthig Geschwungenen in der Bau=
kunst nicht sympathisch; Eigenheit des Characters und der trü=
bere Himmel, welcher dem Anblick deutliche Linien nur durch
tiefe Schatten scharfkantiger Gebilde gewährt, lassen hier größeres
Genüge in der mathematisch einfacheren Gestaltung finden.

Selbst der Tadel gegen die gothische Verengung des Innen=
raums durch die Massivität der Pfeiler scheint mir zweifelhaft.
Gewiß ist der gleichzeitige Ueberblick eines gegliederten Gesammt=
raums imposant; aber die gothische Bauweise hat diesen Ein=
druck vielleicht geflohen, um einen andern von nicht geringerem
Werthe einzutauschen. Dem griechischen Tempel war der Cha=
racter einer leicht übersichtlichen harmonischen Einheit und der
Abgeschlossenheit zum Ganzen natürlich; dem christlichen Mittel=
alter lag dagegen am Herzen, in seinen Domen ein Bild des
Universum aufzurichten, das mit einem Blick nicht vollständig
übersehbar, sondern unerschöpflich in einem Wechsel perspectivischer
Durchsichten war, deren Einheit zum Ganzen, obgleich sie nie
dem Blicke auf einmal vorlag, dennoch für die Phantasie noch
sinnliche Deutlichkeit behielt. Wo einmal der ästhetische Haupt=
gedanke nicht in die umfassende Einheit, eines sich vom Außen
abschließenden Ganzen, sondern in die innere unendliche Theil=
barkeit desselben und die höchst vielseitige Beziehbarkeit der Theile
auf einander gelegt ist, da ist auch jene halbe Verdeckung der
einzelnen Räume für einander gerechtfertigt, und ein Anblick,
der Alles auf einmal umfaßte, würde die so gestimmte Phantasie
noch mehr erkälten als befriedigen.

Ich habe diese geschichtlichen Einzelheiten erwähnt, um die

in ihrer Beurtheilung laut gewordenen allgemeinen ästhetischen
Ansichten zu bezeichnen. Man ist einig darüber, daß die ganze
Conception eines bestimmten Bauwerks, wie Schinkel es aus=
drückt (Aus Sch.'s Nachlaß III. 374) nicht aus seinem nächsten
trivialen Zweck allein und aus der Construction entwickelt wer=
den dürfe; so entstehe Trockenes und Starres, das der Freiheit
ermangele und zwei wesentliche Elemente, das Historische und
Poetische, gänzlich ausschließe. Wie weit aber diesen anderen
Elementen der Zutritt zu gestatten sei, um das Erzeugniß des
Handwerks zur Kunst zu erheben, darüber sei das Wesen einer
wirklichen Lehre schwer und man zuletzt auf die Bildung des
Gefühls reducirt. Ueber das nun, was Schinkels unvollendet
gebliebene Betrachtungen unerwähnt lassen, haben wir Einstim=
migkeit insofern gefunden, als Niemand den trivial technischen
Kern des Bauwerks nur willkürlich zu verzieren dachte, vielmehr
die eigentlich architektonische Decoration nur der ästhetische Aus=
druck der characteristischen Construction sein sollte. Ueber das
mehr arbiträre Schmuckwerk dagegen, durch welches überdies das
Bauwerk zu beleben sei, gingen die Neigungen des Geschmacks
ohne hinlänglich lehrhaftes Princip der Entscheidung auseinander.
Zu diesen Punkten des Zwiespalts haben wir noch, bisher unerwähnt, die Verwendung der Farben zu rechnen. Ich verweise
auf die Schrift über die vier Elemente der Baukunst (Braun=
schweig 1851), in der G. Semper die Abneigung schildert,
welche die deutschen Kunsthistoriker und Aesthetiker sehr allge=
mein gegen die Nothwendigkeit empfanden, dem Zeugnisse der
sich mehrenden Untersuchungen antiker Monumente die durchgängige Bemalung der griechischen Tempel zuzugestehen. Namentlich den Zweifel daran, daß die Griechen die kostbare Weiße
des Marmors farbig überdeckt haben sollten, widerlegt Semper
dahin, daß eben dieses durchscheinende Material wegen der Lebhaftigkeit gewählt worden sei, die es den aufgetragenen Far=
ben mittheile oder erhalte. Als Thatsache wird die durchgängige

Polychromie der alten Tempel jetzt feststehen; minder ihre ästhetische Beurtheilung. Unter der hellen Beleuchtung Griechenlands
mag die blendende Weiße des Marmors, an die unsere Phantasie sich gewöhnt hat, unerträglich gewesen sein; aber die geflissentliche Häufung mannigfacher Farbenpracht, zu der nach
Semper selbst das Arom des Harzes, mit dem die Pigmente aufgetragen wurden, einen neuen beabsichtigten Sinnenreiz fügte,
begegnet doch in unserer Vorstellung noch einem ausgesprochenen
Widerstreben und scheint die Aufmerksamkeit von der eigentlich
architektonischen Schönheit des Bauwerkes unvortheilhaft abzu-
ziehen. Diesen Eindruck macht wenigstens den meisten von uns
noch immer die Farbenfülle der wiederhergestellten Dome des Mittel-
alters, während die Architekten ebenso überwiegend die Polychromie, oder doch den Reiz verschiedener Schattirungen der
Steinfarbe empfehlen. Das Aeußere der Gebäude jedenfalls
wird sich auf dies letztere bescheidene Maß der Verzierung beschränken müssen; unter trübem Himmel erregen Farben am
Unbelebten nur Melancholie.

Manchem Zweifel unterliegt ferner die Frage, wieweit die
technische Forderung der Zweckerfüllung durch die kleinsten
Mittel sich den ästhetischen Bedürfnissen unterzuordnen habe, die
Schinkel unter dem Namen der poetischen und historischen zusammenfaßte. Die Beurtheilung schwankt, je nachdem man eben
die Befriedigung der letzteren zu dem wesentlichen Zwecke des
Bauwerks rechnet, oder diesen nur in dem Nutzungswerthe sucht.
Am wenigsten kommt dieser Zweifel bei Werken in Betracht, die
wie moderne Brückenbauten nur eine mechanische Aufgabe zu
lösen haben, und in denen daher dies Princip der Knappheit und
ingeniösen Einfachheit in der Verwendung der Mittel sich selbst
zu dem ästhetischen Werth der Eleganz ausbilden kann. In der
monumentalen Baukunst, die dem geistigen Leben dient, finden
wir fast überall einen Ueberschuß der zum eigentlichen Nutzeffect
nöthigen Mittel nur zum allgemeinen poetischen Ausdruck oder

zu dem einer historisch-characteristischen Stimmung verwandt. Die Beurtheilung der verschiedenen Baustyle nach diesem Gesichtspunkt ist wohl einstimmig darüber, daß das griechische Princip des grablinigen Architravs eine vollendet schöne Form und kleine Nutzräume mit ungeheurem Massenaufwand herstellt, und daß das andere Princip der Wölbung ihm an Möglichkeit schöner Formentwicklung nicht nachsteht, durch die Fähigkeit der Ueberspannung großer Räume mit einfachen Mitteln ihm überlegen ist, in seinen geschichtlichen Entwicklungen aber dennoch nur theilweis von diesen Vorzügen Gebrauch gemacht, und großen Massenaufwand ebenfalls dem blos poetischen und characteristischen Ausdruck gewidmet hat. Daß dieser Aufwand gänzlich nutzlos verloren sei, wird Niemand behaupten, der sich der Bedeutung erinnert, die für unsere Phantasie, wie die lyrische Poesie tausendfältig zeigt, dieselben Thurmbauten gewonnen haben, deren trivialer Nutzen allerdings im äußersten Mißverhältniß zu den aufgeopferten Mitteln steht.

Den ästhetischen Werth der Proportionen hatte die mittelalterliche Baukunst in allerhand symbolischer Bedeutung und in einer Zahlenmystik gesucht, die den Rechner befriedigen mag, aber das Auge oft unbefriedigt läßt. (Schnaase Kunstgeschichte, Mittelalter II, 317. 18.) Die Forderungen des letzteren glaubte J. H. Wolff (Beiträge zur Aesthetik der Baukunst) darauf zurückführen zu können, daß ursprünglich wohlgefällig nur das Verhältniß von 1:1, also das Quadrat und der Würfel erscheine, der Grad der Wohlgefälligkeit aber steige, wenn größere Formganze dieses an sich zu einfache Verhältniß nur als leicht erkennliches Grundmaß ihrer mannigfacheren Anordnung, zum Theil als Umgrenzung wirklich stehender Massen, zum Theil nur intentionell als Verbindungsumriß ausgezeichneter Punkte wiederholen. Sein Grundgesetz des goldenen Schnittes hat Ad. Zeising durch Messungen hervorragender

antifer und späterer Baumonumente als Princip auch der architektonischen Formgefälligkeit zu erweisen gesucht. Im Gebrauch
der Baumeister und der Werkleute endlich finden sich mannigfache Traditionen über zusammenstimmende Dimensionen, der
Erfahrung entlehnt und ohne Anspruch auf principielle Begründung. (F. W. Unger die bildende Kunst. 158.)

Wenden wir uns endlich zu dem Leben und der Anwendung, so finden wir die Frage, wie wir bauen sollen, seit langer
Zeit lebhaft aber unfruchtbar verhandelt. Weiter reicht die Uebereinstimmung nicht, als bis zu den Grundsätzen, daß unser Bauen
überhaupt einen concreten Styl haben und daß es sich gleich
eng an unsere Bedürfnisse wie an den specifischen Geist der
modernen Zeit und ihrer Phantasie anschließen müsse. Der
Zwiespalt beginnt mit der specielleren Frage, wie diesen Forderungen zu genügen sei. Wird an die Architekten das Verlangen
gerichtet, aus ihrer Kenntniß aller vorhandenen Möglichkeiten
heraus mit erfinderischem Geiste den neuen Styl zu fixiren, der
unserer Zeit entspreche, so finden wir häufig, daß sie vor allem
den Geist dieser Zeit selbst zu corrigiren unternehmen, um
ihm denjenigen Ausdruck aufzudrängen, der ihren eignen Vor-
neigungen angemessen ist. Nun gehört zu dem Character der
Gegenwart eine Universalität des Geschmackes, die durch Ueberlieferung aller Art genährt, jede eigenthümliche Gattung der
Schönheit nachzugenießen und zu bewundern fähig ist, ohne deshalb jede als unmittelbare Lebensumgebung ihren eignen Gewohnheiten entsprechend zu finden. Nicht jede Schönheit der
Kunstgeschichte läßt sich im Leben reproduciren, und anderseits
sind die Strömungen dieses Lebens selbst so vielförmig, daß zu
ihrem Ausdruck ein einziger Alles beherrschender Styl vielleicht
nicht in derselben Weise zu hoffen und zu wünschen ist, wie er
vergangenen Zeiten von gleichförmigerer Signatur ihres Wesens
möglich war; nach manchen Richtungen hin stehen wir auf demselben Boden mit der Vorzeit und haben keinen Grund, ihre

Verfahrungsweisen zu ändern, nach andern haben wir keine Ge=
meinschaft mit ihr und folglich auch keine Veranlassung, uns
durch die von ihr gefundenen Formen beschränken zu lassen.

Daß die Einheit des religiösen Bewußtseins uns abhanden
gekommen ist, schmälert allerdings die Anzahl der monumentalen
Aufgaben, die der Architektur gestellt werden; aber für diejenigen,
welche dennoch gegeben werden, besteht unsere Zusammengehörig=
keit mit der Vergangenheit fort. Das religiös gestimmte Heiden=
thum hat seine Cultusformen und seine Baukunst entwickelt, die
wir bewundern können; der Rationalismus und die unkirchliche
Gesinnung unserer Zeit haben weder den positiven Glaubens=
inhalt noch das religiöse Bedürfniß der antiken Welt; beide haben
auf allen Gebieten der Kunst sich bisher unfruchtbar gezeigt und
können nicht den Anspruch machen, einem Bedürfniß, welches sie
nicht fühlen, die Art seiner Befriedigung zu bestimmen. Sie
brauchen beide überhaupt keine Kirchen zu bauen; wo aber deren
gebaut werden, ist nicht einzusehen, aus welchem Grunde der
romanische und der gothische Styl verlassen werden sollten. Der
eine wie der andere entspricht nach verschiedenen Seiten voll=
kommen dem religiösen Gefühl, welches überhaupt die Bedeutung
einer geschichtlichen Kirche anerkennt; die andere Richtung der
Gegenwart aber, die sich dieser Anerkennung entzieht, würde
ihren Tempel wirklich da suchen müssen, wo er ja im Gegen=
satz zu der Kirche so oft gezeigt worden ist: in Gottes
großer Natur, aber gar nicht mehr in einem Kunstwerk von
Menschenhänden. Beide jene Style sind übrigens bildsam ge=
nug, um den verschiedensten Bedürfnissen zu genügen, und eine
unerschöpfliche Menge schöner Formationen zu entwickeln, die zu=
gleich nicht in übermäßigem Gegensatz gegen die Forderungen der
bürgerlichen Baukunst ständen. Die weitere Ausbildung beider
würden wir weniger von dem an der klassischen Antike gebildeten
Auge, als mit Reichensperger, dem begeisterten Lobredner
des gothischen Styls, von dem eingehenderen ästhetischen Stu=

dium der Gothik selbst erwarten; wer in dieser, wie eben noch Pecht gethan, nur eine hassenswürdige von Frankreich her uns importirte Barbarei sieht, (Kunst und Kunstindustrie auf der Weltausstellung von 1867) täuscht sich über den Grad und den Grund der Sympathie, den diese Bauweise noch im Volke findet, und ebenso täuschen sich diejenigen, welche den freien Schwung der Linien und die breit anmuthig und zierlich entwickelte Decoration des Alterthums für verträglich mit dem ästhetischen Character des Kirchenbaus halten.

Im lebhaftesten Gegensatze gegen diese noch fortdauernde kirchliche Strömung unserer Zeit steht die technisch-industrielle. Sie stellt der Baukunst neue Aufgaben genug, ohne daß bisher ein ihnen völlig entsprechender Styl sich gebildet hätte; was sich aber gebildet hat, pflegt der Hyperkritik von Seiten der alten Theorien zu unterliegen. Wer sich der ersten Zeiten der Eisenbahnen erinnert, wird wohl zugestehen, daß manche damals in leichter Holzconstruction provisorisch hergestellte Hallen in der That mit dem Ganzen des Eisenbahnbetriebes einen harmonischen Eindruck machten. Das Characteristische der industriellen Mechanik besteht in der Bewältigung des Großen durch die einfachsten und kleinsten möglichen Apparate; dem Geiste dieser Kühnheit entsprach die Luftigkeit der früheren Anlagen weit mehr als die ungeheuren Aufhäufungen von Stein, meist in romanischem Styl, die jetzt an ihrer Stelle stehen. Die Locomotive mit ihrem phantastischen Bau, ein kleines vulcanisches Ungeheuer von riesenmäßiger Kraft, nimmt sich mit ihrer Beweglichkeit sehr fremdartig zwischen diesen breiten Massen aus, die in gleich unerfreulichem Formengegensatz gegen die Schienenwege und die leichtgespannten Brücken, so wie gegen alle die geräuschvolle Betriebsamkeit des Reiselebens stehen. Für die Herstellung lichter Aufstellungsräume hatte Paxtons Glas- und Eisenbau ein neues Princip erfunden; die Mängel desselben sind von größerem Scharfsinn aufgedeckt worden, als man zur Fortentwickelung des schätzbaren Keimes verwendet hat. Man begegnet dem Einwurf, die Schlankheit der Eisensäule gewähre den ästhetischen Eindruck der Festigkeit nicht, der eine gewisse sichtbare Breite der stützenden Masse verlange. Allein es gibt keine von Natur feststehende Proportion zwischen Dicke und Höhe, die diesen Eindruck allein sicherte; unser ästhetisches Gefühl ist hier abhängig von der Erfahrung. Eine hölzerne Stütze scheint uns vollkommen sicher, wenn eine steinerne von gleichen Dimensionen uns höchst gefahrdrohend vorkommt; nur wieder die Gewöhnung an die hölzerne verdächtigt uns im Anfang die noch schlankere metallene. Daß ferner der Eisenbau in der Ornamentirung noch mangelhaft und ohne Stylgefühl gewesen sei, mag wahr sein; allein für die neue Verfahrungsweise, die nicht durch bloßes Auflegen schwerer Massen, sondern durch mannigfache cohäsive Spannung und Vernietung der einzelnen Theile zum Ziele kommt, mußte eine allmähliche Ausbildung einer völlig neuen Decoration, nicht eine Nachahmung der alten erwartet werden. Die Voraussetzung, diese wieder finden zu müssen, kann nur ungerecht gegen das Ueberraschende machen, was bisher dieser Bauweise herzustellen gelungen ist. Am schwersten wiegen die Einwände gegen die Haltbarkeit des metallischen Materials, und es ist kaum zu hoffen, daß weitere Erfahrungen sie in befriedigendem Maße widerlegen werden. Aber es ist die Frage, ob monumentale Dauer eine unabweisliche Aufgabe j e d e r A r c h i t e k t u r ist. Der Schönheit überhaupt ist die ewige Dauer nicht wesentlich; „schuf ich doch, sagte der Gott, nur das Vergängliche schön." Unserer lebhaft bewegten Zeit kann es wohl auch darauf ankommen, die vorübergehenden Bedürfnisse, die sie empfindet, vorübergehend in schöner Wirklichkeit auszuprägen und für sich, für die Lebenden, Werke herzustellen, an deren Statt die Zukunft die ihrigen setzen mag. Was sich forterhielte, würde der Styl, die K u n s t des Bauens sein, nicht das einzelne W e r k, und darin würde kein Unglück liegen.

Am häufigsten erweckt Klagen über Stylverfall die Privatbaukunst, in welcher der Künstler dem undisciplinirten Belieben
der Einzelnen nachgeben muß. Ein wesentlicher Grund der unerfreulichen Erscheinungen, die uns hier begegnen, liegt im
Mangel an Klarheit über das, was man will. Das Wohnhaus
einer Familie soll nicht versuchen, das Problem eines einheitlichen Ganzen von constructiver Consequenz des Styls zu lösen;
das Haus hat dem Leben zu dienen, nicht das Leben sich nach
der Räumlichkeit des Hauses zu richten. Unglücklich, wer genöthigt ist, in einem ästhetischen Monumente zu wohnen, und
nicht dem geringsten Einfall seiner Lust und Laune, nicht dem
vermehrten oder veränderten Bedürfniß durch irgend einen Anbau nachgeben darf, aus Furcht, die Einheit des Kunstwerks zu
zerstören, dessen Parasit er ist. Die monumentale Kunst hat
die Aufgabe, dem Bewußtsein einen idealen Lebenszweck vorzu-
halten, dem die veränderlichen Gewohnheiten ganzer Zeitalter
sich unterordnen sollen; ihr gebührt es, diesen Zweck vollständig
und ohne nichtssagenden Ueberfluß, durch eine folgerecht aus
einem Princip sich entwickelnde Construction und mit einheitlich
abgeschlossenem Plan zur Erscheinung zu bringen. Das Leben
des Einzelnen und der Familie wird dagegen nie vollständig
durch Eine Idee bestimmt, und ist noch minder im Stande, der
Idee, von der es vorherrschend bewegt würde, eine mangellose
und abgeschlossene Darstellung zu geben. Die sittliche Verpflichtung des Einzelnen geht nur darauf unerläßlich, den Handlungen,
zu denen der Weltlauf ihm unzusammenhängende Veranlassungen
bringt, die Einheit einer Gesinnung zu geben; sie kann nicht
bis zu der Forderung gesteigert werden, alle diese zufällig ihm
abgenöthigten Aeußerungen auch zu der Einheit eines planmäßigen
Ganzen zu verknüpfen. Und eben so mag das Haus durch die
Gleichartigkeit des Styles, in welchem es sich den veränderlichen Bedürfnissen durch allmähliches Wachsthum anpaßt, die
Einheit des Characters ausdrücken, die sein Bewohner zu be-

wahren hat; aber es macht eine ungehörige Prätension, wenn es von Anfang an auf symmetrische Abgeschlossenheit seines Planes berechnet sich als unwandelbares Ganze gegen jede Veränderung und Vergrößerung sträubt. Monument kann es nur dadurch sein wollen, daß es die rastlose Beweglichkeit ausdrückt, mit welcher der lebendige Geist der Bewohner neue Bedürfnisse durch neue Hülfsmittel befriedigt, diese dem Aelteren anmuthig anzupassen oder die Gelegenheiten sinnreich zu verwerthen weiß, die das Vorgefundene unabsichtlich zur Gewinnung reizender, dem häuslichen Leben dienender Oertlichkeiten darbietet. Diese geschichtliche Schönheit besitzen viele mittelalterliche Gebäude, Burgen sowohl als Wohnhäuser; sie würden uns noch mehr befriedigen, wenn sie die eine ästhetische Forderung, die wir allerdings aufrecht halten müssen, die Einheit des Styls, besser bewahrt hätten, und nicht oft die Formen wesentlich verschiedener Zeitalter ohne Vermittlung aneinander rückten. Daß diese Ansicht der Sache in die Privatbaukunst ein mehr malerisches und landschaftliches, als architektonisches Princip einführen würde, gebe ich nicht nur zu, sondern halte eben dies für nothwendig; dem modernen Leben dienend, das eben so viel Bedürfniß heimlicher Zurückgezogenheit als des Zusammenhanges mit der äußern Natur hegt, wird das Wohnhaus am beßten thun, sich jedes hochtrabenden Anspruchs auf constructiven Tiefsinn und Einheit des Planes zu enthalten; es mag sich einfach für eine Raumumfriedigung geben, die durch Sauberkeit der Ausführung und durch Feinheit malerisch zusammenstimmender Maßverhältnisse erfreut, von dem herrschenden monumentalen Style aber mag es nur die Ornamentik entlehnen, um seine Zusammengehörigkeit mit diesem zu einem und demselben Zeitalter zu bekennen. Solche Bevorzugung des Malerischen, Landschaftlichen oder auch echt Häuslichen hat zuerst die sarazenische Cultur in die Baukunst gebracht; theils diese maurischen Motive, theils die Formen des romanischen und des gothischen Styls ließen sich in der angedeuteten bescheidenen

Weise mit Leichtigkeit an Privatbauten verwenden, ohne sie mit den Werken einer gleichzeitigen monumentalen Architektur in Widerspruch zu setzen. Sie würden zugleich den Vortheil bieten, sich jedem Material, dem Stein, dem Holz und dem Eisen mit gleicher Leichtigkeit anzupassen. Und auch dies ist zu schätzen; denn so gewiß der monumentalen Baukunst die Ausführung im Stein unerläßlich ist, eben so verkehrt würde es sein, aus der Privat-architektur eine Menge reizender und zierlicher Constructionen auszuschließen, die nur der Holzbau überhaupt herstellen, und die namentlich nur er mit dem Eindruck der Wöhnlichkeit herstellen kann.

Allerdings setzen diese Bemerkungen den glücklichen Fall eines einzelnstehenden Hauses voraus, das sich nach Bedürfniß vergrößern kann und das nur mit einem Stück Landschaft in kunstmäßig zu bearbeitender Verbindung steht. Die Lebensver-hältnisse in größeren Städten gewähren diese Bedingung selten, allein sie geben auch den Gebäuden eine andere Bedeutung, die sich in ihrer architektonischen Behandlung folgerecht ausdrücken kann. Was hier nicht staatlichen Zwecken gewidmet ist und da-rum monumentale Behandlung und isolirte Lage verlangt, das dient als Geschäftsraum oder als Herberge einer veränderlichen Bevölkerung, die nicht hier verlangen kann, ihre individuelle Eigenart in äußerlicher Erscheinung vollständig auszuleben. Beide Bestimmungen lassen zu und verlangen sogar, wie mir scheint, daß diesem Massenleben entsprechend auch die Bauwerke auf individuelle Selbständigkeit verzichten, und Schönheit nur durch die malerischen und imposanten Massenwirkungen suchen, welche die künstlerisch erfundene Anordnung der im Einzelnen gleichartigen hervorbringen kann. Man hat vielfältig den Ca-sernenstyl unserer modernen Hauptstädte gescholten und ihm die anmuthige Verwirrung älterer vorgezogen, in denen jedes Haus seine besondere Physiognomie zeigt; ich glaube, daß man hiermit nur die ungeschickte Ausbeutung eines richtigen Princips der

Schönheit eines unanwendbaren gegenübergestellt hat. Jene Versammlungen ausbrucksvoller Häuserindividuen werden ba, wo
eine nicht symmetrische aber bequeme Anordnung sie im Raume
zweckmäßig vertheilt, stets eine anmuthige Erscheinung bleiben;
aber so wie diese letztgenannte Bedingung in alten Städten selten
erfüllt ist, so ist umgekehrt ben neueren die styllose Unförmlich-
keit ber einzelnen Bauwerke keineswegs zu der Massenwirkung
nothwendig, in der jeder unbefangene Sinn ein eigenthümliches
wohlberechtigtes Element ber Schönheit anerkennen wirb. Große
Städte wollen als große Städte schön sein; sie sind es niemals,
wenn ihre einzelnen schönen Bestandtheile so ineinander verwirrt sind, baß es nirgends in ihnen einen orientirenden Mittelpunkt unb klare Aussichten über die Massen gibt, unb wenn so
trotz der Größe des Ganzen ber Blick überall nur auf Kleinem
ober auf Wenigem zugleich haften kann. An einzelnen wohl-
vertheilten Brennpunkten müßten die monumentalen Bauwerke
stehen, die mit aller Consequenz unb allem Reichthum des herrschenden Styles die ewigen idealen Aufgaben der Cultur verherrlichen; diese Plätze würden zu verbinden sein burch Gebäude-
reihen unb Straßen, bie mit sorgfältiger Benutzung der Gunst
des Terrains bie dem modernen Gefühl unentbehrliche Beherrschung des Ganzen von verschiedenen Standpunkten unb bieser
Standpunkte burch einander möglich machten unb bie in ihrer
uniformen Erscheinung die massenhaft zusammengefaßte Lebenskraft unb Regsamkeit ber Bevölkerung versinnlichten; in ben
Vorstädten, bie sich gegen bie Landschaft öffnen, würden ästhetische Rücksichten unb Bedürfniß zugleich jener individuelleren
Architektur Raum geben, welche bem veränderlichen unb mannigfaltigen persönlichen Leben mit leichtem Anschlusse an ben Styl
des Ganzen seine characteristische Erscheinung verschafft.

Betrachten wir bas religiöse Leben als ben Mittelpunkt unserer idealen Cultur, so würde nur ber gothische Styl, unb vielleicht der romanische, die nöthige Biegsamkeit besitzen, um allen

unsern verschiedenen Lebensinteressen zu entsprechen. In seiner
constructiven Vollständigkeit würde er den Kirchen und dem
Sinne, der sie bauen heißt, noch immer völlig angemessen sein;
die Privatbaukunst würde sein für sie unpassendes Princip der
Wölbung fallen lassen und doch durch die Wahl der Proportionen und der Ornamentik sich noch immer selbst in ihren leichtesten und heitersten Werken als zugehörigen Nachklang des
ernsten und vollständigen Styls darstellen können. Es wäre
anders, wenn die wesentlich modernen Bestrebungen, deren son-
stiges Recht wir anerkennen, weit genug sich geklärt und ge-
festigt hätten, um künstlerisch bestimmend auf den Gesammtausdruck unseres Lebens einzuwirken. Dies ist namentlich mit politischen Tendenzen bisher nicht der Fall, und alle Architektur ist
bisher an der ausdrücklich gestellten Aufgabe gescheitert, der
staatlichen Repräsentation des Volkes angemessenen Ausdruck zu
geben. Sie hat nur Erfolg gehabt, wo diese Aufgabe durch die
historische Entwicklung unbewußt nach und nach erfüllt wurde.
Es konnte wenigstens ausdrucksvolle, zuweilen schöne Fürsten-
schlösser und Rathhäuser geben, wo ein legitimes Herrscher-
geschlecht, mit der Geschichte seines Volkes durch große Thaten
und Leiden verbunden, oder wo eine Stadtgemeinde, die gesonderten auf verschiedene Berufe gegründeten Genossenschaften zusammengesetzt, durch lange Wechselwirkung ihrer Selbstregierung
ein characteristisch individuelles Leben entwickelt hatte, das gleich
characteristische Erscheinung zuließ. Aber die Kunst kann keine
anpassenden Formen für politische Versammlungen erfinden, deren
Bestand, Befugnisse und Geschäftskreise zweifelhaft sind, und
deren Mitglieder, auf Zeit gewählt, heute dieses, morgen jenes
Princip vertreten.

Viertes Kapitel.

Die Plastik.

Winckelmann und Lessing über Laokoon. — Deutung dieser Gruppe;
Henke. — Die Milderung der Affecte zur Schönheit. — Die Ruhe der
elastischen Gestalt nach Winckelmann; Verbot des Transitorischen durch
Lessing; Widerspruch Feuerbachs. — Körperschönheit als Gegenstand der
Sculptur. — Normaltypus und Kanon. — Färbung. — Die Plastik formt
nur göttliche Wesen. — Das Genre; die religiöse und historische Sculptur
und die modernen Aufgaben.

Ohne die Anschauung schon vorhandener schöner Werke
wird Niemand blos aus dem abstracten Begriffe der bildenden
Kunst und vielleicht der Kenntniß des Stoffes, mit welchem sie
arbeitet, die nothwendigen Regeln ihres Verfahrens abzuleiten
vermögen. Die Gegenwart aber erfreut sich einer so ausge=
dehnten Uebung der Plastik nicht, daß sie durch ihre Erzeugnisse
ein maßgebendes Bewußtsein über die Aufgaben und die Gesetze
derselben erziehen könnte. Aus der Bewunderung und Deutung
antiker Meisterwerke haben daher unsere ästhetischen Theorien
über die bildende Kunst sich entwickeln müssen. Diesen kostbaren
Stoff der Betrachtung nun hat das Glück uns nur nach und
nach wiedergeschenkt, und auch nur allmählich, obwohl mit be=
schleunigter Geschwindigkeit, haben die archäologischen Forschungen
das Ganze des antiken Lebens aufgeklärt, aus dessen Geist her=
aus jene Werke zu begreifen sind. Sehr natürlich ist daher die
ästhetische Reflexion, zu früh verallgemeinernd, was sie jedesmal
aus den nach und nach entdeckten Werken des Alterthums gelernt
zu haben glaubte, zur Aufstellung von Gesetzen verleitet worden,
welche wieder zu beschränken sie durch spätere Entdeckungen ge=
nöthigt wurde. So sind unsere allgemeinen Ansichten gar sehr
von dem jedesmaligen Standpunkte der Kenntniß des Alterthums
abhängig geblieben, und unser Urtheil über das Wesen der pla=

stischen Schönheit hat mit dem Wechsel der gewonnenen Aufklärungen über das gewechselt, was die Griechen für solche
Schönheit hielten und über Alles, was sie in der Darstellung
derselben gewagt und geleistet hatten. Allerdings würden wir
daher nur wenige allgemeingültige und zugleich fruchtbare Sätze
als unwiderrufliche Bestandtheile einer Theorie der bildenden
Kunst erwähnen können; auch hier liegt das Beste des Geleisteten in jener nachfühlenden kunstkritischen Entwicklung, welche
die Schönheit eines einzelnen Werkes zu lebendigem Bewußtsein
bringt, sehr selten aber allgemeine Bestimmungen liefert, nach
denen die Schönheit eines zweiten Werkes von abweichendem
Inhalt sich beurtheilen ließe.

Die geringe, nur zum Seufzer gebildete Oeffnung des
Mundes, welche Winckelmann an der Statue des Laokoon fand,
wurde der Ausgangspunkt der ersten Reihe dieser Betrachtungen.
In allen Muskeln und Sehnen des Körpers schien sich der hef-
tigste Schmerz auszudrücken; das Fehlen jenes schrecklichen Ge-
schreies, das Virgil den Gepeinigten ausstoßen läßt, glaubte daher Winckelmann von der Absicht der griechischen Plastik herleiten zu müssen, alle Leidenschaften durch den Ausdruck einer
großen und gesetzten Seele zu mildern, die allezeit ruhig bleibe
gleich der Tiefe des Meeres, auf dessen Oberfläche der Sturm
wüthe. Die Thatsache nun, daß in dem Gesicht des Laokoon
der Schmerz sich mit derjenigen Wuth nicht zeige, die man bei
seiner Heftigkeit vermuthen sollte, findet Lessing vollkommen
richtig; nur über den Grund, den Winckelmann dieser Erscheinung gibt, erlaubt er sich anderer Meinung zu sein. Dieser
Meinungsverschiedenheit verdanken wir die glänzende Reihe von
Abhandlungen, welche Lessing unter dem Namen des Laokoon
zusammengefaßt hat; der Meinungsverschiedenheit also über den
Grund einer Thatsache, die vielleicht gar nicht besteht, sondern
erst durch die Deutung des Bildwerks geschaffen worden ist
Der Streit über diese Deutung hat auch später fortgedauert;

Feuerbach (der vaticanische Apoll S. 340 der 2. Auflage) meint von dem Munde des Laokoon keineswegs beklommenes Seufzen, sondern vollen tönenden Weheruf zu vernehmen und findet unbegreiflich, wie man dies je verkennen konnte; Henke (die Gruppe des Laokoon 1862) mit dem Auge des Anatomen die Figur prüfend, entscheidet sich für die Unannehmbarkeit des lauten Schreies; die Anspannung und Wölbung des Brustkorbs und die gleichzeitig beibehaltene Weiche und Fläche der nicht zur heftigen Exspiration zusammengezogenen Bauchmuskeln bezeichne den Augenblick des Stillstands aller Bewegung, der nach einer tiefen schmerzlichen Inspiration eintritt und sich ebensowohl in Seufzer, als in einem lauten Wehgeschrei entladen könne. Unter dem Vorbehalt, daß die genaue Vergleichung des Originals alle Züge dieser Beschreibung rechtfertige, dürften wir ihren Gründen Nichts entgegensetzen können.

Aber ich vermisse gänzlich eine Motivirung der allgemeinen Annahme, daß der Körper des Laokoon den intensivsten sinnlichen Schmerz ausdrücke. In der Natur der Situation liegt keine Nothwendigkeit dieser Deutung; der Angriff eines Löwen, der die Glieder der Beute zerreißt, könnte sie rechtfertigen; der einfache Biß einer Schlange dagegen, kaum mit dem Schmerze des Zahnausziehens vergleichbar, kann in dem Augenblick, in welchem er geschieht, nicht als Ursache einer physischen Pein gelten, die durch ihre bloße sinnliche Heftigkeit alle Fibern eines kräftigen Körpers so zu leidenschaftlichem Ausdruck hinrisse. Zwei andere wichtige Momente enthält dagegen die Situation. Die Angriffsweise der Schlangen, die langsame Umwindung, die doch immer weiter vorrückt, die Elasticität des umschlingenden Bandes, die einigen Kampf, und doch fruchtlosen, möglich macht, das spielende Züngeln, das den Biß verschiebt, um ihn dann plötzlich mit dämonischer Geschwindigkeit auszuführen: alle diese Umstände geben der dargestellten Scene die Bedeutung einer furchtbaren ängstlich gespannten Erwartung, die nun, in diesem Augenblick des

wirklichen Bisses, zur trostlosen Erfüllung kommt. Virgil erwähnt außerdem den dunkeln Giftgeifer der Schlangen; auch
wenn er ihn nicht erwähnte, schiene es mir doch natürlich, an
d i e s e unheimliche Verderblichkeit der Angreifer vor allem zu
denken; was der Künstler darstellen wollte, ist eben n i ch t der
Ansturm der rohen Gewalt, mit welcher das reißende Thier
den Körper s ch m e r z l i ch zerfleischt, sondern das unabwendbare
Anschleichen einer drohenden finstern Gewalt, deren k l e i n s t e r
wirklicher Angriff alle Hoffnung der Rettung mit einem Male
vernichtet. Zu diesem p s y ch i s ch e n Vorgang, in der plötzlich
eintretenden Hoffnungslosigkeit nach langer Spannung und Gegen-
wehr, glaube ich den Sinn dieser Darstellung suchen zu müssen,
aber auf keine Weise in einem physischen Schmerz, gegen den
die Standhaftigkeit einer großen Seele besonders aufgeboten werden müßte.

Daß die Situation auf meine Deutung führen könne, wird
man mir vielleicht gern zugeben, aber man wird die anatomische
Bildung der Figur einwerfen, die so sichtlich und meisterhaft
den Ausdruck des Schmerzes biete. Ich bestreite jedoch dies
letztere durchaus, indem ich im Uebrigen vollkommen Henke's
physiologischer Auslegung dieser Bildung beitrete. Daß das Gesicht des Laokoon mehr Seelenschmerz als körperliche Pein ausdrücke, darüber sind ja alle einig; der übrige menschliche Körper
aber besitzt nicht zum Ausdruck jeder Art der geistigen Erregung eine besondere, sonst nie vorkommende Bewegung oder Stellung; er muß vielmehr gewisse zusammengehörige Gruppen der
Muskelthätigkeit, welche seine Organisation ihm vorzeichnet, zur
Kundgebung sehr verschiedener Erregungen verwenden, deren specielle Deutung ohne den Anhalt, welchen die Situation für die
Erklärung darbietet, oft gar nicht ausführbar ist. Ich erinnere
mich, vor längeren Jahren in dem Pariser Charivari eine Caricatur gesehen zu haben, einen Mann, der nach einer wüsten
Nacht, mit vollem Katzenjammer erwachend, auf dem Rande

seines Bettes sich genau in der Stellung des Laokoon dehnt und
reckt und mit derselben halben Oeffnung des Mundes gähnend
sich an die elende Wirklichkeit wieder anzuschließen sucht. Es
bedarf indessen dieser Caricatur nicht; man braucht nur die
Schlangen und den Alles erklärenden edlen Ausdruck des Kopfs
hinwegzudenken, so wird man in dem Körper des Laokoon in
der That physiologisch Nichts ausgedrückt finden, als jenen von
Henke sehr gut geschilderten Moment des Stillstands der ganzen
Körpermuskulatur, der nach der tiefen Inspiration für einen Augenblick eintritt. Diesem Zustand sind alle die Mitspannungen der
übrigen Glieder, all dieses Dehnen und Recken der Arme und
Beine ganz natürlich, gleichviel ob jene tiefe Inspiration ein
langweiliges Gähnen oder eine Folge der höchsten Angst und
Bangigkeit ist. Der Ruhm des Bildhauers besteht nicht darin,
durch diese Bildung des Körpers dem intensivsten Schmerze
seinen specifischen Ausdruck gegeben, sondern darin, die Zusammengehörigkeit der organischen Bewegungen auf das Feinste gekannt,
und sie zur Darstellung eines psychischen Vorgangs verwendet zu
haben, von dem sie nicht ausschließlich, aber von dem sie auch,
und unvermeidlich angeregt werden. Diese zusammengehörige
Gruppe von Spannungen ist das Wesentliche in der Körperbild-
ung des Laokoon; der vorangegangene Kampf und das Ganze
der Situation erklärt die besondere Stellung der Glieder, in
welcher der Körper hier von jener Erstarrung ergriffen wird.

Zweifelhaft ist mir bei alle Dem, ob nicht dennoch Laokoon
hörbar seufzt. Die Wendung, mit welcher der ältere der Söhne,
wie plötzlich durch einen neuen Vorfall überrascht, sein Gesicht
dem Vater zuwendet, scheint so am zulänglichsten motivirt zu
werden, und unmöglich ist die Annahme nicht. Die Weichheit
der Bauchmuskeln, wenn sie so ist, wie Henke sie beschreibt, denn
Andere beschreiben anders, steht dem anhaltenden Geschrei, aber
nicht dem unwillkürlichen Beginn eines tönenden Seufzers entgegen. Was aber Göthe (ich finde die Stelle nicht wieder) be-

merkt haben soll: die straffe Spannung des übrigen Körpers
schließe den Schrei aus, weil diese organischen Functionen einander nur ablösen, aber nicht zugleich ausgeführt werden können,
würde jedenfalls irrig sein. Schon die Kinder in der Wiege
ballen die Fäustchen um so mehr, je heftiger sie schreien; und
wer gar nicht aus Schmerz, sondern nur zum Versuch seiner
Stimme so laut als möglich schreien will, wird finden, daß er
es stehend nicht kann, ohne die Zusammenziehung der Bauchmuskeln durch eine geringe Beugung der Beine zu unterstützen;
die dazu nöthige Muskelthätigkeit verschafft ihm sehr deutlich das
Gefühl einer lebhaften Spannung und die Sinnestäuschung, als
wurzele er während des Schreiens fester am Erdboden als sonst.

Kehren wir jedoch zu Lessing zurück. Er leugnet jenen
Zug der griechischen Plastik, sich des vollen Ausdrucks körperlicher Schmerzen als einer nicht darzustellenden sittlichen Un-
würdigkeit geschämt zu haben. Alle Schmerzen zu verbeißen, sei
barbarischer Heroismus; der Grieche habe sie geäußert und habe
sich keiner menschlichen Schwachheit geschämt; nur durfte keine
ihn auf dem Wege der Ehre und der Pflicht zurückhalten; Phi-
loktet und Herkules habe das Drama laut wehklagend vorgeführt. Ich lasse das Ungerechte der Seitenblicke unberührt, die
Lessing hier, parteiisch für das Alterthum, gegen unsere andere
Denkweise richtet, und komme mit ihm zu seiner Folgerung:
nicht weil lebendige Schmerzäußerung unwürdig, sondern weil
sie immer unschön sei, habe die antike Plastik sie vermieden,
und den naturwahren Ausdruck nur der Schönheit, nicht aber irgend
einer sittlichen Rücksicht aufgeopfert. Oder vielleicht richtiger:
um ohne Unwahrheit verfahren zu können, habe sie sorglich stets
jenen günstigsten Moment der Handlung gewählt, in welchem
die Linien der Schönheit noch den naturwahren Ausdruck des
Gemüthszustandes bilden.

Man kann zweifelhaft sein, wie viel ernstliche Differenz
nun noch zwischen Lessing und Winckelmann besteht. Lessing

mag Recht haben, daß der äußerſte Affect alle ſchönen Linien
verzieht und daß der zum Schreien aufgeriſſene Mund ein wid=
riger dunkler Fleck ſein würde; aber ſchwerlich wird man jene
verzogenen Umriſſe als geometriſche Formen betrachtet um ſo
viel ſchlechter finden, als die natürlichen und ruhigen; ſie ſcheinen
es doch nur, weil ſie eben jenes äußerſte Ungleichgewicht des
Gemüths verrathen, deſſen Darſtellung Winckelmann unwürdig
fand. Jener aufgeriſſene Mund beleidigt äſthetiſch freilich am
Menſchen, aber gar nicht am Löwen; er iſt alſo nicht ſchlecht=
hin formenunſchön, ſondern nur für den Menſchen die Form
einer unſchönen Bewegung. Die Wage würde hier wohl zu
Winckelmanns Gunſten neigen; der Affect iſt unplaſtiſch, ſobald
er unwürdig wird, denn eben dann zerſtört er die Formen, die
uns ſchön ſcheinen, ſofern ſie der Ausdruck eines menſchlich zu
billigenden Inneren ſind.

Jn dem 8. Buche der Kunſtgeſchichte hatte Winckelmann
die Unterſcheidung der drei Style gelehrt, in welche er, den vor=
bereitenden Zeitraum und den des völligen Verfalls abgerechnet,
die Geſchichte der griechiſchen Plaſtik theilte. Die Werke des
ältern ſtrengen Styls zeigten nach ihm eine nachdrückliche
aber harte Zeichnung, ohne Grazie, und der ſtarke Ausdruck
verminderte die Schönheit; ihm folgte der hohe Styl der
Blüthezeit, der aus der Härte in flüſſige Umriſſe überging, ge=
waltſame Stellungen geſitteter und weiſer machte. Zu einer
deutlicheren Beſtimmung der Eigenſchaften dieſes Styls, bemerkt
Winckelmann, ſei nach dem Verluſt ſeiner Werke nicht zu ge=
langen; er erinnert uns durch dieſe Worte daran, daß ihm der
Anblick des Schönſten noch nicht gegönnt war; wie trefflich er
es dennoch vorausgefühlt, bezeugen ſeine weitern Aeußerungen:
außer der Schönheit ſei die vornehmſte Abſicht dieſer Künſtler
die Großheit geweſen, nicht die Lieblichkeit; wohl haben ſie die
Grazie gekannt, aber nicht die irdiſche, die ſich anbietet und ge=
fallen will, ſondern jene himmliſche, die von ihrer Hoheit ſich

herunterläßt und sich mit Mildigkeit ohne Erniedrigung denen, die ein Auge auf sie werfen, theilhaftig macht. Die Entgegen= setzung des dritten, schönen Styls macht deutlicher, in welchen bestimmteren Zügen Winckelmann den hohen fand. Denn die Grazie des schönen Styls bilde' sich und wohne in den Geberden, offenbare sich in der Handlung und Bewegung des Körpers, wie in dem Wurfe der Kleidung, in dem characteristischen Leben also, während die Meister des hohen Styls die wahre Schön= heit in einer zurückhaltenden Stille des Gemüthes gesucht hatten, durch welche die verschiedenen Gestalten einander ähnlicher wer= den, weil sie ähnlicher dem Ideale sind.

Diese Darstellung Winckelmanns ist lange maßgebend ge= blieben; sie hat das unvergängliche Verdienst, für die eigenthüm= liche Hoheit einer Reihe der schönsten Meisterwerke die Ge= müther vorbereitend empfänglich gemacht zu haben; auch ihre geschichtliche Richtigkeit wird im Großen unbestritten bleiben: aber sie ist doch mit ihrer offenbaren Vorliebe für die Einfalt des hohen Styls Veranlassung zur Ausbildung einer etwas ein= seitigen Theorie von den Aufgaben und den Schranken der Plastik überhaupt geworden. Durch die meisten spätern ästhe= tischen Theorien zieht sich in den mannigfachsten Ausdrucksweisen, die hier nicht zu wiederholen sind, der allgemeine Gedanke, die volle wirkliche Lebendigkeit des Lebens müsse zuvor bis zu einem gewissen Grade der Monumentalität gebändigt und erstarrt werden, um der Gegenstand der bildenden Kunst zu sein; jede ausdrück= liche Handlung, alle Beziehung der Figur auf die Außenwelt, alle Zeichen einer raschen Thätigkeit seien zu vermeiden, nur die stille Versunkenheit der Gestalt in die Seligkeit ihrer schönen Existenz bilde den würdigen Inhalt der Kunst, nur in harm= losem unbedeutendem Spiele der Bewegung dürfe ihr inneres Leben sich verrathen.

Wie sehr man sich irrt, wenn man diese Gedanken als die wirklich befolgte Richtschnur der griechischen Plastik ansieht, hat

Anſ. Feuerbach in der glänzenden Reihe äſthetiſch = archäolo=
giſcher Abhandlungen, die ſich würdig an Leſſings Laokoon an=
ſchließt (Der vaticaniſche Apollo. 2. Auflage. 1855) an einer
Ueberſicht der unendlich reichen antiken Kunſtwelt überzeugend
dargethan. Von lebendig wandelnden Statuen des Hephäſtos
und des Dävalos hatten dem Griechen ſchon alte Sagen erzählt;
als lebendige Weſen verehrte man die noch wenig gelungenen
Götterbilder der älteren Zeit und ſuchte mit Feſſeln ſie, die
ſchüßenden, vom Verlaſſen ihres Wohnſitzes abzuhalten; „ſo, als
beſeeltes Weſen hatte der griechiſche Künſtler die Statue von der
Religion und aus den Händen ſeiner mythiſchen Ahnherrn über=
kommen; ſie bewegte ſich, ſie ſchritt einher, ſie empfand und
wirkte mit dämoniſcher Macht. Sollte das athmende Werk nun
erſt unter ſeinen Händen zur todten Mormorbüſte erkalten?
Hatte er nichts zu thun, als die Tempel mit neuen Götter=
Petrefacten zu füllen?“ Und nun zeigt Feuerbach, wie wenig
jene Abwehr aller Beziehungen zur Welt zu den weſentlichen
Erforderniſſen eines Götterbildes gerechnet wurde, wie im Gegen=
theil dieſe Geſtalten mit anmuthiger Herablaſſung zu dem Leben
der Menſchen in einfachen Geberden dem Flehenden entgegen=
kommen; wie endlich die Kunſt, wo ſie nicht direct zum Dienſt
des Cultus arbeitete, die mannigfaltigſten Handlungen, das
Aeußerſte des Affectes und die größten mit dieſem verbundenen
Schwierigkeiten der Technik nicht geſcheut hat, um ein vollſtän=
diges Abbild der lebendigſten Lebendigkeit zu geben. Wo ſie dies
nicht that, ſondern ſich auf einfache monumentale Großheit und
Ruhe beſchränkte, that ſie es, weil nur dies ihrem beſtimmten
Gegenſtand entſprach, nicht weil das Gegentheil dem Weſen der
plaſtiſchen Darſtellung widerſprochen hätte.

Aber man kann verſuchen, ſich von den Griechen zu
emancipiren und jene idealiſirende Dämpfung des affectvollen
Lebens als den wahren Styl der Plaſtik feſtzuhalten. Leſſing
gab dieſem Grundſatz eine beſtimmte Formel, obgleich er ſich

dabei in Uebereinstimmung mit der Antike glaubte. Die bildende Kunst, die ihrem Gegenstand unveränderliche Dauer gibt, dürfe eben deßhalb Nichts ausdrücken, was sich nicht anders als transitorisch denken läßt. So klar und selbstverständlich indessen dieser Grundsatz in seiner allgemeinen Fassung erscheint, so wird er doch zweifelhaft bei dem Versuch der Anwendung im Besonderen. Wonach soll bemessen werden, ob ein Zustand sich nur vorübergehend denken läßt? Nach der physischen Unmöglichkeit, sich in der Erscheinung dauernd zu behaupten? Wäre dies, so könnte die Plastik unter keinen Umständen, auch im Basrelief nicht, einen zusammensinkenden Körper darstellen, sondern immer nur einen schon gefallenen; jede belebte Stellung würde ausgeschlossen sein, welche das Gewicht des Körpers auf einem Fuße ruhen läßt; zu den ägyptischen Figuren müßten wir zurückkehren, ja überhaupt zu dem völlig Ruhenden und Todten, obgleich nicht einmal dies sich ewig erhalten könnte. Man sieht daher, daß Lessings Grundsatz, so fühlbar er etwas Richtiges enthält, jedenfalls nicht alle nur transitorisch denkbaren Stellungen und Handlungen ausschließen darf; die Einbuße der Kunst an dankbaren Gegenständen wäre zu groß. Ueberdies streitet dieser Satz mit dem zweiten, den Lessing sogleich folgen läßt: zur Darstellung sei nicht das Aeußerste einer Handlung zu wählen, sondern ein vorbereitender Moment, welcher der Phantasie gestatte und sie einlade, in bestimmter Richtung über das Gesehene zu Nichtdargestelltem fortzugehen. Denn dies heißt doch nur: zur Darstellung das empfehlen, was seinem Sinne nach durchaus transitorisch ist und von dem deswegen wenigstens nicht sinnlich wahrscheinlich ist, daß es physisch eine mehr als vorübergehende Dauer haben werde.

Auch theoretisch kann man Lessing bestreiten. Von Natur Vergängliches aus dem Zwange der mechanischen Bedingungen zu befreien, die seine Dauer in der wirklichen Welt unmöglich machen, und es in einer Welt der ästhetischen Illusion unver-

gänglich zu firiren iſt zuletzt eine Aufgabe aller Kunſt; der
Plaſtik iſt nicht zu verdenken, wenn ſie das Gleiche thut. Sie
ſoll nicht, nur der Unbeweglichkeit und Dauer ihres Materials
zu Liebe, von der Naturwahrheit der Darſtellung abweichen, die
zum vollen Ausdruck des inneren Gehaltes der darzuſtellenden
Momente gehört, aber ſie darf grade, obwohl mit Beſonnenheit,
von jener anderen Naturwahrheit abſtrahiren, die in der wirklichen Welt nur dazu führt, jeden an ſich unvergänglich bedeutungsvollen Inhalt der Erſcheinung zum verſchwindenden Moment zu machen.

Das Richtige, das dennoch in Leſſings Ausſpruch liegt, tritt
deutlicher in ſeiner Anführung der Medea des Timomachus hervor. Der Maler hatte ſie nicht in dem Augenblicke genommen,
in welchem ſie ihre Kinder wirklich ermordet, ſondern einige
Augenblicke zuvor, da die mütterliche Liebe noch mit der Eifer-
ſucht kämpft. Dieſe in dem Gemälde nun fortdauernde Unent-
ſchloſſenheit der Medea beleidigt uns ſo wenig, „daß wir vielmehr wünſchen, es wäre in der Natur ſelbſt dabei geblieben,
der Streit der Leidenſchaften hätte ſich nie entſchieden oder hätte
wenigſtens ſo lange angehalten, bis Zeit und Ueberlegung die
Wuth entkräften und den mütterlichen Empfindungen den Sieg
verſichern können." In der That, dies iſt es; der Künſtler ſoll
uns Augenblicke vorführen, die wir um ihrer Bedeutung willen
zu ewiger Betrachtung firirt zu ſehen wünſchen müſſen. Dieſe
Augenblicke ſind nicht die der geſchehenden That, welche an ſich
immer ein gemeiner phyſiſcher Vorgang iſt, ſondern die Bewegungen des Gemüths vor ihrer Ausführung und nach derſelben,
die geiſtigen Zuſtände alſo, durch die ſie erklärt oder durch
die über ſie gerichtet wird. Ja wir müſſen hinzufügen: die
geiſtigen Zuſtände, welche die Möglichkeit der That, nicht ihre
Wirklichkeit herbeiführen, oder welche neben der Wirklichkeit min-
deſtens die Möglichkeit verſinnlichen, daß ſie unausgeführt geblieben wäre. Nicht der ungemiſchte Trieb, mit dem der äußerſte

Affect zweifellos zu einer bestimmten That und zu keiner andern führt, kann uns künstlerisch reizen, denn er ist thierisch; menschlich ist nur der schwebende Kampf der Motive, oder die zögernde That, welche die zurückhaltenden Beweggründe ahnen läßt. Jeder weitläufige malerische oder bildnerische Apparat gewaltsamer Bewegung oder Stellung, der nur zum Behufe der physischen Vollendung einer That aufgeboten wird, erdrückt die Darstellung dieses wichtigsten Inhalts oder lenkt doch die Aufmerksamkeit unvortheilhaft von ihr ab. Deshalb soll die Plastik zwar nicht an sich die lebhafte transitorische Bewegung scheuen, aber sie doch nur soweit anwenden, als sie naturgemäß die Erscheinung eines geistigen, entweder an sich dauernden oder der ästhetischen Verewigung würdigen Zustandes, und nicht die blos physische Ausführungsbedingung einer gleichgültigen Handlung ist.

Kehren wir noch einmal zu Laokoon zurück. Daß hier ein dauernder Zustand dargestellt sei, wird Niemand behaupten; ich möchte im Gegentheil glauben, daß das Maximum der Vergänglichkeit, der geistige Inhalt eines durchaus einzigen Augenblicks zu ewiger Betrachtung festgehalten sei. Wenn die berühmte Gruppe wirklich nur den physischen Schmerz und seine Bekämpfung und Erduldung durch eine gefaßte männliche Seele ausdrückte, so wäre sie zwar auch so noch schön, entbehrte aber doch ihrer größten ästhetischen Wirkung. Lassen wir den Schmerz bei Seite, nehmen wir an, daß noch nicht der Biß der Schlange erfolgt ist, sondern daß eben nur erst ihr giftiger Mund, lange durch den sich streckenden Arm abgehalten, den lebendigen Körper berührt und faßt: in diesem einen Augenblicke verschwindet alle Hoffnung der Rettung, die bisher noch angesammelte Kraft des Widerstandes in der ausgedehnten Brust zerflattert in dem beginnenden Seufzer, mit dem die plötzlich zur Nothwendigkeit gewordene hoffnungslose Resignation sich in das Unvermeidliche fügt. Dieser Gedanke einer edlen menschlichen Kraft, die mitten im lebendigen Anstreben völlig gegen die höhere Gewalt des gottgeſendeten Schickſals zuſammenbricht, enthält eine Geſchichte, die geſchehend nur den flüchtigſten Augenblick füllt, aber zu= gleich eine Wahrheit, in welche ſich dauernd zu verſenken ein tiefes und ſchmerzliches äſthetiſches Glück der Phantaſie iſt. Dieſer Gedanke iſt es geweſen, der die unzähligen myſtiſchen Deutungen des bewundernswürdigen Werkes angeregt hat, die alle falſch ſein mögen, wenn man ſie buchſtäblich nimmt, und die alle Recht haben können, wenn ſie ſich für Verſuche zum annähernden Ausdruck des Unausſprechlichen geben.

Dieſen vollwichtigen geiſtigen Gehalt, den uns weniger pointirt als Laokoon, und deswegen unſagbarer die ſtillen Fi= guren des hohen Styls darbieten, finden wir nun allerdings nicht in allen Erzeugniſſen der griechiſchen Plaſtik wieder. Man kann hierüber zuerſt gelten machen, daß unſerem modernen Ge= fühl jedes größere plaſtiſche Werk eine ſeltene feierliche Erſchein= ung iſt, die wir unwillkürlich nur dem Größten gewidmet denken; im Alterthum war dieſe Kunſtübung ſo unermeßlich ausgedehnt, daß dieſelbe meiſterhafte Technik, die das Bedeutendſte ſchuf, nach allen Seiten fröhlich überquellend auch das Kleinſte und Unbe= deutendſte nachzuahmen Zeit und Luſt fand; unzählige Werke entſtanden, die als geiſtvolle, ihren Gegenſtand treu nachbildende Kleinigkeiten nicht monumentale Bedeutung beanſpruchten, ſon= dern nur den künſtleriſchen Styl zur Verſchönerung der Lebens= umgebungen benutzten. Doch liegt allerdings in der Natur der Plaſtik noch ein anderer Grund, der jene hohen Forderungen geiſtiges Gehaltes ermäßigen läßt; grade dieſe Kunſt iſt durch die Art ihres Verfahrens befähigt und anderſeits genöthigt, die ſchöne körperliche Erſcheinung der Seele als ihre weſentliche Aufgabe zu betrachten.

In der denkwürdigen Abhandlung über das Verhältniß der bildenden Künſte zur Natur hat Schelling die Wechſelbezieh= ung zwiſchen dem geiſtigen Leben und der körperlichen Geſtalt erörtert. Er hat es im Sinne ſeiner Philoſophie gethan, die

im ganzen Weltall die ursprüngliche Identität des Idealen und
des Realen nachfühlt, in der Stufenreihe der Gestalten nur die
allmählich siegreicher hervorleuchtende Darstellung dieser Identität bemerkt und von der Kunst verlangt, daß sie in dieser Richtung zur Vollkommenheit ergänze, was der geschaffenen Natur
immer nur unvollkommen hervorzubringen vergönnt sei. Ich
verweise mit Vergnügen auf diese anmuthige Abhandlung, deren
allgemeine Wahrheit man auch dann anerkennen und genießen
kann, wenn man ihre Voraussetzungen nicht ganz theilt oder
deren mehr für nöthig hält, als dort benützt werden. Daß die
Schönheit der menschlichen Gestalt nicht auf einer Anzahl an sich
schöner Formen beruht, die in an sich schönen Proportionen zum
Ganzen vereinigt wären, habe ich früher zu zeigen versucht
(S. 94); sie galt uns nur als die durch unsere Erfahrungen
uns deutbare Erscheinung zusammenstimmender Kräfte und Empfindungen, deren Glück wir lebendig nachgenießen können. Es
würde endlos sein, schildern zu wollen, wie eng die Thätigkeiten der einzelnen Körpertheile untereinander verknüpft sind;
wie die kleinste Veränderung schon in den Proportionen des
Baues unfehlbar der Summe des lebendigen Gemeingefühls
einen neuen und eigenthümlichen Character gibt; wie jede geringste Störung des Gleichgewichts, jede unbedeutende örtliche
Erregung das Ganze des Körpers in mitleidende Erhebung versetzt; wie deshalb nicht nur eine helfende Rückwirkung entsteht,
sondern eine ganze Welle der mannigfachsten Verschiebungen
durch alle Glieder läuft, und den durchgängigen Antheil bezeugt,
den jeder Theil an den Zuständen aller übrigen und an der
Herstellung des verlornen Gleichgewichts nimmt, wie endlich
diese Bewegungen selbst durch die Empfindungen, die nun sie
wieder veranlassen, auch der geistigen Bewegung, von der sie
ausgingen, rückwärts eine eigenthümliche Schattirung, ein neues
lebendiges sinnliches Colorit geben. An alles Dies sei flüchtig
erinnert, um zu zeigen, wie anziehende Beschäftigung die Plastik

schon in dieser Darstellung der allgemeinen Harmonie zwischen dem innern Leben und seiner Hülle findet. Sie muß nicht nothwendig den Geist, weder in der Tiefe seines persönlichsten Wesens noch in seinem Verhalten zwischen den Bedingungen der sittlichen Welt, sie kann ebensowohl die Seele nur als Entelechie, um mit einem alten Ausdruck zu reden, eines bestimmten Leibes darstellen, so wie sie ohne den Druck einer Lebensaufgabe zu fühlen, sich des Glückes der harmlosen Existenz erfreut, welches ihr die Eigenthümlichkeit ihrer Organisation verstattet. Dies völlige und restlose Füreinandersein der körperlichen Gestalt und der Seele, der Schein einer unmittelbaren Durchgeistung aller Umrisse wird immer entzücken, gleichviel ob wir theoretisch in einer ebenso unmittelbaren und ursprünglichen Identität des Idealen und Realen seine Quelle suchen, oder uns zugestehen, daß er auf einem feinabgewogenen Spiele unzähliger mechanischen Wechselwirkungen beruht. Diese schöne Aufgabe der Darstellung nicht nur aufzunehmen, sondern sich auf sie fast ausschließlich zu beschränken wird dann die bildende Kunst durch ihre Unfähigkeit veranlaßt, einen allzu individuellen Ausdruck der Gestalt durch Hinzufügung der unzähligen kleinen Umstände der Außenwelt zu motiviren und zu erklären, von denen er erzeugt wird oder auf die er sich bezieht. So mindert deshalb die Plastik den charackteristischen Gehalt der geistigen Persönlichkeit und bevorzugt die Darstellung allgemeinerer Ideale des Seelenlebens, die in der Eigenthümlichkeit der erscheinenden Gestalt ihren vollständigen Ausdruck finden. Sie wird hierdurch natürlich zur Vorliebe für die Nachbildung des Nackten geführt und behandelt die Gewandung nur als Object, in dessen Handhabung sich ein Widerhall der Lebensgewohnheit und der augenblicklichen Bewegung der Gestalt bildet. Auch dies endlich wird man allgemein zugestehen, daß der bildenden Kunst nach Vischers Ausdruck ein Princip directer Idealisirung zukommt; sie könne die Schönheit nicht indirect in den Beziehungen vieler zur Verwirklichung der Idee zusammenstimmender Elemente darstellen, wo der Gedanke sie finde; unmittelbar müsse jede einzelne Gestalt schön sein; das Auge müsse die Schönheit jetzt, hier, auf diesem Punkte sehen. Streitiger ist, nach welchem Kanon die Schönheit der Gestalt zu beurtheilen ist. Specielleren Darstellungen überlasse ich die Geschichte der Proportionslehren von Dürer bis auf Schadow und Zeising; in welchem Sinne aber überhaupt ein Kanon menschlicher Schönheit denkbar sei, scheint mir nicht hinlänglich erwogen zu sein. Schon Kant unterschied einen Normaltypus der Gestalt von einem idealen; den ersteren fänden wir, wenn wir die Durchschnittspunkte verbänden, in denen sich die Umrisse zahlreicher auf gleiche Stellung und Größe redu= cirten Gestalten kreuzten. Dieser Durchschnittstypus gilt Kant noch nicht für Schönheit; aber wie der ideale zu gewinnen sei, gibt er nicht auf unzweideutige Weise an. Ich zweifle selbst an der Bedeutung des Normaltypus; ich kann ihn nicht für ein Bildungsgesetz von objectiver Wahrheit halten, sondern nur für ein bequemes Schema, dessen Beachtung den Künstler vor auf= fallenden Fehlern behütet, aber an deren Stelle vielleicht eine allgemeine, ebenso gleichmäßig vertheilte Fehlerhaftigkeit setzt, wie die gleichschwebende Temperatur der Tastinstrumente. Denken wir uns alle Störungen von außen abgehalten, welche die Ge= staltentwicklung eines organischen Keimes beeinträchtigen, so kann die folgerechte Bildung, die aus ihm allein entspringen würde, durch eine Gleichung bestimmt gedacht werden, die durch ihre Form den allgemeinen Typus der Gattung bedingt, durch ein= zelne von einander vielleicht nicht abhängige Parameter aber die specifische Bildung des Individuum. Nun kann der Bau der Gleichung und die Art, wie sie jene für das Individuum con= stanten, für die Gattung veränderlichen Parameter enthält, leicht dazu führen, daß eine sowohl individuell unmögliche als der Gattung widerstreitende Mißform entstände, wenn man die Durchschnittsmaße der Glieder, die man aus der Vergleichung vieler verschiedenen Gestalten gewonnen hat, zu einer einzigen Gestalt verbände. Ich will, um kurz zu erläutern, eine nicht ganz zutreffende Analogie wagen. Man könnte aus Vergleichung verschiedener Consonanzen auf demselben Wege einer Durch= schnittsberechnung das allgemeine Normalverhältniß zweier conso= nirenden Töne suchen. Beschränken wir diese Operation auf die Vergleichung der beiden Consonanzen des Grundtons mit Quart und Quinte, so würden wir das Verhältniß von c zu fis, also eine schreiende Dissonanz, als Normaltypus der Consonanz fin= den. Nun lehrt uns freilich die Erfahrung, daß der Spielraum, in dem sich die Veränderlichkeit jener individuell constanten Pa= rameter der Gestalt bewegt, nicht sehr groß ist; überschreitet doch selbst die Totalgröße des Organismus gewisse Maxima und Mi= nima nicht; und daraus folgt, daß auch die Zusammenstellung jener gar nicht organisch zusammengehörigen Durchschnittswerthe dem Auge nicht eben den Eindruck einer Dissonanz, sondern nur den einer kleinen Unreinheit eines annähernd richtigen Verhält= nisses machen wird. Gleichwohl kann doch in dieser Unreinheit der Grund liegen, der jeder Gestalt, welche nach jenem künst= lichen Durchschnittstypus gebildet ist, den ästhetischen Eindruck einer vollen Naturwahrheit entzieht und sie nüchtern erscheinen läßt; schön würden nur diejenigen Gestalten sein, die sich ohne solches Compromiß vollkommen genau aus ihrer individuellen Gleichung entwickelt hätten.

Es folgt hieraus, daß jede Rede von einem Normaltypus der menschlichen Gestalt eitel ist; dieser Typus wechselt nicht blos nach Geschlecht und Alter, sondern er ist überhaupt so viel= förmig, als es mögliche Individualgleichungen für die menschliche Gattung gibt. Dem Künstler aber bleiben zwei Aufgaben. Seinem geübten Blicke ist es zuerst überlassen, die Gestalten, welche ihm die Wahrnehmung vorführt, so zu verstehen und nöthigenfalls zu ergänzen, daß er denjenigen Normaltypus vollständig trifft, um den sie vielleicht, durch äußere Störungen beeinträchtigt, un=

entschieden gravitiren. Und zwar ist dies Geschäft des Idealisirens oder Normalisirens der künstlerischen Phantasie nicht deswegen anheimgegeben, weil das Gesuchte irrational oder unberechenbar an sich wäre, wie nur der unmathematische Sinn der
Aesthetiker behaupten kann, sondern deshalb, weil wir thatsächlich
die Form jener an sich ohne Zweifel vollkommen bestimmten
Gleichung weder kennen, noch wahrscheinlich je kennen lernen
werden; endlich selbst dann, wenn wir sie wüßten, würde es
muthmaßlich das Weitläufigste und Unpraktischeste sein, mit ihr
zu operiren. Die zweite Aufgabe des Künstlers aber besteht
darin, aus diesen vielen möglichen Normalgestalten die idealen
auszuwählen; denn obgleich überhaupt schön nur die menschlichen
Formen sein können, die einem natürlichen Bildungsgesetz genau
entsprechen, so sind darum nicht alle schön oder gleich schön, die
diese Bedingung erfüllen. Für das Thier würde dies hinreichen,
denn es hat nur die Aufgabe, irgendwie seine Gattung zu verwirklichen; der Mensch hat eine geistige Bestimmung, die erreicht werden soll, noch außer der Norm, die seine Bildung
erfüllen muß; schön können nur diejenigen seiner natürlichen
Formen sein, die in ausdrucksvoller Weise die Erfüllung dieser
Bestimmung versinnlichen.

In dieser Idealisirung der Natur ließ sich die Sculptur
von Fingerzeigen der Natur selbst leiten; sie überhöhte hauptsächlich Merkmale, die den Menschen vom Thiere unterscheiden.
Die aufrechte Stellung führte zu größerer Schlankheit und Länge
der Beine, die zunehmende Steile des Schädelwinkels in der
Thierreihe zur Bildung des griechischen Profils, der allgemeine
schon von Winckelmann ausgesprochene Grundsatz, daß die Natur,
wo sie Flächen unterbreche, dies nicht stumpf, sondern mit Entschiedenheit thue, ließ die scharfen Ränder der Augenhöhle und
der Nasenbeine so wie den eben so scharfgerandeten Schnitt der
Lippen vorziehen. Von ähnlichen Gesichtspunkten pflegt die Beurtheilung der veränderlichen Stellungen auszugehen, obgleich

durch zwei entgegengeſetzte Irrthümer ſchwankend. Denn häufig
iſt noch einestheils von Umriſſen die Rede, die an ſich ſchön
oder häßlich und deswegen zu ſuchen oder zu meiden ſeien, wäh=
rend in Wahrheit kein geometriſcher Formenumriß an ſich ſelbſt,
ſondern nur darum tadelhaft iſt, weil die Vertheilung der Punkte
in ihm den Leiſtungen widerſpricht, zu denen die menſchliche
Geſtalt beſtimmt iſt. Verderblicher vielleicht iſt das andere Ex-
trem, die Behauptung, jede Stellung und Geberde ſei ſchön und
plaſtiſch brauchbar, die unter den gegebenen Umſtänden der Ge=
ſtalt natürlich iſt. Der menſchliche Körper entfaltet eine uner=
meßliche Leiſtungsfähigkeit auch unter ungewöhnlichen Beding=
ungen, aber ſchön iſt er keineswegs in allen dieſen Leiſtungen;
viele von ihnen widerſprechen dem, was er im natürlichen Leben
ſoll, obgleich ſie uns überraſchen durch das, was er kann.
Man wird ſie zugleich mit den Umſtänden vermeiden müſſen,
unter denen ſie uns natürlich werden.

Und hier iſt nun des Grundes zu gedenken, der allzu ge=
waltſame und heftige Bewegungen allerdings von den wahren
Aufgaben der plaſtiſchen Kunſt, wenigſtens in Darſtellung einzelner Figuren ausſchließt. Die Schönheit des Körpers beſteht
in dem unerſchöpflichen Wechſelzuſammenhang jedes Theils mit
jedem und in dem Widerhall, den die leiſeſte Verſchiebung des
einen in der Stellung oder Spannung der übrigen hervorbringt.
Die Deutlichkeit dieſer unendlich vielſeitigen Zuſammengehörigkeit
wächſt nicht, ſondern nimmt ab mit der Intenſität der Beweg=
ung, in die alle Theile zuſammenverflochten ſind. Analogien finden ſich auch ſonſt. Bei lautem Schrei iſt der Silberklang einer
ſchönen Stimme nicht ſo deutlich, wie bei gemäßigtem Sprechen,
und alle die unſagbaren individuellen Züge, durch welche der
Sprechton des Einen ſich von dem des Andern unterſcheidet,
gehn mit der wachſenden Anſtrengung der Stimme verloren.
Auch die Muskulatur des Körpers verräth das innige Verſtändniß, mit dem jeder Theil die Zuſtände des andern mitfühlt, am

vollkommensten in jenen leisen Verschiebungen des Gleichgewichts, die den einfachen anmuthigen natürlichen Geberden zukommen; jede gewaltsame Anstrengung einer Fechterstellung läßt uns alle Theile nur von einem Zweck bewegt erscheinen, wie von einem Sturmwind, dem es freilich natürlich ist, Alles in gleicher Richtung mit sich zu reißen, in dem aber eben deshalb alle die feineren Beziehungen unkenntlich werden, die zwischen den einzelnen hingerafften Bestandtheilen bestehen. So zeigt die gewaltsame Stellung immer nur sich selbst; die einfache zugleich die Möglichkeit unzähliger reizenden anderen. Für jene verhältnißmäßig ungünstigere Aufgabe hatte das Alterthum, wie wir erwähnten, Zeit Lust Mittel und Geschick, weil es alles Das in noch höherem Maße für die Erfüllung der größten besaß; wir haben daher eben so wenig Grund, diese naturalistische Kunstübung der Alten zu tadeln, als ihre Nachahmung ästhetisch zu empfehlen; uns wäre sie nur als technische Vorbildung zu der Virtuosität der Hand zu wünschen, ohne die der beste Wille und die tiefste Einsicht ohnmächtig sind.

Seit wir die Antike kennen, sind wir gewohnt, sie in der Weiße des Marmors zu erblicken; und eben durch diese Farblosigkeit schien sie uns aus der gemeinen Wirklichkeit in die Höhe einer idealen Welt emporgerückt. Die nach und nach unzweifelhafter gewordene Thatsache, daß die Alten nicht nur durch goldene Säume der Gewänder und einzelnen Schmuck, nicht nur durch eingesetzte Edelsteinaugen, den gleichförmigen Glanz ihrer Bildsäulen aufgehöht, sondern daß sie auch hier eine Fülle naturnachahmender Färbung verschwendet haben, mußte daher unsern Gefühlen durchaus widerstreben. Diese Naturtreue waren wir gewohnt gewesen, durch den geringschätzigen Vergleich mit Wachsfiguren aus dem Bereiche der edlen Kunst zu verweisen. Sollen wir auch hierin unser ästhetisches Urtheil nach dem Stande der archäologischen Untersuchung reformiren? Manche haben es gethan; Andere, wie Vischer, verschmähen es, für schön anzuer-

kennen, was ihnen häßlich ſcheint, „wären es auch hundertmal
Griechen," deren Anſehn es empföhle. Selbſt ein entſchiedener
Freund der antiken Polychromie, Semper, kann nicht umhin,
zuzugeſtehen, daß in Bezug auf bildende Kunſt unſerer Scheu
vor der Farbe ein gewiſſes Recht der Verjährung zukomme, das
doch zuletzt nur als das Recht einer äſthetiſch begründeten Ans
ſicht gemeint ſein kann. Es iſt darum nicht eben nöthig, die
Farbenfreudigkeit der Alten zu verdammen; können wir doch
ohnehin die Wirkung nicht aus Erfahrung beurtheilen, die ſie
hervorzubringen ſtrebten und vermochten; aber mit Recht halten
wir unſere eigene deutſche Empfindung als eine andere, äſthetiſch
auch gerechtfertigte Weiſe der Auffaſſung feſt und beharren auf
dieſer Idealiſirung, welche die plaſtiſche Geſtalt zwar nicht durchaus durch die Weiße des Marmors, aber allerdings durch eine
einfache und gleichmäßige Färbung nicht als Nachahmung der
ſinnlichen Oekonomie des Lebens, ſondern nur als Wiederholung
ſeines ewigen Geiſtes erſcheinen läßt.

Die Plaſtik, bemerkt Schelling, kann ſich einzig durch
Darſtellung von Göttern genügen. (S. W. Abth. 1. Bd. 5.
S. 621.) Und dieſe Behauptung, fährt er fort, iſt nicht empi-
riſch gemeint, nämlich ſo, daß die plaſtiſche Kunſt niemals ihre
Höhe erreicht hätte, wäre ſie nicht durch die Religion aufgefordert worden, Götter darzuſtellen. Die Meinung ſei eigentlich
dieſe, daß die Plaſtik an und für ſich ſelbſt, und wenn ſie nur
ſich ſelbſt und ihren beſonderen Forderungen genügen will, Götter
darſtellen muß. Denn ihre beſondere Aufgabe ſei eben, das ab-
ſolut Ideale zugleich als das Reale, und demnach eine Indifferenz darzuſtellen, die an und für ſich ſelbſt nur in göttlichen
Naturen ſein könne. Man könne deshalb ſagen, daß jedes höhere Werk der Plaſtik an und für ſich ſelbſt eine Gottheit ſei,
geſetzt auch, daß noch kein Name für ſie exiſtire, und daß die
Plaſtik, wenn ſie nur ſich ſelbſt überlaſſen alle Möglichkeiten, die
in jener höchſten und abſoluten Indifferenz beſchloſſen liegen, als

Wirklichkeiten darstellte, dadurch von sich selbst den ganzen Kreis göttlicher Bildungen erfüllen und die Götter erfinden müßte, wenn sie nicht wären.

Diese Worte Schellings enthalten nicht nur eine geistreiche Paradoxie, sondern eine völlige Wahrheit. Die Bedeutung derselben ist auch von der spätern Aesthetik immer gefühlt worden und sie tritt sogleich hervor, wenn wir für die moderne Plastik Aufgaben suchen, deren Lösung uns allseitige Befriedigung gewähren könnte. Das Alterthum hatte das ästhetische Glück, an einen Kreis von Göttern glauben zu können, die ohne den drückenden Ernst weltgeschichtlicher Aufgaben der sinnlichen Natur nahe genug waren, um ihre Bilder zu characteristischen Idealen einer im Körperleben voll erscheinenden ewigen Seelenwelt auszubilden. Nicht nur dem religiösen Cultus erwuchs Vortheil aus der Möglichkeit, daß die übersinnlichen Götter erscheinen konnten, sondern auch für die Kunst, und dies betont Schelling, war es ein unersetzliches Glück, daß sie jede schöne Erscheinung, die sie in der Natur aufgefunden oder aus eigner Phantasie gebildet, sogleich mit vollem Glauben einer der angebeteten Gottheiten widmen, und sie ihr als das Weihgeschenk einer von menschlicher Kraft ersonnenen oder ersehnten Offenbarungsweise darbringen konnte. Viele verbundene Vortheile lagen hierin. Indem für den individuellen Character jeder einzelnen Gottheit sich bald ein fester Typus der Form bildete, wurde jede naturalistisch aufgefaßte Schönheit der Erscheinung, wenn sie auf eines dieser göttlichen Wesen sich beziehen ließ, damit zugleich in sich selbst characteristisch vertieft und stylisirt; die plastischen Motive, welche die Wahrnehmung bot, oft unter Umständen ohne viel Bedeutung, erhöhten sich aus anmuthigen Zufällen zu Ausdrücken unvergänglicher Beziehungen und legitimer ewiger Weltbestandtheile, wenn sie zur Darstellung der bleibenden Gewohnheiten eines göttlichen Wesens verwandt wurden. Und wie hierdurch die Sicherheit der hervorbringenden Kunst und ihre Haltung

wuchs, ſo gewann ebenſo ſehr das Verſtändniß der Betrachten=
den; die ſichtbare Form und der bekannte Inhalt der Götterwelt
ergänzten einander, und für das Ganze der Werke blieb eine
religiösgeſtimmte, ihrer Feierlichkeit und Anmuth entſprechende
Empfänglichkeit.

Dieſe Vortheile entgehen uns. An die antike Götterwelt
glauben wir nicht mehr; eine Kunſtthätigkeit, welche wie die un=
zweifelhaft großartige Thorwaldſens, ſich dennoch in der Re=
production der antiken Ideale bewegt, ſcheint uns für das Leben
unmittelbar, wenn auch nicht für den Fortſchritt der Kunſt, ziem=
lich verloren; übertreffen wird ſie das Alterthum auf dieſem
ſeinem eignen Gebiete und zwar dem Gebiete ſeiner höchſten
Leiſtungen, ſicher nicht; erreicht ſie es aber, ſo hat ſie nur
einen großen Schatz um einen kleinen gleichartigen Zuwachs
vermehrt, der immer nur einen halbgelehrten Kunſtgenuß der
Vergleichung und Kritik möglich machen wird. Voll begeiſtern
können wir uns nur für das was wir glauben, oder für die
originalen Erzeugniſſe, deren Inhalt wenigſtens für ihre Urheber
Gegenſtand wirkliches Glaubens war. Nun aber, wenn man
den Glauben an den Inhalt der Antike aufgibt, ſo tröſtet man
ſich damit, daß ihre Geſtalten als ſchöne Typen menſchlicher
Natur immer ihren Werth behalten und daß ſie aus dieſem Ge=
ſichtspunkt betrachtet immer noch Aufgaben der plaſtiſchen Kunſt
ſein können. Wie leer dieſer Troſt iſt, zeigen jedoch die Bildhauer ſelbſt durch die That. Es fällt ihnen gar nicht ein, blos
ein ſpielendes Kind, eine ſchöne Jungfrau, einen nackten Jüng-
ling, einen ſtarken Mann oder ein Mädchen mit Haſen auf die
Ausſtellungen zu ſenden; ſie nennen das allemal Amor, Venus,
Apollo, Herkules und Diana. Sie zeigen damit deutlich ihr
drückendes Bewußtſein, daß die blos typiſchen Formen menſch=
licher Geſtalt und Beſchäftigung gar nicht werth ſind, ſelbſtändig
in plaſtiſcher Monumentalität verewigt zu werden; ſie müſſen
auf ein Weſen mit Namen bezogen werden, deſſen ewige für

die ganze Welt bedeutsame Realität die unbedeutende Kundgebung der Natur ergänzt und abelt.

Gewiß wird daher dies Genre, das namenlose Menschen-
beispiele vorführt, niemals eine neue Zukunft der Plastik begründen. Aber außer ihm bleibt uns nur das Gebiet der christlichen
Ueberlieferung und das der weltlichen Geschichte übrig. In das
erste sich zu vertiefen würde den Künstlern auch dann, wenn sie
selbst nicht gläubig sind, jedenfalls mit demselben Recht angesonnen werden, mit dem sie sich freiwillig und mit gleichem Un-
glauben an das Alterthum anschließen; sie hätten mindestens den
Vortheil, aus einer Gedankenwelt zu schöpfen, die der Mehrheit
der Menschen in kunstsinnigen Völkern bekannt ist, und die,
wenn nicht allen Ueberzeugungen, so doch den wesentlichen
Stimmungen unsers Gemüths vollkommen entspricht. Es ist
wahr, daß die christliche Geschichte in ihren Hauptfiguren der
Darstellung des Nackten wenig Raum läßt; sie würde dem erfin-
derischen Sinne doch hinlänglichen geben, um diesen unverächtlichen Theil der Schönheit in einer Menge von Nebenfiguren
erscheinen zu lassen. Und dies ist kein unrichtiges Verhältniß.
Hat doch auch das Alterthum nicht im Mindesten den ästhetischen
Werth von Gewandfiguren verkannt; uns aber kommt es zu,
auch den Sinn unserer Zeit zu achten. Ihr mag es immerhin
zugerufen werden, daß Geist und Körper gleichmäßig entwickelt
werden sollen, aber nie wird man sie davon überreden, daß
jetzt noch mit Körperschönheit in der Weise der Alten renommirt
werden müsse. Auch an verständlichen, in der Erscheinung schönen
und einfachen Situationen, wie sie die Plastik für einzelne Figuren oder wenig zahlreiche Gruppen bedarf, hat die heilige Geschichte namentlich mit Einschluß der alttestamentlichen nicht
Mangel. In ihr werden wir daher den Ausgangspunkt einer
modernen der antiken ebenbürtigen Plastik zu sehen glauben, nur
daß die religiöse Indifferenz und die künstlerische Bedürfnißlosigkeit der Gemeinden, die Armuth des Volks und bekannte Uebel-

stände unsers öffentlichen Lebens die Hoffnung auf eine reiche
und lebhafte Kunstübung schwinden machen, ohne welche sich die
technischen Vorbedingungen der ästhetischen Leistungsfähigkeit nicht
erreichen lassen. Geschichtliche Monumente pflegen noch am häufigsten von
der Plastik verlangt zu werden. Ich will nicht weitläufig die
Schwierigkeiten erwähnen, denen sie begegnen; die Nothwendig=
keit, Charactere zu fixiren, die in ihrer äußern Erscheinung un=
bildnerisch sind, Situationen, deren Bedeutung in unsichtbaren
Gedanken liegt, eine Kleidung endlich, die nicht sowohl den Körper
zu zeigen verbietet, sondern vielmehr nicht hilft, die bedeutungs=
losen Theile der Figur unwahrnehmbar zu machen. Aber ich
weiß nicht, welche Bezauberung uns nöthigt, bei Anordnungen
stehen zu bleiben, durch die alle diese Umstände am schärfsten
hervortreten; ich meine bei der Gewohnheit, jedem großen Manne
eine plastische Einzelfigur zu widmen. Keineswegs möchte ich
das große Verdienst herabsetzen, das die Bildner unserer be=
rühmt gewordenen Dichterfiguren sich erworben haben; aber so
gern man in ihren Werken einen raschen und erfreulichen Fort=
schritt des plastischen Stylgefühles anerkennt, so kann man doch
nicht umhin sich zuzugestehen, daß auf diesem Wege Nichts er=
reicht wird, was mit der Antike sich von fern vergleichen ließe.
Die meisten dieser Figuren haben die Eigenschaft, um so gefäl=
liger zu werden, je kleiner man den Maßstab der Nachahmung
nimmt; die Verkürzung der Dimensionen läßt erst das viele
Leere der bedeutungslosen Flächen einigermaßen verschwinden, an
denen der Blick lange umher irren muß, um signifcante Einzel=
heiten zu einem ausdrucksvollen Gesammtbilde zu vereinigen.
Warum gibt man dies nun nicht allgemein auf, und sucht durch
ästhetische Massenwirkung den Eindruck zu erzeugen, den solche
Einzelfiguren nicht machen können? Entspricht doch ohnehin
dieses Princip der Association dem Character unsers Zeitalters.
Nur durch umfangreichere Statuengruppen, auf die schon Weiße

und Bischer hinwiesen, kann das Ungenügen der einzelnen Figur aufgewogen werden; nur so läßt sich eine größere Lebendigkeit der Handlung motiviren, die theils die Formen der Gestalten interessanter macht, theils von dem künstlerisch nicht befriedigend zu gestaltenden Reste derselben wenigstens die Aufmerksamkeit ab= lenkt; nur so endlich läßt sich das realistische Element, welches der geschichtlichen Darstellung als solcher unentbehrlich ist, ver= ständlich und ohne Mißfälligkeit anbringen. Es ist nicht das Basrelief, das ich hier im Sinne habe; seine Technik neigt immer nur zu etwas schematischer Andeutung, nicht zu völlig realistischer Darstellung des Geschichtlichen. Aber ich erinnere an Rauchs Friedrichsdenkmal, das zwar nicht die ganze Härte und Festigkeit der Zeit getreu wiedergibt, aber doch durch die Verbindung seiner mannigfachen einander unterstützenden Figuren das Unplastische der einzelnen wohlgefällig überwindet.

Was in äußerlicher weltbewegender Thätigkeit sich geltend gemacht hat, dem wird eine solche ihm zugehörige Umgebung, die sich plastisch gestalten läßt, nicht fehlen. Dagegen war mein Vorschlag nicht darauf gerichtet, auch die Heroen des geistigen Lebens unmittelbar in gleicher Weise zu verherrlichen. Sie scheinen mir, Büsten abgerechnet, überhaupt nicht Gegenstände der Plastik, und ich finde die Gewohnheit schrecklich, jeden von ihnen an einem abgelegenen oder wohlgelegenen Orte auf ein Postament zu spießen. Die Dichter bilden ja ihre Werke; warum bildet man nicht zu ihrem Gedächtniß nach, was sie in diesen erfinderisch vorgezeichnet? Welchen Genuß haben wir von einem plump geschuhten Dichter im Hausrock? und wie ganz anders würden wir doch in der Erinnerung an seinen Geist befestigt, wenn die reizenden Phantasiegestalten, die er geschaffen, uns durch eine Reihe von Bildwerken in plastischer Anschaulich= keit vorgeführt würden? Hier fände man ja den Ersatz für die verlorene Mythologie; eine reiche Welt reizender Gestalten, an deren ästhetische Realität wenigstens wir glauben, die dem ge=

bildeten Volke aus dem Umgang mit den Führern seines geistigen Lebens vertraut sind, und für deren jede einen plastisch muster- gültigen Ausdruck zu schaffen eine fast ebenso dankbare Aufgabe sein würde, als für die Griechen es die war, dem characteri- stischen Geiste jedes ihrer Götter die entsprechende Form seiner Erscheinung zu erfinden. Allerdings, man thut dessen etwas: durch einige Basreliefs am Sockel der Denkmale; warum ruft man nicht lieber die Schwesterkünste zu Hülfe? warum baut man nicht in dem Style, der der Geistesart des zu Feiernden und seiner Verehrer entspricht, irgend ein bescheidenes Heiligthum, sei es in der Form eines Tempels oder eines Hauses, schmückt dessen Innenraum mit Fresken und in passender Anordnung mit plastischen Darstellungen der Gebilde, die für diese Kunst sich am zuvorkommendsten eignen? Der Gestalt des Dichters bliebe dann noch immer ihr Platz, sei es als Büste oder als Portrait oder als Theil einer malerischen Composition, die vielleicht irgend- wo als Fries die Hauptmomente aus der Geschichte seines Lebens enthielte.

Fünftes Kapitel.

Die Malerei.

Abgrenzung der malerischen Schönheit gegen die architektonische, plastische und poetische. — Die malerische Behandlung des Nackten. Teichlein — Die poetische Schilderung. Lessing. — Naturnachahmung und Idealisir- ung. Rumohr. — Styl und Manier. — Die verschiedenen Style der Meister und der Schulen. — Erscheinungen oder Ideen als Gegenstand der Malerei. — Die religiöse Malerei und das Genre. — Die geschichtliche und die Landschaft.

Von malerischer Unordnung pflegt schon der gewöhnliche Sprachgebrauch zu reden, und wer sich oder seiner Umgebung einen pittoresken Anstrich zu geben wünscht, versucht es zuerst

durch Zerstörung der Regelmäßigkeit, auf die er aus andern Gesichtspunkten Werth legen würde. Diese alltäglichsten Thatsachen
verrathen eine Bevorzugung des Zufälligen, durch die sich uns
die malerische Schönheit auszuzeichnen scheint. Es wird nicht
schwer sein, Sinn und Grenzen dieser Bevorzugung näher zu
bestimmen.

So weit sich in Gebilden unserer Hand, in Geräthen und
Gebäuden, die auf ihren Zweck gerichtete Absicht vollständig und
mit Ausschluß jeder Zufälligkeit zu erkennen gibt, so weit reicht
architektonische Schönheit, und eine Analogie derselben kommt
Naturerzeugnissen zu, deren Form aus der Einheit einer gestaltenden Kraft ohne Spuren eines Conflicts mit auswärtigen Bedingungen erwachsen ist. Malerisch dagegen werden alle
Dinge durch etwas, was an ihnen geschichtlich ist. Die Producte unserer Kunstfertigkeit werden es theils durch Unvollkommenheiten und Paradoxien ihrer Bildung, die ihren Ursprung aus
einem lebendig drängenden Bedürfniß verrathen, theils durch Ab-
nutzung und Verkümmerung, welche ihre bereits geleisteten Dienste
oder die besondere Weise bezeugen, in welcher eine characteristische Gewohnheit des Handelns von ihnen Gebrauch gemacht hat;
die Geschöpfe der Natur aber werden es durch Ungleichförmig-
keiten ihrer Gestaltung, welche den Kampf ihres eignen Entwick-
lungstriebes gegen störende Mächte sichtbar machen. Malerisch
ist nicht das neue Kleid, das eben fertige Gebäude, der symmetrische Krystall, die regelmäßig gewachsene Pflanze, aber Lumpen
sind es, Ruinen, der geborstene Fels, der verkrüppelte Baum:
diese alle erzählen eine Geschichte. Die Anordnung des Mannigfaltigen aber, zunächst dessen, was Menschenhand schuf, ist nie
malerisch, so lange sie beabsichtigte Symmetrie blos räumlicher
Vertheilung oder eine systematische Aufstellung sehen läßt, für
welche in den Begriffen der aufgestellten Dinge ein Leitfaden
liegt; sie wird es erst, wenn die Lage jedes einzelnen Elementes
zu jedem andern zufällig ist, und wenn dennoch das Ganze als

Product einer Handlung oder eines Ereignisses oder als Ausdruck der specifischen Lebensgewohnheit eines in ihm hausenden Geistes begreiflich ist, der, von unzusammenhängenden Antrieben bewegt, in seinen Rückwirkungen gleichwohl die Einheit seines Naturells bethätigt. Auf demselben Grunde beruht das Malerische der Landschaft. Nur sie, das einzelne Bruchstück der irdischen Natur, pflegt man überhaupt so zu nennen; das Ganze der Erde, das Planetensystem, das Weltall, wenn es für sie einen Standpunkt der Betrachtung gäbe, würde Niemand malerisch finden; von so großer Höhe angesehen, würde sich die Gesetzlichkeit des Ganzen übermächtig hervordrängen und zu einem geringfügigen Beispiel derselben jeder Einklang und jeder Contrast zusammenschwinden, der uns ein fesselndes Ereigniß scheint, sobald wir uns in den engen Schauplatz vertiefen, welchen er ausfüllt. Erst in solcher Nähe empfinden wir die Harmonie zusammenstimmender Umrisse der Gegend als ein Glück und eine Schönheit, denn von hier aus erscheint sie als ein irgendwie gewordenes Wechselverständniß von einander unabhängiger Elemente, nicht als selbstverständliche und ewige Folge eines allgemeinen Gesetzes; erst hier fühlen wir Gewalt und Eindruck der Gegensätze und fassen sie als Ausdruck lebendiges Streites der Kräfte, denn wir sehen das Ganze nicht, in welchem sie im Voraus ausgeglichen sind.

So sucht denn unsere gewöhnliche Meinung das Malerische nicht in Gestalten, Bewegungen und Anordnungen, die einem Begriffe oder Grundsatze mit logischer Genauigkeit, ohne Mangel und ohne undeutbaren Ueberschuß, entsprechen; sie sieht es in ihnen allen erst dann, wenn sie eine Geschichte ausdrücken, durch die sie jenen Zielpunkten sich in besonderer Weise näherten oder von ihnen abgedrängt wurden. Geschichte aber ist in ihrem eigentlichsten Sinne nicht die folgerechte Entwicklung eines Keimes unter Bedingungen, die als adäquate Lebensreize für ihn abgemessen sind; sie begreift vielmehr das, was aus ihm wird, wenn seinem immer gleichen Triebe eine unzusammenhängende Reihe unberechenbarer Zufälle sich entgegenwirft. Suchen wir daher das Malerische in diesem geschichtlichen Element, so ist leicht erklärlich, warum so häufig erst durch unbedeutende und zufällige Nebenzüge eine Gestalt Bewegung oder Anordnung, deren wesentlichste Bedeutung uns kalt lassen würde, zu warmer malerischer Lebendigkeit aufgehöht wird.

Wir finden uns auf dieselben Betrachtungen zurückgeführt, wenn wir die Grenze der malerischen Schönheit gegen die pla- stische suchen. Niemand wird das Nackte ganz der Malerei entziehen wollen, aber man fühlt leicht, daß hier seine künstlerische Verwendbarkeit durch Geberde, Situation und Umgebung bedingt ist. Man spricht nie von einem malerischen Körper, obgleich von einer malerischen Gestalt, indem man in die letztere Bezeichnung theils die Tracht und die Art sie zu tragen, theils die augenblickliche Stellung mit einschließt. Und selbst die einfache Geberde ist selten an sich malerisch; Körperbau, Haltung und Bewegung, die an einer Statue uns entzücken, machen in voller malerischer Reproduction einen ungleich leereren und kälteren Eindruck, als die einfache Umrißzeichnung, die uns nur anregt, die Gestalt in das Statuarische zurückzuübersetzen. Während ich indeß bisher nur gedrängt zusammenfaßte, was längst allgemeingültige Erkenntniß ist, werde ich auf lebhaften Widerspruch, aber doch vielleicht auch auf einige Beistimmung rechnen können, wenn ich noch weiter gehe, und selbst belebtere Gruppen nackter Körper eines unmalerischen Characters anklage, der nicht einmal immer durch eine sonst der Malerei anpassende Situation überwunden wird. Diesem Spiele mit den typischen Vortrefflichkeiten des menschlichen Körperbaues fehlt zu sehr jenes Element des Geschichtlichen, auf dem wir das Malerische beruhen fanden. Eine Gestalt, die sich nur ihrer elementaren Gattungsschönheit erfreut und die Mittel ihrer Organisation nur zu den einfachsten Wechselwirkungen mit der natürlichen Außenwelt ver-

wendet, kann für die Sculptur ein sehr bedeutender, für die
Malerei aber stets nur ein untergeordneter Gegenstand sein. Ich
gestehe meine Barbarei ein, sehr wenig ästhetisches Interesse
überhaupt, noch weniger specifisch malerisches in allen jenen
Kampf- und Badescenen zu finden, die auch große Meister zur
Schaustellung der mannigfachsten Variationen menschlicher Gattungsschönheit benutzt haben; und einmal im Zuge dehne ich dies
Bekenntniß auf die meisten Gegenstände der antiken Mythologie
aus; ja das Alterthum überhaupt, nicht eben, wie es vielleicht
gewesen ist, aber so wie unsere Phantasie es sich reproduciren
kann, scheint mir ebenso geschaffen für Plastik, wie unmalerisch
überhaupt.

In dieser Empfindung bestärken mich nicht am wenigsten
die Zeichnungen von Carstens, deren allgemeines ästhetisches
Verdienst ich ebenso ungeschmälert anerkenne, als ihre heilsame
Wirkung für die Wiederentwicklung des Formensinnes überhaupt;
aber sie scheinen mir mehr eine Schule für den plastischen Styl,
als eine Regeneration des malerischen. Mit welcher leeren Prätension sich diese ewig wiederkehrende Racenschönheit des menschlichen Geschlechts im Gemälde hervordrängen würde, zeigt vielleicht am deutlichsten der Entwurf zur Darstellung des goldnen
Zeitalters. Alle diese nackten Gestalten, die sich hier, in uner-
quicklicher Enge übrigens, die um die Reinheit der Luft besorgt
macht, durch einander drängen, haben keine Vergangenheit, keine
Zukunft; Tag wie Nacht findet sie gleich thatlos wieder und
ihre große Anzahl läßt sie nur um so mehr als Exemplare einer
bevorzugten Thiergattung erscheinen, sich ergötzend an der Wärme
der Natur, von der sie hervorgebracht und wieder verschlungen
werden. Zum Theil freilich beruht die Leerheit dieser Darstellung auf diesem Gedanken eines goldnen Zeitalters selbst, der
auch für die Sculptur schwer verwendbar sein würde; allein
auch so belebte und meisterhaft componirte Gruppen, wie die
Hadesfahrt des Megapenthes, vortrefflich für das Basrelief ge-

eignet, sind malerisch wenig wirksam. Was der Mensch erfahren, und wie eigenthümlich er sich durch das Leben geschlagen, das kommt künstlerisch brauchbar doch nur in dem Ausdruck der Physiognomie zum Vorschein; denn hier allein werden die Spuren, welche Leiden und aufgenöthigte Gewohnheiten des Lebens zurückgelassen, durch die Kraft des Geistes sichtbar veredelt. Der übrige Körper erfährt zwar auch diese Einwirkungen des Lebensganges, aber sie bleiben hier theils unbestimmt und undeutbar, theils widerwärtig und gemein. Fehlt daher die characteristische Durchbildung des Kopfes, so macht die Gleichförmigkeit der nackten Gestalt, die stets über die feinen Verschiedenheiten dominirt, die einzelnen Figuren zu ähnlich und sie erscheinen fast unvermeidlich als Racenexemplare; werden aber die Physiognomien individualisirt, so überschleicht den Beobachter die Neigung zu fragen: und diese würdigen und ausdrucksvollen Köpfe wußten nichts Besseres zu thun und zu erfinden, als dies elementare geschichtslose Leben zu leben? Denn den vielförmigen geistigen Gehalt des Alterthums finden wir doch durch solche Gemälde weder ausgedrückt, noch ausdrückbar; wie auch immer diese Gestalten sich in statuenhaften Stellungen vordrängen oder sich heroisch drapiren, sie haben dennoch in der malerischen Darstellung Nichts vor sich und Nichts hinter sich; ihr geistiger Horizont und die Summe ihrer Lebensinteressen erscheinen greifbar nicht ausgedehnter, als die der edleren Thiergattungen. Die antike Gewandung vervollständigt mehr diesen· unhistorischen Eindruck, als daß sie ihn höbe; für die Sculptur wie geschaffen verähnlicht sie die verschiedenen Gestalten zu sehr und erzählt eben um ihrer Einfachheit willen nie mit so wenigen beredten Zügen eine individuelle Lebensgeschichte, wie die Lumpen eines modernen Bettlers oder die lächerliche Adjustirung eines verdrehten Originals. Ebenso haben die mythischen Figuren zu wenig von den Kleinlichkeiten und Sorgen des Lebens erfahren, um im Kampf gegen sie einen hinlänglich geschichtlichen Character zu entwickeln; obgleich sie Eigennamen tragen, bleiben sie doch, in dem ortlosen Aether einer imaginären Welt erzeugt, für unsere Einbildungs= kraft viel zu sehr abstracte Symbole allgemeiner Charactertypen und typischer Situationen.

Ich habe durch diese Bemerkungen nur unsere Gewohnheit zu bezeichnen geglaubt, Malerisches und characteristisch Geschicht= liches in enger Verbindung zu denken, und jenes zu vermissen, wo dieses fehlt. Es fragt sich nun, warum dies so ist, warum die malerische Darstellung dieses individualisirte Leben verlangt und nicht mit der allgemeineren Schönheit sich begnügen kann, welche der Plastik zureichend, ja wesentlich ist. Ich glaube den Grund hierfür nicht in der oft gelten gemachten Thatsache zu finden, daß die Plastik den Körper in allseitiger Rundung wirk= lich darstellt, die Malerei dagegen nur einen Schein seiner Rea= lität auf einer Fläche erzeugt; etwas gezwungen erscheinen mir die Deductionen, die hieraus die nothwendige Neigung der Malerei ableiten, die Gestalt in handelndem Zusammenhang mit ihrer Umgebung darstellen. Die drei Dimensionen, durch welche sich das plastische Object des ästhetischen Genusses ausdehnt, könnten entscheidend nur sein, wenn der Tastsinn diesen Genuß zu ver= mitteln hätte; das beobachtende Auge nimmt dagegen auch die wirk= lich vorhandene Rundung der Bildsäule doch nur durch ein Flächenbild wahr, das wieder nur durch ein Spiel von Licht und Schatten ganz ebenso wie das Gemälde auf Ausfüllung der Raumtiefe gedeutet wird. Daß die Statue sich zum Theil um= gehen läßt und von verschiedenen Standpunkten verschiedene Bilder gewährt, ist ein nicht unwichtiger Vorzug des Reichthums, den die Plastik vor der Malerei voraus hat, aber die Schönheit des einen dieser verschiedenen Anblicke kann doch nicht davon abhängen, daß es neben ihm andere gibt. Der wirkliche Grund des in Frage stehenden Unterschiedes, gleichfalls von Vielen schon angedeutet, scheint mir darin zu liegen, daß nur das Gemälde seine Figuren durch einen ihm selbst angehörigen Hintergrund

vereinigt, den es zur Darstellung einer realen rings um sie aus-
gebreiteten Welt nicht blos benutzen kann, sondern wirklich zu
benutzen durch eine Art ästhetischer Scheu vor dem Leeren ge=
nöthigt wird. Durch die Gegenstände, mit welchen sie diesen
Grund füllt, und durch die unzähligen Beziehungen zwischen
ihnen' lockt die Malerei die Gestalten aus ihrer Vereinzelung
heraus und befähigt und zwingt sie zugleich, sich in Haltung
und Bewegung, in Stimmung und Affect, in allen Theilen ihrer
Erscheinung überhaupt, an diese Welt und ihre bewegenden Motive anzuschließen. Die Figuren der Plastik dagegen, einzelne
oder Gruppen, stehen im Leeren; was sie nicht durch die Linien
ihrer Gestalt oder durch die Wechselwirkungen ausdrücken können,
die sie gegeneinander unmittelbar ausüben, Das alles ist der
plastischen Kunst unzugänglich. Selbst im Basrelief, dessen Rück-
wand eine stoffliche Verbindung der Figuren herstellt, läßt sich
um technischer Schwierigkeiten, namentlich der Perspective willen,
doch nur eine schematische und symbolische, nie eine realistisch
volle Darstellung der Bedingungen geben, durch welche die um=
gebende Welt die in ihr geschehenden Ereignisse erklärlich macht.
Wo die Malerei diese Vortheile ihres Hintergrundes nicht voll=
ständig ausnützt, da nähern sich ihre Werke bald mit Einbuße
des Malerischen, bald ohne Tadel dem statuarischen Character
wieder an. Den ersten Fall erläutern viele alte Kirchenbilder,
welche absichtlich durch isolirenden Goldgrund die Gestalten vor
der Wechselwirkung mit der irdischen Welt zu bewahren suchen;
der zweite findet sich, um zu erwähnen, was mir beifällt, in
Gerards blindem Belisar, in Murillo's Madonna in Dresden,
in Raphaels unvergleichlicher Madonna mit dem Fisch, einer
Gruppe, deren Zeichnung fast ohne Aenderung sich in das
schönste statuarische Werk umdeuten ließe. So würde die Beach=
tung eines sehr einfachen Umstandes uns die Grenzlinie erklären,
die in den verschiedensten Ausdrucksweisen und Formulirungen
die deutschen Aesthetiker einstimmig zwischen Plastik und Malerei

gezogen haben: Zusammenschluß des Lebendigen in sich selbst,
Bevorzugung der einfachen und ewigen typischen Charactere, Wahl
der Situationen, die zu ihrer Begreiflichkeit empirischer Umstände
der Außenwelt nicht bedürfen, schien ihnen allen das Princip
der bildenden Kunst; Oeffnung des Geistes für die umgebenden
Bedingungen des Daseins, Heraustreten des Idealen aus der
Ortlosigkeit des Versunkenseins in sich selbst in die Wirklichkeit,
characteristische Entwicklung durch die erregenden Motive, welche
diese darbietet, war der wesentliche Grundgedanke der Malerei.
Wie der Reichthum des Darstellbaren sich zwischen beide Künste
vertheilt und jede ergreift, was der andern unfaßbar bleibt, ist
nicht minder oft bemerkt worden. (Vergl. die eingehende Be=
trachtung Vischers, unter andern Stellen Aesth. III. S. 592 ff.)

Ich habe der Farbe nicht gedacht. Wer in ihr einen we=
sentlichen Unterschied der Malerei von der Plastik fände, würde
sich wenigstens nicht in durchgängigem Einverständniß mit der antiken
Kunst befinden, und wohl auch nur mittelbar Recht haben. Den
Werth der Farbe pflegen die Maler einfach auf ihr Gefühl zu
gründen: sie erfreue des Menschen Herz; die wissenschaftliche
Aesthetik hat meistens zur Motivirung dieses Werthes von den
Speculationen der idealistischen Naturphilosophie Gebrauch ge=
macht; als der sichtbare Geist, als zweite Potenz des im Realen
sich entwickelnden Absoluten, schien das Licht mit seinen Kindern,
den Farben, durch seinen Eintritt in die Darstellung einen neuen
Zweig der Kunst mit dialektischer Nothwendigkeit und im Gegen=
satz zur Plastik zu begründen, die mit dem schweren Stoffe
schaltet. Es ist gewiß manches Wahre hieran, aber es wird er=
drückt durch das Uebermaß tiefsinniger Begründung. Lassen wir
jeden Gedanken über den speculativen Begriff des Lichtes dahin=
gestellt und halten uns an das, was es für die lebendige Auf=
fassung der Dinge leistet, so verdanken wir allerdings ihm allein
die Eröffnung einer Welt vor unserem Bewußtsein, in der auch
das Entfernte in seiner Realität vor uns prangt, ohne daß wir

nöthig hätten, uns seines Daseins durch Tasten zu versichern und
durch den Widerstand, den es unserer Thätigkeit leistet. Alles ist
jetzt da, scheinbar auch ohne auf uns zu wirken, denn wer weiß
etwas von den Strahlen, die uns das Erscheinen der Dinge vermitteln? Und nicht nur alle zusammen hebt das Licht die Dinge
aus der Nacht des Nichtseins in den Tag der Wirklichkeit; unmittelbar scheint es uns zugleich in den Farben die charakteristische Wesenheit jedes einzelnen hervorzulocken, und rückt durch
seine Schwächungen, Zurückwerfungen und Schattirungen die verschiedenen an ihre zukommenden Stellen einer räumlichen Tiefe,
die nun erst vor uns deutlich aufgeht. Denn in der That haben
diejenigen Recht, die behaupten, daß erst die Malerei über alle
drei Dimensionen des Raumes gebiete, wenn sie auch, was sehr
unwesentlich ist, diese ästhetische Illusion durch eine wirklich nur
flächenförmige Darstellung hervorbringt. Die Plastik, obwohl zu
ihrem Werke alle drei Dimensionen benutzend, vermag dies nicht;
sie läßt in ihren einzelnen Figuren die Beziehung auf eine unendliche Ausdehnung der Welt in völliger Ortlosigkeit des Dargestellten untergehn und macht sich im Basrelief die Darstellung
der scheinbaren Raumtiefe eben gerade durch Benützung der wirklichen unmöglich.

Man versteht hieraus leicht den Werth des Lichtes für die
Malerei. Es ist ihr nicht darum wesentlich, weil es für den
Beobachter die Auffassung des ganzen Gemäldes in anderer Weise
als die einer Statue vermittelte, sondern darum, weil es selbst
oder seine Wirkungen, im Gemälde mitdargestellt, den wirksamsten Bestandtheil jener Außenwelt bildet, auf welche die Malerei ihre Gestalten beziehen muß. Denn das Licht ist das Element, das Alles in gegenseitige Verbindung bringt, jedes an
jedem andern widerscheinen läßt und mit seinem Spiel die vereinzelten Dinge aus ihrer Vereinsamung reißt, jedem seine Stellung zu jedem anderen bestimmend. Eine Statue läßt sich beleuchten, und es mag reizende Wirkungen geben, wenn das an

sich überirdische und ortlose Ideal, das sie darstellt, von dem geisterhaftesten Elemente einer Wirklichkeit, der es nicht angehört, leise berührt wird; aber die plastische Darstellung eines beleuchteten Gegenstandes, auch wenn sie technisch denkbar wäre, würde ein ästhetischer Widerspruch sein; was als beleuchtet dargestellt wird, ist nothwendig Theil der wirklichen Welt, denn nur von ihr aus und durch Wechselwirkung mit andern Bestandtheilen derselben kann es dieses Licht empfangen, nur in bestimmter Richtung, da oder dorther, nur in bestimmter Intensität und Färbung; lauter Umstände, für die nicht in der eignen Bildung der Gestalt, sondern nur in ihrer Beziehung auf eine umgebende Mitwelt die entscheidenden Bedingungen liegen. So schließen sich auch Lichtspiel und Farbe als Mittel der Malerei dem Character des Geschichtlichen an, den wir dieser Kunst wesentlich fanden; sie drücken beide die wandelbaren Eigenschaften aus, die den Dingen im Conflict mit einander entstehen und die veränderlichen Ereignisse, die an ihnen und zwischen ihnen geschehen. Aber indem der Malerei durch die Macht dieser Mittel sich ein unübersehliches Gebiet öffnet, das der Sculptur verschlossen blieb, versagen sich ihr folgerecht auch die Gegenstände, die dieser am meisten angemessen waren.

Einer vorzüglichen Abhandlung, welche Ad. Teichlein seiner Schrift über Louis Gallait und der Malerei in Deutschland (München 1853) angehängt hat, entlehne ich die folgende Stelle, die von der kunstgeschichtlichen Gewohnheit, alle vollendeten großen Thatsachen auch für gerechtfertigt zu halten, in erfreulicher Weise abweicht: „Grade am menschlichen Leibe, an welchem die feinste Farbenbrechung sich erschöpft, erfahren wir am deutlichsten die sinnlich oberflächliche Natur der Farbe, und daß die Malerei, wenn sie dies ihr specifisches Kunstmittel nicht zum sinnigen Ausdruck einer Stimmung zu gebrauchen oder dem Ausdruck eines höhern Inhalts unterzuordnen weiß, nothwendig in den mehr oder minder bemäntelten Mißbrauch des unkünstlerischen

Sinnenkitzels verfällt. Die Koloristen der klassischen Epoche, insbesondere die Venetianer, suchten den reinen Kunstwerth der menschlichen Gestalt dadurch zu garantiren, daß sie an ihr und an dem Hintergrund die sinnliche Oberflächlichkeit der farbigen Erscheinung in die generelle Stimmung ihrer Naturanschauung, in den sittlichen Ernst der Haltung vertieften. Hierin liegt der Grund ihres tieferen Colorits, nicht in materiellen Gründen der Oelmalerei. Ihre Größe besteht darin, daß sie die Malerei in ihrem eigentlichsten Lebenselement, der Farbe, auf die höchste Stufe erhoben, indem sie einen Styl des vollendeten Colorits schufen. Insofern sie diesen auf die malerische, d. h. characteristische und individuelle Form, die bekleidete menschliche Gestalt anwandten, gelang es ihnen auch vollkommen, dieselbe auf den Gipfel der Kunst zu erheben. Auf diesem Weg schufen sie die ewigen Vorbilder der Portraitmalerei und eines großartigen Genre. Allein in Ansehung des Nackten reichte, selbst eine tizianische Venus nicht ausgenommen, auch der Ernst ihrer Haltung, die Noblesse ihrer Gestalten nicht hin, die gemalte Darstellung der Leibesschönheit auf die sittliche Höhe der Antike zu heben. Selbst in ihren Werken erlosch trotz aller Vollendung des malerischen Styls der sinnliche Funke nicht, welcher ein für allemal in der farbigen und individuellen Darstellung menschlicher Leibesschönheit fortglimmt."

So erwächst für die Malerei mit der Möglichkeit auch die Verpflichtung, von der isolirten Darstellung der einfachen Schönheit des Natürlichen abzusehen und sie zum Mittel für die Erscheinung eines geistigen, nicht blos seelischen Inhalts, eines gedankenhafteren Idealen zu verwenden. Sie nähert sich hierdurch dem Gebiete der Poesie und fordert auf, nun auch von diesem das ihrige abzugrenzen. Lessing hat dies zuerst mit dem wissenschaftlichen Sinn des Aesthetikers versucht, doch haben seine denkwürdigen Betrachtungen mehr hervorgehoben, worin die Poesie mit der Malerei nicht wetteifern darf, weniger gezeigt, welcher

Theil jener idealen Welt ausschließlich malerischer Besitz sei. Dies vielleicht in der Ueberzeugung, daß keine Gattung des Poe= tischen als Gattung von dem Gebiete der Malerei ausgeschlossen sei, für jede aber sich eine formell eigenthümliche Darstellungsweise aus der Natur und den Unterschieden beider Künste entwickle.

Die Malerei bilde Körper mit ihren Eigenschaften ab; Handlungen nur durch künftige oder vergangene Veränderungen, die sie aus der gegenwärtig dargestellten Form und Stellung ihrer Gestalten errathen lasse; die Poesie schildere unmittelbar das Werden und Geschehen, die Handlung; Dinge aber nur andeutungsweise durch Handlungen. Dieser letzte Satz drückt nicht ganz genau den richtigen Gedanken aus, dessen Consequenzen Lessing so vortrefflich zog. Die Poesie, Worte der Sprache be· nutzend, setzt voraus, daß die Nennung jedes Namens die Vor= stellung des bezeichneten Gegenstands so erwecke, wie sie in un= serer Erinnerung überhaupt mit ihm verknüpft ist, nämlich deut= lich genug, um den Gegenstand von andern zu unterscheiden, aber keineswegs in allen Einzelheiten ihres Inhalts so bestimmt, daß sie unserer Phantasie nur ein individuelles Bild und nicht die Wahl zwischen vielen verstattete. Denn Sprache bezeichnet nur das Allgemeine der Dinge und ihr Schema; das Indivi= duelle leistet nur die Anschauung. Mit solcher Andeutung des Bezeichneten kann sich nun die Poesie häufig begnügen, denn Sinn und Bedeutung des Geschehens und der innern Zusammen= hänge, die sie mit Vorliebe darstellt, verlieren gewöhnlich nicht zu viel durch die blos schematische Angabe der Beziehungspunkte, zwischen denen sie stattfinden. Wo dagegen die Schilderung der Dinge selbst von Werth für sie ist, beginnen ihre Schwierig= keiten. Will sie den Gang der Handlung nicht aufhalten, so kann sie aus der Menge unbestimmt gelassener Merkmale, die in dem allgemeinen Namen des Dinges liegen, nur sehr wenige ausdrücklich hervorheben, auf deren rasche Einzeichnung in das vorgestellte Schema desselben sie rechnen kann. Und dies ist Les·

fings Gesetz von der Sparsamkeit der malenden Prädicate in der Poesie. Für Ein Ding habe gewöhnlich Homer nur Einen Zug: das schwarze Schiff, oder das hohle oder das schnelle Schiff, höchstens das wohlberuderte schwarze Schiff; weiter gehe er in die Schilderung nicht ein. Wo dagegen Motive zu ausführlicher Beschreibung sind, verwandle der wahre Dichter die bloße Zuzählung von Eigenschaften in die Darstellung einer Reihenfolge von Handlungen, durch die sie vor unserm Auge entstehen.

Ueber Grund und Wirksamkeit dieser vortrefflichen Regel kann noch Zweifel sein. Wenn nicht des Helden Kleidung geschildert wird, sondern er selbst, wie er sie stückweis anlegt, warum wird dann das gewünschte Bild deutlicher? warum die Verknüpfung des Mannigfachen leichter, obgleich dessen hier mehr ist, als in der bloßen Aufzählung der Eigenschaften liegen würde? Darauf möchte ich zuerst antworten, daß zwar hier, aber nicht in allen scheinbar ähnlichen Fällen dieser Erfolg erreicht, vielleicht nicht einmal gesucht wird. Wenn Homer auch den Schild des Achill durch Hephästos Schmiedekunst vor uns entstehen läßt, so bildet sich doch keine andere Gesammtvorstellung, als die eines reichgeschmückten Werkes überhaupt; die einzelnen Bilder werden klar; daß es ihre Anordnung nicht wird, beweisen die Meinungsverschiedenheiten über die richtige Nachzeichnung derselben. Dennoch ziehen wir mit Lessing Homers Darstellung der Virgilischen Nachahmung vor, die am Schild des Aeneas die fertigen Theile nach einander aufzählt. Aber den Faden der Handlung, durch den Homer ihre Erwähnung verknüpft, möchte ich einestheils unabhängig von weitern Kunstzwecken aus der Vorliebe erklären, mit der überhaupt der epische Dichter nicht Dinge, sondern die Art malen will, wie Menschen mit ihnen umgehen; sein Interesse hört auf, wo Niemand ist, der handelt. Anderntheils aber würde selbst der Dienst, den diese Aneinanderreihung von Handlungen als technischer Kunstgriff dem Beschreiben leistet, mittelbar auf denselben Gesichtspunkt zurückzuführen sein.

Denn deutliche Beschreibung ist eine Anweisung, Vorstellungen in bestimmter Reihenfolge zu verknüpfen, die zuerst, die
den Umriß des Ganzen oder den ersten Ansatzpunkt der folgenden bilden, dann die andern, wie jede durch eine angebbare Operation des Construirens in unzweideutiger Richtung an die
früheren anzuschließen ist. Es sind also immer auch hier verschiedene, in bestimmte Reihe gestellte Handlungen, durch welche
die Beschreibung zum Ziel führt, aber Handlungen der räumlichen Construction, die unsere Phantasie an dem Bilde des
Gegenstands ausführen soll, nicht solche, die am Gegenstande
selbst vorgehen oder an ihm vollzogen werden. Dies Verfahren
genügt der Geometrie, nicht der Poesie. Denn zuerst sind die
Formen der wirklichen Gegenstände zu verwickelt, um uns auf
diesem Wege zum Ziele kommen zu lassen; pflegt doch selbst eine
geometrische Construction erst deutlich zu werden, wenn man die
anbefohlenen Operationen eine nach der andern durch wirkliche
Zeichnung fixirt. Wir kürzen beträchtlich ab, wenn wir an die
Stelle der bloßen Denkhandlungen, durch welche das Bild der
Sache entstände, die wirklichen Thätigkeiten setzen, aus denen
seine eigne Gestalt in der That entspringt. Wenn Achill seine
Lanze schwingt, so gibt dies einzige Zeitwort die klarste Anschauung einer Bewegungsform, die wir mit unendlicher Mühe
kaum deutlich machen würden, wenn wir unserer Phantasie zu-
mutheten, erst gewisse Lagen der Lanze einzeln zu construiren,
und sie dann in das Bild einer veränderlichen Gesammtbeweg-
ung zu vereinigen. Dasselbe leistet jeder andere Name eines
wirklichen Thuns und Leidens, dasselbe noch mehr eine Reihenfolge vieler. Wir wissen aus Erfahrung, in welcher Weise bestimmte Thätigkeiten bestimmte Objecte gestalten und umgestalten,
und bezeichnen deshalb durch die Handlung den herauskommenden Erfolg viel kürzer und mit viel mehr prägnanten Nebenzügen, als durch directe geometrische Beschreibung. Diese Deutlichkeit wird durch einen zweiten Umstand unterstützt. Beschreib-

ung des Fertigen kann von jedem Punkt aus und nach beliebiger Richtung fortgehn; selten findet sich in ihm ein Bestandtheil, der noch objectiv vor den andern den Vorzug eines natürlichen Anfangspunktes hätte. Anders, wenn wir die bloße Angabe des vorhandenen Thatbestandes durch eine genetische Definition ersetzen; indem wir den Gegenstand entstehen lassen, verknüpfen sich seine Merkmale in dieser durch einsehbare sachliche
Gründe bedingten Reihenfolge deutlicher und fester; ganz wie
auch das judiciöse Memoriren, nach dem Ausdrucke der Psychologie, hierin dem blos mechanischen überlegen ist, oder wie man
leicht eine Melodie, sehr schwer eine Reihe einander leiterfremder
Töne behält. Zu diesem technischen Vortheil der von Lessing
empfohlenen Beschreibung durch Handlungen kommt noch ein
künstlerischer Grund ihrer Bevorzugung. Poesie ist nicht Abbildung der Dinge, sondern Offenbarung ihres Werthes und des
Glückes, das sie in sich selbst empfinden oder empfindenden Wesen
verschaffen. Deswegen läßt schon die gewöhnliche Rede die
Theile der Landschaft selbsthandelnd erscheinen; der Fels strebt
empor, das Thal lehnt sich an ihn, der Himmel wölbt sich
darüber; lauter Ausdrücke von nicht blos graphischer Bedeutung;
sie dichten alle in das Unlebendige den Genuß des Gemeingefühls
hinein, das die von ihnen bezeichneten Thätigkeiten dem Lebendigen gewähren. Und eben deswegen läßt Homer den Agamemnon die Kleidung Stück für Stück anthun: „das weiche
Unterkleid, den großen Mantel, die schönen Halbstiefeln, den
Degen;" jedem Stück und jeder Bewegung, durch die es angelegt wird, fühlen wir das kleine Element des sinnlichen Genusses
nach, das durch seine Berührung mit dem Körper dem Gemeingefühl zuwächst, und das am lebhaftesten ist im ersten Augenblick seiner Entstehung. Dies alles ginge verloren, wenn Homer
von allen diesen Stücken sagte: Agamemnon hatte sie an.

Was aber aus dem eben erwähnten Unterschied der Poesie
und der Malerei für die letztere folgt, hat Lessing wenig ent-

wickelt. Es ist nicht ganz zutreffend, die zeitliche Aufeinanderfolge, d u r ch welche die Poesie nachbildet, der Gleichzeitigkeit
des malerisch Dargestellten entgegenzusetzen. Die Poesie muß ja
darauf rechnen, daß die Vorstellungen, welche sie nach einander
freilich weckt, doch in der nachsinnenden und nachgenießenden
Erinnerung in einer Art von Gleichzeitigkeit überblickt werden
können, die ein beziehendes Hin= und Hergehen der Gedanken
zwischen ihnen nach willkürlichen Richtungen gestattet. Nur so
ist ja das Ganze eines poetischen Werks genießbar, dessen einzelne
Theile uns beim Lesen oder Anhören successiv zugezählt werden.
Wenn nun der poetische Eindruck dennoch häufig ganz und gar
von der Wortstellung abhängig scheint, so beweist dies nur, daß
durch die Ordnung dieser ersten successiven Erregung der Gedanken eine gewisse ästhetische und unzeitliche Form ihrer wechselseitigen Abhängigkeit von einander, eine Werthabstufung ihres
Gewichts festgestellt ist, welche immer dieselbe bleibt, auch wenn
die successiv hervorgerufenen Eindrücke von der Erinnerung
später in ganz anderer Reihenfolge wieder durchlaufen werden.
Die Poesie will uns also nicht sowohl successive Anschauungen,
sondern eine Anschauung des Successiven bringen, und bedient
sich der ersteren nur, um den Augepunkt fest zu bestimmen, aus
welchem die innere Gliederung des letztern am Vortheilhaftesten
zu betrachten ist. Die Malerei anderseits stellt zwar das Mannigfache zugleich dar, aber sie kann doch nicht machen, daß wir
es zugleich wahrnehmen. Auch sie kann doch nur durch die
räumliche Gruppirung ihres Mannigfachen und durch die Abstufung der Beleuchtung die bleibende innere Systematik ihres
Gegenstandes, den relativen Werth, die Ueber= und Unterordnung
der Theile feststellen, muß aber dem wandernden Blicke erlauben,
willkürlich die Ordnung zu wechseln, in welcher er sich dieser
Gliederung erinnern will. Es ist Analogie in diesem Verfahren
beider Künste, aber allerdings ein bleibender Unterschied: durch
die Reihenfolge ihrer wirklich successiven Eindrücke sucht die

Poesie eine objective Gliederung des Successiven vorzuschreiben; die Malerei wendet ihre wirklich gleichzeitigen Eindrucksmittel zu successiven Eindrucksreihen so an, daß sie die Gliederung eines durch diese zu erfassenden gleichzeitigen Mannigfachen feststellt.

Es folgen hieraus manche kleine Kunstregeln, deren Andeutung genügt. Nicht weil die Poesie durch Successives malt, sondern weil sie eine Reihenfolge im Inhalt darstellen will, kann sie vorübergehend Einzelheiten hoch betonen, die von selbst sich später dem Ganzen des Eindrucks unterordnen. So konnte, wie Lessing bemerkt, Virgil die Köpfe der Schlangen weit über das Haupt des Laokoon emporschießen lassen, aber nicht der Bildhauer und der Maler. Und so noch manches, was sich auf die Wahl des günstigen Augenblicks der malerischen Darstellung bezieht. Auch das Häßliche, das Widerwärtige und Ekelhafte glaubte Lessing in der Poesie darum nicht ganz unzulässig, weil sie rasch darüber hingehen kann; die Malerei dagegen müsse es meiden, weil es in breiter wirklicher Darstellung unerträglich werde. Rumohr tadelt spöttisch diese Bemerkung als Beweis künstlerischer Unkenntniß; ein Blick auf holländische Genrebilder zeige, wie grade die Malerei dem Gemeinen und Widerwärtigen eine gewisse untergeordnete Schönheit gebe, während es in blos redender Darstellung durchaus gemein bleibe. Weder die eine noch die andere Ansicht läßt sich aber allgemein festhalten. Das Wahre liegt in dem was Lessing bemerkte: die Poesie schildert allerdings zunächst Geschehen und Handlung; die Subjecte aber und die Nebenbedingungen und Umstände dieses Handelns und Geschehens erwähnt sie nothgedrungen mit Kargheit; sie hebt an jedem Dinge und jeder lebendigen Gestalt immer nur die speciellen Züge hervor, welche für das Verständniß des Moments und des inneren Zusammenhangs ganz unentbehrlich, aber sehr sparsam und höchst unvollständig die andern, die zwar entbehrlich sind, aber sehr hülfreich sein würden, um das allseitige Verwachsensein des Handelnden in diese Umstände und das eigenthümliche Colorit zu bezeichnen, das um deswillen auch auf die Handlung fällt. Diese ganze Breite steht der Malerei zu Gebot, die ganze vielstimmige Harmonie, welche den melodiösen Fortschritt des Geschehens in jedem gewählten Augenblick erst vollständig lebendig macht, dafür aber freilich auf diesen Augenblick und auf die Erinnerungen und Erwartungen beschränkt ist, die er unmittelbar anregt. Hierauf beruht ja alles Bedürfniß malerischer Illustration erzählter Ereignisse. Und nun ist leicht zu sehn, daß in Bezug auf Gemeines und Widriges Alles auf den vernünftigen Gebrauch der beiderseitigen Kunstmittel ankommt. Dieselben Trivialitäten, die in der Poesie in der That höchst trivial bleiben, können noch immer erträgliche Gegenstände der Malerei sein; sie werden hier veredelt durch Hinzufügung aller der menschlichen Eigenschaften, ohne die auch der gemeine Character doch nicht bestehen kann, die aber alle von der Poesie übergangen werden. Unter verständigen Händen erscheinen daher meistens satirisch gezeichnete und komische Figuren der Poesie nobler im Bilde, als wir sie nach der Darstellung des Dichters erwarteten, die Situationen edler, da sie doch immer in derselben Welt vorkommen, die auch das Schöne enthält, während das unvorsichtige Dichtwerk wenigstens uns diese Zugehörigkeit leicht verdeckt und das Gemeine auch überhaupt in einer gemeineren Welt geschehen zu lassen scheint. Dies meinte Ruhmor, und mit Recht; aber es bedarf keines Wortes, um auch Lessing sein Recht zu geben; die Malerei selbst hat dafür durch zahlreiche breite Darstellungen des Widrigen und Gräßlichen gesorgt, über dessen Abschreckendes nur die Poesie leicht hingleiten könnte.

Um diese Breite und Allseitigkeit der Erscheinung des Geistes und seiner Handlungen im Sinnlichen lassen sich alle die übrigen Unterschiede gruppiren, die man sonst zwischen Malerei und Poesie gefunden hat. Ich bin weitläuftig über diese Grenzbestimmungen gewesen, weil der ästhetischen Theorie alle die kleinen Betrachtungen von besonderem Werth sein müssen, in

welchen es gelingt, den Eindruck der Kunstwerke auf die einfachsten und klarsten Verhältnisse zurückzuführen. Nur in unbe-
trächtlichem Maße ist dies überhaupt bisher möglich. Auch die
Naturwissenschaft beherrscht ja nur wenige Theile ihres Gebietes so erfreulich, daß sie die Erscheinungen auf ihre letzten
zusammensetzenden Elemente und Bedingungen zurückführen kann;
schon wo wir von Elasticität sprechen und auf sie Anderes gründen, benutzen wir als Erklärungsmittel ein Verhalten, dessen
völliges Verständniß selbst noch der Schwierigkeiten genug begegnen würde; der Arzt aber, der mit Besorgniß dem Verlauf
einer Krankheit wegen des ungünstigen Standes der Kräfte ent-
gegensieht, würde in Verlegenheit sein zu sagen, an welchen
Elementen des Körpers diese Kräfte haften, nach welchen Gesetzen sie wirken und wie sie der Krankheit sich entgegenstemmen
könnten. Niemand behauptet deswegen, daß alle diese Worte
leere Worte sind; sie bezeichnen freilich nicht vollkommen einfache
Elemente des Geschehens, aus denen dieses selbst auf exacte Weise
begreiflich würde, aber sie fassen doch gewisse Gewohnheiten
des Geschehens zusammen, deren Vorkommen die Erfahrung verbürgt, und die man zur Grundlage weiterer Ueberlegungen
nehmen muß, wo die Verwicklung der Sache endgültige Zergliederung in das Einfache nicht möglich macht. Der complicirte
Eindruck zusammengesetzter Kunstwerke bringt uns immer in
diesen Fall. Um uns über ihn Rechenschaft zu geben, müssen
wir Standpunkte benutzen, zu deren bloßer Bezeichnung schon
verlangt wird, daß diejenigen, welche einander verständigen
wollen, über eine Menge undefinirbarer Voraussetzungen stillschweigend einig sind. Sie sind es in der Regel nicht, und
das gewöhnliche Schicksal von Unterhaltungen über die Anforderungen, die der Geist einer bestimmten Kunst erhebt, besteht
darin, daß über jeden einzelnen Begriff und jeden Gesichtspunkt,
der zur Beweisführung herangezogen wird, sich endlos nach rückwärts Meinungsverschiedenheiten erheben. Sie pflegen zuletzt

durch ein Compromiß beschwichtigt zu werden, und den Streitenden bleibt das deutliche Bewußtsein, zwar vielleicht über den
Eindruck eines einzelnen Kunstwerks sich in Uebereinstimmung
zu befinden, über die allgemeinen Principien aber einander un-
verständlich oder unverstanden geblieben zu sein.

Ich mache diese Bemerkung erst hier, obgleich sie von aller
Kunst gilt, weil doch ähnliches Staubes nirgends so viel als
über Malerei aufgerührt worden ist. Und doch nicht Staubes
allein; im Gegentheil ist anzuerkennen, daß unsere überaus reichhaltige Kunstkritik des Schönen, Vortrefflichen und tief Anregen-
den sehr viel besitzt. Nicht einmal durchaus möchten wir sie
formell anders wünschen als sie ist; denn Genuß der Kunst und
Nachdenken über ihn muß ein Stück Leben bleiben, und das
kunstkritische Urtheil verlöre an Interesse, wenn es in der Weise
eines mathematischen Satzes sich beweisen lernen und hersagen
ließe, und wenn man ihm nicht das Ringen nach Klarheit ansähe, durch welches die eigenste Natur der Persönlichkeit den
ganzen Gehalt der dargebotenen Anschauung eben sich zu eigen
machen möchte. Indessen bleibt doch wahr, daß überall, wo „die
Auffassungen" beginnen, die Wissenschaft vorläufig aufgehört hat,
und die Geschichte der Aesthetik kann aus einem Chaos einander
mißverstehender Meinungen nur einige leidlich sichergestellte
Brücken zum Einverständniß hervorheben.

Auf sehr anschauliche Weise führen uns in den Streit der
Ansichten die Eingangskapitel zu C. F. v. Rumohrs italiänischen Forschungen (Berlin 1827), so anschaulich, daß selbst auf
die Darstellung des geistreichen Kunstkenners etwas von der Undeutlichkeit seines Objects übergeht. Die erste Frage, die auch
uns die erste sein mag: ob die bildende Kunst die Natur nach-
ahmen oder idealisiren soll, beantwortet er mit Entschiedenheit
dahin, der Künstler solle von dem titanischen Vorhaben abstehen,
die Naturformen zu verherrlichen und zu verklären; die Natur
bilde das Schöne in einer Herrlichkeit, welche die Kunst nie er-

reichen könne. Aber freilich sie bilde es nicht überall; sie biete ganzen Völkern nur ihre Kehrseite dar; diese müssen sich bemühen, sie auch von Antlitz kennen zu lernen; ebenso sei es thöricht, von der Natur zu verlangen, daß sie jedesmal genau diejenige Schönheit verwirkliche, die der Künstler zum Ausdruck einer bestimmten Intention verlangt. Was bleibt also übrig, als daß er doch idealisire? denn unmöglich kann er darauf beschränkt werden, nur die schönen Formen zu porträtiren, die er findet, und nur die Situationen zu malen, für welche die Natur ihm die zupassenden ausdrucksvollen Formen liefert. Ohnehin, schon indem er auswählt, und eine Form als schöne der andern als unschöner vorzieht, idealisirt er doch und mißt beide an jener berühmt gewordenen „Idee in seiner Einbildungskraft", deren Bedeutung bei Raphael Rumohr nicht überzeugend hinwegzubisputiren sucht. Es bleibt also doch von dieser Ueberlegung als Resultat nur die Mahnung zur Bescheidenheit gegen die Natur; sie offenbart allerdings alles Schöne zuerst, und wo sie es thut, am vollkommensten; aber der idealisirende Trieb kann nicht Unrecht haben, wenn er die eine Gestalt, welche ihm die Natur darbietet, nach der Regel, die ihm dieselbe Natur in unzähligen anderen als Regel ihres eignen Bildens kennen gelehrt hat, ausdrücklicher seinem besonderen Zwecke gemäß gestaltet. Vorüber sind jedenfalls wohl die Zeiten, gegen deren Vorurtheil Rumohr kämpft: man idealisirt nicht, um „die Natur" zu verschönern, sondern um eine Form, in der ein beizubehaltender interessanter Character sich theilweis zum Nachtheil der Harmonie entwickelt hat, eben auf diese Forderungen der Natur und die nur aus ihr bekannten Gesetze der höchsten Schönheit zurückzuführen.

Im Ganzen aber verliert dieser untergeordnete Zwiespalt eine wesentlichere Frage aus den Augen. Was wollen oder was sollen die wollen, welche von der Kunst Nachahmung der Natur wollen? Verdopplung der Natur? oder Nachahmung in der Absicht, daß sie Nachahmung bleibe, und dadurch auf der andern

Seite etwas gewinne, während sie auf der einen einbüße? Da
die Malerei Gegenstände nicht verdoppeln kann, so wird auch
ihre Absicht nur die zweite sein. Göthe hat bei Gelegenheit
einer Zuschauermenge, die in den Logen eines deutschen Theaters
gemalt worden war, sich über diese Dinge vortrefflicher geäußert, als die schwerlich löbliche Veranlassung werth war.
(Ueber Wahrheit und Wahrscheinlichkeit der Kunstwerke. W.W.
1840. Bd. 30.) Er unterscheidet Kunstwahres vom Naturwahren
völlig; nur dem ganz ungebildeten Zuschauer könne ein Kunstwerk als Naturerzeugniß gelten; der Sperling, der die gemalten
Weintrauben anpicke, beweise nicht die Vortrefflichkeit der Malerei, sondern seine Spatzennatur, so wie der Affe die seinige,
als er die abgebildeten Käfer einer Naturgeschichte fraß. So
verlange der ungebildete Liebhaber Natürlichkeit des Kunstwerks,
um es nur auch auf natürliche, oft rohe und gemeine Weise genießen zu können. Der gebildete verlange nur Illusion und
Schein der Wahrheit, der ausdrücklich der Wahrheit selbst gegenüber Schein bleibt.

Aber über das positive Gut, das nun hierin liegt, ist Göthe
nicht ausführlich. Ich hebe seine Worte, das Kunstwerk sei ein
Werk des menschlichen Geistes, ausdrücklicher als sie von ihm
geäußert sind, zum Ausgangspunkt des Weiteren hervor. Denn
sie führen auf den Begriff der Nachahmung zurück, den wir
hier zu bedenken haben. Dieser Begriff soll sich von dem einer
substantiellen Wiederholung des Gegenstandes unterscheiden; er
kann es nicht dadurch, daß dem Nachbild blos ein Bestandtheil
des Vorbilds fehlt, sondern nur so, daß das Wesen des Gegenstandes oder doch das, was für einen bestimmten Zweck der Betrachtung als Wesen desselben gelten soll, durch andere Mittel
vorgestellt wird als die sind, welche die Wirklichkeit zu seiner
Herstellung anwendet. Hierin liegt nun allerdings ein erster
und sehr mächtiger, obwohl gewiß nicht der höchste Reiz malerischer Reproduction. Was uns im Leben nur durch seinen

Eindruck überwältigt, dem ist der Geist jetzt hinter das Wesentliche seiner Natur gekommen und erzeugt es nun als seine
eigne Schöpfung wieder; der Genuß aber, den wir davon haben,
ist nicht nur der Triumph des subjectiven Könnens, sondern
schließt die Voraussetzung eines völligen Verständnisses der Ziele,
der Mittel und der Ergebnisse ein, welche die Natur selbst hatte,
anwandte und erreichte, sie alle aber auf jene Allgemeinheit gebracht, deren Kenntniß eben erlaubt, durch ein anderes Beispiel
desselben Allgemeinen, nämlich durch eine ganz anders geartete
Technik, den Schein der Naturwahrheit zu erreichen. Mit einem
Wort: jede Naturnachahmung erinnert uns an die merkwürdige
obgleich selbstverständlich scheinende Thatsache, daß es von
Dingen Bilder geben kann, daß nicht nur das Gleiche sich
durch Gleiches wiederholen, sondern Jegliches sich vermöge des
Füreinanderpassens aller Dinge und Wirkungen auch durch ganz
Verschiedenes ähnlich darstellen läßt. Man muß, um dies hinlänglich zu würdigen, nicht sogleich das voll ausgeführte Gemälde,
sondern zuerst die Umrißzeichnung betrachten, oder den Kupfer-
stich. Durch welche von den natürlichen so ganz abweichende
Mittel, durch Vertheilung von einzelnen Punkten, durch schraf-
firende Linien, denen gar Nichts am Gegenstand unmittelbar
entspricht, bringen doch diese Kunstleistungen eine der seinigen
vollkommen ähnliche Erscheinung hervor! Man begreift die
Freude dessen, der sich dies gelingen sieht; sie hat ein ganz ästhetisches Recht, denn sie beruht auf jener überall ausgegoßnen
wechselseitigen Commensurabilität des Weltinhalts, die allerdings
Grund aller Schönheit ist; diese Freude theilt sich dem Beobachter mit; ja indem er den Gegenstand aus dem Geiste reproducirt sieht und sich angeregt fühlt, den Mitteln nachzuspüren,
durch die dies möglich war, verfolgt er die kleinen Zusammenhänge der Theile in der Regel an dem Abbild mit mehr Interesse und Verständniß als an dem Urbild selbst.

　　Bleiben wir noch einen Augenblick bei dieser Verschiedenheit

der Mittel stehen, durch welche sich Nachahmung von Wieder=
holung unterscheidet, so finden wir leicht, daß in der Malerei
auch die Auffassung des Gegebenen und das Verfahren zu seiner
Wiedergabe in noch viel wesentlicherem Sinne als in andern
Künsten zu den ästhetischen Prädicaten der Kunstleistung selbst
gehört. Man unterscheidet allerdings auch die Plastik Michelan=
gelos oder Canovas von der des Alterthums, doch liegt hier die
Differenz mehr in dem was die Künstler wollten, als in der
Art ihrer Ausführung, denn die technischen Bedingungen der
Darstellung, die wirklich Oberflächen durch congruente Ober=
flächen wiedergibt, engen hier die Willkürlichkeit der Verfahrungs=
weisen beträchtlich ein. In der Malerei dagegen erwarten und
verlangen wir in viel ausgedehnterem Maße in dem Werke zu=
erst den Geist des Künstlers und durch ihn hindurch erst die
Natur des dargestellten Gegenstandes zu sehen, und nicht zufällig
und grundlos, obwohl leicht zur Einseitigkeit übertrieben, geht
die Freude des Kenners und Sammlers hauptsächlich aus der
erworbenen Geschicklichkeit mit hervor, in einem vorgelegten
Werke Auffassung und Hand eines bestimmten Meisters wieder
zu erkennen und von verwandten zu unterscheiden. An die Nach=
ahmung überhaupt knüpft sich daher das Interesse für die Art,
wie die Welt sich in verschiedenen Geistern verschieden spiegelt
und für die Mittel, durch welche diese ihrem eigenthümlichen
Eindruck einen gleich eigenthümlichen Ausdruck suchen. Wie das
Malerische selbst nicht in dem Allgemeinen der Gattung, sondern in
der geschichtlichen und empirischen Characteristik lag, so ist auch
die nachahmende Darstellung nicht durch die Allgemeingültigkeit,
in der sie ihren Gegenstand ähnlich wiederholt, sondern durch
die specifischen Methoden künstlerisch, durch welche sie diesen Er=
folg erringt. Doch um hierüber nicht Mißverständnisse zu ver=
anlassen, müssen wir auf die sich hier von selbst zudrängenden
Begriffe des Styls und der Manier noch einmal eingehen.

Beide Ausdrücke sind ursprünglich gleichbedeutend; sie be=

zeichneten wie Rumohr (a. a. O. I. S. 85) bemerkt, bei den Ita-
liänern durchaus nur die äußerlichen Vortheile in der Handhabung der Mittel; Winckelmann erst habe sie mit gewissen Richtungen des Geistes in Verbindung gebracht. Rumohr selbst nun
entscheidet sich, den Styl als ein zur Gewohnheit gediehenes sich
Fügen in die inneren Forderungen des Stoffes zu erklären, in
welchem der Künstler seine Gestalten bildet. Folgerecht gibt es
dann für jede Kunst nur einen rechtmäßigen, ihrem Material
angemessenen und von ihm abhängigen Styl. Der malerische,
schwerer zu definiren als der plastische, würde zuerst harmonisches Maß und Verhältniß in der Anordnung und Vertheilung
darstellender oder nur schmückender und füllender Formen verlangen; er würde dann, weil es Dinge gibt, deren Schein durch
malerische Mittel nur schwer, nicht ohne Stumpfheit oder Härte,
hervorzubringen ist, Einiges schärfer herauszuheben befehlen,
Anderes absichtlich zu mildern; ferner, da selbst die schönsten
Gemälde an Fülle und Deutlichkeit so sehr der Wirklichkeit nach-
stehen, daß sie nur innerhalb ihrer selbst für wahr oder scheinbar wirklich gelten können, so würde der Künstler durch eine
gewisse Gleichmäßigkeit in der Ausführung des Gemäldes die
Aufmerksamkeit des Beschauers so zu begrenzen haben, daß er,
auch wollend, kaum im Stande wäre, irgend einen Theil des
Kunstwerks für sich allein der Vergleichung mit anderen außer
dem Bilde befindlichen Gegenständen zu unterwerfen; zuletzt
dürfte es nicht minder dem malerischen Style beigezählt werden,
wenn Künstler solches, was sie nicht eigentlich darzustellen be-
zwecken, vielmehr nur als ein Beiwerk betrachtet sehen möchten,
durch etwas willkürlichere Gestaltung dem geistigen Sinne genügend andeuteten, ohne doch den äußern Sinn zu verletzen.

Man bemerkt leicht, daß diese gewiß sehr richtigen Kunst-
forderungen Rumohrs der Reihe nach immer unbestimmtere
Aufgaben stellen. Für die wohlgefällige Füllung eines Raums
mag es noch einige allgemeingültige Gesetze der Gruppirung

geben, für die ausgleichende Accentuirung des sinnlich schwer
Darstellbaren schon weniger feststehende Kunstgriffe; wie aber
der Künstler die so wohlthätige Gleichförmigkeit der Haltung,
auf der alle ästhetische Wahrscheinlichkeit beruht, hervorbringen
will, endlich gar, was ihm als Beiwerk gilt und was er zur
hauptsächlichen Darstellung hervorhebt, das ist doch durch keine
allgemeine Stylregel zu bestimmen, die der ganzen Kunst überhaupt gälte. Vielmehr eben weil die Malerei diese beiden letzten
Anforderungen stellen und auf ihre Erfüllung dringen muß, so
muß auch der allgemeine malerische Styl sich in besondere Style
der Schulen oder der Meister gliedern, welche, um kurz zu reden,
zu dem Gesetz die Ausführungsverordnungen liefern.

Man könnte einwerfen: es genüge, wenn in jedem einzelnen
Werk die allgemeinen Stylforderungen auf irgend eine der Anschauung zusagende Weise befriedigt seien, auch wenn keine Analogie derselben in irgend einem zweiten Werke wieder erscheine;
das eben sei tadelhafte Manier, wenn der Künstler für verschiedene Darstellungen dieselbe Verfahrungsweise verwende; die
Style der verschiedenen Schulen habe man gleichfalls nicht als
Kunstnothwendigkeiten, sondern als geschichtliche Thatsachen, obgleich oft als löbliche Ausnützungen anzuerkennender Schönheits-
elemente zu betrachten. Hiervon kann ich mich nicht überzeugen.
Dies scheint mir von der Kunst so geredet, als könnte sie mit
ihren Werken in einem leeren Raum außer der wirklichen Welt
bestehen und dort auch ästhetisch urtheilende Zuschauer finden;
aber sie ist vielmehr eine Erscheinung im Geistesleben der
Menschheit und man kann sie gar nicht abgesondert von den
Ansprüchen betrachten, welche das menschliche Gemüth an ihre
Leistungen macht. Nun glaube ich mit der Behauptung nicht zu
irren, daß das in seiner Art Einzige uns niemals befriedigt.
Oder ich sollte vielmehr nicht das in seiner Art Einzige nennen,
denn dies hat ja eben noch seine Art, deren Beispiel es ist,
obwohl ihr vorzüglichstes, sondern von dem wollte ich sprechen,

was ohne Art, in die es gehört, beispiellos also, wenn gleich
nicht im Sinne des Uebergroßen, sondern nur in dem des ganz
Individuellen, in der Welt existirt. Was uns befriedigen soll,
das mag die andern Beispiele übertreffen, die seine Verwandten
sind, aber haben muß es eine höhere Art, deren Beispiel es
selbst ist, wenn es nicht als bloßer Zufall ohne eigentliches
Bürgerrecht in der Welt auftreten soll. Ich kann hier nicht
ausführen, wie weit sich dieses Gefühl in aller unserer Schätzung der Dinge und der Verhältnisse gelten macht; ich behaupte
nur seine Gültigkeit auch für die Beurtheilung der malerischen
Werke. Ohne Zweifel gefällt ein einzelnes Gemälde auch einzeln,
wenn es auf irgend eine Art jene allgemeinsten Anforderungen
erfüllt; würden wir dann in der Kunstwelt an unzähligen anderen vorübergeführt, die denselben Forderungen in ganz anderer
und nicht analoger Weise genügten, so würde zwar jedes einzelne
der Reihe nach gefallen, aber es scheint mir, daß unsere Schätzung des Gesammtwerthes der ganzen Kunst dann empfindlich
herabgestimmt werden würde. Dagegen wächst die Befriedigung,
welche das einzelne Bild gewährt, unstreitig durch die Wahrnehmung, daß die eigenthümliche Art und Weise, mit der es den Forderungen seines Gegenstandes genügte, auch auf andere ihre
Anwendung erleidet, daß sie also eine allgemeine Geltung hat
und zu jenen vom menschlichen Geiste geschauten Wahrheiten gehört, die nicht als bloße Ergebnisse zufällig zusammentreffender
Bedingungen eine momentane und locale Wirklichkeit erlangen,
sondern als erzeugende und gesetzgebende Mächte von ewiger und
allgegenwärtiger Bedeutung sind. Deswegen meine ich, daß die
Malerei nicht nur Stylverschiedenheiten zuläßt, die man geschichtlich dulden muß, sondern daß jedes ihrer wahrhaften Kunstwerke
die allgemeinen Aufgaben in einer specifischen Weise lösen soll,
welche entweder an den verschiedenartigsten Vorwürfen den individuellen Geist des einen Meisters, oder an den Erzeugnissen
verschiedener Künstler eine besonders gefärbte, ihnen zur Natur

und zur Gewohnheit gewordene gleichmäßige Auffassungsweise
verrathe. Was hierdurch verlangt wird, könnte nur den ab=
stractesten Aesthetiker, nicht den Kunstkenner und Kunstfreund
befremden; praktisch überwiegt diesen beiden die Freude, die ihnen
der gemeinsame Geist einer Schule, oder die bleibende Eigen=
thümlichkeit eines Meisters erweckt, den Genuß des einzelnen
Werkes ohnehin so sehr, daß die Vorzüge jener die Mängel an
diesem nur zu oft verkennen lassen.

Eine solche Ueberzeugung macht eine schärfere Unterscheidung zwischen Styl und Manier wünschenswerth, nachdem der
zweite Name, obgleich nicht mit allgemeiner Uebereinstimmung,
dem Tadelhaften, der erste dem Berechtigten dieser Eigenthümlichkeit des malerischen Kunstverfahrens zugetheilt worden ist.
Indem ich auf Rumohr, auf Göthe (WW. 1840. 31. Bd.
S. 31), auf Weißes ausführliche Abhandlung (Kleine Schriften
zur Aesthetik 1867) mit nicht ganz vollständiger Befriedigung
über diesen Punkt verweise, suche ich eine früher angedeutete
Fixirung des Sprachgebrauchs hier weiter zu erläutern. Man
könnte Styl die Eigenthümlichkeit der Darstellung in Formgebung Gruppirung und Colorit nennen, welche alle verschiedenen
Gegenstände einem characteristischen Princip der Auffassung
unterwirft, das individuell und specifisch nur ist, sofern es andere gleich characteristische neben ihm gibt, das aber allgemeingültig ist, insofern es eine wirklich allgemein und überall vorkommende Verfahrungsweise der Natur, ein allgemeines Prädicat
der Dinge und der Ereignisse ist. Der Styl versetzt sich also
vorzugsweise in die eine der allgemeinen Mächte, die in der
That im Wirklichen sich begegnen, und betrachtet alle übrigen
Eigenschaften der Dinge nicht willkürlich, aber doch nur so, wie
ihre wahren Zusammenhänge untereinander grade für diesen
Standpunkt sich eigenthümlich projiciren. Manier dagegen
würden wir da suchen, wo irgend eine Einzelform, die als Er=
gebniß des Weltlaufs augenblickliche Existenz hat, den Sinn ge-

fangen nimmt, und ihrer Bedeutung entgegen als ein allgemeines
Schema, dem alle übrigen Formen sich fügen müßten, oder als
ein Standpunkt aufgefaßt wird, von dem uns überhaupt eine
Aussicht auf den universalen Zusammenhang der Wirklichkeit sich
eröffnen könnte. Diese abstracte Formulirung läßt sich durch
Beispiele anderer Art erläutern. Nachdem man lange in der
Naturbetrachtung nur den Zweckursachen nachgegangen war, darf
es ein neuer Styl der Untersuchung heißen, daß man jetzt die
mechanische Verknüpfung durch allgemeine Gesetze bedingter Vorgänge überall, selbst in dem Lebendigen aufsucht. Es war dagegen Manier, wenn man alle Erscheinungen der Natur und
ihrer Wirkungen auf Electricität, oder wenn man allen Chemismus im Thierkörper auf Oxydation oder Verbrennung zurückführt; die hervorragendste Entdeckung auf diesem Gebiet im
vorigen Jahrhundert hatte widerrechtlich über diesen einzelnen
Vorgang der Sauerstoffaufnahme die Mannigfaltigkeit der übrigen
chemischen Processe etwas vergessen lassen. Es ist dabei begreiflich, daß uns zu Bezeichnungen dessen, was wir malerischen
Styl nennen, nur sehr unbestimmte Namen der Strenge, Weichheit, Größe und Lieblichkeit zu Gebot stehen, denn arm ist die
Sprache natürlich für die Characteristik des Allgemeinen, das in
sehr verschiedenen Einzelheiten nur als empfindbare Gleichartigkeit der Intention auftritt. Für die Manier dagegen lassen sich
von dem holdseligen Lächeln der Frauenköpfe in der lombardischen
Schule bis zu Wouvermanns Schimmel leicht Beispiele finden,
denn sie zeigt sich in der unmittelbaren Gleichförmigkeit der
Einzelheiten, die man verschieden gewünscht hätte. Auch ist
sichtbar, daß nicht eben jeder Styl zu loben ist, weil er formell
in der That eine allgemein anwendbare Formgebung aller Dinge
ist; so wie poetisch eine trocken fatalistische Betrachtung des
ganzen Weltlaufs nicht zu ertragen ist, so wenig malerisch eine
unbillige Strenge und Düsterheit. Aber auch nicht jede Manier
ist zu tadeln; da sie in Reproduction einer überschätzten Singu-

larität besteht, so können wenigstens ihre einzelnen Werke erfreulich sein, da es ihnen freisteht, sich in einem Kreise der Erfindung zu bewegen, in welchem jene Einzelheit einen ihr sonst nicht
zukommenden Werth besitzt.

Ich weiß natürlich, daß auch diese Feststellungen dennoch
in sehr vielen Fällen zweifelhaft lassen werden, ob wir von
Styl oder von Manier sprechen sollen; allein dies ist eine
Schwierigkeit der Sache, und auf jedem Gebiete, dessen Einzelfälle sich ihrem Inhalt nach nicht durch logisches Zergliedern,
sondern nur durch eine instinctive Schätzung des Gefühls erschöpfen lassen, ist eben um so mehr Veranlassung, durch die
genauesten möglichen Begriffe wenigstens die klaren Gegensätze
selbst auseinanderzuhalten, zwischen denen das concrete Beispiel
unentschieden schwankt.

Suchen wir die denkbare Verschiedenheit löblicher und miß-
fälliger Style einigermaßen einzugrenzen, so können wir diejenigen, welche an das Technische sich anschließend in besonderer
Verwendungsweise der Darstellungsmittel hervortreten, von den
anderen trennen, die ein gewisses allgemeines Formprincip des
Gegenstandes bevorzugen, und diese endlich von jenen, die durch
den dargestellten idealen Inhalt sich auszeichnen. Die Unterschiede der ersten Art haben Göthe hauptsächlich angezogen.
(Der Sammler und die Seinigen. (WW. 1840. 30. Bd.) Er
contrastirt die Nachahmer, die er Punktirer nennen will, mit
den Skizzisten; jener ganze Freude sei eigentlich die Arbeit,
nicht die Nachahmung; und der Gegenstand ihnen der liebste, bei
dem sie die meisten Punkte und Striche anbringen können; diese
suchen mit Wenigem viel oder zu viel zu leisten, und voll Ima-
gination und Vorliebe für phantastische Stoffe sind sie meist
übertrieben im Ausdruck und erreichen nie das Ende der Kunst,
die Ausführung, während der Punktirer den wesentlichen Anfang der Kunst, die Erfindung, oft nicht gewahr werde. Ich
übergehe das Weitere, das mir nicht gleich deutlich und zu keinem

bestimmten Ziele zu führen scheint, und nur kurz deute ich das
Bekannte an, daß nicht nur individuelle Willkür, sondern auch
in Rumohrs Sinne die besondere Natur der gewählten Darstellungsmittel, der Freske, der Oelmalerei, des Holzschnitts und anderer zu Stylverschiedenheiten führt, die in mannigfachen Abstufungen zwischen diesen Extremen Göthes stehen.

Welches nun auch dieser Styl des künstlerischen Verfahrens
sei: dem Gegenstande der Darstellung kann die Kunst ein eigenthümliches Formprincip nur dann unterlegen, wenn sie es entweder in dem Bereiche des Darzustellenden von Natur herrschend
findet, oder wenn sie das Bedürfniß fühlt, eine besondere Art
geistiger Stimmung, Gesinnung oder Regsamkeit als das allgemeine
und gleichförmige Element zu bezeichnen, innerhalb dessen das
Darzustellende erst vollständig verständlich wird. Die Kunst
würde jedoch immer irren, wenn sie diesen specifischen Ton des
geistigen Naturells, welcher der besondern Handlung zu Grunde
liegt, durch Körperformen symbolisiren wollte, die sich irgend wie
von den Grenzen des physisch Wahren entfernen. Auch hat sie
keine Veranlassung hierzu. Natur und Geschichte bedienen sich
zur Hervorbringung ihrer verschiedenen Zwecke nicht verschiedener
Menschengeschlechter mit wesentlichen Abweichungen ihres Baues;
aber beide geben innerhalb der allgemeinen Bildung der Gattung den Nationen und Zeitaltern so mannigfach characteristisches
Gepräge, daß die Kunst zur Darstellung jeder Schattirung des
geistigen Lebens, die selbst lebensfähig und nicht ein müßiges
Hirngespinst ist, die ausdrucksvollen Vorbilder in der Wirklichkeit
antrifft. Sie kann auch hier nur idealisiren, indem sie zwischen
dem Gegebenen wählt und das Zerstreute zu Verbindungen von
gleichförmiger Haltung sammelt, und eben wenn sie als ihre
Aufgabe ansieht, das Geistige in der Erscheinung sichtbar zu
machen, raubt sie sich selbst durch Erfindung von unwirklichen
Formen den Schein der Wahrheit, auf den sie doch ausgeht.
Aber auch diese Unklarheiten gehören wohl überwundenen Stand-

punkten an, und der gesunde Realismus, der auch für das Höchste
nicht unmögliche, sondern mögliche, lebenskräftige und glaubhafte
Gestalten sucht, ist nicht minder das Dogma der gegenwärtigen
Theorie als das Ziel der Praxis. Wenn hierüber noch geirrt
wird, so liegt dazu der Grund in den zwiespältigen Ansichten
über den letzten Kunstzweck, den die Malerei sich setzen müsse,
und dies führt uns noch auf die verschiedenen Gebiete, die sich
gegeneinander durch die Wahl ihrer Stoffe und die mit dieser
verbundenen Intentionen abgrenzen.

Die ersten Regungen des nachbildenden Triebes sind auf
kurze Bezeichnungen des Thatsächlichen einer Handlung und des
Characteristischen einer Gestalt gerichtet. Man erinnert sich der
kindlichen Freude, mit Einem Linienzuge den Soldaten sammt
Bajonett und Schilderhaus kenntlich zu machen; dieselbe Fähigkeit, mit Abstraction von unzähligen Einzelheiten durch bloße
Verbindung einzelner Punkte und Umrisse den wesentlichen Sinn
einer Bewegung oder Handlung scharf zu bezeichnen, kehrt in
den Zeichenversuchen der Jugend wie in den hieroglyphischen
Darstellungen des Alterthums wieder. Die lebendigen Gestalten,
ohne Proportion, ohne Fülle und Detail, dienen nur als Substrate, an denen der eigenthümliche Schwung einer bestimmten
Bewegung zur Erscheinung gebracht wird. So überwiegt im
Anfang das Interesse an dem Geschehen und an der That gänzlich das andere an dem beständigen Sein und dem Character
der handelnden und leitenden Subjecte, und diesen Trieb nach
Illustrationen müssen wir auf das Bedürfniß zurückführen, demjenigen, was durch Rede und Erzählung überliefert immer als
Vergangenes, ja vielleicht nie wirklich Gewesenes erscheint, durch
diese anschauliche Darstellung gewissermaßen seinen unbestreitbaren
Platz in der Wirklichkeit zu sichern. Von der bloßen Darstellung des Geschehens sehen wir dann den nächsten Schritt zu der
des Affectes gemacht, von dem es ausgeht oder den es erweckt,
und noch sehr unvollkommne Perioden der Kunst wissen zuweilen

durch physisch völlig unmögliche Bewegungen übel verzeichneter Gestalten sehr ausdrucksvoll und ergreifend die geistige Stimmung des Moments deutlich zu machen. Aber es bleibt noch bei dieser Erfassung des Augenblicks, bei dem Ereigniß und dem unmittelbaren Widerschein desselben im Geiste; noch lange behilft sich der erwachende Kunstsinn im Einzelnen und in der Geschichte mit allgemeinen typischen Figuren und typischen Bezeichnungen der Gemüthszustände, ehe er sich besinnt, daß Handlungen nur aus dem Innern von Wesen heraus geschehen, die vor und außerhalb dieses Augenblickes ihr characteristisches Dasein führen und die nicht nur Substrate der Handlung, sondern die lebendige erzeugende Quelle derselben und der erklärende Ursprung ihrer besonderen Eigenthümlichkeiten sind. Mit dem Erwachen dieses Bewußtseins thut die Kunst einen weiteren Schritt parallel mit der Erweiterung unserer Einsicht in die Natur alles Handelns; sie hat nicht mehr einseitig Interesse am Thatsächlichen der That, ebenso wie die Erkenntniß diese nicht ablösen kann von den handelnden Subjecten; sie ergänzt auch das Bild des Geschehens nicht mehr blos durch die Darstellung des augenblicklichen Affectes, denn auch die Erkenntniß würde allenfalls der thierischen, nicht der menschlichen Seele zuschreiben, bis zu diesem Moment eine unbeschriebene Tafel gewesen zu sein, auf der sich nun der Inhalt des Augenblicks ohne Veränderung durch das Colorit eines schon bestehenden Hintergrunds abzeichnen könnte. Die einzelne Handlung erscheint jetzt nur noch als Prädicat des Subjectes; mit der ganzen Fülle und Vollständigkeit ihrer Organisation im natürlichen, mit ausdrucksvoller Characteristik in einem bestimmten geistigen Dasein wurzelnd, treten die Gestalten auf, um dieses ihr inneres Leben an einer einzelnen Handlung, als an einem Beispiel ihrer Regsamkeit neben anderen, zur Erscheinung zu bringen.

Nach zwei Richtungen geht unsere Beurtheilung der handelnden Charactere weiter. Sie vergleicht einerseits deren wirk-

liche Regungen mit Vorbildern, die für unser geistiges Leben
verpflichtend sind und die sie als ewig verwirklicht in göttlichen
Wesen ahnt; sie erkennt andererseits in der Eigenthümlichkeit des
Endlichen ein Erzeugniß seiner Zeit, in dem Geiste der Zeit
aber, der sich in ihm ausprägt, ein Moment der geschichtlichen
Entwicklung, welche die Welt oder die Menschheit ihrem vor=
gesteckten Ziele zuführt. Beide Gedanken suchen Ausdruck auch
in der Kunst; der erste hat stets zu Darstellungen eines Ueber=
irdischen gedrängt, von dem die Erfahrung keine Anschauung
gibt; der zweite ermahnt unsere Zeit, die ihm hauptsächlich nach=
hängt, in dem Endlichen der Erscheinungen jene bewegenden
Mächte der einzelnen Zeiten sichtbar zu machen; beide vereinigen
sich darin, der Kunst anstatt der bloßen Nachahmung der Wirk=
lichkeit die Darstellung von Ideen zu empfehlen.

So finden wir diese Aufgabe häufig bezeichnet, mit einem
Namen, dessen schwankender Gebrauch im Grunde nur die Richt=
ung anzeigt, nach welcher über die Erscheinung hinausgegangen,
aber sehr wenig das Ziel, welches erreicht werden soll oder für
die Mittel der Kunst erreichbar ist. Vollkommen klar sind
sich über das, was sie unter dem Namen der Ideen suchten,
nur diejenigen Theorien gewesen, welche von der Malerei un=
mittelbar zum Dienste der Sittenlehre bestimmte Tugenden dar=
gestellt wünschten. Man hat wenig Grund, mit Entrüstung in
dieser Absicht ein Attentat gegen die Selbständigkeit der Kunst
zu sehen, aber das ästhetisch Mögliche der gestellten Aufgabe
muß man vom Unmöglichen sondern. Tugenden zeigen sich
im Handeln, und darum sind alle Versuche abzuweisen, ihre
Begriffe durch allegorische Personificationen für sich darzustellen;
man muß sie durch Situationen und Ereignisse ausdrücken. Aber
jedes Bild würde nutzlos und werthlos sein, das nur wieder=
holte, was in Gedanken und Worten sich erschöpfen läßt; nicht
die abstracte Situation kann daher genügen, die nur die unent=
behrlichen Beziehungspunkte für den Begriff der Tugend enthält,

sondern die concrete Darstellung des besondern Falles, in welchem das Gute überhaupt erst wirklich wird, und dessen Inhalt dem Gedanken unerschöpflich ist. Wir sprechen wohl in der Moral von einem beständigen Character, den wir dem Menschen wünschen, von Motiven, die zum Einklang gemischt oder streitend den Entschluß zur einzelnen That bestimmen, wir können selbst verlangen, daß der sittliche Zustand des Innern die äußere Erscheinung nach sich forme: aber Dies alles sind nicht Gedanken, die ein reines Denken aus sich erzeugt hätte; es sind Abstractionen aus einer Bilderwelt der Erfahrung, auf deren Erinnerung wir uns stillschweigend stützen, wenn das, was mit jenen Worten gemeint ist, uns in seinem Werthe lebendig klar werden soll. Eine Malerei, welche die sittlichen Ideen in dieser Weise darzustellen strebt, unablösbar von allen Besonderheiten des einzelnen Falles ihrer Verwirklichung, mit aller Mischung der verschiedenen Motive, die uns zu leiten pflegen und mit allen den unsagbaren Zügen, durch welche das beständige geistigsinnliche Naturell des Handelnden auch der einzelnen That einen fühlbar eigenthümlichen und doch unaussprechlichen Werth gibt: eine solche Malerei würde nicht ihr eignes Gebiet durch Nachahmung eines Inhalts überschreiten, der eigentlich nur in das des Gedankens gehörte, sie würde vielmehr ganz innerhalb der Grenzen ihrer Aufgabe bleiben, indem sie eben den allein wirklichen unmittelbaren Thatbestand herstellt oder darstellt, aus welchem das Denken nicht ohne den mannigfachsten Abbruch an Lebendigkeit und Tiefe jene allgemeinen sittlichen Ideen später erst abstrahirt hat. Denn wie gering ist schon die Anzahl selbst der Namen, welche die Sprache zur Bezeichnung der Formen des Sittlichen erfunden hat, und wie gleichgültig verwischen diese Namen alle jene feinen Schattirungen, in denen der volle und lebendige Werth des einzelnen Falles liegt; Gerechtigkeit, Billigkeit, Wohlwollen erscheinen in dieser Allgemeinheit nur als classificatorische Kennzeichen, die zwar zur Unterscheidung und Erkennung des

Bezeichneten dienen, aber den positiven Werth seines Inhalts kaum von fern andeuten. Diese Allgemeinheiten darstellen zu wollen, würde allerdings die sonderbarste Verirrung der bilden= den Kunst sein; im Besitz der Quelle, der wirklichen Erschein= ungen in ihrer ganzen Fülle, darf sie nicht die Nothbehelfe ab= bilden, welche das Denken, unfähig zu gleicher Auffassung des Lebendigen, sich zur künstlichen Untersuchung seines Wesens ge= schaffen hat.

Diesen ihren eigentlichsten Beruf zur wahren Darstellung des Guten und Sittlichen hat unsere Kunst in zwei Gattungen erfüllt. Zuerst hat die historische Malerei, wie wir sie zu nennen pflegen, sich an die heilige Geschichte angeschlossen; von dem gläubigen Gemüth als der höchste Inhalt der Wirklichkeit verehrt, drängte diese ihrerseits nach künstlerischer Ausgestaltung; anderseits freute sich die Kunst des Vortheils, in ihr alle we= sentlichen Situationen, die dem sittlichen Menschengeist von Be= deutung sind, in allgemeinverständlichen Ereignissen typisch vor= gebildet zu besitzen, und doch einer unendlichen Variation feinerer Schattirung zugänglich, zugleich durch die Heiligkeit der Ein Mal geschehenen Geschichte zu dem der Kunst zusagenden Werthe ewiger Thatsachen, nicht alltäglicher Ereignisse erhöht. Es gibt keinen anderen Gegenstand, der diese künstlerischen Vortheile er= setzen könnte, und wenn die Wiederholung dieser ewigen und unerschöpflichen Aufgaben dem Vorwurf des Unzeitgemäßen be= gegnet, so liegt der Grund zu diesem Vorwurf mehr in der Leerheit der künstlerischen Seelen, als in mangelnder Theilnahme des Volkes.

Dem Alterthum hatte die Besonderheit der Individualität wenig gegolten im Vergleich zu den allgemeinen Aufgaben der menschlichen Entwicklung; dem Christenthum galt lange das irdische Leben gleich wenig gegen die himmlische Bestimmung; spät hat sich deshalb das G e n r e als eine berechtigte zweite Gattung der Kunst ausgebildet. In den niederländischen Briefen

(1834. S. 80 ff.) hat Schnaase die geschichtlichen Bedingungen seiner Entstehung mit gewohnter Feinheit erörtert; über das aber, was das Genre will oder wollen soll, würde wenig den vortrefflichen Worten Hegels (Aesth. III., 55 ff.) hinzuzufügen sein. Schon Solger hatte, als er vom Humor sprach, den Werth dieses liebevollen Eingehens der Phantasie in alle Klein-heiten der Wirklichkeit voll anerkannt; daß die Idee auch in dem Geringfügigen. mächtig sei, war ihm die Wahrheit, die versinn-licht werden mußte. Wir deuten das verfängliche Wort dahin, daß das Genre nicht nur unvertilgbare Elemente des sittlich Guten in der kleinlichsten menschlichen Existenz kennen lehrt, son-dern daß es zugleich die unzählig mannigfachen Güter des Ge-nusses darstellt, die aus dem Verkehr mit der Natur und ihrer Alles umfassenden freundlichen Macht oder aus dem Streit mit ihren Angriffen ebenso entspringen, wie aus den eigenthümlichsten und krausesten Gewohnheiten des künstlichen Daseins, das Ge-schichte und Sitte zu dem natürlichen hinzugefügt haben.

Alle Bedürfnisse haben diese beiden Gattungen der Malerei dennoch nicht befriedigt. Zwischen dem typischen Auszug des Ewigen im Menschenleben, den die religiöse Kunst wiederholt und den unermeßlich mannigfachen Brechungen, in welche das Genre die Strahlen des Höchsten verfolgt, schien als ein ernstes und fruchtbares Gebiet die Geschichte der Menschheit noch auf die Kunst zu warten. Der historische Sinn der neuesten Zeit, die sich wissenschaftlich mehr als andere mit den Bedingungen beschäftigt, unter denen sie geworden, was sie ist, und die eben so mehr als frühere in ganz bewußter Berechnung und Vorbe-reitung des Künftigen lebt, verlangt eine geschichtliche Ma-lerei als eine neue dem Geiste der Gegenwart entsprechende Gattung. Nicht ohne etwas von dem Mißwollen, welches die Aufklärung unserer Tage gegen jeden religiösen Anspruch zu richten pflegt, wurde sie von einigen zum Ersatz der überlebten heiligen Darstellungen bestimmt, von Andern als Ergänzung und,

Gipfel des Genre gefordert; es fehlte außerdem nicht an solchen, welche die ästhetische Möglichkeit und Lebensfähigkeit dieses eigenthümlichen Kunstzweiges verneinten. Das Für und Wider in dieser Angelegenheit hat theoretisch mit Gründlichkeit und Ausführlichkeit Guhl erörtert (die neuere geschichtliche Malerei und die Akademien. 1848), das endliche Urtheil über solche Fragen kann nur die Kunst selbst durch ihre Leistungen feststellen; ehe man die Malerei des Christenthums und die gegenwärtige Ausbildung des Genre und der Landschaft wirklich vor sich hatte, würde man ohne Zweifel nach allgemein ästhetischen Ueberlegungen die Grenzen des hier möglichen Schönen falsch und wahrscheinlich zu eng bestimmt haben.

Wenn mir nun die Ausführbarkeit einer im eigentlichen Sinne historischen Malerei nicht evident scheint, so wird man mich des Widerspruchs mit der früheren Erklärung beschuldigen, die das Malerische recht eigentlich in dem fand, was an den Dingen und den lebenden Gestalten geschichtlich ist. Aber ich muß denselben Satz mit veränderter Betonung auch so zur Geltung bringen, daß malerisch nur das Geschichtliche ist, das an Dingen und Personen erscheinen kann. Was uns aber wissenschaftlich an dem Verlauf der Geschichte interessirt, das sind Ideen in der Bedeutung von Gedanken, welche das Abhängigkeitsverhältniß ungleichzeitiger Zustände bezeichnen, und diese Aufgabe ist unmittelbar allerdings der Malerei nicht zugänglich. Sie kann die Geschichte nicht in der Arbeit ihres Fortschreitens, sie kann vielmehr selbst in Gemäldereihen nur die einzelnen Momente darstellen, in denen diese Arbeit zu einem charakteristischen Product, einer für den Augenblick dauernden Festsetzung der Lebensgewohnheiten und der menschlichen Charactere geführt hat; der Faden des Verständnisses, der von einem dieser Momente zum andern überleitet, wird nur von dem Geiste des Beschauenden, außerhalb des Kunstwerks selbst, fortgesponnen werden. Dies beeinträchtigt jedoch den Werth malerischer Darstell-

ungen des Geschichtlichen nicht; unsere Zeit pflegt die eigentlich
erzählende pragmatische und anschauliche Geschichte bis zu einigem
Uebermaß durch abstractere Zergliederung oder das Einzelne
nivellirende Abwägung der im Verlauf der Dinge wirksamen all=
gemeinen Bedingungen zu ersetzen; eben für uns kann das Be=
dürfniß daher lebhafter werden, auch der Anschauung die mensch=
liche Erscheinungsweise vorzuführen, in welcher diese vom Denken
erfaßten Mächte aufgetreten sind. Und zwar ist theoretisch weder
gegen den schlagenden Realismus etwas einzuwenden, mit welchem
die Franzosen den Geist ihrer Gegenwart lebendig festhalten,
noch gegen den mehr idealisirenden Styl, den deutsche Maler
auf meist ältere und dem Nachgefühl fremder gewordene Zeit=
räume der vaterländischen Geschichte und Sage angewandt haben.

Nur Eines würde die Aesthetik bedenklich finden müssen: den
Versuch der geschichtlichen Malerei, sich dadurch, daß sie aus=
drücklich historische Ideen, nicht aber ihre momentane Erschein=
ung, darzustellen strebte, als durchaus eigene Gattung von dem
Genre abzusondern, dessen ernstestes Glied sie nach der vorigen
Auffassung bilden würde. Seit alter Zeit hat die Malerei auf
diesem Gebiet unglücklich mit Poesie und Philosophie gewetteifert:
mit der letzten, in dem sie allgemeine Wahrheiten durch Alle=
gorien darzustellen rang, ein Irrthum, der als beseitigt gelten
kann; mit der Poesie aber und der Geschichtschreibung, indem sie
sich vergeblich bemühte, ihre Darstellungen des Moments durch
in sie hinein geheimnißte Ideen des geschichtlichen Verlaufs zu
vertiefen, oder Compositionen zu wagen, die Ungleichzeitiges auf
unwahrscheinliche Weise vereinigen. Man kann in Werken der
religiösen Malerei, die eine ewige, nicht mehr verlaufende Zeit
festzuhalten scheinen, Anachronismen ertragen, hauptsächlich weil
man sie von den größten Geistern einer Zeit naiv begangen
sieht, welche von der realistischen Genauigkeit geschichtlicher Auf=
fassung weniger durchdrungen war; aber es ist doch wohl als
ein Fehltritt der Aesthetik zu betrachten, wenn sie diese kunst

geschichtlich begreifliche Paradoxie systematisch zu den gesetzlichen Freiheiten der Malerei rechnet. Das Gemälde verlangt zur Einheit seiner Figuren eine mögliche und wahrscheinliche Handlung zwischen ihnen, und diese kann auf keine Weise durch eine Stellung, Gruppirung und Bewegung ersetzt werden, welche nur einen allgemeinen Gedanken, aber nicht ein wirkliches oder als wirklich annehmbares Ereigniß versinnlicht. Die Poesie kann hier als Vermittlerin dienen, indem sie zuerst die umfänglichere Fabel ersinnt, auf welche dann, wie auf einen wirklichen geschichtlichen Ort, die bildliche Zusammenstellung der unmittelbar nicht vereinbaren Gestalten sich beziehen läßt. Man kann ohne Anstoß jetzt Dante und Virgil zusammenbringen, nachdem die göttliche Komödie, oder Faust und Helena, nachdem Göthes Dichtung die große Welt der Phantasie erschaffen hat, in welcher diese einzelnen darzustellenden Augenblicke ihre glaubhafte Wirklichkeit haben. Aber es ist keine wahre Aufgabe für die Malerei, auf Einem Bilde Gestalten zusammenzustellen, für deren Vereinigung weder die Geschichte noch die Vorarbeit der Poesie eine erklärende Fabel darbietet, Gestalten, die zwar durch das Band einer geschichtlichen Idee in Gedanken auf einander beziehbar sind, die aber in der Geschichte selbst eben niemals in verschiedene Zeiten auseinandergefallen wären, wenn jene Idee diese fälschlich dargestellte Gleichzeitigkeit und die Möglichkeit einer Wechselwirkung gestattet hätte.

Gleich nachtheilig würde auch für die Landschaftsmalerei das Streben sein, anstatt der lebensvollen characteristischen Einzelheit unmittelbarer die Ideen zu zeichnen, die sich uns in ihrer Gestaltung zu verrathen scheinen. Die mechanischen Naturgesetze hat nie Jemand zu malen versucht, ebensowenig die regelmäßigen Gestalten selbst des Lebendigen; der Gegenstand des Blickes und der Nachahmung war immer die unberechenbare Verwirrung, in welcher einzelne Bruchstücke des gesetzlich Begründeten auf einander stoßen oder sich um einander drängen.

Von Einer wirkenden Idee wird die Landschaft in der Ihr nicht belebt, ändert sich doch ohnehin ihre Gestalt und ihr Ausdruck mit dem gewählten Standpunkt. Man bildet also nicht eine objectiv vorhandene und im Gegenstand allein wirksamer Idee nach, wenn man von einem dieser Standpunkte die Gesammtheit des Mannigfachen überblicken läßt. Doch würde eine Betrachtung uns nicht ganz zu dem Ergebniß führen, das Schnaase (niederl. Br. S. 39) findet: die Auffassung der Landschaft für bildende Kunst setze voraus, daß wir sie als den Leib des Menschen im höchsten Sinne des Wortes betrachten, in dem Sinne, in welchem wir den Körper den Wohnsitz der Seele nennen. Es ist wahr, daß der vollste Eindruck der Landschaft nicht erreicht wird, wenn nicht das Bild irgend eine Erscheinung menschlicher Thätigkeit oder menschlicher Erzeugnisse enthält, welche die Einwirkung des Geistes auf die Natur, oder irgend eine menschliche Figur, die in der Darstellung selbst den geistigen Widerschein oder den Genuß der Natur sehen läßt, den sie in uns hervorbringen soll. Dennoch wird Carus (Briefe über Landschaftsmalerei 1835) Recht haben: die Kunst soll uns die Natur an und für sich als Werk und Spiegel des Göttlichen anschauen lassen. Nicht ganz legen wir selbst in dieses Erleben die Ideen erst hinein, die wir von bestimmtem Orte aus in ihm zu sehen glauben; darin eben besteht das Objective dieses idealen Gehaltes, daß die Natur durch die Lagerung ihrer beständigen und durch die Bewegung ihrer flüchtigeren Elemente eine unermeßliche Menge von Standpunkten zuläßt, deren jeder auf die Beziehungen des Mannigfachen in ihr eine neue Ansicht eröffnet. Die Anschauung jedes Landschaftsbildes genießt nothwendig diese unendlich vielförmige Beziehbarkeit seiner Bestandtheile mit; sie faßt niemals das Dargestellte als ein Flächenbild auf, sondern dringt stets mit hin- und hergehender Bewegung in die verschiedenen Tiefen der einzelnen Gründe, verliert sich in die nicht dargestellten Niederungen hinter den sichtbaren

Erhebungen, strebt aus der Beschränkung durch jede Durchsicht in die geahnte Ausbreitung und versetzt sich abwechselnd auf jeden der dargestellten Punkte, um von ihm aus die Verschiebungen aller übrigen zu errathen. Es ist nicht nothwendig, daß bei dieser Thätigkeit sich der hin- und herstreifende Geist eben als menschlichen fühle und sich des Genusses bewußt werde, den die Gegend ihm als solchem darbieten würde; im Gegentheil, wir denken uns selbst in die Organisation des Vogels oder des Fisches hinein, um den Werth aller Elemente nachempfinden zu können; unser auffassender Blick gehört dem allgemeinen Geiste, der sich der Güter erfreut, die der gleich namenlose und allgemeine Geist der Natur ihm schenkt, und die nun zugleich als eigner wechselseitiger Genuß der natürlichen Elemente durch einander erscheinen. Auch hier ist der mögliche Gegenstand der Kunst nicht eine denkbare Idee, sondern eine fühlbare Stimmung, der musikalischen Schönheit vergleichbar, mit welcher längst ein richtiger Blick die landschaftliche zusammenzustellen gepflegt.

Sechstes Kapitel.

Die Dichtkunst.

Die Erzählung überhaupt und das Epos. — W. v. Humboldt über epische Poesie. — Spätere Umgestaltung der Ansichten. — Der Roman. — Die lyrische Poesie. Character des lyrischen überhaupt. — Reflexionspoesie und Lied. — Subjectivste Lyrik. — Fremde Formen und künstliche Formen. — Ansprüche des Volkslieds und der kunstmäßigen Lyrik. — Die dramatische Poesie. — Lessings Reformen.

Wer von der Form der Darstellung, die zuerst ins Auge fällt, die Unterschiede der poetischen Gattungen entlehnen wollte

würde der lyrischen und der dramatischen Dichtung die erzählende gegenüberstellen. So einfach ist dieser Gesichtspunkt selten
benutzt worden; die große Thatsache der homerischen Gedichte
hat stets der Aesthetik imponirt, und die in ihnen vorgefundene
Verwendung der erzählenden Form ist unter dem Namen der
epischen Poesie als ausschließlich berechtigtes erstes Glied jenen
andern beiden Gattungen vorangestellt worden. An dem völligen
Recht dieser Gewohnheit kann man zweifeln; gar nicht an dem
Gewicht der Gründe, durch welche sie empfohlen wird. Uner-
bittliches Festhalten an allen Eigenheiten des homerischen Epos
könnte einige Leistungen der erzählenden Poesie mit Unrecht ganz
aus dem Gebiete der Kunst verweisen; wer jedoch auch nur den
Begriff der Erzählung selbst zergliederte, und sich Grund und
Art unserer Theilnahme für diese Gattung poetischer Darstellung
klar machte, würde finden, daß sie ein unbezweifelt Höchstes
ihrer Wirkung doch nur in Verbindung mit allen jenen Zügen
der homerischen Dichtung erreicht, die auf den ersten Blick von
ihr ablösbar scheinen.

Indem ich mit der Kürze, die zur Pflicht wird, diese Frage
vorführe, kann ich die großen Verdienste nur im Allgemeinen
anerkennen, welche sich um diesen Punkt der Aesthetik die deutsche
Philologie durch ihre Untersuchungen über die Entstehung der
homerischen Epen und durch sachliche Commentirung ihres Inhalts erworben hat. Wir erfreuen uns gleicher Unterstützung
auch in der Theorie der Lyrik und des Drama; auch dort wird
es uns ganz unmöglich sein, diese werthvollen Beiträge einzeln
zu verzeichnen; wir können sie nur so benutzen, wie sie von ihren
besondern Veranlassungen abgetrennt zur Bereicherung der allgemeinen Aesthetik gedient haben und von dieser aufbewahrt
worden sind.

Unter den Arbeiten, welche von Zeit zu Zeit den erworbenen Gewinn zu geschlossenem Ausdruck sammeln, erfreut sich
alten Rufes Wilhelms von Humboldt Abhandlung über

Göthes Hermann und Dorothea (1798. Gesammt. WW. Bd. IV.), ein Gedicht, dem auch A. W. Schlegel ausführliche Beurtheilung widmete. (S. W. XI.) Theils reflectirend sucht Humboldt zu dem Eindruck des göthischen Werkes die Gründe seiner Wirkung, theils aus der Natur aller Kunst die Gesetze der epischen Darstellung; mit seinem Verständniß richtet er auf die Schönheiten seines Musters die sympathische Aufmerksamkeit des Lesers, zur wissenschaftlichen Verwerthung des Empfundenen sind jedoch seine ästhetischen Grundbegriffe nicht scharf genug. Ich rechne zu diesen den Begriff der Einbildungskraft; mit besonderer Nachdrücklichkeit gründet Humboldt alle ästhetische Wirkung auf dieses geistige Vermögen, dessen Natur gleichwohl weder unmittelbar durch seine eigenen Leistungen noch mittelbar durch scharfe Gegensätze zu anderen Kräften und Regungen des Geistes erläutert wird. Zwischen diesen unzulänglichen allgemeinsten Begründungen, die unsere Beachtung nicht reizen, und den kritischen Einzelbemerkungen, denen wir sie hier nicht schenken dürfen, halten eine glückliche Mitte die verdienstlichen Erwägungen über die Natur der epischen Poesie.

Mit Recht will Humboldt den Grund für die Unterscheidung der Dichtungsgattungen in der Eigenthümlichkeit der subjectiven Seelenstimmung suchen, aus der jede einzelne entsteht und die sie wieder zu erzeugen oder zu befriedigen strebt; in der That liegt in der Betrachtung des ästhetischen Interesses, welches wir an den Leistungen einer Kunstform nehmen, die einzige Bürgschaft für eine unbefangene Würdigung ihrer Besonderheit. Nun gebe es in dem menschlichen Gemüth soweit es sich auf Gegenstände bezieht und von ihnen erregt wird, zwei Zustände, die am weitesten von einander verschieden sind: den der allgemeinen Beschauung und den der Empfindung. Der erste entstehe in seiner größten Vollkommenheit durch Verbindung unserer äußern Sinnlichkeit mit dem intellectuellen Vermögen, welche beide darin übereinstimmen, sich von dem Gegenstand vollkommen scharf und deutlich abzusondern und ihn blos in Beziehung auf ihn selbst und ohne alle eigennützige Rücksicht auf Gebrauch und Genuß zu betrachten. Die Empfindung hingegen kenne und beachte nur den einen Gegenstand, der unserer Begierde und unsern Zwecken entspricht, und auch diesen nur soweit, als er eben dies thut. Durch die gleichmüthige Stimmung, mit welcher die Seele, nur durch das allgemeine Interesse am Object, nicht durch ein particulares Bedürfniß geleitet, ihre beobachtende Aufmerksamkeit über Alles vertheilt, und durch den ausgedehnten Umfang, zu welchem sich deshalb der Kreis ihrer Gegenstände erweitert, unterscheide sich dieser Zustand der Beschauung von dem verwandtscheinenden der Untersuchung; diese ziehe das tiefe Eindringen in einen einzelnen Punkt der Ausbreitung über eine große Fläche vor. Jeder werde diesen Unterschied verstehen, wer auch nur einmal den ruhigen, klaren, männlichfesten und prüfenden Blick des bloßen Beobachters mit dem scharfen und durchdringenden, unruhig suchenden des eigentlichen Forschers verglichen habe. Parteilosigkeit und Allgemeinheit zeichnen daher nach Humboldt den Zustand der Beschauung aus und erheben ihn zu einem der edelsten und höchsten, in denen der Mensch sich befinden kann. Denn da unsere Thätigkeit in ihm sich weder auf ein einzelnes Bedürfniß, noch auf eine einzelne Absicht beziehe, so sei sie vor aller und jeder Bedingung, die nicht unmittelbar in ihr selbst läge, völlig befreit, sei also eine reine Anwendung aller derjenigen unserer Kräfte, welche der Objectivität, d. h. der Vorstellung äußerer Gegenstände fähig sind, auf diese ihre allgemeine Aufgabe überhaupt. Folgerecht könne diese Beschauung nur zwei Gegenstände haben; die physische und die moralische Welt, Natur und Menschheit; in der That erzeuge sie auf beide angewandt die Wissenschaften der Naturbeschreibung und der Geschichte. Komme zu diesem bestimmten Seelenzustand dichterische Einbildungskraft mit dem ihr natürlichen Verlangen hinzu, dieser Stimm-

ung entsprechenden Ausdruck zu geben, so entstehe das epische
Gedicht.

Man kann einwerfen, jene unparteiische nur auf das Objective aller Dinge gerichtete Beschauungslust sei im Grunde nur
die Stimmung, die jeder Gattung der Schönheit und der Kunstleistung in dem Genießenden entgegenkommen solle, jene Uninter-
essirtheit der Empfänglichkeit, die wir von Kant her kennen. In
der That, wer Schöpfungen der Lyrik und des Drama recht
verstehen will, darf sich nicht von dem Stoffartigen beider hinreißen lassen; ohne unempfindlich für den Einzelwerth angeregter
Gefühle zu sein, im Gegentheil diesen Werth auf das Inten-
sivste mitleidend, muß er sich dennoch über den wechselnden Bewegungen die Stellung eines episch gestimmten Zuschauers zu
geben suchen. Aber diese Bemerkung würde kein Einwurf gegen
Humboldt sein; vielmehr würde eben darin der vorzügliche Werth
des Epos als Kunstgattung bestehen, daß es in der Mannigfaltigkeit seines Inhalts und in dessen Verbindungsweise dieser für
alle Kunst erforderlichen Empfänglichkeit einen ihr durchaus entsprechenden Gegenstandkreis darbietet; in ihm kann das Gemüth
befriedigt ruhen; Lyrik und Drama dagegen fordern durch die
Particularität ihres Inhalts und durch die specifische Färbung
der sich an ihn knüpfenden Einzelstimmung jenen allgemeinen
ästhetischen Sinn zu einer gewissen kritischen Gegenwirkung auf,
zu einer Art von Abwehr der Uebermältigung durch die einseitige Besonderheit des dargestellten Weltabschnittes. Und wirklich
hat es nicht an solchen gefehlt, die eben aus diesem Grunde
dem Epos schlechthin die höchste Stufe unter allen Dichtgattungen
zuerkannten.

Aber zweierlei möchte ich erinnern. Es muß doch tief im
deutschen Blute eine gewisse Scheu vor dem Unmittelbaren liegen,
da ein so sinniger Forscher, eben indem er die Gemüthslagen
aufsuchen will, die der Dichtung entgegenkommen oder sie er-

zeugen, doch nicht auf die greifbaren lebendigen Beispiele derselben zurückgeht, sondern an diesen künstlich zubereiteten Begriff
eines Zustandes der Beschauung überhaupt anknüpft. Die Kinder, die noch nicht wählerisch eigene Lebensinteressen der Betrachtung der Dinge vorziehen können, zeigen uns ganz jenen
Durst nach Objectivität überhaupt; mit unbefangner Aufmerksamkeit vertiefen sie sich in die endlosen Perspectiven, die vor
ihnen die Mährchenwelt aufthut, und in ihren jungen Seelen macht
die herzliche Theilnahme für das einzelne erzählte Ereigniß mit
Leichtigkeit der ebenso herzlichen für das nächste Platz; so finden
sie sich also ganz in dieser Stimmung epischer Beschaulichkeit,
nur daß ihnen das zusammenfassende Bewußtsein oder das Gefühl dieser ihrer eignen Stellung zu dem Gegenstande abgeht,
das wir doch wohl in der eigentlich ästhetischen Empfänglichkeit
in gewissem Grade vorhanden denken müssen. Eine „reine Anwendung aller derjenigen unserer Kräfte, welche der Objectivität,
d. h. der Vorstellung äußerer Gegenstände fähig sind," auf das
Ganze des menschlichen Lebens würde Humboldt ferner in der
gewöhnlichsten Neugierde, und damit auch Veranlassung gefunden
haben, jene echt epische Stimmung durch ihren ohne Zweifel
vorhandenen Unterschied von dieser Leidenschaft näher zu bestimmen, mit der sie nach jener Definition allzu verwandt erscheint. Selbst das gewöhnlichste Bedürfniß, das die alltäglichste
Unterhaltung zu befriedigen bemüht ist, hätte das allgemeine
Wurzeln jener epischen Empfänglichkeit in unserm Gemüth beleuchten können. Denn wenn wir nun wirklich auch nur Unterhaltung suchen, indem wir Roman auf Roman verschlingen,
oder wenn der Orientale die müßigen Stunden durch andäch-
tiges Lauschen auf den Ton des Mährchenerzählers täuscht, so
liegt in Dem allen doch immer ein Zeugniß für das tiefe Bedürfniß des Geistes, Glück und Genuß in dieser allgemeinen,
von jedem persönlichen Interesse befreiten unparteiischen und

endlosen Versenkung in die objective Welt und in der Beschäf=
tigung der Phantasie durch die buntfarbigen Erscheinungen der=
selben zu suchen.

Die Verfolgung dieser greislichen Beispiele jener Neigung,
die uns Humboldt nur unter dem gelehrten Namen eines Zu=
standes der Beschauung vorführt, hätte zugleich eingeladen unser
zweites Bedenken zu zerstreuen. Welcher ästhetische Werth näm=
lich kommt dieser Neigung und ihrer Befriedigung zu? Handelt
es sich wirklich in epischer Poesie nur darum, diesen Hunger
und Durst nach mannigfacher Objectivität zu stillen, wodurch hat
dann die dichterische Thätigkeit mehr Würde als die praktische
Geschäftigkeit, die den analogen physischen Hunger und Durst
durch materielle Objectivität befriedigt? Ich will damit nur andeuten, daß die von Humboldt präcisirten Definitionen, einseitig
auf das Formale der Stimmung, aus der das Epos entspringt,
und auf die Form des Verfahrens gebaut, durch welche es der=
selben Stimmung wieder Genüge thut, gar nicht die bessere
Einsicht decken, die Humboldt oft genug nebenbei verräth. Er
zieht seine Meinung in den Satz zusammen: Epos sei eine solche
dichterische Darstellung einer Handlung durch Erzählung, welche
unser Gemüth in den Zustand der lebendigsten und allgemeinsten
sinnlichen Betrachtung versetzt. Man kann diese Definition nur
vertheidigen, wenn man in jedem ihrer wesentlichen Ausdrücke
mehr denkt, als Humboldt hineingelegt. Denn dichterisch ist bei
ihm Alles nur, sofern es rein aus jener mysteriösen Einbil=
ungskraft hervorgeht oder sie anspricht; in Bezug auf die Darstellung aber werden die Leistungen dieses Vermögens ausdrück=
lich darauf beschränkt, dem Stoffe Sinnlichkeit und Einheit
zu geben; der Zustand der Betrachtung aber, auch wenn wir
von dem unpassenden Zusatz der sinnlichen absehen, ist durch
Nichts als durch die Unparteilichkeit und Allgemeinheit der Auf=
merksamkeit characterisirt. Daß dieser Gedanke einer bloß formal
bestimmten Gemüthslage und ihrer Anregung durch einen gleich=

falls nur formal bestimmten Inhalt nicht das Wesen des epischen Genusses erschöpfe, diese Vermuthung drängt sich schon hier ein, wie treffend auch zum Theil die ferneren Bemerkungen sind, zu denen wir Humboldt vorläufig folgen.

So weit die beschauende Stimmung mit wirklichen Gegen- ständen zu thun hat, fühlt sie den doppelten Mangel, ihr Object nie als abgeschlossenes unabhängiges Ganze, andererseits nie die Verbindung seiner Theile selbst unmittelbar sinnlich gegeben und ohne Mitwirkung vermittelnder Schlüsse auffassen zu können. Deshalb schaffe sich die Einbildungskraft ihren Gegenstand selbst und mache ihn, indem sie ihn der Wirklichkeit und dem Begriffe entziehe, zu einem idealischen Ganzen. Die gesuchte Objectivität und Totalität sei aber nur möglich, wenn der Dichter sich zu einer gewissen Höhe erhebe und von da aus den Gegen- stand gleichsam beherrsche. Daher (?) seien die beiden Haupt- bestandtheile der Epopöe Handlung und Erzählung. Hand- lung, verschieden von Zustand und Begebenheit, sei in Thätigkeit gesetzte Kraft; nur, wo Streben nach einem Ziel ist und wir für Gelingen oder Fehlschlag besorgt sein können, sei höchste Lebendigkeit und Einheit; beides fehle dem Zustand wie der Be- gebenheit, die nur Resultat vieler zusammenwirkender Beding- ungen sind. Die Form der Erzählung aber bewirke dadurch, daß der Genießende nur Zuhörer, nicht Zuschauer ist, daß der Gegen- stand unmittelbar vor den Sinn (?) und den Verstand gebracht wird, und die Empfindung erst berührt, wenn er durch dies Gebiet hindurch gegangen ist. Um aber die innere Harmonie des Gemüthes nicht zu stören, dürfe der Dichter seinen Gegen- stand nur auf eine der beabsichtigten Stimmung analoge Weise behandeln; im Einzelnen dürfe er seinen Leser erschüttern, ihn so nah er will an den Abgrund der Furcht und des Entsetzens führen, im Ganzen müsse er bedacht sein, mannigfach zu er- schüttern und von einer Bewegung so zur andern zu führen, daß eine Empfindung die andere modificire und so jede einzelne verhindert werde, sich des Gemüths ausschließlich zu bemächtigen; aus solcher Totalität der Darstellung müsse die Ruhe des Gemüths hervorgehen. Dies sind richtige Schilderungen und unzulängliche Erklärungen. Käme es nur darauf an, die Harmonie des Gemüths nicht zu stören, so brauchte man es nur in Ruhe zu lassen und bedürfte des Aufwands einer Epopöe nicht; ebenso wäre es kaum würdig, das Werk der Kunst als diätetisches Mittel zu brauchen, um nicht vorhandene Gemüthsruhe zu bewirken oder die vorhandene durch Stiftung von Unruhe und Wiederbeschwichtigung zu größerer Stabilität zu üben. In dieser unfruchtbaren Auffassung ist indessen Humboldt so festgewachsen, daß der Inhalt des Epos ihm durchaus an zweiter Stelle steht; derjenige Inhalt wird gesucht, der jenen formalen, in ihrem Werth uns unklaren Forderungen am besten entspricht. Erst später kommt er auf den gewöhnlichen Begriff der großen Epopöe und auf das zu sprechen, was von dieser die Aesthetik vor ihm, dem hier viel frischeren Blick des Aristoteles folgend, immer verlangt hatte: Handlung aus der Geschichte entlehnt, von großer innerer Wichtigkeit und beträchtlichem äußern Umfang; Vorfälle, die viel sinnliche Bewegung mit sich führen, starke und mannigfaltige Leidenschaften anregen; einen Stoff überhaupt, der Nationen, die Menschheit selbst interessirt; Könige und Fürsten als Hauptpersonen, die mächtigen Einfluß auf Anderer Schicksale üben; endlich Mitwirkung höherer Wesen, Einmischung der Fabel, des Wunderbaren. Alle diese Forderungen findet Humboldt unbestimmt, unwesentlich und zufällig, doch gibt er zu, daß ihre Erfüllung der Seele höheren Schwung und lebhaftere Begeisterung leihe; ja mit Feinheit und Gefühl preist er die epische Majestät des einen Fernblicks, den im dreizehnten Buche der Ilias der Vater der Götter über die Welt wirft, von den Blutscenen von Troja bis zu dem friedlichen Leben der Hippomolgen.

Es folgen einige bestimmtere Formulirungen poetischer Be-

griffe und Gesetze, die wie alle Versuche in dieser Richtung Beachtung verlangen. Von der Epopöe unterscheide sich das Idyll
dadurch, daß es heroische Stoffe nie aufnimmt, der Handlung
wenigstens nicht bedarf, sondern sich mit Schilderung gleichblei-
bender Lebenszustände begnügen kann; noch mehr dadurch, daß
es im Gegensatz zu epischer Universalität sich willkürlich einen
Abschnitt der Welt und des Lebens mit der ihm zusammengehörigen specifischen Stimmung wählt, die übrigen von sich ausschließt. Epische Erzählungen aller Art verhalten sich zum
Epos, wie Geschichten zur Geschichte; sie erfüllen die Bedingung
eines höchsten Kunstwerks nicht, geschlossene Totalitäten zu sein;
ganz fraglich bleibe vom Roman, ob er zu den legitimen Kunstformen gehöre. Sechs Gesetze epischer Darstellung glaubt
endlich Humboldt aufstellen zu können. Das der höchsten Sinnlichkeit verpflichtet zu Reichthum von Gestalten, Bewegungen,
Gedanken, Empfindungen, Lichtern, Schatten; das zweite durchgängiger Stetigkeit zu lückenloser Schilderung der ganzen sinnlichen Erscheinung einer zusammenhängenden Handlung; ein
drittes der Einheit gebietet nicht sowohl die Concentrirung des
poetischen Plans auf Einen Zielpunkt, die der Tragödie zukommt, sondern Gleichförmigkeit der poetischen Absicht in der
Behandlung der keinen strengen Abschluß fordernden Reihe der
Begebenheiten; von dem Gleichgewichte, welches das vierte
Gesetz verlangt, hängt die zu bewirkende Ruhe des Gemüthes
ab; über alle einzelnen Elemente seiner Totalität soll der Dichter
dies Gleichgewicht verbreiten; wie die Natur, den ausschließlichen
Ansprüchen Einzelner feind, sogar gegen ihren nothwendigen
Untergang gleichgültig, mit unermüdlicher Sorgfalt über das
Dasein des Ganzen wacht, so ist auch für den Dichter die Rücksicht auf das Ganze des Plans der einzige Maßstab, nach dem
er den einzelnen Gegenständen und Empfindungen ihren Raum
zumessen darf; das fünfte Gesetz der Totalität verlangt Größe
des Gegenstands und Universalität der Weltübersicht, weil nur

in diesem Reichthum sich die Einbildungskraft der Verbindung von Freiheit und Gesetzmäßigkeit erfreuen kann; das letzte Gesetz pragmatischer Wahrheit endlich erläßt dem Dichter über= haupt die historische Wahrheit, verbietet aber dem Epiker die blos poetische oder ideale und macht ihm Natürlichkeit und An= schluß an die wirklichen Normen der physischen und moralischen Welt auch in der Behandlung des Außerordentlichen und des Wunderbaren zur Pflicht.

Dies Eingehen in die Einzelheiten der epischen Composition gewann Humboldts Arbeit das nach gleicher Richtung thätige Interesse Göthes und Schillers; was ihr fehlte, ergänzten beide leicht bei sich. Eine andere Gestalt nahm die Ansicht über das Epos unter dem Einfluß der idealistischen Speculation an: alle jene Wirkungen auf den Zustand des Gemüths, welche Hum= boldt hervorgehoben, erschienen nun als Folgen einer zuerst beab= sichtigten Darstellung objectiver Weltschönheit und Weltbedeutsam= keit. Schelling hatte diesen Gedanken im Zusammenhang mit seiner ganzen Philosophie ausgesprochen; alle Kunst war ihm nur Abbild des Absoluten, auch das Epos hat Kraft und Würde davon, ein Bild der Geschichte zu sein, wie sie an sich oder im Absoluten ist. Ich kann nicht die allmählichen Ausbildungen und Umformungen dieser Ansicht erwähnen; es genügt, daß sie unter verschiedenen Ausdrucksformen den wesentlichen Bestand= theil des Weltlaufs, dessen Darstellung sie im Epos verlangten, in dem Verhältniß suchten, das allerdings die Seele aller Ge= schichte bildet: in dem Verhältniß der nothwendigen und natür= lichen Entwicklung und ihrer Bedingungen zu der Freiheit und den Ansprüchen der menschlichen Persönlichkeit. Ueber dieses Verhältniß erwartete man von der Epopöe nicht eine Ueberzeug= ung doctrinär entwickelt; aber einen Zustand des Lebens sollte sie vorführen, in welchem die Widersprüche zwischen jenen beiden Principien schweigen, alle menschlichen Bestrebungen sich wider= standslos in den Weltlauf fügen, alle Kräfte, ohne ein Ver=

langen, die Grenzen des in der Wirklichkeit Zulässigen zu überschreiten, die innerhalb derselben mögliche Fülle der Thätigkeit, des
Genusses und der Erscheinungsschönheit entfalten. Nicht nur in
einem objectiven Weltzustande, um einen Lieblingsausdruck Hegels
zu gebrauchen, sollte diese Harmonie, in den thatsächlichen Einrichtungen des Lebens, seinen Gewohnheiten, Bedürfnissen und
Sitten, ausgeprägt sein, sondern zugleich in der Art, wie die
Menschen sich mit dieser Wirklichkeit abgefunden und sie zu
nehmen sich gewöhnt, in der Allgemeingültigkeit also einer durch
Einsicht oder Resignation zum Frieden gekommenen Weltansicht,
welche als unwandelbare Voraussetzung den Regungen aller handelnden und empfindenden Gemüther zu Grunde lag. Diese
Forderungen aber fanden sich eigentlich nur einmal in der Geschichte verwirklicht: in dem heroischen Zeitalter der Griechen
und in demjenigen, für welches dieses der Gegenstand noch
frischer Zurückerinnerung war. Eine Gunst geschichtlicher Bedingungen, welche nicht wiedergekehrt ist, hatte dem letzteren, zur
Kunst befähigten, ein volles Nachgefühl der Lebensstimmung gelassen, die dem ersten eigenthümlich gewesen, und dem Dichter
waren alle jene Tugenden des Epikers als natürliche Gemüthsverfassung nahe gelegt; jenes Zeitalter der That aber, das diesem
des Gesanges als Gegenstand diente, hatte, wie niemals wieder,
Einfachheit und Unmittelbarkeit des Lebens, die Abwesenheit aller
künstlichen und mechanisirten Verhältnisse, mit menschlich würdigen und gebildeten Formen des Daseins verbunden. Doch über
dieses griechische Ideal gehe ich hier wie über ein unerschöpf-
liches Thema mit Verweisung auf die ästhetischen Werke hinweg,
deren keines sich der Versenkung in seine Bedeutung hat enthalten können; ich hatte nur anzuführen, daß die Theorie des
Epos, nachdem einmal diese Gesichtspunkte klar geworden waren,
sich ferner nicht nur zufällig allein auf die homerischen Gedichte
bezog, weil sie allerdings der allgemeinen Kenntniß am nächsten
lagen; man gestand sich vielmehr zu, daß wahres Epos als

eine in sich zusammenstimmende und reine Kunstgattung ausschließlich auf dem Boden der antiken Weltansicht und als Darstellung antiker Stoffe möglich sei.

Es ist unnöthig, die vielfach beklagten Gründe zu wiederholen, die das moderne Leben mit dem Uebermaße seiner mechanischen Vermittlungen, der Unruhe seiner auseinandergehenden
Ansichten und dem viel größeren Gewicht, das auf die innerlichen Motive der allmählichen Ausbildung der menschlichen Charactere fällt, niemals zum anpassenden Gegenstand für die gleichmäßige Betrachtungsweise und selbst die äußere Form des antiken Epos werden lassen. Ob auch den dichterischen Kräften der
Gegenwart, als Erzeugnissen ihrer Zeit, es unmöglich fallen
müsse, das antike Ideal auch nur als schöpferische Stimmung
ihrer eignen Phantasie wieder aufleben zu lassen, kann dahin
gestellt bleiben; müßten sich diese Kräfte auf antike Stoffe
werfen, so wären sie in jedem Falle verschwendet: Göthes Achil-
leis, abgesehn von dem, was sie gegen den epischen Ton vielleicht fehlen mag, beweist uns, wie gar nicht sich derselbe Eindruck an die schönste künstliche Wiederholung einer fremden Weltansicht und an ihre einst originalen Ausprägungen knüpft.
Sucht aber die Darstellung moderne Stoffe, so fand schon Humboldt nur eine besondere Gattung unserer Zeit ausführbar: die
bürgerliche Epopöe, als deren Musterbeispiel ihm Hermann
und Dorothea galt. Sie schien ihm auf das sinnlich Reiche,
Glänzende und Prächtige, auf die Darstellung eines Weltzustandes
in der imposanten Mannigfaltigkeit seiner äußern Erscheinungen
verzichten zu müssen, aber durch einen größern Gehalt an Gedanken und Empfindungen entschädigen zu können; in engere
Verhältnisse herabsteigend, würde sie das Wahre, Echte und
Ewige eines Zeitgeistes, der sich zur Vollständigkeit äußerer Erscheinungsschönheit nicht mehr entfalten kann, in den inneren
Zusammenhängen des tiefer aufgefaßten persönlichen Lebens wie-
dergestrahlt erscheinen lassen. Bei diesem Urtheil ist von Hum-

boldt bis auf Gervinus die deutsche Aesthetik geblieben; die
Nation hat es durch die Liebe, mit der sie Werke dieses Characters, so wie durch die Gleichgültigkeit bestätigt, mit der sie
zahllose Versuche aufnahm, ihr in altepischen Formen das große
Leben ihrer Geschichte vorzutragen.

Es war hart, den eignen poetischen Kräften die ganze Fülle
der großen modernen Weltverhältnisse entzogen zu sehn; man
konnte fragen, ob nicht die zahlreichen epischen Versuche anderer
Zeiten und Völker neue Formen für die unanwendbar gewordenen antiken darböten. Diese außergriechischen Epopöen waren
nach und nach in den Gesichtskreis der Aesthetik getreten; länger
bekannt die italiänische, dann die altdeutsche, endlich die orientalische Welt. Die über sie geführten Untersuchungen und ihre
Resultate zu erwähnen, ist hier unmöglich; W. Wackernagel
(die epische Poesie; im schweiz. Mus. für hist. Wiss. Bd. 1. 2,
Frauenfeld 1837, 38) und Fr. Zimmermann (Begriff des
Epos. Darmst. 1848) befriedigen die hierauf gehenden Wünsche.
Jene Hoffnungen erfüllten sich nicht. Virgil und Tasso,
Milton und Klopstock stellte nach und nach die Aesthetik mit
Achtung ihrer poetischen Kraft beiseit; sie hatten theils keine in
sich haltbare neue Kunstgattung geschaffen, theils in der Wahl
ihrer Stoffe sich völlig vergriffen; auch Dantes großartiges
Werk durfte nur einmal gewagt worden sein und nicht nachgeahmt werden; das Lied der Nibelungen hatte einen von Natur
zur Tragödie bestimmten Stoff mit heroischem Schwung, aber
ohne breite Klarheit epischer Lebensfülle behandelt; orientalische
Dichtungen glitten aus dem Tone der Epopöe, der ihnen zuweilen zu Gebot stand, öfter in den der Lyrik und der Reflexion
hinüber. In allen diesen Beispielen lagen keine neuen Lebens-
keime; Ariost's leichtspielende Weise dagegen, Cervantes stiller
Humor und zuletzt die leidenschaftliche Bewegtheit Byrons
schien Vielen die Andeutung eines neuen rechten Wegs für moderne Epik. Ist der Weltzustand einmal so, daß er die Bedeut-

ung eines werthvollen Inhalts, den er einschließt, zu voller Erscheinungsschönheit nicht entwickeln kann, so läßt das gelten zu
machende Ideal in der Ausführlichkeit und Allseitigkeit, welche
das Epos verlangt, eine hinlängliche Darstellung nur durch völlige Aenderung des poetischen Gestaltungsprincips zu: durch ganz
unbeschränktes Heraustreten der dichterischen Subjectivität, die
das antike Epos ganz verbarg. Der gegebene Stoff kann dann
in seinen Formen nicht mit Unbefangenheit und Hingebung von
dem Dichter anerkannt aufgenommen und wiedergespiegelt werden;
der Dichter selbst ist jetzt vielmehr der einzige Repräsentant des
Ideals, und er stellt es dar, indem er die verkehrten Erschein-
ungsformen zerspottet, die es verhüllen oder verunstalten. Jeder Versuch freilich, der nach dieser Richtung nicht mit der vollsten Kraft des
Genius gemacht wird, ist in Gefahr, aus dem Gebiet des Epos
in das der Lyrik über, oder als bloße Satire aus dem Bereich
der Kunst gänzlich herauszugleiten; aber denkbar ist allerdings
eine Freiheit, Heiterkeit und Universalität des humoristischen
Geistes, die zu der Ruhe Gleichmüthigkeit und Objectivität des
epischen zurückkehrt, eben indem sie alle lyrischen Kämpfe durch-
gekämpft hat und kein Element der Dinge und ihres Verlaufs
mit sentimentaler Parteilichkeit dem andern vorzieht. Eigentliche
Geschichte, die überhaupt dem Drama, nicht der Erzählung zu-
sagt, würde dieses humoristische Epos noch weniger als das antike darstellen können; aber eine breite, das Idyll weitüberflieg-
ende Schilderung allgemeiner Weltzustände würde seiner Natur
nicht versagt sein. Nichts fehlt der Hoffnung, in ihm eine neue
Kunstform gefunden zu haben, als die Erfüllung durch einen
großen Genius; das bisher Geschaffene ist tadellos doch nicht
über das heitere Idyll hinausgekommen; den großen Werken
dieser Richtung fehlt theils der hinlängliche Schwung, theils die
Stetigkeit plastischer Gestaltungskraft, theils die wirklich unparteiische Reinheit der mit dem Stoffe spielenden Phantasie.

Ich habe bisher stillschweigend vorausgesetzt, daß der Wunsch

auf ein Epos in metrischer Form gerichtet war. Aus den früheren Epen gebundener Rede hatte sich indessen als Erzeugniß des
Verfalls der prosaische Roman gebildet und diese Form hat
in unserer Zeit die allgemeine Theilnahme fast vollständig für
sich allein erobert. Unsern großen Dichtern, obwohl Göthe
selbst in ihr uns unvergängliche Werke geschenkt, flößte sie kein
Vertrauen ein; sie erschien ihnen immer als problematische Zwit-
tergestalt zwischen Poesie, die sie innerlich zu sein vorgibt, und
Prosa, deren äußeres Gewand sie trägt. Die Stimmen der Aesth-
hetiker sind getheilt geblieben; im Allgemeinen haben selbst diejenigen, welche dem Roman seine Stellung im System der Kunst
dialektisch festsetzten, damit nicht seine Ebenbürtigkeit mit dem eigentlichen Epos behaupten wollen.

Weiße findet allem Epos als Grundlage ein Bewußtsein
allgemeiner ewiger und nothwendiger Weltgesetze unentbehrlich;
auf welche Weise diese Grundlage zu gewinnen sei, hänge von
der Eigenthümlichkeit der geschichtlichen Idealbildung ab. Da-
nach seien zwei Hauptgattungen zu unterscheiden: das mythologische Epos, das dem antiken und dem romantischen Ideal
möglich gewesen, und das historisch-philosophische, welches
aus dem mythenlosen Ideale der modernen Welt entspringend,
der freien Erfindung der Gestalten und Begebenheiten eine phi-
losophisch gebildete Weltansicht zu Grunde lege. Dieses moderne
Epos ist der prosaische Roman; die begriffsmäßige Rechtfertigung
seiner Ungebundenheit in Form und Inhalt bestehe in der früher
(S. 410) geschilderten Universalität des modernen Idealbegriffes.
Vermöge seiner Identität mit der Idee der Wahrheit setze dieser
die absolute Möglichkeit der Schönheit als in allen Dingen, sobald diese nur geistig aufgefaßt werden, vorhanden voraus. Deshalb gehe der Roman in die ganze Breite des geschichtlichen
Thuns und Geschehens und aller seiner äußerlichen Beziehungen
und Umgebungen ein, in die ganze Tiefe der Gesinnungen, Leidenschaften und übrigen sittlichen Zustände; er suche aus der

unbegrenzten Fülle der Besonderheiten das Allgemeine, um aus diesem rückwärts das Besondere und Individuelle, scheinbar zwar unter dem vielen Unschönen das Schöne wählend, in der That aber das letztere freischaffend, hervorzubringen. Um aber diese hohe und schwere Aufgabe zu erfüllen, werde von dem Roman vor allem andern wirkliche Welt- und Lebensweisheit gefordert; anderseits, da die Darstellung der Wirklichkeit nicht nur beiläufig, sondern wesentlich und allgemein auch das Gemeine und Häß- liche gegenwärtig zeigen müsse, werde die Thätigkeit der Roman- dichtung zum großen Theil eine humoristische sein, aber eben da- durch den schönsten Triumph der Poesie feiern, den über die nicht unbeachtet gelassene, sondern schöpferisch bezwungene Häß- lichkeit und Gemeinheit.

Auch Bischer hat dem Roman eingehende Beurtheilung gewidmet. Eine Welt von Zügen, welche das plastische Gesetz des Epos ausscheide, nehme das malerisch specialisirende des Romans wie mit mikroskopischem Blicke auf; denn jene Idealität der Zustände, welche dies nicht ertragen könnte, sei in seiner Welt vornherein gar nicht vorhanden; aus der Prosa der harten Naturwahrheit werde sie eben erst durch die Rückführung auf ein vertieftes inneres Leben wiederhergestellt. Die Geheimnisse des Seelenlebens sind die Stelle, wohin das Ideale sich geflüchtet hat, nachdem das Reale prosaisch geworden; die Kämpfe des Geistes, die tiefen Krisen der Ueberzeugung, der Weltanschauung, die das bedeutende Individuum durchläuft, vereinigt mit den Kämpfen des Gefühlslebens, dies sind die Conflicte, dies die Schlachten des Romans. Es sind nicht blos innere Conflicte; sie erwachsen aus der Erfahrung; der Grundconflict ist immer der des erfahrungslosen Herzens, das mit seinen Idealen in die Welt tritt, und die unerbittliche Natur der Wirklichkeit als eine Gesammtsumme von Bedingungen durchkosten muß, die von un- endlich vielen Individuen in Wechselergänzung erarbeitet sind und nun über jedem einzelnen Individuum stehen.

Wenn es sich um die Rechtfertigung einer Kunstgattung handelt, thut man nicht wohl, sich nur an die vorhandenen Beispiele zu halten; man hat allerdings, wie Weiße und Vischer gethan, zu fragen, ob ein eigenthümliches ästhetisches Bedürfniß zu ihr drängt, und ob die Form, in der dies zu befriedigen ist, sich als ästhetisch zulässig erweist. Nun scheint doch, was das erste betrifft, nicht zu leugnen, daß das antike Epos, obgleich an sich selbst eine durchaus vollendete Kunstform, nicht geeignet ist, den ganzen Gehalt aller denkbaren Schönheit in sich aufzunehmen. Denn unmöglich kann alle Schönheit in der plastischen Darstellung fester Charactere liegen, für welche die sämmtlichen Lagen, in die das Leben sie wirft, nur Veranlassungen werden, ihr unwandelbares Naturell nach verschiedenen Seiten hin zur Erscheinung zu bringen; unzweifelhaft gebietet ein wahrhaft ästhetisches Interesse auch die Zeichnung bildsamer Naturen und ihrer Erziehung; und zwar reicht es nicht hin, diese Entwicklung nur in den großen Zügen darzustellen, welche dem Drama zu Gebote stehen, sondern auch in jener unablässigen Stetigkeit kleiner Fortschritte muß sie sich abbilden lassen, mit welcher sie in der Wechselwirkung mit unzähligen kleinen Bedingungen des natürlichen und des geselligen Lebens wirklich vor sich geht. Hierin ist den Vertheidigern des Romans einfach beizustimmen; die antike Poesie hat diese Lücke und besitzt keine Form, um sie auszufüllen. Wenn nun Vischer dennoch bedenklich wird, und die reine Kunstschönheit des Romans bezweifelt, weil er doch zu viel Prosa des Lebens zugestehe, um einen sichern Halt für ihre Idealisirung zu haben, so mögen die vorhandenen Werke dieser Form ihm sehr viel Grund zu diesem Bedenken geben, im Allgemeinen halte ich es nicht für unbesieglich.

Man wirft dem modernen Leben vor, keine darstellbare Poesie mehr zu besitzen und deshalb auch die darstellende Poesie des Epos unmöglich zu machen. Worin liegt doch eigentlich dieser Mangel? Darin doch zuletzt, daß die Zusammensetzung unserer

Gesellschaft sehr künstlich ist und in den Vordergrund unseres
Seelenlebens eine Menge von Ueberlegungen, Sorgen und Hoffnungen drängt, die sich nicht unmittelbar auf anschauliche Objecte der Außenwelt und ihre sinnlich sichtbar zu machende Behandlung beziehen; darin ferner, daß eben deshalb diese Behandlung der Außenwelt von uns nicht mehr mit der Hingebung
und Andacht ausgeübt wird, welche ihre ausführliche Beschreibung zum lohnenden Gegenstand der Aufmerksamkeit machte; darin
endlich, daß wir wegen der Vielförmigkeit unserer Bedürfnisse
gleichwohl in viel höherem Grade, als das hierin einfachere
Alterthum, von allerhand Elementen dieser Außenwelt abhängig
sind, und eben deshalb die Nutzbarmachung derselben nicht mehr
dem eignen Handanlegen, sondern einem mechanisirten Geschäfts-
betriebe übertragen. Wenn man diese Züge zusammenstellt, so
wird man vor Allem sich überzeugen, daß sie ganz folgerecht zusammenpassen; sie drücken alle die Beziehung zur Sinnenwelt
zum bloßen Mittel einer inneren Entwicklung herab; jedenfalls
leiden sie also nicht an innern Widersprüchen, welche ihre poetische Verwerthung hindern müßten.

Es folgt aus ihnen nur, daß die Schilderung des modernen
Lebens, um realistisch genau zu sein, eine sehr große Menge
sinnlicher Bilder zur flüchtigen, aber dennoch scharfen Zeichnung
des Schauplatzes und der bedingenden Umgebung verwenden
muß, daß sie aber in der Darstellung der kleinen Aeußerlichkeiten des Gebahens im Leben sich der behaglichen epischen Breite
ganz zu enthalten hat. Nicht als wenn diese Aeußerlichkeiten
nicht ebensoviel Darstellbares enthielten, wie die des Alterthums;
die modernen Menschen erheben ihre Hände ebenso zum lecker
bereiteten Male, wie die griechischen Heroen; der Fuhrmann
schirrt seine Pferde principiell nicht anders an und mit gleicher
Umständlichkeit; wer das Anzünden einer Cigarre beschreiben
wollte, fände noch immer eine Reihe von Handlungen zu erwähnen, die zu Episoden über den Handelsverkehr mit anders-

redenden und andersfarbigen Menschen und über feuerspeiende
Berge Anlaß gäben; aber keiner mag das mehr hören; Niemand
hat für diese Einzelheiten Interesse als für bloße Vorgänge;
Jeder mag sie nur beachten, soweit sich in der besondern Manier, dies Alltägliche zu verrichten, prägnant eine innere Leidenschaft des Augenblicks oder ein charakteristischer Zug der Individualität verräth. Diesem letzteren Gedanken begegnet man nun
wieder im antiken Epos fast gar nicht; Alle thun dort Alles
auf hergebrachte gleichförmige Weise; das Anlegen der Rüstung,
die Anschirrung des Wagens, Kleidung und Entkleidung, das
Abstoßen des Schiffes und seine Landung: Das alles verrichtet
eine Person in derselben Reihenfolge von Acten und Gesten,
wie die andere; der Vorgang selbst, das Geschäft interessirt hier,
nicht die Besonderheit der augenblicklichen Stimmung, mit der
es verrichtet und charakteristisch modificirt wird. Der Roman
ist dagegen instinctiv auch in seinen gewöhnlichsten Leistungen
auf das Entgegengesetzte verfallen: er schildert Umgebung und
sinnliche Bewegung nur soweit sie zur Kennzeichnung einer besonderen Stimmung nöthig sind, und eben deshalb ist es für
ihn auch kein Hinderniß, daß einzelne unserer Lebensgewohnheiten nicht mehr die plastische Bildfähigkeit der antiken haben.
Auch mit dieser Klage wird übrigens Luxus getrieben; die Malerei kann Anstoß an moderner Erscheinungsweise nehmen; die
Interessen der Poesie haften nicht an Barfüßigkeit und zweiräd-
rigem Streitwagen und fliehen nicht vor dem Reitstiefel und der
Kanone. Aber sie fliehen vielleicht vor der prosaischen Form
der Rede; und wenn wir das moderne Leben von Seiten seines
Inhalts dem alten gleich darstellbar finden, so fällt die Schilderung doch vielleicht, wenn sie prosaisch sein muß, dadurch aus
den Grenzen der Poesie aus?

Die Gründe der Wohlgefälligkeit eines metrischen Rhythmus haben wir früher aufgesucht; den Werth desselben für die
poetische Gestaltung des ausgesprochenen Inhalts haben wir noch

zu bedenken, ohne freilich in die Einzelheiten einzugehen; ihnen ist Conrad Herrmann (die ästhetischen Principien des Versmaßes. Dresden 1865) gerecht geworden. Den Anfangszeiten der Aesthetik, die überhaupt in der Kunstwelt ein von der Wirklichkeit abgetrenntes Gebiet sahen, war der metrische Rhythmus als Gegensatz gegen das Natürliche lieb; sie suchten keine andere Rechtfertigung als das dunkle Gefühl der Feierlichkeit, das er gewährt. Unsere großen Dichter, von der Prosa beginnend, überzeugten sich bald von der Unentbehrlichkeit des ausgeprägten Maßes für den Ausdruck ihrer echten Poesie, ohne doch sich genügende begriffliche Rechenschaft über sie zu geben. Es folgte eine Periode deutscher Dichtung, die viel in metrischer Musik that, bis endlich mit der wachsenden Neigung zu realistischer Darstellung das Versmaß um seiner Unnatürlichkeit willen in Mißachtung gekommen ist und von Vielen nur noch die Prosa als Ausdrucksmittel einer männlichen Poesie größerer Werke dem metrischen Getändel der Lyrik entgegengestellt wird.

Diese Widersprüche scheinen auf einer falschen Gegensetzung des Metrum gegen die ungebundene Rede zu beruhen. Wenn der Schüler zuerst die Gesetze der Mechanik und den feinen Zusammenhang kennen lernt, der die kleinsten Veränderungen in dem Gleichgewicht weniger Punkte zu einer Welle von Erschütterungen werden läßt, die sich mit zierlicher Regelmäßigkeit über ein ganzes System von Elementen weiter verbreitet, so kommt ihm der abenteuerliche Gedanke, dieses zauberhafte Wechselverständniß unzähliger Theile möge wohl an bevorzugten fernliegenden und vornehmeren Producten der Natur vorkommen, aber er wagt die Annahme gar nicht, daß dieselben Gesetze sich an den gemeinen Stoffen seiner nächsten Umgebung auch bestätigen würden. Der metallenen Saite traut er zu, durch Anstoß in regelmäßige Oscillationen zu gerathen, aber wie käme ein gewöhnlicher hänfener Strick zu solchen Leistungen? Jede Gesetzmäßigkeit der Wirklichkeit, die wir kennen lernen, beziehen wir immer zunächst auf das Große und in der Erscheinung Ungewöhnliche; es bleibt lange Dem gegenüber in unsern Gedanken die Vorstellung einer gemeinen Natur, eines Proletariats der Wirklichkeit, das an dieser Wahrheit nicht Theil habe. Einen gleichen Eindruck mag am Beginne der menschlichen Bildung auch die Sprache gemacht haben, wie sie im täglichen Leben, in der Form der Sätze und des Ausdrucks der Laune und dem Ungeschick der Redenden Preis gegeben, zur Bezeichnung vorübergehender Wahrnehmungen und Wünsche benutzt wurde. Weber in ihr noch in der Gedankenwelt, deren Kleid sie war, konnte eine zusammenhängend gestaltende Gesetzlichkeit vorhanden scheinen. Was daher der Geist Allgemeingültiges und Ewiges nach und nach auffand, das zog sich sogleich in ausdrücklich metrische Form; nicht nur poetische Anschauungen, auch die ewig geltenden Wahrheiten der Wissenschaft schienen wahr zu sein nur innerhalb dieser bevorzugten Form, in welcher jeder Begriff und jede Verbindung mehrerer unveränderlichen Ausdruck und unvertauschbare Stellung angenommen hatte, nicht in der Prosa, die von den Anregungen des Augenblicks ausgehend, denselben Inhalt bald so, bald anders, weitläufiger oder kürzer, also nicht in einem monumentalen Satze aussprach. Hierauf kann man wohl, nach Ergänzung einiger Zwischengedanken, die ich der Aufmerksamkeit des Lesers überlasse, den Eindruck zurückführen, den die metrische Form immer gemacht hat. Sie schien dem Alltäglichen gegenüber eine neue ideale Welt zu eröffnen; im Grunde freilich keine neue, sondern nur die innerlichen und einheimischen Tiefen derselben, in welcher wir leben. Denn wie die Physik uns das formlose Geräusch in eine nur zugleich erklingende und sich störende Mannigfaltigkeit regelmäßiger Tonschwingungen zerlegt, so schärft auch das Metrum nur unser Gehör für das Wirkliche, verwandelt zu Musik, was Lärm war, und gibt den einzelnen Gedanken die gesetzliche und harmonische Form, die sie in ihrer Durchkreuzung für die Standpunkte des täglichen Lebens nicht sehen lassen. Wir müssen jedoch unsern Vergleich noch anders benutzen. Ohne Zweifel liegt auch eine gewisse Gefahr für die Poesie in ihrer metrischen Form. Ich rede nicht von dem inhaltlosen rhythmischen Pomp, der nur zum Mißlingen der Dichtung zu rechnen ist; auch nicht davon, daß alten, dürftigen und einfachen Gedanken das Metrum allein zuweilen dichterische Weihe zu geben scheint, denn dies geschieht nicht mit Unrecht; die poetische Wahrheit ist kein translunarisches Gewächs; sie findet sich ohne Zweifel in den gewöhnlichsten Reflexionen, zu denen die Erfahrung des Lebens drängt; wer diese, die abgegriffen und verblaßt in unserm gewöhnlichen Gedankenlauf sich umtreiben, zu klarem denkwürdigem Ausdruck reinigt, spricht wahre Poesie aus. Aber diese ganze idealisirende Tendenz, die das Ewige aus dem Veränderlichen zu concentriren sucht, führt doch nothwendig zu einer gewissen Abstraction von den kleinsten Besonderheiten der Wirklichkeit und dadurch zu einem Widerspruch gegen den realistischen Geist der Gegenwart, der von diesen Kleinigkeiten als wesentlichen Mitbedingungen des Ganzen durchaus keine missen kann, aber gar nicht auf jede einen vorzüglichen Werth legen will. Der Rhythmus verwandelt gewissermaßen Alles in Gold, auch was taubes Gestein bleiben müßte und nur zur Festigung des aufzurichtenden Gebäudes zu dienen hat; Poesie in dieser Form auf modernes Leben angewandt, läßt entweder unentbehrliche Mittelglieder aus oder höht das nothwendige Kleine zu ungehöriger Wichtigkeit auf. Beide Nachtheile wird man in Vossens Louise vereinigt finden; kleine Spuren trüben hin und wieder Hermann und Dorothea. Ein Zug jener Abstraction aber geht durch unsere klassische Literatur überhaupt; ihre Meisterwerke lassen in wesenlosem Scheine hinter sich nicht ganz allein das Gemeine, sondern auch viel von dem unverächtlich Wirklichen;

darf man von der Poesie verlangen, daß sie sowohl erhebe als unterhalte, so haben wir für das erste unsern großen Dichtern ewig dankbar zu sein; aber unterhaltend sind sie im Ganzen wenig.

So werden wir also doch zur Prosa zurückgeführt. Und hier sollte man sich eben erinnern, daß ihr hänfener Strick an denselben Schwingungen theilnehmen kann, die wir nur der goldenen Saite zutrauen. Aber freilich, hier muß auch der Aesthetiker, der den Roman vertheidigt, kleinlaut werden. Denn wo wäre die Prosa, die diesen Ausspruch wahr macht? Man kann sie herrlich bei Göthe finden, aber in Werken, deren bedenkliche Composition uns den Meister mehr als das Werk loben läßt. Seitdem ist die deutsche Prosa verwildert; in den Schulen an Uebersetzungen aus dem Lateinischen geübt, in Zeitungen und Landtagsverhandlungen zu unvorbedachten Stegreiferzeugnissen veranlaßt, hat sie auch in der schönen Literatur keine Form wiedergewinnen können; zu verschieden sind hier die Bildungswege und Bildungsstufen, Geschlecht und Nationalität der Arbeitenden. Kaum nothdürftige Richtigkeit des Satzbaues dürfen wir erwarten, kein Gefühl für das empfindliche Gleichgewicht der Periode, den Numerus der Alten; keine Vermuthung davon, daß auch die prosaische Erzählung wie das Gemälde eine sorgsam abgewogene Vertheilung der dargestellten Massen bedarf, um Haltung zu erlangen; von Scene zu Scene werden wir fortgeführt, und Niemand kann sich nach dem Ende der großen Umrisse eines Werks mit der Klarheit erinnern, mit welcher aus der Entfernung sich scharfgezeichnete Linien einer Bergkette unserem Auge darbieten. Gedenken wir endlich des Mangels an Universalität der Weltansicht, der Engräumigkeit des vor uns geöffneten dichterischen Schauplatzes, der widerwärtigen Geflissentlichkeit, mit welcher die Widersprüche unsers socialen Lebens, die Zeitkrankheiten, ausführlich gemalt vor den wahrhaften und ewigen Inhalt der Gegenwart verdeckend vorgeschoben werden, so begreifen wir

die Geringschätzigkeit, mit welcher Gervinus über diesen blatt-
reichen Zweig unserer Literatur schweigt.

Man kennt die Aeußerung Göthes über die beständige
Gewohnheit seines Lebens, was ihn gequält oder beglückt, in ein
Gedicht zu verwandeln und so die unruhige Bewegung seines
Gemüths darüber abzuschließen. Fügen wir hinzu, was Schiller
auf Anlaß von Bürgers Dichtweise ausspricht, so bezeichnen diese
Bemerkungen beider den Ursprung und die Aufgaben der Lyrik so,
daß alle Theorie fast nur in der Systematisirung der aus so
frischer Quelle entsprungenen Aufklärung zu bestehen braucht.

Man pflegt in der Lyrik der Subjectivität des Dichters einen
Spielraum zuzugestehen, den ihr das Drama und die epische Erzählung verweigere. Doch würde man diesen Satz unvortheilhaft
sogleich darauf deuten, daß der lyrische Dichter anstatt des vorhandenen objectiven Weltzustandes die subjectiven Bewegungen
seines Innern darzustellen habe. Nicht durch diesen Inhalt, sondern
durch die Art ihn vorzutragen, zeichnet sich die Lyrik aus; welches
auch immer das ästhetische Gut sein mag, dessen Anschauung mitzutheilen die Absicht des Gedichtes ist: es muß fühlbar werden,
daß dies Gut nur durch die lebendige Arbeit des Gemüthes im
Augenblicke der Mittheilung entsteht. Nach verschiedenen Richtungen
machen wir hiervon Anwendungen.

So großen Werth Göthe und Schiller darauf legen,
daß das lyrische Gedicht einem innern Erlebnisse entspringe,
die bloße Darstellung der subjectiven Erschütterung galt ihnen
doch nicht für genügend. Göthe will sich durch die dichterische
Arbeit von dem Druck einer das Gemüth beherrschenden Stimmung befreien; wie dies geschehe, deutet Schiller an, indem er
den Schmerz nicht im Schmerz besungen, sondern aus mildern-
der Zeitferne geschildert will, welche die Uebermacht der Leidenschaft aufhebt. Es ist nur ein scheinbarer Widerspruch zwischen

Beiden, wenn Schiller so als Quelle der lyrischen Schönheit
dieselbe Freiheit und Klarheit des Geistes nennt, die Göthe sich
durch den poetischen Ausspruch seiner Bewegung erwerben möchte.
In Wirklichkeit ist doch nur ein untheilbarer Vorgang, was die
Reflexion hier als Ausgangspunkt und Ziel unterscheidet. Denn
worin liegt jene mildernde Kraft der Zeitferne, deren Schiller
gedenkt? Nur körperliche Schmerzen, die keinen Gegenstand der
Poesie bilden, lindert unmittelbar der Verlauf der Zeit durch
das Selbstverklingen der erlittenen Störung; das Leid des Gemüthes stillt er doch nur durch den Zustrom neuer Erfahrungen,
den er möglich macht. Und ebenso wenig liegt jene idealisirende
Macht der Zeit in der bloßen Abschwächung des Erlebten, mit
der wir uns bei körperlichen Störungen zufrieden geben, sondern
in einer Formänderung des Erlittenen, die es verklärt zum
ewigen Besitzthum macht. Was im Augenblick des Affectes die
Seele ganz ausfüllte, ohne Gegengewicht an dem übrigen geistigen Inhalt, den die übermächtige Erschütterung aus dem Bewußtsein verdrängt hat, das engen die wiederauflebenden und
sich mehrenden Beziehungen zu dem Reichthum der Welt wieder
ein; der gewaltige Eindruck, der chaotisch und gestaltlos war,
weil ihn Nichts Fremdartiges begrenzte, nimmt faßbare und mit-
theilbare Gestalt an durch die zurückkehrende Geschäftigkeit der
Ueberlegung, die seinen unsagbaren Inhalt durch Unterordnung
unter mannigfache Gesichtspunkte gliedert; so aus einer drängenden Bewegung des Gemüths in einen beharrlichen Gegenstand
der Betrachtung verwandelt, verliert das Erlebte seine unrecht-
mäßige Uebermacht über unser Inneres und gewinnt zugleich die
umschriebene Form, mit der es im Ganzen unserer Lebens-
erfahrung unverlierbar an seinen Ort zu stellen ist. Dies ist
die beruhigende Kraft der Zeit, die jedes menschliche Herz erfährt; der Dichter erfährt sie nicht blos, sondern stellt zugleich
eben diese stillwirkenden Vorgänge selbst dar, als deren unbeob-
achtet gereifte Frucht uns der neue Frieden zuzufallen pflegt.

Ich komme nicht ohne Absicht hier noch einmal auf diese
idealisirende Objectivirung des Erlebten zurück, die wir bereits
als allgemeines Verfahren der künstlerischen Thätigkeit be=
merkten. Die Ausprägung einer stehenden Benennung für eine
richtig beobachtete Thatsache verdunkelt zuweilen die Thatsache
selbst; man rechnet mit Wechseln fort und verliert die un=
mittelbare Anschauung der Werthe, welche diese repräsentiren.
Auch an die erwähnten Aussprüche Göthes und Schillers hat
sich manche Ueberlieferung ohne lebendige Wiederverinnerlichung
des Gemeinten angesetzt. Von großen Gemüthsbewegungen sich
durch die Schöpfung eines Kunstwerks zu befreien, hört man
ungefähr in derselben Weise empfohlen, wie überhaupt das Aus=
toben einer Leidenschaft; daß ein großes Heil darin liege, subjec=
tive Erregungen in Gegenstände der Betrachtung zu objectiviren,
wird mit hergebrachter Ehrfurcht vor dem Mystischen des Vor=
gangs versichert. Aber die Poesie wird durch einen hinlänglich
großen Rest des Unerklärbaren ewig von der gemeinen Ansicht
der Dinge ohnehin geschieden sein; man sollte die wenigen
Fäden nicht vernachläßigen, die von erklärbaren psychologischen
Vorgängen zu ihr hinüberleiten. Einen dieser Fäden wird man
leicht hier finden. Denn was bewegt den leidenschaftlichen Aerger
auch da, wo ihn Niemand hört, zur Ausstoßung ungezählter
Schmähungen? und was gewinnt er dabei? Es mag sein, daß
zuerst ein instinctiver Drang zu irgend welcher Aeußerung treibt,
aber indem dieser Drang zum Worte greift, kann er doch kein
Wort finden, dem nicht auch ein Sinn anhaftete; er kann keinen
Vorwurf hinausschleudern, der nicht die Form eines Satzes,
eines Gedankens annähme. Aber jeder Gedanke steht im Reiche
des Denkbaren in festen Verhältnissen zu anderen Gedanken;
unvermeidlich wird daher der Inhalt der Leidenschaft, sobald er
sich auf diese Form einläßt, in Beziehungen verflochten, aus
denen sich gegen ihn selbst eine gewisse Kritik erhebt. Ist der
Vorwurf gerecht, nun wohl, dann unterhält er zwar durch die

Deutlichkeit, mit welcher er nun ausgesprochen vor dem Bewußtsein steht, die leidenschaftliche Bewegung, die ihn ausstieß, aber
er unterhält sie doch nun als der rechtfertigende Grund ihres
Daseins; denn er zeigt das an sich ewige und unveränderliche
Object auf, dem der Haß der bewegten Seele für immer gebührt. Und er kann doch auch dies nicht, ohne die schrankenlose
Ausdehnung der Erregung selbst zu begrenzen, denn indem er
ihr ein bestimmtes Ziel giebt, lenkt er sie von einem großen Bereich jener Welt des Denkbaren überhaupt ab, deren umfassenden
Hintergrund eben der ausgesprochene Gedanke selbst durch unzählige an ihn sich knüpfende Nebenvorstellungen wieder merkbar
werden läßt. Und war der Vorwurf ungerecht, so ist er um
so weniger verloren; denn es ist nicht richtig, daß selbst in der
hohen Flut der leidenschaftlichen Bewegung der Sinn für die
Wahrheit ganz in uns erlösche; indem wir sie aussprechen, schau-
dern wir vielmehr selbst vor der erkannten Maßlosigkeit unserer
Behauptungen heimlich zurück, und wenn für den Augenblick uns
jene Flut über jeden Aufenthalt hinausführt, dennoch bleibt der
Stachel, und die Empörung des Gemüths sänftigt sich an der
Erkenntniß der Widersprüche, in die sie sich gestürzt hat. Nicht
anders verfährt das Entzücken; wir mögen niemals ungetheilt
und nur leidend die freudige Erregung hinnehmen; im Einzelnen
suchen wir zergliedernd die mannigfaltigen Verhältnisse auf, und
sprechen sie aus, auf denen sie beruht, und durch ihre erkannten
Gründe ist sie nun als stets unverlierbares Gut der Vergänglichkeit enthoben, die jeden unserer Zustände, der nur Zustand
bleibt, in beständigem Wechsel hinrafft.

Zwei verbundene Vortheile finden wir also in allen diesen
Vorgängen, durch welche von selbst die Stimmung, die uns
beherrschte, sich zum Gegenstand einer Anschauung verwandelt;
zuerst den, welchen ich eben erwähnte: die Festhaltung des Erlebten für immer. Denn unsere Erinnerung ist stumpf für alle
Gefühle, denen wir nur leidend hingegeben waren, und repro-

bucirt sie nur unkräftig; lebendig rufen wir uns das allein zu=
rück, was im Augenblick des Erleidens in irgend einer Weise
mit Gedanken versetzt oder durch sie bearbeitet wurde und nun
von ihnen getragen oder an sie geknüpft wieder auffsteigt. Aber
zugleich liegt ein kleines doch deutliches Element sittlicher Arbeit
in jenem unwillkürlich geübten Verfahren: das Gemüth versucht
seine Lust oder Unlust zu rechtfertigen; denn wie sehr auch
Werth und Unwerth aller Verhältnisse nur gefühlt und nicht
durch Gedanken erkannt werden kann: dennoch hat das Gefühl
keine Berechtigung uns zu beherrschen, wenn es nur als unser
Wohl oder Wehe auftritt, und wenn nicht Lust und Unlust als
der eigene in unserem Fühlen nur lebendig gewordene Werth
oder Unwerth dessen, was uns bewegt, empfunden wird. Um
dies überhaupt zu leisten, bedarf die leidenschaftliche Bewegung
der Mitwirkung des zergliedernden und gestaltenden Denkens;
sie bedarf derselben noch mehr, um den augenblicklichen Eindruck
auf das Maß der Bedeutung zurückzuführen, das im Ganzen
des Lebens ihm zukommt. Und nun können wir ein Drittes
hinzufügen: den unwillkürlichen Drang nach Mittheilung, aus
dem jede laute Kundgebung unserer innern Zustände hervorgeht,
seltner in der Absicht wirkliche Abhülfe des Leides zu erreichen,
aber immer in der stillen Voraussetzung, was von Andern sich
nachfühlen lasse, das erst sei ein berechtigter Gegenstand auch
unseres Gefühls. Aber innere Erregung ist mittheilbar nicht an
sich selbst, sondern nur durch Vermittlung von Gedanken, die
ihre Veranlassungen oder Beziehungspunkte abbilden. So er=
scheint uns denn überall die stets verlangte Bildlichkeit und An=
schaulichkeit der Poesie, die Verwandlung des subjectiven Zu=
standes in einen Gegenstand der Betrachtung darum begreif=
lich und nothwendig, weil sie eine Selbstbeurtheilung der Leiden=
schaft enthält oder möglich macht, durch welche die thatsächliche
Erregung unsers Innern in gerechten Zusammenhang mit dem
Ganzen einer vernünftig geordneten Welt gesetzt wird.

Ich habe hiermit nur die übereinstimmende Meinung der deutschen Aesthetik ausgesprochen. Sie hat niemals den bloßen Aufschrei einer bewegten Subjectivität für lyrische Poesie gehalten; Darstellung des Unendlichen im Besonderen verlangte Schelling von ihr; eine allgemeine Gültigkeit des Ausgesprochenen, in sich selbst wahrhafte Empfindungen und Betrachtungen erwartete Hegel auch in der subjectivsten Eigenthümlichkeit der Darstellung; Weiße sucht noch bestimmter in der lyrischen Poesie die Wahrheit der Voraussetzung des Ideals, welche das Epos gemacht habe. Denn dies Ideal, dessen Schönheit unmittelbar in die Erzählung übergehen sollte, bleibe in der That dieser fern und entfremdet und die Kunst verwandte sich nun in der Lyrik in den Ausdruck des bald ausdrücklich gesetzten bald wieder aufgehobenen Gegensatzes zu ihm. Ich ersetze die dialektische Erörterung dieses Ausspruchs durch eine leichtere Vergleichung. Das Epos eröffnet einen weiten Horizont vor uns, und zeigt uns die Welt von einem hohen Standpunkt; von da aus nehmen alle lebhaften Bewegungen des Einzelnen sich nur wie Beispiele einer allgemeinen Ordnung aus, längst ausgeglichen in der Weltansicht, die sich über das Ganze wie Eine zusammenhängende Färbung ausbreitet, nirgends ganz unbezeugt und nirgends mit besonders hervorstechendem Glanz localisirt. Aber diese mit sich einige Ansicht der Welt muß irgendwie entstanden sein; die lyrische Poesie führt uns an den Ort ihrer Geburt; sie verläßt jenen hohen Standpunkt und taucht in das Gedränge des Lebens hinab, in welchem zuerst uns die Räthsel des Zusammenhangs der Dinge ungelöst und unübersehbar umstehen; in dieser bedrohlichen Nähe nicht beleuchtet durch die Helligkeit, in welcher sie für den Ueberblick des Ganzen verschwinden. Von hier aus, von dem zufälligen Standpunkt, auf dem das einzelne Gemüth sich mitten in der Verzweigung und Veräftelung der Dinge vorfindet, kann nur seine eigene Arbeit wieder den Weg zu einem Orte finden, welcher die freie Aussicht auf das Ideal und die in ihm liegende Schlichtung aller Widersprüche zurückgibt. Auf beides müssen wir Werth legen, auf dieses Ziel des Ideals, in dessen Anschauung das lyrische Gedicht zur Ruhe kommen will, und nicht minder darauf, daß es in einer Bewegung des subjectiven Gemüths besteht, die ihr Ziel erst aufzusuchen strebt.

Die Formen der Gedankenbewegung, welche diese dichte= rische Arbeit leisten, sind höchst mannigfach; allgemein aber hat die Aesthetik jedes poetische Spiel zurückgewiesen, das in ziel= losem Irren nur die Mittheilung des Gemüthszustandes, aber in keiner Weise eine fortschreitende Bearbeitung desselben er= strebt. Ein stoffartiges Interesse hat man unterschieden von demjenigen, welches die lyrische Poesie durch ihre Kunstform er= wecken soll. Diese letztere suchte man nie in der Vollendung der äußern technischen Darstellung, sondern in der klaren Vor= zeichnung eines Gedankenganges, durch den die angeregte Stimm= ung sich irgendwie zum Bewußtsein über sich selbst, über ihre Berechtigung, über die Versöhnung ihres Zwiespalts oder ihrer Zweifel, über ihren Ort in dem Ganzen einer idealen Welt= ansicht erhebt; welches auch immer die Mittel sein mögen, durch die diese Aufgabe erfüllt wird, ihre Erfüllung verlangen wir durchaus. Die Ereignisse der Natur, manche Scene des mensch= lichen Lebens, nicht weniger die Werke anderer Künste erregen in uns zusammengesetzte Stimmungen, deren eigenthümliche zau= berische Färbung und Mischung namentlich den jugendlichen Dichter überwältigt und zum umgestalteten Wiederausdruck an= reizt. Wir fühlen uns lebhaft poetisch angeregt, aber doch nicht befriedigt durch Gedichte, die aus solchem Bedürfniß entsprungen durch mancherlei aneinandergereihte Bilder und Gedankenelemente nur alle Bestandtheile jener eigenthümlichen Gefühlsmischung in uns wiederzuerzeugen . und zu verbinden streben, ohne die er= weckten Vorstellungen in einen Brennpunkt zu sammeln, ohne das Geschilderte zur bloßen Scene irgend eines Fortschritts zu

brauchen, ohne endlich einen Gedanken auszusprechen, der für die
lebhaft zur Anschauung gebrachte Stimmung das Recht erklärte,
in der Welt unter anderem Titel als dem einer zufälligen Affection unsers Gemüths zu existiren.

Die so gestellte Forderung als das Verlangen nach einer
verstandesmäßigen Arbeit mißdeutet zu sehen, welche jedes lyrische
Gedicht mit einem Gemeinplatze der Erkenntniß schließe, darf ich
nicht befürchten. Denn obgleich auch dieser Schluß vollkommen
unverächtlich wäre, sobald sein Inhalt die Mühe einer poetischen
Erringung dieses Gewinnes lohnte, so haben wir doch den Character der lyrischen Poesie in einer Bewegung des einzelnen
Gemüthes als solchen gefunden. Und hierdurch schließen wir
allerdings jede lehrhafte Darstellung aus, die sich zur Hervorbringung ihrer Erlebnisse nur der Mittel des Denkens bedient,
die allen Geistern gemeinsam, und derjenigen Unterordnung
verschiedener Wahrheiten, die einem zwingenden theoretischen Beweise zugänglich ist. Denn Gegenstand der Kunst ist Nichts,
was auf zureichende Weise sich ohne die Mittel der Kunst leisten
läßt. Aus diesem Kreise des unkünstlerisch lehrhaften Inhalts
tritt die lyrische Poesie heraus, indem sie die lebendige Eigenthümlichkeit des dichterischen Gemüths zum verknüpfenden Bande
der Gedanken macht. Sie thut dies zum Theil in derselben
Weise wie die musikalische Melodie; wie diese nicht in der Wiederholung der Töne eines Accordes, die an sich festliegen, sondern in der freien und unberechenbaren Bewegung zwischen
ihnen, aber doch zwischen ihnen als festliegenden besteht, so führt
die lyrische Phantasie die mit einander verbundenen Gedanken
nicht in der logischen Ordnung auf, die der Verstand von ihnen
fordert, sondern in der andern Reihenfolge, die ihnen mit eigen-
artiger Vertheilung neuer Werthe die Stimmung des Gemüthes
und die Richtung seiner Bewegung giebt. Manches kaum andeutend, auf Anderem verweilend, hier entfernte Glieder sprungweis verknüpfend, dort in erneuerten Wiederholungen um ein

unscheinbares Glied der Gedankenkette kreisend, stellt uns das lyrische Gedicht nicht die Wahrheit selbst dar, sondern die Bewegung des Gemüths, das sie sucht oder sich gegen sie sträubt, sie gegen Zweifel mühsam schützt oder von ihrer aufleuchtenden Klarheit überrascht wird. Und Dies alles so, daß mit jedem Schritt ihres Ganges die Phantasie zugleich das Glück oder das Weh erscheinen läßt, das aus dem gefundenen Zusammenhange je nach der Weise quillt, wie das Gemüth ihm gegenüber sich fassen will. Denn jeder Inhalt freilich, der uns nur Aufgaben der Erkenntniß stellt, aber keinen Entschluß der Entsagung oder der Thätigkeit zumuthet, nur uns durch sich bestimmt, aber nicht in seinem Werthe sich durch uns bestimmen läßt, entzieht sich der lyrischen Poesie. Mit Dem allen endlich ist natürlich nur das farblose Schema der Gedankenbewegung bezeichnet, die wir hier voraussetzen; den Zauber der Anmuth, dessen diese Bewegung bedarf, um schön, um überhaupt Gedicht zu werden, können wir hier um so weniger begrifflich fassen, als wir ihn ja eben unablöslich von dem Ausdruck einer unberechenbaren Individualität finden, die der Auffassung durch Allgemeines widerstrebt.

So vielgestaltig ist die lyrische Poesie, daß auch diese Betrachtungen noch immer nur einer Form derselben, und zwar einer keineswegs allgemeinanerkannten, zu gelten scheinen. In der That paßt das Gesagte am unmittelbarsten auf jene Gedankenlyrik, die der tadelnde Name der Reflexionspoesie getroffen hat. Unser Geschmack und unsere Theorie sind hier etwas allzu abhängig von den verschiedenen Mustern gewesen, die wir nach und nach kennen gelernt. Was vor der klassischen Zeit unserer Literatur über Poesie gedacht und in ihr geübt wurde, davon gehört das Bessere allgemein dieser Weise der Reflexion an, die von den Erscheinungen einen kurzen Anlauf zum Denken über die Erscheinungen nimmt. In dieser Richtung, die um der Gestaltung des modernen Lebens willen den neueren Völkern überhaupt, dem deutschen Character besonders

natürlich ist, konnten auch die Studien des Alterthums nur bestärken. Pindar, die lyrischen Theile der Dramatiker, und die
wenigen römischen Dichter, waren die einzigen leicht zugänglichen
Muster lyrischer Poesie; sie alle, obwohl mit sonst verschiedener
Färbung, tragen diesen Character einer nachdenklichen Phantasie,
die von den Erscheinungen der Natur und des Lebens sich zu
Ueberlegungen über die Art bestimmen läßt, wie der Mensch sich
ihnen gegenüber fassen und in ihnen zurechtfinden soll. Dem
Leben des Volks war die lyrische Poesie hauptsächlich in den
geistlichen Liedern nahe getreten; was unter ihnen werthvoll ist,
und allerdings bietet dieser unübersehbare Schatz neben vielem
Mißlungenen nur wenige Perlen, die zu dem Schönsten des
Schönen gehören, auch dies bewegt sich nach der Natur seiner
Veranlassung in einem Gedankenleben, das von einzelnen äußern
Veranlassungen nur leicht angeregt, das Ganze unsers Daseins
reflectirend, aber zugleich mit dem tiefsten gemüthlichen Antheil
zu umfassen sucht. Nun aber fand und empfand Herders
feinspürender Sinn die Schönheit der langvergessenen Volkslieder
aller Zeiten und Länder; dem neu angeregten Interesse für diese
Naturpoesie kam die Bereitwilligkeit zu Neuerungen entgegen, die
Shakespears sich mehrender Einfluß auf andern ästhetischen Gebieten erweckt hatte, und mit unübertrefflicher Meisterschaft schlug
plötzlich G ö t h e von neuem diesen lyrischen Ton der unmittelbaren Poesie des Gefühls wirklich an, den Herder im Gegensatz
zu seiner eignen, ähnlicher Leistungen ganz unfähigen Natur,
von fern bewundert hatte. Noch einmal erhob sich dann gleichzeitig in S c h i l l e r die Reflexion zu einer Höhe poetischer Vollendung, die sie im Allgemeinen selten, mit dem besonderen Colorit moderner und deutscher Denkart nie erreicht hatte. An
diesem blendenden Gegensatz unserer größten Dichter haben sich
unsere ästhetischen Theorien entwickelt, zuerst mit einseitiger
Theilnahme des Volks für die ihm angeborne Reflexion und mit
gleich einseitiger Abneigung künstlerischer gebildeter Kreise auch

gegen ihre schönsten Leistungen, allmählich mit einer gerechteren Schätzung, deren Ergebniß ich mit Uebergehung der Einzelheiten dieser Streitigkeiten erwähne.

Man erinnert sich der Schilderungen, die Schiller von der schönen Seele gab, die nicht sittlich zu wollen brauche, weil sie edel zu begehren gewohnt sei. Ihm schwebte diese Schönheit doch am meisten als Ergebniß einer Selbsterziehung vor, als erkämpfte Rückkehr zu einer Haltung, welche die Natur nur Wenigen ihrer Lieblinge freiwillig beschert. Göthe kannte und übte seinerseits im thätigen Leben diese Erziehung, aber das Glück der Schönheit fand er doch vollständig nur, wo das mensch= liche Herz mit dem köstlichen Instinct des Gefühls und ohne des farblosen Mittelgliedes der Erkenntniß zu bedürfen, unmittel= bar in der einzelnen Erscheinung der Natur und des Lebens ihren ganzen allgemeinen Gehalt zu empfinden, und ebenso un= mittelbar die einzelne Erscheinung zum Ausdruck des Allgemeinen und Ewigen seiner eignen Bewegung zu gestalten·weiß. Nicht wie der sichtbare Faden, der einzelne Perlen aufreiht, sondern wie die unhörbare zusammenhaltende Harmonie, die wir zu dem Ganzen der Melodie hinzufühlen, begleitet hier der Gedanke die vorüberziehenden Gestalten; daß in diesem echten Bilde des un= mittelbarsten Lebens, in dem Liede, das sangbar aus der Brust quillt, das Eigenthümlichste der lyrischen Poesie, der vollste Widerschein des Unendlichen im Endlichen liegt, diese Ueberzeug= ung wird der neueren Aesthetik nicht wieder zu rauben sein. Aber ich füge eine Warnung hinzu, die kurz Gervinus aus= spricht (Gesch. der Nat.-Lit. 1844. V. 451): man möge nie ver= gessen, daß, wenn wir nur diese der Wirklichkeit nähere Poesie preisen wollen, wir uns leicht auf einer Unart unserer pro= saischen und phlegmatischen Natur ertappen könnten, welche der Anstrengung die Behaglichkeit vorzieht. Denn diese naive und natürliche Kunst leiste das Höchste nur unter der Einen von Göthe gestellten und erfüllten Bedingung, daß sie ihre Gegenstände aus der beschränkten Wirklichkeit heraushebt und ihnen in einer idealen Welt Maß und Würde gibt.

Ich will diese Warnung hier nicht auf die unzähligen Er-zeugnisse deutscher Lyrik beziehen, die seit Göthe Gleiches ver-sucht haben; denn die vielen mißlungenen Beispiele können Nichts gegen den Werth der Gattung beweisen, und daß Vieles ge-lungen, gestehen wir bereitwillig zu. Ich finde vielmehr jene Unart in einer sich mehrenden Vorliebe, die lebendige Phantasie in ihrem unmittelbaren Naturlaut, aber nicht in ihrer Gestalt-ung zum Kunstwerk zu genießen. Theorie und Kritik haben vielleicht zu sehr diese Vorneigung genährt, welche das Allge-meinpoetische, das aller Kunst Anfang und belebende Quelle ist, ausdrücklich an einem Minimum des gedankenhaften Inhalts, als reinen Duft an dem geringstmöglichen Körper haftend, zur Erscheinung bringen möchte. Es ist kein Zweifel darüber, daß überall wo dieser Vorsatz so gelingt, wie er Göthe gelang, eine völlig reine und tiefe ästhetische Wirkung entsteht; aber es ist sehr zu bezweifeln, daß diese Höhe der einzige berechtigte Gipfel der lyrischen Poesie als Kunst ist. So wie man mißlungenen Gedichten vorwerfen kann, daß sie in dem Stoffe befangen bleiben, den sie poetisch gestalten sollten, so läßt sich gegen diese gelungenen einigermaßen einwenden, daß sie in dem Allge-meinpoetischen bleiben, das sie künstlerisch verwerthen könnten.

Man muß diesen Einwand nicht mißverstehen; er enthält keine Leugnung des absoluten, sondern nur eine des ausschließ-lichen Werthes dieser objectivsten Lyrik. Ihrem überwältigenden Eindruck würde sich ohnehin ein Deutscher nicht entziehen können, dem nicht nur Göthe zu eigen ist, sondern jenes Volkslied, in dessen Werthschätzung wir, ebenso wie in jener Warnung, mit Gervinus vortrefflicher Darstellung übereinstimmen. (Gesch. d. Nat.-Lit. Bd. II. S. 322.) Aber es ist kein ästhetischer Grund ~auden, der die Lyrik nöthigte, sich auf dieses Untertauchen

in die allgemeine Stimmung der Zeit und des Volkes zu beschränken und um der Schönheit des Allgemein=menschlichen
willen den Zauber der kunstmäßigen Poesie zu fliehen, die mit
der Gedankenkraft einer tiefbewegten Subjectivität aus der zusammenfassenden Betrachtung der Welt Ergebnisse zieht, welche
eben nur die Kunst, nicht die Wissenschaft finden kann. Und
darin eben besteht jene getadelte Trägheit unsers Geschmacks, daß
wir nur hören wollen, was als Stimme der menschlichen Natur
uns von Natur verwandt ist, aber nicht, was durch die Arbeit
eines individuellen Geistes gewonnen, auch von uns nur durch
entsprechende Arbeit angeeignet werden kann. Lassen wir deshalb beide Richtungen der Dichtkunst, die unserem Volke in so
ausdrucksvollen Beispielen gegeben sind, nebeneinander in ihrem
Werth, und überzeugen wir uns, daß sie beide eines vollkommen
poetischen Styls fähig, und beide nach verschiedenen Richtungen
hin in gleicher Gefahr sind, aus dem Gebiete der Kunst heraus-
zufallen; jene objective Lyrik durch die geringe Bedeutung der
kleinen Bildchen, die sie uns häufig vorführt, und an welche nur
noch die glückliche augenblickliche Stimmung des Hörenden eine
Bedeutung knüpfen kann, die nicht in ihnen enthalten ist; diese
reflectirende aber durch die Neigung, die Wärme des Gefühls,
welche nicht als leitende Kraft in dem Gange der Reflexion
wirkte, durch äußerlichen Pomp an die Ergebnisse einer kalten
verstandesmäßigen Ueberlegung anzuknüpfen. Vermeiden beide
diese ihre characteristischen Gefahren, so werden sie auch beide
dem Genüge leisten, was wir als Aufgabe der lyrischen Poesie
bezeichneten; denn es ist nicht nöthig, daß jener Aufschwung des
Gemüths aus der Verwicklung des Lebens zu dem Wiederanblick
des Ideals, den wir verlangten, stets durch eine unterscheidbar
fortschreitende Gedankenkette geschieht; er liegt so, wie das lyrische
Gedicht ihn überhaupt vollziehen kann, als ein einzelner Aus-
blick auf einen einzelnen Gipfel der idealen Weltansicht, oft auch
in jenen unscheinbarsten Wendungen des Vorstellungsverlaufs,

deren Leitung die träumende Natur dem wachenden Bewußtsein aus den Händen genommen hat.

Die Subjectivität des Dichters haben wir bisher nur als die arbeitende Kraft betrachtet, aus der das lyrische Kunstwerk entspringt; und sie erscheint uns um so poetischer, je eigenthümlicher die Individualität ist, die ihre unberechenbaren Bewegungen einerseits mit der anzuerkennenden Wahrheit einer idealen Weltansicht in Einklang zu bringen, anderseits ihnen die Klarheit allgemeiner Verständlichkeit zu geben weiß. In anderem und ausdrücklicherem Sinne macht Weiße die Subjectivität des lyrischen Dichters gelten. Der alten Bemerkung, daß in dem Epos der Dichter hinter seinem Werke zurücktrete, gibt er den verschärften Gegensatz, daß dem Lyriker nicht blos erlaubt sei, sich selbst darzustellen und gelegentlich selbst als Darsteller seiner selbst hervorzutreten, daß es vielmehr im Begriff der lyrischen Poesie liege, die Person des Dichters als unmittelbaren Träger ihres Inhalts ausdrücklich aufzuführen. Daraus erkläre sich, daß in den meisten lyrischen Gedichten von höherem Schwung, tieferem Inhalt und gediegenerer Bildung der Dichter sich ausdrücklich als Dichter, nicht blos als empfindendes und begehrendes Individuum einführt; der letzteren Form könne man nur dann den Vorzug geben, wenn man in der Kunst etwas anderes als Kunst, nämlich die bewußtlose Natureinfalt, und statt des über alles Menschliche, ohne es zu verleugnen, dennoch erhaben bleibenden Idealgeistes die materielle Wärme der Empfindung und Leidenschaft sucht. Beispiele jenes ausdrücklich in dem Kunstwerk vorgeführten Selbstbewußtseins der lyrischen Poesie gaben ihm fast alle großen lyrischen Künstler: Pindar Horaz Hafis Petrarca Göthe, und er setzt ihnen ausdrücklich die in der Mitte des Volkes aus der Sagendichtung allmählich sich erzeugende Liederdichtung, das Volkslied, entgegen, das bei hoher Trefflichkeit und ergreifender Innigkeit und Tiefe im Einzelnen doch nicht auf der eigentlichen idealen Höhe der lyrischen Kunst stehe.

Zu dieser Ansicht haben zuerst Weißes speculative Vorüberzeugungen geführt; vor allem gab jener Begriff des modernen Ideals, das er ausdrücklich in der Kunst als Kunst fand, der künstlerischen Thätigkeit und Persönlichkeit selbst diesen hohen Werth im Vergleich mit ihrem Erzeugniß; dann aber boten sich als die thatsächlichen Belege dieser Theorie fast mehr noch als die angeführten Beispiele Byron und Rückert dar; der Poesie des letzteren namentlich hat Weiße dauernd die höchste Theilnahme geschenkt. Ob nun die hier ausgesprochene Anerkennung des Volksliebs nicht zu karg ausgefallen, lasse ich dahingestellt; die Eigenthümlichkeit aber, die uns hier als wesentliche Form der Lyrik bezeichnet wird, erkennen wir als völlig berechtigte, doch nicht als so ausschließliche an, wie sie sein müßte, wenn sie wirklich mit dialektischer Nothwendigkeit an dem Begriff der lyrischen Poesie haftete. Gleichwohl sind wir zur Beistimmung weit mehr als zum Widerspruch gedrängt. Denn es ist doch völlig wahr, daß das einzelne lyrische Gedicht eine Art von Räthsel bleibt; von einzelnen Veranlassungen ausgegangen und durch eine bestimmte Wendung der Gedanken und der Stimmung seinen Frieden mit dem Ideal machend, sehnt es sich gewissermaßen nach einer allgemeineren Bestätigung seiner Wahrheit. Das Volkslied findet sie, je nationaler es ist, in dem ganzen Hintergrund der gemeinsamen Lebensansicht, die es durch seinen Ton anklingt, und die ihm als begleitende Harmonie dient; das religiöse Lied nicht minder in dem wohlbekannten Kreise von Gesinnungen und Glaubensüberzeugungen, aus denen es hervorgeht; die kunstmäßige Lyrik muß sich selbst diese erklärende Basis durch die Vielseitigkeit ihrer Erzeugnisse schaffen, in deren zusammengefaßter Menge erst der ganze und vollständige Werth jener individuellen Phantasie klar wird, die sich von den einzelnen Veranlassungen erregen ließ. Natürlicher wenigstens ist nun Nichts, als daß dieses eigenthümliche Gepräge der Phantasie und der Weltansicht auch innerhalb der Poesie selbst sich nur als der Ausfluß der künstlerischen Individualität zu erkennen gibt, der es in der That sein Dasein verdankt. Wie diese als die wirkende und arbeitende poetische Kraft der erzeugende Quell und das verknüpfende Band der einzelnen Productionen ist, so mag sie auch innerhalb derselben ausdrücklich als die poetische Substanz auftreten, deren veränderliche und vergängliche Accidenzen die von ihr erzeugten Schönheiten ihrer Einzelschöpfungen sind. Und in der That sind wir an diese Art der ästhetischen Schätzung schon längst gewöhnt. Wie wir dem eigenthümlichen Styl eines großen Malers fast mehr Beachtung schenken, als der Vollendung eines einzelnen seiner Werke, ganz ebenso schätzen wir weit mehr den Gesammtcharacter eines lyrischen Dichters, als die Tadellosigkeit eines einzelnen Gedichtes. Aus einzelnen mustergültigen Erzeugnissen und vielen andern, die vereinzelt nur geringen Werth haben, ja selbst in ihren bestimmten Absichten verfehlt erscheinen würden, setzen wir uns das Ganze einer künstlerischen Intention, einer individuell gearteten Phantasie zusammen, die als solche, als diese lebendige geistige Individualität, uns begeistert. Man kann diese Wirkung vielleicht von keinem Dichter, Hafis vielleicht ausgenommen, so sehr erfahren, als eben von Rückert, von dem Weiße sie erfahren hat. Die unerschöpfliche Productionskraft dieses Lyrikers hat gar Manches hervorgebracht, was für sich betrachtet unbedeutend und farblos erscheint; um ihn wirklich zu genießen, ist eine gewisse Massenhaftigkeit des Genusses nothwendig, entsprechend jener Vielseitigkeit seiner Schöpfungen. Dann aber findet man, daß lange nachdem die bestimmten Gestalten seiner einzelnen Ergüsse vergessen sind, eine nachhaltige poetische Stimmung der Phantasie zurückbleibt, gleich dem Glockenton, der sich aus vielen kleinen und vergessenen Anstößen summirt hat. Solchen Fällen nun entspricht es ohne Zweifel, wenn die dichterische Persönlichkeit, die in Wahrheit der zusammenhaltende Mittelpunkt der uns eröffneten lyrischen Welt ist, auch innerhalb derselben sich aus-

drücklich als solcher, als der Dichter dieser Gedichte darstellt;
nur die doctrinäre Zuschärfung möchten wir vermeiden, die
Weihe diesem Gedanken gegeben hat.

Welchen Werth der Beginn unserer klassischen Literatur auf
jedes gelungene Lied legte, und mit welcher Andacht sich darum
wie um ein welthistorisches Ereigniß. die allgemeine Discussion
bewegte, ist in Aller Erinnerung; die Uebersättigung trat schnell
mit der rasch gesteigerten Production und mit jener zunehmenden
Bildung der Sprache ein, die eben fast Jedem ein Gedicht ge=
lingen ließ. Als Göthe mit Recht, obgleich nicht in eigener
Person, den Dichtern aufgab, die Poesie zu commandiren, drückte
er damit nur dies Bewußtsein aus, daß den wahren Dichter nur
diese unverlierbare Herrschaft über das Ganze der poetischen
Welt vor denen auszeichnet, welche die Natur in einzelnen Augen=
blicken zu unwillkürlichen Trägern einer dichterischen Stimmung macht. Seitdem haben sich die Stimmen gemehrt, die den
Werth der Lyrik überhaupt bezweifelten oder verneinten, und sie
sind von den verschiedensten Seiten gekommen; Gutzkow und
Gervinus begegnen sich hier; sie wollen beide den Dichter an
Werken langathmiger Begeisterung prüfen, am Epos und Drama,
nicht an den kleinen Leistungen der Lyrik, in denen es nach
Schillers Ausdruck dem niedlichen Geiste leicht ist, den Ruhm
des Dichters zu usurpiren; gegen den Dramatiker habe der Lyriker
immer unendlich leichtere Arbeit und laufe mit geringerer Leistung dem größeren Entwurfe den Preis ab. Es würde mich
mißtrauisch gegen mich selbst machen, wenn ich mich veranlaßt
glaubte, über allgemeine Punkte Gervinus ernstlich zu widersprechen; in der That denke ich mich in Uebereinstimmung mit
ihm in Bezug auf die Bemerkung, die ich hinzufügen will. Ein
Dichter ist der allerdings noch nicht, dem ein poetischer Augen=
blick seines Lebens ein vollendetes Lied gelingen läßt; aber eben
in diesem Augenblick ist dennoch in ihm die Poesie in ihrer
eigentlichsten und wahrsten Gestalt lebendig gewesen. Zu jenen

Werken langathmiger Begeisterung dagegen wirken die verschiedensten geistigen Kräfte so mannigfach zusammen, daß das Urtheil häufig schwankend wird, ob wir den unzweifelhaften Eindruck, den sie machen, im eigentlichen Sinne poetisch nennen
dürfen, und ob er nicht vielmehr der Aufregung anderer Interessen entspringt, die im Ganzen der geistigen Cultur nicht geringeren, aber anders gearteten Werth haben. Dramatische
Werke konnte Lessing schaffen, die noch jetzt die Kritik gegen
seine eigene Meinung gern als Dichtungen anerkennt; aber nicht
das kleinste lyrische Gedicht gelang ihm mit Hülfe jenes künstlichen Druckwerkes der Berechnung und Reflexion, dem er selbst
seine dramatischen Erfolge zuschreibt. Seine eignen Bühnen-
werke ordnete Göthe der größeren Darstellungskraft Schillers
willig unter; dennoch konnte er den Zweifel hegen, ob seines
großen Nebenbuhlers gesammte Thätigkeit eigentlich dichterisch
sei; aber er sprach diesen Zweifel mit voller Anerkennung der
geistigen Bedeutsamkeit derselben aus. Mehr ist es nun auch
nicht, was ich hier behaupten will: die bleibende lyrische Gabe
ist das untrüglichste Kennzeichen der wahren Dichterseele: aber
sie stellt innerhalb des Gebietes der Poesie den, der sie allein
besitzt, noch nicht zuhöchst; Erzählung und Drama sind Prüf-
steine der Kraft des Geistes, aber doch sind hier durch Beharr-
lichkeit, Fleiß und Ueberlegung Werke zu schaffen, die bis auf
den mangelnden Duft sich den Erzeugnissen eines poetischen Genius mehr annähern, als in lyrischer Dichtung möglich ist.

Ich glaube nicht weiter über die verschiedenen Gattungen
der lyrischen Poesie sprechen zu müssen. Man wird in der bequemen und lässigen, aber sachlich reichen Darstellung Hegels,
in der systematischeren Vischers, in Carrieres Wesen und
Formen der Poesie (Leipzig 1854) die hierüber zur Sprache ge-
brachten Gesichtspunkte finden. Nur eine Controverse ist für
deutsche Zustände wichtig: der Streit über den Werth der aus-
ländischen Formen, in deren Nachahmung bald ein Vorzug der

Univerſalität, bald der Nachtheil gänzlicher Verwiſchung der nationalen Poeſie geſehen wird. Man iſt hierin nicht ganz billig
geweſen. Von Voß und Klopſtock an, welche die antiken Formen
der Poeſie in Deutſchland einbürgerten, hat die Mißgunſt gegen
das Ausländiſche hauptſächlich die ſpäter auffommende Nachahmung der ſüdeuropäiſchen und der orientaliſchen Muſter getroffen;
Sonett und Ghaſele haben die Aechtung von denen erfahren,
die von der Lyrik dem Volk verſtändliche und in ſein Gemüth
übergehende Töne verlangten. Ihnen allen bis auf Julian
Schmidt, deſſen Kritik unermüdlich gegen alles unnatürlich
geſchraubte Weſen, großentheils Erbſchaft der romantiſchen Schule,
geſprochen hat, iſt bereitwillig die in dieſen Formen liegende
Verführung zu ſchellenlauter Formalität, ſowie ihr eignes Ver-
dienſt, die Betonung des Geſunden, Verſtändlichen, Naturwüch-
ſigen und claſſiſch Vollendeten, zugegeben. Dennoch ſcheint mir
dies Verbannungsurtheil zu ſtreng, ganz verkehrt aber die Meinung derer, die nur ein Ausländiſches durch anderes, die Formen
der modernen Völker und des Orients durch die des claſſiſchen
Alterthums erſetzen möchten. Mit den beiden erſten Völker-
gruppen verknüpft uns eine weit größere Analogie der Welt-
anſicht und der Gefühlsweiſe, als mit der antiken Kunſt; und
die Erfahrung hat gezeigt, daß eben deshalb auch die künſtlichen
Formen jener Poeſien ſich unſerem Geſchmack leichter aſſimiliren,
als die der Alten. Nur dem Hexameter und dem Diſtichon iſt
es gelungen, eben weil ihr gleichmäßiger Fluß das Characteriſtiſche des antiken Formprincips nicht gar zu auffallend werden
läßt, ſich in Deutſchland ausreichend einzubürgern; wer aber
aufrichtig ſein will, wird zugeſtehen, daß eine Atmoſphäre undefinirbarer Langweiligkeit die deutſchen Nachahmungen hora-
ziſcher und pindariſcher Oden drückt. Gar nicht, als wenn dieſe
Formen an ſich mißfielen; im Gegentheil man bewundert ihre
Schönheit in den Originalen, aber man bewundert ſie eben als
Ausdruck einer ganz fremden Gefühlswelt, die ein Recht hatte

sie sich zu geben, die man aber nicht innerhalb des modernen Lebens wieder aufzuwecken wünschen kann.

Die einseitige Bevorzugung nationaler Formen scheint mir auch dadurch nicht begründet, daß außer der Fremdheit überhaupt auch die Künstlichkeit der fremden die in ihnen niedergelegte Poesie von der Wirkung auf das Volk abhalte. Es ist genug, wenn der gebildete Theil der Nation mit aufrichtiger und warmer Verehrung den Schatz tiefer Poesie hegt und genießt, den die noch poetischer gestimmte Vorzeit des Volks in ihren Liedern uns überliefert hat, und es ist wahrlich zu befürchten, daß eben in der Gegenwart diese Würdigung lebhafter und inniger in den künstlicher vorgebildeten Kreisen der Gesellschaft ist, als in jenen, aus denen die Volkspoesie einst wirklich entsprang. Aber die Poesie hat durchaus nicht die Pflicht, nur der Spiegel des allgemeinen Volksgeistes zu sein und nur die Stimmungen zu wiederholen, die sich ohnehin regen; sie hat unzweifelhaft auch Recht und Beruf, in streng kunstmäßiger Form und in allem ihr möglichen Reichthum der Formen ästhetische Güter hervorzubringen, zu deren Genuß sich der Geist der Nation selbst erst erziehen muß. Göthe und Schiller haben nicht anders gehandelt, und in welchem Grade es ihnen gelungen ist, die irrende poetische Sehnsucht der Deutschen zum Bewußtsein dessen zu bringen, was Poesie ist, wissen wir und danken es ihnen; auch Rückert, gegen dessen buntfarbige Künstlichkeit sich die meisten dieser Vorwürfe concentriren, wird es noch gelingen, Sympathie und Verständniß für die poetische Welt zu gewinnen, die seine überaus scharf gezeichnete künstlerische Individualität vor uns eröffnet.

Was in Deutschland über dramatische Poesie vor Les=
sing theoretisirt worden ist, kann auf sich beruhen; doch auch
ihn selbst erwähne ich nur kurz. Die Zeitumstände, die sein Auf=
treten zur Epoche machten, liegen meiner Darstellung ferne; der
Werth seiner Lehren aber ist kaum ohne die scharfsinnig zerglie=
derten Beispiele zu schätzen, an denen die prächtige Lebendigkeit
seiner Polemik sie entwickelte.

Erzählung vergangener Dinge darf eine Vielheit von Ge=
schichten nebeneinander verlaufen lassen; sie kann mit Unterbrech=
ung des Zeitverlaufs von der einen zu den Anfängen der andern
zurückkehren. Die dramatische Darstellung, die Gegenwärtiges
sinnlich an uns vorüberziehen läßt, ist an den Zeitverlauf ge=
bunden; immer vorwärts getrieben bedarf sie eines strafferen
linearen Zusammenhangs, einer Reihe von Begebenheiten, die
sich auseinander in ursächlicher Verkettung entwickeln. Diese
Einheit der Handlung sei das Gesetz der antiken Dramatik
gewesen; Einheit des Orts und der Zeit habe sie nicht prin=
cipiell verlangt, obgleich wegen technischer Schwierigkeit der Sce=
nenverwandlung und wegen herkömmlicher Verknüpfung der Hand=
lung mit dem Chor meistens beobachtet. Unstreitig besser, stimmt
Lessing Gl. Schegel bei, führe der Dichter uns seinen Personen
dahin nach, wo sie etwas zu thun, als daß er uns zu Gefallen
sie nöthige, alle an denselben Ort zu kommen, wo sie Nichts zu
suchen haben. Eben so wenig findet er die Zeitbeschränkung der
dramatischen Ereignisse auf einen Tag oder dreißig Stunden
nothwendig, wie sie die Franzosen nach einer aristotelischen Stelle
verlangten, deren Sinn neuerdings wieder durch G. Teich=
müller (Aristotelische Studien. 1. 1867) controvers geworden
ist. Das griechische Drama vertrug diese Engzeitigkeit; es ent=
hielt meist nur die raschablaufende Katastrophe, deren Vorbedin=
ungen aus der Mythologie bekannt waren und auf der Bühne
durch Erzählung vergegenwärtigt wurden; der erweiterte Plan
moderner Schauspiele, die einen bildsamen Character durch die

allmähliche Verwicklung in sein Verhängniß begleiten, gestattet Gleiches nicht. Sinnlos, bemerkt Lessing, ordne man Begebenheiten so, daß ihr eintägiger Verlauf zwar physisch möglich, zugleich aber unglaublich wird, daß vernünftige Menschen mit der hierzu nöthigen Ueberstürzung handeln würden. Die Verletzung dieses moralischen Zeitmaßes, das den Ereignissen um ihres Gewichtes willen gebührt, beleidige stets; nicht stets die des physischen, das sie zu ihrer Verwirklichung bedürfen; sein Grund aber bestehe, der Summe der dramatischen Vorgänge überhaupt ein bestimmtes Zeitmaß zu setzen. Die Einheit der Handlung habe die französische Bühne leicht genommen, diese Nebendinge ungehörig zu Gesetzen geschärft; von solchen Beschränkungen befreite Lessing die dramatische Poesie, auf Shakespeare hinweisend, den er jener wesentlichen Forderung um so mehr genügen fand.

Ueber den Bau der Fabel vertheidigt Lessing die aristotelischen Sätze; dies übergehe ich. Das dichterisch Mögliche erschöpfen die Kategorien des Griechen doch nicht, und zum Theil sind sie, von antiken Besonderheiten abstrahirt, nicht von gleichem Werth für uns. Seine eigenen Ansichten gibt Lessing nur beiläufig. Shakespeares Richard III. mißbilligend mag er nicht allen durch gehäufte Entsetzlichkeiten erzeugten Gemüthsjammer durch Berufung auf historische Wahrheit sich rechtfertigen lassen. Geschehe Schreckliches wirklich, so werde es guten Grund in dem unendlichen Zusammenhang aller Dinge haben; aber die unbegreiflichen Wege der Vorsehung dürfe nicht der Dichter in den engen Cirkel seines Werkes flechten, das aus dem großen Ganzen nur wenige Glieder herausnehme. Aus diesen müsse er ein neues Ganze machen, das sich völlig in sich selbst runde und keine Schwierigkeit enthalte, deren Lösung nicht in ihm, sondern nur außer ihm in dem undarstellbaren Zusammenhang aller Dinge zu finden wäre. Zu dieser Forderung in sich abgeschlossener poetischer Gerechtigkeit fügt Lessing auf Anlaß von Corneilles Rodogune je andere der Einfall, die das Genie liebe, während der Witz

Verwicklung suche. Nur in einander gegründete Begebenheiten, Ketten von Ursachen und Wirkungen verlangt er, mit Ausschluß jedes Ungefährs; so habe das Alterthum die dramatische Fabel von allem Zufälligen befreit, und zu dem knappen und vollstän= digen Idealbegriff eines bedeutungsvollen Ereignisses geläutert. In Allem führt Lessing hier denselben Kampf, den auf dem Ge= biet der Plastik Winckelmann für alles Einfache, Große und Natürliche gegen die schwülstige Verschrobenheit des Zeitge= schmacks führte.

Komisches und tragisches Drama beachtet die Ham= burgische Dramaturgie gleichmäßig. Aus den beabsichtigten Ein= drücken auf das Gemüth und aus den Mitteln zu ihrer Verwirk= lichung sucht Lessing die nähern Gesetze beider; auf gleichem Wege und in stets freudig hervorgehobenem Einklang mit Ari= stoteles. Mitleid und Furcht und die Reinigung beider Leiden= schaften hatte dieser als wesentliche Wirkung der Tragödie bezeichnet. Was Lessing hierüber scharfsinnig bemerkt, gehört dennoch nicht zu seinen fruchtbarsten Lehren. Ueber jene Reinigung hat in un= sern Tagen Jac. Bernays eine neue Erörterung veranlaßt, der Streit der Meinungen zeigt indessen, daß der aristotelische Text zu fruchtbarer Deutung zu knapp ist; ohnehin würde man die Wirkung der Tragödie leichter durch Beobachtung dessen, was wir selbst noch lebendig von ihr erfahren, als durch Entzifferung Schriftstellen bestimmen.

Den allgemeinen philosophischen Gedanken, den eine Be= gebenheit einschließt, nicht ihre historische Gestalt, hält Lessing mit Aristoteles für den Gegenstand der Tragödie und die Ge= schichte ist ihm für den Dichter nur ein Vorrath interessanter aber beliebig umzugestaltender Stoffe. Heiliger sind ihm die Cha= ractere; unser Interesse hafte nicht an den Thatsachen, sondern daran, daß wir sie von bestimmten Characteren folgerecht her= vorgebracht sehen. Zwar dürfe der Dichter vorgefundene That=

sachen nicht nur durch die Charactere, die wirklich ihre Ursache waren, sondern auch durch andere seiner Absicht passendere motiviren; nur solle er dann auch die historischen Namen weglassen; er würde durch sie uns in Widerspruch mit der Kenntniß setzen, die wir schon haben und uns betrügerische Personen vorführen, die sich für etwas ausgeben, was sie nicht sind. Aber gleichen psychologischen Zwiespalt würde auch jede willkürliche Veränderung der großen Thatsachen erzeugen, die in der Geschichte überhaupt feststehen und kein Drama dürfte Hannibals Schicksal unter der Voraussetzung seiner Niederlage bei Cannä construiren. Auch die Begebenheiten lassen sich also nicht schlechthin ändern, solange überhaupt Anknüpfung an die Geschichte stattfinden soll. Und ganz kann diese nicht vermieden werden; eine Kunst, die nicht Töne und Schatten, sondern wirkliche Menschen mit menschlichen Interessen vorführt, muß ihre Handlung in irgend eine Zeit, irgend ein Volk verlegen. Sie kann sie so gestalten, daß sie nur als Beispiel der in dieser Kulturperiode möglichen Geschicke dient, und dann gilt die geschichtliche Treue nur der Schilderung der letzteren; wählt sie aber zur Darstellung weltgeschichtliche Thatsachen, so steht ihr nur noch frei, zu dem geschichtlich Notorischen, sowohl in Characteren als Begebenheiten, die stets große Fülle des historisch unbeachtet Gebliebenen zu ergänzen, oder das Zweifelhafte so zu gestalten, daß ein vollständiges, verständliches und poetischer Gerechtigkeit theilhaftes Ganze eines großen Geschickes entsteht. Ausführlich hat diese ganze Frage Th. Rötscher discutirt (Cyclus dramat. Charactere II. 1846); praktisch hat die moderne Kunst diese Vertiefung und Ergänzung des geschichtlich Bekannten sogar überwiegend gerade an den Characteren versucht.

Im engsten, leider unlösbaren Anschluß an die Kritik bestimmter Werke enthält die Hamburger Dramaturgie noch eine Fülle hier nicht wiederholbarer Belehrungen. Mit voller Bewunderung dieser Leistungen finden wir doch in ihnen den bestimm-

ten Begriff des Tragischen nicht entwickelt, der Lessings kritisches
Gefühl sicher leitete. Auch Schillers Aufsatz über den Grund des
Vergnügens an tragischen Gegenständen spricht gar nicht von
denen, die wir jetzt so nennen würden, sondern von erhabenen
Aufopferungen, erschütternden Schritten der Verzweiflung, großen
Leiden überhaupt; selbst das Leiden des Unschuldigen fand Schiller
einmal tragischer als das des Schuldigen; in der Abhandlung
über die tragische Kunst aber fragt er nur, wie die Kunst, deren Zweck
Vergnügen sei, dazu komme, Lust durch Schmerz zu erzeugen; Mög-
lichkeit und Mittel dieses Verfahrens werden dann scharfsinnig
entwickelt. A. W. Schlegel in den Vorlesungen über dramatische
Poesie (S. W. V. 41) trennt durch Ernst und Scherz Tragödie und Lustspiel; er verwechselt mit dem eigentlich tragischen
Affect die elegische Stimmung, die aus der Ueberlegung unserer
menschlichen Hinfälligkeit entsteht. Diese Vermischung des nur
Traurigen mit dem Tragischen und die ganze blos psychologische
Behandlung der Sache beendigte erst der Einfluß der idealistischen
Philosophie; durch schärfere Bestimmung der Begriffe einer tra-
gischen Schuld und der sie sühnenden Gerechtigkeit stellte sie den
idealen Gehalt fest, durch dessen dichterische Verkörperung die
Tragödie mit ästhetischem Recht jene Gemüthserschütterungen zu
bewirken sucht. Die Ausbildung der Ansichten kann ich jedoch
nicht Stufe für Stufe, von Schelling und besonders von
Solger aus, bis auf unsere Zeit verfolgen.

Man fand zuerst, daß Unglück durch unergründliches Schicksal
oder unberechenbaren Schluß höherer Mächte auf ein menschliches Haupt gehäuft, zwar jammervoll aber nicht tragisch ist, daß
hierin in einzelnen Fällen die erkältende Wirkung des antiken
Drama, seine ergreifende aber darin besteht, daß doch immer
eine Schuld auch schon in der übermüthigen Zuversicht des Menschen liegt, sich auf sich selbst zu stellen und von seinen eignen
Thaten sichere Lenkung seiner Geschicke zu hoffen. Man fand
ferner, daß Strafe frei verübter Verbrechen zwar die bürgerliche

aber nicht die poetische Gerechtigkeit, Strafe des unwissentlich Verfehlten keine von beiden, sondern nur die gleichgültige Forschung
nach dem unvermeidlichen Zusammenhang der Dinge befriedigt.
Die tragische Schuld mußte mit dem zusammenhängen, was an
dem verhängnißvollen Handeln berechtigt ist, nicht eine leicht vermeidbare That der Willkür sein, sondern ein unvermeidlicher Fehl, zu dem
den endlichen Geist die Mängel seiner Endlichkeit eben in seinem
gerechten Streben hinreißen. Nicht eigentlich und nicht vorzugsweis an dem sittlich Bösen übt die Tragödie ihre erhabene Ver-
geltung; was nichts weiter als bös ist, geht auch in ihr, wie
alles Gemeine, klanglos zum Orkus; unsere Furcht und unser
Mitleid gilt in ihr der Unfähigkeit des Menschen zur Selbstge-
rechtigkeit, zur Auffindung eines fehllosen Wegs im Conflikt der
Pflichten, zur Verwirklichung einer Idee ohne Verletzung anderer,
die sich an ihm rächen. Vor diesen Verwicklungen ist nur ein
Schutz: die völlige Unbedeutendheit; wer thätig in die Welt tritt,
verfällt ihnen und es ist, wie Hegel spricht, das Vorrecht großer
Seelen, so schuldig zu werden. Seine Versöhnung aber hat das
Tragische in dem Bewußtsein von der Wiederherstellung der
vernünftigen Weltordnung, von der Würde des persönlichen Geistes,
der doch der einzige Verwirklicher der Ideen ist, und von der
Unvergänglichkeit dessen, was nach der Aufopferung seiner einseitigen Endlichkeit als seine geläuterte Gestalt aufbewahrt wird.

Nicht allein durch eine bedeutende That lädt der tragische
Charakter seine Schuld auf sich; auch durch unbedeutende Unter-
lassung in der Mitte eines Strebens, das den Wagenden verpflichtet, in seinem Thun vollständig zu sein und den Zufall zu
beherrschen; selbst dies Streben muß nicht immer handelnd vor-
dringen, sondern mag in der Behauptung einer gewissen Weise
des Daseins und Lebens bestehen; immer aber knüpfen sich die
tragischen Affecte an den Willen, der kurzsichtig oder sich selbst
verblendend die Bedingungen seines Scheiterns selbst erzeugt

Die verschiedenartigen und verschiedenwerthigen Formen des Tragischen, die hieraus und die andern, die aus dem Gewicht entstehen, das auf die einzelnen sittlichen Ideen ein Zeitalter anders
als ein anderes vertheilt, sind Gegenstand einer langen Reihe
von Untersuchungen gewesen. Ich nenne als Anfangspunkt A.
W. v. Schlegels Vorlesungen über dramatische Kunst und Literatur (1809), welche zuerst einen Ueberblick der dramatischen
Ideen und Kunstwerke aller Zeiten und Völker versuchten: als Endpunkt die dialektische Darstellung Bischers in seiner Mono-
graphie über das Tragische und in dem System der Aesthetik.
Unaufführbar liegen dazwischen zahlreiche Bemühungen der Philologie um die Würdigung der antiken Tragödie, und für
Deutschland besonders wichtig die Arbeiten, die mit liebevollster
Hingebung Shakespeares Kunst zu verstehen suchten. An ihm
bildeten Göthe und Schiller ihre dramatische Einsicht aus und
hinterließen uns in ihrem Briefwechsel Zeugnisse ihres Gewinns;
aus der Betrachtung seines Genius haben Ulrici und Gervinus in größeren Werken unsere ästhetische Kritik geleitet und be-
richtigt. Auf sein Beispiel endlich und zugleich auf das der Alten
ist hauptsächlich gebaut, was G. Freitag über die Technik des
Drama (1866), alten Besitz der Aesthetik durch schätzbaren eigenen Ertrag vermehrend, zusammengestellt hat.

Ueber die Komödie darf ich um so kürzer sein, je länger
uns früher der Begriff des Komischen gefesselt. Sehr einfach
spricht schon Lessing das Wesentliche aus. Die Komödie wolle
durch Lachen bessern, nicht eben durch Verlachen; auch nicht gerade
diejenigen Unarten, über die sie lachen macht, noch weniger allein
die Personen, an denen sich lächerliche Unarten finden. Ihr allgemeiner Nutzen sei Uebung der Fähigkeit, das Lächerliche überall
und in jeder Verkleidung zu entdecken; Thorheiten, die wir nicht
haben, haben andere, mit denen wir leben müssen; es sei ersprießlich sie kennen zu lernen. Diese Stelle lenkt in ihrer für
uns veralteten Fassung doch schon von den früher allein festge-

haltenen Zwecken directer moralischer Erziehung zu der allgemeineren intellectuellen Lust hinüber, die aus der Betrachtung
aller harmlosen Mängel unserer Natur und unsers Lebens entspringt. Diesem Wege folgte die Aesthetik, je mehr die komische
Poesie aller Zeiten in ihren Gesichtskreis trat. Dem mäßigen
Vergnügen der blos satirischen Komödie, die an typisch verallgemeiner-
ten Figuren leicht rubricirbare Fehler straft, lernte sie die feineren
Darstellungen individueller Charactere vorziehen, in denen, mit
dem Guten der menschlichen Natur verknüpft oder aus ihm hervorgewachsen, mancherlei komische Züge sich zu einem nur poetisch
auffaßbaren, aber undefinirbaren Ganzen mischen; der mageren
abstracten Fabel, die mit pädagogischer Deutlichkeit auf einen bestimmten Fehler seine Strafe folgen läßt, stellte sie die realistisch
volle Schilderung des Lebens, des Zufalls der mit uns spielt, der
Intrigue, in deren Anspinnung selbst uns ein Lebensgenuß liegt,
und wiederum des Zufalls oder der inneren Ungereimtheit entgegen, durch welche sie vereitelt wird; von den kleinen Thorheiten,
die unser Interesse eigentlich nur mäßig reizen, weil sie vermeidbar sind und gar nicht in der Welt zu sein brauchten, folgte die
Theorie dann der aristophanischen Komödie in die großartige
Schilderung der bösen und verkehrten Mächte nach, zu denen sich,
das ganze Leben der Menschheit verderbend, der unvertilgbare
Unverstand entwickelt; und gleichzeitig fand sie bei Shakespeare,
wie in einem milden Gegenbild, den Sturm der strafenden Satire in verhüllten Humor verwandelt, der das Kleine und Ge-
ringfügige auf dem ernsten Hintergrund eines von wahrhafter und
echter Leidenschaft bewegten Lebens zu zeichnen liebt, und nicht
nur spottend aus diesem Großen die komischen Auswüchse wu-
chern läßt, sondern auch, wie dem Lustspiel ansteht, überall
die kleinen Elemente des Glückes aufzufinden weiß, die dem Menschen mitten in der neckischen Verwicklung seines Schicksals, und
aus ihr, und aus seinen Wunderlichkeiten entspringen. Aber über
diesen Reichthum der verschiedenartigsten Gestaltungen muß ich auf

die oft genannten Quellen, auf die literargeschichtlichen und kriti=
schen Studien, die sich um diese Meisterwerke bemühen, endlich
auf die systematische Arbeit von Bohtz verweisen. (Ueber das
Komische und die Komödie 1844.)

Aus dieser Fülle hebe ich nur einen Punkt, die Vergleich=
ung des antiken und des modernen Drama hervor. Deutschland,
wesentlich philologisch gebildet, entzieht sich schwer der Versuch=
ung, den großen Geist der Antike überall zum maßgebenden Ge=
setz zu machen, verdrießlich in der Bemängelung kleiner Flecken
des Modernen, erfinderisch in gelehrter Vertheidigung großer Ge=
brechen des Alterthums zu sein und sich künstlich völliges Genügen
an Leistungen einzureden, die unserer Weltauffassung zu ferne
stehen, um die Bedürfnisse unsers Herzens wirklich zu befriedigen.
Nun war es allerdings unmöglich geworden, die wachsende Theil=
nahme für das moderne Drama, für Shakespeare vor allen, un=
serem Volke wieder abzurathen; dennoch rechtfertigte sich über
diese Theilnahme auch nach Lessing die wissenschaftliche Aesthetik
lange mit scheuem Seitenblick auf die gesetzgebende Antike, während
unwissenschaftlicher Geschmack oft regellos genug für die mißver=
standene Größe des Neuen schwärmte. Ulrici (Shakespeares
dramat. Kunst. 1847. S. 792.) schildert die Geschichte dieser
streitenden Meinungen, und war selbst der Erste, der den drama=
tischen Styl des großen Briten zu verstehen und zu rechtfertigen
suchte. Völlig brach jenen Bann Gervinus mit dem ausge=
sprochenen Vorhaben, Shakespeare ebenso als typischen Vertreter
des Drama zur Anerkennung zu bringen, wie Homer uns für
den des Epos gilt. Diese Begeisterung, auch durch Rümelins
vortreffliche Shakespearstudien eines Realisten (1866), welche die
Verdienste unserer eigenen Dichter gegen das erdrückende Ueber=
gewicht des fremden hervorhoben, nicht wesentlich zu erschüttern,
war durch keine unverständige Geringschätzung der Alten getrübt,
erkannte vielmehr deren Größe willig an: sie hat Gervinus zu
Interpretationen der einzelnen Stücke geführt, in denen Manche

einige Neigung zu doctrinärer Construction zu sehen glaubten; die allgemeinen Ansichten aber, die der Schluß seines Buchs (Shakespeare 3. Aufl. 1862) über dramatische Poesie überhaupt und über die wesentlichen Differenzen des antiken und des modernen entwickelt, dürfen wir auch als das anzuerkennende Schlußwort der deutschen Aesthetik über diese Frage betrachten.

Druck von C. H. Schnirich in München.